U0444883

中国社会科学院创新工程学术出版资助项目

西藏哲学社会科学学人丛书

读西藏文集

苟 灵 ○ 著

中国社会科学出版社

图书在版编目(CIP)数据

读西藏文集 / 苟灵著 . —北京：中国社会科学出版社，2019.5
ISBN 978-7-5203-2009-2

Ⅰ.①读… Ⅱ.①苟… Ⅲ.①区域经济发展-西藏-文集②社会发展-西藏-文集 Ⅳ.①F127.75-53

中国版本图书馆 CIP 数据核字(2018)第 015526 号

出 版 人	赵剑英
责任编辑	任　明
责任校对	李　莉
责任印制	李寡寡
出　　版	中国社会科学出版社
社　　址	北京鼓楼西大街甲 158 号
邮　　编	100720
网　　址	http://www.csspw.cn
发 行 部	010-84083685
门 市 部	010-84029450
经　　销	新华书店及其他书店
印刷装订	北京君升印刷有限公司
版　　次	2019 年 5 月第 1 版
印　　次	2019 年 5 月第 1 次印刷
开　　本	710×1000　1/16
印　　张	29.5
插　　页	2
字　　数	485 千字
定　　价	128.00 元

凡购买中国社会科学出版社图书，如有质量问题请与本社营销中心联系调换
电话：010-84083683
版权所有　侵权必究

自　序

如白驹过隙，倏忽进藏四十载；似过眼浮云，屈指履职曳经年。近40年的西藏工作生活经历，形成了些许思考、提出了粗略的拙见，因涉及内容比较广泛，故拾名"读西藏"，以飨人为快慰。本文集收录本人40余篇杂文，计40余万字，虽不堪谓之真知灼见，但亦是心血感同的汇集，在此不作赘述。

当前，正值习近平总书记提出"治国必治边、治边先稳藏"战略思想的落实之际，需要以俞正声主席在藏调研时提出的重要原则为指导，按照"依法治藏、富民兴藏、长期建藏、凝聚人心、夯实基础"的部署，让广大人民群众认清十四世达赖集团的反动本质与其破坏国家稳定和团结的险恶用心很是重要。西藏的分裂与反分裂、渗透与反渗透斗争需要构建起坚固的社会制度来推进，制度化和法治化是西藏稳边固疆的根本所在，这也是在西藏贯彻落实这一战略的基础性工作。有鉴于此，透过思考总结，对西藏在坚定不移开展反分裂斗争，坚定不移促进经济社会发展，坚定不移保障和改善民生，坚定不移促进各民族交往交流交融等方面，文集从促进基层经济社会发展点明一些典型经验，以带动全区经济社会的不断发展，筑牢基层干部职工维护祖国统一、民族团结的思想理念，为富民兴藏、凝聚人心、夯实基础搭建一个思考探究的平台。

以习近平为总书记的党中央集全国各族人民的智慧，根据我国发展的实际，逐渐形成了治国理政的全套思路，并针对新形势下的机遇、挑战和中国共产党人、中华民族的历史任务，提出了全面深化改革、全面建成小康社会、全面依法治国、全面从严治党的"四个全面"战略布局。指出，必须坚持党的治藏方略，把维护祖国统一、加强民族团结作为工作的着眼点和着力点。这使我们更加明确了国家的前进方向，更加清晰了西藏工作的指导思想，就是把依法治藏作为全面依法治国战略在西藏的具体实施步骤，推进依法治藏、维护社会稳定是当前和长期西藏工作的关键；就要把依法治藏同全面深化改革、全面建成小康社会、全面依法治国和全面从严治党共同整体推进。

全面建成小康社会是目标系统，全面深化改革、全面依法治国和全面从严治党是动力系统、治理系统和领导系统，是实现目标的支撑系统。我们需要深入贯彻"四个全面"，认识依法治藏的目的是全面建成小康社会，依法治藏还需要与全面深化改革、全面从严治党相互协调。依法治藏实施得好，也可以为其他方面提供保障。紧紧围绕和有效地贯彻落实"四个全面"战略布局，深入领会贯彻习近平总书记"治国必治边、治边先稳藏"的战略思想，才能彻底解决旧西藏残余势力分裂国家、西方反华势力"分化""西化"中国的问题和图谋，彻底解决边疆地区社会稳定的问题。文集中相关文章对十四世达赖的本质与相关做法进行了彻底深透的分析，以为自治区党委、政府提供相关的决策依据，力求进一步征得民心，筑牢反分裂反渗透的钢铁阵地。

文集在汇总本人经济社会发展的相关文章的基础上，希望借此为我区经济社会发展注入个人的相关思想服务与政治引导，为治藏稳藏兴藏工作，为西藏的扶贫开发事业献上一份绵薄之力，在力推西藏同全国一道全面建成小康社会的实践中贡献微薄之力。总之，总结过去是为了更好地开创未来，希望本文集中的一些观点，能够被人们有所借鉴，并站在新的历史起点上、在新的岗位上对工作生活有所启发，创造出更多新的突破。

书是现实生活的反映，是智慧结晶的折射光芒。只有真读、真学、真思、真用、真行，才能摒弃浮躁、调伏自心、增强定力、转化心境，才能做一名内省的人、有益的人、自觉的人；才能顿悟渺小、脆弱和超凡脱俗的人生境味。正如习近平同志所说："真正把读书当成一种生活态度、一种工作责任、一种精神追求，自觉做到爱读书读好书，积极推进学习型政党、学习型社会建设。"在我看来，"读"是一种心情、一种境界、一种超然，是精神减压、自我净化、内心宁静、状态平和、身体康泰、言行沉稳的能量集聚，是中国共产党人自觉加强党性修养、正确树立世界观、人生观、价值观的基本功课。

概之，西藏岁月，我无怨无悔、知足无悔、生死无悔。

作　者

2017年10月于拉萨

目 录

浅谈西藏"政教合一"制度的形成及对民主改革前经济的影响 ……（1）
西藏农牧业生产经营方式出现新变化…………………………（14）
谈谈西藏矿产资源的开发与利用………………………………（17）
对西藏经济体制改革工作的初步认识…………………………（25）
西藏计划体制改革面临的现实选择……………………………（33）
前进中的西藏农牧业……………………………………………（41）
对今年经济计划工作的几点认识………………………………（49）
识大体　顾大局　努力做好粮食总量平衡……………………（57）
从经济发展谈西藏人民生存权和发展权状况…………………（59）
强劲发展——铸造西藏发展新篇章……………………………（71）
西藏发展现状及远景规划思路…………………………………（76）
浅谈宏观调控和市场经济的初步认识…………………………（88）
对西藏发展层次问题的认识和思考……………………………（94）
沿海发展经验及启示……………………………………………（102）
西藏矿业发展方向及对策………………………………………（116）
全面开创西藏扶贫开发工作的新局面…………………………（152）
昔日荒滩　今日良田……………………………………………（160）
对扶贫开发工作的几点思考……………………………………（162）
"十一五"西藏农业综合开发规划思路考量…………………（166）
"龙尾"谈"龙首"发展经验、体会及思考…………………（175）
两大开发结硕果　人民群众感党恩……………………………（187）
卓村人的幸福生活………………………………………………（191）
科技之光普照高原
　　——2007年西藏科技工作巡礼……………………………（195）

假的就是假的　伪装应当剥去 …………………………………（201）
达赖集团从事分裂祖国活动实录 …………………………………（210）
西方主要国家支持"西藏独立"活动实录 …………………………（243）
透视贫困成因　推进整乡发展
　　——萨迦县赛乡贫困调查及发展建议 …………………………（278）
十四世达赖父亲之死说明了什么 …………………………………（290）
坚持解放思想是推动社会发展进步的必然要求 …………………（299）
略论西藏社科院在西部大开发战略中的责任 ……………………（304）
西方媒体热炒的几位"藏独勇士" …………………………………（313）
从表象上的"精神领袖"到事实上的破戒和尚
　　——质疑十四世达赖编著《智慧的窗扉》及其言行反差的
　　　　公信度 ……………………………………………………（321）
在时代潮头扬帆远航 ………………………………………………（414）
创新模式　提高效能　强化保障
　　——西藏社科院行政后勤管理简述 ……………………………（418）
越贫困越借贷　越借贷越贫困
　　——昂仁县宁果乡民间借贷情况的调查报告 ………………（423）
一名学者的几点粗浅认识 …………………………………………（428）
事实胜于雄辩　数据反映客观 ……………………………………（445）
井冈山精神激励我们前行 …………………………………………（462）

后记 …………………………………………………………………（466）

浅谈西藏"政教合一"制度的形成及对民主改革前经济的影响

一

西藏自古以来就是伟大祖国不可分割的一部分。藏族是勤劳、善良、朴实、勇敢、智慧、富有光荣传统的民族。他们和全国各兄弟民族一样，在祖国经济文化发展的历史过程中，曾经做出过杰出的贡献。然而，在漫长的历史长河中，西藏社会发展的道路是极不平坦的，其主要原因之一，就是"政教合一"制度在西藏的长期存在，严重地束缚了西藏社会生产力的发展，阻碍了西藏历史发展的进程。本文就"政教合一"制度的形成及其对民主改革前西藏经济的影响作些粗浅的探讨。

民主改革前的原西藏地方政府，是封建世俗贵族和上层僧侣对农奴阶级联合专政的政权组织。它是由僧侣、农奴主共同把持政权与教权的政治制度，即所谓"政教合一"或"合二为一"制。要探讨西藏"政教合一"制度的历史渊源和发展过程，还得回溯到1300多年前。

公元7世纪时，西藏地区有一种原始宗教，称为苯教。古代社会，藏族先民们对于天地山川、日月星辰、风雨雷电以及瘟疫灾祸等自然现象都不理解，产生了朴素的敬畏和崇拜心理，把山川、树木、牛羊等都当作神灵来崇拜。后来，在这种自然崇拜的基础上，逐渐演化成为一种宗教——"苯教"。至公元7世纪中叶，佛教传入西藏地区。佛教在同苯教长期磨合的过程中，经过相互斗争、影响和渗透，终于战胜了苯教。这是因为，佛教大量吸收了苯教的神作为自己的神，吸收了苯教的仪式作为自己的仪式；再加上佛教那一套天堂地狱、轮回因果报应的说教以及十善、十八界、十二因缘等基本理论，很容易从思想上征服在奴隶社会里受苦受难的人民。因此，佛教慢慢地在西藏高原扎下了根，形成一种西藏化了的佛教，以后人们称之为藏传佛教。

唐朝时期，藏王松赞干布、赤松德赞和赤热巴金等极力地倡导人民信仰佛教，兴建寺庙，成立僧团，翻译佛经，传扬教义，并用政治力量来推进佛教的发展，把佛教的信条立为法律。这样，政治首领成了宗教的"护法者"，宗教的领袖成了巩固政治的"砥柱"，为僧俗两者的结合奠定了政教基础。

公元13世纪中叶，藏传佛教萨迦教派在元朝中央政府的册封和支持下，掌握了西藏地方政权。1260年、1269年，元朝曾两次册封萨迦法王八思巴·洛追坚参作"国师""大元帝师""大宝法王"①，并要他主持宣政院，"总摄天下释教并领藏地"，在西藏地方"设官分职而领之于帝师""帅臣以下，亦必僧俗并用，军民通摄"。② 值得指出的是，宣政院不仅是管理军政的机构，同时也是管理宗教事务的机构。它可以处理西藏地方的一切重大事务，如重要机构设立、高级僧俗官员任命、军事措施等，都由宣政院决定。③ 因此，教主兼任了藏王，大批僧官不断地渗透到政权机构里来，使政教二权开始统一起来。但是，这在当时是不很明显的，还出现这样的分工情况：僧人管理宗教事务，本钦（即地方政权掌权人）管理世俗事务。总之，这一时期，是西藏"政教合一"地方政权的一个开端。

公元14世纪中叶，萨迦教派、噶举教派、噶举教派帕竹支系、格鲁教派都依次掌握过西藏的地方政权，并在这个时期，使"政教合一"制度在西藏地区得到进一步发展。同元朝一样，明朝采取的也是利用和扶植藏传佛教的政策。但是，明朝不像元朝，只推崇萨迦一个教派，而是对具有实力的各藏传佛教派领袖人物都赐加封号，更进一步制定了西藏等级森严的僧官制度；明确规定了西藏地方政权的掌权人，必须是出家的僧人，必须经过中央政府的正式册封方可就任。

清朝时期，清太宗皇太极在建号清朝的次年（崇德四年即1639年）即致书达赖，宣布清朝崇敬藏传佛教的政策。顺治九年（1652年），达赖亲赴北京朝见。顺治十年，清政府册封达赖为"西天大善自在佛所领天

---

① 《元史》卷八《世祖本纪》。
② 《元史》卷八三《百官志三》。
③ 《元史》卷八七《百官志三·宣政院》。

下释教普通瓦赤喇怛喇达赖喇嘛"①，并赐金册金印。康熙五十二年，又封五世班禅为"班禅额尔德尼"②，赐以册印。达赖喇嘛和班禅额尔德尼喇嘛的封号，从此固定延续下来，成为西藏地方政治上的统治者和宗教上的总代表，使"政教合一"制度在西藏地区得到了空前的发展，并一直延续到西藏民主改革前。西藏"政教合一"制度，从政治方面看，建立了一整套封建农奴制度的统治机构，而且用法律形式规定了驻藏大臣和达赖、班禅管辖之下的僧俗官员的品位、职权和名额，使僧侣上层和世俗贵族在政治上达到了高度的结合。如"噶伦"（即大臣，为三品官）必须由一个僧官和三个俗官组成等。从宗教方面看，大肆宣传"神权"思想，兴建喇嘛庙，使喇嘛庙和喇嘛人数迅速增加。据乾隆初年统计，当时西藏有3417座喇嘛庙。③"达赖所辖喇嘛三十万零二千五百名，百姓十二万一千四百三十八户；班禅所辖喇嘛一万三千七百六十一名，百姓六千七百五十二户"（同上书"三，阻碍了蒙藏地区经济文化的发展"或见《西藏记》）。可以说，"政教合一"制度控制了西藏社会经济的一切领域，包括意识形态和人们的言行举止。这种极端的状况，在明清两朝得到不断强化，严重地禁锢了藏族人民的思想，阻碍了西藏社会经济的发展。其影响主要是：在"政教合一"制度的深刻影响下，使西藏社会的生产力和生产关系遭受到严重破坏。

二

我们知道，生产力是现实生产中的人和自然的关系，是人类用以影响和改造自然界、获得物质资料的一种力量；它包括三个基本要素，即生产资料、生产工具和劳动者本身。生产工具是生产力发展水平的客观尺度，是人类影响和改造自然力量的物质标志。不同的自然物，纳入生产过程成为劳动对象，标志着人类征服自然的程度，表明生产力的发展状况。劳动者是生产力起主导作用的因素，是生产工具的创造者和操纵者。没有劳动

---

① 见《清世祖实录》卷七四。
② 见《清圣祖实录》卷二五三。
③ 参见《清政府与喇嘛教》，《西藏民族学院学报》1981年第2期。

者的劳动,生产工具和劳动对象都是一堆死物,不能成为现实的生产力。在人们的生产过程中,彼此都要发生关系,这就是生产关系。所以,在分析民主改革前的西藏经济之前,非常有必要先分析西藏的生产力和生产关系的状况。

民主改革前,西藏是封建农奴制社会,具有明显的僧侣领主庄园制管理形态特征。1959年4月15日,毛泽东同志在第十六次最高国务院会议上发表讲话时指出:"我看,西藏的农奴制度,就像我们春秋战国时代那个庄园制度,说奴隶不是奴隶,说自由农民不是自由农民,是介乎这两者之间的一种农奴制度。贵族坐在农奴制度的火山上是不稳固的,每天都觉得要地震,何不舍掉算了,不要那个农奴制度了,不要那个庄园制度了,那一点儿土地不要了,送给农民。""旧制度不好,对西藏人民不利,一不人兴,二不财旺。"列宁同志也指出:"农奴制的特点是:世世代代的停滞,劳动者的闭塞无知,劳动生产率很低。"① 在旧西藏的社会里,农奴主阶级和农奴阶级构成西藏社会中的两大对立阶级。"三大领主"即地方政府、贵族和寺庙,藏语称为"训干曲松";"训"意为地方政府,"干"或"干亚巴",意为贵族或世家,"曲",意为寺庙或寺院。西藏的农奴主阶级,占西藏总人口的5%,基本占有西藏的全部土地,包括耕地、牧场、森林、山脉、河流及绝大部分牲畜、农具、房屋和其他生产资料。具体地说,西藏约有300万克②实耕土地(一克土地约合1.5市亩),其中:地方政府占31%,贵族占30%,寺庙占30%。西藏贵族有200户左右,大贵族有20多户,他们每户有几十处庄园,上万克甚至几万克的土地。占总人口90%以上的农奴阶级,一般是由"差巴"(即支差的人)和"堆穷"(即小户)两部分人构成。他们隶属于各自的领主,没有土地,也没有人身自由。另外,还有5%的奴隶,称为"朗生"(即家奴)。这些人完全丧失了生产资料和人身自由,终生从事各种沉重的劳动,是受剥削和压迫最深重的奴隶。

"三大领主"为了维护封建农奴制度统治和本阶级的根本利益,豢养了3000多名藏军,用来镇压广大农奴阶级的反抗,并以"三等九级"的"法律形式"予以保护。僧俗贵族阶级除了用暴力机器残酷镇压农奴阶级

---

① 见《列宁全集》第20卷,第297页。
② 1克粮食约合28市斤;1克耕地约合1.5亩。

以外，最险恶的还是充分利用宗教手段，大肆贩卖"天命""神权"等骗人毒素，在思想上麻痹劳动群众的斗志，用"杀人不见血的软刀子"，达到他们用皮鞭、镣铐、屠刀所达不到的目的。

藏传佛教宣扬：每个人都有灵魂，当肉体死亡时，灵魂就离开肉体，进入另一个世界，即"阴间"。"阴间"的阎王爷，根据个人生前的善恶表现，决定这个人下一世的富贵贫贱，简称叫作"六道轮回""因果报应"。认为一个人的富贵贫贱，是由他的"前世"行为决定的；"前世"干了善事，今世就享受富贵；"前世"干了恶事，今世就沦于贫贱。要解脱痛苦轮回，就要"行善""积德"，以求"来世"幸福；这样人死后的灵魂才可以升天成佛，到达西天"极乐世界"，至少可以"投胎转世"到富贵人家享受荣华富贵。要想"来世幸福"或进入"天堂"，就必须"忍辱无净"，无论受到什么样的苦难，都要忍受，听天由命，不得反抗，心中绝不生怀异端。否则，人死后不但不能升入"天堂"，反而要下"地狱"，遭受更大更重的苦难，甚至永世不得翻身。因此，"今日再苦也是暂时的，来世幸福则是永远的"。

列宁同志深刻地指出："对于工作一生而贫困一生的人，宗教教导他们在人间要顺从和忍耐，劝他们把希望寄托在天国的恩赐上。对于依靠他人劳动而过活的人，宗教教导他们要在人间行善，廉价地为他们的整个剥削生活辩护，廉价地售给他们享受天国幸福的门票。"[①] 马克思一针见血地揭露说："宗教里的苦难既是现实的苦难的表现，又是对这种现实的苦难的抗议。宗教是被压迫生灵的叹息，是无情世界的感情，正像它是没有精神的制度的精神一样。宗教是人民的鸦片。"[②] 列宁同志还说："宗教是麻醉人民的鸦片——马克思的这句名言，是马克思主义在宗教问题上的全部世界观的基石。"[③] 宗教在藏区的影响，是广泛的、深刻的、直接的。

三

正是在这种"政教合一"制度的影响下，使西藏社会的生产力和生

[①] 《列宁全集》第 10 卷，第 62 页。
[②] 《马克思恩格斯选集》第 1 卷，第 2 页。
[③] 《列宁选集》第 1 卷，第 375 页。

产关系遭到了严重的破坏，因而直接地阻碍了西藏经济的发展，使西藏经济长期处于落后的状态。

1. 农牧业方面

西藏没有纯农业区，主要是农牧区和纯牧区。农牧业占绝对主导地位，工商业处于次要补充地位。早在7世纪初，雅隆部落首领松赞干布兼并了邻近各部，在西藏建立了统一的强大吐蕃政权，使西藏全面进入奴隶制社会。据文史资料记载，当时的雅鲁藏布江两岸，牛羊遍野，农田弥望，农作物主要有青稞、小麦、豆类等；畜牧业品种主要有牦牛、马、羊等。"开垦土地，引溪水灌溉；犁地耦耕；垦草原平准而为田亩；于不能渡过的河上建造桥梁；由耕种而得谷物即始于时。"① 对金、银、铜、锡等矿产的开采已经出现，冶炼也较为广泛。生产工具已有犁、轭、碾、磨、斧、锯、刀、镰等。手工业已有酿酒、造纸、制陶、编绳、纺织、金属器皿制造，等等。从不同角度，显示了当时社会生产发展的水平。然而，随着"政教合一"制度的不断加强，生产关系遭到严重破坏，生产力水平长期停滞不前，加之统治阶级内部和教派间的明争暗斗，使人民生活苦不堪言，导致了西藏经济陷入缓慢发展的状态。

在西藏民主改革前，农业生产一般使用铁犁、锄、镰、耙等农具，也有用青冈（即高原树种）等木料砍削制成的农具。农业技术方面，普遍采用"二牛抬杠"的犁地方式，耕作粗放，多间歇轮耕，少锄草施肥，因而收获量很低。据1952—1959年的典型统计，农牧区粮食平均单产仅有140—160斤，收获量为下种量的4—5倍；按人平均生产粮食为370—390斤，按西藏人口平均每人占有粮食250—270斤。② 西藏广大人民仅能维持最低的生活水平，农奴对于农业生产毫无兴趣。据调查，有些地方的农牧民在一块耕地上，这样安排农活：第一年种大麦，第二年停种养地，第三年再种大麦，第四年种豌豆，第五年种小麦或青稞。这样周而复始，轮流种植，肥力不足，耕地闲置情况严重。第三年的收获量往往是第一年的一倍或一倍以上③。粮食收割后，在打场用木制连枷或驱赶群牛践踏脱粒，人工效率很低。从整个生产链条看，基本属于维持性简单生产，无扩大再生产能力，完全处于"靠天吃饭"的被动境地。

---

① 见新《旧唐书·吐蕃传》。
② 见《西藏研究》1982年第3期。
③ 参见房新民《西藏》，新知识出版社1954年版，第11页。

我们应当明白，生产工具是衡量生产力发展水平高低的客观尺度，是人类改造、征服自然能力的物质标志，是划分各种经济时代的重要依据。正如马克思所说，各种经济时代的区别，不在于生产什么，而在于怎样生产，用什么劳动资料生产。劳动资料不仅是人类劳动力发展的测量器，而且是劳动借以进行的社会关系的指示器。按此而论，封建农奴制旧西藏的种植业生产，是极其落后的。

畜牧业采用原始的自然放牧方式，"靠天养畜"和逐水草而居，牲畜品种得不到改良，对自然灾害也无法抵御，至于对草场的利用和畜产品的加工，也一直没有做什么改进。千百年来，牧民一直沿用牛毛或牛皮制成的绳子、口袋以及木制的奶桶、驮鞍等，铁制工具和生活用品较少。皮革用手揉制，羊毛不用剪，以刀割取，牛毛用手或木棍卷缠拔取。牲畜采取季节轮牧，不储备冬草和搭棚圈。在落后的粗放经营方式下，牲畜的成活率极低。西藏民主改革后，对一些牧区做过调查，牛的怀胎率是40%，成活率50%；羊的怀胎率是70%，成活率却只有30%。

造成旧西藏农牧业生产落后的直接原因有以下三个：

第一，"神权"的欺骗和麻醉，使生产发展遭到束缚。在人们的思想中，一切皆由"天命""神灵"来安排。春耕得由僧人卜卦决定日期和播种，收割也得由活佛指定日子，即使误农时，也必须照办。寺庙还严禁捕杀虫蚁和灭除兽害，甚至把许多宜农良田视为"神山""神水""神地"，严禁合理的开发利用，造福于民众，这必然对农牧业生产发展造成严重阻碍。

第二，残酷的压迫剥削，造成了劳动人民的极端贫困。旧西藏流行着"人不无主、地不无差"的说法，就是指在西藏没有无领主的人，也没有无差役负担的土地。如差役，又叫乌拉制，是农奴为领主支应的各种差役，包括人役和畜役。一个4—5口人的"堆穷"家庭，如果有3个劳动力，差役负担就要占去劳动力的2/3；如果有2个劳动力，差役负担就要占去劳动力的3/4以上；实在缺乏劳动力的，往往被弄得家破人亡，沦为"朗生"。此外，还有牧租、高利贷等剥削形式。其压迫之深、剥削之重、敲诈之狠，正像藏族谚语所形容的那样："牛背无毛，鞭子无底。"例如，堆龙德庆宗（相当于县）洞嘎地方的农奴白玛才仁，在民主改革前，他所欠的"债"共有三种：第一种是子孙债，原欠青稞15克，还了601克，农奴主还说他尚欠290克；第二种是联保债，欠债数字由农奴主随便说，农奴虽然已经还了160克，但还是说尚欠700克；第三种是本人所欠的债，原欠106克，已还309克，但还欠950克。这种世代相传、高利盘剥的债务，农奴永远也不可能还清，真可谓是"理不清的头发"。

第三，通过残暴的镇压手段，造成了劳动人民的大量逃亡。公元17世纪初，西藏形成了《十三法典》和《十六法典》，一直延用到1959年的西藏民主改革前。"三大领主"利用宗教及"成文法、习惯法"，设立监狱或私牢，对90%以上的奴隶、农奴，实施精神和肉体控制；将人分成"三等九级"（详见附1），把最高上等人性命视为比等重身体的黄金还要贵重，最底层下等人看作"一根草绳"或是一个"会说话的牲畜"；平民一旦触犯"法规"，轻则手铐脚镣、皮鞭棍棒，重则割舌、挖眼、抽筋、剥皮等，各种刑具，令人触目惊心。乾隆末年，在一次以驻藏大臣名义发布的告示里就承认："唐古忒百姓本来穷苦，百姓内除出天花亡故外，又因差事繁多，逃散甚众……查百姓逃散之故，原因乌拉、牛马、人夫、柴草、饭食费用繁多，以致逃散。"① 萨喀地方原有千余户，至嘉庆初年，仅剩下200户左右，逃散38%。对此，曾任驻藏大臣的松筠，在《西招纪行图诗》中做了生动详细的描写。

从上述情况不难看出，作为生产力的广大劳动人民极端贫困和大量流亡，直接影响了社会生产的发展，从而导致了西藏农牧业经济的凋敝和落后。

2. 工商业方面

在西藏这块宝地上，不仅有丰富的水力、森林等资源，而且有多种宝贵的矿藏。金矿早就闻名于世，据洪涤尘在《西藏史地大纲》一书中称："境内矿藏之富，首推东部之金，量多质良，西人比之为北美之加利福尼亚省第二。"② 丰富的自然资源，为西藏工商业生产的发展创造了有利条件。可是，令人痛心的是，旧西藏连一颗螺钉、一盒火柴都制造不出来，都要从外面进口，就更谈不上有什么近代大机器工业了。原西藏地方政府虽然也曾设有专门管理这方面的机构，如"扎西勒空"即机器局，负责管理电灯厂、兵工厂、铸造厂等，但生产规模实在小得可怜。

---

① 《卫藏通志》卷14上。
② 见《西藏研究》1982年第3期。

发电厂是原西藏地方政府在拉萨一座比较重要的工厂。该厂的设备1933—1934年从英国运来，由一位曾在英国受教育并获得英国电力工程师学位的藏族人仁岗装置起来的。发电厂的最高发电量是120千瓦，平时发电量还不到60千瓦，所发出的电，除了"兵工厂"用一部分外，大部分电量供应给布达拉宫权贵照明。但60千瓦的电量，装不了几个灯头。因此，在拉萨只有少数大贵族府上才有电灯，普通贵族没有资格使用电灯，平民百姓就更没有希望了。就是大贵族府上的电灯，亦是时常不亮的，60瓦的电灯泡抵不上一支洋烛；电压过低时，灯丝像一条红线，连人的面孔都照不清楚。这个小水力发电厂，利用色拉寺山后的一条小溪流作为动力，常年只有夏天才有水，一到冬天就干涸了，所以只有夏季才能够发电。后来，地方政府又安装了一部5马力的汽油发电机，主要用于冬季发电。但这部汽油机只能发20千瓦的电，使地方政府不得不再次采取限制用电措施，仅有四大噶仑家中才有电灯，而且还不是每天发电，大约一个星期只有两天供电。①

拉萨兵工厂是原来清朝驻军的修械所。辛亥革命后，驻军被逐，该厂被西藏地方政府接管。这里工作的工人和技师，大部分仍然是汉人。据说，最高的产量是每月造步枪30支、子弹2000发；后来每月只能生产步枪4支。于是，原西藏地方政府将兵工厂改为了造币厂。这个工厂的工人只有30名，生产的主要产品是印刷纸币和铸造铜元；一个月大约只有10天时间开工②。纸币是用木刻版套色印制的，纸张用的是西藏土纸，看起来土色土香，曾成为世界上集邮爱好者的珍品。印刷的技术完全是用手工完成，据说要经过九道工艺程序，才能成为成品；纸币上边有达赖喇嘛和噶厦政府的图章，号码是用手工写上去的，编写号码的人只有4名，因此，纸币产量很有限。③ 以后地方政府在印度购置了机器，使纸币的产量有所提高，但通货膨胀却给西藏人民带来了巨大的灾难。

3. 手工业方面

普遍存在的工业，实际是民族手工业。一般是作为家庭副业形式出现，除农奴主利用无偿劳役所经营的作坊手工业以外，农牧奴由于农牧业

---

① 参见李有义《今日西藏》，第84页。

② 同上。

③ 同上书，第93页。

生产的直接收入不够维持最低生活，几乎每户人家都要从事一些副业，如捻毛线、织氆氇、畜产品加工，等等。贵族庄园里的作坊，主要是从事纺织业，如将动物皮毛进行加工，制作成毛毯、地毡、服装、鞋帽、被子、氆氇等产品。除满足贵族家庭自用外，部分运销拉萨或其他城镇，有的转卖给尼泊尔人开的染坊，其纺织品约占总产量的60%；其余则是农奴们个别生产的。在民主改革前，拉萨有近30家尼泊尔人开的染坊铺，他们主要为贵族染制氆氇等。这些染坊铺都是家庭作坊，除了替人染制物品以外，他们自己亦收买一部分白氆氇，染好后再出售。另外，还有普遍的传统手工业，如制纸、制革、制香、制陶器、制佛像、制佛具等，都是小规模的，以分散的家庭为生产单位；有一定批量的手工业产品，基本操纵在"三大领主"手中。制纸工业的中心，在工布的"京本宗"，由地方政府派专人收纸，全部收购，很少流入民间。这里生产的藏纸，工艺原始，质料上乘，是旧西藏印公文、钞票的专用纸张。民间生产的藏纸质量较差，大多销往不丹等国。造纸的基本原料是一种毒草根，工艺大致为：将草根在水里泡烂，用石头砸碎后拌为草浆，掺一点榆皮汁，抹在一块石板或布架上，经晒干后，剥离下来就成为一张纸；一个人一天只能生产20张纸左右①。

手工业的生产工具和生产技术非常落后，而且产量也十分有限。民主改革前，江孜城镇的织毯工人占全城人口一半以上，以织毯为业的约有400户，几乎每户家庭的劳动力都投入到了这个生产行业。藏毯的主要原料是羊毛，生产过程分为洗毛、晒毛、梳毛、捻线、染线、结经、织纬、剪毛8个工序流程；基本色彩有15种，同一色彩又有深浅的差异；染料是山间和田野里采集的一种野生有色树根、草叶和一种矿石制作的；织毯工具为挂经线木架和一把剪刀，把各种不同颜色的纬线，按照一定的编织规律，穿结在经线上，然后用剪刀剪去浮面的乱毛，穿结到一定的尺寸，便成了绒毯。因受工具限制，面积一般是1米宽、1.5米长②。

4. 商业方面

西藏的商业与牧业、手工业相比，是无足轻重的。首先，不利的自然环境，使西藏商业受到很大限制。西藏地域虽广，但高山重叠，冰雪终年

---

① 参见李有义《今日西藏》，第84页。
② 参见《稳步前进中的西藏》，第65页。

不化，加上交通闭塞，运输工具极其落后，因此，物质的商贸交流主要靠马帮驮运和人力步行。江河上桥梁极少，只有短距离的航运。除少数木制渡船外，较普遍使用的摆渡工具是牛皮船。西藏历史上形成的对外陆地通道，仅有几条骡马驿道，如西康线、青藏线、滇藏线上的"茶马古道"；同印度、尼泊尔、不丹等邻国的商务往来，多是"艰险羊肠道，溜索独木桥"。一般来说，从拉萨到内地成都或西安靠畜力或步行，单程需要一年以上的时间，到国外重要城市也要三个月左右的时间。因此，原西藏地方政府的商贸税收很少，一般比例是"十抽一"，即：十驮食盐抽一驮食盐；羊毛、茶叶等也是如此。总体经济形态为自给自足的自然经济，交换形式主要是以物易物，以货币形式出现的商品经济十分微弱。我们知道，商品是用来交换的劳动产品，是在社会分工条件下实现的；只有精细的社会分工才会有发达的商品经济。旧西藏的产品经济，没有实现商品经济的时代跨越，除社会生产力不发达的多种因素外，与西藏长期实行"政教合一"制度分不开，甚至是根本的症结所在。正是这种制度的严重影响，长期把西藏的社会分工限制在了第一次分工的圈子内，极大地抑制了西藏商品经济的发展。

从经营商业人员的具体情况看，大体可分为三种人：一是西藏的"三大领主"；二是内地从事长途贩运的商人；三是外国商人。后两者人数有限，仅100多家，主要集中在西藏的主要城镇和交通要道，如昌都、拉萨、日喀则、江孜、亚东等地活动。而大量从事商业活动的则是"三大领主"，他们通过专门设置的"冲本"（商业管家），基本垄断了一切商贸活动。他们将从劳动人民那里搜刮来的初级畜产品：羊毛、皮张、牛尾及贵重药材等运往内地或国外，再从那里购进西藏的特需商品和日用百货，投入市场。特别是往往把一些日常生活的特需商品囤积起来，如茶叶、食盐、糖料、棉布等，作为控制和剥削劳动人民的一种手段，以榨取更多的物质财富。据1959年民主改革时调查，定日县协格尔寺囤积的茶叶足够该寺90年之用；白朗宗政府囤积的食盐，可供该宗群众用几十年。解放前驰名西藏的"邦达仓""恩珠仓""桑多仓"等巨商，在内地西宁、成都、重庆、上海和国外的噶伦堡、加尔各答都设有商号。因此，"三大领主"不仅实行对农奴人身占有和生产资料占有，对广大劳动人民通过劳役地租、实物地租和高利贷等手段进行残酷的盘剥，而且在很大程度上垄断了西藏的商业，这是西藏封建农奴制商业的重要特征。

总之，彻底废除万恶的旧制度，已成为历史社会前进的大势所趋、人心所向。1959 年，中国共产党代表广大劳动人民的意愿进行了伟大的民主改革运动，根本摧毁了"政教合一"制度，为西藏政治、经济、文化等方面的发展开辟了广阔的道路。从此，社会主义新西藏发生了巨大的变化。正如列宁同志指出："一切民族都将走向社会主义，这是不可避免的。但一切民族的走法却不完全一样，在民主的这种或那种形式上，在无产阶级专政的这种或那种类型上，在社会生活各方面的社会主义改造的速度上，每个民族都会有自己的特点。"① 这就预示：西藏人民的未来将会更美好。

（载《西藏党校》内刊 1985 年第 2 期）

附 1　西藏地方法典反映的等级情况

一、上等：1. 上上级：藏王等最高统治者〔无价〕；

2. 上中级：善知识、轨范师、寺院管家、高级官员〔有 300 以上仆从的头领、政府宗本、寺庙的堪布等（命价 300—400 两）〕；

3. 上下级：中级官员、僧侣〔扎仓的喇嘛、比丘，有 300 名仆从的政府仲科官员（命价 200 两）〕；

二、中等：4. 中上级：一般官员、侍寝小吏、官员之办事小吏〔属仲科的骑士、寺院扎仓的执事、掌堂师等（命价 140—150 两）〕；

5. 中中级：中级公务员〔小寺院的扎巴（命价 50—70 两）〕；

6. 中下级：平民〔世俗贵族类（命价 30—40 两）〕；

三、下等：7. 下上级：〔无主独身者、政府的勤杂人员（命价 30 两）〕；

8. 下中级：〔定居纳税的铁匠、屠夫、乞丐（命价 20

---

① 《列宁全集》第 23 卷，第 657 页。

两）]；

9. 下下级：妇女、流浪汉、乞丐、屠夫、铁匠（命价草绳一根）。

说明：西藏的《十三法典》和《十六法典》于公元17世纪初形成，一直延用至1959年西藏民主改革前；本"三等九级"情况表，正是根据这两部藏文法典内容编制而成，方括号内的内容，摘自《十六法典》。

西藏农牧业生产经营方式出现新变化

1984年底,西藏贯彻落实了以"两个归户、长期不变"为主要内容的农牧区经济政策。这一政策的实施,为西藏包括责任制在内的多种生产经营方式的发展创造了良好的条件。一年来,在家庭经营的基础上,根据群众的意愿和生产发展的内在要求、多种的经营形式,土地、牲畜和劳力都出现了新的组合,小规模的专业性生产促进了农牧之间和家庭内部的分工,正在创造着一种新的生产力。它们和人民公社体制下的联合劳动有质的不同,将成为西藏农牧业生产方式发展的方向。

土地、牲畜互换,适当集中。工布江达县加兴区先巴塘乡副乡长其美一家6口人,2个劳动力,原有耕地15亩,牦牛19头。这一家经营牧业有经验,用8亩地换畜8头(与本村的工布和降央各换4头),现已发展牦牛52头。工布一家4口人,2个劳动力,原有耕地9.9亩,牦牛16头,羊4只,马1匹,由于缺乏放牧经验,今年元月份后,病死牦牛2头,兽害损伤2头,自食2.5头,仅剩8.5头。因对经营农业有经验,用4头牛与其美换地后,现有耕地13亩多。交换理由是:放牧没经验,种地有经验;农牧兼营劳力紧张,顾不过来。他们互换的条件是:秋后工布、降央按平价供应给其美粮食各300斤,其美按平价供应给他们适量的畜产品。再如加查县加查区加查乡三村典登一家4口人,有2个劳动力,有放牧经验,便用5亩地与其母格桑群宗换得牲畜12头。互相调整后,典登的牲畜已发展到40多头,其母一家(4口人)有种地的经验,土地发展到15亩多,这样调整以来,发挥了各自的经营特长,促进了农牧业生产的发展。

土地转借,权属不变,合股经营,收成平分。如其美将自己剩下的5亩地,交给其姐姐果果帮种,种子各出一半,肥料由其美供给,经营管理均由果果负责,秋后的收成对半分。

在家庭经营的基础上，随着牲畜、土地新的转移，牧业生产出现了多种经营形式。

互助方式：以户与户之间换工，收入归己为特征。如先巴塘乡乡长边久一家7口人，2个劳动力，有牲畜34头（只），由其母帮助带放，畜产品归边久。边久按1头牛折1天工，5只羊折1天工的办法，帮助母亲家干地里的农活，不再另计报酬。

代放方式：以代放户按规定取得报酬，被代户按规定付给报酬为特征。如墨竹工卡县塔巴村泽基（原放牧员），帮助别人代放牲畜30多头，被代放户按照历史习惯付给泽基报酬，即每头牲畜一年付给9.9元，交酥油19斤。米林县群众把这种代放形式叫作"嘎西夏"。

雇工放牧方式：以季节性雇人放牧，付给适当报酬为特征。如加查县泽九乡三村向果四郎，季节性雇工2人，付酬办法是：向果四郎按一天工值4.2斤粮或2元钱付给被雇者。

专业放牧方式：以专门经营牧业为特征。如加查县陇南乡三村扎西，以专养牲畜为主，用地换和钱买的办法，从原有牲畜150头（只），发展到现在的215头（只）牲畜。

随着社会生产的不断发展，促进了家庭内部的分工越来越明显。如米林县米林区雪嘎乡仁青一家8口人，4个全劳力，3.5个劳力，本人为国家干部。现有牲畜75头（只）（不含60多只鸡），耕地60亩，果树10棵，履带式拖拉机1台，铁牛1部（为5户合买）。家庭内部的具体分工是：3人搞牧业，3人搞农业，1人搞副业。像这样的例子很多。

总之，由于党的方针政策正确，极大地调动了广大农牧民的生产积极性，使农牧业生产向着广度和深度不断进军，并已开始出现了向着专业化方向发展的新趋势。

（载《西藏日报》1985年12月27日第二版）

附2 善于搞多种经营的万元户

白朗县罗布江孜公社乃穷旺久，是一个近年发展起来的兼业户。全家15口人，9个劳力，买有马车1辆、手扶拖拉机1台、缝纫机4台，除经营农作物外，还经营副业、商业和养殖业。承包土地65亩，4人会缝纫，义务带徒6人，一人会木工，他们外出做工，别人管饭，收入归己；经营个体商业，卖皮鞋、烟酒、茶、糖等，月收入利润100余元；利用手扶拖拉机搞运输，月运费收入达300元；另养有奶牛7头、羊40多只、骡马4匹。1983年农、副、商、牧等业，总收入达到1万多元。随着勤劳经营和收入增加，这户家庭的生活水平在不断提高，除了丰衣足食外，家中已有手表5只、自行车2辆、录音机1部以及新添置的日用品等。乃穷旺久十分高兴地说："现在中央的政策确实很好。照这样下去，我们就不愁富不起来。"

（载《西藏日报》1984年6月26日第一版）

谈谈西藏矿产资源的开发与利用

如何开发、利用西藏的矿产资源？变自然优势为经济优势，增加地方财政和群众收入，是当前经济工作中亟待解决的一个重要课题。笔者谈点粗浅的看法，求教于专家学者们。

一　对西藏矿产资源的基本评估

西藏区域辽阔，矿产资源丰富，成矿地质条件好。经过几十年的地质普查找矿工作，在全国150多种矿产中，有近一半的矿种在西藏均有分布。截至1986年底，全区已发现矿产71种，其中黑色金属4种，有色金属及贵金属矿产14种，稀有分散及放射性矿产15种，冶金辅助原料及其他非金属矿产23种，化工原料非金属矿产15种，能源矿产5种。已探明储量的矿产有30种，产地达90余处。有13种矿产的储量占全国的前5位，其中铬铁矿、刚玉、地热资源储量居全国之首；铜、石膏储量居全国第二位；硼、菱镁矿、硫和水晶石储量居全国第三位；砷、白云母、泥炭储量居全国第四位；高岭土（瓷土）储量居全国第五位。另外，盐湖中锂的储量很大，探明后也应居全国之首。我们相信，随着今后地质工作程度的提高和找矿技术的改进，新的矿产及矿产储量将会不断增加，其前景非常广阔。

根据矿产资源的储量、开采的难易以及市场的需求，西藏的优势矿产主要有：

1. 铬铁矿

保有D级以上储量，约占全国铬铁矿保有总储量的42%，居全国第一位。西藏铬铁矿产地较多，已探明的产地多在公路沿线，具有矿体埋藏浅，水文和工程地质条件好、运输方便、易开采加工等特点。矿石品位较高，富矿占全国矿石总量的60%，平均CO_2O_3为52.63%，SiO_2、P、S等有害杂质均低于允许含量，矿石质量在全国居首位，构成了西藏铬铁矿的又一大特点。另外，铬铁矿产在超基性岩体（或叫蛇绿岩套下部的地幔橄榄岩）中，全区已发现的超基性岩体总面积共达6300余平方公里，占全国超基性岩体总面积的2/3以上，具有良好的资源找矿远景。

2. 铜矿

已探明D级以上保有储量，占全国保有储量的20%，居全国第二位。目前，已知铜矿床（点）70余处，勘探工作较多的仅有6处。西藏铜矿类型以斑岩型铜矿为主，如玉龙铜矿（斑岩型）等，其规模最大，为全国最大的铜矿床之一。该矿储量达700余万吨，开采条件简单，矿体厚度大，储量多，埋藏浅，绝大部分可以露天开采。此外，铜矿中的伴生矿产多，主要有钼、铁、硫、钴、金、银、钨、铋、铅、锌、铂族金属等10余种。仅玉龙铜矿的伴生矿产：钼、钴、金、银、铼、钨、铋均已达到大型矿床规模；铁、硫、铂族金属等已达到中型矿床规模。西藏"三江中段"的矿产地已构成我国最大的斑岩铜矿带，玉龙铜矿区以南约100公里范围内，有不少位置相对集中，利于开发；在矿带的南北尚有扩大的可能，其远景也十分可观。只要我们加强地质勘探工作，特别是对金、银等贵重金属的勘察，提高其储量，在21世纪内将有可能被列入国家计划开采项目。

3. 以硼为主的现代盐湖沉积矿产

西藏湖泊众多，是我国湖泊最多的地区。据初步统计，包括干盐湖在内，共有2800多个，总面积超过6万平方公里，其中各类盐湖360多个，总面积达3万余平方公里。西藏盐湖卤水中含有50余种元素，其中锂、铷、铯、钇、铈、镉、钽的丰度大于相当浓度海水的数百倍至1万倍，是名副其实的"聚宝盆"。盐湖中硼矿有：固体和卤水硼矿两种，从20世纪60年代初的工作成果看，B_2O_3保有储量为300余万吨。与硼矿伴生的矿产有：芒硝、水菱镁矿、锂盐、钾盐、食盐、天然碱等矿产。据近几年对扎布耶盐湖的调查，该湖的无机矿产部分，碳酸锂达500万吨，硼约8000万吨（B_2O_3）3200万吨，铷5000多吨，铯2800多吨，氯化钾2000多吨，总匡算其潜在价值达1600亿元，是当今美国西尔兹盐湖（现年产值1亿美元）的30倍。另外，该湖拥有大量可再生生物资源——食盐藻以及硼、锂、铷、铯、溴等稀有金属资源，具有巨大的经济开发价值，其优势是国内其他省区无法攀比的。

4. 地热资源

西藏的地热在能源矿产中占有优势。现已发现地热显示点达 600 余处，这些显示点分布范围广，放热强度大。据初步调查的部分显示点以天然流量估算，其热能总量，相当于 300 万吨标准煤年所释放的热量。目前，羊八井地热田属国内最大的中高温地热田，积存发电潜力可达 7 万余千瓦。

此外，西藏历史上有开采金银矿的文字记载。从世界范围来看，现在的黄金生产地均与历史上黄金开采有着密切的关系。在这方面，由于我们的地质工作程度较低，至今未能提供矿山基地分布。近年来，经过专业地质调查和找矿工作，认为西藏金矿（包括砂金）资源的前景极为乐观，藏东"三江"与冈底斯一带的原生金矿具有良好的远景。冈底斯西段已圈划了具有较大远景的砂金矿带，为西藏的金矿勘察和开发提供了良好条件。

西藏还有储量可观的锡、铅、锌、硫、砷、水晶石、明矾石、高岭土、蛇纹岩、橄榄岩等金属与非金属矿产。这些丰富的伴生矿产，为西藏矿产资源的综合开发以及建设具有西藏特色的原料工业奠定了坚实的物质基础。

二　矿产资源开发利用情况及存在的主要问题

西藏从 20 世纪 50 年代末开始开发利用的矿产有铬铁矿、煤、泥炭、硼、硼镁石、砂金、石膏、石灰石、食盐、黏土、地热水、地下水以及某些建筑材料等。现在开发的矿产，规模较大的有地热、铬铁矿、硼砂、硼镁石（1988 年开始开采）、石灰石和砂金。其中国家开采的有 4 处，地方开采的有 23 处，乡镇企业承租个体户开采的有 10 余处，采矿队伍达到 1500 余人，1987 年创利税近千万元。其开采的主要情况是：

铬铁矿：西藏铬铁矿是我国重要的开发基地。自 70 年代建矿投产以来，已开采 38 万余吨，其中东风矿 33 万吨，其他矿产地 5 万余吨。若按现行价格计算，每年为国家提供 5 万余吨铬铁矿，等于为国家节约 4000

多万美元，折合人民币 2.5 亿多元。

硼矿：50 年代末至 60 年代初，班戈湖和杜佳里湖有一定规模的开采，总产量约 17 万吨，为增加地方财政收入起到了很大作用。1962 年停产，直到 1986 年，硼矿开采才有了新的发展。1987 年硼砂开采量达 1.5 万余吨，产值达 3000 余万元。

煤矿：自 50 年代末开始，土门格拉煤矿建成投产，随后门士、东嘎、芒乡、马查拉等煤矿也相继建成投产。这些煤矿均为小规模土法开采，年产量不足 5 万吨，远远不能满足需要。目前多数矿山已闭坑停产，主要是由于煤层薄（"鸡窝矿"）、开采技术、设备以及管理落后，导致成本高等原因所致。

地热：自 1977 年羊八井第一台 1000 千瓦地热试验机组投产发电以来，至今全区地热总装机容量已达 1.5 万余千瓦，其中羊八井装机约 1.3 万千瓦。1986 年地热年发电量为 4775 万余度，占全区总发电量的 18%；此外，还利用地热建造了温室 4.5 万平方米。那曲地热田利用地热水向那曲镇供热取得成功，供热面积达到 1 万平方米。目前羊应乡、玛曲地热田正在进行地质勘探，即将开发利用。

其他矿产的开采，如石灰石、石膏、大理岩、花岗岩、黏土等，主要是为了满足建筑业的需要。高岭土、云母也曾开采过，但规模小、产值低、成本高、经济效益不佳。

随着西藏经济建设事业的不断发展，发挥矿业在国民经济中的重要作用，越来越受到人们的重视。但是，由于西藏矿业的开发目前还处于起步阶段，存在的问题不少，归纳起来主要是：

（1）地质工作程度低，矿产资源家底不清。虽然西藏已发现矿产 70 余种，但探明储量的矿种少（仅有 30 种）、规模小。矿产资源分布不均衡，铜矿 95% 集中在藏东地区，以硼为主的现代盐湖沉积矿产主要集中分布于藏北地区。

（2）开采技术水平低，管理落后；缺乏对矿山、采矿业的统一组织管理以及对资源和生态环境的保护；资源回收率低、采易弃难、采富弃贫、破坏资源和生态的现象十分突出。

（3）资源的开发程度低，开发利用的矿种少；无矿产品加工能力，几乎都是出卖原矿（石），不能使产品增值；加上公路运输线长，矿产品的成本很高，经济效益不甚理想。

（4）矿产资源的综合利用，尚未引起应有的重视。目前开发盐湖矿产，只注意了硼矿的开采，而忽略了对盐湖中的盐、芒硝、水菱镁矿以及铿、铷、铯等稀有金属的综合开发利用。就锂而言，在出售硼矿过程中，被带走的锂预测比硼矿本身的价值还要大。这样，不仅浪费了资源，而且降低了采矿业本身的经济效益。

除了上述的主要问题外，西藏矿业发展还受到以下因素的制约：

（1）能源缺乏。主要是西藏煤炭和石油十分短缺，电力供应紧张。具体说，煤炭资源少、煤质差，保有储量虽为4600余万吨，但多零星分布于边远地区；石油资源情况不清，尚无可供开发利用的油田；1986年，全区电力总装机容量达到11.27万千瓦，年发电量达到2.6亿度，远远不能满足工农业生产和人民生活的需要，就更谈不上高耗能的矿产品加工业了。

（2）交通不便。西藏现有的公路路况差，通车里程因季节原因难以保障常年通车，远远不能满足矿业的发展。加工运输线长，运费成本高，也影响了矿业的经济效益。

（3）专业技术人才匮乏，生产管理水平低下。特别是采矿业和矿产品加工的工程技术人员奇缺，甚至全区几乎没有矿山、冶炼等方面的专门人才，成为制约当前矿业发展的一个突出问题。解决这一瓶颈难题，是走出西藏矿业发展困境的关键。

三　矿产品的市场预测和供需分析

铬铁矿是国家的紧缺矿产之一。国内年产量仅有6万余吨，而年需要量近50万吨，国家每年要花大量外汇来进口铬矿石，以保持供需平衡。因此，只要我们发挥优势，瞄准市场，抓住时机，大力开采，搞以出顶进，不但能支援国家建设，而且能够增加西藏地方财政和企业收入，其作用潜力不可低估。如果逐步发展加工业，所带来的经济和社会效益就会更大。

目前，我国的有色金属矿产只能满足国内企业消费量的60%，尤其是铜、铅、锌等矿产的需求缺口很大。若按2000年国家规划产量及供需量预测，全国企业的市场自给率也只能达到62.5%。特别是稀有金属和贵金属，无论是国内还是国外，都是长期紧缺的矿种。只要我们抓紧地质勘探和开发利用工作，西藏的优势矿产是不愁没有市场销路的。

近年来，随着国内印染业、漂染业的蓬勃发展，对化工原料产品的需求将日益旺盛，如元明粉、纯碱、烧碱、碳酸锂、硝酸锂、铬酸、硫酸等，市场将出现供不应求的局面。而生产这些产品的原料又正是西藏的矿产优势，其市场前景十分广阔。另外，随着我国沿海经济发展战略的实施，也为西藏矿业的发展带来了新契机。只要我们以市场为导向，乘势而上，合理开发，不断推出新产品，就一定能够促进西藏矿业的大发展。

四　矿产资源开发利用的方向及对策

西藏在开发利用矿产资源方面，必须因地制宜，以市场为导向，分类指导，突出重点，发挥优势，提高效益。其理由：一是西藏优势矿产资源较多，但基本处于待开发状态，矿业发展水平低，直接经济效益不高。二是矿产开发，目前基本上以开发资源、出卖原料（矿石）为主，属于资源导向型。三是矿业的发展应具有一定的规模和速度，只有尽快跳出资源导向型的格局，才能优化产业和产品结构。为此，我们应当做好以下几方面的工作：

1. 加快摸清矿产资源家底的步伐，制定矿业发展的中长期规划。开发矿产，首先要重视地质勘探，加强矿产资源的普查和勘探工作，摸清家底，查清矿产的种类、分布和储量。在此基础上，制定出西藏矿业发展的近、中、远期规划。其次，要根据矿产资源的市场需求和开发难易程度，抓紧对资源相对集中、价值含量高的优势矿产进行详查和勘探，提供可靠开采的工业储量。当前，应把勘察重点放在对铬铁矿、锡、金、以硼为主的现代盐湖沉积矿产和地热资源上，做到有的放矢。

2. 抓紧调整、制定符合西藏实际的矿业产业政策。由于矿业在西藏国民经济中还没有成为重要的支柱产业，在一定程度上没有对整体经济总量做出多大贡献，经济社会效益也不十分明显。采矿往往还是一些企业的一门"副业"，其真正潜力并没有挖掘出来。因此，抓紧研究制定西藏的矿业产业政策，就显得尤为迫切和必要。我们应当下定决心，周密调研，抓紧对那些一无定型产品、二无出路、长期亏损的企业进行调整，促使这些企业早日转轨变形，从而达到优化西藏产业、产品、组织结构的目的，使矿业真正成为西藏国民经济中的一个重要支柱。

3. 有计划、有重点地发展矿产加工业，逐步建立起具有西藏特色的原材料工业体系。一要采取"滚雪球"的方式，走以出售资源换回技术、资金、设备——扩大再生产、加工增值的道路，努力提高自我积累、自我发展的能力。二要根据西藏盐湖矿产中，硼、锂、铷、铯等矿产十分丰富且具有易开采加工、投资少、见效快的特点，尽快建立一批以各类化工原料（矿产）为基础的化工产品加工及生产企业，形成自己的"拳头"产品，逐步建立西藏的化工工业。三要加强对铬铁矿等矿产的加工，从粗加工做起，逐步建成西藏的冶金工业并迈向深加工。

4. 高度重视矿产资源的综合开发利用，切实加强资源和生态环境的保护。西藏矿产类型的特点告诉我们，由于伴生、共生矿产多，在开发利用时，只有进行综合开发利用，降低成本，避免资源的浪费，才能取得较好的经济效益。众所周知，矿产资源绝大多数是不能再生的，用一点儿就会少一点儿。因此，我们要本着对子孙后代负责的精神，十分珍惜和保护矿产资源，严格加强矿产资源的管理工作，以法规形式正确处理好开发与保护、近期与长远发展的关系，明确开发序列，努力做到经济、社会效益和生态效益三兼顾，使有限的资源发挥巨大的作用。

5. 实行全方位开放，加强横向经济联合，促进矿业开发。发展矿业，搞封闭经营和单纯依靠国家投资，停留在"等、靠、要"上是没有出路的。必须实行对内对外、对上对下的全面开放，借助"外力"作用，以开放促开发，以开发促发展。我们应当尽快研究制定出有利于放开搞活的优惠政策，积极发展横向经济联合。充分利用西藏自然资源丰富的长势，弥补西藏人才、技术、资金、设备和管理方法不足的短势，推动联合与协作的不断发展。在这方面，我们要舍得花本钱，克服怕吃亏的思想，换来长远的大利益，逐步改变西藏"富饶贫困"的格局。

6. 加快能源、交通等基础设施建设步伐，是促进西藏矿业开发的重要保证。能源的匮乏使矿产的开发和加工缺乏动力，无法进行加工增值。公路路况差、运输线长，使矿产品的成本增加，降低了应有的经济效益。因此，基础设施的建设应适当超前安排，为西藏矿业乃至全区经济社会发展打下坚实的基础。

7. 高度重视人才培训和引进工作，以适应矿业的发展需要。根据西藏的实际情况，制定特殊优惠政策，做到用好人才、引进人才、培养人才。一是充分发挥现有人才的作用，进一步落实知识分子政策，调整人才结构，提高经济管理、工程技术人员的比例，为他们提供施展抱负和才能的机会。二是认真做好人才的引进工作，特别是要引进矿山开采、选冶、加工等方面的专业技术人才，开发新产品、新技术，提高管理水平。三是采取多种多样的培养方式，不断造就一批既懂理论知识又有实践经验的专业技术干部和专业技术人员。建议在西藏大学设立化工专业，培养出西藏自己的化工专业技术人才队伍。总之，只要是能够促进西藏经济社会发展的办法和一切灵活措施都可以采用。

（载《发展研究》内刊 1988 年第 7 期，由西藏自治区经济社会发展研究中心主办，系作者之一）

对西藏经济体制改革工作的初步认识

改革西藏的经济体制,从根本上说,就是搞好"两个转变"、实行"两个为主",对内搞活经济,对外实行开放,为发展社会生产力、增强自身经济活力开辟广阔的道路。

一年多来,西藏经济体制的改革,在农牧区和城市,在生产、分配和流通领域都已不同程度地展开,取得了一定的成效:广大农牧民群众的生产积极性调动起来了,企业开始有了一些活力,市场初步繁荣,人民的生活水平有所提高。封闭式经济开始向开放式经济转变,但供给型经济还没有受到根本的触动;基本上还是个"超级大锅饭",经济基础十分脆弱,企业和市场缺乏自身"活力"。因此,我们要正确认识西藏经济体制改革工作的艰巨性、长期性和复杂性,明确西藏经济体制改革所处的阶段特征和近期任务,把握住改革的方向,推进其进一步健康发展。

一 改革的艰巨性、长期性和复杂性

经济体制改革是一项规模宏大的社会系统工程,是一项开创性的事业。要破除一切束缚生产力发展的旧体制,建立具有西藏特色的、充满生机和活力的社会主义新体制,一无固定模式,二无现成的经验可取,而且还要受到以下三个因素的制约:

1. 改革跨度大

全国的经济体制改革,从根本上讲,是实现"社会主义有计划的商品经济","保持全民所有制经济占主导地位的前提"。而中央为西藏提出的改革方针是"以市场调节为主""集体和个体经济为主"。两者区别是很大的。

自治区成立20周年来，西藏的经济体制基本上是照搬内地的一套做法，就其决策体制而言，改革前的旧体制，与全国一样，同属于纵向封闭式的行政管理，条块分割，为地区、部门所有，与发展商品经济的要求背道而驰。所有制方面，片面追求"一大二公"；流通领域，实行指令性计划调拨，忽视价值规律作用。也就是说，西藏与内地相比，改革的时间起点是一样的，而所要达到的目标和完成的任务，在程度上有所不同。实现新旧体制的交替，西藏比内地无疑要迈出更大更难的一步。

2. 改革与社会进化相互交织在一起

西藏是由封建农奴制社会跨越到社会主义社会的，是我国严重不发达的地区之一。许多问题归根到底，是个社会进化问题。

目前，自然经济仍然是西藏经济的基本特征。人们头脑中商品交换和价值规律的意识还不那么"强烈"，商品生产和货币观念也没有完全形成，如果说旧体制是自然经济的产物，那么，在西藏它就有着比内地更加深厚的基础。向商品经济转化，需要一个历史的演变过程。在西藏，许多改革政策与措施出台之后，受社会条件、管理水平、人员素质等因素的制约，往往不会产生像内地发达地区所出现的巨大反响，实践经常不能达到预期的目的，甚至长期停留在文件上。加上地域辽阔，人烟稀少，市场狭窄，交通不便，流通和横向发展都受到客观条件的阻碍。改革本身有赖于社会文化、物质条件的改善。可否断言，西藏的经济体制改革在短期内不会使经济生活发生奇迹般的转变。

3. 长期以来形成的"供给制"思想根深蒂固，与改革格格不入

长期以来，西藏基本上是供给型的经济。人们在供给制下所获得的既得利益和形成的是非经济观念，已经成为一种习惯势力，成了改革中无形的障碍。改革一旦触及，就会有人对社会主义产生怀疑，甚至硬扯成政治问题，其阻力不可低估。对于我们共产党人来说，一方面要实践列宁同志所说的"大民族要以对待自己的不平等来改变历史上遗留下来的民族间实际上的不平等"。另一方面，必须顺应历史发展的趋势，讲究价值规律，提高经济效益，在改革中使人们真正自觉树立起"从来就没有什么救世主，要创造人类的幸福，全靠我们自己"的观念，变供给型经济为经营型经济。这确是一个十分复杂的问题。

以上三个方面，从总体上构成了西藏经济体制改革的艰巨性、长期性和复杂性。改革过程不能太快，也不可能太快。时间比内地要更长一些。

急于求成和消极等待都不是我们应采取的态度,而要积极、慎重、坚定不移地搞好经济体制改革。

二 改革的总体设想、阶段特征和近期任务

赵紫阳同志讲,就全国来说,"从十二届三中全会作出经济体制改革的决定以后,特别是去年改革迈出了相当大的步子以后,可以说改革已开始进入两种体制的均势、对峙状态,新旧体制谁也起不了主导作用"。西藏的情况如何?经过4个月的不全面调查和分析,初步的看法是:改革已经起步,有的领域改革的步子比较大,但新旧体制的交替不明显,脱节的问题比较突出。具体来讲,对于旧体制的"破"做了一些工作,而新体制"立"的工作做得很少。全面开放、取消指令性计划、价格放开等措施,打破了旧体制,但不等于建立了新体制。而人们往往在两者之间画"等号"。在目前的经济生活中,这是造成宏观失控、放手不管、产生各种不协调现象的原因所在。

由于这种"脱节"现象的存在,为了解决在打破旧体制之后出现的种种新情况、新问题,我们不得不从旧体制中去寻找办法,无形中又强化了旧体制。在西藏经济生活中,实质上旧体制还占着主导地位。这种局面如不下大力量加以改变,将很难扭转。我们感到,现阶段有以下六个比较突出的问题:

1. 关于宏观控制和管理

在总需求与总供给的平衡方面。1984年和1985年,是西藏基本建设大规模上马的两年。同一时期,又伴随着职工工资、福利的大幅度调整,社会总的供给水平远远低于社会总需求的增长。物价上涨高于全国,资金严重不足,城镇居民对物价失控难以承受,改革处于内外吃紧的窘迫境地。我们对总量平衡工作一直重视不够。在"分灶吃饭"的体制下,为改革创造一个比较宽松的外部环境,确是需要我们认真对待的一个问题。

在开放方面。我们对交通、建筑两个系统实行了全面的对外开放,打破了区内国营企业独家经营、卖方市场的一统天下。但是,对运力与运量、施工力量与投资规模的总量平衡却考虑不够,随着全国财政金融紧缩政策的实施,运输与建筑企业生产任务严重不足,企业内部的改革走起了

回头路。

在计划体制改革方面。我们取消了除水泥、木材以外全部工业品生产的指令性计划，让企业自谋生路、自由竞争。企业有了压力，部分企业的经济效益和经营状况有所改善。另外一部分企业，由于过去产、供、销相互脱节和产品销路得不到保障，加工任务没有着落，处境十分困难。这部分企业中，有些确实没有必要办下去了。但是，企业归部门所有，不能实现真正的自负盈亏，破产成为不可能，最后还是吃国家"大锅饭"。

在市场和流通领域的改革方面。我们取消了对全部农畜产品的计划收购和议购，除37种商品以外，全部工业品价格放开，实行市场调节。但是，我们对如何在以市场经济调节为主的前提下组织和建立市场机制想得不多、预测不够、估计不足。结果，如粮食、酥油、蔬菜等这些关系人民生活的基本重要物资，不是形不成市场，就是完全由私商控制市场。有些产品还出现了区域性的垄断现象，国家失去了干预市场活动的能力。

以上问题的存在，一是改革不配套；二是缺乏建立新体制的强烈意识；三是改革的方向、目的不明确。

现在有一种说法，认为企业在竞争中，"垮了活该"，"不行就都养起来"。这不是我们改革的目的，在实践中也是不可能的。西藏改革，目的是增强自身的活力，逐步减少对国家的依赖，走上自主经营的轨道，通过自力更生发展生产，使西藏人民尽快富裕起来。"垮了活该"或"由国家养起来"，只能加大对国家财政的依赖，也不利于政治上的安定。

开放、搞活是改革，加强、改善宏观控制和管理也是改革，而且是难度更大的改革。微观放活的范围、程度和步骤，必须同宏观控制的能力相适应。西藏加强宏观控制，与内地有所不同，价格、税收、信贷等主要的间接控制手段，可以发挥一定的作用，而直接的行政控制方法在目前仍然十分有效。特别是在1990年以前对农牧区和集体、个体工商业实行减、免税政策，信贷又难以发挥作用的情况下，行政控制的作用和范围就更不可小看。因此，我们要通过行政控制来推进新体制，更好地搞活西藏的经济，增强自身活力。

2. 关于所有制结构

西藏全民所有制企业在改革中处境十分艰难，风雨飘摇。一方面说明，建立新体制的工作没有跟上；另一方面说明，在西藏办的一部分全民所有制企业有个生产关系与生产力发展水平不相适应的问题。因此，中央提出西藏要以发展集体和个体经济为主。对"以集体和个体经济为主"如何理解？其衡量标准，一是数量，二是实力。我们认为：主要是看其在国民经济中的实力，要使集体和个体经济在整个经济活动中占主导地位。以集体和个体经济为主，对财政、计划体制的管理提出了改革的要求。现行财力的来源主要是中央补贴，而财力分配的落脚点主要是全民所有制企业。计划体制改革的核心是基本建设管理的改革，而基本建设投资也是为发展和巩固全民所有制服务的。这就要求我们从根本上进行财政、计划体制的改革。已经出台的改革措施，还完全没有触及所有制问题。

3. 关于行业管理

行业结构和产品结构，是西藏经济改革中有待深入探讨的问题。现有的行业，经过20多年的发展，其经济和社会效益发生了很大的变化，哪些应该发展，哪些应该限制和压缩，必须有比较清醒的概念。西藏国有企业关、停、并、转的任务还没有完成，产品结构的调整也需要进行研究，在多样化的基础上，如何开发适销对路、淘汰质次价高和滞销的产品，抓住"拳头"产品，带动其他，与计划、财政、信贷等有关部门的政策密切相关。

企业规模一定要适合市场的需要。企业规模必须严格加以控制。企业规模过大出现"吃不饱""销不出"的问题，是旧的"大锅饭"体制造成的一大危害。体制改革中如何划小现有的国营企业，压缩规模，变全民企业为集体企业是个难度很大的课题。劳动密集型企业有利于就业，但劳动力价格不能太高；技术密集型企业劳动力含量低，又要受到人员素质、文化水平等方面的限制；达不到一定的规模，产品成本就难以降低。企业规模问题是制约和限制经济发展的一个潜在因素。西藏经济体制改革，需要加强宏观控制和管理，又必须认真解决行业、产品、企业规模的调整提高问题。这方面的任务还相当繁重。

4. 关于搞活企业

搞活企业是城市经济体制改革的中心环节，其关键又在于管理体制和部门职能的改革。随着计划体制的改革，西藏大部分企业在产供销方面已经放开，但人、财、物方面还捆得很死。企业基本上还是主管部门的附属物，既不是经济实体，也没有法人地位。主管部门不放权，企业的自主地位得不到社会承认，有权比没权还难受，企业很难搞活。最重要的是一定要实现政府各业务主管部门不再直接管理干预企业，通过简政放权，削减中间层次，使企业获得真正的商品生产者法人地位。在此基础上，辅之以计划、财政、税收信贷、劳动人事等综合部门的配套改革，才能使企业实现真正的自主经营、自负盈亏，并在大体平等的情况下竞争。

企业内部要实行厂长（经理）负责制和各种形式的经济责任制，使经营者、职工的切身利益与企业的经济效益挂起钩来。西藏城市改革的最大难点在"关停并转"企业和各层次精简下来人员的出路问题。对此，一定要采取过渡性措施，避免矛盾激化，同时积极考虑建立社会保险和就业（失业的）保障制度。

5. 关于横向经济联合

横向经济联合是商品经济发展的客观要求，是现阶段全国经济体制改革的一个突破口。通过横向经济联合，可以从根本上瓦解旧体制，为建设新体制开辟道路。西藏"以市场调节为主"就是要大力发展商品经济，横向经济联合有其特殊的意义。它还有可能为西藏产业结构和所有制结构调整开辟一条新的道路。

到目前为止，我们对这项工作在经济体制改革中的真正实际意义还认识不足，重视不够，领导力量薄弱，政策、措施也不得力。西藏的横向经济联合，现在还处于等待援助，甚至是依赖无偿援助的阶段。除了香港之外，无论是与外省区，还是区内各地区、各企业之间，在互惠互利的基础上的横向联合基本上没有开展。造成这种状况的原因主要是：

首先，我们对旧体制的依赖性很强，感情也很深厚，与新体制发展的要求是有抵触的。由于没有经济头脑和效益观念，对于在互惠互利基础上发展横向联合，既不习惯，也难以接受，看不到这是商品经济发展的历史趋势。

其次，企业没有自主权，地区、部门所有制严重地阻碍着横向经济联合的发展。计划、财政、基本建设、物资、金融等体制基本上是为条块分割服务，横向联合受到来自各方面的约束。企业在条条块块的束缚之中，无计可施，只能"安于现状"。

再次，产品成本高，工资含量高，劳动生产率低，运距长，市场小，抵消了横向联合中资源优势可能带来的效益，对外部投资者缺乏吸引力。开展区内、区外的横向经济联合是现阶段西藏经济体制改革的一个重要组成部分；抓住此环节，可以进一步推动财政、计划、金融、物资、劳动人事等部门的全面改革。

6. 关于市场

城乡市场是不可分割的。西藏流通体制改革的主体在农牧区。贯彻以"市场调节为主"的方针，是要求我们在"放"的基础上进一步组织和建立新的市场机制，推动城乡之间、农牧区之间的商品流通和商品交换，发展商品经济。同时，使货畅其流，大力改善供给水平，缓解需求与供给之间的不平衡。不是要求我们退出市场，放任不管。

农牧区改革，实行"两个长期不变"的方针，从根本上打破了旧体制，使经营者有了完全的自主权，为发展商品经济创造了良好的条件。但是，我们却没有充分地利用这个条件，在取消农畜产品收购计划的同时积极着手组织和建立新的市场，有些同志甚至认为，农牧区的政策是"放到头了"，"退到底了"，除了落实、巩固、完善之外，没有什么事情可以再做。

牲畜归户、土地归户使用，仅仅是使农牧民获得了独立的商品生产者地位，但他们中绝大部分人的生产还是自足自给的，属于自然经济的范畴，不是商品经济，更不是市场经济；是向新体制迈出了决定性的一步，但从市场机制的角度来讲，还有待进一步完善，改革的目的远远没有达到。新体制的最大特点，应该是推动自然经济向商品经济发展。否则，以市场调节为主，对占西藏总人口80%以上的农牧民来说，就失去了其应有的意义；"以物易物"将永远是自然经济的一种补充，而不会变为向商品经济过渡的桥梁。流通体制的改革，是城乡经济改革的重大课题。

农牧民习惯于"以物易物"的商品交换形式，货币观念不强。要建立广泛的城乡市场，就要抓住农牧民群众乐于接受的商业形式，打破一切阻碍发展城乡市场政策上的条条框框，努力开辟多种形式的生活、生产资料贸易市场，进一步带动劳务、技术、金融市场的形成，从流通体制改革上做出大胆的突破性的调整。

对以上六个方面问题的分析，旨在进一步说明目前西藏经济体制改革所处的阶段特征，指出存在的主要问题，提出面临的重要任务，便于我们构想改革、建立新体制的轮廓。

三 当前改革的方针和任务

根据目前改革形势的分析，对当前西藏改革的方针和任务，提出如下建议：

当前，社会总需求仍然超过总供给，经济生活中不稳定的因素十分明显，人们的心理状态不佳，改革的外部条件很不理想，新旧体制的"破"与"立"脱节；一些已经出台的改革措施并未真正落实和发挥作用，仍然停留在文件上。进一步推动改革，出台大的项目，条件尚不成熟。

我们认为，西藏经济体制改革应当坚决贯彻中央提出的"巩固、消化、补充、改善"的方针，这是切合西藏改革实际的。为此，应当着重抓好以下几项工作：

1. 深入细致地开展调查研究，正确认识几年来的改革，统一思想。

2. 补充落实已经出台的改革措施，巩固和发展改革成果。

3. 在调查研究的基础上，制定加强宏观控制和管理的政策措施，配合机构改革，拟订进一步搞活企业的方案。

4. 应着重做好推动各种形式横向经济联合的工作。根据国务院有关规定，结合西藏实际，制定具体办法，开辟新的市场，救活一部分企业。

（载《一切从西藏实际出发论文集》一书，由西藏自治区党委宣传部、西藏日报社、西藏广播电视厅主编，西藏人民出版社1988年版，系本人参与企业调研及文稿执笔人之一）

西藏计划体制改革面临的现实选择

西藏计划体制改革走到了一个叉道口：西藏现行体制实行的仍是"以市场调节为主和以集体、个体经济为主"（以下简称"两个为主"）的指导方针，这与国家要求在治理与整顿时期"多一点计划性、适当加强集中"的精神，尚差一定的距离。如何作出选择，按照有计划的商品经济目标模式，建立计划经济与市场调节相结合的经济运行机制，需要我们抓住机会，统一认识，及时调整，避免失误，协同奋进。

一　回顾中谈选择

描述西藏计划体制改革所走过的道路，大体可分为三个发展阶段：
——集权与分权。这一阶段改革的起因是：民主改革后到党的十一届三中全会前夕，西藏的计划体制一直是照搬、沿用全国统一的计划经济管理模式，即单纯依靠行政手段，按照产品经济的要求，设置的一种集权式管理体制。这种体制最大的弊端已有了历史性结论，这就是集中过多，管得过死，指令性计划的比重过大，忽视市场调节，不善于运用经济调节手段；计划管理中投入产出不挂钩，没有建立起严格的责任制，普遍存在着吃"大锅饭"的现象，不利于充分调动各方面的积极性，不利于国民经济的迅速发展。随着农村改革的率先引爆和城市改革序幕的相继拉开，僵化的计划体制已经不适应发展社会主义商品经济的需要，到了非改革不可的地步。为了实现党的十二大提出的宏伟战略目标和各项任务，按照"计划经济为主、市场调节为辅"的原则，围绕休养生息、简政放权、减税让利的思路，展开了计划体制的局部性探索改革。其主要内容是：根据中央第一次《西藏工作座谈会纪要》（即中发〔1980〕31号文件）和国务院《关于对国营工业企业进行全面整顿的决定》，率先在农牧区实行了以"包"字为主要内容的生产承包经营责任制，扩大了牧民生产自主权，取消了农业生产、产量和种植的指令性计划，对粮食、酥油、牛羊肉、食盐四种产品实行计划收购；随后在城市进行了国营企业的全面整顿，先后关、停、并、转了33个长期亏损、产品无销路和严重缺乏原料的国营企业；加强了财政、物资、基建队伍的管理，对中等专业学校进行了调整等。

——宏观与微观。随着城市经济体制改革的全面展开，计划体制也步入全面改革阶段。改革的主要依据是：根据中央第二次西藏工作会议后的中发（1984）6号、22号文件和国发（1984）138号文件，进行了西藏计划体制改革。从1985年开始，按照"两个为主""两个转变"的方针和"大的方面管住管好，小的方面放开搞活"以及继续"休养生息、简政放权"的精神，以藏政发（1985）14号文件（即《关于我区计划体制改革的意见》）为标志，展开了全面计划体制改革的大胆尝试。主要内容有：逐步实行指令性、指导性计划和市场调节三种管理形式，对农牧业生产取消了任何计划，只搞预测工作；对区内生产的工业品，基本上实行市场调节；对公路运输业实行指导性计划；对固定资产投资，下放了建设项目的审批权限；对外资、外汇、内外贸、物资、劳动工资、文教卫生等实行指令性和指导性计划。此外，还着手研制了"七五"计划和2000年长远规划以及重大科技项目攻关计划等。这一阶段的最大特点是，以宏观的放，促微观的活，试图在短期内确立"两个为主"新的基本框架。

——计划与市场。为减少改革中出现的真空和漏洞，从1988年开始，遵照中央提出"治理、整顿、深化"改革的方针，自治区人民政府以藏政发（1989）11号文件，颁布了六个加强宏观管理的暂行规定。一是保护森林资源，加强对木材生产经营管理。二是加强矿产品生产经营管理。三是加强汽车市场管理。四是对钢材、有色金属材料实行专营管理。五是对废旧金属、机电、化工产品回收实行专营管理。六是对化肥、农药、农膜实行专营管理。同时，恢复了农牧业生产计划，对工交生产分别实行了指令性计划、指导性计划和市场调节，下放了基本建设、技术改造、商业、粮食、外贸、主要物资、社会事业发展、劳动工资的指令性和指导性计划；并针对区内流通环节上的混乱现象，对22家公司进行清理撤销。开始探索计划与市场相结合的路子。

纵观三个阶段的计划体制改革，都是以市场为导向的。而第一阶段尚属浅层次的简政放权，并不能解决深层次的问题。第二阶段步子迈得过急，既在理论上没有解决问题，在实践上又难以"主"起来，也不可取。只有第三阶段的思路，人们的认识比较一致，但如何在量度和方式上使计划与市场有机结合，则是一个没有解决好的问题，尚需作进一步探究。

二 实践中看选择

诚然，改革使计划体制从僵化、单一的行政手段向着开放、多元市场形式的方向发展，给国民经济注入了生机与活力，人民生活得到了较大的改善。但是，改革中所碰到的各种问题、矛盾和摩擦，也令人眼花缭乱、难以作答、不容忽视。

在集权与分权关系的改革中，一开始就沿着休养生息、简政放权、减税让利的思路推进。实践证明，这条思路是有些问题的。中央下放自治区、自治区下放地市的权力，只是计划管理权横向分割和纵向平移，结果一是国营企业并没有得到真正的自主经营权，微观难以搞活；二是削弱了计划的综合平衡和宏观调控能力，出现了盲目发展的势头，宏观难以管好。集权式的计划体制不可取，过分松散的计划体制也不可取。

在宏观与微观关系改革上，1984年党的十三大确立了"国家宏观控制由直接为主转变为以间接控制为主"的调控模式。这个模式，在1987年党的十三大后，进一步演化为"国家调控市场、市场引导企业"的新型运行机制。遗憾的是，这个"新的基本框架"提出后，在实际运行中，没有相应配套的形成微观运行机制模式，因而不能起到宏观调控经济的作用。直接控制与间接控制是相辅相成的概念，没有以直接控制为前提，对企业的间接控制就无从谈起，直接控制的计划形式就是指令性计划管理，往往会陷入死、放、乱的恶性循环之中。

在计划与市场关系的改革上，是按照"逐步缩小指令性计划范围、逐步扩大指导性计划和市场调节的范围"要求进行的。这个思路的大方向无疑是正确的，但在实践中，如何在量变和方式上使计划与市场有机结合，则是一个没有解决好的问题。回顾过去，我们是沿着计划与市场"板块式"结合的路子推进，并且急于求成情绪严重。自1984年以来，全区国民经济计划直接管理的指令性计划范围大幅度缩减。到目前为止，农业生产环节的指令性计划管理形式已经取消，取而代之的是市场调节和指导性计划；工业生产的产品，除水泥、木材实行指令性计划外，其他产品均实行的市场调节和指导性计划；交通运输实行的是指导性计划；商业、外贸只对关系人民生产生活的主要品种实行指令性计划外，对社会商品零售总额、进出口总额只下达指导性计划，绝大部分商品实行市场调节。因此，国家宏观调控因缺乏必要的物资手段而显得软弱无力，加之指令性计划主体的多元化，计划执行不严肃、生产资料价格双轨制等因素，计划管理不如过去那样灵敏有效。指导性计划作为判断直接调控向间接调控转变的标志受旧体制惯性作用，而难以发挥理论意义上的功效，并且在运行中往往突破上限。指令性计划的缺口和指导性计划的变形，实际上是扩大了市场调节的范围和增加了经济活动的盲目性，"计划调节为主、市场调节为辅"的理想模式实际成为空话。

由此看来，搞单一的计划经济不行，搞纯粹的市场经济也不行。通过这几年的改革和经济发展的实践，在以下方面的教训应该说是比较深刻的：

——打破旧体制，建立新体制，不是一朝一夕的事情，必须循序渐进的逐步推进。我们过去试图用三年时间完成全区改革任务，现在看来是幼稚可笑的。

——实行"两个为主"后，没有"主"起来；实际上变成了"两个不管"，一"放"到底的心态，较大程度上削弱了宏观调控的能力，这在国民经济发展运行中十分有害。

——对计划体制改革缺乏经验，拿不出可行的方案，如指令性计划范围缩小之后，指导性计划和市场调节究竟应如何搞？既没有成功的先例，又无章可循，在一段时期导致了放任自流的现象。

——靠"摸着石头过河"，过分强调"撞击反射"、"反馈调整"以及市场校正，在不具备市场经济和人们心理承受能力条件下，只能削弱综合平衡和计划管理，搞乱经济秩序。

江泽民同志在国庆讲话中指出："在总体上自觉实行有计划、按比例的发展国民经济，是社会主义优越性的体现，是社会主义经济的一个基本特征。""在目前对国民经济进行治理整顿的过程中，要更多地强调计划的指导作用。"因此，盲目追求"市场化""市场万能"的倾向，在近期的实践中，是十分错误的选择。要避免发展中的大起大落现象，只有始终把计划调节摆在主体地位，同时发挥市场机制的积极作用，按照经济发展规律办事，才是坚持改革开放、搞活经济的最佳思路选择。

三 思考中议选择

建立在公有制基础上的有计划的商品经济，是经济体制改革的长远目标。旧体制过渡到新体制是一个较长的历史过程，如果估计不足，甚至否认有过程，草率鲁莽行事，执意推行所谓的"休克"死亡法，是一种不负责任的态度，将会犯历史性的错误。近几年在改革与发展、计划体制与市场调节、宏观控制与微观搞活中所产生的问题，恐怕都与操之过急、缺乏深谋远虑有关。诚然，改革会引起社会的震荡，不足为怪，但是，震荡的频率过快，指导思想出现偏差，在新体制尚未形成的情况下，人们就一时难以承受了，长期形成的一套计划体制难免陷于秩序混乱。

需要再次说明的是，改革伊始指出："摸着石头过河"，其本意是要求行动不能莽撞，要小心翼翼、稳扎稳打，步步为营。但在改革舆论高涨的推动下，对某些改革措施的出台却缺乏深思熟虑和总体设计，致使在决策时就过于轻率，有主观盲目性、急于求成和随意性的痕迹，匆忙中出台的一些改革措施，往往不理想或达不到预期的效果，人们的思想也陷入混乱。

我们知道，改革是宏大的系统工程。不能只靠单打独斗而无套路，必须寓于综合配套。因此，采取适合现实区情的指导思想，作出正确适度的选择，是极端重要的。它来源于实践和理论，如果理论是滞后的，实际情况又是真假难辨的，经济信息不全不准，没有可靠的数据，定性脱离定量，决策失之毫厘，运行差之千里，那就必然要出现难以预料的波折。西藏市场先天不足，后天又发育不良，商品经济和生产力水平十分低下，尚处于社会主义初级阶段的低层次。在这样的情况下，硬行削弱计划的指导调控作用，只能延误发展速度和质量，加重自然经济的成分，这样，西藏经济社会发展还有什么前途可言！从"硬件"讲，大力发展农牧业、能源、交通、邮电、通信、矿业以及教育、文化、科技等事业，仅仅依靠个体和市场调节的作用，是无能为力的。从"软件"讲，制定的战略规划、产业政策等，个体和市场调节也难以付诸实施。第一，它不能保证国民经济协调、持续、稳定的发展。第二，它不能集中必要的财力、物力、人力进行生产力布局，不能进行重大资源的开发利用、搞经济总量平衡及重点性建设等。第三，它不能有效地控制市场、平抑物价、保障群众生活生产的需要。从这个意义上说，西藏的"两个为主"只起着"二次调节"的作用，而计划调节才起着"一次调节"的作用。

如果说，选择计划经济与市场调节相结合是虚实有之，为一大进步的话，那么，需对以下方面作出深刻的反思：

——不顾一切后果的强度计划放权，只会刺激部门、行业和企业利益主体，弱化制约机制。

——宏观调控的组织机构、调控政策和调控手段的不统一、不协调，必然加重机构繁杂、政出多门、分兵把守、各自为政、各行其是、缺乏有机连接组合的恶性成分，给理顺关系设置无形障碍，陷入"收""放"不是的窘境。

——宏观调控目标与现实可控范围不对称，计划的全方位"覆盖"社会经济作用，只能限于"计划内""预算内"的经济活动，使大量的计划外、预算外经济活动情况，掉进市场经济这个"哥德巴赫猜想"之中。

四　对策中寻选择

根据西藏后十年生产力、商品经济可能达到的水平及市场发育状况，确定后十年的计划体制改革设想，显得尤为重要。

李鹏同志在七届全国人大三次会议的政府工作报告中指出："经济体制改革的主要目标，是适应社会主义有计划商品经济的发展，逐步建立计划经济与市场调节相结合的管理体制和经济运行机制。"按照这样的要求，我认为，关键的问题是唱好"西藏地方戏"，其改革思路是："宏观计划管理，微观市场搞活。"所谓宏观计划管理，就是要强调计划"覆盖"全社会的作用和管理的规范化，真正把关系国计民生和全局的方面管住管好。所谓微观市场搞活，就是按照商品价值规律和市场功能，对小的方面放开搞活，做好有益而必要的补充。提出这样的探讨性选择，是基于宏微观和分级调控考虑的。主要想法是：（1）要适应社会主义有计划的商品经济和"治理、整顿、改革"的需要,就应避免重犯放管失调和高度集中的错误。(2)正视资源配置、发展的不平衡性,注重发挥块块条条的多功能作用。(3)便于自治区宏观把握发展战略、产业政策、十年规划和集中力量处理关系全局、长远性的重大问题。(4)有利于各部门根据实际,确立各自的宏微观范围,进行分类指导,分级决策,分步实施,减少"内耗",调动各方面积极性和主动性。总之,这样才有利于把放权让利为主的浅层次改革引向以理顺基本经济关系、调整各方面经济利益为主的深层次改革,使改革的深度与广度再提高一步。

为适应有计划商品经济发展的要求,计划管理职能应搞好以下转变工作:

——计划功能:由单纯管理具体烦琐经济活动,转为宏观导向、调节、控制;相应的计划管理的重点,由年度计划管理为主,转为以中长期计划管理为主;由个量管理为主,转为总量和结构管理为主;由微观管理转为宏观管理。

——计划内容:由单一的经济计划体系,转化为经济、社会、科技、教育紧密结合的国民经济和社会发展计划体系;由主要制定计划指标,层层分解下达指标,转化为以产业政策为中心的政策目标与必要的数量指标相结合的综合计划体系。

——计划范围、作用:以管理全民所有制经济活动为主,转化为通过不同的计划形式,对全社会经济活动进行指导和调节,除落实国家计划、贯彻国家调控外,重要的还要搞好没有纳入国家计划的经济活动的调控。

——计划管理形式:坚持以指导性计划为主体,并采用多种形式,即调节性计划、预测性计划、政策性计划、宏观性计划来丰富指导性计划的形式,大幅度减少指令性计划。

——计划组织系统:由纵向行政关系造成的条块分割,转化为条块结合、搞好横向平衡、推动横向经济联合;由集中管理为主,转化为分层分级管理、改进完善系统内部责任制。

(载《西藏经济探索》内刊杂志 1990 年第 3—4 期合刊)

附3　深化企业改革　挖掘内部潜力

1987年7月17—18日，自治区人民政府副主席江措、顾问杨宗欣及自治区体改办主任吴健礼等同志，调查了解了自治区交通厅、工业电力厅贯彻落实全区企业改革工作会议情况，并视察了拉萨运输公司汽车三队、大修厂、塑料厂和"三八"民族服装厂。

在听取了两厅负责同志对企业的汇报后，江措同志和杨宗欣同志对企业改革取得的成绩作了充分肯定。他们指出，这一阶段工交系统企改工作抓得是认真负责而富有成效的，符合全区企改工作会议精神的要求。实践证明，企改工作抓与不抓，抓得狠与不狠，其效果是不一样的。工交系统负责同志亲自抓试点工作，说明对这项工作很重视，应当继续抓下去。交通系统企业改革在三个方面的工作抓得很突出：第一，承包经营责任制搞得好，真正落实到了车间（班组）以至个人；第二，多种经营搞得好，为企业消化富余人员提供了经验；第三，厂长（经理）负责制搞得好，值得认真总结。接着他们要求：下半年的企改工作要狠抓"双增双节"指标的落实；试点工作要继续抓紧进行。

两位领导同志在视察企业时，勉励广大干部和职工要以改革的精神，促生产、促效益，为西藏的经济建设做出更大的贡献。

（载《西藏日报》1987年7月22日第一版；署名"仲新"，系西藏自治区经济社会发展研究中心笔名，本人为作者）

前进中的西藏农牧业

1951年5月23日，中央人民政府同原西藏地方政府签订《关于和平解放西藏办法的协议》（简称《十七条协议》），实现西藏和平解放，至今已经40年了。在党中央、国务院的亲切关怀和全国各族人民的大力支援下，在自治区党的各级组织和人民政府的领导下，全区各族人民发扬主人翁精神，艰苦奋斗，奋发图强，努力改善生产条件，不断提高生产水平，较大改变了农牧业生产的落后面貌，实现了持续、稳步发展。

一

西藏的农牧业生产有着悠久的历史。很早以前，勤劳、智慧、勇敢的藏族人民就在雅鲁藏布江沿岸及其支流和金沙江、澜沧江、怒江等流域从事农业生产，在山坡、河谷地带开荒种地，不断扩大耕地面积，种植青稞、小麦、荞麦、玉米、豌豆、蚕豆等，在海拔较低的地区种植水稻、高粱、鸡爪谷、大豆等作物，在长期饲养牲畜的过程中，培育出适应高原气候的牦牛、绵羊、山羊、黄牛、犏牛、马、驴、骡等牲畜品种。藏族人民在长期的生产实践中，积累了高原农牧业的丰富经验，农牧业生产一直是藏族人民生存发展的基本条件。但在漫长的封建农奴制度社会里，官家、贵族、上层僧侣三大领主基本占有全部土地、牧场和绝大部分牲畜，农奴和奴隶人身依附于三大领主，世代为奴，长期处在衣不遮体、食不果腹的饥寒交迫之中。三大领主残酷的政治压迫和超经济剥削，严重地束缚了社会生产力的发展。农业生产工具简陋，耕作粗放，普遍用木犁耕地，靠牦牛踩场脱粒，少数地方仍处于"刀耕火种"的原始生产阶段。牧民只能在一定区域内逐水草而居，靠天放牧，靠天养畜，一遇天灾或疫病，牲畜便大批死亡。由于生产方式和生产工具极为落后,导致西藏农牧业生产的长期停滞甚至萎缩。1952年底,全区粮食产量只有3.1亿斤,平均亩产160多斤,平均每人占有粮食250多斤;油菜籽总产量356.3万斤,平均亩产量50斤左右,平均每人占有油菜籽仅为3斤;全区牲畜存栏总数仅有974万头(只)。

封建农奴制度是社会生产力发展的桎梏,只有变革生产关系,才能解放生产力,促进农牧经济的发展。西藏和平解放,顺应了西藏社会历史发展的客观要求,但由于当时变革生产关系的条件尚不成熟,在封建农奴制基本原封未动的情况下,党和政府采取特殊政策和灵活措施,悉心保护、扶持和发展农牧业生产、改善人民生活,如向农牧民赠送种子、农具、发放无息贷款、送医送药等,使农牧业生产和人民生活有所发展提高。1959年,全区农牧业总产值达到1.85亿元,较1952年增长0.72%。

1959年3月,西藏上层反动派悍然发动了全面武装叛乱。根据党中央确定的边平叛边改革的方针,开展了轰轰烈烈的民主改革运动。在平叛改革开始的当年,党和政府对参加叛乱的上层反动分子、寺庙和原地方政府的土地,采取了由原耕农民耕种,即"谁种谁收"政策,以后再行分配土地的灵活措施,从而避免了农业生产的损失和影响群众生活。在牧区的民主改革中,对参叛牧主的牲畜,实行了谁放牧、归谁所有办法,对未参叛的牧主实行"不分、不斗、不划阶级"和"牧工、牧主两利"的特殊政策,从而保护、稳定和发展了农牧业生产。

西藏民主改革的胜利,彻底摧毁了三大领主的反动专政,建立了人民民主专政,确立了劳动人民个体所有制的生产关系,废除了三大领主对农牧民的人身奴役,解放了生产力。分得了土地、牛、羊和其他生产资料的广大翻身农奴,生产热情高涨。在民主改革的当年,就扩大了土地耕种面积和浇灌面积,获得了农业丰收。在民主改革基本完成以后,为了让刚刚获得翻身解放的百万农奴休养生息,西藏工委根据党中央依据西藏当时实际情况确定的稳定发展的总方针,制定和实施了《农区二十六条》《牧区三十条》《边境十条》的具体政策规定,认真办好互助组,稳定农牧民个体所有制。实行了"大办农业、大办牧业、农牧并举、多种经营"的方针,在农村大力开展爱国丰产运动,扶持发展农村手工业和副业生产;在牧区大力开展爱国增产保畜运动,认真贯彻"牧工、牧主两利"政策,发挥牧工的生产积极性和牧主的经营积极性。从民主改革到"文化大革命"之前，采取的这一系列特殊政策和灵活措施，促进了农牧业生产的发展，连续六年丰产丰收，1965 年，西藏农牧业总产值达 3.38 亿元，较 1959 年增长 82.70%，成为西藏农牧业发展史上的第一个黄金时期。

1965 年 7 月，中央批准在西藏有领导、有计划、有步骤地进行农牧业社会主义改造，西藏走上了社会主义道路。党的十一届三中全会以后，坚持"以牧为主、牧农结合、因地制宜、多种经营、发展商品生产"的方针，采取了放宽政策、减免负担、治穷致富的特殊措施，免征农牧业税，取消派购任务，实行"土地归户使用、自主经营、长期不变"和"牲畜归户、私有私养、自主经营、长期不变"的家庭经营制，鼓励群众在荒滩、荒山、荒地种树、种草、种饲料，谁种谁收谁有，允许继承和折价转让。草场的使用权落实到户或联户，农牧区的水利设施、网围栏、大中型林卡、小型水电站、大中型农机具等承包到户、联户或个人。推广科技承包服务责任制，发挥科学技术在农牧业生产中的作用。这些特殊政策和措施的推行，极大地调动了农牧民群众的生产积极性，生产力水平迅速提高，使农牧业持续发展。近几年，自治区党委和人民政府进一步强化农牧业的基础地位，加强对农牧业的领导，各行各业积极支援农牧业，深化农牧区经济改革，稳定和完善"两个为主"的生产经营制，建立产前、产中、产后各个环节、各个方面的服务体系，发挥个体生产经营的积极性和集体经济的优越性，坚持以个体为主，国家、集体、个体一起上的原则，增加对农田草场的投入，从物质上增强农牧业发展的后劲；加强农牧业科学研究和技术推广，走科技兴农兴牧之路；调整产业结构，一业为主，多种经营，全面发展。由于加强对农牧业的领导和支持，采取了一系列切实可行的政策和措施，使农牧区经济得到了迅速、全面的发展，成为西藏农牧业发展史上的第二个黄金时期。1988 年，全区农牧业总产值达 7.31 亿元，较 1978 年增长 45.61%，年平均增长 3.83%，比 1952 年增长 2.99 倍，年平均增长 3.92%。粮食总产连年增长，在 1988 年超历史最高水平的基础上，1990 年又创最新纪录，达到 11.3 亿斤。

二

西藏和平解放 40 年来，党和政府一直十分重视农牧业生产发展及人民生活水平的提高。经过全区各族人民几十年的艰苦奋斗，农、牧、林、渔、副各业全面发展，取得了巨大成就。

——农牧业生产条件发生了显著改变。全区耕地面积由1952年的245万亩扩大到现在的343万亩，现常年播种面积由310万亩增至330万亩。旧西藏没有一部机动农具，自和平解放以来，党和政府从内地调进大量新式步犁、拖拉机、播种机、收割机、抽水机、选种机等农用机械设备，并大力投资和积极兴办农田、草场水利设施，收到了明显的成效。1989年底，全区已拥有大中型拖拉机2267台、小型拖拉机（包括手扶拖拉机）7515台、排灌机械3131台、农用汽车2870辆、收割机和脱粒机械5013部、半机械化农具4118台（件）；农业机械总动力达到45033万瓦。此外，还修建各类水利工程16860处，水库、水坝库容总量达到11980万立方米，各项水利工程的年供水量可达15.67亿立方米，全区农田有效灌溉面积181.2万亩，保灌面积100万亩。草场灌溉面积241.41万亩。农牧业生产条件的显著改善，增强了抵御自然灾害的能力，大大提高了农牧业生产效率。

——农牧业生产水平有了很大提高。全区粮油总产量由1952年的3.1亿斤增加到1989年的10.9亿斤；花生、甜菜等经济作物亦有不同程度的增长。年末牲畜存栏总数由1952年的974万头（只）增加到1989年的2299.64万头（只）。1989年肉食产量达到1.8亿斤，奶产量达到4.8亿斤，羊毛产量达到1878.8万斤。人均占有粮食由1952年的250斤增加到1989年的504斤，人均占有肉食83斤。农牧业总产值由1952年的1.8亿元增长到1989年的7.4亿元，人均收入达到397元。

——林业生产有了长足发展。林业在以农牧结合为主的西藏经济结构中占有一定的地位。全区森林面积9480万亩，森林蓄积量14.36亿立方米，居全国第二位。1989年林业产值1098.7万元。几十年间，营造了一定数量的防护林、薪炭林、用材林和各种经济林，取得了较好的经济效益、社会效益和生态效益。自1971年以来，每年平均新造林2万亩以上，零星植树1200多万株。红元帅、黄香蕉苹果在西藏高原结出了丰硕的果实。1989年全区果园面积发展到0.87万亩，水果总产量达818.8万斤，基本上满足了西藏各族人民的需求。茶叶、核桃等经济林木也有了一定发展。从1956年开始试种茶林以来，栽培面积不断扩大，1989年已发展到2100亩，茶叶产量达15.3万斤。

——渔业和副业生产逐步发展。西藏河流纵横如网，湖泊星罗棋布，水域辽阔，水产资源丰富。1989年，全区渔业产值13.87万元，产量30.54万斤。由于宗教的原因，西藏群众多数忌讳食鱼，使境内水产业生产受到一定制约，渔业产值占农牧业产值比重较低，与西藏丰富的水产资源极不协调，有待大力开发利用。

农牧区经济结构发生了很大变化。随着改革开放和结构调整，农牧区经济由单一的种植业、养殖业，向多种经营和提供社会化服务领域发展；以集体为主的乡镇企业延伸到运输、建筑、加工、商业服务等行业。1989年，全区多种经营、乡镇企业产值已达到3.03亿元左右。农牧区副业生产和乡镇企业的发展，有力地冲击了传统的自给自足的自然经济，农牧民群众商品经济观念有所增强，促进了农牧区商品经济的发展，人民生活也随之改善。1990年，全区农牧民人均纯收入预计可达416元左右，其中多种经营、乡镇企业的收入占177元。

三

40年来，西藏农牧区经济取得了旧西藏无法比拟的巨大成就，农、牧、林、渔、副各业发展迅速，群众生活普遍改善，广大农牧民安居乐业，广大农牧区局势稳定。这是中国共产党正确领导的结果，是社会主义制度优越性的生动体现，也是各族人民大团结的丰硕成果。在党中央的领导下，党和政府在各个时期根据西藏实际所制定的一系列有利于农牧业发展、有利于人民生活改善的好政策，是西藏农牧经济不断发展的根本保证。

国家和全国各族人民在财政上大力支持，不断增加对农牧业的各项投入，是西藏农牧业发展的重要条件。1952—1959年，国家累计投入资金1401万元，平均每年投入175万元。1960—1965年，国家累计投入2462万元，年平均410万元，比民主改革前平均每年增加235万元。西藏自治区成立以后，国家的各项投入进一步增加，1966—1978年，国家累计投入达到24724万元，年平均投入1902万元，比民主改革前8年的总投入还要多。1979—1988年，国家累计投入88157万元，年平均投入8816万元，相当于西藏自治区成立前14年总和的2.3倍。即使国家在经济最困难的时期，也从来没有减少对西藏的支持。

农牧业的科技进步和推广，是西藏农牧业发展的强大动力。1952年，拉萨成立了农业试验场。1960年，在此基础上建起了西藏农业科学研究所，以后各地、县相继成立了农科所、农科站。目前，全区已有一支2500人左右的以藏族科技干部为主体的农牧林业科技队伍。拥有农科研究所4个，种子公司（站）5个，农牧林业科研推广站110个，病虫害测报站（点）24个。培养了一万多名农牧民技术人员和乡村畜牧兽医人员。科技人员的成长和科技队伍的不断扩大，正在从根本上改变西藏农牧林业科技落后的状况。长期以来，农牧战线的广大科技工作者辛勤工作，克服种种困难，引进、培育和推广农作物优良品种、化学灭草、科学施肥、粮草轮作和药剂拌种等农业科技措施。先后引进、培育了八十多个适应高原种植的丰产性好、抗灾力强的作物品种，1990年，全区良种播种面达到210万亩，每亩增产80—150斤，还出现了一些单产达到1970斤的高产典型。农田病虫害、杂草得到有效控制。消灭了牛瘟，基本上控制了炭疽、牛疫、羊痘、羊猝疽、毒血症、瘟疫等二十多种恶性传染病。在黄牛、绵羊、牦牛改良和良种繁育体系，以及试种牧草、天然牧场的保护和合理利用等方面的科学研究和技术推广，取得了显著的成绩。全区各农业县的科技人员和农民技术员开展了大面积的综合性技术服务、技术承包活动，技术承包和技术服务面积达100万亩。科技兴农兴牧举措，有力地促进了农牧业生产的发展。

40年西藏农牧业经济建设的实践证明，只有在中国共产党的领导下，坚持走社会主义道路，一靠政策对头，二靠科技进步，三靠增加投入，才能使农牧各业兴旺，并做到持续、稳定、协调地发展。

四

西藏农牧民占总人口的80%以上，农牧业产值占工农业总产值的80%。广大群众形成了以高原农牧产品为主的衣食结构和生活习惯，农牧业是全区人民生活改善、群众收入增加和社会局势稳定的基础。坚持以农牧业为基础，加强对农牧业的领导，保证农牧业的持续发展，仍然是西藏今后经济建设的主要任务。

根据西藏的实际情况，下一个五年计划和今后一个时期，要继续坚持加强农牧业的指导思想，进一步稳定和完善现行农牧区政策，正确处理统与分、放与管的关系，坚持一业为主、多种经营、全面发展的方针，积极引导农牧民发展商品生产，建立和完善社会化服务体系，在有条件的地方逐步推行适度规模的集约经营，并采取一些得力措施推动农牧业的持续发展。一是集中人力、物力、财力，有组织、按计划、分步骤地综合开发雅鲁藏布江、拉萨河、年楚河"一江两河"中部流域。"一江两河"中部流域水源充足，气候温暖，有近期可利用宜农地44万亩，宜林地43万亩，宜草地23万亩，低产田40多万亩，充分开发利用该流域的土地和水利资源，以"一江两河"中部流域综合开发为突破口，带动、促进全区农牧业及整个经济、社会的全面发展，具有重大的意义。预计1995年全区农牧业总产值达到9.03亿元，平均每年增长2.7%。二是大搞农田基本建设，恢复、维修、加固现有的水利设施，充分发挥其效益；重点实施33项水利建设项目，争取在五年内扩大农田灌溉面积68.7万亩，草场灌溉面积25万亩。三是建设一批投资少、效益好的草畜基地。坚持以草定畜、草畜并重、增加生产与提高效益并重的方针，大力种植饲草饲料，发展集约经营，调整畜种畜群结构，加速畜种改良和畜群周转，提高总增率、出栏率和商品率。预计1995年主要畜产品达到：肉类11.2万吨，奶类20万吨，绵羊毛9000吨，比1990年分别增长24.4%、11.1%和5.9%。四是建成36个农业县、400个农业乡的农技站，60个县、500个乡的牧业技术推广站，形成自治区、地市、县、乡四级农牧技术的推广体系。推广大面积增产的良种技术、栽培技术和施肥技术，积极稳妥、因地制宜地推广农用生产机械，提高机械化水平，提高劳动生产率。五是大力植树造林，重点发展防护林，适当发展经济林和用材林。在"一江两河"中部流域，逐步建成布局合理、结构科学、网带片点有机结合、综合经济效益和生态效益协调统一的防护林体系，建设8个万亩工程林、12万亩水源涵养水土保持林、5200亩苗圃；在林芝建设年加工胶合板3000立方米、原木10万立方米的木材综合加工厂；在有林地区建设10个林业工作站。六是有计划地调整产业结构，合理布局协调发展。七是本着积极扶持、合理规划、正确引导、加强管理，立足本地资源、发挥优势、就地加工、就地消化的原则，大力发展乡镇企业和多种经营，预计产值年平均递增

8%。随着以上各项工作的逐步展开和具体措施的实施,西藏农牧业经济必将进入一个新的大发展时期。

(载《在祖国大家庭中胜利前进》,民族出版社1991年版;署名"郑言实",系西藏自治区党委政策研究室笔名,本人为执笔人之一)

对今年经济计划工作的几点认识

全区计划、经贸工作会议是全面贯彻落实全区经济工作会议精神的一次重要会议，谨此谈几点认识，以求共同探讨。

一 1995年经济计划工作的重要性问题

今年是实施"八五"计划的最后一年，是贯彻落实中央第三次西藏工作座谈会和区党委四届六次会议精神的第一年，是衔接"九五"计划的关键一年，又恰逢自治区成立30周年。因此，今年经济计划工作的任务之重是不言而喻的，要从战略全局的高度来充分认识其重要意义。加快发展能否迈出坚实有力的一步，能否用实际行动回答好中央关心、全国支援、西藏怎么办的问题，确实是对我们各级领导水平的一次大检验、大考验。

第一，发展速度问题。按照两次会议要求，综合平衡全区的发展水平，今年自治区的发展速度确定为10%。各地市怎么测算，各自决策，自治区没有作硬性的规定。凡是具备条件、能够发展快的，发展速度指标可高一些，反之则可低一点。古人云：物之不齐，物之情也。但都要有整体意识，全局观念，使确定的发展速度指标积极可行，经过努力，能够达到。这就要求在编制计划时，把解放思想同实事求是有机地结合起来。

第二，地方基建投资问题。今年需要增资的因素很多，都是合理而必要的。政府对此也是有所考虑的，即"倾家不荡产"。但是，经过反复平衡、协调，最后敲定的地方预算内基建投资盘子为2.25亿元，比去年的2亿元增长25%。如果扣除硬性支出和政策性涨价因素等，只能是个维持或略有减少的盘子。这与实际需求的强烈呼声悬殊甚大。怎么办？还是开动脑筋，多渠道、多层次地筹集建设资金，能自筹的自筹，能贷款的贷款，能向中央申请的向中央申请，能横联解决的用横联解决。只要对西藏发展有利，对稳定有利，自治区是一贯鼓励和支持的。千万不要走进投资渠道单一化的误区，把眼光仅仅盯在地方的有限财力上。

第三，发展思路问题。陈奎元同志在1994年考察昌都、林芝地区时指出：发展经济重要的一点就是要有思路。没有发展思路和可行的实施意见，我们的工作就会失去前进的方向，陷入盲目蛮干的泥潭，变得头脑不清，耳目不明，行动不快，实绩不佳。厘清思路，特别是编制行业、地县发展计划，一定要选好项目、选准自己的发展突破口和经济增长点，做到反复论证，思路清晰，措施有力，方便操作，效果明显，切实使发展思路变成实际出路。

总之，今年经济工作的基点应该放在解放思想、实事求是上来；放在加快发展、维护稳定上来；放在自身努力、国家帮助上来；放在优化结构、提高质量、增进效益上来；放在深化改革、扩大开放上来；放在经济建设与社会事业协调发展上来。

二 切实抓好中央第三次西藏工作座谈会精神的贯彻落实

中央召开的第三次西藏工作座谈会，是在改革开放、建立社会主义市场经济体制、研究制定"九五"计划和十年规划、西藏社会稳定面临新情况和新问题的关键时期召开的重要会议。这次会议目标任务明确、内容丰富、寓意深刻、意义深远，不是开一两次会，讲一两次话，简单传达一下文件就能贯彻落实好的。中央在西藏发展与稳定上的战略决策，不只是管眼前的工作，而是管长期的工作，这一点我们必须明确。

第三次座谈会是中央针对西藏的发展稳定实际情况，专门研究西藏工作的。中央和国务院召开的其他会议，则是针对全国情况的，带有普遍意义。凡是中央的指示精神，我们都必须认真学习贯彻，但是，在落实其他会议精神时，应当始终结合三次会精神，而不是冲击它。现在是这样，将来也是这样。这就要求我们无论何时何地都要以中央第三次西藏工作座谈会精神为指导，当作一本"经"念好抓实，使之风吹不动、雨打不摇。

不能国家一有新精神，有的下面就刮风，误了真正要抓的大事，迷离了前进的方向。如果不能正确理解和处理好关系，不能有力贯彻三次会议精神，那么，西藏的稳定就没有保证，发展也谈不上。

我们现在和今后一个时期最重要的工作，就是紧紧抓住三次会议精神的贯彻落实。区党委四届六次全委扩大会议是这样，刚刚闭幕的全区经济工作会议也是这样，其他会议，也要是这样。我们不怕工作落后，就怕思想上不去，如果思路有了，精神状态有了，思想也解放了，加上得力的措施，西藏的发展大有希望。马克思有句名言："思想的闪电一旦真正射入这块没有触动过的人民园地，德国人就会解放成为人。"① 这就是说，精神变物质，物质变精神；精神的力量一旦被人们掌握，就会变成强大的物质力量，促动社会经济的飞跃发展。

当前和今后一个时期，西藏加快发展的有利条件很多。一是有政治上的保障。二是有资金上的保障。三是有政策上的保障。四是有全国支援的人才保障。五是有已拥有的发展基础和条件保障。但路终究要由自己来走，自己思考，自己动手，没有辛勤的劳作，幸福不会从天降。我们要始终牢记"一个中心、两件大事、三个确保"的西藏工作指导方针，始终把发展的总体目标和主要任务体现在实际工作中去，富有成效地开展工作。

三　把控制物价上涨，抑制通货膨胀当作一件大事来抓

在计划经济体制向市场经济体制转化过程中，价格形成机制的转化会引起一定程度的物价上涨是正常的。但是，由于去年以来受全国物价总水平的拉动，西藏的物价涨势居高不下，且在高起点运作，超过了正常的范围，零售物价指标达到19%；居民消费价格指数达到28%，已引起全社会的严重关注。由物价上涨导致的通货膨胀所带来的危害性，不仅影响人民生活的改善，而且困扰经济建设，易被十四世达赖分裂主义分子所利用，也给社会稳定带来不利后果。必须引起我们的高度重视，并采取综合

---

① 《马克思选集》第1卷，第15页。

措施，坚决把过高的物价指数降下来。

不回避问题地说，拉动西藏物价上涨的主要因素很多：（1）受全国大市场、大流通的牵动；全国物价一有"风吹草动"，西藏物价也就"四面楚歌"。西藏85%以上的生产资料和生活消费品需靠内地调运，"水涨船高"，怨天不由人。（2）告别低速度，迈向高速度，导致固定资产投资和消费基金增长过猛，形成价格需求和成本需求的双重拉动，必然以物价上涨为代价，不以人们的意志为转移。（3）农业基础薄弱，能够提供主要农牧产品有效供给的份额严重不足，直接使食品价格上扬。（4）各项经济改革的整体推进，一定程度上影响了市场价格的上涨，明显反映在行业部门的生产成本增加、产品价格提高。（5）人为的消极因素造成的乱涨价、乱收费及多年调价不到位的成因等。

好就好在西藏的城市群众特别是干部职工有照顾政策，农牧区群众有优惠政策。在现实生产力水平不高的情况下，"活命度日"相对比较容易。可以这样说，在十多年商品生产和商品交换的冲击下，农牧区经济和农牧民的商品意识在萌发壮大，但大面积看，自给自足的自然经济、依靠国家供给制的思想仍未打破，他们对外部物价的上涨不像城市那样强烈，使人们心理和实际承受能力那样难以接受。因此，西藏物价工作的重点要放在城镇和商品集散地方，特别要安排好困难企业职工、城市低收入居民及困难家庭群众的生活，切实帮助他们渡过难关。

按照中央经济工作的统一部署，国家已把坚决抑制通货膨胀作为今年宏观调控的首要任务。西藏在抓经济发展的同时，也要坚决把控制物价上涨当作大事来抓，使物价上涨明显低于去年，并确定13%的控制目标。

邹家华副总理在全国计划会议上指出，大力加强农业，促进农产品产量稳定增长，增加有效供给，是控制物价过快上涨、抑制通货膨胀的关键措施。今年自治区增加了对农业生产的投入，并提出了五项抑制通货膨胀的具体措施。各地市也应相应采取有力措施，动真格的，下大力气，才能真正抓出效果。（1）对物价工作，必须切实统一认识，搞好宣传和引导，形成全社会关心、支持物价工作的好局面，达到统一步调、多管齐下、综合治理的目的。（2）把物价工作切实摆在各级党委、政府日常工作的重要议事日程，加大领导力度，常抓不懈。（3）进一步深化流通体制改革，加强市场物价管理和监督检查。（4）实行物价总水平控制的目标责任制，把抑制通货膨胀的实际效果作为考核各级领导工作业绩的重要内容。

（5）密切跟踪监测经济运行和物价涨幅状况，在宏观调控中精心操作，避免因处置不当而出现的意外情况，保证宏观经济目标的顺利实现。

（6）处理好经济增长与物价上涨的关系，加强和改善宏观经济调控。

四 优化结构，增进效益，提升经济发展的整体素质

西藏经济效益不好的诸多因素，都与经济结构不尽合理有关，突出表现在产业结构和产品结构上的欠优化。就产业结构而言，第一产业比重过大，内部结构不尽合理；第二产业比重过小，缺乏过硬的支撑点和增长点；第三产业多靠工资性收入拉动，不能真实反映经济发展的实际水平。产品结构多被档次低、规模小、质量差、效益弱的产品所把持，对刺激扩大再生产难有大的作为。可以说，结构不能优化，效益难以发挥，发展必然受到影响。这是迫切需要我们认真研究解决的战略性问题。这方面要做的工作很多，当前最重要的是制定一个方向性的、权威性的、科学性的和有经济的、行政的、法规约束力和好操作的产业政策。其次是当前的产品结构调整缓慢，不能适应市场需要的变化，导致边生产边积压，造成资金和资源的大量浪费。各地市、各部门和行业都要把更多的精力放到优化结构、提高效益上来。一要坚持按市场需要组织生产，做好清仓查库和促销工作。二要加大企业技术改造力度，研制生产起点高、投资少、见效快、有市场的拳头产品，以质量和信誉获得效益。三要加快资金周转速度，提高资金使用效率。四要大力调整投资结构，保证重点生产建设。五要保护国家自然资源不被破坏，做到合理利用。

讲结构，讲效益，不能忘了讲速度。由于历史欠账过多，各方面的投资热情都很高，总希望发展快一点，心情是可以理解的。但应当注意，搞建设仅有热情是不够的，还要按经济规律办事，特别要顾及财力安排的可能性和效益的可靠性。那种只列单子不算账的做法，是极其要不得的。李鹏总理在中央第三次西藏工作座谈会上指出："加快发展既要看速度，更要看效益，看后劲。"我们对建设积极性要保护好、引导好、发挥好，目前重要的是引导好。在审批各项基本建设项目时，一定要以优化结构、提高效益的要求，严格按基本建设程序办事，把好前期工作和建设的质量进

度效益关，杜绝一切形式的损失浪费。

五　以政策取向为深化国有骨干企业改革，创造良好环境

1994年是西藏发展改革步子迈得最大的一年。自治区人民政府连续出台了六个经济改革方面的政策。党中央、国务院考虑到西藏在新形势下遇到的特殊困难，以中发（1994）8号文件赋予西藏财税、金融、投融资、价格、外贸、社保、农业和企业八个方面的特殊政策，充分体现了中央对西藏工作的高度重视和大力支持。应当说，这些特殊政策和灵活措施，已经给西藏的发展和改革创造了一个宽松的外部环境，关键问题是我们如何落实好的问题。陈奎元同志在区党委四届六次全委扩大会议上说，中央给予西藏的政策本来就是特殊的政策，可惜有些同志不识庐山真面目，老是企图到山外去找山，现成的政策不思索怎样用好用活，总想要既不动脑筋也不花力气的东西，结果是已有的不去用，没有的想不来，如此下去，势必白白地浪费时光，误了工作，误了人民。陈奎元书记的这番话内涵丰富，我们应当学会运用政策要效益求发展。在市场经济的大潮中，我们要以全新的思维方式，求实的工作态度，过硬的办法措施，去创造性地开展工作。

中央经济工作会议已经明确，国家1995年要重点推进国有企业改革，并把重点放在搞好政企分开、加强企业内部经营管理、建立社会保障体系上。第一，坚定树立国有骨干企业一定能办好、不能垮的信念，这关系到建立社会主义市场经济体制、坚持以公有制为主体的重大问题。第二，深入细致地调查研究已出台各项经济改革政策的贯彻落实情况，以邓小平同志建设有中国特色社会主义理论为指导，按照"三个有利于"标准，积极研究和探索适合西藏经济发展的其他政策包括空间政策，使政策效益的强大威力真正释放出来。第三，坚决按《条例》《实施办法》办事，想企业之所想，急企业之所急，有步骤、有重点地分期分批解决现有国有骨干企业的历史包袱问题，提高办事效率、质量和透明度。第四，按照建立现代企业制度的要求，把企业的改革、改造和改组结合起来，通过股份制，明确产权关系等办法，着力培养和扶持一批在国内外有竞争力的大中型企

业集团。第五，狠挖企业内部潜力和扭亏增盈，帮助企业摆脱困境，给企业的正常生产和经营提供便利条件。第六，企业要练好"内功"。强化管理，提高水平，拓宽思路，以新的增长点和新产品开拓市场，不断增强自我积累、自我发展、自我约束的能力。第七，努力为企业分流出来的富余人员和分离社会职能创造条件。

六　充分发挥经济计划部门作用，加强和改善宏观调控

任何国家或地区的经济都要有相应的宏观调控，这是无须再争论的问题。邓小平同志的南巡重要谈话和江泽民总书记在中央经济工作会议上的重要讲话都明确作有阐述。目前的经济计划工作，是如何有效有力有利加强和改善宏观调控的问题。

计划是宏观调控的重要手段。西藏经济计划部门作为自治区人民政府的一个重要宏观经济管理职能部门和参谋机关，直接掌握着国家的人力、财力、物力，在宏观调控中，担负着重要的历史任务。在新形势下，经济计划部门要全面正确认识社会主义市场经济条件下计划手段的地位和作用，充分发挥计划在宏观调控中的综合协调功能，切实转变职能，改变机关作风，把握经济全局，搞好综合协调，适应时代发展的需要。

按照党的十四届三中全会的决定，现阶段的计划工作要突出战略性、宏观性、政策性，总体上起指导作用，真正发挥导向、平衡、协调、配置资源、调节经济、培育市场体系等功能。因此，各级经济计划部门要把主要精力逐步转到抓大事、抓规划、抓协调上来。在具体工作中，注意了解市场、分析市场、指导市场、调控市场，协同政府搞好各项经济政策和经济杠杆的有效性；注意与财政、银行、税务等经济综合部门的沟通配合，协调行动。同时，重视经济信息工作，加强信息网络建设，密切跟踪监测和深入分析经济形势的变化，针对经济运行中出现的新情况、新问题，及时提出对应措施和政策建议，不断增强驾驭复杂形势变化的手段和能力。1995年要着力抓好以下工作：一是国民经济和社会发展"九五"计划，包括行业、地县发展计划及实施意见。二是小康、扶贫规划及实施意见。三是年度计划指标的分解下达与国家计划的衔接和项目资金落实。四是年

度计划内需完成的大庆建设项目和自治区重点工程项目的督促检查。五是全区国土规划工作审定验收。六是宏观经济总量和重大结构的平衡与协调。需要特别强调的是，大庆项目工程建设务必大战告捷，严把工程质量、进度、安全、效益关，使中央关心、全国支援的心血，在西藏经济建设和社会事业发展中发挥巨大的作用。

（载内部刊物《西藏经济探索》1995年第2期，西藏自治区计划委员会主办）

识大体　顾大局　努力做好粮食总量平衡

实行粮食区域总量平衡负责制，是党中央、国务院作出的战略决策，自治区人民政府召开全区粮食总量平衡工作会议，安排部署2007年的粮食工作任务，作为计划部门要坚决贯彻落实。

一　以党的十五大精神为指针，切实把西藏农业促上去

江泽民同志在党的十五大报告第五部分中，把加强农业基础地位，调整和优化经济结构问题放在了突出位置，足以说明农业的重要。在西藏，农牧业、农牧区和农牧民这三位一体的任务，一直是全部经济工作的首位。解决的程度如何，直接影响着全区的发展和稳定。我们要从经济体制改革和经济发展战略的高度，解放思想，实事求是，重视农牧业，支持农牧业，识大体，顾大局，尽快把西藏农牧业促上去。

二　认真实施《纲要》，努力实现本世纪末的农业发展目标

1996年5月24日，自治区六届人大四次会议通过了《西藏自治区国民经济和社会发展"九五"计划和2010年远景目标纲要》，《纲要》明确在20世纪末，粮食总产达到100万吨、油菜籽5万吨、肉类总产12.5万吨，基本实现粮油肉自给目标，这是全区整个发展工作中的一项重要工作。经过全区上下的共同努力，今年粮食生产可望夺得第十个丰收年，再

创历史的佳绩。围绕实现农业发展目标可谓任重道远。经我们初步分析，到 20 世纪末，基本实现油菜籽和肉类总产目标，比较有把握，但在后三年里要完成粮食总增任务难度较大，不下大力气是不行的。我们要坚定信心不动摇，团结一致攻难关。总体解决思路：以"一江两河"农业综合开发为重要依托，以尼洋河和藏东"三江"流域农业综合开发为新的增长点，以小片区域农业综合开发为补充，以水利工程、种子工程、科技示范推广基地为突破口，加大粮食生产的投入力度，确保粮食总增目标的实现。

三　积极创造条件，为全区粮食总量平衡工作服好务

粮食工作不仅涉及生产和流通，而且直接涉及农牧民利益。粮食生产是保证农业基础地位巩固的重中之重，粮食流通是刺激粮食生产的关键环节和重要手段，保护农牧民利益是经济问题，更是政治问题。从这样的战略高度认识粮食区域总量平衡工作，就要求全区计划、物价部门要按照列确常务副主席在全区粮食总量工作会议上的讲话精神，统一思想，真抓实干。第一，坚持大思路、大政策、大项目的工作方向，做好粮食区域总量平衡计划。第二，大力加强农业项目的前期工作，确保进度和质量，多渠道、多层次筹集资金，加大农业的资金投入。第三，继续帮助粮食部门做好流通工作和物价工作。第四，积极参与和配合有关部门，做好调查研究，充实、完善有关粮食改革政策。

让我们紧密团结在以江泽民同志为核心的第三代党中央领导集体周围，以党的十五大精神为动力，高举邓小平理论的伟大旗帜，在区党委和政府的领导下，团结务实，知难而进，开拓进取，把西藏的工作搞得更好。

（载内部刊物《西藏经济探索》1997 年第 4 期，西藏自治区计划委员会主办）

从经济发展谈西藏人民生存权和发展权状况

1. 西藏和平解放四十多年来，西藏经济发展的情况如何？西藏人民生存权和发展权的改善程度怎样？西藏人民最有发言权。翻开历史，揭去"神秘"，让世人公断，才能得出客观、公正的结论，这对推动世界人权发展有着广泛而特殊的意义。

2. 国内生产总值是反映一个国家或地区发展水平的综合性指标。据统计，1996年西藏国内生产总值达到64.53亿元，按可比价格计算（下同），比1991年增长73.7%，年均增长11.7%；比1978年增长3.3倍，年均增长8.4%；比1965年增长近6倍，年均增长6.5%。"八五"期间，全区国内生产总值平均增长9.7%，增长幅度超过"七五"时期7.5个百分点。

3. 西藏农业具有悠久的历史，在国民经济中占有非常重要的地位。由于受社会制度、生产方式、生产力水平、独特自然地理条件等因素影响，西藏农业生产长期停留在"靠天养畜、靠天种地"的被动境地。1951年和平解放西藏到1959年进行民主改革前夕，封建农奴制生产方式和分配方式占着主导地位，农业生产处于缓慢发展甚至停滞状态，西藏人民的生存权和发展权受到严重威胁。据统计，1959年农业总产值1.85亿元，按1980年不变价格计算（下同），比1952年增长0.72%，年均增长0.10%；粮食总产量18.29万吨，油菜籽总产量0.26万吨，分别比1952年增长17.77%和2.22倍，年均增长2.36%和18.18%；牲畜总数955.62万头（只、匹），下降1.91%。1952年人均粮食135.1公斤，平均亩产80.36公斤；人均油菜籽0.81公斤，平均亩产25公斤。1959年人均粮食132.7公斤，平均亩产91.36公斤；人均油菜籽2.10公斤，平均亩产27公斤。在这段特殊的历史时期，社会财富绝大部分集中在100%占有生产资料、人口总数不足5%的官家、贵族、寺院上层僧侣三大领主的手中。劳动不所得，所得不劳动，是极不公平的社会现象。1959年西藏民主改革到1965年西藏自治区成立，中央人民政府通过平息十四世达赖集团发动的全面武装叛乱，彻底废除了封建农奴制度，完成民主革命和土地改革任务，建立农业生产互助组，实行一系列"休养生息"特殊扶持政策和强有力措施办法，使百万翻身农奴当家做了主人，分得了土地和牲畜。生产关系的变更，解放了生产力，出现了西藏农业生产发展史上的第一个"黄金时期"。1965年农业总产值3.38亿元，比1959年增长82.7%，年均增长10.62%，比民主改革前的7年平均增长速度高出10.52个百分点。1965年比1959年，粮食总产量和油菜籽总产量分别增长58.94%和1.04倍，达到29.07万吨和0.53万吨，年均增长8.0%和12.6%。牲畜总数达到1701.1万头（只、匹）；人均粮食213.9公斤，平均亩产109.58公斤；人均油菜籽3.9公斤，平均亩产60公斤；分别比1959年增长78.0%、61.19%、19.94%、85.71%和1.22倍。1966年后的"十年动乱"和此间10年的西藏社会主义改造并行，到1978年党的十一届三中全会的拨乱反正和改革开放，是西藏农业发展经历艰难、曲折、复杂的历史时期。"文化大革命"的错误，使我们党、国家和人民遭到新中国成立以来最严重的挫折和损失，西藏也不例外，对于这段历史和对毛泽东同志的评价，1981年6月27日中国共产党第十一届中央委员会第六次全体会议一致通过《关于建国以来党的若干历史问题的决议》，中国人民已达成共识。在这期间完成的西藏社会主义改造，总体是好的，实现了社会主义制度实质性的历史过渡。即使这样，这一阶段的西藏农业生产同样取得了很大成绩。1978年农业总产值5.02亿元，比1965年增长48.48%，年均增长3.09%，比民主改革前的平均增长速度高出2.99个百分点；当年粮食总产量51.34万吨、油菜籽总产量0.79万吨，牲畜总数2348.69万头（只、匹），分别比1965年增长76.61%、49.06%和38.07%，年均增长4.47%、3.12%和2.51%；人均粮食达到280.7公斤，人均油菜籽4.5公斤，平均亩产粮食167公斤，亩产油菜籽50公斤，分别比1965年增长35.44%、15.38%、52.40%和下降16.67%。不容否认的事实是，西藏数百年以来普遍使用"二牛抬杠"的木犁耕地、牦牛踩场脱粒和少数地方保持着"刀耕火种""烧荒肥田"的原始耕作方式，强烈地受到现代农业科技力量的根本触动。据不完全统计，1978年，西藏已拥有大中小型拖拉机

4818 台、机械农具 1096 部、农用排灌动力机械 5345 台, 各种收获机械 6854 台, 农产品加工机械 429 部、牧业机械 494 部; 当年实际机耕面积占耕地面积比重达到 23.30%; 乡村水电站 365 个, 装机容量 7291 千瓦; 平均每亩耕地施用化肥 5.85 公斤, 1978 年改革开放后, 特别是 1980 年以来, 中央连续三次召开西藏工作座谈会, 先后制定了一系列有利于西藏发展的重大政策措施, 全区上下对农业是国民经济基础的战略地位有了进一步的认识, 不断增加了对农业资金和科技的投入, 狠抓农田草场水利基本建设, 努力改善生产条件, 有力地促进了西藏农牧区经济的全面发展, 使农业综合生产能力显著提高, 成为西藏农业生产发展史上的第二个"黄金时期"。1995 年全区农业总产值达到 35.90 亿元, 比 1978 年增长 1 倍多, 年均增长 4.3%; 比 1990 年增长 17.6%, 年均增长 3.3%。主要农畜产品产量大幅度增加, 1990 年全区粮食总产量突破 60 万吨大关, 1995 年又登上 70 万吨台阶, 人均粮食达到 305 公斤, 创历史最高水平; 油菜籽总产量达到 3.37 万吨, 比 1978 年增长 3.3 倍, 比 1990 年增长 96.3%。1995 年全区肉类总产量达到 11.3 万吨, 比 1978 年增长 1.4 倍, 比 1990 年增长 28.7%。农村非农产值由 1990 年的 6.5% 上升到 1995 年的 7.7%; 乡镇企业异军突起, 总产值达到 2.8 亿元, 1995 年比 1990 年增长 3 倍多。随着西藏整个农村经济实力的增强, 全区农业物质技术装备水平和现代化程度又有新的提高。1995 年西藏农业机械总动力达到 68.39 万千瓦, 农田有效排灌面积 264.54 万亩, 比 1990 年增长 50.8% 和 29.0%。

4. 以大机器生产为代表的现代工业, 在和平解放前的旧西藏, 完全是一张白纸。据《藏内善后章程二十九条》第三条记载:"西藏章卡(市场所流行的一种硬币)历来掺假很多, 今后政府应以纯粹汉银铸造, 不得掺假。""'章卡'正面铸'乾隆宝藏'字样, 边缘铸年号, 背面铸藏文。驻藏大臣派汉官会同噶伦对所铸造之章卡进行检查, 以求质量纯真。"乾隆五十八年, 清朝政府以"关于新订二十九条章程的咨文", 颁给西藏地方政府, 命其遵循实施。1793 年以后, 旧西藏便有了铸印厂, 沿袭该章程规定, 西藏地方政府铸有"乾隆宝藏""道光宝藏""宣统宝藏"。旧西藏铸币厂连同铸币延续到 1959 年与旧政府一同消亡。除铸币厂外, 1931 年前后, 在拉萨还建立了一个小型电厂和一个小型军械厂, 并成立"扎西电机厂无边稀有幻化宝藏"的扎西勒空机构(即机器局), 专门从事铸币厂、发电厂、军械厂的管理职能, 同时兼顾税收、手工业等方面的工作。从 1951 年知识书店出版的《今日西藏》一书描述的主要情况看，发电厂设备是 1933—1934 年从英国运进拉萨，由在英国留学的藏族人仁岗装置起来的，最高发电量 120 千瓦，平常发电量只有不到 60 千瓦，仅供兵工厂和少数大贵族家中使用；时常因供电不足，60 瓦电灯抵不上一支洋烛。后因洪水冲毁，再无修复能力。军械厂是由清朝驻军的修械所演变而来，最高生产量为每月修理步枪 30 支，子弹 2000 发。后因缺乏配件不能维持而报废。铸造厂主要的产品是印刷纸币和铸造铜元，一个月大约只有 10 天开工，且产量很低。有资料表明，旧西藏的这 3 个工厂，仅有职工 120 人左右。而普遍存在的民族手工业设施极其简陋，生产工具十分落后，产品产量十分有限，更无现代工业的实际内容，如制革、制香、制氆氇、制陶器、制佛像佛品等，都是小规模，以家庭为单位的小作坊。西藏和平解放后，特别是西藏自治区成立以来，国家着力帮助西藏发展现代工业，先后投入了大量的人力、财力、物力，兴建了一大批中小型企业，如地市县乡级水电站、地热电站、太阳能光伏电站、铬铁矿和硼矿生产基地、机修厂、火柴厂、糖厂、毛纺厂、毛绒分梳厂、皮革厂、水泥厂、啤酒厂、矿泉水厂等，从而改变了西藏无现代工业的历史。工业总产值主体上呈上升趋势和多元化方向发展。据统计，按当年价格计算，1959 年，西藏工业总产值 0.43 亿元，其中国有经济 0.42 亿元，集体经济 0.01 亿元；1979 年达到 1.67 亿元，其中国有经济 1.28 亿元，集体经济 0.39 亿元；1989 年达到 3.33 亿元，其中国有经济 2.41 亿元，集体经济 0.34 亿元，其他经济 0.58 亿元。经过 40 多年的建设，西藏目前已基本形成以电力、采矿、建材、农畜产品加工、民族手工业为主体的西藏工业体系。1995 年，西藏乡及乡以上工业企业数达到 406 个，比 1990 年、1978 年、1965 年分别增长 49.82%、1 倍和 4.1 倍，其中国有经济 250 个，集体经济 132 个，其他经济 24 个；工业企业职工人数达到 2.42 万人，与比较年份相比分别增长 23.46%、35.0% 和近 1 倍半，其中国有经济 1.63 万人、集体经济 0.68 万人，其他经济 0.11 万人；工业总产值达到 9.08 亿元，按当年价格计算，与比较年份相比分别增长 63.1%、1.5 倍和 13.1 倍，年均分别增长 10.3%、5.5% 和 9.2%；主要工业产品产量达到发电量 4.83 亿千瓦小时、水泥 22 万吨、木材 15.71 万立方米，与比较年份相比分别增长发电量 52.85%、2.6 倍、16.25 倍，水泥 66.29%、2.55 倍、19.75 倍和木材下降 24.51%、下降 31.70%、增长 1.11 倍。西藏工业经济实力日益壮大，在国民经济中的地位逐步提高。

  5. 和平解放前，西藏没有一条现代意义上的正规公路，境内所有大江、大河上没有一座现代永久式桥梁，飞机场更是"天方夜谭"。进出藏靠的是人畜小道和骡马驿道，主要运输方式是人力背、畜力驮。当时，从青海西宁或四川雅安到拉萨往返一次，需要半年到一年的时间。1930年出版的《西藏始末纪要》一书，形容西藏交通状况时说："乱石纵横，人马路绝，艰险万状，不可名态。"来往商客称之为"艰险羊肠道、溜索独木桥"。1928—1930年，十三世达赖喇嘛时期进口的两部小汽车和英国驻江孜商务代办处购买的三部道基牌汽车，都是在印度拆成零件，靠畜驮运到拉萨和江孜两地组装的，把经布达拉宫至罗布林长1公里的一段便道稍加修整，作为汽车通行道路。据拉萨市一些老人回忆，约在1948年前后，拉萨才开始出现三四部马车。20世纪40年代，国民党政府曾力图修筑沟通内地与西藏的公路和机场，但这一愿望未能实现。新中国成立不久，解放西藏，巩固国防，完成祖国大陆统一大业，驱逐帝国主义势力在西藏的干扰、破坏，中国共产党挑起了这个历史进步的重担。1950年初，毛泽东主席指示："一面进军，一面修路。" 1950年4月13日，川藏公路（全长2413公里）在原西康省雅安金关破土动工。1954年5月11日，青藏公路格尔木至拉萨段（全长1300公里）在昆仑山下雪水河艾芨里沟破土动工。1954年12月25日，川藏公路和青藏公路同时通车到拉萨，从此结束西藏没有一条正规公路的历史，改变了西藏长期封闭状况。这两条公路的里程之长、海拔之高、施工难度之大、建设速度之快在世界建筑史上是创纪录和罕见的。充分体现了中国共产党、中国政府致力于把捍卫和保障我国的国权放在首位的坚强决心和坚定意志。与此同时，机场和输油管线建设也相继建成。1956年5月26日，中国空军在没有任何航线的西藏高原上率先打开了一条空中通道，飞机首次安全着陆在当雄机场上，从此打破了被人们视为"空中禁区"的神话，创造了世界飞行试航成功的奇迹。自此，相继先后建成和平、贡嘎、邦达机场。1960年起正式开辟了民用航线，主要是北京到拉萨、拉萨至西安、拉萨至重庆的国内航线和拉萨至加德满都的国际航线等。"八五"期间，国家安排巨资对贡嘎、邦达机场进行了扩建和改建，使机场条件有了很大改善，空运能力得到增强。1974年4月建成了世界上最高、最长的青海格尔木至西藏拉萨全长1080公里的输油管道。目前，一个以拉萨为中心，以川藏、青藏、滇藏、新藏和中尼公路为骨干，14条区道、20条县道、157条乡村道、12条专用公路和边防公路为基础的西藏公路网雏形已经初步形成；基本建成了由公路、航空、管道等多种形式组成的交通网，西藏同祖国紧紧相连。据统计，1996年，全区公路通车里程达到2.24万公里，货运总量198.4万吨，客运量259.7万人次，货物周转量近9万吨公里，旅客周转量近5万人次公里，分别比1965年增长52.38%、14.6倍、27.9倍、近4倍和8倍。这对改善和保障西藏人民的生存权和发展权，起着不可估量的作用。

6. 1925年，西藏地方政府在内地以及外国的影响下，成立了"扎康"（邮政局）和"达尔康"（电报局），正式兴办邮电通信。那时的邮政，是在清朝邮驿的基础上改建而成，邮路以拉萨为中心，东达太昭，西南抵帕里，运递邮件全靠人力肩背步行。有线电报仅从拉萨通至江孜，在曲水、浪卡子、江孜等地设有线路维护点，发往国外的电报由英国及印度在江孜所办的电报机构经转；无线电报从拉萨通达日喀则、阿里、黑河。业务量小，设施简陋，邮电通信条件很不发达。新中国成立前后，中国中止了英国在西藏开办的邮电通信业务，于1951年4月16日在昌都设立了西藏第一个人民邮电机构——昌都邮政局，并开办邮政业务；次年2月4日开办了邮电业务。川藏公路的通车，使西藏历史上首次出现了汽车邮运。依据1954年4月29日在北京签订的《中华人民共和国、印度共和国关于中国的西藏地方和印度之间的通商和交通协定》，1955年4月1日在拉萨举行正式交接仪式，从此，印度政府在中国西藏所经营的邮政、电报和电话业务及其设备、12个驿站等移交给中国政府，实现了西藏人民邮电通信事业的统一管理，并走上现代化的道路。到1956年底，西藏人民邮电局（所）增加到65处；邮路单程长度达到5849公里；电报电路71条；市内电话装机总容量280门；实现当年邮电业务总量（按当时不变单价计算，下同）104.4万元。60年代以后，西藏邮电通信事业得到长足发展。到1976年，全区邮电局（所）达到106处邮路单程长度达到9.1万多公里；电报电路130条；市内电话交换机总容量3780门；邮电业务总量完成182.7万元。改革开放以后，随着社会主义经济建设的发展，国家增加和加强了对西藏邮电建设的投资力度及政策扶持。仅1980—1989年，国家累计投资7001.4万元，致使西藏邮电通信事业在质量和效益上发生了深刻的调整变化。到1989年，全区邮电局（所）达到118处；邮路单程长度达到7.1万公里；电报电路102条；市内电话交换机总容量1.1万多门；建设卫星通信地球站5座；邮电业务总量完成896.7万元。目前，全区邮电局（所）138个，比1965年增长53.3%；邮路总长1.75万公里，增长42.6%；市话交换机总容量4.66万门，增长38倍；邮电业务总量达到7176万元，增长20多倍。现已建成和开通七个地市卫星通信地球站，开通运行了73座县级话音VSAT卫星通信地球站和51个县的程控电话交换机，西藏98%的县实现了卫星传输和市话程控化，并进入国内国际长途自动网。西藏邮电通信事业突飞猛进的发展，对西藏人民生活的改善和提高，扩大开放后的对外交流，促进经济社会发展和国防巩固等各个方面起到了积极的重要作用。

7. 旧西藏的内外贸易，在封建农奴制度等诸多因素影响下，发展很不充分，也不可能充分。长期以来，西藏贸易除季节性的牧民向农民进行以物易物的交换形式外，其他经常性的和较大规模的贸易，完全操纵在政府、贵族和寺院手中。同时，"三大领主"还几乎垄断着全部西藏的进出口贸易，其目的是维系自给自足的自然经济，巩固其反动统治，根本不顾西藏人民的死活。值得指出的是，这种分散化、小批量、靠马帮驮运的小额贸易，在英国帝国主义侵入西藏以前，大部分商品，如茶叶、绸缎、瓷器及其他日用品，都是从祖国内地运进的。自1888年英国第一次武装侵入西藏后，这种局面发生了变化，外销商品量大于内地进销商品量，其真正目的是英国妄图控制西藏的经济和政治，使西藏逐渐沦为半殖民地社会，以割断西藏同祖国的联系。据英国驻成都领事霍集估计，自19世纪末到20世纪初，由内地运往西藏的货物总价每年达105.35万两白银；如内地茶叶贸易，1883年的总值为15万至20万英镑，到1913年降为7.21万英镑；而英藏贸易总额则不断上升，1896—1897年为209.85万卢比，1897—1898年为225.24万卢比，1914—1915年为505.6万卢比，1916—1917为714万卢比。[①] 即使这样，广大西藏人民的生活仍然处在水深火热之中，经济并没有得到多大发展，西藏市场也没有发生多大变化。1954年底川藏、青藏公路通车后，内地商品大批运入并占领了西藏市场，从而加强了祖国内地与西藏的经济联系，改变了过去外货充斥西藏市场的局面。1959—1996年，交通运输部门共调运进藏物资总量为674万吨，其中：主要商业物资110万吨，粮食130万吨，石油148万吨。商业物资的

---

① 参见列昂节夫《外国在西藏的扩张》一书。

大量调进，对丰富人民生活、活跃市场供给、发展经济、促进社会进步、增加民族团结、巩固西南边防起到了重要的作用。特别是随着西藏交通运输、能源建设、邮电条件的改善以及改革开放的不断深入，西藏对内搞活，对外开放的市场机制已基本建立，并形成了多种经济成分、多种经营方式、多种流通渠道并存和具有相互竞争、相互促进功能的开放型流通格局，使城乡市场不断繁荣活跃，丰富了西藏人民的物质和文化生活。据统计，1996年，全区商业网点总数达到3万多个，比1990年增长91%，呈现出多层次、全方位发展的态势，社会消费品零售总额达到26.4亿元，比1978年增长10倍。商品物资供应，不仅总体上保持了供求平衡，而且品种丰富，质量和档次大大提高。对外贸易得到长足发展，1996年，进出口总额达1.16亿美元，比1965年增长46.7倍，其中：出口总额7283万美元，增长185倍。目前，全区拥有开放通商口岸6个，边境贸易市场28个，分别对尼泊尔、印度、不丹等国开放，为拓展南亚市场打下了基础。

8. 西藏旅游业是我国改革开放的产物，日益显示出广阔的发展前景。1979年成立西藏自治区旅游局（筹备处），开始有了办理旅游业务的专门机构。1995年，全区已拥有旅游涉外宾馆酒店38家，其中星级宾馆酒店10家，客房2577间，床位5785张。15年来，全区共接待国内外游客25.07万人次，其中国际游客23.91万人次。仅"八五"时期，全区就接待国内外游客12.33万人次，其中国际游客11.45万人次；旅游外汇收入达到4912万美元，利润总额达到9956万元人民币，均比"七五"时期有大幅度增长。旅游业的发展，带动了相关产业的发展。据不完全统计，仅1994年，除西藏旅游行业的直接收入外，民航机票、景点门票、邮电通信、社会购物以及其他方面的营业收入达7000多万元。现在，西藏旅游企业已发展到80多家，其中旅行社40余家。同时，还在香港、尼泊尔、北京、成都、广州、重庆等地设立了旅游办事处；全区旅游涉外定点餐馆12家，旅游服务公司3个，旅游系统拥有各种旅游车辆350多部，座位4000多个；旅游从业人员达到3000多人，其中藏族占60%以上，汉族和其他少数民族占30%多，已逐步形成以藏族为主体的西藏旅游队伍。为了促进西藏旅游业的长足发展，国家和自治区现已对外开放10个县市、44座山峰、1个国家级风景名胜区、2座国家级历史文化名城、13个国家级文物保护单位、11家自治区级文物保护单位、60多处旅行游览点。目前，西藏已初步形成了以拉萨为中心，东西两条环形线路为两翼（即拉萨至山南、拉萨至日喀则），辐射两线沿途名胜景点的旅游产品格局。随着中外游客进出的不断增多，西藏这片长期被世人认为神奇、奥秘的土地，为越来越多的人所了解；同时，西藏也在对外交往中认识世界，增长见识，丰富自己，发展前行。西藏正以它丰富的旅游资源、独特的自然人文景观魅力，吸引着广泛的国内外旅游者前来观光游览和科考探险，新兴的旅游业也正以它良好的经济社会和环境生态效益，逐渐成为西藏经济的一个重要支柱产业。

9. 在西藏经济发展取得巨大成就的基础上，大多数农牧民的温饱问题基本得到解决，一部分人开始向小康迈进，城镇居民的生活质量也在明显改善。1996年全区城镇居民人均生活费收入5030元，比1991年增长1.4倍，年均增长19%；农牧民人均纯收入975元，比1991年增长48.3%，年均增长8.2%。城乡居民年底储蓄存款余额由1991年的5.1亿元，增加到1996年的26.8亿元，人均储蓄由230元增加到1117元。据西藏自治区统计局抽样调查，1995年城镇居民人均消费支出3912元，农牧民人均生活消费支出897元，分别比1990年增长1.9倍和1.6倍，年均递增23.9%和21.0%。由于城乡收入和消费水平呈双向提高，西藏人民的消费结构发生了深刻变化。主要表现：食品消费日趋营养化。1990年城镇居民的人均粮食消费占食品消费9.5%，副食消费占45.0%；农牧民的人均粮食消费占45.3%，副食消费占36.0%。到1995年，城市居民人均粮食消费占15.2%，副食消费占46.0%；农牧民的人均粮食消费占28.3%，副食消费占30.9%。特别是农村居民的消费变化尤为显著。1995年与1990年相比，农村居民人均消费的蔬菜增长11.8%，食用油增长27.8%，蛋类增长1.1倍，食糖增长1.3倍，糖果糕点增长3.2倍。城市居民衣着消费日趋成衣化、个性化和时装化。1995年人均用于衣着消费的支出达到774元，比1990年增长2.7倍。耐用消费品趋向中高档化。1995年，平均每百户城市居民家庭拥有自行车222辆，彩色电视机98台，收录机78台，洗衣机78台，电冰箱50台，照相机46架，摩托车9辆，均比1990年有较大幅度的增长。西藏人民对教育和文化精神生活的投资逐步加大。1995年人均用于文教性消费支出达到156元，比1990年增加143元，其中单纯的娱乐性消费人均16元，比1990年增加13元。城乡居民的居住条件不断改善。1990—1995年，农村和城市平均每人住房面积由18.94平方米、11平方米左右增加到20.00平方米、14.02平方米。据典型调查,在雅鲁藏布江、拉萨河、年楚河中部流域地区,一般家庭均有余粮,有的农户余粮够吃1—3年,个别农户能吃7—8年;盖新房的群众比比皆是,有的乡90%的群众都盖起了新房。城市居民住房由平房逐步向楼房过渡,住房质量有很大提高,生活设施更加完备,功能更加齐全;农村住房也开始由土木结构向砖木结构转变,在保持传统民族建筑风格的基础上,部分地方正向着实用化、多样化、美观化方向发展。

10. 由于历史和现实的综合原因,西藏的贫困人口还比较多,广大人民的生存权问题还有待于着力解决。据1994年统计,西藏有18个贫困县,48万贫困人口,其中:国家确定的5个重点贫困县有8.6万人,自治区确定的13个贫困县有11.9万人,分布于面上的贫困人口27.5万人。目前,中国政府正致力于在20世纪末基本消除贫困人口的目标任务。1996年2月1日,西藏自治区制订了《扶贫攻坚计划》。截至1996年底,自治区投放扶贫资金1.14亿元,安排扶贫项目107个,使全区2万多户12万人摆脱了贫困。全区贫困人口已从1995年的45万人下降到1996年的33万人。广大西藏人民的生存权和发展权,在社会主义制度下,在中华民族大家庭中,得到了充分的体现。

11. 西藏之所以能够在封建农奴制度的废墟上取得社会主义现代化建设的巨大成就,是中央关心西藏、全国支援西藏和西藏各族干部群众团结奋斗的结果。西藏和平解放以来,中央对西藏建设的投资力度在不断加大,中央共安排西藏基本建设无偿投资111.8亿元,其中改革开放后的15年间,国家共安排72亿元,占前30年基本建设投资总和的64.4%,在"八五"期间,国家共安排52.8亿元,占改革开放15年的73.33%。特别是20世纪80年代和90年代中期,中央和国务院在投资建设西藏方面,作出了两次重大决策,影响意义十分深远。1984年2月,中央决定由内地九省市,按照西藏自治区提出的要求,分两批帮助西藏建设43项工程,其中有经济发展项目24个,社会发展项目17个,其他建设项目2个,共安排建设总投资4.80亿元。1994年7月,中央和国务院在北京召开了第三次西藏工作座谈会,会议再次作出重大建设决定,在西藏建设62项援藏工程。目前,62项援藏工程已经全部开工,进展十分顺利,其中已竣工交付使用50项,已基本完工、正在收尾6项,计划1997年完成4项;1998年和1999年各完成1项。概算总投资由原定的23.8亿元增加到 37 亿元。在 62 项援藏工程中，经济发展项目 40 个，占 64.52%，社会发展项目 22 个，占 35.48%。除此之外，全国 14 个对口支援西藏省市，还援建了一批基本建设项目。截至 1996 年 8 月底，对口援藏省市共安排建设项目 151 个，总投资达到 3.61 亿元。以上这些项目的全部建成，对改变西藏相对落后的被动局面，尽快提高人民生活水平，正在和将要发挥出显著的社会效益、经济效益和生态效益。

12. 社会主义新西藏取得的巨大成就，为西藏历史上任何一个时期都无法比拟，倾注了中央三代领导集体的心血。毛泽东同志说："中央有什么东西可以帮助你们的一定会帮助你们，帮助各少数民族，让各少数民族得到发展和进步，是整个国家的利益。"[①] 邓小平同志说："关键是看怎样对西藏人民有利，怎样才能使西藏很快发展起来，在中国四个现代化建设中走进前列。"[②] 江泽民同志说："决不能让西藏从祖国分裂出去，也绝不能让西藏长期处于落后状态。只有社会主义才能救中国和发展中国，也只有社会主义才能够救西藏和发展西藏。"[③] 在西藏前进的道路上，尽管还存在着这样或那样的困难和问题，这是任何一个历史时代和社会都无法避免的。归结起来主要是自治区主席江村罗布在《关于西藏自治区国民经济和社会发展"九五"计划和 2010 年远景目标纲要的报告》中指出的六个方面。马列主义、毛泽东思想和邓小平理论的基本原理告诉我们，看问题不能只看表面形式，而要看本质、看主流。近一个时期，以美国为首的西方敌对资本主义国家，以"人权"为幌子，试图把"西藏问题"作为突破口，严重干扰中国内政，目的只有一个，就是要搞垮社会主义的中国，实现其"西化""分化"中国的战略图谋。美国统治集团从来认为，社会主义的存在本身就是对资本主义构成严重威胁。美国史学家费正清曾经毫不掩饰地说："我们感到我们的基本价值标准直接受到威胁，如果中国人自愿选择共产主义，那就可以断定人类的大多数是不会走我们的路，至少目前是如此。"一位美国官员说："资本主义是一个国际体系，一旦在国际上行动不开，就要彻底完蛋的。"[④] 自十四世达赖逃亡印度后，从

---

① 毛泽东主席接见西藏国庆观礼团时的讲话，1953 年 10 月 18 日。
② 《邓小平文选》第 3 卷，第 247 页。
③ 江泽民总书记在中央第三次西藏工作座谈会上的讲话，1994 年 7 月 20 日。
④ 参见 1996 年中央办公厅关于印发从中外历史问题的九篇文稿中第三篇《近代以来中美苏日关系的特点》一文。

未停止过分裂祖国的活动，随着国际气候的变化而愈演愈烈，近年来在西藏搞了100多起骚乱闹事事件，就是最好的例证。其目的就是与国外敌对势力相勾结，以国家和中国人民为敌，搞"藏独"，从事分裂祖国活动，妄图复辟封建农奴制社会。我们同十四世达赖集团的斗争，在现阶段是阶级斗争的表现。十四世达赖集团的分裂活动一天不停止，我们同他们的斗争一天也不能放弃。由此可见，所谓的"人权"，必须同国家的命运与前途紧紧联系在一起。正如邓小平同志所指出的那样："什么是人权？首先一条，是多少人的人权？是少数人的人权，还是多数人的人权，全国人民的人权？西方世界的所谓人权，和我们讲的人权，本质上是两回事。""人们支持人权，但不要忘记还有一个国权。谈到人格，但不要忘记还有国格。真正说起来，国权比人权重要得多。"

在西藏人民以新的姿态迎接21世纪，去努力实现自治区第六届人大第四次会议通过的《纲要》目标的时候，让我们以马克思列宁主义、毛泽东思想、邓小平理论和党的十五大精神为指导，紧密地团结在以江泽民同志为核心的党中央周围，高举建设有中国特色社会主义的伟大旗帜，解放思想，实事求是，走中国人民自己的路，西藏才有更加美好的明天。

（载1997年《西藏经济探索》内刊第4期，西藏自治区计划委员会主办）

强劲发展——铸造西藏发展新篇章

1965年西藏自治区的成立，掀开了西藏发展的新篇章。在党的民族政策的指引下，西藏建立了人民民主政权，昔日的奴隶和农奴成了社会的主人，走上了社会主义的康庄大道。30多年来，特别是党的十一届三中全会以来，西藏的面貌发生了翻天覆地的变化。1996年，全区国民生产总值达到64.53亿元，比1965年增长近6倍。一个经济发展、人民生活水平不断提高、民族团结、社会进步、边防巩固，为世界所瞩目的社会主义新西藏已经展现在祖国的西南边疆。

——农牧业生产稳步发展。自治区党委和政府历来高度重视农牧区工作，把农牧区经济的发展放在整个国民经济的首位。为尽快改变原始落后的生产方式，先后制定了一系列有利于农牧民、农牧业和农牧区经济发展的优惠政策和特殊措施，加强对农牧业生产和农村工作的领导，努力改善生产条件，使农牧业基础地位得到了加强，保障了"三农"工作巩固提高。党的十一届三中全会以后，一方面，在农牧区贯彻落实"土地归户使用、自主经营、长期不变"和"牲畜归户、私有私养、自主经营、长期不变"等休养生息政策，极大激发和调动了广大农牧民生产和经营的积极性；另一方面，不断增加对农牧业的资金、物质和技术投入，提高生产力水平和农业综合经济效益，促进了农牧区经济的较快发展。1996年，全区农业总产值达到39.5亿元，比1965年增长2.2倍，年平均增长3.8%；主要农畜产品产量大幅度增加，1996年粮食总产量达到77万吨，比1965年增长1.6倍；油菜籽总产量4.1万吨，增长6.7倍；人均粮食数量由1965年的214公斤增加到1996年的320多公斤；年末牲畜总头数2250万头（只），比1965年增长32.3%；当年出栏牲畜由1978年的241.55万头（只）增加到1995年的466.29万头（只），增长93%；肉类总产量由1978年的4.71万吨增加到1996年的11.20万吨，增长1.4倍；

其他农畜产品产量均有不同程度的增长。

——现代工业生产初具规模。西藏的现代工业体系，基本上是和平解放以后从无到有、由小到大、逐步建立和发展起来的。三十多年来，西藏自治区把加快工业发展作为经济发展的一个重点，坚持以市场为导向、资源为依托，重点发展了矿产业、电力业、建筑建材业、农畜产品加工业以及轻纺业、食品业、民族手工业、藏医药业，彻底改变了西藏工业十分薄弱的落后状况。目前，一个以电力、采矿、建材、农畜产品加工、民族手工业为主的西藏现代工业体系基本形成。全区工业总产值达到10.85亿元，比1965年增长14.4倍，年均增长9.2%，铬矿石产量达到12.69万吨，比1978年增长9.2倍；水泥、发电量产量分别达到26万吨、5.45亿千瓦时，比1965年增长23.5倍和19.5倍。全区的工业经济实力日益壮大，在国民经济中的地位逐步提高。

——现代运输邮电业发展迅猛。举世闻名的川藏、青藏、滇藏、新藏公路建成通车后，又陆续建成中国至尼泊尔等干线公路以及拉萨至格尔木柏油路面和输油管道、拉萨至日喀则、拉萨至山南的柏油路面，随着西藏经济社会发展的需要，区内县乡公路和边防公路也在不断发展延伸。同时，航空突破了人们视为"空中禁区"的青藏高原，相继开辟了北京至拉萨、拉萨至西安、拉萨至重庆的国内航线和拉萨至尼泊尔加德满都的国际航线等，改扩建了贡嘎机场，改建了邦达机场，交通运输能力得到大大增强。1996年，全区公路通车里程达到2.24万公里，比1965年增长52.38%；货运总量达到226.2万吨，比1965年增长近6倍；客运量达到266万人次，增长25倍多；货物周转量达到近9万吨公里，增长近4倍；旅客周转量达到近5万人次公里，增长8倍。邮电通信业经过30多年建设，全区邮电局（所）达到138个，比1995年增长53.3%；邮路总长度达到1.75万公里，增长42.6%；市话交换机容量达到4.66万门，增长38倍。目前，全区已经建成7个地市卫星通信地球站，开通运行了73座县级话音VSAT卫星通信地球站和51个县的程控电话交换机，全区98%的县实现了卫星传输和市话程控化，并进入长途自动交换网。西藏对外交往的开放程度日益增强，昔日的"高原孤岛"告别了旧时代。

——新型内外贸易发展迅速。三十多年来，特别是改革开放以来，彻底打破了西藏长期自我封闭的状态。对内搞活、对外开放的市场机制已经基本建立，并形成了多种经济成分、多种经营方式、多种流通渠道并存和具有相互竞争、相互促进、相互补充功能的开放型流通格局,城乡市场进一步繁荣活跃,给人们生活生产带来便利。1996年,全区商业网点总数达到3万多个,比1990年增长91%;社会消费品零售总额达到27亿元,比1978年增长10倍;进出口对外贸易总额达到1.16亿美元,比1965年增长46.7倍,其中:出口贸易总额7283万美元,增长185倍。目前,全区拥有开放通商口岸6个、边贸市场28个,分别对尼泊尔、印度、不丹等国开放,为逐步拓展南亚市场创造了条件。

——城乡居民生活水平显著提高。国民经济的加快发展,直接带来了全区人民生活水平的不断提高和社会局势的稳定。同时,也为维护民族团结、祖国统一和巩固国防提供了坚实基础。全区大多数群众在解决温饱的基础上开始向小康目标迈进,农牧民收入不断增加,城镇居民的生活质量明显改善。城镇居民人均生活费收入由1990年的1685元提高到1996年的5036元。1996年,全区农牧民的人均纯收入达到960元,比1978年增长4.5倍,与1990年相比,增长64.9%,年均增长8.7%。随着城乡居民收入的大幅度增长,消费水平随之提高,消费结构得到优化。

——教育科技文化卫生等社会事业不断进步。1995年底,全区拥有各级各类学校4050所,在校学生近30万人,分别比1965年增长1.2倍和3.3倍,适龄儿童入学率达到70%。此外,在中央的特殊关怀下,全国20多个省市开办了西藏班,在校学生1万余人。西藏现已初步形成幼儿教育、基础教育、中等教育、高等教育、成人教育、职业教育的体系。初步建立了农牧、交通、气象、地质、能源、医药、卫生和高原生物等科学研究机构,拥有2.6万多名各级各类科学技术人员。文化事业坚持"二为"方向和"双百"方针,在继承藏民族优秀传统文化的同时,大力吸收其他民族的先进文化,形成了具有鲜明民族特色和强烈时代感精神的民族文化新格局。全区医疗卫生事业得到长足发展,1995年,全区卫生机构达到1198个,卫生技术人员达到8467人,分别比1965年增长5.2倍和2.5倍;儿童免疫接种率达到91%以上;人口平均寿命由解放前的36岁提高到现在的63.4岁。

——少数民族干部队伍迅速形成。在党中央的亲切关怀和全国人民的大力支持帮助下,经过全区各族人民的共同努力,西藏的各项事业取得了历史性的巨大成就,民族区域自治制度不断完善和加强,使西藏人民充分享有管理本地区、本民族事务和国家事务的权利,截至1996年底,在西藏各级人大代表中，以藏族为主体的民族代表已占80%以上，全区少数民族干部占70%以上；全区七地市的专员市长绝大多数由少数民族干部担任；自治区各工作部门主要领导层中的少数民族干部占多数；一大批政治素质好、业务能力强、文化素质高的少数民族干部走上了各级领导岗位；全区一支以藏族为主体、各民族团结共事的民族干部队伍已经形成。西藏各民族在长期的社会主义革命、建设和改革开放的伟大事业中，建立了平等、团结、互助的新型民族关系，形成了谁也离不开谁的亲密关系。实践充分证明，中国共产党的民族区域自治政策，完全符合西藏实际，无比的英明正确。

——社会局势保持了基本稳定。在长期复杂尖锐的反分裂政治斗争中，我们深刻地体悟到：发展是根本，稳定是前提，两者缺一不可的道理已成为大多数共产党人的共识。在党中央的坚强领导下，自治区党委和政府紧紧团结带领全区各族人民挫败了80年代后期的一系列骚乱闹事阴谋活动，狠狠打击了十四世达赖集团分裂祖国、破坏民族团结、阻挠发展进步的嚣张气焰，极大地教育和鼓舞了西藏各族人民的斗志。"一个中心、两件大事、三个确保"的新时期西藏工作指导方针，日益深入人心，被实践证明，完全符合西藏实际，是一个易懂、好用、正确的治藏方略，我们必须长期坚持、毫不动摇。

三十年经济和社会发展所谱写的光辉篇章，是西藏历史上任何一个时代都无法比拟的。西藏人民从亲身经历中深深体会到，西藏之所以发生这样的巨大变化，正是由于有中国共产党的英明正确领导，有党中央的亲切关怀和全国人民的无私援助，有优越的社会主义制度和民族区域自治制度，有铜墙铁壁的党政军警民团结，是西藏强劲发展、社会稳定的根本所在。第一，西藏的前途命运同祖国的前途命运紧密相连，没有中国共产党就没有新西藏，也只有在中国共产党领导下，西藏才有彻底改变旧面貌的昨天、欣欣向荣的今天和美好繁荣的明天。第二，西藏短短几十年所取得的巨大历史成就，是上千年历史时代的奇迹跨越，是历史发展和人民选择中国共产党和社会主义社会的必然结果，背离了这两条，西藏人民就没有光明，还会长期在黑暗、落后、愚昧的"政教合一"旧制度桎梏中徘徊下去。第三，只有坚定不移地全面贯彻执行党的民族政策，坚持民族区域自治，不断增强和坚定维护各族人民的大团结，一切从国家全局利益和西藏的实际情况出发，始终把牢发展和稳定两条主线，大力发展社会生产力，以改革开放促发展确保社会稳定，才能保障西藏各项事业有序健康发展，全体人民的生活水平及质量才会明显提高和更加幸福。第四，中央关心、全国支援、西藏努力，使西藏基础设施严重滞后的现状得以明显改善，支撑了加快发展的潜力、动力和活力，显现出最直接、最现实、最有力的拉动，发展是硬道理，稳定是硬任务，奏响雪域高原的胜利凯歌。第五，解放思想，实事求是，勤勉工作，勇于开拓，不失时机地抓住机遇，乘势而上，深化改革，扩大开放，大力培养和使用少数民族干部，认真组织实施资源转化和科教兴藏战略，优化产业结构，积极培植支柱产业和优势产业，是不断巩固和发展西藏各项事业的一个重要因素。

(本文系本人1997年对外新闻采访稿提要)

西藏发展现状及远景规划思路

一 基本概况

西藏地处我国的西南边疆,是世界上最高的青藏高原的主体部分,平均海拔高度在4000米以上,素有"世界屋脊"之称,被誉为地球"第三极"。全区面积120多平方公里,占全国总面积的1/8,仅次于新疆维吾尔自治区,居全国第二位;东西最长处相距2000公里,南北最宽处相距1000公里;与新疆、青海、四川、云南等区省相邻,与印度、尼泊尔、锡金、不丹、缅甸等国家和克什米尔地区接壤,边境线长近4000公里,是我国西南边陲的重要门户。西藏是藏民族的发祥地和聚居区,1999年底,全区常住人口255.5万人,其中藏族人口占全区总人口的95%以上。在西藏境内,除藏族以外,还有汉族、回族、门巴族、珞巴族、怒族、纳西族、蒙古族、傈僳族、土族、独龙族、苗族等民族成分以及僜人、夏尔巴人。现行的行政区划为1个地级市、6个地区和73个县(市、区)。

二 主要资源

西藏资源丰富,开发潜力和开发价值巨大,是我国重要的战略后备资源接续基地之一。在此格局下,保护和开发要有机结合,永续利用,坚定不移地走可持续发展的道路,给子孙后代留下一片蓝天碧水和环境质量优越的圣景家园。现阶段的状况是,由于各种原因,致使西藏潜在的资源优势并没有变成现实的经济发展优势,与广大人民迫切要求致富奔小康的期望值尚有较大距离，甚至有人戏称为"富饶的贫困"，这是我们近期提出需要加大开发力度的一个现实原因所在。

旅游资源。西藏以其神秘、新奇、独特的自然景观、宗教氛围和人文景观，广泛吸引着国内外人士前来观光、朝拜、游览、登山、探险、科考等。西藏旅游资源不仅分布广、类型多、数量大、组合优，而且独具特色，它的观赏和科考价值属于世界级和国家级的高品质旅游资源，给人以新奇感、神秘感、粗犷感和原始感，成为我国旅游资源体系的重要组成部分。只要加大以交通建设为突破口的基础设施建设力度，选准发展定位，打造品牌，谋划营销，做好宣传，西藏极有可能成为世界旅游热点和国家重要旅游胜地之一。

水资源。西藏是我国河流、湖泊最多的省区之一。据不完全统计，流域面积大于1万平方公里的河流有20余条。国内和国际著名的长江、雅鲁藏布江、怒江、澜沧江、恒河、印度河、湄公河、布拉马普特拉河、萨尔温江、伊洛瓦底江等均发源或流经西藏。全国约有1/3的湖泊面积分布于西藏境内，与长江中下游的外流湖泊遥遥相望，构成国内东西两大湖群。西藏水资源丰富，水资源总量为4482亿立方米，占全国的16.53%，居全国第一位；水能理论蕴藏量约是2.06亿千瓦，可能开发的水能资源为5659万千瓦，分别占全国的29.7%和15%，是我国未来水能建设、饮水供给源的优势区域和战略开发重点。地热、矿泉水及盐湖资源等开发前景广阔，抓紧做好远景发展规划意义重大。

矿产资源。西藏是青藏高原的主体，地质构造复杂，成矿作用强烈，矿产资源十分丰富。目前，西藏已发现矿产95种，其中已探明储量的46种。在已探明的矿产中，有9个矿产的储量列在全国排名的前10位，依次为：铬矿第1位，铜和火山灰矿第2位，菱镁矿第3位，硼和云母矿第4位，砷矿第5位，泥炭矿第8位，钼矿第10位。正在进行勘察的藏北伦坡拉油田和处在开发中试阶段的藏西北扎布耶盐湖前期工作已获重大突破，潜在开发价值十分可观。在市场经济作用下，靠消耗一次性资源的依赖性将会越来越明显，资源争夺战将会日趋激烈。作为不可再生的矿产资源，开发中要趋利避害，一旦严重破坏环境，得不偿失，难以弥补。因此，必须十分重视保护性开发，拟定开发产品序列及重点，使之成为刚性准则，切勿遍地开花、破坏生态。我们一定要算经济账，但生态账、政治账和子孙账更重要。

森林资源。西藏是我国森林资源最多、原始森林面积最大的省区之一，森林蓄积量居全国第一位，还是世界上保留不多和难得的多类型原始森林。据1991年西藏第二次森林连清初查结果，西藏有森林面积1.9亿亩，活立木蓄积量20.84亿立方米，森林覆盖率9.8%。林下资源十分丰富，初步查明的木本植物1500余种，100余科，300余属，不仅是我国极为重要的后备林用地，也是亚洲许多大江大河的水源涵养中心。西藏野生动物资源也十分丰富，种类居全国第一位，初查结果为798种。但人均占有林地面积，在全国又是最低的省区之一（尚不含"麦克马洪线"争议区的森林面积）。开发利用的总体原则应是，保障区内建设需要，近期暂不计划外运。拟定几个国家级自然保护区和退耕还林建设区，确保西藏生态环境的自然完美和强化天然屏障作用。大力开发林下资源，使之成为特色农业经济新的增长极，需要着力在上规模、有档次、创品牌、拓市场、建基地方面下狠功。

畜产品资源。西藏是全国的五大牧区之一，畜产品资源丰富。1999年年末牲畜存栏头数达到2290万头（只），牛羊肉产量12.2万吨，绵羊毛产量9351吨，分别相当于全国总量的4%、2%和2.8%，人均占有量虽远远高于全国平均水平，但畜产品商品率很低，主要畜产品如酥油、肉奶类则供不应求，尚未实现区域自给。西藏的山羊绒不仅品质高，素有"克什绒"之称，是世界有名的"软黄金"，而且资源十分丰富。1999年产量达到600吨，占全国总产量的6.2%，建立高品质绒山羊基地是当务之急。

三　发展成就

西藏民主改革40年来，在中国共产党的领导下，通过中央的特殊关怀和全国人民的大力支持，西藏各族人民励精图治，奋发图强，实现了社会制度的历史性跨越，生产力得到解放，经济和社会发展取得了翻天覆地的变化和历史上从未有过的巨大进步。改革开放后，特别是中央第三次西藏工作座谈会以来，西藏迎来了跨越式发展的"黄金时代"。

国民经济持续快速健康发展。1994—1999年，西藏GDP年均增长速度达到两位数，按可比价格计算，年均增长12.8%，高于同期全国平均增长水平，是西藏发展历史上最快的时期之一。1998 年，实现了全区 GDP 比 1980 年翻两番。1999 年，GDP 达到 105.61 亿元（首次突破百亿元大关），较上年增长 9.6%，接近完成年初预期经济增长目标。

粮油肉基本自给目标可望按预期计划达到。提出这一奋斗目标，是党中央、国务院为加快西藏发展和维护社会稳定而作出的一项重大决策。西藏"九五"计划为：到 2000 年实现粮食总产 100 万吨，油菜籽 5 万吨，肉类总产 12.5 万吨。经过各方面共同努力，1999 年，全区粮食总产达到 92.21 万吨、油菜籽产量达到 4.1 万吨、肉类产量达到 13.8 万吨。1988 年至 1999 年，西藏粮食生产已连续 12 年夺得丰收，广大人民的温饱问题基本解决，具有历史进步意义。

基础设施建设有所加强。1994—1999 年，西藏累计完成固定资产投资 220 亿元。中央安排的 62 项大庆工程项目，已基本完成并交付使用，交通、能源、邮电通信、水利为重点的基础设施"瓶颈"制约得到较大缓解，为加快发展提供了支撑。

改革开放取得突破性成效。西藏与全国同步进行了计划、财税、投资、外贸、金融、物价、流通等综合配套的经济体制改革；农村改革、国有企业改革稳步推进，对外开放领域不断扩大，多种经济成分不断涌现，为经济社会发展注入了新的活力。截至目前，在全国成功公发上市了西藏圣地、矿业、金珠、明珠、药业和拉萨啤酒 6 家股份公司的股票，拉萨市优化资本结构的试点工作取得初步成效。改革开放，成为西藏加快发展的重要驱动力。

城乡人民生活继续改善提高。1999 年，城镇居民生活费收入达到 5992 元，农牧民人均纯收入达到 1258 元，分别比 1993 年增长 79.5%和 1.4 倍。城乡居民居住条件和生活质量不断改善，多数群众的温饱问题基本解决，部分群众生活达到小康水平。全社会消费品零售额达到 37.93 亿元，平均每年以 15%左右的速度增长。全区 48 万贫困人口有 42 万人基本解决温饱，18 个贫困县中已有 15 个县初步摘掉了贫困"帽子"。

基础教育目标基本如期实现。1999 年，全区各级各类学校达到 937 所，在校学生规模持续扩大，学龄儿童入学率达到 83.4%，基本实现了县县有中学、乡乡有小学、学龄儿童入学率达到 80%的"两有八零"目标。

反分裂斗争取得重大胜利。按照中央制定的反分裂斗争方针，西藏针锋相对地开展了对十四世达赖集团的斗争,实现从被动应急向主动治理的转变。依法严惩了危害国家安全、危害人民生命财产安全、危害社会主义制度的分裂分子,有力挫败了十四世达赖集团在境外策划的"和平挺进西藏""不合作运动""全民公决"等分裂活动。自治区对重点寺庙开展了爱国主义教育和建立正常宗教秩序的工作,动摇了十四世达赖的根基,维护了西藏社会局势的基本稳定,保障了发展的良好环境。

四 主要困难和问题

新中国成立50年来,特别是在改革开放的20年间,西藏经济社会的发展取得了历史上前所未有的成就。但由于多因素历史成因、发展欠账较多、基础设施滞后、交通不畅及区位优势不明显等方面的制约,西藏同中东部地区相比,发展差距不但没有缩小,而且越来越大,仍然是全国最落后、最不发达的地区。

社会发育程度低,制约经济发展。西藏是在商品经济、社会化生产、社会分工都很不充分的情况下,由"政教合一"的封建农奴制社会直接跨越到社会主义社会的。由于自然地理环境、宗教历史等方面的原因,西藏经济社会的发展与内地发达省市相比存在着层次上的差距,需经长期的不懈努力方能根本改变。

产业结构不尽合理,综合区力很弱。1999年,全区国内生产总值为105.61亿元,人均4166元,若不考虑价格的不可比因素,仅相当于全国人均水平的57%左右。三次产业结构呈典型的"V"字形,是不发达的经济结构和产业结构的表现形式。第一产业占32.4%,主要为传统农业;第二产业占22.7%,主要为规模小、科技含量少、管理水平低、产品质量效益欠佳的中小型工业企业;第三产业占44.9%,主要为干部职工的工资性收入;整体经济水平缺乏自我积累和自我发展的能力。

经济增长动力不足,发展差距进一步拉大。近年来,经济增长乏力、增速下滑的问题愈加突出。西藏的经济增长速度,1994年是15.6%,1995年是17.9%,1996年、1997年、1998年增幅分别下降为13.2%、11.3%、10.2%,1999年增幅则下降到10%以下,仅为9.6%。严重依靠国家的基本建设投资拉动,内需消费和外贸出口十分虚弱,这些问题应当引起高度重视。

基础设施"瓶颈"制约严重，对发展难以形成有力支撑。1999年，西藏发电装机容量仅有34万千瓦，人均用电量不足272千瓦时，相当于全国平均水平的20%；现有60%的乡、80%的农牧民用不上电；西藏是全国唯一不通铁路的省区，作为交通运输主体的公路，不仅运距长、等级低、路况差、断头路多、病害严重、养护费用和建设成本高，而且还有20%的乡和全国唯一的墨脱县尚不通公路，境内仅有两个对外航空港；广大农牧区无通信设施，信息闭塞，市场狭窄；县城水、电、路、住房等基础设施严重滞后，历史欠账较多，难以形成人、财、物、信息流的集散地。据1998年统计，西藏国内生产总值、工农业总产值、固定资产投资、社会消费品零售总额、农民人均纯收入等主要经济发展指标均处在全国各省区市的最末位次。

教育、科技落后，所需建设人才严重匮乏。全区学龄儿童入学率仅为83.4%，青壮年文盲和半文盲率占42%，人口整体素质偏低，人才匮乏现象普遍。科技整体水平低，技术创新能力进展缓慢。区内现有人才稳不住，区外人才引进难，成为普遍现象。科技对经济的贡献率低，其生产力作用亟待提升。

农牧民收入增长缓慢，生活质量处于低水平。全区农牧民人口占总人口的80%以上，大多数群众的生活水平尚处在温饱型阶段。1999年，农牧民人均纯收入仅为1258元，相当于全国平均水平的53.2%（主要为实物收入，持有现金少），农村居民平均每人生活消费支出，仅为全国平均水平的44.7%，其中食品支出占70%，比全国平均高16.6个百分点；用于居住支出、卫生医疗支出、交通和通信支出、文教和娱乐支出，分别仅为全国平均水平的16.8%、19.7%、13.1%和5.2%。

反分裂斗争长期存在，对发展有不稳定因素。复杂、尖锐的反分裂斗争，特别是十四世达赖集团在精神领域的渗透和影响十分严重，干扰西藏发展与稳定的大局。宗教影响依然是发展中的制约因素之一，各种非经济因素，直接影响农牧业经济、农牧区稳定和农牧民增收，影响社会主义市场经济体制的建立。

综合分析上述主要发展条件，西藏与内地省区相比，不仅是位次上的差距，更重要的是发展层次上的落后。

五　远景规划

（一）总体思路

始终坚持解放思想、实事求是的思想路线，紧紧抓住西部大开发的重要历史机遇，以富民兴藏为目标，改革开放，着力实施优势资源转化、非均衡发展、城市化带动、科教兴藏和可持续发展五大战略，重点加强基础设施、生态环境保护和建设、战略性结构调整和发展教育科技，突出优势特色产业和体制创新，实现经济社会与人口、资源、环境协调发展，到21世纪中叶，建成经济繁荣、社会进步、民族团结、边防巩固新西藏。

（二）战略定位

在国内外发展环境中，西部大开发，西藏大发展，通过50年左右的时间，将西藏建成国际性的精品旅游胜地；建成世界上最大的一块无污染自然生态环境保护与建设的净土保护地；建成全国最大的高原特色生物资源和绿色食品农业综合研发供给基地；建成全国最大的藏药材科研、开发、生产、出口和民族手工业集散中心；建成中国西部重要的以铬铜硼金锂为主的贵重和稀有金属基地及重要矿产资源战略储备库；加快青藏铁路立项建设进度，为开通南亚陆路商贸大通道打基础、创条件；规划储备川藏铁路、大中型水电站、区内航空港、大中型水库灌溉体系、纵横交错公路网、集中连片的高品质绒山羊养殖生产基地等重大项目，全面提升西藏人民生活的富裕水平和发展质量。

（三）战略目标

西藏大开发的阶段性目标：到2005年，开好局、起好步，确保10%以上的发展速度，综合实力有所增强，GDP达到300亿元左右，部分人民生活初步达到小康，缩小与西部省区的发展差距，提升发展位次；到2015年，夯实基础，跨越式发展，确保高于全国2—3个百分点的平均发展速度，综合实力进一步增强，GDP达到500亿元左右，人民生活基本实现殷实，达到与西部省区并驾齐驱、同步发展的水平，为全面实现小康社会而奋进拼搏；到2050年，稳定、快速发展，发展速度保持或略高于全国平均发展水平，综合实力明显增强，GDP达到1500亿元以上，基本实现现代化，达到与全国同步发展的共同富裕水平，局部地方的人民生活水平及质量走进西部省区的前列。

到2005年的主要目标：在改善经济增长质量和提高经济效益的前提下，人均GDP基本接近西部省区的平均水平；以特色经济为方向的产业结构调整在发展中取得较快优化升级，产品的市场竞争力明显增强，其他结构也在发展中得到有序调整；适应大发展需要的基础设施建设取得较大突破，大开发格局初步形成；大规模生态建设局部启动，城镇生态环境面貌初步改善，农业生产再上新的台阶；城乡人民生活水平全面提高，精神文明建设协调发展；扶贫开发成果进一步巩固，扶贫开发攻坚取得实质性进展，将生产、生活条件都极为严酷的贫困群众部分搬迁到环境较好的扶贫开发区；有条件的地方实现广播、电视"村村通"，并为"户户通"创造条件；初步达到人人享有初级卫生保健目标；重大建设项目的前期工作进展明显，个别项目启动建设。

到2015年的主要目标：人均GDP达到或超过西部省区的平均水平，力争基本接近全国的平均水平；产业结构趋于合理化，特色产业稳定、成熟发展，适应市场体制要求的企业整体素质明显提高；符合大开发要求的区域经济格局基本形成，经济运行平稳，并进入良性循环；重大建设项目全面启动，基础设施建设、结构调整、科技教育取得重大突破，公路、铁路、航空、管道等现代化立体交通网络初步形成，能源从根本上能满足经济社会发展的需要，信息高速公路网初步形成，基本实现农村行政村通电话；生态环境保护和建设全面有序展开，并取得明显成效；大江大河险情路段得到有效治理，局部地方的传统农业基本现代农业转变；完成扶贫开发的最后攻坚和提高扶贫标准，部分人民生活由小康向富裕迈进，生活质量明显改善，精神文明程度大大提高，局部城乡居民可支配收入基本达到西部省区的中上水平。

到2050年的主要目标：全区基本实现现代化和城乡一体化，达到经济发展定位的预期目标，人均GDP基本达到或超过全国的平均水平；产业结构及其他结构在完善的市场体制条件下，基本适应国内外发展要求，西藏地方经济在全国的位次明显提升，同全国经济发展的相互关联度更为紧密；基础设施满足现代化、体系化、网格化层次质量需要，新型农牧区村镇面貌焕然一新；现代化立体交通运输网络基本建成，特别是青藏和川藏铁路实现对接并与全国铁路形成大通道，视情延伸至周边邻国；能源形成经济、合理、稳定的水能、太阳能、风能、石油天然气、核能等多能互补的格局，支持全国的能源建设；基本建成城乡信息化网络，城乡居民户通电话网络实现无缝隙全覆盖；生态环境保护和建设取得根本性成果，大部分地方保持自然原貌；农业基本实现现代化，特色产业基地发挥作用；城乡人民生活基本实现富裕，精神文明程度提升到较高层次，局部地区城乡居民可支配收入水平走进全国前列。

（四）建设重点

1. 基础设施

从战略眼光和保障国防安全出发，以支撑经济社会发展、"筑巢引凤"为目标，适当超前和先行建设交通、能源、通信管道等基础设施，重点是加强和提高城市、旅游区和商贸口岸的基础设施建设，带动和加快农牧区发展，形成以点带面、点面结合、方便快捷的综合配套网架体系。

交通建设：以发展"通省达区、连接周边、农村优先"的大交通为目标，按照"公路、铁路、航空、管道、水运"排序进行规划和建设，形成布局合理、系统完善、等级提高、服务优良的现代立体运输体系。

能源建设：坚持大力发展水电，积极开发地热、太阳能等新能源，重点建设骨干电源，同步建设输配电网，因地制宜，多能互补，集中与分散结合，建设与管理并重，开发与节约并举的方针，科学规划，突出重点，加快发展，满足经济建设、社会发展和人民群众对能源的需求。把水电的开发，特别是大电站、大机组的建设放到重要的位置，提高供电的质量和调节能力。

邮电通信建设：坚持高标准、高起点、新技术和适度超前发展的原则，加速基础网络建设，形成方便、可靠、快捷的城乡邮电通信网络体系。

水利基础设施建设：坚持把水资源的合理开发和有效利用放在突出位置，以大中型灌区、防洪和农田水利建设为重点，以灌区维护、水库改造和渠系配套为突破口，加快农牧区小水电和人畜饮水工程建设，抓好小流域综合治理和水土保持工作。

城市基础设施建设：本着统一规划、体现特色、完善功能、分步实施、适当超前的原则，以给排水、市政道路、公用周转房、沿街景观改造和防洪设施为重点，加快城市基础设施建设，提高城市居民的生活质量，优化商贸和投资环境，提升城市品位。

2. 农业

加快农业和农村经济的发展，重点是增加农牧民收入，稳定粮食生产，发展多种经营，提高生活质量，走农业产业化道路。关键是调整农业经济和农村产业结构，培植特色农业，寻求农业发展新的增长点和突破口，推进传统农业向现代农业的转变。

3. 生态环境

西藏被誉为全球气候的调节器，作为国内外众多大江大河"江河源"和东亚区域多风气候的"生态源"，西藏生态环境的保护和建设具有国际意义。针对西藏生态环境十分脆弱的特征和现状，从现在起到20世纪中叶，在保持生态原始状态和资源利用保护性开发的原则下，本区综合治理的重点是藏东南、藏南、藏北、藏东北四大片区，主要是加强对现有草场、天然林、野生动植物、矿产、湿地资源的保护和建设。适当扩大自然保护区范围，使自然生态系统得到保护，强化大江大河水土流失、防沙治理和大面积"三化"草场的综合治理，坚持不懈地开展大规模的全面植树种草，保护和恢复植被，通过综合治理，使全区生态环境进入良性循环，为经济社会可持续发展打下坚实基础。

4. 经济结构调整

坚持在发展中调整产业结构、所有制结构、区域经济结构、产品结构和企业组织结构。重点是调整产业结构。

5. 社会事业

始终坚持把教育和科技摆在经济社会发展的优先战略位置，强化科教兴藏意识，突出软硬件建设，重视幼儿教育、中小学义务教育、职业教育、高等教育和成人技能培训。增强科技向现实生产力转化的能力，支撑发展，服务社会，提高全民族的科技文化素质，把经济建设和社会进步转移到依靠科技进步和提高劳动者素质的轨道上来。大力发展医疗卫生事业，逐步建立以政府投入为主导、城乡大病统筹、社会救助相结合的医疗制度。有效继承、保护和发展西藏优秀传统民族文化，不断丰富人们的精神文化生活。加大广播电视建设力度，通达社会信息化。

（五）特色产业

1. 旅游产业

按照富集旅游资源分布组合特点，建成以拉萨为中心，连接6个地区的旅游环线公路，将拉萨、日喀则、山南建成以古寺、民俗、登山、探险、徒步、朝圣为主的藏中历史文化区，将林芝建成以森林生态、地貌科考、探险漂流、休闲度假为主的藏东南大峡谷自然景观区，将那曲建成以野生动物观赏、牧民生活体验、地热浴、冰川科考为主的藏北草原湖泊风光区,将昌都建成以民族风情、茶马古道、高山深谷为主的藏东"康巴"人文自然区,将阿里建成以"神山""圣湖"、土林、古寺为主的藏西自然风景区,形成"一点六线五区"多元化特色旅游格局。重点是大力改善景区内外基础设施,丰富吃住行游购娱景点内容,开发特色精美旅游产品,提高服务质量,完善配套体系,营造安全舒适卫生旅游环境,增强陆路和航空旅游线路,强化与国内旅游大省及香港、澳门特区和尼泊尔的旅游联网和整体促销。

2. 藏医药产业

西藏是藏医药的发祥地,有完整的藏医药理论、独特的藏药材资源,治疗疑难杂症独具疗效,产业化前景广阔。发展重点是充分运用现代科技手段,推动传统藏医药业的改造、升级和创新,扩大藏医药在世界医学界的应用。同时,采取与区外、国外强势企业联合、嫁接等多种措施,把传统配方与现代工艺结合起来,把藏药业做大做强做优。藏医药的发展要高起点、新技术,紧跟世界医药业的发展趋势,不断赋予传统藏医药理论的新内容;不断扩大对藏药材植物引种驯化的种类,深化对西藏独特的藏药资源的研究和利用,确保资源的永续利用;积极培养藏医药学专业人才,建立一支相对稳定、从药物研究到开发生产各个环节科学配套、专业比较齐全、力量较强的科技队伍;推动藏药业集团化,提高西藏研制、开发藏药的综合实力和整体水平。

3. 高原绿色特色食品产业

充分利用西藏气候独特、生物多样性特点突出的自然条件,大力发展高原生态特色的种植业、养殖业,重点是开发青稞、高原食用菌、红景天、人参果、沙参、手掌沙、雪茶、荞麦和牦牛肉等高原绿色食品,将潜在的高原生物资源优势转化为现实的经济优势,形成具有高原特色的科研、生产、营销一体化的绿色食品产业,加大生物资源梯级开发力度,加快农业产业化的培育、形成和升级,并形成新的现代农业经济增长极。

4. 贵重和稀有金属产业

坚持以市场为导向,以体制机制和科技创新为动力,以增强竞争力和提高经济效益为核心,走资源开发、资源粗加工、精加工的发展道路,先易后难,加强横联,重点突破,尽快培育成为新的经济增长点。重点开发的矿种是铬、铜、黄金、铅、锌等金属矿产,以硼为主的盐湖矿产、建材用非金属矿产、地热和石油资源。不求"遍地开花",而重规模结果,宁缺毋滥。

(本文系2000年7月北戴河全国中长期发展规划座谈会议交流材料)

浅谈宏观调控和市场经济的初步认识

宏观调控和市场经济是宏观经济与微观经济两门学科的重要内容，是探究国民经济持续、健康发展的重大理论和实践课题。本着学习、借鉴、消化、吸收的主观愿望，谨此粗谈其认识，试图达到抛砖引玉、开拓思路、共创伟业之目的。

一　概念的理解

宏观调控亦称宏观经济调控，是相对于微观经济而言的，其内涵是指国民经济中的总量关系，主要包括国民收入的生产、分配和使用、财政、金融、价格、消费、投资、国民经济发展规模和水平、发展速度、比例关系、社会总供给和总需求等方面的问题。如果把宏观调控当作是国家有意识、有目的自觉干预市场经济的话，宏观调控则具有总体性、全局性、战略性和综合性的特点。宏观经济总量是否平衡，结构是否合理，对市场经济起到促进和抑制作用。基于这样的认识，所谓宏观调控，是指一个国家根据社会化大生产和社会经济发展的客观经济规律的要求，采取各种手段，从国民经济总体上对国民经济进行调节和控制。宏观调控的主体是国家，调控的直接对象是可以影响市场信号的可控经济变量，调控的基本方式是以市场为中介的间接调控，调控的最终目的在于通过对宏观经济的调控，间接地影响和调整微观经济的行为，达到资源的合理配置，协调社会经济利益，保障整个经济长期、持续、稳定、协调的发展。

什么是市场经济？长期以来，由于受传统社会主义计划经济体制及观念的束缚，大多数实行社会主义制度的国家都把市场经济同资本主义等同起来，认为这是姓"资"和姓"社"的分水岭，这种误解不仅存在于社会主义国家，而且也存在于资本主义国家。《现代日本经济事典》和一些西方经济学者也都这样注释及认为。到底怎样科学的理解内涵？我倾向的赞同，所谓市场经济，是一种以市场机制为基础和主导的配置社会资源的经济运动形态。这种经济运动形态的实质，是以市场作为中心环节来构架经济流程，通过价值规律的作用进行资源配置和生产力布局，用价格信号调节社会生产的种类和数量以协调供需关系，按优胜劣汰的竞争机制进行国民收入分配，从而实现国民经济的均衡、稳定发展。自发作用的市场经济的基本特征，一是在竞争机会上要人人平等；二是通过追求自身利益来增进社会利益；三是促进社会资源间的优化配置；四是不断推动价值增值。

二　历史的考究

"宏观"原意是"大"，相对的"微观"原意为"小"，均是希腊文的意译。"宏观"和"微观"只是在视野上有所分工，两者在立场、观点和方法上并无根本分歧。名词的提出、运用到发展，紧紧与国家干预和市场经济联系在一起。

在资本主义建立和发展初期，主要资本主义国家实行的是自由市场经济的政策。这一理论体系的建立者是古典资产阶级经济学家亚当·斯密，1776年出版他最重要的著作《国富论》，主张用"看不见的手"来调节经济。这种通过市场机制的自发作用来调节的理论，适应了当时工业资本扩张市场的宏观要求，对于为自由市场提供充分的活动范围起到了积极的推动作用，带来了资本主义的一时繁荣。20世纪30年代资本主义世界爆发了世界性的经济危机，结果带来了大量失业和经济的长期萧条，资本主义制度为此面临着严重的困境，暴露了自由市场经济的缺陷。在这种情况下，迫使资本主义国家寻找"挽救"的新药方，英国资产阶级经济学家凯恩斯便成为这一时期的代表人物，1926年他发表了《自由放任主义的终结》一文，提出依靠国家干预经济以摆脱失业和萧条的政策建议，1936年他的最有影响的《通论》出版，标志着凯恩斯理论系统的形成。在《通论》中，他一方面肯定了市场体制的效率，另一方面着重提出了通过政府干预经济以纠正市场缺陷的主张。当时引起了资产阶级庸俗经济学家的轰动,将凯恩斯吹捧为"凯恩斯革命""经济学领域的哥白尼""资本主义的救星"等。第二次世界大战结束前后,美、英等一些主要资本主义国家的政府,在凯恩斯理论和建议的影响下,纷纷宣告以实现"充分就业"作为制定经济政策的目标,并把战后20年左右的时间标榜为"凯恩斯时代"。西方资本主义经济由此实现了微观到宏观的突破。历史进入70年代后,1973年西方资本主义国家爆发了战后最严重的经济危机,再次出现了长期经济停滞的状态。这次危机宣告了50—60年代西方资本主义国家经济增长的"黄金时代"的终结,凯恩斯主义受到严重挑战。西方国家的经济增长率从1953—1973年的5.54%下降为1974—1991年的2.7%。为了消除严重的经济危机和长期的经济停滞,资本主义国家采取"反危机"的人为措施,收到了一定的效果。70年代以后,提出各种主张的经济学派林立,有新剑桥学派、芝加哥学派、弗莱堡学派、制度学派等,到后来的以萨缪尔逊为代表的"新古典综合学派",主张把微观经济分析同宏观经济分析结合起来,以建立一种既充分容纳市场自由竞争,又有国家宏观干预的"混合经济"。因此,当代市场经济都是有国家宏观调控,又充分发挥市场机制作用的现代市场经济。例如美国克林顿政府一改里根尊崇的放任主义,转而重新加强国家干预。

　　社会主义国家怎样搞好宏观调控和市场经济?经历了长期艰难而曲折的理论到实践的探索,甚至付出了昂贵的学费。马克思和恩格斯在《资本论》等巨著中提出过"计划"和"市场"的概念。但首先提出计划经济和市场经济概念的是列宁同志。十月社会主义革命后,对于国内外反动势力的颠覆活动,苏联曾实行军事共产主义政策。国内战争结束后,转而实行新经济政策,就是在苏维埃国家掌握经济命脉的条件下,利用商品货币关系发展城乡贸易,允许小农和私人资本从事有利于国计民生的活动。新经济政策执行的结果,不但没有造成资本主义复辟的条件,相反巩固和发展了社会主义阵地。列宁曾经指出:"新经济政策并不改变工人国家的实质,然而却根本改变了社会主义建设的方式和方法。"但由于列宁的早逝,新经济政策成为权宜之计,没有得到继续采用和确定下来。斯大林在领导苏联社会主义经济建设时,发现商品货币关系、市场机制等问题并没有因社会主义公有制而消灭,相反认为是实现工人同农民、城市和农村的经济联系,并为农民接受的唯一形式。同时,斯大林也认为,商品和货币关系仍然是社会主义的异物,随时准备创造条件消灭商品和货币关系。在这一认识和理论指导下，斯大林在苏联建立了高度集权的计划体制。实践证明，这种体制在经济发展水平不高的情况下，迅速动员和集中有限的人力、物力、财力办成一批大事，在较短时间内建立起国民经济体系曾起过重要作用。但随着经济的发展，这种体制的弊端日益暴露出来，最为突出的是，国家过多过细的干预，忽视了市场经济的作用及经济价值规律，使"纯而又纯"的经济体制缺乏活力和效率，造成社会主义生产力发展缓慢、平均主义和"大锅饭"盛行。在西方资本主义国家"和平演变"和"西化分化"战略及市场经济诱惑等多种因素作用下，苏联社会主义的伟大事业被戈尔巴乔夫给断送了。

　　苏联的计划体制和发展模式，对社会主义的新中国经济建设也曾产生了较长时间、广泛而深刻的影响。中华人民共和国的成立，推翻了压在中国人民头上的三座大山，彻底废除了旧中国半封建半殖民地的社会制度，通过社会主义改造，建立了社会主义制度。1955年，我国开始实施第一个五年计划至改革开放前后，总体上形成和建立了高度集中的计划、财政、物资、商业、劳动工资等方面的经济体制。这种体制是以国有制和集体所有制为整个国民经济的基础，并在这一基础上，由中央计划机关通过指令性计划对整个社会经济活动进行集中行政协调，有的经济学家称之为集权行政社会主义经济体制或叫动员型的命令经济。对于这一体制带来的利与弊，现在人们基本上达成共识，犯下了苏联同样的过失，总体上是弊大于利。"大跃进"和"文革"的种种恶果，造成了国民经济的严重混乱和巨大损失，使国民经济走向崩溃的边缘。改革旧的传统体制，已到了非改不可的地步。党的十一届三中全会以后，在解放思想、实事求是思想路线的指引下，我国对社会主义经济模式进行了大胆的探索。随着改革的深入，实践的检验，我们逐步摆脱了传统的观念，形成新的认识，对推动改革和发展起到了重要作用。党的十二大提出了计划经济为主、市场调节为辅的方针。党的十三大提出社会主义有计划商品经济体制应该是计划与市场内在统一的体制。党的十四大提出建立社会主义市场经济体制的改革总目标。经过20多年改革开放，我国经济体制发生了很大变化，所有制结构由单一的公有制转变为以公有制为主体的多种经济成分并存格局，国民经济发展取得举世瞩目的巨大成就。历史的实践证明，不能教条式地理解马列主义和毛泽东思想，市场经济的充分发展是社会经济高度发展中不可逾越的阶段，资本主义国家的一些有益经验是可以借鉴的。

三　现实的体会

历史的经验教训值得认真研究、总结和吸取，时代前进、进步就在于此。在思考的同时，给人以下主要启示：

（一）宏观调控必不可少

马克思早在《资本论》中就指出："一切规模较大的直接社会劳动或共同劳动，都或多或少地需要指挥，以协调个人的活动，并执行生产总体的运动——不同于这一总体的独立器官的运动——所产生的各种一般职能。一个单独的提琴可以自己指挥自己，一个乐队就需要一个乐队指挥。"[①] 这个指挥，就是国家的宏观经济调控。社会主义国家正确有效地实施宏观经济调控，是保障社会主义经济持续、稳定、健康发展的保证。当然，资本主义国家也有计划调控，资本主义干预经济也取得了一定的成效，作为人类的文明进步的优秀成果，社会主义国家是可以也应该加以学习和借鉴。

（二）计划和市场都是经济手段

建立发展社会主义市场经济体制，意味着经济运行要以市场为主体，但这并不排斥计划的作用，正确、有效使用这两种手段，就一定能为社会主义生产的目的服务。邓小平同志1992年初在南方谈话中指出，计划多一点，还是市场多一点，不是社会主义与资本主义的本质区别。计划经济不等于社会主义，资本主义也有计划；市场经济不等于资本主义，社会主义也有市场。只要两种经济手段有效，社会主义国家就一定要用好、用足、用出实效。

（三）计划职能转变势在必行

建立和发展社会主义市场经济体制，必须用邓小平理论和党的十五大精神为指导，用新的思维方式和工作方法开展计划工作，一是从比较多地参与微观经济活动转到抓大事上来，其重要任务是科学地制定中长期发展规划和可持续发展战略，提出好的宏观调控政策建议；二是从对经济的直接调控转到间接调控上来，增强市场、全局、法制、创新、服务、政治观

---

① 见《马克思全集》第23卷，第367页。

念，集中有限资金办市场经济办不成的大事、急事；三是从局限于对国有经济的管理转到引导全社会经济活动上来，确保经济总量平衡和结构合理优化，促进各种所有制经济共同发展；四是从过多的行政上的审批转到创造公平竞争的市场环境上来，促进社会资源间的优化配置，为现代市场经济创造良好的外部发展环境；五是建章立制，转变作风，提高人员素质，适应知识经济的需要。

（四）坚决走出思想认识的误区

最根本的是人们的思想认识要坚决从姓"资"还是姓"社"的传统观念中解脱出来。我们知道，正确地思想认识是正确行动的先导，思想认识上的不清楚，实践中就容易发生摇摆和失误，应当承认，建立和发展市场经济，社会主义国家比资本主义国家要晚得多，经验也较之不足，但作为人类文明进步的一切成果和手段，资本主义国家可以运用，社会主义国家同样也可以使用，这是不带"国界"的财富和制度属性的东西。

（五）以区情确定双向选择

西藏是在"政教合一"的封建农奴制度被彻底废除后直接过渡到社会主义的，经济极端落后，社会分工极不明显，生产力水平十分低下，在时空上处于社会主义初级阶段的低层次。要实现经济的跨越式发展，既要选择市场经济，大力发展商品经济，培育市场经济，促进社会分工，提高劳动生产率，增加国民财富；又要选择强有力地国家干预经济的宏观调控，采取更加特殊灵活的财政、投融资、税收、货币等政策，增加基础设施建设支出，强化资本积累和发展后劲，刺激消费，提高有效需求。以经济的、行政的、法律的调节手段确保市场经济和宏观调控的运行。

综上所述，宏观调控是政府的经济职能，是政府对国民经济所实施的总体管理，其目的在于求得国民经济的均衡发展，实现资源的优化配置，为微观经济运行提供良性宏观环境，最终达到经济发展的战略目标。如果说市场经济是一只"看不见的手"，那么政府的宏观经济调控就是一只"看得见的手"。社会主义市场经济体制要求将"看不见的手"与"看得见的手"有机地协调起来发挥作用，促进国民经济持续、稳定、健康地发展。

（载《西藏经济探索》内刊 2000 年第 1 期）

对西藏发展层次问题的认识和思考

西藏是"世界屋脊""地球第三极",是我国西南、西北的天然屏障,是通往南亚陆路通道的重要门户,是藏民族的发祥地和聚居区,是我国边疆民族工作的重点自治区之一。西藏在自然地理、社会经济、历史文化等方面,都较之内地省市有较大特殊性。提出对西藏发展层次问题进行认识和思考,其目的还是再认识区情,积极有效地参与西部大开发战略。

一 问题的提出

科学判断发展层次,准确把握区情,是正确制定方针、政策及规划的前提和基础。早在1988年,自治区人民政府组织有关职能部门和研究单位力量编制《西藏经济社会发展战略设想》,在多方领导、专家、学者研讨的基础上,于次年以自治区政府正式文件下发全区,《西藏自治区经济和社会发展战略设想》分析了西藏发展所面临的挑战与机遇,作出了西藏处在社会主义初级阶段低层次的判断。1998年,自治区党委五届四次全委扩大会议下发文件更加明确地提出了这一判断,一时间在区内上下引起共鸣。但现在似乎分歧意见颇多,尚没有形成人们牢固的共识,究其原因,说法各异。2000年初,到宁夏、新疆学习考察两区参与西部大开发战略的主要经验及做法,发现两区编制的"十五"规划中都有这样的判断,即处在社会主义初级阶段的较低层次。为此,给人提出的思考是:区党委和政府的这一判断,为何没能统一人们的思想?是判断不清区情?还是其他什么原因?不论怎样,对西藏社会经济发展层次的科学判断,是当前乃至今后较长时间内关系全局性、总体性的重大理论实践问题。在国家实施西部大开发战略和西藏编制"十五"规划纲要中,非常有必要对发展阶段中的层次问题进行再认识,只有这样才能搞清楚西藏到底处在社会主义初级阶段的哪个层次?西藏到底是在社会主义初级阶段的低层次、中层次还是高层次上建设社会主义?

二 基本含义的理解

老祖宗的基本原理告诉我们,任何事物都要历史和辩证地看问题,有其普遍性,也有其特殊性。对什么是社会主义和怎样建设社会主义,马克思主义、列宁主义、毛泽东思想、邓小平理论从理论到实践都做出了杰出的贡献。一个国家的国情不同,对社会主义革命和建设的实现途径及方法也不尽相同。僵化和教条,都不是马列主义。我们知道,我国社会处在社会主义初级阶段这个重要论断有两层基本含义:"第一,我国社会已经是社会主义社会。我们必须坚持而不能离开社会主义。第二,我国的社会主义社会还处在初级阶段。我们必须从这个实际出发,而不能超越阶段。"①

对第一层基本含义的理解:我国社会已经是社会主义社会,这是对我国现在的社会制度基本性质的总概括和总规定。具体地说,生产资料所有制的社会主义基本制度,这是我们党和人民经过长期艰苦奋斗所获得的胜利成果,我们绝不能忽视这个基本国情,必须坚持而不能离开社会主义;我国社会进入社会主义社会的时间概念是 50 年代中期。我国现在的社会制度的基本性质是:在经济上,原来的剥削制度和剥削阶级已经基本消灭,社会主义公有制在城乡普遍建立起来。在政治上,国家的一切权力已经属于人民,人民民主专政的政权已经执行社会主义的纲领。在意识形态上,坚持了马克思主义的指导地位。

对第二层基本含义的理解:我国的社会主义还处在初级阶段,这是对我国社会主义社会发展程度、发展水平的总认识和总判断。所谓初级阶段,就是不发达的阶段,主要反映在我国生产力还不发达,生产关系、上层建筑、意识形态等方面都还要经历一个较长的发展和完善的过程,还远没有达到社会主义要求的发展程度和发展水平。从历史背景看,我国从一个半殖民地半封建的贫穷落后国家经过新民主主义走上社会主义道路,是

---

① 《中国共产党十一次全国代表大会文件汇编》,第 14—15 页。

中国近代历史发展的必然。同时，也正因为我们的社会主义脱胎于半殖民地半封建社会，新民主主义建设的时间不长，我国社会主义赖以建设的物质技术基础大大落后于生产力比较发达的资本主义国家。

　　从发展情况看，我国从20世纪50年代中期进入并建设社会主义以后，经济建设、社会进步、民主法制等方面取得了世人瞩目的历史性成就，改革开放后的经济增长速度、经济总量、许多工农业产品总量在世界排名靠前，并即将进入和建设小康社会。但是，一段时期由于指导思想的失误，经济发展受到错误阶级斗争运动的严重干扰和破坏，致使发展走了弯路，付出了沉重的代价。从总体情况看，同较发达的资本主义国家比较，我国生产力不发达的状况还没有变，与之相适应的生产关系、上层建筑、意识形态还有许多不相适应的方面，仍然处在社会主义的初级阶段，就是不发达的阶段，这个基本国情还没有改变。

　　此外还有第三层基本含义：社会主义是共产主义的初级阶段，这是对人类社会发展规律的另一个总认识和总判断。正如邓小平指出："社会主义本身是共产主义的初级阶段，而我们中国又处在社会主义的初级阶段，就是不发达阶段。"[①] 马克思人类社会发展规律告诉我们，人类社会总体要经历原始社会、奴隶社会、封建社会、资本主义社会、社会主义社会和共产主义社会，是一个由低到高的历史发展进程，各个社会形态内部也有其由低到高的发展进程。每一个社会内部的发展进程，都要经历初级、中级、高级三个阶段；社会主义社会同样如此，方能迈入共产主义社会的门槛。在我看来，每一个发展阶段中，又存在低、中、高三个发展层次，构成一个阶段，如我国现行的社会主义社会还处在初级阶段，低层次就是解决广大人民的温饱问题，中层次就是全面建成小康社会，高层次就是进入世界发达国家的富裕行列，实现现代化。这应成为中国特色社会主义初级阶段的标志性层级内容，也就是中国方案。我国社会主义革命和建设的实践也告诉我们，夺得社会主义的胜利，并不等于社会主义建设就达到了高层次发展，更不等于社会主义历史使命就已完成，共产主义就已经到来，相反，忽视和违反社会发展规律，我们就要犯历史性的错误。在建设社会主义初级阶段过程中，不论东部与中部地区存在差异，而且西部地区内部也有差异，这是历史和现实的发展条件、发展水平的不平衡规律决定的。

　　[①]《邓小平文选》第3卷，第252页。

三 发展问题的主要表现

西藏是我国社会主义社会大家庭中的一员,具备以上基本含义的共性方面,无疑西藏也处在社会主义初级阶段。但是,西藏与全国总体相比,在发展程度和发展水平上又具有层次上的特殊性方面,致使西藏还处于社会主义初级阶段低层次,发展问题归纳起来,主要是:

第一,西藏进入社会主义社会的时间晚,发展起点低。如果按1965年西藏自治区成立并开始进行社会主义改造,比全国晚近10年;如果按1976年西藏社会主义改造完成后,比全国晚近20年。我国是从半殖民地半封建社会跨越到社会主义社会的,西藏是从封建农奴制社会跨越到社会主义社会的。特殊历史背景和建设条件的不同,西藏和全国不在同一发展起跑线上。

第二,经济落后,现实生产力水平极不发达。1999年统计,西藏国内生产总值为105.61亿元,人均4166元,不考虑价格的不可比因素,仅相当于全国人均水平的57%左右。三次产业结构呈典型的"V"字形,是全国唯一极度不合理、不发达、畸形的经济结构表现形式。第一产业占32.4%,主要为粗放型农业;第二产业占22.7%,主要为规模小、科技含量少、管理水平低、产品质量效益欠佳的中小型工业和建筑企业;第三产业占44.9%,主要是国家工资性收入。地方财政收入4.53亿元,财政总支出53.25亿元;地方预算内基本建设支出2.5亿元,全社会固定资产投资56.6亿元,其中国有经济投资占93.5%。俗话讲,西藏"吃饭"和建设基本依靠国家,如果没有中央的支持,整体经济运行缺乏自我积累和自我发展的能力。基础设施历史欠账突出,对发展难以形成有力支撑。全区发电装机容量仅34万千瓦,电站分散小型,人均用电量不足272千瓦时,相当于全国平均水平的20%,现有60%的乡、80%的农牧民用不上电,广播电视综合覆盖率仅为55%左右;西藏是全国唯一不通铁路的地方,区内没有高等级公路,2.2万公里通车里程中等外公路占60%以上,还有20%的乡和一个县不通公路,2个对外航空港,承运能力十分有限;广大农牧区无通信设施,信息闭塞反映经济发展的主要经济考核指标,西藏在全国各省市区中处于后列。大多数群众的生活还处在低水平的温饱型阶段，用于生存需要的生活费用高达70%以上，农牧民人均纯收入相当于全国平均水平的53.2%，为全国排名末位。

第三，社会发育程度低，与经济的协调发展有明显不相适应的方面。西藏的社会主义脱胎于封建农奴制社会，和平解放前，西藏几乎没有现代工业，现代经济更是一张白纸。民主改革40多年来，在中国共产党的领导下，通过中央和全国人民的大力支持，西藏各族人民奋发图强，经济建设和社会事业取得了翻天覆地的变化和历史上从未有过的巨大进步，但是，西藏自然经济和半自然经济还占相当的比重，社会分工极不明显，原始落后的粗放式农业生产方式普遍存在，商品经济和市场经济的发育状况还十分低下。加之教育科技落后，全区学龄儿童入学率仅为83.4%，且教育质量不高，科学技术转化率为全国最低水平，青壮年文盲和半文盲率占42%，人口整体素质偏低，人才匮乏现象相当普遍。广大农牧区农牧民和城镇部分群众基本信仰宗教，广泛存在的稍富即安、歧视经商等消极因素也给经济发展带来诸多的负面影响，解放和发展生产力，不断调整生产关系，推动经济发展和社会全面进步任重而道远。

第四，西藏独特的自然地理、人文环境、自然资源与全区人民迫切要求摆脱贫困走上小康奔向富裕的美好愿望形成强烈反差。西藏是世界上最高的青藏高原主体部分，平均海拔4000米以上；全区面积120多万平方公里，占全国总面积的1/8，仅次于新疆，居全国第二位；1999年全区常住人口255万，其中藏族占全区总人口的95%以上；藏民族历史文化悠久，有自己的民族语言文学、天文历算、藏医藏药、民俗风情等；主要潜在优势资源有旅游、水能、矿产、森林、高原生态生物、农畜产品等。但由于历史和现实的原因，西藏经济和社会发展还较缓慢，与全国的发展差距不是在缩小，而是有进一步拉大的趋势，加快发展维护稳定已成为全区各族人民的共同心声。

第五，西藏的反分裂斗争长期、尖锐、复杂，始终影响经济和社会发展的顺利进行。100多年以来，帝国主义敌对势力妄图把西藏从祖国大家庭中分离出去，并以西藏为重要突破口不断加大"分化""西化"中国的目的。境外十四世达赖集团长期从事分裂活动，逆历史潮流而动，不断变化手法，严重干扰和破坏西藏的社会局势稳定、经济建设和精神文化领域建设。我们必须保持清醒的认识去应对国内外敌对势力，并做针锋相对的斗争，捍卫国家统一和民族团结，这不仅是西藏的事情，也是全国的事情，这就是特殊性。正如江泽民总书记在中央第三次西藏工作座谈会上指出："西藏的稳定涉及国家的稳定，西藏的安全涉及国家的安全。支持西藏的工作，实际上就是支持全局的工作。"

总之，与全国相比，西藏是具有很大特殊性的地方，发展程度和发展水平不一样，发展的落后程度不仅表现在全国排名的位次上，而且重要的是反映在生产力水平落后的层次上，这个层次就是西藏目前尚处于社会主义初级阶段低层次。我们必须正视这个基本区情和基本判断，不能离开或超越这个发展层次，否则，就有可能出现这样或那样的问题。

四　主要启示及思考

1. 始终坚持新时期西藏工作的指导方针不动摇，并贯穿于社会主义初级阶段低层次时期的全过程。实践证明，"一个中心、两件大事、三个确保"的指导方针，即以经济建设为中心，紧紧抓住发展经济和稳定局势两件大事，确保经济的加快发展，确保社会的全面进步和长治久安，确保人民生活水平不断提高，是西藏尚处于社会主义初级阶段低层次的正确指导方针，不仅符合西藏实际，行之有效，人民广泛接受，而且必须长期坚持，这是判断现阶段西藏工作好与坏、得与失的根本标准。

2. 把握社会主义初级阶段低层次，是为了更好地坚持解放思想、实事求是的思想路线。西藏处于社会主义初级阶段低层次，不是泛指现阶段所有地方必须经历的起始时期，而是特指现阶段经济落后地方必须经历的一个社会发展时期。我国社会主义初级阶段，从20世纪50年代中期社会主义改造基本完成到21世纪中叶的社会主义现代化基本实现，至少需要100年左右的时间，这是邓小平同志的一个预测。我的体会是，在这个初级阶段中，我们要依次完成低中高三个层次的历史性任务，也就是说，社会主义初级阶段具有温饱型社会、小康型社会、较富裕型社会主义三个不可逾越的发展层次。现阶段，我国温饱型社会的低层次的历史性任务已基本完成，即将进入和建设小康型社会的中层次，并为进入建设较富裕社会的高层次（相对于未来共产主义社会初级阶段而言），打基础，创条件，这就是我国社会主义初级阶段的发展规律。西藏现阶段低水准的温饱问题已基本解决，但并不等于就真正达到了温饱型社会的低层次。事实上，基本消除绝对贫困，绝大部分农牧民达到小康，部分群众初步实现富裕生活，还是西藏"十五"首要预期目标的一个努力奋斗方向。在我看来，西藏当前乃至今后一段时期内既要扎实达到温饱型社会的低层次，又要进入和建设小康型社会中层次，是未来15年左右西藏发展与建设必须完成双重历史性任务的工作重点，切不可超越发展层次，这也是如何按照层次发展规律解放思想、实事求是的基本问题。从西藏20世纪70年代中期的社会主义改造基本完成，到21世纪中叶我国社会主义现代化基本实现，距离完成社会主义初级阶段的预期历史性任务，只有80年时间，我们要做的工作更多，任务更艰巨，没有强烈的历史责任感和时代紧迫感是不行的。

3. 只有发展，才是解决所有问题的关键和基础。党的十五届五中全会提出，发展是硬道理，是解决中国所有问题的关键和基础，这已经被20多年改革开放的实践成果充分证明。在西藏不仅要加快发展，而且要超常规发展、跨越式发展，这是全国大局的需要，也是最终达到共同富裕的需要。在我看来，加快发展是常规速度的持续、稳定、健康发展。"九五"时期，西藏年均发展速度达到10%左右，高于全国年均8%左右的发展速度，因此人们认同"九五"时期是西藏经济发展最快的历史时期。"十五"时期，人们期望继续保持高于这个发展速度，在持续、稳定、健康的常规速度基础上的加快发展。而超常规发展则可看作是常规速度上的跨越式发展，就像破纪录的体育运动员一样挑战极限。不论加快发展，还是超常规或跨越式发展，西藏都是需要的，也是可能的。我们知道，投资是拉动发展速度的直接动力。"九五"期间，西藏之所以有10%的年均发展速度，是因为国家有200多亿元基本建设投资拉动，实际占全社会固定资产投资的90%以上。"十五"期间，国家继续加快西藏发展不仅有能力而且有可能，仅青藏铁路建设投资一项就达200多亿元。我们也要清醒地看到，西藏的发展速度主要是靠中央支持的结果；发挥市场经济的作用小，说明大有潜力可挖。随着人们对市场经济认识的逐步到位，改革开放成果会与超常规发展注入新的活力，加之西藏发展潜力巨大，在发展旅游、藏医药、绿色食品等特色产业上很有吸引力，市场经济在这里大有可为。

4. 以邓小平理论为指导，面对现实，走出误区，开拓前进。邓小平社会主义初级阶段理论是承认落后，不甘心落后，大力改变落后的理论，是要求人们认识改变落后任务的艰巨性和长期性，要求人们在这方面应该有自觉性和坚韧性的理论，而不是安于落后不思进取的理论，更不是为丑恶社会现象辩护的理论。社会主义初级阶段中的各个发展层次，主要矛盾始终是人民日益增长的物质文化需要同落后的社会生产之间的矛盾；始终是生产力同生产关系之间、经济基础同上层建筑之间的矛盾；始终要坚持党的基本路线、基本纲领100年不动摇；始终要正确认识和处理经济、政治、文化的关系，正确认识和处理改革、发展和稳定的关系；始终要警惕右，主要还是防止"左"。

5. 认真吸取历史经验教训，坚定不移地走自己的路。独立战争后，美国进行本土西部开发用了100多年的时间，相继建立起"小麦王国"基地，新的钢铁工业和汽车工业基地，完成了农业—采矿业—工业、采矿业—农业—工业、牧业—农业—工业不同的发展道路。有成功的经验：根据自然条件、资源条件和市场条件，因地制宜地选择开发产业；有深刻的教训：自发的人类靠生存，靠发展活动，必然导致开发是以破坏资源环境为代价。给人们的主要启示是：在由政府自上而下推动开发的模式中，正确选择开发产业是发展取得成功的重要因素之一；环保不仅是提高生活质量问题，而且是经济和社会能否持续发展的问题。在西藏搞开发，不仅要算经济账和社会账，而且更要算生态账，是因为西藏是全球气候的调节器，是国内外众多大江大河"江河源"和东亚多风气候的"生态源"，其生态环境的保护和建设具有国际意义；在产业选择上，要将国际精品旅游业作为拉动整个经济发展的主导产业，以特取胜，实现富民兴藏目标。

（载《西藏经济探索》内刊2001年第1期）

沿海发展经验及启示

在认真学习"三基本""五当代"的基础上,为学习东部发展经济的经验,深入开展西部大开发战略性研讨,根据中央党校教学安排计划,由组织员老师带领,于2000年12月9—25日,对浙、粤的部分地区进行了实地考察。

这次考察,采取听情况介绍、现场参观、座谈讨论、分组研讨等形式,先后考察了浙江省的宁波、舟山、台州、温州和广东省的广州、佛山、顺德、中山、珠海、深圳共10个地级市;考察了科龙集团、正泰集团等20多家企业、科研单位和部分专业市场、农业示范村。通过考察,使学员们开阔了眼界,拓宽了视野,学习了经验,看到了差距,受到了启发。

这次考察,重点是了解浙江省温州、台州地区以市场为主线大力发展民营经济的经验,了解广东省佛山、深圳等地区致力于改革开放推进现代化建设的经验。一致认为,这些地区高举邓小平理论伟大旗帜,认真贯彻党的路线、方针、政策;解放思想,创新观念;以改革为动力,创新体制和机制;以调整结构为主线,实现经济结构的优化和升级;大力发展民营经济和外向型经济,不断寻求新的经济增长点;在推进工业化、城市化进程中完成原始资本积累后,奋力向四个现代化进军;从而使这些地区的经济社会步入良性循环发展的轨道,成为我国经济最具活力、人民最富足的地区。

这次考察,给了学员们深刻的启示。一致表示,要借鉴浙江、广东部分地区快速发展经济的经验,坚持以邓小平理论为指导,把创新观念作为加速西部经济发展的前提来抓;在加快调整经济结构的同时,以产权制度改革为突破口,加快建立现代企业制度的步伐;以大力发展民营经济为新的经济增长点,促进西部经济大发展;切实转变政府职能,建立高效、廉洁、服务型的政府，为西部大开发创造宽松的宏观经济环境。

一　主要经验

党的十一届三中全会以来，浙江、广东部分地区的党委和政府，坚持以经济建设为中心，解放思想，实事求是，深化改革，艰苦创业，锐意进取，经济和社会各项事业获得了巨大的发展。宁波、舟山、台州、温州、广州、深圳、珠海、佛山、中山等地的人均国内生产总值全部超过 10000 元人民币，大多数市超过了 20000 元，深圳则创造了国内人均 GDP 的第一名，为 3.6 万元。尤为可喜的是，它们都结合各地的特点，创造了丰富多彩、各具特色的鲜活经验。

（一）观念创新而不因循守旧，抓住机遇而不丧失机遇，是浙江、广东部分地区经济快速发展的"起动器"

一是生产力发展高于一切、生产力发展证明一切的观念。正是这一个观念的确立，支撑了浙江、广东 20 多年的发展。温州人坚信党的十一届三中全会关于把工作重心转移到经济建设上来的决定是正确的，并且从不断发展的生产力，不断改善的人民生活，不断变化的城乡面貌中得到了证明；广东则在"国门打开了，苍蝇也进来了"的议论面前坚持改革开放不动摇，物质文明结出了累累硕果，成为 20 年来世界上经济增长最快的地区之一，精神文明建设也得到了进一步的加强。

二是经济发展的根本出路在于工业化的观念。浙江、广东今天的局面来自于工业化。无论是当初温州的"前店后厂"，还是宁波、珠江三角洲地区的乡镇企业，城乡人民走向富裕，无一不是从发展工业，农村人口向城镇集聚起家的。

三是区域经济的发展非意识形态化的观念。广东特区经济不争论姓"社"姓"资"，浙江温州经济不争论姓"公"姓"私"，不从传统的意识形态好恶，不从传统的制度惯性和感情依恋以及教义的标准去判断所有权的归属，去求证区域范围内公有制应占多少比重，应该保留哪些？控制哪些？而是从实践的立场，从结合地区实际的角度，从体现生产力的发展要求和人民的意愿的高度理性地对待经济成分、制度构架、运作方式。

四是政策为发展服务的观念。政府必须为发展服务。如"放水养鱼"

"先予后取"的观念，政府跳出经济抓经济的观念，市场取向是改革终极目标的观念，"筑巢引凤"、为我所用的人才观念等，都给我们以启迪。大力发展民营经济，是温州经济的突出特征。改革开放初期，温州人就凭着他们的善贾能工的精明，凭着强烈的对改变自身贫穷状况渴望的发展欲，走上了一条艰辛但又辉煌的发展之路：跑单帮、走全国—家庭厂、搞积累—小商品、大市场—质量兴、塑形象—家底实、创新业—筑码头、闯天下。他们大多从修鞋、补锅、弹花开始的，十万温州人走南闯北，走街串巷，挣钱回乡，壮家立业。商品经济、市场经济的意识正是在此时萌动和觉醒，同时，也为成就今天的事业挖到了"第一桶金子"。当他们怀揣着市场上收集到的信息，用不多的积累办起第一个家庭作坊式的纽扣厂的时候，无意间抓住了我国的商品极度短缺和一、二、三级百货批供站物流不畅这一由计划经济缺陷所创造的机遇，干起了拾遗补缺的营生。一时间，前店后厂铺天盖地、专业市场应运而生。凭借十万购销大军，"小商品、大市场"成了温州经济迅速崛起的生动写照。家庭工业+专业市场+社会化分工与协作就成了典型的"温州模式"。温州人自称"老百姓经济""温州人经济"，就在于它是建立在自发自主的基础之上的。在获得巨大发展和带给人们巨大财富的同时，也产生了一些假冒伪劣产品，一段时间内，"温州货"几乎成了假冒伪劣的同语词。许多温州人对于1987年秋天杭州武林广场上焚烧5000余双"温州鞋"均入目所历，记忆犹新。柳市的低压电器、永嘉的虚假广告一时声名狼藉。面对如此大的社会舆论压力，温州人警醒了，温州人反思了，痛定思痛后，提出了质量立市的发展道路，开始重塑温州人和温州货的形象。有趣的是，他们透过小而散的自发性家庭工业的弊端和局限发现了"第二次创业"的机遇，并通过被费孝通先生称之为"经济结义"走向联合和股份合作之路，进入"家底实、创新业"阶段。出现了像正泰、德力西电器、长城鞋业、夏梦服饰等一大批具有一定规模的现代化企业集团和正泰、德力西、康奈、夏梦等一批驰名品牌。如今，机遇再一次降临温州人，他们又把目光盯在了经济全球化、信息化上，开始"筑码头，闯天下"。

广东、宁波的机遇则来自创办特区，来自沿海14个港口城市的对外开放，来自更大范围内的对内对外开放及其优惠政策的机遇。随着邓小平同志"两个大局"思想的贯彻落实，随着国门的打开和特区的带动辐射，大量的资金投入和"三来一补、两头在外"工业的兴起，使广东经济、宁波经济得以超常规的发展。由于政府较早地与市场经济接轨，他们在经济发展中少走了许多的弯路，使经济在较长时间内得以健康发展。目前，他们已经消除并克服了东南亚经济危机对其发展的影响，致力于粤港澳联动，发展速度进一步加快，经济质量进一步提高。

（二）以市场为取向的改革是制度创新的前提，而制度创新又是解放和发展生产力的重要途径

归根结底，改革和制度创新的终极目标有两个：一是所有制结构的多元化；二是运行机制的市场化。这是建立市场经济基本框架的内在要求，也是浙江、广东改革的轨迹。

一是所有制结构多元化。温州、台州的企业制度创新经历了三个阶段：第一个阶段是1979—1986年，企业的主导组织形式是个体工商户、家庭工业，作为对传统计划经济的反叛和制度创新，焕发了生机与活力，但由于其内在的规模小、劳动力少、技术简单、产品结构档次低等原因，当它的制度潜力发挥到极点后必然会被另一种新的企业组织制度所代替；第二个阶段是1987—1992年，以股份合作企业（合作制）为主导形式，这一阶段的发展使温州的工业产值在1986年的基础上扩大了10倍，但到了一定阶段由于其资本集合上的封闭性和对外来高素质经营管理人才的排挤性，使其再扩大的可能受到了限制，因此，企业的现行制度就受到了挑战；第三个阶段是1993年以来，温州、台州的企业组织制度朝着有限责任公司、股份制企业、大型企业集团等较为规范的现代企业制度演变。

广东、宁波则以国有、乡镇企业为基础的企业所有制形式以及企业的组织制度从另一条途径向多元化发展。他们的制度创新大概经过了这样的历程：第一个阶段为70年代末到1987年，以国有、乡镇企业为主要组织形式。这种组织形式的产权和终极所有权从根本上来讲是模糊的，不清晰的，是公有性质的国家所有和集体所有。尽管相对于传统的计划经济体制下的国有企业而言，乡镇企业具有原材料购销市场化和劳动力成本低廉化、生产经营非指令性以及由于没有国有企业的那种企业办社会的负担而导致的管理成本较低的特点，一段时期有较强的活力。但从根本上说它有着与国有企业的同样病兆：产权由于非人格化导致的不清晰、权责不清、政企不分、管理松懈乃至混乱。到了1987年，这种制度的局限愈益明显。第二个阶段为1988—1993年，他们开始从企业的制度入手，以产权制度为核心进行创新和改革。他们采取了五种方式：一种为独资或控股一批；

一种是把股权作价给职工股份合作一批；一种为了让股权给外商合资一批，一种是将设备等存量资产转让给职工，厂房和土地实行租赁一批；还有一种是拍卖、出售一批，使产权逐步明晰化。第三个阶段是1993年以来，他们以建立现代企业制度为目标，对企业制度进行了革命性攻坚，实现了所有制的多元化，产权更明晰并逐步人格化。由于产权让渡等机制逐步规范有序，混合所有制逐步取代了单一的所有制结构，现代企业制度的体系已逐显端倪。加上他们注重了国有资产、公有资产的管理运营体制的改革，抓紧了市场体系建设，有力地推动了企业的制度创新。广州市进一步贯彻十五届五中全会的精神，对国有企业实行战略性结构调整。进则有序，退则大胆。他们对经营困难、扭亏无望但又不够破产条件的企业大胆地采用关闭的措施，出台了一系列的政策文件，并拿出10亿元的改革成本用于支持关闭破产企业的职工安置，使155户企业得以顺利关闭。

二是运行机制的市场化。他们抓了四个层面的制度创新：（1）企业的运行机制市场化，使企业真正成为自负盈亏、自主决策、自求发展的微观基础。这方面，温州、台州做到了，企业成了市场的主体，广东、宁波等地也做到了，企业在市场经济的海洋里游刃有余。（2）建立和培育市场体系。浙江、广东的市场体系发展得非常之快，从有形市场到无形市场，从商品的市场到要素市场（资金、劳动力、技术、信息市场），应有尽有，使市场机制配置资源的作用得到了更好的发挥。（3）政府的作用已经基本上不再直接介入和参与具体的经济活动，不再替代市场功能，不再越俎代庖企业的市场行为，但却更好地履行了协调、监督、服务、控制的职能。政府的职能越位和缺位的现象明显减少。大多数地区的政府正在改革行政审批制度，顺德市政府提出了"依法、规范、透明、高效、服务、廉洁"行政，体现了政府意识的自我觉醒，顺德人戏称为"自我剥夺"。（4）主要解决两个重点问题：首先是社会保障问题，广东省在全省范围内建立以全覆盖为目标的社会保障体系，增强了社会抵御风险的能力，起到了"稳定器"的作用，这是广东改革平稳推进的一个重要原因。其次是解决好社会中介组织的培育。社会化服务网络、社会中介服务体系已经成为浙江、广东市场经济体系中不可或缺的重要组成部分，起到了企业、市场、政府间的桥梁和纽带作用。

制度创新体现在浙江、广东改革与发展的各个阶段，社会经济生活的各个领域，并且这种创新随着生产力的不断发展和进步，还在不断地调整着生产关系，使两者相互协调，相得益彰。

（三）以结构调整为主线，加快工业化、城市化步伐，是他们永续发展，建设现代化的基础

我们考察所到之处的各市经济实力已经有了巨大的增强，已经全部度过了工业化的初期，有的正处于工业化的中期，如深圳等地一些社会经济指标已经达到或接近现代化国家的标准。目前，这些地方经济结构的战略调整正方兴未艾，工业化进程正在加快，城市化水平逐渐提高，现代化城市的端倪初现。

一是农业的基础地位更加牢固，正在由传统的农业向农业产业化、种养加一体化等为特征的现代企业和"三高"农业转变之中，形成了以市场为龙头、龙头带基地、基地连农户的农业经营体系，形成了区域化布局、专业化生产、社会化服务、企业化经营的现代农业新格局。宁波的滕头村发展特色农业和观光休闲农业扬名海内外，顺德、南海的种养殖基地为市场提供着源源不断的优惠、名贵、价廉的粮油、禽畜、蔬菜、水产，也成为农民的致富之源。顺德陈村的花卉世界和南海的农产品中心批发市场联结着全国乃至全世界的用户和农业企业，订单农业、电子商务、网络交易已成为农民的实际经营手段。

乡镇企业欣欣向荣，已成为农村经济的重点支柱。浙江、广东等地的乡镇企业产业领域日益拓展，它由量的扩张转向质的提高，涌现了一大批年产值1亿—10亿元乡镇。

二是工业以结构升级优化为龙头，注重内涵发展和集约、规模经营，工业门类齐全，正在朝外向型、科技型、系列化、集团化方向发展。第二产业比重大都在40%—50%，完成了从农业社会向工业化社会的过渡。现在，他们正在实施两个集聚，即工业由分散向园区集聚，农村人口向城镇集聚。各地纷纷提出"工业立市、工业强市"的战略，从提高企业效益和产品竞争力入手，依靠科技进步，十分注意用高新技术改造传统产业，并逐步向信息化和高新技术的方向努力。同时，各地都十分重视企业的组织制度、产权制度以及运行机制的改革，形成了比较规范的企业经营管理机制、公有资产管理营运机制、社会保障和服务机制以及比较灵活的市场运作机制。

三是大力发展金融、商贸、旅游、服务业，着力改善城市基础设施，交通、通信信息等日益完善。第三产业的比例逐年提高。浙江、广东等地的第三产业的发展已走在了全国的前列，一般比重都在45%以上。这些城市对于城市环境的治理和改善的重视度不断提高，每年都要安排较大规模的财政预算搞城市基础设施建设，搞环境的整治以及绿化、美化、香化、亮化。城乡居民的生活水平和生活质量有了根本性的提高。他们不惜重金推进科技教育发展，不遗余力地发展高新技术产业和引进培养人才。宁波市政府每年拿出巨资招聘大学生以及科技人才，珠海市免费提供土地吸引名牌大学建分校，佛山市等城市创办博士后工作站，以及温州的天正集团博士后流动站等做法值得我们借鉴。

（四）政府管理社会、经济张弛有度，贯彻"有所为、有所不为"的方针，是改革和发展的重要保证

随着改革的不断深化，浙江、广东的政府管理社会经济的理念、措施、手段也越来越成熟。归纳起来，主要有以下几个特点：

一是放手。尤其是在初始发展阶段，贯彻"无为而治"的理念，放手、放胆发展，当好开明政府。温州模式从它诞生伊始，就一直伴随着激烈的争论，但温州却顽强地获得了发展。除了温州模式具有的"草根"经济特色使其具有强大的生命力外，还在于温州市的党委和政府认清了本地区人多地少、资源匮乏的实际，认清了诸如土地转包、挂户经营、购销员转让合同、银行实行浮动利率等现象有利于发展社会主义商品经济，以唯实、宽容的态度，为之开了"绿灯"，卸了包袱，不搞关、停、堵、截，有力地促进了经济的发展。

二是保护。甘当保护伞，敢于冒风险，不怕丢帽子，这一点尤为难能可贵。尤其是在温州成为全国上下议论的焦点时刻，在民营经济备受歧视的背景下，温州市政府连续出台了有关保护私营企业和个人利益方面的三个政策性文件，为私营企业撑起了一把能避风雨、能御霜雪的保护伞。十几年来，温州之所以能创造十几个全国第一，如第一份私人工商执照、第一个私营企业条例、第一个私营油田开发商、第一个农民航线包机公司、第一个实行金融利率改革的城市等，都与政府能够超然于非议与喝彩，坚定地鼓励、支持人民的首创精神，敢于去冒政策风险甚至政治风险密不可分。

三是服务。浙江、广东的各级政府对于经济发展的服务周到而又细微，主要有以下方面：（1）感情服务。善待每一位投资者和企业家，有诺必遵，有求必应。他们有良好的政府信誉意识，不搞朝令夕改，不搞一朝天子一朝臣、一个领导一个调。不做伤害投资者和企业家感情的事。(2) 环境服务。创造良好的投资、发展的软硬环境，筑巢引凤，协调好条条之间、块块之间的关系，实实在在地减少办事程序，简化办事手续。(3) 政策服务。包括宽松的土地政策、税收政策、市场准入政策、融资信贷地方政策、收入分配政策等。政府想方设法帮助企业用好用活政策，善打擦边球、变线球。比如浙江对私营企业"四个不限的政策"（不限规模、不限比例、不限行业、不限速度），广东特区的税收优惠政策，顺德等地的土地政策以及广州国企改革的关闭政策等。(4) 解难服务。温州市一个很小的私营企业在对外投资过程中遇到麻烦，浙江省政府、温州市政府倾力协调的事例感人至深。(5) 自律服务。浙江、广东两省以建设"小政府、大社会、大市场"为目标的政府行为自律，宁波市政府下乡调研自带粮米，不给群众添麻烦的举动，以及各地的审批制度改革，都是自律服务的生动体现。

　　四是管理。引导和规范市场行为和经济秩序，弥补市场缺陷，切实抓好城乡的基础设施建设，管理好社会事务。首先是规范市场行为和经济秩序，严格规章的约束和行政管理，如打击假冒伪劣、打击恶意逃废债务，推崇和倡导社会公共信用，强化行业自律。其次是抓好基础设施的建设，搞好城市规划以及道路、桥梁、住宅小区、水、电与邮电通信的建设，抓好环境保护。再次是引导企业建立现代企业制度，加快经济结构调整等。最后是为企业提供公共产品和服务，促进公共事业的发展，如搞好教育、卫生、文化事业，抓好社会保障体系建设等。

二　主要启示

（一）创新观念是经济快速发展的前提

　　观念决定思路，思路决定出路，出路决定财路。在一定程度上讲，成在观念，败也在观念。观念新、路子新；观念新、办法也新。西部地区与这些地区最大的差距，首先是观念创新上的差距。西部地区经济发展面临着许多困难和制约因素，观念创新不够是重要的制约因素。因此，首先要解放思想，创新观念。

　　一是要在调整所有制结构上创新观念，大胆探索公有制实现的多种形式。我国社会生产力水平的多层次性决定了所有制结构的多样性，所有制结构的多样性决定了公有制实现的多形式。这个新的理论为我们调整所有制结构提供了理论依据。西部地区要借鉴浙江、广东部分地区发展民营经济的经验，放心放胆放手大力发展民营经济，改变西部地区国有经济比重过高、民营经济比例失调的局面。在观念上要抛开对旧体制感情上的依恋，从传统教义上的所有制结构概念中摆脱出来，从计划经济所形成的单向思维模式和"老经验""老办法""老思想"中摆脱出来，对所有制结构进行大刀阔斧的调整，使民营经济成为西部地区市场经济的主体，这是适合西部地区生产力发展水平的历史选择。在这个问题上，浙江已为我们提供了新的观念，即民营经济就是"老百姓经济"。西部地区要从自己的实际出发，闯出一条适合自己发展经济的新路子。

二是领导干部要在尊重群众首创精神上创新观念，以"三个有利于"为标准，真心实意地总结支持人民群众的创新行为。人民群众是市场经济的主体，是改革开放的主力军，也是政府工作的立足点和着力点，而不是任人拨弄的算盘珠子。列宁指出："生机活泼的创造性的社会主义是由人民群众自己创造的"，人民群众才是发展经济的主人，是历史的创造者。在发展经济中，要把发展经济的权力交给人民，充分尊重人民群众的选择和创造。在观念上，领导干部要增强群众观念，增强服务观念，改变过去在计划经济条件下发展"政府主导型"经济的旧观念，代之而取的是发展"市场导向型"经济的新观念。像东部地区那样，政府放手放开让人民群众闯市场、办市场，真正使人民群众成为市场的主体。在行动上，站在群众立场上为群众担风险，保护群众的首创精神，为发展经济服务；同时改变过去那种一事当前先问姓"社"、姓"资"的"左"的做法，采取先放开、后规范、不争论、不张扬、循循善诱、引导发展的办法，以保护人民群众发展市场经济的积极性。

三是要树立"不唯书、不唯上、只唯实"的观念，闯出西部大开发的新路径。浙江温、台地区和珠江三角洲的人民，坚持一切从实际出发，实事求是，创造了发展市场经济的"温州模式"和"珠江三角洲模式"，成为我国经济较发达的地区。西部地区自然资源丰富，人民勤劳勇敢，但由于自然和地理条件的制约，加上观念上落后，拉大了与东部地区经济发展的差距。在观念上落后，主要表现："上边怎么说、下边怎么做"，自主创新不够；"两眼向上、两手向外"等靠要思想突出；死守传统的生存方式，安于生活习惯的现状，自强进取精神不足。这些僵化观念，已成为西部大开发闯新路的障碍，必须加以克服，努力实现观念上的转变。穷则思变，要把落后变成动力，把安于现状变为勇于进取，把"等靠要"变为自力更生、自强不息，用大无畏的民族精神闯新路。借鉴东部的经验，从实际出发，西部地区要在加强基础设施建设、搞好生态环境保护和建设的同时，在推进工业化、城市化进程中，大力发展民营经济，实施好产业园区、高新区、经济区、特区等"功能区"带动战略，发展民族工业和现代工业，进行大规模原始有形资本的积累，在此基础上向四个现代化进军，这也是不失为发展西部经济的一条路子。

（二）改革产权制度是企业改革的突破口

珠江三角的经济快速发展的一条重要经验是：把产权制度改革作为解决企业问题的根本出路和突破口，实现企业产权主体多元化，使混合制经济有了较大的发展。

目前，西部地区国有经济战线过长，比重失调；国有企业产权主体普遍比较单一，国有股权比重普遍较大；集体企业的"摘帽改制"不到位；企业"改制不转制"现象严重；国有资产营运监管体系也不健全等，这些深层次的矛盾和问题，阻碍着西部经济的发展。为此，西部地区要把改革产权制度和发展混合制经济，作为解决企业问题的根本出路和突破口，大刀阔斧地进行企业产权制度改革。

改革企业的产权制度，一定要使产权清晰到位，权责明确到位，政企分开到位。同时，要把产权制度改革与对经济布局的战略性调整和国有企业的战略性改组结合起来，坚持"有所为、有所不为"的方针。有所不为是为了大有作为。要借鉴广东的经验，对于产品无市场、浪费资源、污染严重、技术落后、长期亏损、扭亏无望、资不抵债的企业，坚决关闭，依法注销，有的依法破产。对放开搞活的企业，国有资产应当退出的领域，要以"壮士断腕"的气魄，能退即退，退而有序。对一般性竞争领域要坚决退出，积极调整，收缩战线，提高资源配置效率。国有经济退出应以产权变动为重点，以转让存量资产为主要方式，采取灵活有效的形式实行"公转非"。有的可整体产权转让，转让给集体、外资、私营企业或个人，有的可转让给经营者和职工个人共同持股，切实解决资产终极所有权问题，使资产彻底人格化。对需要发展的领域，也要坚持国有股份，实行相对控制或参股，改变国有经济比重过高、失调失控的格局。对于需要加强的四个领域，包括基础设施、能源、公用事业、高新技术产业中的重点骨干企业等，国有经济该进则进，进而有序，并继续增加这类企业的国有资本投入，尽快建立健全现代企业制度，进行资产重组，组建大企业、大集团，创建自己的"航空母舰"，提高国有经济的控制力和影响力。同时也要采取国有资本相互持股或国有民营等方式，鼓励非国有经济参与竞争。

在产权制度改革中，要健全国有资产的营运监管体系。按照"国家所有、分级管理、授权经营、分工监督"的原则，采取组建"资产经营公司"等方式，创新国有资产的管理体制。主要做法应是：建立以资产为纽带的"三个层次"的国有资产管理构架：即国资委代表国家负责整体国有资产的监管；建立"资产经营公司"作为出资人，对其经营的国有资产依法行使资产收益、重大决策、选择管理者等权力，承担国有资产保值增值的责任，但不从事具体的生产经营活动；企业或企业集团法人经营国有资产的生产经营活动，不受"资产经营公司"的具体干预。这样，使政府的经济管理职能与所有者职能、国有资产管理职能与经营职能、国有资产终极所有权与企业法人财产权分开，确保国有资产的保值增值。

（三）发展民营经济是新的经济增长点

民营经济是指个体私营经济、股份合作经济、以自然人投资为主的股份经济，统称为"民营经济"。浙江温州、台州的经济，是以民营经济作为主要增长点的区域性规模经济，其民营企业的数量和产值均占80%以上，民营经济已成为经济主体。温、台地区发展民营经济的经验，对我们西部地区有重要的借鉴作用。温、台地区曾是我国较落后的地区之一，人多地少，贫穷与贫瘠交加，但他们从实际出发，选择了传奇而又独特的创业之路，甩掉了贫穷落后的帽子，成为先富起来的地区。西部有相当一部分地区与其自然条件相似，与其当时的生产力水平差不多，然而，时至今日仍还戴着贫穷落后的帽子，很值得深思！西部有条件的地区，应借鉴他们的经验，把发展民营经济作为新的经济增长点，闯出一条自我发展的具有本地特色的发展经济的新路。

第一，发展民营经济要消除思想认识上的障碍。民营经济是市场经济发展的产物，也是社会主义市场经济的重要组成部分，在多种所有制经济共同发展中具有重要的地位和作用。由于民营经济的发展，进一步繁荣了城乡经济，方便了群众生活，缓解了就业的压力，促进了社会的稳定，同时也活跃了市场，正如邓小平所说："活了社会主义，没有伤害社会主义本质。"从理论上讲，民营经济属于社会主义范畴：民营经济的主体是劳动人民的个体经济，也称"老百姓经济"；民营经济与社会主义基本制度相结合，为发展社会生产力服务，为满足广大人民群众的物质文化生活需要服务，为社会主义服务；民营经济正向股份制方向发展，股份制是公有制实现的一种形式，股份公司的资本是社会化占有，以自然人投资的风险收入和资本收入不具有剥削性质。邓小平同志曾指出："为社会主义服务，就是社会主义的；为资本主义服务，就是资本主义的。"为此，对待民营经济，要像列宁对待租让制那样，把经济性质和经济作用区分开来，放心大胆地去支持发展民营经济。

第二，发展民营经济要大办市场。市场是民营经济发展的载体，依托市场发展民营经济符合市场经济规律。浙江温州地区发展经济依靠的"两个轮子"就是"民营与市场"，并以市场为主线，以市场取向发展经济，走出了一条"建一处市场、兴一门产业、活一片经济、富一方百姓"的新路子，形成了"小商品、大市场"的格局。西部地区也应学习温州经验，从实际出发大办市场。一是要发展以农副产品、手工业产品为主的农村集市贸易市场。二是要大办产销基地型的专业市场。三是要兴办贩销中转型的批发兼营的专业市场。四是有条件的地方办综合性的超级市场等。在大办市场中，要结合城镇建设，抓好总体规划，并把市场建设列入城市规划，使市场建设有保证。大办市场要采取"放导结合、以放为主"的方针，特别是在商品经济起步阶段，在建立市场中，要先放开政策，让经济发展起来，让市场发育起来，然后逐步加以引导，逐步规范市场。作为政府也要抓好骨干市场，对建设骨干市场的投资，要突破过去银行贷款、政府拨款、两费返还的传统做法，采取群众集资、摊位招标、土地入股、部门和职工参股、企业控股等多种形式，以解决办市场资金困难的问题。

第三，发展民营经济要创造相对宽松的宏观经济环境。政府是创造这种环境的主导方面。因此，地方政府要制定扶持民营经济发展的产业政策；利用经济、法律和必要的行政手段，制定公平、规范的财政、金融政策，如对民营企业贷款贴息、所得税返还等政策，把民营企业和国有企业一视同仁；为发展民营企业和大办市场，提供基础设施的公共服务，基础产业和基础设施建设项目由政府统一规划，统筹安排，综合开发、配套建设；政府及部门要简化有关审批手续，严禁卡要索取，严禁乱收费、乱摊派、乱罚款，避免重复检查监督；并切实帮助民营企业解决贷款、征地、用工、办证等方面的具体困难，为发展民营经济营造一个宽松的氛围。

（四）改变政府管理经济的方式是促进经济发展的重要保证

从浙江、广东的经验看，政府职能定位和工作效率极为重要。定位科学合理，高效廉洁，就能抓机遇，加快发展，否则就贻误战机，徘徊不前。由于旧体制的运行惯性，西部的政府职能错位问题较为严重，该管的事没有管，或没有管好，而不应管的事又管得太多、太具体、太死；政出多门，相互扯皮，办事效率低等。为此，西部要根据市场经济和社会发展的客观要求，认真改变政府管理经济的模式和行为方式。

首先，必须从微观管理事务和具体经济活动中解脱出来。在市场经济的条件下，政府是社会事务的管理者，不是微观经济事务的管理者；是经济和社会发展组织者和推动者，不是竞争性经济活动的经营者。这就要求我们的政府不能再像计划经济体制条件下那样，是"无所不包""无所不管"。因此，要切实落实企业、农民和个体经营者的自主权。凡是属于由市场调节的，都应按照市场经济规律，在国家宏观调控的指导下，交由市场自行调节。

其次，认清和履行好自己的职能。在市场经济条件下，地方政府既不是"无所不包"，也不是"无为而治"，而是要按市场经济的客观规律和社会发展的客观要求来履行职能，做到有所为、有所不为。政府所必须履行的职能主要有：一是搞好规划，既包括制定地方经济社会发展的规划，也包括事关经济与社会发展大局的单项规划，尤其是经济社会发展规划、城市发展规划和环境规划。从浙江、广东的经验教训来看，对城镇建设规划，一定要远眼光、大手笔、高起点。二是实施调控，就是要运用各种经济的、行政的手段，引导社会经济向规划目标靠拢。三是营造发展经济的良好环境，重点是搞好基础设施建设，为经济社会发展提供良好的条件。四是维护秩序，就是要打击犯罪，消除不安定因素，维护公平、公正的经济和社会运行秩序。五是优化服务，就是为基层、为企业、为群众排忧解难，竭诚服务。

特别强调的是，在西部大开发中，一定要彻底改革政府的审批制度，提高办事效率，防止腐败。对不适应社会、经济发展需要的审批事项要坚决取消。对确实需要保留的,要规范程序,简化环节。政府的"窗口单位",要全面实行"一栋楼办公、一个窗口对外、一条龙服务、让投资者高兴入门、满意出门"。

(载《西藏经济探索》内刊 2001 年第 2 期)

西藏矿业发展方向及对策

西藏是我国土地面积最大的省区之一，是青藏高原的主体，地质构造复杂，成矿作用强烈，矿产资源十分丰富。据初步统计，潜在矿产资源总值在 10 万亿元以上，已探明的优势矿产储量在全国乃至世界上占有重要位置，矿业已被列为西藏经济发展中重要的支柱产业之一。随着国家实施西部大开发战略和青藏铁路及区内规划路网等基础设施的改善，在我国加入 WTO 的大背景下，西藏这一潜在的资源优势必将转化为现实的经济优势，对于促进经济实现跨越式发展将产生不可估量的作用，意义十分深远。本文试图通过多学科的经济理论知识及多年工作实践经验，从矿产资源概况及评价入手，较深入地探讨矿业发展现状及开发前景，并对西藏矿业发展方向提出参考性的对策建议。

第一部分 西藏矿产资源概况及评价

西藏地处我国西南边陲，东西长约 1900 公里，南北宽约 1000 公里，全区国土总面积为 120 多万平方公里，约占全国陆地总面积的 1/8，仅次于新疆维吾尔自治区，为我国第二大省区。由于西藏是世界上最高的陆地，平均海拔在 4000 米以上，素有"世界屋脊"和"地球第三极"之称。西藏北界昆仑山、唐古拉山，与新疆维吾尔自治区和青海省毗邻；东隔金沙江与四川省相望；东南与云南省山水相连；南界喜马拉雅山脉与尼泊尔、锡金、不丹、印度、缅甸国家接壤，西部与克什米尔地区相接，边境线长近 4000 公里，是我国西南边疆和通往南亚陆路通道的重要门户。西藏这个神秘的高原，有丰富优质的矿产资源，有的矿产规模之大，在全国名列前茅，有的矿产类型之特殊，在全国乃至世界上都确属罕见。

(一) 主要矿产资源简况

西藏位于冈瓦纳大陆与欧亚大陆之间，阿尔卑斯—喜马拉雅巨型造山带的东段，是著名的特提斯构造域的重要组成部分，由于高原地壳运动强烈，岩浆活动频繁，其成矿条件非常优越。通过多年的地质勘察工作，截至1997年底，西藏已发现矿产99种，其中金属矿29种，能源矿4种，宝玉石矿19种，矿泉水2种，冶金辅助原料、化工原料、建材及其他非金属矿45种；其发现矿（化）点1800余处，物化探异常1300余处；已进行矿点检查和异常查证300余处；普查矿区91处，详查矿区29处，勘探矿区4处，124个矿床，其中大型19个、中型27个、小型78个。已探明储量（含估算储量）的矿产有55种（详见表1）。从已探明可开采储量的矿种人均占有量看，铬、铜、硼、钼、菱镁、水泥灰岩、金等高出全国人均的占有量。

表1　　　　　　　西藏自治区探明资源量矿产统计表

类别	矿种	计量单位	资源总量	保有储量	类别	矿种	计量单位	资源总量	保有储量
黑色金属	铁矿	$\times 10^4$吨	32321.2	32319.2	化工原料	盐矿	$\times 10^4$吨	68645.54	44222.1
	铬矿	$\times 10^4$吨	1147.5	364.5		钾盐	$\times 10^4$吨	4893.8	
	钛（金红石）	$\times 10^4$吨	3303.48			硼	$\times 10^4$吨	1453.77	300.6
	钒	$\times 10^4$吨	20			砷	$\times 10^4$吨	20.74	14.14
有色金属	铜	$\times 10^4$吨	2100.5	952.484		天然碱	$\times 10^4$吨	1412	
	铅	$\times 10^4$吨	141	19.24		重晶石	$\times 10^4$吨	1276	707.7
	锌	$\times 10^4$吨	152.8	14.63		蛇纹岩	$\times 10^4$吨	20000	
	钴	$\times 10^4$吨	1.7341	1.7341		芒硝	$\times 10^4$吨	46922.4	
	锡	$\times 10^4$吨	2.485	2.457	冶金辅助原料	石英砂	$\times 10^4$吨	5327	
	钼	$\times 10^4$吨	29.15	24.24		脉石英	$\times 10^4$吨	3.5	3.5
	锑	$\times 10^4$吨	27.94	3.99		白云岩	$\times 10^4$吨	21520	
	钨	$\times 10^4$吨	5			溶剂灰岩	$\times 10^4$吨	20720	
	菱镁矿	$\times 10^4$吨	17294.1	5709.9		化工灰岩	$\times 10^4$吨	6675	

续表

类别	矿种	计量单位	资源总量	保有储量	类别	矿种	计量单位	资源总量	保有储量
贵金属	金	吨	104.79	48.121	建筑材料及其他非金属	石墨	×10⁴吨	685.7	243.7
	银	吨	4329	581		石膏	×10⁴吨	121962.0	121962.0
	铂族	吨	5.528			水泥用灰岩	×10⁴吨	80828.6	21939
稀有金属	锂	×10⁴吨	408.3	9.95		水泥用粘土	×10⁴吨	1300	993
	铷	吨	0.25			陶瓷土	×10⁴吨	6965.0	2130.1
	铯	吨	0.091			花岗岩	×10⁴m³	1473	1473
	铼	吨	211	134		大理岩	×10⁴m³	8649.4	1082
燃料矿产	煤	×10⁴吨	27741.52	4332.6		火山灰	×10⁴吨	2048	2048
	泥炭	×10⁴吨	1059.5	813.7		白云母	吨	1811.8	1612
	石油	×10⁴吨	56.18			刚玉	吨	1689.8	1689.8
	油页岩	×10⁴吨	16487			压电水晶	千克	18.63	5
	自然硫	×10⁴吨	41	40		熔炼水晶	吨	18	2.01
	硫铁矿	×10⁴吨	18172.6	178.1		工艺水晶	kg	12818	12818
	磷	×10⁴吨	178	178		仁布玉	吨	8200	641
						地下热水	×10⁴吨	8828	

根据中国地质矿产信息研究院矿产资源研究室在1993年8月编制的《各省（区、市）的各种矿产保有储量在全国名列次序表》和1999年底矿产储量数据，西藏铬、刚玉、硼、工艺水晶为全国第一位，铜、火山灰为全国第二位，菱镁矿为全国第三位，自然硫、云母为全国第四位，砷、晶质石墨为全国第五位……（详见表2）

表2　　　　　　西藏矿产储量在全国位次表

在全国位次	矿产种类	在全国位次	矿产种类	在全国位次	矿产种类
1	铬、刚玉、硼、工艺水晶	10	钼	26	金
2	铜、火山灰	11	石盐	27	水泥灰岩、水泥黏土
3	菱镁矿	12	钴	29	煤
4	自然硫、云母	13	锡		

续表

在全国位次	矿产种类	在全国位次	矿产种类	在全国位次	矿产种类
5	砷、晶质石墨	21	伴生硫		
8	泥炭	23	铁		

值得注意的是，西藏地质工作程度极低，多数矿产尚未开展过正规地质勘察工作，因而未来找矿潜力巨大，如最具开发利用前景的石油、盐湖盐类、铬、铜、硼、锂、金地热等。从查明资源量看，西藏矿产资源在全国占有重要地位。从找矿潜力看，西藏明显优于中东部发达省区市，在全国的地位更为突出。

（二）优势矿产资源分布及评价

优势矿产资源是指在一定时空范围内，矿产资源的赋存条件、开发条件和经济社会效益等方面的综合显优反映，是其自然技术经济条件和社会的技术经济条件等同作用的显优结果。通过对西藏矿产资源的赋存条件，内外部开发条件，经济效益评估，市场预测，从环境和生态保护角度出发，铬铁、铜、硼、盐湖、金、地热资源等为西藏的优势矿产资源，是今后矿业开发的重点，其他矿产如锑、菱镁、钼、铁、天然碱、石膏、花岗石、刚玉、工艺水晶等也具有一定的比较开发优势。

铬铁矿：已探明可开采储量525.1万吨，资源总量1147.5万吨，潜在价值60多亿元，其产地61处，其中中型矿床1处，小型矿床5处。集中分布在沿雅鲁藏布江和班公错—怒江两个超基性岩带上，与镁铁、超镁铁质岩有密切关系，成矿专属性非常明显，成矿时代为燕山期—喜马拉雅期。其主要资源特征为：（1）分布广、储量集中。达到中型规模的是山南地区曲松县罗布莎矿区，为小型的有曲松县香卡山、那曲县依拉山和安多县东巧矿区等；获得资源量达到中型的是曲松县康金拉，为小型的有阿里地区噶尔县日康巴等，此外还在依拉山、切里湖、江措、丁青等地发现了工业矿床（体）。（2）矿石品位富、质量优。矿石类型以致密块状为主，主要分为铬尖晶石，富矿占60%，硫和磷等有害组分含量低，矿石大部分属优质冶金级富矿石。（3）开采条件良好。主矿体规模大，埋藏较浅，水文地质简单，部分适于露天开采。

铜矿：已发现铜矿（化）床点193处，其中特大型矿床1处，大型矿床2处，中型矿床3处，小型矿床1处；已探明可开采储量945万吨，资源总量达 2525 万吨，潜在价值 1200 多亿元。在区域分布上，较集中分布于藏东"三江"（金沙江、澜沧江、怒江）地区，其次为冈底斯山和雅鲁藏布江流域。矿床成因类型主要为斑岩型、矽卡岩型、热液型，其次为火山型、沉积型、风化淋滤型等。成矿时代主要为喜马拉雅期—燕山期，以喜马拉雅期斑岩型铜矿规模最大，并伴生有大量的钼、金、银、锌、铁、铂族、钨、铋、钴、锑、硫等有益矿种成分，具有重要的工业应用价值。在已发现的铜矿产地中，探明储量达到大型规模的有昌都地区江达县玉龙、昌都县扎那朵、贡觉县多霞松多和察雅县马拉松多矿区；获得资源量达到大型的有昌都县莽总和夏日多、江达县恒墨错、贡觉县各贡弄、芒康县马牧普和色错，达到中型的有芒康县色扎、吉错和萨色拉等；小型的有昌都县测钦和江达县仁达矿点等。其主要资源特征为：（1）以斑岩型铜矿为主，分布集中，品位较贫，储量规模大。（2）矿石中含有多种伴生矿，可综合回收，矿床经济价值较高。（3）矿床地质、水文地质条件较简单，主矿体埋藏浅，宜于露天开采。

硼矿：已发现矿产地 75 处，其中 5 个矿区获得探明可开采储量达 324.72 万吨，获资源总量 3655.61 万吨，潜在价值 85 亿多元。主要分布于阿里地区南部、日喀则地区西部和那曲地区北部。探明储量达到大型规模的有改则县仓木错；中型的有革吉县扎仓茶卡一号矿区；小型的有改则县基步查嘎错。获得资源量达到大型的有申扎县达则错、革吉县扎仓茶卡Ⅱ湖区及Ⅲ湖区、革吉县扎仓错呐错、仲巴县扎布耶茶卡、申扎县朋彦错及郭加林、班戈县班戈错等矿产地；达到小型的有申扎县盐湖及甲垫布错、革吉县扎创茶卡二号矿、三号矿区及 1 湖区、尼玛县八布错、改则县喀湖错等。其主要资源特征为：（1）盐湖型硼砂为主要类型，品位较高，分布集中，储量规模较大。（2）矿床地质、水文地质条件简单，主矿体埋藏浅，宜于露天开采。

金矿：西藏产地最多的矿种，共计 468 处，其中大型矿床 1 处，中型矿床 1 处，小型矿床 9 处，仅有 8 处探明了储量。1993 年由自治区地质五队提交的申扎县崩纳藏布砂金地质勘探报告，储量达 10.18 吨，占全区已探明黄金储量的 70% 左右。按成因分为岩金和砂金两大类，以砂金为主，占总量的 73.9%，岩金少量，占 26.7%。另外在铜、铅锌及多金属矿中有较多的伴生金。金矿较集中分布于班公湖—怒江结合带，总量占全区 50% 以上，其次分布于雅鲁藏布江和"三江"流域。已探明可开采储量达到大型规模的是申扎县崩拉藏矿区，为小型的有贡觉县瓦达塘、安多县拉日曲、普兰县玛旁雍错和改则县色当矿区；获得资源并为小型的有班戈县卡足和赛尔空等矿产地。

盐湖矿产：西藏的盐湖矿产种类多，成分杂，既有金属、非金属矿产之分，又有固相、液相（卤水型）矿产之别。目前已发现的盐湖矿物有34种，盐湖卤水中元素57种，具有工业价值的固相或液相矿产有硼、钾盐、石盐、芒硝、碱、水菱镁矿、溴、镁、锂、铯、铷11种，产地257处，其中大型矿床16处，中型23处，小型32处。资源总量的潜在价值在3000亿元以上；最具商业开发利用价值的有硼、锂、钾盐等。矿床成因类型主要为蒸发沉积型，成矿时代以全新世为主，少数为晚更新世。绝大多数矿床分布于西藏北纬300以北、东经900以西地区。其主要资源特征为：（1）盐湖数量多，资源十分丰富。西藏湖泊众多，其中盐湖有600个，比较集中分布在藏北高原，总面积达3万平方公里上。在已调查的250多个盐湖中，已发现硼、盐、碱、芒硝、镁盐、钾盐、锂盐、铷、铯、溴等10余种矿产。（2）矿石含硼品位富，卤水中矿产远景可观。固体硼矿中的硼晶主要为纳硼解石和硼砂，均为富矿体，此外还有钾、铷、铯等，均达到工业指标或综合利用指标。

地热资源：独特的地质条件造就了丰富的地热潜在资源，是西藏最具特色的矿产资源。据不完全统计，全区有地热泉（点）700多处，热水总流量26699L/s，天然热流量281.82J/s，总开发潜力为1009680.73万千瓦，相当于每年燃烧400多万吨标准煤的热量，其能量级和蕴藏量居全国第一位。西藏地热活动带大致沿喜马拉雅主脊以北呈东向带状分布，宽百余公里，延长近200公里，受雅鲁藏布缝合带及活动构造带的控制。在雅鲁藏布江南北两侧水热活动显示区达400余处，温度近于或高于当地沸点的中高温地热带，再往南北两侧，以低温泉和其他低温热水泄漏为特征。其主要资源特征为：（1）地热显示的数量多、分布广，具有明显的分带特征。地热显示遍布全区，相对集中的地区是雅鲁藏布江谷地、"三江"地区和阿里地区，多沿活动构造带分布。（2）地热显示区天然流量大、热储品位高。已探明的当雄县羊八井、羊易及那曲、拉多岗等热田属中高温和中低温地热田。（3）易于开发利用，总体效益良好。热田中地下热流体多具自喷能力，已建成投产的全国最大的羊八井地热试验电站，装机2.5万千瓦，对拉萨市的供电起着重要的作用。地热水综合利用前景广阔，可用于回灌热田、供暖、洗浴、温室种植、旅游观光、皮革毛纺加工、科研等领域。

（三）市场需求分析及开发前景

西藏优势矿产众多，多是国家急需、急缺矿种，具有广阔的市场需求和开发前景，未来发展潜力巨大。根据当前国内外及区内经济发展对矿产资源的总体需求，对全区几种主要优势矿产的保证程度及开发前景作如下概略分析。

铬矿：1995年世界铬铁矿储量为37亿吨，储量基础为74亿吨，主要集中分布在南非、津巴布韦、哈萨克斯坦、俄罗斯等国家。截至1998年，我国已查明的56个铬铁矿区分布于全国13个省、市、自治区，其中西藏为最多，保有储量占全国总保有储量10270万吨的36.8%；其次是内蒙古、新疆、甘肃等省（区）。世界铬铁矿资源极为丰富，现有的储量可满足全球几百年的需求，但其分布状况极不平衡，常出现巨额进出口贸易情况。因此，立足于全球，使用国内外铬矿资源，应当是我国相当长一段时期内必须采取的方针。1991年，世界铬铁矿市场出现供大于求的萧条情况，随后，西方国家经济开始复苏，铬铁矿的生产也随钢铁工业的振兴而走出低谷。铬铁矿一直是我国的急缺矿种和战略储备矿产，从1952年开始进口铬矿石2.0万吨，到1995年达到高峰，为138.09万吨，占消费铬矿石总量的87.5%，如按成品矿计算，国产矿所占的比重很低。铬矿石主要用于冶炼铬铁，进而生产不锈钢、耐热钢及其他合金钢等。而不锈钢材的国内供需矛盾很大，从1992—1996年的情况看，国内每年消费不锈钢材50万—70万吨，而国内生产不锈钢材只有20万—30万吨。随着国民经济持续快速发展，不锈钢材的需求量将有较大的增长。据预测，2010年需求量将达到200万吨，按1.4吨不锈钢材需1吨铬铁计算，需铬铁143万吨，加上其他用途，2010年需铬铁约160万吨，而当年铬铁生产能力不足100万吨，缺口60万吨以上，供需矛盾突出，市场前景乐观。西藏铬铁矿资源丰厚，保有储量为全国第一，不仅矿石品位富、质量优，富矿占60%以上，而且开采条件良好，部分适于露天开采。西藏年产铬铁矿石约12万吨，主要运销区外，按年产量10万吨左右计算，已探明的矿产储量可满足40年左右的开采需求。西藏现阶段生产铬铁矿只进行原矿生产，无加工工业，加上内外部基础设施条件不利因素制约，企业经济效益受到一定程度影响，如在生产铬铁的基础上进行不锈钢及其他钢材加工生产，企业经济效益将会明显好转。

铜矿：铜是现代工业不可缺少的重要金属，用途十分广泛。世界生产精炼铜的国家和地区达40多个，产量50万吨以上的仅有美国、智利、日本、中国、德国、俄罗斯、加拿大7个生产国。据世界银行对铜的市场需求预测，1990—2005年世界精炼铜需求和产量平均递增率均为1.9%。因此世界铜的供需形势总地看是平衡的，到2005年以前不会出现短缺局面。2000年全球铜产量为1480万吨，消费量为1510万吨，供需有30万吨缺口。预测2001年全球铜产量为1520万吨左右，消费量为1545万吨，2002年世界精炼铜产量为1586万吨，2003年精炼铜产量为1658万吨，消费量为1669万吨，届时全球市场将出现供不应求的局面。国内市场，铜金属供需矛盾突出。铜矿一直是我国急需和紧缺矿种。据统计，铜的产量自新中国成立以来，自给率仅为61.5%。2001年铜消费量将达到185万吨，铜产量为135万吨，缺口仍有50万吨。我国铜的消费结构与国外差别较大，如美国的铜消费结构主要是建筑业，其次是电器及电子产品，而我国主要是电气行业，建筑业应用却占很少，说明我国铜的应用潜力较大。已探明西藏铜矿资源量为9525千吨，主要分布于藏东地区，因市场、运输等多方面的原因，目前尚未开发利用，保有储量居全国总保有储量的10%，后备资源雄厚，其铜矿储量居全国第二位，尽快开发玉龙铜矿，是市场所需，大势所为，定能产生较好的经济效益和社会效益。

金矿：金矿资源大国为南非共和国，其储量占世界基础总和的47.17%，其次为俄罗斯、美国、澳大利亚、加拿大、巴西等国家。我国黄金工业生产发展速度较快，递增速度从"六五"到"九五"，平均超过了10%，"九五"初期年产黄金已达145吨，超过了俄罗斯，居世界第5位。黄金的主要作用有三个方面：货币用金、工业用金和饰品用金，其中饰品消费黄金共计达0.933亿盎司，创历史最高水平。1996年前的10多年，世界黄金产量增加，全世界黄金业发展欣欣向荣，价格虽有变动，但较为稳定，为金业开采带来了较丰厚的利润。1996年以后，西方不少国家向市场抛售了大量的储备黄金，使黄金市场供大于求，金价一路下跌。黄金年平均价从387.77美元/盎司下降到279.30美元/盎司。2000年，全球黄金总需求量为1.0549亿盎司，总供应量为1.088亿盎司，供需之间有0.0331盎司过剩，黄金市场低迷不振。预测今后几年世界黄金市场将维持这种格局，供略大于求。国内市场正加紧与国际接轨，受世界黄金市场影响较大，我国货币黄金需求减少，工业用金量也减少，这两项需求都不能刺激我国黄金工业发展。饰品用金是我国黄金需求的主导力量，但已失去上冲势头，开始进入稳定的成熟阶段。预计今后我国黄金供求量将与需求量基本持平或略有超出。西藏金矿资源丰富，采金历史悠久，近年区内已探明砂金矿区9个，累计探明储量18590公斤，具备了规模生产的基本条件。截至1998年底，全区已开采矿区有崩纳藏布等5个矿区，保有储量13591公斤，占全国的2.6%（另含有伴生金5650公斤，但在近期不能利用）。随着地质工作的深入，越来越多的金矿床将被发现。由于金矿采、选、冶的流程简单，投资少，见效快，加上"九五"开始的优惠黄金经济政策出台和国家实行实物奖售、价格补贴、专项贷款、外汇分成、减免负税等一系列具体措施，为黄金工业在西藏大地崛起，开拓了一条多快好省的发展道路。

硼矿：世界硼矿资源的最大特点是分布集中，土耳其、美国、俄罗斯、智利、秘鲁和中国等国家几乎囊括了世界的全部储量，我国的硼矿储量处于世界第5位，而西藏的硼资源量最多，已探明硼矿区13处，累计探明储量为3174千吨，占全国总资源量的48.7%，青海和西藏的盐湖硼矿的资源量之和占全国总资源量的79.17%，盐湖硼矿资源潜力巨大。世界对硼的需求从总的形势看，随着工业不断发展，对硼需求不断增加，需求量仍按3.5%的速度增长。我国的硼矿主要用于生产硼砂和硼酸，然后再进行深加工。除国家在1987年、1991年两年里的硼产品进口较多外，其他年份硼矿及其制造进出口均不多，目前硼砂和硼酸供需基本平衡。据预测，国内硼矿需求量从2005年的150万吨增长到2020年的250万吨，生产量由于硼矿的保有储量不足，从2005年的130万—165万吨，下降到2020年的56万—91万吨，即从2005年开始出现供需缺口，到2010年后的缺口将会更大。西藏集中了我国绝大部分盐湖沉积型硼矿，其中盐湖固体硼矿床保有储量达200万吨以上，平均品位20%—30%，主要分布于藏西北边远地区；液体矿床也较丰富，平均品位1290mi/升。西藏硼矿的找矿前景良好，具有一批一定储量规模的矿产后备基地，只要近期内加强勘察工作，并在开发时有效地保护资源，20年内西藏的硼矿资源基本上可满足国内市场的需求。区内的扎仓茶卡、扎布耶茶卡、郭加林错硼矿的建设，将为西藏硼资源的开发提供有利契机，有非常广阔的市场前景和可观的经济效益。

锂矿：据美国矿业局（1981—1994年）估计，世界锂矿储量基础（金属量）为840万吨。截至1996年底，我国已探明的矿石锂保有储量（Li_2O）达百万吨以上，盐湖卤水锂储量达千万吨以上，其中工业储量占52%，卤水锂的储量占总储量的73.91%，在世界排名第2位。我国矿石锂主要分布在四川、江西、湖南，卤水锂主要分布在青海、西藏、湖北等省区。西藏因工作程度较低尚未探明储量，但资源潜力巨大。我国对锂矿主要应用于炼铝、玻璃陶瓷、润滑脂、空调、碱性电池、合成橡胶以及军工等领域，其需求均有较快增长；新的应用领域，如炼钢保护渣、膨凝土生产等部门也显示出良好的应用前景。此外，我国锂产品自20世纪70年代以来，向欧美及日本、澳大利亚等国家和地区出口碳酸锂、单水氢氧化锂及少量金属锂，在国际市场上销售较好。近年来我国锂产品供需处于增长势头，甚至出现供不应求的局面。西藏卤水锂十分丰富，资源量达524.32万吨，且从未对锂盐进行过开发利用，卤水中LiCl含量较高，一般是工业品位的6.67—13.33倍，提取工艺简单，成本低廉，回收率达50%，产品纯度可达98%，开发前景非常广阔，利润率可达产值的20%以上。

钾盐：世界钾盐资源相当丰富，资源总量（K_2O）已达2144.7亿吨，但分布不平衡，加拿大和苏联分别占世界钾盐总资源量的40%和37%，其余分布在美国、欧洲、中东等地。与世界钾盐资源比较，我国可溶性钾资源相当贫乏且分布不均，96.6%的储量分布在青海柴达木盆地的几个现代盐湖中，少数在云南江城一带，是我国急缺矿种之一。以各国拥有可溶性钾资源的数量计名次，我国排在世界第15名以后，但我国不溶性钾资源的储量是可观的，但由于难溶于水，制造钾肥的技术工艺极复杂，成本又高，所以难以开发利用。我国从50年代末开始生产钾盐，由于受资源条件和工艺技术等因素的影响，产量一直很低。至1996年，钾盐（KCl）产量25万吨，仅占世界总产量2562万吨的0.58%。近几年来，随着烟草、水果、蔬菜等忌氯作物对硫酸钾的需求，硫酸钾用于作物肥料日益受到重视。目前全国已有的40多家生产企业，由于普遍规模小，经济效益差，因而年产量不足20万吨，远远不能满足国内需求。据国家农业部的有关资料，2000年我国需要508.1万吨的K_2O的钾肥，但当前的国内生产能力显然不能满足农业发展需求。因此，今后相当长时期内，国家还须靠进口相当数量的钾肥来满足农业需求。西藏境内盐湖密布，盐湖钾盐资源丰富，开发钾盐市场前景十分乐观，应加强全区盐湖钾盐的地质勘察工作，加大地质科研工作力度，加快钾盐的开发步伐，促进区内经济发展。

锑矿：我国是世界上锑矿资源最丰富的国家之一，累计探明储量（sb）343.15万吨，至1996年底保有储量达到278.16万吨，居世界第1位。主要分布在广西、湖南、云南、贵州、甘肃等地。当前，国际市场每年对锑的需求，预测约9万吨，我国国内对锑品的需求每年在1万吨左右，总计每年不超过10万吨。世界锑品生产除我国外，其他国家每年生产的锑品稳定在4万—4.5万吨，再加上我国锑品生产量每年将达到16万—16.5万吨（1995年）。这样世界锑品产量将超出需求量的60%—65%，出现供过于求，导致国际锑市场价格下跌。锑是我国出口创汇的传统产品，且生产成本低、质量好，在国际市场上有竞争优势。每年一般出口锑品2.5万—3万吨为宜，以保持和发展我国锑品出口优势和主动权。世界锑品消费结构比例大致是：阻燃剂70%、蓄电池10%、化工10%、搪瓷和玻璃4%、其他6%。我国锑品消费结构比例为：精锑59.7%、三氧化二锑25%、硫化锑7.6%、锑酸钠7.7%。西藏锑矿品位高，生产的锑精矿、精锑、粗氧化锑等原料型品种，量大质优，为开发研制锑品深加工创造了良好的条件。区内虽已发现多处锑矿床（点），但由于地区性地质勘察程度低，全区目前锑矿仅有一个矿区有上表储量，锑资源储量资料有限。自1990年进入开发以来，全区年产量从未超过10千吨（矿石量）。在1996年国际上锑价上涨达到高峰时，区内锑矿企业和全国同行业一样，存在着盲目竞争、市场上竞相抛售、相互压价等不良现象。为保护和合理开发宝贵的锑矿资源，国务院已决定将锑等矿产列为国家实行保护性开采的特定矿种，实行有计划的统一管理。目前正在深化改革，调整锑业管理体制，走集团化经营之路，限产增值，防止多头出口经营，以提高经济效益。

地热资源：我国的地热资源十分丰富，以每平方公里2000米深度内平均蕴藏2.2075×10^{13}千焦的地热资源量计算，在全国陆地范围内，储存的地热资源总量达2.1192×10^{20}千焦，相当于72310亿吨标准煤发热量，可满足全国4000余年的能源消耗。而国内地热资源最丰富的地方又是西藏，探明可开采热能1732.2兆瓦；其次是云南、广东、河北、天津等省、市，以上五省（市）探明可开采热能合计3157.1兆瓦，占全国总量的3/4。据1996年统计资料，在全国738处地热田中，目前利用或部分利用的有 434 处，约占 60%，广泛用于发电、供暖、工业利用、医疗、洗浴、水产养殖、矿泉水、农业等领域。国内地热资源开发的速度总体上与国家的经济发展速度相一致，若以经济 10% 的年增长速度来估计我国今后对地热资源的开发速度，以全国目前地热资源开采量为基数，到 2010 年，将需要开发利用地热水约 230.507 万 m/d，热能 4673.32 兆瓦。西藏能源缺乏，气候严酷，地域高寒，大力开发利用地热资源十分迫切，前景看好，且有得天独厚的条件。目前开发利用明显偏低，与发展需求相差甚远。地热不仅可用于发电，在其他众多领域可广泛应用。单就利用地热资源发电经济效益就十分显著，与各类电站建设投资统计对比，稍低于水电、光电站建设费（20% 以上），电成本相对较低，每度仅为 0.2—0.3 元人民币。所以西藏要开发地热资源，加快能源建设步伐，改善人民群众生活，促进经济发展，是最为稳妥且明智的举措。

第二部分 西藏矿业发展概况及分析

和平解放前，西藏现代矿产采掘工业几乎为零。从 20 世纪 50 年代中期到 60 年代中期，国家率先对硼砂进行较大规模的开采，从此拉开了西藏现代采掘工业的序幕，为帮助国家渡过当时的经济困难时期做出了一定贡献。后来，将采掘领域拓展到煤、铬铁等的开采上，使西藏现代采掘工业开始起步。"文革"期间，为尽快填补西藏现代矿业空白，盲目上马了一批煤矿及工矿企业，由于基础工作不扎实，建设程序不规范，生产出现极不正常的状况，有的矿区甚至未正式进入生产阶段就即下马关闭。党的十一届三中全会以后，西藏工业系统开始全面拨乱反正，自治区对经营困难、毫无发展前途的工矿企业实行"关、停、并、转"措施。80 年代中期以后，自治区对工矿企业实行一系列改革办法，使矿业效益出现好转。黄金和硼矿开采在藏北及阿里等地重新崛起。进入 90 年代后，改革开放进一步深化，企业自主权扩大，经营方式更加灵活，加之投入和技术力量的进一步增强，致使矿业生产规模扩大，除西藏传统的开采矿种外，铅、锌、铜、锑、玉石等相继被开发，并逐步向矿产品粗加工、深加工发展。据不完全统计，1999 年底全区乡及乡以上采掘工业企业达到 48 家，职工人数达到 4734 人，完成重工业总值 10.04 亿元（其中采选业总产值 3.35

亿元，按当年价，实现利润 8838 万元），比 1959 年的 0.42 亿元增长 22.90 倍；被列入自治区统计之中的铬矿石达到 18.37 万吨，比 1962 年的 1.98 万吨增长 8.28 倍；硼砂达到 2.58 万吨，比 1986 年的 0.17 万吨增长 14.18 倍（与有统计的年份相比较）。经过 50 年的发展，西藏矿产采掘工业初步形成了较为鲜明的区域特色。藏中"一江两河"（雅鲁藏布江、拉萨河、年楚河）流域的山南、拉萨以开采铬铁矿、铅锌矿、铜矿和进行矿产品初加工为主；西部的日喀则、阿里地区重点开采硼砂为主；藏北那曲地区以开采黄金、锑矿为主；藏东的昌都地区以开采煤炭、玉石为主，并拥有丰富的铜矿资源。林芝地区的矿产工业尚未起步，有待做进一步的地质勘察工作。

（一）主要发展阶段

西藏现代矿业在 20 世纪 50 年代的发展过程中，从无到有，由小到大，已被列为自治区的五大支柱产业之一和新的经济增长点，对自治区经济和社会发展将起到重要的推动作用。回顾其发展历程，主要经历了以下几个阶段：

1. 起步阶段（50 年代初期至 60 年代初期）

西藏和平解放后，党中央、国务院及国家有关部门十分重视西藏的工业经济发展，由于西藏具有得天独厚的矿产资源优势，便把发展矿业作为一项重要任务来抓，探索一条以矿产业为基础、带动其他重工业的发展路子。1951 年 8 月，中国科学院院长郭沫若亲自组织中央文委、西藏科学工作综合考察队，对西藏进行科学考察工作，这是国家第一次有组织在西藏进行系统的地质调查工作，为西藏以后的地质勘察和矿业开发提供了重要依据。1955 年 3 月，中央人民政府决定在西藏建设一批工业项目，国务院副总理陈云、彭德怀亲切关怀和具体指导西藏的工业建设项目，组织西北煤田、开滦、阜新等矿务局、地质局的地质工作者会集沱沱河，由西藏工委组织筹建煤矿，至此拉开了西藏现代矿业开发的序幕。1956 年 3 月，国家开始建设西藏第一座化工厂——班戈湖硼沙厂，为促进西藏经济社会发展做出了重要贡献。1959 年 3 月，第一座国营煤矿——土门格拉煤矿动工兴建，为西藏采矿业培养、输送了大量技术人才，奠定了西藏现代采矿业的基础。

2. 初步发展阶段（60 年代中期至 70 年代中期）

1967 年 5 月，西藏第一座冶金矿山——西藏东风矿开始在那曲地区安多县东巧区进行建设，设计生产能力为开采铬铁矿石5万吨/年，自1979年的12年间累计完成投资2500.84万元，其中国家基建拨款2432.14万元，地方自筹68.7万元。同年，西藏另一座生产铬铁矿石开采的冶金矿山——红旗矿在山南地区曲松县境内罗布莎建立，当年开采矿石约1万吨。60年代中期，为了满足当时战备工程建设所需能源（俗称"小三线"），地质部门在全区范围内开展了煤田调查和勘探，重点为藏东地区，先后提交各类煤田地质报告30余份。在此期间，建成昌都地区类乌齐县境内的马查拉煤矿，解决了藏东地区建材、化工、机械、制糖等建设项目对煤炭的需求，改善了该地区的能源结构。70年代中期，西藏采煤业迅猛发展，进入鼎盛时期，主要是由于"小三线"建设及全区广泛开展的"五小工业运动"，致使工业用煤骤增，西藏各地大小煤矿纷纷上马，以门土、东嘎、向阳煤矿为主，各地区（市）、县及农垦部队还兴建了近30座小煤矿。由于受"文革"的影响，这些煤矿大都是为了适应当时政治形势的需要，土法上马，进行"边勘探、边建设、边生产"，其地质条件尚未摸清，地勘工作和基本建设"先天不足"，技术管理落后，建设上实行先生产后生活原则，生产配套设施简陋，职工生活艰难，煤矿经济效益普遍欠佳，主要靠国家财政补贴维持生产和生活。

3. 调整、整顿阶段（70年代末期至80年代中期）

党的十一届三中全会以后，西藏矿业系统实行"调整、改革、整顿、提高"的方针，广泛进行思想政治上的拨乱反正，正确认识西藏矿业的现状和发展规律。1980年，开始了为期3年的全区性的企业大整顿，对采矿行业中大部分资源情况不清，生产成本高昂、产销效益倒挂、矿质低劣、扭亏无望、亏损补贴逐年增加的矿山，采取"关、停、并、转"的措施，相继下马关闭或停产、转产10余座大小煤矿。对有发展潜力的铬铁矿山，国家继续给予大力扶持。通过调整、整顿措施，西藏矿山企业开始从"供给型"向"生产经营型"转变。

4. 改革开放发展阶段（80年代中期至90年代末期）

在建立和完善社会主义市场经济体制的新形势下，自治区遵循市场经济规律，对老企业深化改革，对新企业慎重上马。在企业经营管理方面，逐步推行矿长（经理）负责制，实行政企分开和经济承包责任制，围绕增强企业活力，改善企业经营机制，提高经济效益，采取一系列灵活措施和办法，将人、财、物和产、供、销等管理自主权全部下放给企业，并鼓励和支持企业通过各种渠道，开展多层次和多形式的经济技术协作与联合，西藏矿业开始在激烈的市场经济竞争环境中寻求生存和发展。1986年自治区将矿业列为三大支柱产业之一。从此，以铬矿、硼矿为龙头，黄金工业异军突起，锑、铜、铅、锌、玉石、矿泉水、地热等全面发掘，一股矿业开发热潮以其崭新的思想观念、先进的技术手段和讲求质量与效益的务实精神涌现在西藏高原。改革开放的春风，为西藏采矿业注入了勃勃生机，促进了西藏采矿业朝着健康、快速的方向发展，出现了诸如"西藏矿业""西藏圣地"等在市场经济大潮中率先崛起的股份上市公司，同时也带动了其他行业发展，为西藏经济的发展和人民生活水平的提高做出了一定贡献。1995年后，自治区"九五"计划和"十五"计划都将矿业列为五大支柱产业之一。特别是中央第三次西藏工作座谈会议以后，中央关心、全国支援的62项援建工程中，有6项援建工程与矿业发展有关，即山南香卡山铬铁矿、阿里扎仓茶卡硼镁矿、昌都类乌齐马查拉煤矿、昌都水泥厂搬迁、拉萨水泥厂回转窑改造、那曲申扎金矿，经改扩建后的矿业企业，其经济和社会效益普遍良好。进入21世纪后，西藏矿业将以强大的资源优势、新的改革开放理念、现代企业管理水平向前冲刺。

（二）主要矿区（点）的开发

全区矿产资源的开发利用，在90年代中期还基本处在探、采、选及供销阶段。探矿方面，矿产地供不应求。采矿方面，除了部分企业按正规设计进行机械化、半机械化结合土法开采外，其他多数矿山皆系土法、小规模生产。选矿方面，几乎全属可选，仅有几个企业进行了选矿试验。冶炼方面，因受能源等因素的制约而无冶炼行业。供销方面，向国内市场销售原矿石，主要是铬、硼矿产多运往青海省格尔木市销售，铅、锑、锡等矿产多在矿山就地销售，金矿直接销售当地银行。据初步统计，1997年全区共有204个企业对有色金属、黑色金属、贵金属和能源矿产、矿泉水及建材等非金属矿产进行不同程度的开采，其中：国有矿山17个，集体矿山187个。按矿种划分为：铬铁矿10个、铜矿11个、铅矿15个、锡矿1个、锑矿30个、金矿28个、煤矿1个、地热发电站3个、矿泉水生产基地4个、其他矿产62个。主要情况是：

1. 铬铁矿

全区共有铬铁矿开采矿山30余处，主要是：山南地区境内的曲松罗布莎铬铁矿区，原名为红旗矿，是我国目前最大的铬铁矿山。1986年开始小规模露天开采，1994年建成正规矿山并投产，设计生产能力为6万吨/年，并进入地下开采阶段，到1999年共生产铬铁矿石50余万吨。山南香卡山铬铁矿区，于1989年开始进行小规模露天开采，1993年开始正规矿的设计及筹建工作，设计生产能力为2万吨/年，被中央第三次西藏工作座谈会列为62项援藏工程之一，由国家开发银行定额贷款2360万元，企业自筹资金35455万元，矿山建设总投资达到2714.55万元，该工程于1995年8月25日开工建设，1997年12月25日竣工交付使用，矿山总体工程质量评定为优良；目前已累计开采铬铁矿石20余万吨。那曲安多东巧铬铁矿区，又称东风矿，于1967年建成露天矿并投产，是西藏最早、海拔最高（4800米）的金属矿山，也是当时全区的重要国有企业之一，后因多种原因，1985年底闭坑，30多年来共生产铬矿石36万余吨，为国家经济建设和地方财政收入做出了一定贡献。

2. 硼矿

1959年，国家曾对申扎县杜加里和班戈县班戈错进行大规模开采，当时年产硼砂矿3万余吨，1962年停产。1986年采硼业复苏，到1991年全区先后有61个矿山企业对杜加里、班戈错、革吉县错呐错、改则县基步查卡错、仲巴县秋里南木湖和革吉县扎仓茶卡及部勒加达、仲巴县小查玛湖等矿产地进行开采。生产方式多以人工土法露天开采，个别矿山采用半机械化作业，开采深度一般为0—10余米，主要开采加工富矿和商品富矿。1986—1995年，共采硼20余万吨，其中硼砂矿14万多吨，硼镁石6万多吨。仅此介绍两个矿区（点）的简要情况：

革吉县扎仓茶卡硼矿，位于阿里地区境内。该矿产地包括5个矿区，主要开采一号矿区。该矿品位较高，富矿较多，曾列为西藏"八五"期间唯一新建的硼镁石矿山，设计生产能力1.5万吨/年，其间尚有7个企业进行过小规模土法开采，开采量最多的年份是1988年达3.45万吨。1994年列为62项援藏工程之一，由国家化工部筹资1769万余元，于1995年3月28日开工，当年8月20日建成投产，次年共生产硼矿石1.2万吨，接近设计生产能力，完成工业总产值1000万元，盈利160万元，上缴利税190万元，经济和社会效益较好。

申扎县杜加里硼矿，位于那曲地区境内。该矿曾在50年代末和60年代初进行过开采，累计产量达10万吨，1962年停产。80年代再度开采，年产量600—2000吨，1991年后停采。在90年代纳入自治区开发规划，设计生产能力为 2 万吨/年。

其他矿区（点），如改则县康米错、基步查卡错、文部办事处八布错、申扎县朋彦错、仲巴县扎布耶茶卡及秋里南木错、革吉县夏茶卡和班戈县班戈错等硼矿，均含有丰富的硼及其他伴生矿产，已纳入自治区矿山建设规划。

3. 金矿

在市场经济条件下，西藏黄金开采业迅速发展起来，自 1987 年以来，全区有 24 个企业对 36 个砂金产地进行开采。

申扎县崩纳藏布砂金矿。该矿山于 1995 年 8 月 25 日开工，1996 年 6 月 5 日建成投产，为 62 项援藏工程之一，总投资 3200 万元，为地方政府贷款，该项目以外的配套水电站及公路由浙江省援助建设，主要建设内容为 100 升采金船两艘，年采矿砂 42.37 万立方米，年可采黄金 386.6 公斤，设计年获利税 1687 万元左右，1997 年实际生产黄金 602 公斤，获得了良好的经济和社会效益。此外，全区还有 4 家企业进行金矿的露天开采，1997 年生产黄金 115 公斤。除此以外，自治区对安多县拉日曲、班戈县卡足、普兰玛旁雍错、江达县玉龙班岩铜（钼）矿的伴生金等砂金矿区进行了开采规划。

4. 地热

西藏得天独厚的地热资源，具有分布广、储量大、易利用等特点。到 1997 年，自治区已对羊八井、那曲镇和阿里朗久三个热田进行了开发利用，兴建了地热发电站和地热温室等。当雄县羊八井地热田，于 1976 年第一台发电机组投入运行，1993 年总装机容量达到 2.52 万千瓦，为我国最大的地热试验电站，已成为拉萨市区供电的主要电源之一。

5. 煤矿

自 1956 年以来，西藏已对 25 个矿区（点）进行了开采。1959—1994 年，累计生产原煤 92 万多吨。据地质部门提供的有关资料表明，西藏尚属缺煤且煤品不高的地区。为保证昌都水泥厂的用煤需要，推动藏东地区的经济发展，1994 年类乌齐县马查拉煤矿被列为 62 项援藏工程之一。该煤矿地质储量 170 万吨，可采储量 87.5 万吨，属低磷、低灰质无烟煤，由国家煤炭部投资 4000 万元援建，于 1995 年 7 月 8 日开工，1997 年 10 月 15 日竣工投产，矿井设计生产能力为年产原煤 3 万吨，服务年限 31 年，目前生产情况良好。其他矿区（点），如八宿县瓦达、昂仁县吉松等煤矿,只能进行小规模生产,主要是部分满足城镇居民的生活用能需要。历史上曾有过的那曲土门、拉萨向阳、阿里门什等煤矿,因煤储和经济效益等原因,已关闭停产。

(三) 主要矿产行业经济效益分析

自和平解放以来,西藏的矿产开发已经在煤炭、黑色金属(主要是铬铁矿产)、有色金属(主要是金、铜、铅、锌等矿产)、建材及非金属(主要是石灰岩、黏土、建筑材料等矿产)和盐湖矿产(主要是硼、石盐等矿产)等方面取得了一定成就,为西藏的国民经济和社会发展起到了支持和推动作用。现就其经济效益情况作简要的市场分析:

1. 煤炭

煤炭自1956年开始生产,当年全区产量达到1.6万吨,1979年产量达到6.05万吨,增长2.8倍,1997年因不少煤矿关闭,产量下降到1.1万吨。西藏长期以来煤炭供需矛盾突出,这不仅表现在资源缺乏难以满足经济发展的需要,而且由于开采条件、自然条件、运输条件所造成的原煤成本价格高,用户无法承受,经济效益欠佳,造成生产矿区纷纷下马。如吉松煤矿原煤生产成本每吨为330.50元,比格尔木运到拉萨的原煤市价每吨500元低得多,但因煤品差每吨仅卖到120元(1992年),每吨亏损210元左右。新近建设的类乌齐马查拉煤矿,属于昌都水泥厂的配套工程,估计利税率10%—20%,经济效益较好。

2. 铬铁矿

1967年,全区铬铁矿产量达1.98万吨,1979年产量达3.88万吨,增长95.96%;1997年,产量达到12.21万吨,分别比1967年和1979年增长5.2倍和2.2倍。1987—1991年铬矿总产值14449万元。1992年铬矿利税总额为622万元,1991年单位成本为249.5元/吨。说明铬铁矿开采业的经济效益是好的。据有关部门预测,西藏罗布莎铬铁矿1993—2010年年销售收入按500元/吨计算为1450万元,年销售利税701.5万元,销售利税约占销售收入的50%。除此之外,铬铁还可出口。1996年我国出口铬铁13万吨,出口创汇11857.4万美元;出口硅铬合金3.1万吨,创汇2526万美元;合计创汇14386.4万美元,获得了较好的经济效益。

3. 有色金属及贵金属

金矿是西藏开采最悠久的矿种之一,以砂金为主,多属小规模土法开采，尤其进入90年代，黄金采矿业异军突起，先后有9个县开展黄金生产，为地方财政收入和增加群众收入做出了一定的贡献。截至1995年底，全区共有6家黄金生产企业，其中：国有3家、集体2家、乡镇1家，从业人员达300余人。1992年采金量为67.3千克，1997年黄金产量飞速上升，产量达940多千克，产值约7600万元，利税1000万元以上，经济效益可观。随着地质工作的深入和黄金找矿的突破，开发岩金应是今后的主要方向，且具有品位高、易采易造等特点，有较好的经济效益。

西藏有色金属铜、铅、锌、锑、锡等开采规模小，且以出售原矿为主，1995年的产量分别是铅锌矿1478吨、锑矿3320吨、铜精矿12吨、锑锭200吨，因运输成本较高，经济效益一般较低，若本区利用，尚有一定盈利空间。

4. 建材及非金属

该类矿产开发利用是和平解放后尤其是1980年以后才逐渐兴起的，包括种类较多。石灰岩包括水泥灰岩、大理石等，广泛应用于水泥建材、建筑装饰、电工材料、工艺美术等方面。该矿产资源量丰富，易采易加工，且市场需求广阔，成本较低，供本区利用有较好的经济效益。同时可充分利用边贸口岸，使区内的大理石成品销往国外，出口创汇，提高经济效益。花岗石多数矿山是90年代初兴建的，因缺乏统计资料，故效益情况难以分析。据不完全统计，预计1995年全区生产花岗石荒料4500立方米，2000年超过7000立方米，随着西部开发的深入开展和西藏人民生活水平的提高，花岗石在现代建筑和装潢业有着广泛的市场，因其美观、坚硬和很好的抗风化腐能力，且价格还远高于大理石，如外销周边国家或邻近省区，增值效益是好的。

5. 盐湖矿产

目前主要是盐湖型固体硼矿的开发利用。硼砂的生产在20世纪50年代末至60年代初曾为国家的经济建设起到过重要作用。改革开放后，由于国内市场对硼砂的需求不断增加，西藏的硼砂生产也随之而增加。1986年产量为1690万吨，1997年达到2963万吨。从外部条件看，硼矿多分布在海拔高、气候寒冷、人烟稀少和缺能源供给的藏北高原，加上运输线长，公路质量差，制约着硼矿的开发利用。从内部特点看，矿体埋藏浅、水文条件简单，BO含量高，储量丰富，易采易选，是西藏开采硼矿的优越之处。通过近年来各矿山企业采硼的情况看，经济效益十分显著。已开采的扎仓茶卡，开采成本 25 元/吨，选矿成本 25 元/吨，管理费 150 元/吨，运输成本 0.35 元/t·km，矿山建设投资和地勘投资分别为 243.14 元/吨和 4.9 元/吨，回采率及产品产率分别为 0.90 和 0.98，产品运抵格尔木价格：当 $B_2O_3>30\%$ 为 1150—1900 元/吨；即每生产一吨，成本为 1211.04—1251.64 元，而销售价 1460 元/吨，则每吨可获纯利 208.36—248.96 元。秋里南木湖平均每吨成本 1060.94—1222.2 元，而 $B_2O_3>30\%$ 的销售价 1200—1900 元，每吨获利 139—677.8 元。阿里地区矿产开发公司曾开采硼镁石 1680 吨，平均每吨获利 360 元。如果青藏铁路建成通车，加上未来几年国内原硼供不应求，今后西藏硼矿开采利润更加可观，市场前景看好。

区内锂矿主要是盐湖锂矿，可利用碳化沉淀法提取锂盐，工艺简单，回收率达 50%，产品纯度可达 98%。区内锂品位高（是已利用同类型青海柴达木的 3 倍），含镁低，有利于提取 Li_2CO_3，减少加工成本，据分析要比青海大柴旦少花 1/2 以上的加工费，同时多属综合性矿区，采取正确的采选方法，可以回收到其他有用矿产及其产品。矿区外部条件较差，主要是运输线长、气候较寒冷、年工作时期较短、劳动力不足等，将造成产品成本增加。目前，锂是国内外畅销矿产，也是我国急缺矿种，价值相对较高。应加大锂盐提取技术的研究，综合利用矿产，立足于本区生产锂精矿及其他产品，尽量降低运输成本，提高经济效益。

总之，西藏采选业在工业中的经济效益总体上还是比较好的。1997 年，西藏采选业的利润总额达到 9791 万元，比 1990 年增长 8.6 倍，占当年全区工业企业利润总额的 44%，其中黑色金属采选业利润总额 1346 万元，占全区工业企业利润总额的 6.05%；有色金属采选业利润总额 1953 万元，占全区工业企业总额的 8.78%；非金属采选业 6419 万元，占全区工业企业利润的 28.84%；煤炭采选业 73 万元，占全区工业利润的 0.33%。

（四）存在的主要问题和困难

西藏矿业发展虽然取得了历史性的进步，即由原初的煤、硼单一矿种开采逐步发展到铬铁矿、硼镁、硼砂、铅、锌、铜、锑、锡、黄金、铁矿石、水晶、玉石等十几个矿种的开采及简单粗加工，但从其发展的历程看，起步晚，地勘工作程度低，企业装备技术水平落后，加之受区内交通不便、能源不足、市场狭小等客观因素制约，总体上的西藏矿业尚处在起步发展阶段，归结起来存在以下主要问题和困难：

1. 多数矿种地质勘察和研究程度低，制约了矿业发展，减缓了经济发展的速度和质量

从全区总的情况看，潜在远景不清，家底不明，对寻找新的大型、超大型矿床及矿集区的目标不明，对具体找矿工作的理论性指导不强；拉萨市、昌都地区的地质勘察和研究工作程度相对较高，日喀则、林芝、山南、那曲地区相对较低且不平衡，而阿里地区则非常低。全区境内除藏东铜、藏北少数盐湖、藏南铬做过详查工作外，其余绝大多数矿种停留在预查工作的基础上，金、铅、锌等少数矿种仅做过普查工作。在已发现的矿产地中，勘察程度达到普查以上的仅占4%，其余均为矿点检查或踏勘；在已探明的矿产中，尚有1/3的矿产勘察程度未达到普查，所求得的储量可靠程度很低。从矿产潜在价值看，目前保有储量的潜在价值仅占矿产潜在总值的1%左右，地质找矿潜力巨大，加强地质勘察工作非常迫切而必要。从发展支撑情况看，在国民经济中，矿业支柱产业尚未真正形成。据统计，1999年底全区工业总产值占GDP的比例为9.4%，而采选业产值仅占工业总产值的21.44%。

2. 地勘经费和地质技术力量严重不足，难以满足经济建设和社会发展的需要

一是地勘经费长期依靠国家事业拨款和计划调控来维持；勘察投入得不到补偿，矿产勘察和开发严重分离，地质勘察市场难以形成，未能实现良性循环。二是由于受物价、工资性支出等因素影响，国拨地勘费有效投入逐年减少，地勘费用严重不足。三是地勘队伍稳定性较差，地勘工作科技含量低，装备技术水平明显落后，地勘单位自身发展十分艰难。

3. 采矿技术落后，造成资源严重浪费，在一定程度上危害了生态环境

长期以来，西藏矿业多是以人工开采原矿和出售原矿为主，利用机械进行矿产品粗加工少，搞深加工利用更少，采矿的普遍方式是采易弃难，采富弃贫，采浅弃深，回采率和综合利用率都很低，所造成的资源浪费现象不胜枚举。例如，东嘎煤矿和土门煤矿的采煤量不及总储量的1/8和42%，现都均已闭坑停采，使其深部煤层很难开发利用；安多拉日曲砂金矿的回收率不到30%；藏北盐湖仅开采硼矿，未对伴生的食盐、芒硝、水菱镁矿、钾盐等多种矿产进行综合利用；羊八井电站的地热利用率仅为

6%；美多锑矿仅开采品位大于 30% 的富矿，其他则弃而丢之。存在的普遍情况是，当矿石开采到一定程度后，基本上没有采取环保措施，不可避免地影响了生态环境。

4. 多数矿产企业长期受国家供给制、计划经济体制影响较深，在市场经济条件下，暴露出诸多方面的缺陷

企业内部管理水平相对薄弱，生产规模较小，矿产品单一，内外销售渠道不畅，劳动者总体素质普遍偏低，人才奇缺，投入与产出分析及市场营销工作做得不细，缺乏对市场的应变能力和竞争力，在采用新技术、新工艺、新方法、扩大矿产品的深加工规模、拉长产业链、提高附加值等方面十分欠缺，致使经济效益不理想，对生态也有所破坏。

5. 自治区综合区力弱，难以对矿业发展形成有力支撑

据统计，1999 年，全区 GDP 达到 105.61 亿元，人均 GDP 仅有 4166 元，均为全国排名最末位。对矿产发展起明显作用的能源、交通等基础设施条件严重滞后，1999 年，全区发电装机容量 34 万千瓦，人均用电量不足 272 千瓦时，仅相当于全国平均水平的 20% 左右，大部分城市居民只能达到生活用电的低水平，还有 80% 左右的农牧民用不上电；目前西藏既无铁路又无水运，靠航空和管道运输十分有限，作为交通运输主体的公路，技术标准低，抗灾能力弱，等外公路和季节性通车公路占公路总里程的 50% 以上，给利用区内外市场带来极大不便。拉萨—格尔木公路里程 1080 公里，拉萨—成都公路里程 2200 公里，主要出售原矿销往内地，运输成本高，如罗布萨铬铁矿，矿石开采成本仅为 235 元/吨，而公路运输费（矿区—格尔木）为 230 元/吨，与进口矿石成本相比，区内铬矿优势抵消而使市场竞争力减弱。

总之，在矿业发展过程中，还存在很多问题和困难，首先是"人才"短缺。现代企业之间的竞争归根到底是科学技术人才的竞争，这决定着企业经营的成败、管理水平的高低，西藏自然条件恶劣，环境严酷，"人才"起关键作用。其次是"资金"短缺。由于缺乏资金，该勘察的项目不能上马，需要开发的矿产项目也无法实施，严重束缚了矿业发展的步伐。再次是市场狭小。区内市场十分有限，如何立足国内市场，开拓国外市场，还需做大量的工作。最后是设备落后。生产成本高，经济效益差。

但是，也应清楚地认识到西藏矿业发展还有诸多有利因素：一是西藏成矿地质条件优越，找矿潜力巨大，是我国重要的矿产资源接替区和矿产

资源战略储备区，现在国家已经着手进行西藏境内大规模的地矿勘察工作，越来越多的矿产将被发现和探明；二是西藏的优势矿产突出，多是国家紧缺、急需矿产，特别是有色金属、贵金属和盐湖盐类矿产在全国占有重要地位，具有广阔的市场空间；三是区内的矿业开发和程度低，许多矿产尚未进入开发，既是在已开采的矿产中，也主要以开采浅部的上品位矿品和出售原矿石为主，因此中低品位矿产开采及矿产品加工潜力巨大；四是国家实施西部大开发战略，为发展矿业提供了千载难逢的历史性机遇，特别是基础设施在未来 10 年左右的时间里将有一个根本性的改善，这对矿业发展必然起到强有力支撑；五是在我国加入 WTO 的大背景下，市场经济作用越来越大，借助外力，强练内功，用现代企业制度运作矿业企业已成为历史的必然。除此以外，国家始终给予西藏有别于其他省区市的财政、金融、税收等特殊政策和灵活措施，自治区自身也正在制定和出台一系列土地占用、资金技术引进、股份合作等优惠、配套政策，以支持矿业发展。因此，只要抓住机遇，发挥优势，扬长避短，发展西藏矿业大有希望。

第三部分　西藏矿业发展战略选择及对策

　　从现在起到 21 世纪中叶，是西藏同全国人民一道努力实现第三步战略目标，经济达到跨越式发展和社会局势出现长治久安的关键时期。正确把握和选择好符合西藏实际，具有前瞻性、科学性、可操作性的矿业发展战略，是利在当代、功在千秋的紧要大事，谨此作一探讨。

（一）指导方针及主要遵循原则

　　高举邓小平理论伟大旗帜，始终坚持党的基本路线不动摇，严格遵循西藏的地质矿产客观条件和社会主义市场经济规律，紧紧抓住西部大开发、西藏大发展的历史机遇，解放思想，实事求是，解放和发展生产力，围绕提高矿业对经济增长的贡献率根本目标，以摸清资源家底为重点，积极推进改革和开放，着力把握经济效益、社会效益和生态效益，大力实施特色追赶战略、科教兴藏战略、优势资源转化带动战略和可持续发展战略，不断加强地勘工作、优势矿产开发、地质环保、地矿立法和基础设施建设，努力实现西藏矿业的跨越式发展。可概括为："一个重点、两个推进、三个效益、四个战略、五个加强"的西藏矿业发展指导方针。

——以新一轮国土资源大调查为契机，搞好优势矿种和国家紧缺矿种的地勘工作，保证全区矿业发展有可靠的后备储量。

——牢固树立发展才是硬道理观点，用邓小平同志提出的"怎样对西藏人民有利、怎样才能使西藏很快发展起来，在中国四个现代化建设中走进前列"为标准，积极推进经济体制和经济增长方式的转变，以改革促开放，以开放促开发，以开发促发展。

——以市场为导向，以资源为依托，以科技为动力，以效益为核心，统筹规划，科学布局，因地制宜，分类指导，重点突破，逐步建立起具有市场、效益、资源、科技为一体各具特色的矿产区。

——坚决贯彻落实国家"十分珍惜、有效保护、合理利用"的基本国策，正确处理经济发展与环境保护并重的关系，严格控制人为诱发地质灾害和环境污染的产生，防止走先破坏后治理的老路。

——依靠科教力量提高劳动者素质，以人为本，优化资源配置，科学管理，不断研究和开拓市场，提高矿产品质量效益，达到开源节流目的。

（二）发展定位及主要奋斗目标

在国家支持、自身努力和社会各界参与下，按照资源、市场、效益统一的比较优势原则，结合国家中长期发展规划，未来本区矿业发展取向是，通过50年左右的时间，将西藏建成我国西部重要的有色金属、贵金属、盐湖盐类矿产生产基地。

从西藏位于全国前10位的矿种以及其特殊性来看，无疑铬、铜、盐湖矿产最具代表性，它们在全国的位置举足轻重，对国内该类矿产品的价格起决定性的主导作用。

铬铁矿：储量产量均居全国第一位，预测资源量3000万吨，潜在价值（90年不变价，下同）167亿元，从国家急需和区内矿产资源情况看，铬铁矿无疑是西藏矿业的龙头矿种之一。过去铬铁矿的开发利用，产生了明显的社会效益和经济效益，未来一段时间仍将在西藏矿业发展中，再显辉煌，成为西藏矿业名副其实的品牌。

铜矿：尚没有大规模开发利用，预测资源量10000万吨，潜在价值5300亿元，从国内外市场情况分析，铜矿无疑是未来西藏矿业发展的核心之一，是21世纪西藏最有希望的规模开发矿种之一，其市场潜力巨大。

盐湖矿产：藏北是世界上湖泊分布最集中的地区，盐湖多达400个，蕴藏有硼、锂、钾、芒硝、石盐等众多矿产及稀有矿产，潜在价值占全区的50%以上，约达5万亿元，是西藏最有影响力的矿种，也是西藏区别于其他省（市）的特殊矿种。从未来市场发展趋势看，盐湖矿产无疑是西藏矿业发展的支柱和龙头，市场潜力远非今日之想象。

鉴于此，发展西藏矿业的阶段性任务是：到2005年，以基础地质和矿产勘察为主，基本完成区域地质、区域地球物理、区域调查工作，要在勘察高品位、大规模金、铬、锑、铜、铅、锌等可开发矿种方面取得突破性发展，为全区经济持续、快速、健康发展提供必要的矿产资源和基础地质资料，同时，力争到"十五"末，使全区矿业开发总产值达到8亿元，比1998年翻一番；到2015年，基本确立资源开发与保护区域，矿产品深加工和综合利用水平取得实质性进展，初步建成我国西部重要的以铬铜硼金锂为主的有色金属、贵金属和稀有金属基地，力争使矿业产值占全区工业总产值的比例达到30%以上，真正成为自治区的支柱产业；到2050年，建成我国西部重要的有色金属、贵金属、盐湖盐类矿产生产基地，形成符合西藏实际，有地方特色的矿业（工业）体系，实现经济、社会与人口、资源、环境的协调发展。

（三）区域性开发布局及重点

根据西藏"十五"计划确定的"一点三线四区"总体经济发展布局，结合区内矿产资源分布特征和经济社会发展条件，按照"重点发展中部、放开搞活西部、综合开发东部、藏北牧矿致富"的原则，全区矿产资源开发总体布局可分为"一江两河"地区、藏北地区、藏东地区和"资源走廊带"四大各具特色、优势互补、相互影响、相互促进的矿业开发区域。

"一江两河"地区主要包括拉萨市、山南和日喀则地区，是西藏政治、经济、文化的中心区域，也是国家和自治区发展规划中确定的重点经济开发区域。该区人口相对稠密，经济、科技、文化相对发达，交通、能源、通信等基础设施相对较好，在全区经济和社会发展中占有举足轻重的地位。同时又是一个以铬、金为主的成矿带，已发现的矿产有岩浆型铬、镍、铂族元素、橄榄岩、热液型金、铁、铜、汞、水晶、多金属，沉积型砂金、铁、锰、泥炭、灰岩、硅藻土、磷等。铬铁矿主要是地幔熔融残余成因的豆荚状铬铁矿，在全国占有优势地位，著名的罗布莎铬铁矿就位于其中，是西藏的优势矿产。镍和铂族元素主要为铬铁矿中的伴生矿产。砂金是该带中仅次于铬铁矿而占第二位的矿产。该区矿产开发以铬、金为主，兼顾铅、锌、多金属、镍、铂及地热等其他非金属矿产。

藏北地区主要包括那曲地区、阿里地区改则、革吉、措勤三县和拉萨市当雄县，是西藏主要的纯畜牧业基地，正在建设之中的青藏铁路横贯其中北部。该区国土面积相对较大，人口相对较少，资源丰富，尚属于高海拔的经济欠发达地区。总体上，地勘工作程度非常低，但成矿地质条件良好。在那曲地区已发现的矿产有铬、铁、铜、铅、锑、锡、银、铂、金、锂、硼以及碱、芒硝、石灰岩、紫水晶、石油、煤、油页岩、地热、矿泉水等25种68处矿产地，具有资源优势的矿产主要是盐类矿产、铬、金以及地热，其潜在价值在300亿元以上。现有资料证明，阿里地区东三县也以盐类矿产资源最为丰富，有16个盐湖达大中型矿床规模，固体矿以硼为主，伴生有食盐和芒硝及钾、锂等，为综合性盐类矿床，其潜在价值达数百亿元。拉萨市当雄县待开发的羊易热田，属中高温热田，其规模在国内名列前茅，达中型规模，与著名的羊八井地热相当，石灰岩、黏土、花岗石等建筑原料储量可观，其质量符合建材要求。本区近期应以开发金、硼、芒硝、锑、湖盐、地热等矿产资源为主，远期应以勘察并开发石油、盐湖资源为主，发展潜力巨大。

藏东地区主要包括昌都地区和林芝地区，是我国寻找有色金属最具潜力的地区之一，已探明的矿产资源储量大，其中仅玉龙、马拉松多、多霞松多三个矿区探明铜8407千吨，钼239千吨，储量占全区的97.7%，品位大于1%的富矿2740千吨，占总量的28.77%。在昌都地区已发现的矿产有铁、铬、铜、铅、镍、钴、钨、锡、钼、铋、锑、金、银、菱铁矿、黏土、白云岩、硅石、石灰岩、石膏、煤、油页岩、石盐、砷、重晶石、萤石、石墨、冰洲石、云母等30余个矿种，磁盘产地达360余处，其中占全国第二位的有铜，第三位的有菱镁矿，第五位有砷、显晶质石墨，第七位的有石膏，第十位的有钼矿，煤矿资源也优于西藏其他地区。林芝地区虽然目前的地质工作程度很低，但也已发现铬、铁、铜、铅锌、钼、砂金、石膏、黏土、云母、水晶、电气石等十几种矿产，矿产地30余处，尚未探明有工业储量。该区是西藏最大的林区，也是国内外重要的原始森林保护区，矿业开发应当严格控制。目前国家正在做藏东铁路的勘察工作，藏东地区有望成为我国重要的有色金属和黑色金属基地，是未来西藏矿业开发的又一增长极。

"资源走廊带"指阿里—那曲—昌都一带，主要沿黑阿、黑昌公路分布，是藏北、藏东的重要经济区带和人口分布地区。该区分布有全区重要的金、铜、硼、锂、铬、锑、石油、水晶等矿产，潜在价值占全区50%以上。该区西段以金、盐湖矿产、铜为主，中段以铬、金、锑为主，东段以铜、钼、铅、锌、多金属分布为主。本区内除金、硼、锑等已初步开发利用外，多数矿产开发利用程度低或根本没开发利用，是西藏未来矿产资源开发潜力很大的地区。应逐步形成以金、铜、盐湖矿产为龙头，带动锑、铅、锌、多金属、花岗石、地热等多业并举的开发新格局，要力争发展成为西藏最具优势的矿业经济开发带。

（四）主要政策性建议及对策

国家实施西部大开发战略和社会局势日益稳定，是我国大力进行社会主义现代化建设的两大历史性机遇，把加快发展作为主题，把壮大特色经济、调整经济结构作为主线，把改革开放和科技进步作为动力，把提高人民生活水平作为根本出发点，着力实施特色追赶、科教兴藏、优势资源转化带动和可持续发展四大战略，在大开放、大开发中实现经济社会的跨越式发展。西藏开始进入结构调整、升级、体制衔接、创新、开放、扩大、加快，由温饱型社会全面向小康型社会迈进的新阶段，面对目前新的历史发展机遇和经济社会发展与稳定的大好局面，针对行业发展特点，特提出如下主要对策和措施：

1. 始终坚持解放思想、实事求是的思想路线，着力创建符合社会主义市场经济体制的地矿工作新机制

由于历史的原因，长期供给制、计划经济体制的影响，各种非经济因素禁锢着人们的头脑和手脚，加上经济落后、客观条件差、投入不足等，致使西藏的矿业发展尚处于起步阶段，较之内地省区落后10—20年，甚至更多。要彻底改变目前这种状况，必须思想大解放、观念大更新、机制大创新，大胆走出各种意识形态上的误区，本着你发财我发展和不求所有、但求所税、但求所用的思想意识，以改革开放的精神，树立强烈的事业心和责任感，取代旧的、传统的、根深蒂固的、无所作为的、不思进取的保守思想，紧紧抓住历史的发展机遇，统一思想、提高认识、更新观念、振奋精神、知难而进、锐意开拓、阔步前进。

根据社会主义市场经济体制要求，结合地矿工作的特点，未来地矿工作的运行机制取向是建立公益性地质工作和商业性地质工作分体的运行机

制。简言之，必须由国家办的基础性、公益性、战略性地矿，实行宏观调控；能够推向市场的经营性、竞争性地矿，实行微观搞活。围绕这一职能转变，要做的事情很多，一是建立自治区国土资源组织体系，行使地方政府对全区国土资源工作的管理职能。二是建立西藏地质矿产、勘察开发总公司，承担商业性资源勘察、矿产开发和工程勘察等，面向市场发展多种经营和服务，使地勘单位、地质大队逐步成为自主经营、自负盈亏、自我约束、自我发展的经济实体。三是组建西藏地调院，在地勘队伍中，保留一支人员精干、素质较高的人才队伍，承担国土资源调查的项目任务，完成国家指令性地矿工作。四是将西藏地质环境监测站、矿权评估事务所、地质职工培训中心等逐步办成从事地质科研等公益性服务事业单位。五是对地勘单位进行规范的公司制改革，推进企业化和社会化服务进程，并建立现代企业制度，以自身的人才优势和专业特长，拉长产业链，用矿产勘察、矿产开发和加工及多种经营取代过去以占主导地位的地质找矿，以矿业开发促进地质勘察，推进矿产勘察开发一体化进程。六是按照分工明确、条块结合、合理管理原则，建立健全矿产业管理体系，落实区内矿产资源规划分配制度，即大中型矿山开发以国有为主，由自治区行业主管部门统一管理，小型矿山以多种合作制为主，由地县政府主管。七是建立健全规范有序的矿业权市场，理顺矿山企业与当地政府的利益关系，通过缴纳探矿权及采矿权使用费，确立矿业权的财产权性质，使矿业权有偿取得和依法转让制度得到有效实施。八是采取"抓大放小"办法，扶持大型企业集团和股份制公司，通过改组、改制、改造和加强企业经营管理，使企业经营由粗放型向集约型方向发展，提高企业的经济和社会效益。九是改善矿山企业结构，引导和规范非国有矿山文明开采，节约资源，反对浪费，实行保护性开采，切实落实地质环保责任制，高度重视生态环保工作。

2. 以加快地勘工作为切入点，以优势矿产开发与建设为突破口，抓住机遇，乘势而上，不断开创地矿发展新局面

地勘工作是发展矿业的前提条件，必须超前安排，优先启动。针对全区地勘工作严重滞后的实际，要认真总结以往的经验教训，转变观念，缩短战线，突出重点，加强领导。切实贯彻"保证基础地质、加强普查、择优详查、对口勘探"的方针，建立强有力的领导和组织保障体系，在国家支持、自身努力下，加大宏观调控力度，管理好规划、计划和成果，

同时调动各方面的力量，科学部署，精心组织和管理，确保地勘工作任务的如期完成。在地勘经费投入上，向重点地区和主攻矿种倾斜，向大中型矿床倾斜，向国家紧缺和急需的矿种倾斜，向适宜近期开发利用并有较高效益的矿种倾斜。采取有效办法，鼓励和支持地勘队伍寻找大矿、好矿，为其参与"国土资源大调查"、西部大开发项目和国内外地矿市场的合作与竞争及各种形式的勘察与开发创造宽松的外部条件，以锻炼队伍，提高人员素质。在地矿管理工作上，要逐步适应市场经济体制，不断研究市场，开拓市场，尽快与国内外地矿市场接轨，切实由指令性计划工作量转变为成本考核质量为主，坚持以效益为中心、开发为目的，管好用好国拨地勘经费。努力发展工勘业、服务业和第三产业，逐步形成有一定经济实力、有部门特色的产业经济格局。近期矿产普查重点是主攻岩金矿种，其次为砂金、铬、锌、铜、银、高品位铅锌等能尽快投入开发的矿产。中长期要注重行业的集中开发和建设，以形成真正的集团效益；在巩固、提高现有铬、铜、硼、黄金等重点矿区外，应把工作重点放在藏东玉龙铜矿生产基地、西藏扎布耶盐湖生产基地、藏北石油生产基地及地热资源等的开发建设上。

3. 充分发挥科技进步作用，大力培养、提高、引进矿业科技人才，提高矿产品加工程度和综合利用水平

西藏矿产资源配套条件差。现有资源类型虽较多，但伴生矿产资源量占有很大比例，且低品位矿石居多；目前的矿山企业普遍存在规模小、设备简陋、技术落后、人才匮乏的矛盾，致使开发成本加大、资源浪费现象严重。牢固确立科学技术是第一生产力的思想并以此指导生产实践尤为重要。一是要积极利用市场机制，通过联合协作的办法，引进和推广先进技术和工艺方法，加强技术改造，对落后的采矿技术和工艺要进行限制，降低生产成本，提高矿产开发的科技含量。二是增加对矿业开发科研攻关项目的资金投入，加强与国内外科研院所的合作，积极开展矿业开发利用的科学研究，推进产业升级，创造条件进行矿产品的粗加工和深加工，提高矿石的附加值、回采回收率和综合利用率。三是最大限度地调动技术人员的积极性，积极开展科技创新活动，鼓励科学发明、发现和技术创新，完善激励机制。四是制定优惠重奖政策，广泛吸收国内外先进技术和优秀人才参与矿产勘察和开发，充分运用现代化和高科技、高技术手段，引进技术地矿工作的新理论、新思想、新技术、新方法，为我所用。五是研制、

购进适合西藏地矿工作的技术装备，引进推广国内外地矿工作先进技术方法，提高地矿工作质量、速度和技术水平，逐步更新地勘队伍现有的通讯、运输、探矿设备，改变原始落后的工作方法。六是采取委托培养、对口支援、技术转让等形式，大力提高矿山企业和职工队伍素质。

4. 广泛开展全方位、多层次、宽领域的横向经济技术联合与协作，积极慎重地吸取资金和引进技术

资金短缺是严重制约矿业发展的又一重要因素。长期以来，西藏矿业建设资金来源渠道单一，主要靠计划经济体制下的国家有限投入，其主要原因是：地方财力十分困难；矿山企业能力薄弱；社会融资情况不甚理想等，都无力支持矿业建设，致使矿业发展举步艰难。客观上讲，现阶段西藏的投资环境，还缺乏对外商大规模投资进入的吸引力和容纳力。主观上讲，人为的办事效率和质量还较低下，并没有真正做好横联与协作这篇大文章。世界各国的经验告诉我们，积极慎重地吸收外资和引进技术，发展对外经济技术合作，是加速本国或地区经济发展，实现现代化的一个有效方法。要通过横联的办法，补充区内资金的不足，支持一些重要建设项目；促进资源开发，推动技术改造；引进和学习科学的经营管理方法，将"蛋糕"做大。一是大力营造投资软硬环境，为矿业发展提供宽松的外部条件。二是实行一系列有利于矿业发展的减免赋税优惠政策，鼓励和支持矿业公司上市。矿业单位联合组建集团公司，吸引区外企业向西藏实行产业转移、技术转让和对口支援，联合勘察和开发矿产资源。三是确定优势资源开发范围，放宽政策准入条件，建立"开发特区"，采取兴办、租赁、承包、股份等多种形式吸引外商合作、合资兴办企业。四是通过国家、地方、企业、社会集资办法，广开财源，建立西藏矿业发展基金，扶持矿业勘察和开发。五是坚定不移地走外向型经济的发展路子，以国内市场为重点，探索国外市场，积极慎重把握吸引国外资金的原则和政策，即贯彻自力更生为主、争取外援为辅的方针，坚持平等互利的原则，确保联合双方的权益，重视发挥投资的经济效果，保证偿还能力和合理利润。六是从资源开发安全和环保角度考虑，要明确鼓励勘察开发和限制开发的矿种，以避免引资勘察开发的盲目性。

5. 大力加强地质环境保护和建设，坚定不移地走可持续发展的道路

地质环境是人类赖以生存的基本场所，保护环境，就是保护人类自己的家园。西藏作为全球气候的调节器，国内外众多大江大河"江河源"

和东亚多风气候的"生态源",西藏的地质环保和建设具有国际意义。出于对国家战略资源储备安全和青藏高原特殊地质环境安全这个全局性、战略性的利益考虑,必须始终坚持保护性利用资源原则。

第一,要切实做好地质环境保护的总体布局、重点区域和重点领域及相应的地质环境影响评价工作,最大限度地减少人为的破坏。地质环境作为生态环境的基础和重要组成部分,在编制其总体布局时,应与全区生态环境建设、国土整治总体规划相衔接。根据西藏地质环境质量分布不均衡、区域差异明显等特点、现状和存在的主要问题,总体布局的重点区域是:以"一江两河"中部地区、"三江"地区、重要公路沿线和重点矿产资源开发为重点,以经济和社会效益为目的,应用现代科学和方法,采用政策、生物和工程措施,尽力消除可能造成危害的诸多负面因素,并对已遭受破坏的地方进行综合治理,以保护和改善地质环境。其重点领域是城镇建设、水利水电、道路桥梁和矿产开发。对城镇总体规划,国土综合开发重点区、经济开发区,必须进行区域地质环境勘察,作出相应的环保评价;对铁路、机场、公路、水库等重点工程建设项目以及地质灾害易发生区的工程建设项目,在规划选址阶段就应当进行地质环境勘察,并作出相应的环保评价;开采矿产资源、开发地热、矿泉水、地下水等也应如此,绝对不能以破坏地质环境为代价来获取短期的经济效益。

第二,采用新技术手段,加快完成地质环境调查评价与规划。近几年,全区只在几个地(市)所在地开展过局部地质环境调查评价工作,至今,尚未开展过区域性的环保工作。因此,要根据自治区"十五"计划的要求,按照国土资源大调查有关技术规范,采用新技术手段,尽快编制近期地质环境保护规划,重点完成藏东玉龙铜矿区、罗布莎香嘎山路矿区、墨竹工卡甲能马多金属矿区、羊八井地热开发区、大峡谷自然保护区、羊卓雍错地区、重点规划城镇等的地质环境勘察评价,包括水工环区划图表,为西藏经济和社会发展提供可靠的基础性资料依据。

第三,以整治主要灾害为主,加强地质灾害的防治工作。地质灾害防治要坚持预防为主,避让和治理相结合的方针以及谁诱发、谁治理、谁受益、谁出资的原则,走群测群防道路,建立统一管理与分级负责相结合的地质灾害防治管理体系。以交通干线、重要城镇和重要开发区为重点,逐步对危害严重的地质灾害点进行整治,使地质灾害发生率和损失量逐年下降,地质环境质量不断改善。圈定地质灾害易发区和危险区,进行地质灾害现状评价和发展趋势预测，提出对策建议。建立和完善地质灾害危险评价制度，对已建的重大建设项目，但未评价的要补做工作。

第四，强化矿山地质环境保护，落实和完善各项环保制度。矿山地质环保是地质环保的重要内容之一，这项工作搞不好，就是极其有害的污染源。一是实施矿山地质环境评价制度，对新办矿山要进行环评，对已办矿山也要做补评工作。二是实施矿山地质环境年报和检查制度，凡采矿权人均要接受地质矿产主管部门的监督检查。三是实施矿山地质环境闭坑验收制度，采矿权人停办或关闭矿山，应按期完成有关水土保持、植被恢复、土地复垦等恢复治理工作，并在闭坑报告中做出明确评价。

第五，逐步建立地质环境监测及预警系统，为自治区各级政府和有关部门科学决策服务。实行全面规划、合理布局、各有侧重、分部门实施、成果共享的原则，组建全区地质环境监测总站，逐步在各地区及有关部门建立分站，在重要矿山、重点工程和主要开发区建立监测点，即时而高质量发布地质环境和地质灾害预警信息；定期或不定期地向社会公布环境评价报告。

第六，加强地质遗迹保护与利用，扩大西藏旅游产业价值和档次。地质遗迹是在地球演化的漫长地质历史时期，由于各种内外地质作用，形成、发展并遗留下来的珍贵的、不可再生的地质自然遗产，也是可作为开发利用的地质环境资源。西藏有非常丰富的地质遗迹资源，如世界最高山峰、现代大型冰川、大峡谷、湖泊、土林、火山口群、地热等奇观，可称作地学资料的宝库，越来越受到国内外科学界的关注和旅游观光者的青睐，对其进行保护及合理开发利用具有极高的观研价值。要在完成全区地质环境资源调查的基础上，编制全区地质遗迹保护规划，高起点地建成札达土林、昂仁搭格架间歇喷泉群、日喀则群站枕状熔岩等地质遗迹类自然保护区；开展南迦巴瓦（又称雅鲁藏布）大峡谷地质地貌景观资源调查，高水准地建立大峡谷国家级或世界级地质公园。同时，加强对古生物化石的研究和保护工作，使地质遗迹资源在西藏经济建设中发挥应有的作用。

此外，还要大力做好两个方面的重要工作：一是加快矿业立法体系建设的进程，规范矿业发展程序，将其纳入法制化管理的轨道。市场经济实际上是法制经济。在国家的统一安排部署下，制定相应的地方性法规，做到依法办矿、依法治矿、违法必究，尤为重要，并迫在眉睫。一方面，要扩大地质找矿和矿业开发对外合作及矿产品的对外贸易，积极培育矿业权市场及矿业资本市场，保护探矿权人和采矿权人的利益，推动矿业权的流转。另一方面，要加强矿业秩序管理，规范发证开采，强化执法力度，严厉打击各类违法行为，对重点地区、重点矿区和重点矿种，实行重点治理整顿，切实维护矿业发展的良好秩序。二是适度超前安排方便、快捷的交通、能源、通信等基础设施建设，这对于矿业发展无疑将起到支撑作用。鉴于自治区有关部门已作有专项规划和建设安排，在此就不赘述。作为矿业发展规划与建设要密切与之衔接配套，避免重复建设，减少成本费用，提高投资回报率。

结束语

西藏矿产资源十分丰富，其中铬、硼、地热、铜等矿产储量在全国名列前茅，占有重要位置，且具有巨大的商业开发价值，金、锂、钾盐、锑等后备资源充足，市场开发前景广阔。这些矿产是西藏最主要的优势矿产，产值占矿业总产值的90%以上，在西藏未来矿业开发中，具有举足轻重的作用。它们当中的铬、金、硼已开发利用，产生了明显的经济效益和社会效益，锂、钾盐、地热、铜、锑等有巨大的市场需求，但目前工作程度低，开发力度不够，甚至根本没有开发利用，一定程度上制约了西藏经济的加快发展。今后工作重点：一是在雅鲁藏布江流域搞好对铬、锑、铅锌、多金属、地热等的开发利用；二是在"资源走廊带"搞好对金、铜、盐湖矿产、锑、地热等重点开发利用。

西藏自和平解放以来，矿业在西藏国民经济和社会发展中占有重要地位，对经济发展起到了巨大的促进作用，对改变贫穷落后的面貌产生了重要影响。据统计，采选业产值在西藏工业总产值中一直占10%—20%的比重，1981年，全区采选业产值达到2832.24万元（当年价，下同），占全区工业总产值1.17亿元的24.19%；1991年，全区采选业产值达到5743万元，占全区工业总产值4.42亿元的12.8%；1997年，全区采选业产值达到2.5亿元，占全区工业总产值11.76亿元的21.27%，近年呈稳步提高之势。其利润总额所占的比重更大，1990年西藏的采选业利润总额为1019万元，占全区工业企业利润总额4057万元的25.12%；1997年，西藏采选业利润总额达到9791万元，比1990年增长8.6倍，占当年全区工业企业利润总额的44%，在国民经济中的地位可见一斑。随着科学技术的进步，一些具有高附加值、高科技含量的深加工产品，将替代目前效益低下、原始初加工产品，产值及利润将出现成倍增长，未来西藏矿业将真正显示出在国民经济发展中支柱产业的作用。矿业生产的迅速发展，还带动了其他行业的发展。1997年全区仅矿产品运量，就为交通运输部门及大量的个体户创造产值近亿元（1990年不变价），农牧民从采矿中创收2000多万元。西藏地方民采矿的先驱——曲松县铬铁矿，自投产以来，不但使全县200多家贫困户脱贫，还为县里的农业、文教、卫生、交通等事业投入了100多万元，一定程度上缓解了县级财政困难，促进了县域经济发展。新兴的黄金开采业，亦为矿区附近的农牧民提供了不少就业机会和副业收入，部分县的财政收入，主要靠采金业。星罗棋布的采金矿点，亦成了长期生活在偏僻闭塞环境下的农牧民了解外面世界、了解改革开放政策的一个窗口。矿业的发展不仅带动了工业发展，还带动了第三产业及国民经济中其他行业的发展，除为社会提供大量的物质财富外，还起到了扩大内需、增加就业机会、搞活地方经济等作用，不断满足了人民物质文化生活的需要，为西藏人民的生产和生活提供了方便，推动了国民经济和社会各项事业的发展。

西藏现代矿业走过了50年的发展历程，总体来说，成就大于挫折，经验多于教训。在市场经济条件下，西藏矿业要尽快真正成为国民经济中的支柱产业之一，应当抓紧、抓实、抓好多方面的工作：一是要搞清楚资源家底，地勘工作必须先行，这是矿业建设的基础性工作和切入点。二是要切实遵循经济发展规律和价值规律，不能再走过去那种只算"政治账"和"填补空白"的老路，必须算好经济账和生态账。三是反思过去，正视现实，筹划未来，以人为本，以市场为导向，以经济效益为核心，以特、优、缺产品占领市场。四是高度重视教育和人才培养，外改体制内转机制，不断扩大改革开放程度；五是注重地质生态环境，走保护性开发道路，提高资源综合利用率。

尚待进一步探究的主要课题是：相关配套法规政策体系的跟进、基础设施的改善研究、行业发展规划及实施策略、区域开发规划及实施办法、鼓励和限制开发的矿种研究、投入产出分析、市场营销战略等。

参考文献

1. 江村罗布等：《辉煌的二十世纪新中国大纪录西藏卷（1949—1999）》，红旗出版社1999年版。
2. 西藏自治区矿产资源论证组：《西藏自治区矿产资源对2010年国民经济建设保证程度论证报告》，1994年。
3. 中国国土资源报社主办：《中外矿业信息》，2000年。
4. 朱训等：《中国矿业》，科学出版社1999年版。
5. 《中国自然资源丛书》（西藏卷），中国环境科学出版社1995年版。
6. 西藏国土资源厅编制：《关于呈报西藏自治区地质矿产"十五"规划研究报告》，2000年3月27日。
7. 西藏自治区计划委员会，苟灵主编：《"雪域高原迈向二十一世纪的宏伟蓝图"西藏自治区国民经济社会发展"十五"计划和2011年远景目标规划汇编（1996—2010）》，1996年11月。
8. 西藏自治区计划委员会课题组苟灵等：《"西藏实施西部大开发战略规划思路"（讨论稿）》，2000年4月。
9. 曾培炎主编：《"2001年中国国民经济和社会发展报告"》，中国计划出版社2001年版。
10. 西藏自治区发展计划委员会编：《"西藏自治区国民经济和社会发展第十个五年计划纲要"（2001年—2005年）》，2001年6月。
11. 白光主编：《西部大开发》（第1—4部），中国建材工业出版社2000年版。
12. 西藏自治区经济社会发展研究中心：《西藏自治区产业政策研究报告集》，1988年11月编。
13. 《"截止1995年底西藏自治区矿储量表"》，西藏地质矿局1996年4月编。
14. 刘江主编：《中国西部地区开发年鉴》（1993），改革出版社1993年版。
15. 西藏自治区统计局编：《西藏统计年鉴》（2001），中国统计出版社 2001 年版。

  16. 西藏自治区人民政府经济体制改革领导小组办公室：《企业调查报告汇编》，1986 年 11 月。

  17. 西藏自治区三十周年大庆工程办公室《中国西藏》杂志社编著：《西藏六十二项援建工程》（图文册），中国藏学出版社 1999 年版。

  18. 俞允贵、高德明、金巴杨培著：《西藏产业论》，中国藏学出版社 1994 年版。

（载《西藏经济探索》内刊 2002 年第 3—4 期）

全面开创西藏扶贫开发工作的新局面

江泽民同志在党的十六大报告中指出："我们要在本世纪头二十年，集中力量，全面建设惠及十几亿人口的更高水平的小康社会，使社会更加发展、民主更加健全、科教更加进步、文化更加繁荣、社会更加和谐、人民生活更加殷实。"全面建设小康社会的奋斗目标，令人鼓舞，催人奋进。在西藏全面建设小康社会，重点在农牧区，难点在农牧区，没有农牧区的小康，就没有全区的小康。通过学习，结合工作，提出思考，共谋发展。

一 新阶段的扶贫开发工作已呈现新的特点

经过实施国家"八七"扶贫攻坚计划和自治区国民经济和社会发展"九五"计划，西藏扶贫开发工作取得了阶段性成果。一是绝对贫困人口大幅度减少。全区绝对贫困人口从1994年的48万人下降到2000年底的7万人左右，部分群众走上了富裕之路。二是贫困群众的生活水平明显提高。18个国定区定贫困县农牧民人均纯收入由1994年的426元提高到2000年的1316元。三是贫困地区的基础设施条件明显改善。在此期间，中央累计投入西藏扶贫开发资金12.2亿元，安排实施了农田草场水利及乡村公路、能源等1100多个项目。四是农牧业综合生产能力大幅度提高。2000年比1994年，18个国定区定贫困县的粮食总产量、油菜籽、肉类、奶类分别增长57.3%、23.8%、57.7%和18.5%。五是扶贫点建设试点取得初步成效。到2001年底，全区累计有1.28万户7.3万名贫困群众乔迁新居。六是社会事业得到长足发展。适龄儿童入学率上升到85.8%，青壮年文盲半文盲率下降到42%，乡级卫生院覆盖率达到85%，人口自然增长率由 1994 年的 20% 下降到 2000 年的 12%。七是经济的发展和贫困群众生产生活的不断改善，为社会稳定做出了较大的贡献。

较之"八七"扶贫攻坚阶段，新阶段的扶贫开发工作的对象、范围、重点、内容都发生了深刻变化，主要是：扶贫的对象由绝对贫困人口为主转向相对贫困人口为主；扶贫的范围由局部区域转向全区；扶贫的重点由重点县扶持转向重点乡村和农牧户扶持；扶贫的内容由单项扶贫、一般生产性扶持转向综合性扶贫、基础设施建设扶贫、科技扶贫和智力培训等。出现的这些新特点和大趋势，要求我们的扶贫工作理念、思路、方式、方法也要随之转变，与时俱进的与新阶段扶贫开发总体要求相适应。

二　能力建设已成为扶贫开发的根本任务和目标

认真总结以往扶贫工作的经验教训，给人的感悟是，以治标为主切实转变到以治本为主上来，这样才能真正地帮助贫困群众解决自身的发展问题。

鉴于此，新阶段扶贫开发目标任务的新理念是：把不断提高扶持对象自我发展能力作为扶贫开发的根本目标；把能力建设作为扶贫开发的根本任务。工作思路、方式、方法都要围绕能力建设这个核心内容去展开，以此主线统一思想，统一行动。这里讲的能力建设，主要包括外力支持与内力激活。所谓外力支持，就是政府主导支持贫困地区的硬件和软件建设，为贫困群众创造良好的外部发展条件。所谓内力激活，就是通过组织、引导贫困群众参与扶贫开发，最终达到增强贫困群众自我积累和自我发展的意识，调动他们的积极性和主动性，以提高解决自身问题的自觉性和能力。正如毛泽东同志所指出："外因是变化的条件，内因是变化的根据，外因通过内因而起作用。"如果没有广大群众自力更生、艰苦奋斗的内在动力，仅靠国家和部门的外力推动，扶贫开发工作的成效就会大打折扣。

在以往的扶贫工作中，暴露出一个突出问题：扶贫对象往往处于被动接受扶持的状态。这不仅制约着扶贫开发的进程，影响着扶贫开发的成效，而且还一定程度地助长了一些地方群众"等靠要"的依赖思想，甚至出现"年年扶贫年年贫"的恶性循环，使得这些地方的群众缺乏自我发展的意识和能力，致使返贫现象突出。进入 21 世纪，中央已明确提出，必须长期坚持开发式扶贫的基本方针。时代在发展，扶贫开发工作也需要在实践中不断丰富内容，提升水平。能力建设就是通过国家扶持与群众自身努力相结合，使贫困群众由被动接受扶持转变为自己主动参与扶贫开发，最终走上脱贫致富的发展道路。

三 积极实施整乡推进战略和"百乡扶贫开发行动计划"已刻不容缓

围绕能力建设这个核心内容，西藏扶贫开发工作任重而道远。主要表现：按新的统计方法测验算，全区 73 个县（市、区）均符合列入国家重点扶持县条件；按县乡贫困人口超过 60% 的标准测算，全区尚有 34 个重点扶持县、223 个重点扶持乡以及外县的 170 个乡，合计 393 个重点扶持乡；"一方水土养不活一方人"的特困地区群众约有 10 万户、57 万多人；全区仍有 80% 左右的村不通邮、不通电话、不能接收电视、没有饮用自来水；不通公路的乡镇有 123 个，占全区乡镇总数的 35%；贫困地区的农牧业基础设施非常薄弱，抵御自然灾害的能力十分有限，教育、科技、卫生、文化等社会事业严重滞后，群众因灾返贫率达 39%，一些地方高达 50% 以上，适龄儿童入学率在严困地方不足 50%，青壮年文盲半文盲率高达 60% 以上，农牧业科技贡献率仅有 20% 左右。所有这些都进一步表明，搞好能力建设，不是常规做法，也不是哪一个部门和单位的事情，而是全社会的共同责任。

按照十六大提出的"四新"要求，结合我区实际，特提出新阶段我区扶贫开发工作的总体思路，主要是：以增加贫困人口收入为中心，以改善贫困群众基本生产生活条件为重点，以扶贫开发重点乡为主战场，统筹规划，整合资源，突出重点，分步实施，全面发展，整乡推进。工作的着力点是积极实施整乡推进战略和"百乡扶贫开发行动计划"。所谓"整乡推进"，主要是指以乡为基本单位，整体推进经济建设、社会发展、基层组织建设、生态环境建设等。所谓"百乡扶贫开发行动计划"，主要是指在扶贫开发规划指导下，年度计划实施 100 个重点乡的扶贫开发任务，将建设资金、建设项目、建设责任分别落实到各主管部门和建设单位，合力投向，片区开发。其具体建设内容是达到"六通""四配套""九落实"，即"六通"指通水、通路、通电、通信、通邮、通广播电视;"四配套"指学校、卫生院、文化场所、农田草场水利基础设施;"九落实"指规划、项目、资金、责任、组织、科技、培训、环保及后续管理措施。

在实施过程中,要求各主管部门和建设单位切实把握和做到"两个原则""九个结合"和"四个观念"。"两个原则"指整体推进、片区开发原则和"缺什么、补什么、不搞重复建设"原则。主要内涵是对生存环境严困,确需异地规模搬迁安置的贫困群众,在群众自愿和政府主导前提下,采取统一选点规划、统一建设规模内容的办法,按小城镇或集镇化形式进行规划建设;对贫困人口相对集中,自然条件和资源环境相对较好的贫困区域,就地开展扶贫开发,重在启动群众内在活力,扶持发展支柱和特色产业。"九个结合"指乡级规划建设与县域经济和社会发展相结合;解决绝对贫困人口的吃饭问题与解决低收入人口增收问题相结合;重点扶贫与面上扶贫相结合;生产发展与农业结构调整相结合;扶持特色产业和龙头企业与当地实际相结合;加强基础设施建设与提高贫困群众素质相结合;扶贫开发与扶志治愚相结合;资源开发利用与生态环境建设相结合;坚持开发式扶贫与加强基层组织建设相结合。"四个观念"指树立群众观念、市场观念、全局观念和长期观念。

四　形成资金合力是提高扶贫开发整体效益的关键

相对集中使用扶贫资金并合力投向,既是难点,也是重点。难就难在行动不统一,资金条块分割,来源渠道分散,部门利益较重,责任各自为阵,整体效益欠佳,协调工作难度大。脱贫致富奔小康问题,事关西藏的发展和稳定,不仅具有现实的经济意义,而且具有重大的政治意义。从全面建设小康社会总目标的大局出发,这一状况必须改观。

中央召开第四次西藏工作座谈会以后,国家加大了对西藏建设资金的投入力度,仅此就已批复安排我区县以下的涉农扶贫打捆资金(含117项目资金和以外既定的连续安排资金)总规模大致在几十亿元,安排的项目建设内容涵盖农牧林水、牧民定居、乡村公路、能源、通信、广电、卫生、基层政权等领域。今后几年内,西藏这部分年度资金规模将大体保持在全社会固定资产投资总规模的20%左右。国家安排西藏大扶贫的资金项目之多，是历史之最。应当说，西藏整合资金项目，合力投向，片区推进，提高扶贫资金整体使用效益是可行的，也是必要的，更是新阶段全面开创西藏扶贫开发工作新局面的历史所趋，人心所向。

正视现实，开拓创新。全区上下应形成党委领导、政府主导、部门配合、上下贯通、左右协调、责权一致的运行管理机制。各部门的扶贫资金按照"渠道不乱、用途不变、分别管理、各记其功"原则，对扶贫项目资金的上报下达，实行"统一决策、分散实施、各负其责、互相监督、共同促进"的运行工作机制，合力实施"百乡扶贫行动计划"，以大扶贫促大开发见大成效。具体是组织协调各方面力量，大力实施"双十工程"，即农业扶贫、水利扶贫、安置扶贫、交通扶贫、能源扶贫、通信扶贫、教育扶贫、科技扶贫、卫生扶贫、广电扶贫、文化扶贫、旅游扶贫、信贷扶贫、财政扶贫、定点扶贫、社会扶贫及组织建设、计生服务、人员培训、环保工作、宣传工作、后续管理等。这也是党委、政府为贫困群众每年要办的"20件实事"。

五 转变职能，搞好宏观，强化服务是当务之急

新时期的扶贫开发工作已进入了更为广泛、长期而艰难的阶段，是一项复杂的系统工程，需要整合资源，联动扶贫，才能从根本上改变贫困面貌。各级扶贫办应谋事而动，乘势而上，把加强调查研究，搞好宏观指导，作为工作的重点。具体讲是腾出更多的精力，研究涉及扶贫开发中带有方向性和战略性的问题，不断提升扶贫开发工作的前瞻性和预见性能力。结合发展的新形势和工作职能实际，扶贫开发工作应在以下方面作出努力：一是调整思路抓重点。主要是从分资金、审项目等烦琐的事务中解脱出来，用更多的精力抓调查研究和宏观指导，抓如何当好参谋助手，抓扶贫规划的调整完善和落实，做到谋实事、摸实情、说实话、献实策、干实事、求实效。二是调整方式抓创新。主要是在机制创新、制度创新和科技创新方面狠下功夫，拿出实效办法，达到规范运作的目的。三是调整方法抓引导。主要是注意发现、总结、推广示范基地、特色产业、文明新村、致富能人的先进典型经验，积极推行群众参与式扶贫，想方设法激活贫困群众内在的积极性和主动性，高度重视基层组织建设的重要作用。四

是调整角色抓服务。主要是强化服务职能和服务意识，以大局为重，克服本位主义，不在争权恋权上耗费过多的时间和精力，使指导、督促、协调、服务工作到位而不越位，通力合作，实干苦干。

2002年10月，国务院研究西藏自治区扶贫开发工作有关问题的会议纪要指出："西藏贫困人口的脱贫致富，不是一般的、常规的扶贫工作所能解决的，也不是单靠国家和自治区扶贫办的工作可以解决的，更不是靠非常有限的扶贫资金可以解决的。西藏的扶贫开发工作与西藏整个经济社会发展是紧密相连的，这两项工作是一体的。西藏贫困人口的脱贫致富，从根本上讲要在西藏的努力基础上，靠国家全方位、大力度的支持，才能逐步解决。"这对新阶段我区扶贫开发工作提出了明确的思想和措施，必须予以深刻领会和贯彻落实。

六　不能忽视的主要问题就是现实要抓的重要工作

多年扶贫工作的实践，有一条深切的体会：无论是扶贫资金投入，还是定点帮扶，这些都只是外部因素和手段；从根本上改变贫困地区的落后面貌，还必须激发贫困地区内部的活力。新阶段扶贫开发工作一项重大改革，就是要充分调动和发挥扶贫开发主体的内在动力，把政府行为转变为贫困群众的自觉行动，使"要我发展"变成"我要发展"。很重要的途径之一就是积极推行群众参与式扶贫，从机制和制度创新入手，确保贫困群众对扶贫开发的参与权、知情权、监督权和管理权，使扶贫开发更加真实地反映绝大多数群众的意愿和需求及切身利益；增强他们的民主意识、集体意识、市场观念和自力更生精神。在具备条件的地方，可以试行这样的办法：贫困群众民主选择扶贫项目，民主管理、监督扶贫资金，参与在建工程项目的进度及质量监理，自主进行竣工验收项目的维护和后续管理。在不具备条件的地方，要创造条件着力把基层组织建设搞好，形成"围绕扶贫抓党建、抓好党建促扶贫"的良好氛围，切实把解决"有人办事"与"有钱办事"结合起来。凡是乡级组织不健全、对扶贫开发工作缺乏积极性和主动性的，扶贫资金暂不投入，限期整改，直至达到要求。按照乡级发展规划，要坚决做到"三个必须"：规划建设项目的选报必须要有乡级政府和村民委员会的意见；工程建设项目监理必须要有基层干部群众代表；承担扶贫建设任务的施工队伍中必须要吸纳10%以上的农牧民参加，对区内农牧民施工队伍实行照顾政策。大力推进扶贫资金项目公示制，广泛接受群众监督，具体做法是将扶贫资金使用的政策、所安排的扶贫资金数量、项目建设内容、建设进度及要求达到的质量等级张榜公布。扶贫开发是实践"三个代表"重要思想的具体体现，必须维护好、发展好广大贫困群众的根本利益。工作重心如果不能下沉，贫困群众参与扶贫开发的内在动力就会受挫。扶贫开发工作搞得好与不好，实效如何，关键在县，重点在乡，基础在村，成效在人。

作为政府各职能部门，要切实落实十六大提出的"四新"要求，本着"宏观指导、规范运作、完善机制、强化管理"的原则，做到真扶贫、扶真贫和通力合作。在扶贫资金项目安排上，主要突出三个重点：一是向特困人口集中的地方倾斜。二是向重点县乡村倾斜。三是向扶贫开发的难点、特殊地方倾斜。具体讲，在"十五"后三年，积极实施整体推进战略和"百乡扶贫开发行动计划"的同时，要下决心基本解决全区剩下7万多绝对贫困人口的整体脱贫问题；基本解决全区大骨节病重病区1万多人口的整体脱贫问题；基本解决地处边远以少数民族（门巴族、珞巴族以及夏尔巴人、僜人，简称"两族两人"）为主的3万多贫困人口的整体脱贫问题，为"十五"实现共同致富奔小康，创条件、打基础。实行公示制、财政报账制和责任追究制，增强公开性和透明度。在扶持内容上，从资金扶持逐步转到科技扶持和能力建设上来。在管理方式上，从具体管理逐步转到目标评价体系的考核上来。在项目实施上，严把"三关"，实行"三制"，即规划设计关、工程质量关和竣工验收关；搞好重点工程项目法人制、工程监理制和招投标制。扶贫资金的使用效益主要体现在三个方面，即解决贫困人口的温饱、增加群众收入；改善贫困乡生产生活条件和生态环境；增加县级财政收入。被实践证明有效的扶贫方式，必须继续坚持。一是随着国力区力增强，不断加大扶贫投入的做法。二是政府主导，动员社会力量共同参与扶贫开发的做法。三是加强扶贫机构和扶贫系统建设的做法。

总之，新阶段扶贫开发的任务重，压力大。必须准确定位，敢于和善于发挥扶贫部门作为党委、政府特别是扶贫开发领导小组的参谋和助手的作用；必须解放思想，实事求是，与时俱进，开拓创新，大力加强扶贫开发工作制度化、科学化、程序化和规范化建设；必须认识更加统一，行动更加协调，眼界更加拓宽，办法更加灵活，措施更加有力，不断提升新阶段扶贫开发的工作水平；必须从贫困群众最迫切、最关心的事情入手，抓住主要矛盾，突出重中之重，科学组织安排扶贫工作和项目；必须不断激发贫困地区广大干部群众自力更生、艰苦奋斗的精神，依靠群众自身的力量改变贫困面貌。实践证明，在国家投入有限、扶贫开发任务十分繁重的情况下，充分调动和发挥广大群众脱贫致富的内在动力是我们做好扶贫开发工作的基本前提和必要条件。只要思路对头，措施有力，借助外力，激活内力，就一定能够走出一条稳定脱贫、加快发展的路子。

［载刘森湘主编《中华新世纪论坛》第 2 卷（中国党政企干部优秀论文集），中国新闻出版社 2003 年版］

昔日荒滩　今日良田

朗赛岭农业综合开发是"江河搭台、农发唱戏、扶贫结果"的典型示范工程，是特困群众脱贫致富奔小康的民心工程，是政府主导、部门联动、群众参与的德政工程。

朗赛岭位于山南地区扎囊县境内东部的雅鲁藏布江南岸，101省道横穿此地，距拉萨150公里左右、泽当镇15公里左右。这里原本为无人居住的荒坡河滩地，虽紧靠雅江，但坡滩严重缺水，以至形成杂草丛生、土地贫瘠、飞沙走石、生态脆弱的荒凉景象。为使荒滩变粮田，造福人民，自治区决定实施农业综合开发工程。

1996年由河北省水利水电第二勘察设计院完成先期提灌站工程设计，项目总投资1787.51万元，为国家安排的"一江两河"项目之一。通过地区建设者的努力，于2000年11月完成了此项任务。主要建设内容为35千伏输电线路4公里、变电站2座、一级泵站装机450千瓦、扬程17.06米、提水1.15立方米/秒、二级泵站装机375千瓦、扬程29.25米、提水0.37立方米/秒、总干渠全长4.8公里、二级西干渠全长2.6公里、四条干渠总控灌面积1.92万亩。水源问题的解决，为农业综合开发打下了坚实的基础。

针对扎囊县和错那县部分群众还处在"一方水土养不活一方人"的客观实际，自治区和地区扶贫办决定在此地实施跨县、跨乡集中扶贫安置工程。国家共安排总投资1532.34万元，于2001年底完成水电路绿化配套的民房建设148套，其中扎囊县88套、错那县60套，使148户、704人特困群众迁入新居。

按照国家农发办"田成方、林成网、渠相通、路相连、旱能灌、涝能排"的要求，2001—2002年，国家在朗赛岭实施了两期农业综合开发，共投入开发资金1900万元，其中：中央和自治区1834万元、地县配套20

万元、贷款16万元、集资30万元；完成了中低产田改造0.6万亩、草场建设0.25万亩、生态林建设0.61万亩、治沙0.11万亩、土地平整0.4万亩、防渗支渠31.93公里、排洪渠6.6公里、防洪堤7.2公里等。使朗赛岭灌区内的1.9万亩耕地、荒地、沙地、河滩土地得到了充分开发和利用，昔日荒滩变成了今日粮田，为搬迁群众的安居乐业奠定了基础。

为使搬迁群众能够在新的环境中安定生活、稳定生产、勤劳致富，山南地委、行署高度重视定点帮扶工作，先后组成了地区妇联、建筑公司、团委、编译室、人大办公室、石油公司、党校、师校、消防支队9个县级定点帮扶单位，安排县处级干部十余人，科级以下干部60余人蹲点。2002年至今，地中直各部门共投入帮扶资金15.81万元（不包括捐助的各种物资折款）。不仅帮助搬迁群众解决了现实的生产、生活困难，而且密切了党群关系，增强了他们尽快脱贫致富奔小康的信心。

通过近5年的开发建设，国家合计投入三大开发总投资5219.85万元（不包括动员群众义务投劳9.78万工日，折资144万元），使朗赛岭旧貌变新颜。昔日的搬迁群众基本上属于人均纯收入不足500元（其中现金收入不足300元），人均住房面积不足5平方米，人均粮食不足200斤，人均耕地面积不足0.5亩的特困人群，原居住地大都在偏远的山沟里，其交通、通信、能源等基础设施及教育、卫生条件十分落后，人们接受教育、新事物的机会相对很少，生存环境十分恶劣。今日的搬迁群众人均纯收入1639.58元（其中现金收入892.27元），人均居住面积44.46平方米，人均粮食420斤，人均耕地面积2亩，人均林地面积2.5亩，人均人工草地2亩，全村共有牛44头、羊337只、猪68头，手扶拖拉机31台、拖拉机27台、电视机92台，形成了交通、通信、能源、学校、卫生院、商店较完备的现代德吉新村，为全区扶贫安置工程达到"搬得出、留得住、富得起"的最终目标树立了榜样。

朗赛岭农业综合开发区的形成，给人们的主要启示是领导重视、精心组织是开发的前提，部门联动、合力推进是开发的保障，广泛动员、群众参与是开发的基础。

（载《西藏日报》2004年5月7日农牧经济版）

对扶贫开发工作的几点思考

西藏是我国集中连片的特殊贫困区域。西藏贫困人口的脱贫致富，不是一般的、常规的扶贫工作所能解决的，不是哪个部门能够解决的；西藏扶贫开发与整个社会发展紧密相连，成为一体；脱困与开发，从根本上讲，要靠自身努力，靠国家全方位、大力度的支持，才能逐步解决。党中央、国务院的基本判断，完全符合西藏实际。

一 新阶段的扶贫开发工作已呈现新的特点

经过实施自治区"十五"扶贫开发计划，西藏扶贫开发工作取得了明显的阶段性成果。一是绝对贫困人口大幅度减少。据统计资料显示，全区绝对贫困人口由原判定的48万人减少到目前7万人左右；农牧民人均纯收入低于1300元的人口由2000年148万人，预计下降到2005年底的40万人左右，低于1300元重点扶持的393个乡镇减少到21个乡镇。二是贫困群众的生活水平明显提高。全区34个重点扶持县农牧民人均纯收入今年计划达到1750元左右，接近全区平均水平，年均增长速度高于全区平均水平3个百分点，恩格尔系数下降3个百分点。三是贫困地区的生产性基础设施条件日益改善。"十五"期间，中央及地方累计投入西藏专项扶贫开发资金预计达到13亿元左右，主要安排建设乡村中低产田改造、草场改良、人畜饮水、产业开发扶贫、劳动力就业技能培训及部分乡村水电、道路、桥梁等1500余个项目。四是农牧业综合生产能力不断增强。预计2005年比2000年，全区34个重点扶持县粮食、油菜籽、肉类、奶类产量计划增长1.2%、7.1%、15.1%和9.2%。五是扶贫点建设、农牧民定居工程取得成效。到2005年底，全区计划累计有2.8万户农牧民、15.4万多贫困群众乔迁新居，过上安居乐业的幸福生活。六是农村社会事业快速发展。计划到2005年底，全区适龄儿童入学率上升到91.8%、青壮年文盲率下降到30%、乡级卫生院覆盖率达到91.8%、广播电视人口覆盖率达到85%以上、人口自然增长率由2000年的12.9%下降到11%。

较之"八七"扶贫攻坚、"九五"和"十五"期扶贫开发阶段，新阶段的扶贫开发工作的对象、范围、重点、内容将发生明显变化，主要是：绝对贫困与相对贫困并存，以相对贫困为主；集中贫困与分散贫困并存，以分散贫困为主；自然贫困与能力贫困并存，以能力贫困为主；腹地贫困与边缘贫困并存，以边缘贫困为主；县（市）贫困与乡村贫困并存，以乡村贫困为主；救助式扶贫与开发式扶贫并存，以开发式扶贫为主；生产性扶贫与综合性扶贫并存，以综合性扶贫为主；单项扶贫与多项技能培训并存，以多项技能培训为主。出现这些新特点和大趋势，要求我们的扶贫工作理念、思路、方法、方式等也要随之转变，与时俱进的与新阶段扶贫开发总体要求相适应。

二　能力建设已成为扶贫开发的根本目标和根本任务

认真总结以往扶贫工作的做法及经验，给人的感悟是，以治标为主须转变到以治本为主上来，这样才能真正地帮助贫困群众解决自身的发展问题。新阶段扶贫开发的目标任务是：把不断提高扶贫对象自我发展能力作为扶贫开发的根本目标；把能力建设作为扶贫开发的根本任务。工作思路、方法、方式都要围绕能力建设这个核心内容去开展，以此主线统一思想、统一行动。这里讲的能力建设，主要包括外力支持与内力激活，所谓的外力支持，就是政府主导支持贫困地区的硬件和软件建设，为贫困群众搭建出良好的外部发展条件。所谓内力激活，就是通过组织引导贫困群众参与扶贫开发，最终达到增强贫困群众自我积累和自我发展的意识，调动他们的积极性和主动性，提高解决自身问题和脱困致富本领。如果没有广大群众自力更生、艰苦奋斗的内在动力，扶贫开发工作的成效就会大打折扣。

在以往的扶贫工作中，暴露出一个突出问题：扶贫对象往往处于被动接受扶持的状态。这不仅制约着扶贫开发的进程，影响着扶贫开发的成效，而且还一定程度地助长了一些地方群众"等靠要"的依赖思想；甚至出现"年年扶贫年年贫"的恶性循环，使得这些地方群众缺少自我积累和自我发展的意识及能力，使得返贫现象突出。进入21世纪，中央已明确指出，必须长期坚持开发式扶贫的基本方针。在今年召开的中国扶贫开发协会第三届会员代表大会上，胡锦涛同志提出："扶贫开发是建设中国特色社会主义事业的一项历史任务,也是构建社会主义和谐社会的一项重要内容。"时代在发展,扶贫开发工作质效也需要在实践中不断丰富内容、提升水平。总之,能力建设就是通过国家扶持与群众自身努力相结合,使贫困群众由被动接受转变为自己主动参与扶贫开发,即"要我脱贫"变"我要脱贫",最终走上脱贫致富的发展道路。

三 破解"三大难题"是扶贫开发工作中的一个重点

缓解和消除绝对贫困人口、边境地区贫困人口和因病致贫人口的整体脱困与发展问题,是新阶段扶贫开发工作中的"三大难题",也称为"三块难啃的硬骨头",受到国内外人士的广泛关注。目前,全区尚有7万人左右的农牧民温饱问题没有得到解决,属食不果腹、衣不暖体、住无定所、病无所医的绝对贫困人口。主要散落在海拔4500米以上的边远贫困地方,可谓"一方水土不能养活一方人",属因地致贫、因灾返贫的典型贫困地带。

全区有22个边境县、110个边境乡,其中8个民族乡,贫困人口在数十万人。主要生活在地处边缘、山高谷深、交通阻塞、信息闭塞的地域,以"边、山、少、穷"为主要特征,甚至个别乡村群众与世隔绝,过着传统而原始的生活方式。这一区域内的珞巴族、门巴族、僜人、夏尔巴人是我国的较少民族,人口数千人,属特困弱势群体。

现已查明,西藏境内的大骨节病、碘缺乏病、地方性氟中毒、鼠疫和布鲁氏菌病均为全国最严重的省区之一,尤以大骨节病的严重、活跃程度居全国之首。经初步调查,全区流行大骨节病,总人口为116.2万人,其中病区人口12万人,现症病人1万多人,因病致残5000多人,约占患者总人数的20%。国家赴藏专家组认为:"西藏地区大骨节病病区范围大、病情重,其活跃程度已超过青海,居全国之首,已成为整个自治区经济发展的严重障碍,应引起有关方面的高度重视。"八宿县吉达小学在校学生103人,其中大骨节病57人,占55.34%。大骨节病主要侵犯患者的运动系统,晚期患者常出现骨骼畸形、关节僵硬和疼痛、肌肉萎缩、肌力下降,使患者的运动功能丧失。有关资料表明,成年Ⅱ度以上大骨节病患者男劳动力下降为87%、女劳动力下降为72%。洛隆县依热村,大骨节病患率高达96%以上,因病致贫和返贫的人口超过病区人口的1/3。究其原因,全世界已研究150余年,没有找到解决的答案;西藏在大骨节病的研究方面基本是空白。至于防治,目前国内主要以医疗手段进行防病治病和用病区搬迁、换粮、改水等工程措施予以整治。西藏病区人口主要分布在偏僻、落后、贫困的山区，为了根本解决问题，全区上下基本倾向于异地搬迁安置。通过大力度的扶贫开发，就是要使贫困群众有饭吃、有衣穿、有房住、有学上、有病看、有钱花、有一个稳定增收的经营项目，这对增强民族团结、巩固国防、维护国际声誉等方面具有深远意义。

四 转变职能、把握宏观、当好参谋、服务全区是当务之急

新阶段的扶贫开发工作已进入了更为广泛、长期而艰难的阶段，是一项复杂而系统的工程，需要整合资源，联动扶贫，才能从根本上改变贫困面貌。作为扶贫部门应谋事而动，乘势而上，把加强调查研究、搞好宏观指导、当好党委政府参谋、搭建特色产业发展平台、强化劳动力就业转移培训等，作为开发工作重点。具体讲是腾出更多的时间和精力，研究涉及扶贫开发中带有方向性和战略性的问题，不断提升扶贫开发工作的前瞻性和预见性能力，使有人管事、有钱办事、有章理事落到实处。

一是调整思路抓重点。主要是从分资金、审项目等烦琐的事务中解脱出来，用更多的精力抓调查研究和宏观指导，抓如何当好参谋助手、服务全区，抓扶贫开发规划的调整、完善和落实，做到谋实事、摸实情、说实话、献实策、干实事、求实效。

二是调整方式抓创新。主要是在机制创新、制度创新、观念创新、办法创新等方面狠下功夫，跳出扶贫抓扶贫，跳出增收抓增收，拿出实效办法和措施，在国家引导及群众参与、单位定点扶贫、社会各界帮扶、智力扶贫等方面，实现点的突破、面的发展、达到规范运作的目的。

三是调整方法抓引导。主要是注意发现、总结、推广示范基地、特色产业、文明新村、致富能人的先进典型经验及做法，积极推行群众参与式扶贫、干群结对子帮扶等有效形式，千方百计激活贫困群众内在的积极性和主动性，高度重视基层组织建设和全社会参与扶贫事业的重要作用。

四是调整角色抓服务。主要是强化服务职能和服务意识，以大局为重，克服本位主义，不在争权恋权上耗费过多的时间和精力，使指导、督促、协调、服务工作到位而不越位或缺位，通过合作，实干苦干。

（载《西藏通讯》2005年第9期，中共西藏自治区委员会办公厅主办）

"十一五"西藏农业综合开发规划思路考量

2005年,中央政治局召开会议,研究新世纪新阶段西藏工作,下发了《中共中央、国务院关于进一步做好西藏稳定发展工作的意见》(中发〔2005〕12号)文件,充分体现了中央对西藏的高度重视,必将进一步坚定全区各族人民在全面建设小康社会进程中实现跨越式发展的信心和决心。

一 简要回顾及主要体会

1990年,全区粮食总产达到60.83万吨,但广大农牧民群众的温饱问题没有得到根本解决。面对这一历史性发展难题,自治区党委和政府提出了综合开发"一江两河"(指雅鲁藏布江、拉萨河、年楚河)地区的重点突破战略举措,得到了中央的充分肯定和大力支持。同年7月,江泽民同志在藏考察期间,听取了时任区党委书记胡锦涛同志的工作情况汇报后指出:"自治区提出的一江两河流域综合开发,是一项很有远见的重大工程。这一区域基础较好、潜力很大,综合开发这一区域,是发展西藏农牧业,加快西藏经济发展的突破口。"自此,国家启动了以"一江两河"地区为重点的农业综合开发。通过中低产田改造增加粮食产量、发展多种经营促进农业增效、调整内部结构增加群众收入三个阶段的工程项目建设,迎来了西藏农牧业发展史上的重大转折,揭开了西藏传统农业向现代农业迈进的历史新篇章。1990—2005年,全区先后建立国家级农业综合开发区36个,实施建设项目200余个;累计安排农发资金10.33亿元,其中:中央财政投资6.72亿元,地方配套2.92亿元,群众集资0.52亿元,项目区贷款 0.17 亿元。有力地推动了农牧民脱贫致富步伐，成为国内外人士关注西藏发展进步的一个重点和亮点。

一是为实现全区粮油肉基本自给和大多数农牧民群众温饱问题的基本解决，做出了突出贡献。15 年来，农发项目区累计新增粮食 12.3 万吨、油菜籽 0.96 万吨、肉类 0.56 万吨、奶类 2.1 万吨、蔬菜 11.7 万吨。2000 年，全区粮食总产量达到 96.22 万吨，成为历史上的最高水平；仅农发项目区的粮食产量就占当年全区粮食总产的 67.42%，起到了顶梁柱的作用。自治区政府对外公布了西藏粮食基本自给这一历史性成果，受到了中央领导同志的高度评价，广大农牧民群众称赞共产党做了一件功德无量的大事，使千年梦想变成了现实。

二是农业基础设施明显改善，在抗灾夺丰收中发挥了重要作用。15 年来，农发项目区累计改善和新增灌溉面积 128.73 万亩；完成中低产田改造 119.38 万亩，占全区耕地总面积的 23%；开垦宜农地 11.82 万亩；草场建设 176.82 万亩；农机总动力 5.6 亿千瓦。特别是通过对山水田林路的综合治理，项目区形成了田成方、树成行、渠相通、路相连、旱能灌、涝能排、灾能抗的现代农业基础格局，在抗御"十年九灾"的自然灾害中，发挥了不可替代的作用，确保了全区农牧业生产连续 15 年获得丰收。

三是农牧民收入大幅度增加，农业科技普及、运用水平显著提高。15 年来，农发项目区为当地农牧民增收 2.9 亿元，转移富余劳动力近 5 万人；累计完成各级各类农业技术培训 60.97 万人次，培养输出了一大批技术能手和致富带头人。2004 年，项目区农牧民人均纯收入达到 2113 元，是开发建设前的两倍多，比非项目区平均高出 300 元左右，部分农发区的农牧民人均纯收入达到 3000 元以上；农作物良种覆盖率由过去的 60% 提高到现在的 90% 以上；农业机械化作业率由过去的 30% 提高到现在的 65%，节约了劳动力，推动了就业转移。农发区不仅是农业增效增产增收的样板区，而且是农业科技普及运用的先行区。

四是率先示范带动作用明显，农业生态环境显著改善。15 年来，农发区先后建成了一批优质青稞、油菜、饲料及蔬菜生产基地和畜产品加工基地。通过国家大力扶持、群众积极参与和市场经济培育，拉萨、日喀则、山南等地的城郊河谷农牧业、加工业、蔬菜业等发展迅速，特别是在一些重要城镇，"菜篮子"工程效益明显，本地市场上的蔬菜自给率达到

80%以上，基本保障了市民需求，实现了跨越式发展。15年来，累计完成人工成片造林27.9万亩；雅鲁藏布江中部流域150余公里的防沙固沙林带，已成为一道亮丽的风景线。山南朗赛岭搬迁新村，就是"江河搭台、农发唱戏、扶贫结果"的典型，受到广泛好评。

实践证明，农业综合开发作为国家农村发展战略的重要组成部分，最能体现农牧民群众的意愿和公共财政的要求，是西藏农牧业增产、农牧民增收、农牧区稳定的有效手段、重要途径和重要推动力量。我们体会，农业综合开发在西藏农牧业生产发展实践中有以下九个方面"不可替代"的作用，即稳定增产、突出增收、注重实效的基础性保障作用不可替代；国家引导、群众主体、配套投入、滚动开发的运行机制作用不可替代；优势区域、优势资源、优先发展的规划建设原则作用不可替代；规模治理、集中投入、连片开发的运作方式作用不可替代；一户带多户、多户带全村、一村连多村、多村成基地的示范带动作用不可替代；整合资源、部门联动、各负其责、各记其功的办法措施作用不可替代；做规划、抓布局、建基地、连市场、带龙头、重培训、强科技的创新理念作用不可替代；思想先导、群众基础、政策保证、领导重视、干部关键的组织保障作用不可替代；执行严格的项目和资金规范管理模式作用不可替代。

二　主要挑战及有利条件

西藏是我国具有很大特殊性的边疆少数民族地区和经济欠发达地区。全区地势高峻，平均海拔4000米以上，气候恶劣，生态脆弱，含氧量仅为内地的60%左右，建设成本远高于内地省区。全区国土总面积120多万平方公里，总人口270余万人，每平方公里不足3人，重要经济社会发展指标在全国排名末位；占总人口80%以上的藏族农牧民群众基本信奉宗教。

在经历了西藏和平解放、民主改革、自治区成立、改革开放和"一个转折点、两个里程碑"为标志的历史性伟大社会经济变革后，全区城乡面貌发生了翻天覆地的变化。现在的西藏正在从加快发展走向跨越式发展，从基本稳定走向长治久安，但是，不适应发展、"瓶颈"制约还十分明显。在农业综合开发方面，主要表现为：一是全区农牧民人均纯收入低，仅相当于全国平均水平的63%，较贫困人口占总人口的比例高达40%左右，建设成本高出内地70%以上，加快农牧民小康生活的任务十分繁重。二是全区已改造农田、草场分别占其总面积的23%和1%，开发的层次水平与内地省区仍有较大差距，大力提高农业综合生产能力任重道远。三是全区农发科技人员匮乏，高学历高层次学科带头人才更少，项目区农牧业科技贡献率仅为30%左右，农机化程度较低，农牧民运用科技致富的本领不强，依靠科技手段加快发展的支撑作用较弱。四是全区目前仅有农业产业化龙头企业16家，其中：国家级3家、自治区级13家，农发领域的农牧民专业合作经济组织9个，其数量少、规模小，市场拓展能力不强，辐射功能弱，带动作用有限，加快农业产业化经营进程艰难。

在正视面临主要挑战的同时，我们认为，西藏农业综合开发具备良好的发展机遇、巨大的发展潜力和广阔的发展前景。最根本的是中央关心、国家支持、领导重视、群众参与。

——自然资源丰富，开发潜力巨大。因投资所限，当前尚未开发的农田占总面积的77%，仅旁多、拉洛、江北三大灌区内，就有150余万亩土地待开发；适应西藏种养殖的农畜良种较多，禽蔬肉油的市场需求空间很大；光热、种资、环保资源丰富，为打造高原特色农畜产品基地创造了有利条件。

——外部开发环境改善，建设条件日趋成熟。开发区范围内的水利、交通、能源、通信等基础设施形成配套体系，教育、文化、广电、卫生等社会事业发展迅速，为加快农业综合开发提供了良好的外部建设环境。

——农牧民开发热情高涨，致富愿望十分强烈。通过国家主导的农发建设，项目区农牧民看到了好处、获得了实惠，激发了热情、鼓舞了致富愿望，参与开发建设的积极性和主动性空前高涨，群众基础的内在动力更加坚实。

——重大项目建设力度加强，对外市场前景看好。青藏铁路通车运营后，还要延伸至日喀则和林芝地区，这将进一步加强区内资源与区外市场的紧密对接；随着林芝机场、阿里机场的建设及投入使用，区内交通更加便捷，加上综合基础设施的完善配套，必将促进西藏旅游业的大发展。人们对高原生态农畜产品必然看好，需求旺盛随之拉动市场消费，农发任务将会更加繁重。

三 规划思路及政策需求

"十一五"是西藏跨越式发展和加快小康建设的关键时期。为贯彻落实中央的决策部署和国家的总体要求，在充分考察区情、广泛听取意见、认真梳理各种办法措施的基础上，拟提出如下西藏农业综合开发"十一五"发展规划思路。

（一）指导思想

以"三个代表"重要思想为指导，坚决贯彻落实中央第四次西藏工作座谈会和中发［2005］12号文件精神，树立和落实科学发展观，以提高农牧业综合生产能力为核心，紧紧围绕改善农牧民生产生活条件、增加农牧民收入这个首要任务，大力加强农牧业基础设施建设、加强农业产业化经营和加强农牧民专业合作经济组织，促进区域粮食安全，促进农牧科技示范基地建设，促进传统农业向现代农业转变取得实质性成果，促进项目区群众率先步入小康生活。简要归纳为"一个核心、两项任务、三个加强、四个促进"。

（二）开发原则

遵循政府引导、群众主体原则；规划先行、重点突破原则；优势区域、优势产业、优先发展原则；凸显规模、增产增收原则；部门联动、投资多元原则；市场导向、龙头带动原则；科技支撑、培训转移原则；改革创新、队伍建设原则；持续发展、生态环保原则；项目资金安全、运行规范保障原则。

（三）总体思路

立足西藏实际，围绕全面建设小康社会目标，把大幅度增加农牧民收入放在首要位置，全面提升项目开发的质量效益。具体是以粮食、畜产品主产区为重点，将全区划分为藏中、藏西北、藏东南三大农业综合开发区域，整体布局，分步实施，形成主攻中部、带动西北部、推动东南部的开发格局；紧紧抓住小康示范县和大中型水利灌溉工程建设机遇，着力布局高标准设施农业和特色产业经营开发区，突出提高农业综合生产能力，突出农牧民增收，突出科技支撑和人员培训，推动全区农牧业生产和农牧民增收奔小康的跨越式发展。

（四）奋斗目标

力争用 5 年左右的时间，使项目区农牧民的人均纯收入达到 8000 元以上，率先进入全国中等收入水平行列；建成一批农牧民人均纯收入超万元的乡镇村和一批优质高效的粮油肉菜及特色产品加工基地；主要农畜产品的商品率达到 50% 以上，农牧科技贡献率达到 40% 以上；扶持特色养殖、农畜产品加工、销售及流通的龙头企业 30 家以上，扶持农牧民专业合作经济组织 50 个以上；完成中低产田改造 100 万亩，完成 100 万亩粮油果蔬生产基地，完成各类农业技术培训 100 万人次，完成畜禽基地年养殖规模 100 万头（只）。简要概括为："一个率先、两个建成、两个达到、两个扶持、四个完成"。

确定以上奋斗目标和任务，主要基于以下考量：西藏自治区党委、政府确定了"抓两头、带中间"的发展战略决策，农发区作为"两头"中的一头，对农牧业增产、农牧民增收、农牧区稳定至关重要，是实现带动战略举措的关键环节。西藏农牧民占总人口的 80% 以上，30 个农发区占全区总县数的 40%，占全区小康示范县的 70% 以上；30 个开发区基本是国家立项建设的农发区域，主要分布在青藏铁路沿线和重点城镇周边，提升建设标准和拓展开发领域已经具备条件。项目区建成后，直接受益的农牧民在 50 万人以上，并辐射带动 120 万人左右，分别占农牧民总人数的 23% 和 54%，开发效益十分显著。我们认为，要实现全区农牧民收入大幅度提高，只有选择投资较为集中、农业资源丰富、发展条件较好的农发区作为突破，率先达到较高水平，才有可能充分拉动和辐射非项目区共同发展，确保规划目标的实现。

（五）主要任务

1. 以增收增效为目的，加大土地综合整治力度

结合国家将要实施的旁多、拉洛、江北三大重点水利灌溉工程，通过农发渠系配套、林网建设等土地整治措施，加快旱涝保收、高产稳产农田建设；通过人工种草、围栏封育、人工补播等工程技术措施，将这一区域建成主要的畜产品基地。

2. 以调整结构为重点，大力发展特色产业

以城郊、农区畜牧业、劳动力转移为突破口，加快形成以拉萨、日喀则、山南、林芝等城镇为中心的产业园区和粮油、肉乳、毛绒、蔬菜、藏药等产业集群，实现粮油肉加工转化增值，促进农牧民增收。

3. 以科技推广和运用为手段，加快现代农业步伐

根据自然、经济条件，科学确定开发项目；引进、推广优良农畜品种，优化农牧业内部结构；以设施农业为依托，提高农畜产品单位产量和质量；大力开展农牧民技术培训与服务，提高农牧民科学种养水平，加快农业适用技术的组装配套。

4. 落实开发项目布局及资金筹措

在规划建立的 30 个农发区中，拉萨、日喀则、山南三个中部地（市）各 5 个，东南部和西北部地区的林芝、昌都、那曲各 4 个，阿里 3 个。经初步测算，实施 5 年规划，需要安排总投资 26 亿元，其中：申请中央投资 20 亿元，地方（含群众）自筹 6 亿元，银行贷款等暂未列入。在总投资中，土地治理 16 亿元，产业发展 10 亿元。

（六）主要措施

1. 实现四个转变，做到五个结合

"实现四个转变"，就是由外延型扩大再生产的低层次开发，向以挖掘潜力走内涵为主的高层次开发转变；由单纯追求产量的增量型开发，向高产优质高效型转变；由注重资金、劳务投入密集型开发，向资金技术与劳务投入密集结合型转变；由单纯追求经济效益型开发，向经济、社会、生态效益统一型转变。"做到五个结合"，就是要做到改造中低产田与改善农业基本生产条件相结合；提高农业综合生产能力与保护生态环境相结合；农业综合开发与小康建设相结合；建立优质粮草生产基地和发展"两高一优"农业与优化调整农业经济结构相结合；设施农业的项目建设与农业科技的普及运用推广和项目建设的科学管理相结合。

2. 整合各方力量，切实加大对农发建设的投入

一是加大支农资金整合力度，加大地方财政资金投入。二是充分利用银行小额信贷、援藏资金、招商引资等涉农资金，形成合力投向农发区。三是引导、调动和激发农牧民筹资投劳的积极性，逐步使他们成为"建设、投资、受益"主体。四是加大农业科技投入，促进科技成果的转化和适用科技的应用。

3. 加大劳动力就业转移培训力度，创造条件建立农牧民增收长效机制

一是按照"培训与项目结合"原则，合理确定科技培训计划和内容，高质量办好培训。二是整合职业教育、技能培训等各方资源，拓展培训领

域，采取集中培训、分散培训、实地培训等多种形式，大力提高农牧民科技素质。三是在确保建设质量前提下，对专业性不强、施工难度不大、技术要求不高的工程项目，放手交由农牧民施工队伍承建，加快农牧民增收步伐。

4. 进一步完善农发管理机制，确保项目质量和资金使用效益

一是严格执行专户核算、专款专用的政策规定，实施资金管理问责制和奖优罚劣制，全面推行项目公告（公示）制，全过程加强资金使用的有效监管。二是强化项目前期立项评估、中期建设督查、后期验收测评工作机制，全面推行专家评审制、项目法人制、工程监理制、竣工验收制和后续管理制，确保建成后的工程项目发挥效益和永续利用。三是对已建项目，要明晰产权归属，落实管护主体责任，制定有效实施办法，保证正常运转。

四　几点建议

西藏农业综合开发工作能够取得如此巨大的成绩，是党中央、国务院特殊关怀的结果，是国家有关部委办大力支持的结果，是西藏人民艰苦奋斗的结果。要完成中央部署的"十一五"规划任务，我们深感任务艰巨、使命光荣、责任重大，热切期望国家在投资力度、优惠政策、智力支持方面继续给予大力倾斜，以帮助西藏实现"十一五"规划预定的农发目标。

（一）建议把西藏作为特殊集中连片的农业综合开发区，给予重点扶持

一是国家组织专家帮助西藏编制"十一五"农发规划；二是批准建立农发区及建设项目库；三是大力度增加国家农发资金，并尽快下达年度开发计划。

（二）扩大西藏自治区在农业综合开发上的自主权

放宽西藏农发项目的立项审批权限，允许自治区按照国家总体要求自主决定开发项目，同时上报国家农发办备案。国家按年度派出工作组，加强对西藏农业综合开发工作的检查、指导和监管，确保国家投资效益最大化和农牧民利益最大化。

（三）单列并划拨西藏农业综合开发财政参股经营增量资金

按照国家规定的企业参股经营条件，西藏执行有很大难度。国家应当

降低投资参股经营项目立项"门槛",从中央财政投入中单列并划拨投资参股经营增量资金,作为农发项目区群众持股,参与企业经营,确保项目区群众收入的稳定增加。

(四) 建立全国农业综合开发部门援藏机制

参照国家有关部门的对口援藏做法,选派优秀管理干部和技术人员定期援藏,帮助西藏培养所需人才,引进农牧业产业化龙头企业,建立内地科研院所横向联系,强化项目前期工作。在适当的时候,召开全国农发系统援藏工作会议,集中研究解决有关问题。

总之,以大思路促大开发,有其现实性、迫切性、艰巨性和长期性,需要做出不懈的努力,特别是争取国家有关部门的理解与支持,显得尤为重要。只要我们自觉肩负起历史的使命感和责任感,迎难而上,开拓进取,实干兴区,西藏的农业综合开发事业必将取得更加辉煌的成绩,必将为建设团结、民主、富裕、文明、和谐的社会主义新西藏做出更加突出的贡献。

(系 2005 年全区农业工作交流座谈会上的发言稿)

"龙尾"谈"龙首"发展经验、体会及思考

根据国家行政学院教学计划安排，由组织员老师带领，于2005年6月8—19日，在中国浦东干部学院专设班学习，并重点考察了上海。从西藏视角看上海发展，真有"龙尾"看"龙首"感觉，给人感触、感受、感想颇多。

一　主要经验

邓小平同志南方谈话以后，特别是自1992年以来，上海经济连续13年保持两位数增长，达到平均增长17%。2003年全市人均GDP达到5642美元，继续居全国除港澳台地区外各省级地区之首，上海以占全国1%的人口、0.06%的土地面积，完成的财政收入占全国的1/8，外贸进出口商品总额占全国的1/8，港口的货物吞吐量占全国的1/10。2004年上海城市和农村居民家庭人均年可支配收入分别达到16683元和7337元人民币，为全国各省市之最。上海滚雪球似的迅猛发展，成为璀璨的东方明珠，为我们从实践到理论上，提供了丰富多彩的鲜活经验。

（一）创新理念贯穿于发展、改革、开放主线的全过程，体现在社会经济生活的各个领域，成为时代进步的主题、力量的原动力

创新是一个民族进步的灵魂，是加快发展的"引动力"和"兴奋剂"。上海浦东、江苏昆山能够由一个落后的农村迅速变成现代化国际大都市和外向型工商城市，源于创新，得益创新。"上海现象"出现的奇迹成果告诉人们，发展的理念实际是创新的理念；领悟创新，内涵深邃，永无止境。

改革是发展目的的手段,既要大刀阔斧,又要张弛有度,它与开放相得益彰。上海自主、自费改革中必然碰到的难题是:钱从哪儿来?人往哪儿去?上海通过用好老祖宗的钱、用好现代人的钱、用好下代人的钱办法,成功实现了"穷政府"向"富政府"的转变;通过"拆、改、留"并举办法,成功化解了两个一百万,即产业工人转岗100万人、动迁居民100万户(200多万人)。特别是破解了国企改革中的人员分流难题,实现了产业结构由"二、三、一"向"三、二、一"的优化转型,没有引起社会上大的"震荡"问题,让人称道。

开放是一种胸怀,更是攸关整个城市发展的命运。上海人深谙闭锁则衰则死、开放则活则盛的道理。浦东开发开放14年来,GDP突破1500亿元,工业总产值达3000亿元,吸引外资企业累计突破1万家,全社会固定资产投资累计超过5000亿元,成为我国现代化新城区建设的杰出代表。昆山开放促发展的"杀手锏"是"精细招商",主要是抓住浦东开发开放机遇,打时间、空间差,与上海错位发展,取得明显成效。目前,该市投资额超1000万美元的项目有800多个,超1亿美元的项目29个,世界500强企业中有25家在昆山投资建厂;全市私营企业总数已超过1.3万家,注册资本突破150亿元。在国家统计局公布2004年全国百强县市的排名中,昆山跃居第二位,并入选十大"最佳中国魅力城市";当年全市完成GDP 570亿元,财政收入85.8亿元,进出口总额235亿美元,城镇居民人均可支配收入15011元,农民人均纯收入7655元。

(二)将天时、地利、人和及政治优势发挥到极致,搁置争论,干了再说,让事实说话,让实践证明

产权是所有制的核心,是人们容易评判其性质的热门话题之一。发展和利用产权市场推动国有资产有序流动并优化国有经济结构,是上海城市特点决定的,即上海是工业基础好且重商主义根深叶茂的港口海上贸易城市、人口多且集中的中外移民城市、历史悠久且高度开放的城市、吸引冒险家和创业者博弈的城市,"天性"造就上海人要对传统的产权制度进行毫不留情的"大手术",打破"国字号"企业一统天下的格局。

上海的"第一桶金"实际上是向外国人借的。从1992年上沟第一块土地批租开始,到2003年,上海在土地批租上的总收入共计1100亿元人民币,其最大买主是外国人。国有资产到了外国人手里,国人当然会关注议论。中央对此事三年未表态,上海人还是把这件事情做成了。在上海,

外资和民间投资已成为发展的主体力量。在 2005 年上海全社会固定资产投资 3000 亿元中，外资占 40%，各类企业占 30%，政府导向投资占 30%。

上海汽车工业（集团）总公司和美国通用汽车公司以各投资 50% 的比例组建为上海通用汽车有限公司，1998 年上海市政府列为一号重点工程，美国通用汽车公司列为全球一号战略项目。上海通用汽车有限公司成为我国目前最大的中美合资企业，总投资达到 15.21 亿美元。在"中国最受尊敬企业"（北京大学企业管理案例研究中心、《经济观察报》联合主办）评选活动中，上海通用连续三年跻身全国前 10 名。宝钢集团，2005 年 4 月间，以出让 60% 产权，成为绿地集团二级子公司。微创医疗、人类基因、上海电气、上海青旅、得意达电子、凯星汽配、一钢设计院、前哨拖齿、浦东水厂等，通过产房权交易市场使所有制发出了变化，其案例不胜枚举。

（三）革除体制性、机制性障碍，建立公开、透明和可问责的服务型政府，浦东作出了一系列的探索，成为全国许多开发区学习、借鉴的主要选择

一是实行"小政府、大社会"的管理体制。简言之，就是通过放转并简让和"一步到位、分步完善"的行政措施，使新区政府机构设置达到"精简、统一、高效"的目的。如将环境、环卫、园林、市政等管理职能划归市政办，将原 24 个乡减少并改制为 13 个镇。

二是首创国内"一门式"服务。就是将具有行政审批功能的部门集中在"招商中心"合署办公，实行"一门受理、两次办结、并联审批、一口收费"办法，在规定时限内办理完毕。

三是推行"首问负责制"。主要是为企业提供全方位服务，包括通告有关政策法规、提醒办理事项、帮助协调解决有关问题、协助办理各项手续等。对外公布各进驻部门负责人和经办人员的名单、联络方式、办事依据、工作流程、投诉电话等，接受公众的监督。

四是推进行政审批制度改革。将原行政审批事项由原 724 项减少至 313 项。从 2004 年 1 月 1 日起，在张江园区进行"零收费"试点。

五是加强透明政府建设。主要是推进一系列"阳光行动"，如建立新区政府浦东网站、实行政府上报制度、建立政府采购制度、推进财务公开等。

总之，在推动政府职能转变过程中，上海走在了全国各省市区的前头，引领着全国经济的发展；浦东新区领导者那种"戴着钢盔顶压力"的坚忍顽强精神，令人欣慰。

二 主要体会

作为欠发达地区，特别是西藏，发展现实给我们提出了课题：学什么？做什么？怎么办？个人认为，要从创新理念、理性思维、战略眼光、忧患意识、智慧胆魄等方面去寻求学什么；要从领导者自身和所处的部门岗位做起，以改革开放为抓手，从找准定位、破解难题、以人为本、科学发展等方面去思考做什么；要从一切为了发展、一切推动发展、一切证明发展的强烈历史责任感、使命感、紧迫感等方面去破解怎么办。切勿简单模仿、"克隆"其现成做法及经验，否则，乱了方寸，行动迟缓，一步走错，步步被动，甚至导致全盘皆输。

（一）理性对待发展差距，在"悟"字上下功夫，变不利为有利

从现实情形看，东西部的发展差距将会继续拉大，这是不以人的意志为转移的特定历史发展现象。邓小平同志南方谈话以后，东西部地区都在提速发展，多为年均两位数的增长速度，但主要差别在于东部大基数和西部小基数增长，所形成的"雪球滚动效应"结果不一样罢了。如美国经济按年均增长2%以上，相当于中国要付出数十倍的努力。个人认为，东西部不是同等级的竞技"赛跑者"。东西部开发开放同是国家战略安排，但"富人"跟"穷人"做的梦确实不一样：上海"孤家寡人"一个，能够集中合力对外拼搏，西部"穷兄难弟"一堆，基本靠"八仙过海、各显神通"；一个向中央要政策便可实施"一个龙头、四个中心"（浦东为龙头，国际经济、金融、贸易、航运中心）的发展战略，一个却需国家资金倾斜方可推进城市化、工业化建设步伐；东部想要市场、资源、信息，西部呼唤资金、技术、人才。

从历史情形看，发达地区的长处往往是落后地区的短处，如人才等；发达地区的优势恰恰是落后地区的劣势，如区位等。因此，上海发展好是好，就是西部比不了。主要表现在：发展时代背景不一样，发展"起跑线"不一样，发展条件乃至发展层次水平也不一样。近代上海至今，从一个简单的渔村发展成为一个国际大都市也就是100多年的时间。正是在这100多年的发展历程中，机遇成就了上海三次大的发展高潮，促进上海产业、人才、技术、财富的增长迅速集群，经济社会由量变发生质变成为一种必然。19世纪20年代起，西方资本主义国家的管理经验和经营方式引入，大量资本的投入，使上海在20世纪30年代成为中国和远东地区的贸易中心、金融中心和制造业中心及世界六大都市之一；随后从50年代起，国家建设重心转移，使上海成为中国重要的工业基地和科学技术基地；90年代起，以浦东新区为推动，使上海成为我国最大的经济中心和国际大都市。

从未来情形看，上海发展仍处强势，正向着建成国际经济、金融、贸易和航运中心之一的目标迈进，其重要助推支撑点，在于浦东浦西联动发展，会使"蛋糕越做越大"；2010年世博会举办及洋山深水港建设等一批"大手笔"项目投资，将会为上海赢得良好的经济效益、社会效益和国际品牌效益。作为西部地区，要审时度势，遵循经济发展规律，顺应历史发展潮流，从长计议，创新理念，找准定位，把握机遇，迎接挑战，乘势而上。在发展问题上，我们应该深刻感悟中央一系列的治国方略和大政方针、邓小平同志"两个大局"思想、江泽民同志"三个离不开"思想、胡锦涛同志"两个趋势"论断的精神实质；深刻领悟战略准备的前提是思想准备、而人才准备则是关键的内涵与外延；深刻醒悟打牢基础、发展教育、重视科技、特色推进、生态旅游、加强环保等方面的极端重要性；深刻觉悟政府做什么、市场做什么、着力点在哪里的后发优势问题。

（二）以观念创新为先导，坚决破除传统的思维定式和行为方式，强力推进政府职能转变

东西部差距，不仅仅是发展水平上的差距，而且观念上的差距也明显反映出来，这是最致"命"的东西。古人道，人变为先、事变在后。上海经验告诉我们，观念决定思路，思路决定出路，布局决定结局。由此产生：政府跳出经济抓经济的观念、市场取向是改革终极目标的观念、区域经济发展非意识化的观念、政府"点菜"市场"买单"的观念、政府"套餐式"服务的观念、"五个统筹"全面发展的观念等。如果浦东当初作为特区对待，就不会有今天浦东浦西的联动发展；如果不是"精细招商"，就不可能有昆山之路的辉煌。

在西部地区，尤其是在市场经济发展不充分的地方，传统意识形态的好恶，传统制度的惯性和感情依恋以及教义标准的评判等消极因素，时常左右着人们的思维方式和行为方式。面对市场经济，表面接受，实际难受；瞻前顾后、束手束脚、行动迟缓；被动应对"接招"举动多，主动积极"出招"套路少。在长期供给制、计划经济体制的影响下，求稳怕乱、"落官摘帽"的"下意识"和"小九九"心里普遍存在。往往东部提速前进，碰上"红灯"才刹车或者绕道走，而西部碰上"红灯"不是急刹车、就是急转弯；赶上"绿灯"也要"一看二慢三通过"。这说明，解放和发展生产力，最大限度激活释放人的观念创新潜能还不够，推进改革开放，大力发展市场经济，西部人还有许多课要补，还有很长的一段路要走。

从浦东经验看，政府职能定位和工作绩效极为重要。定位科学合理，高效廉洁，就能抓住机遇，加快发展，否则就贻误战机，徘徊不前。市场经济发展越充分，传统管理体制和运行机制所暴露的诸多问题就越明显。西部地区的政府职能错位、缺位、越位、不到位的问题较为突出，该管的事没有管或没有管好，而不应管的事又管得太多、太具体、太死，造成政出多门、相互扯皮、办事效率低等问题。为此，西部要根据市场经济和社会发展的客观要求，积极主动而自觉地转变政府管理经济的模式和行为方式。治民先治官，发展靠引导。首先，必须从微观管理事务和具体经济活动中解脱出来。在市场经济条件下，政府是社会事务的管理者，而不是微观经济事务的管理者，是经济和社会发展的组织者和推动者，而不是竞争性经济活动的经营者。其次，认清和履行好政府的职能。在市场经济条件下，地方政府既不是"无所不包"，也不是"无为而治"，而是要按市场经济的客观规律和社会发展的客观要求，来认真履行职能，做到有所为、有所不为。政府履行的职能主要有：一是搞好规划，包括宏观发展战略规划、单项行业规划。二是实施调控，充分运用各种经济的、行政的、法律的手段，引导社会经济向规划目标靠拢。三是营造发展经济的良好环境，重点搞好基础设施建设，为发展提供良好条件。四是维护秩序，打击犯罪，消除不安定因素，维护公开、公平、公正的经济社会秩序。五是优化服务，为基层、群众、企业排忧解难，竭诚服务，诚信于民，造福于民，藏福于民。

（三）发展才是硬道理，不思求发展一点道理都没有；以科学发展观为统领，加快发展、超常规发展、跨越式发展是西藏工作的重要任务

上海及周边地区的发展成就告诉我们，唯有发展才能说明、证明、表明一切。西藏是我国乃至世界都具有很大特殊性的边疆少数民族地区和欠发达地方。全区平均海拔4000米以上,是"世界屋脊",冬季含氧量平均是内地的60%左右,夏季为70%左右,人的生存和建设成本相对较高,全区总人口270余万人,在120多万平方公里的国土面积上,每平方公里不足3人,占总人口90%以上的藏族农牧民群众虔诚信奉宗教,对外与6个国家和地区接壤,国境线长近4000公里,对内与4个省区相邻。1959年实行民主改革,废除了封建农奴制社会;1965年成立西藏自治区,在中国共产党领导下,全区各族人民开始进行社会主义新西藏建设。发展和稳定西藏,历来是党中央、国务院始终一贯的战略部署,倾注了中央三代领导集体的大量心血,凝聚着全国人民的无私援助。毛泽东同志经营西藏思想集中体现在慎重稳进。邓小平同志殷切地希望西藏发展能够走在全国的前列。江泽民同志提出"两个决不能"的坚定信念,即决不能让西藏分裂出去,决不能让西藏长期落后下去。改革开放后,中央相继在1980年、1984年、1994年和2000年召开四次西藏工作座谈会,在西藏发展与稳定的关键时刻,指明前进的方向,号召全国支援西藏。西藏自治区成立40年来,西藏经济和社会发展发生了翻天覆地的变化,人民生活水平显著提高。其间,十年"文革"浩劫和20世纪80年代中后期的拉萨骚乱,一度严重影响了西藏阔步向前的步伐错失了历史发展的机遇。1989年中央对藏工作10条、1994年和2000年中央召开第三、四次西藏工作座谈会后,我们称之为"一个转折点、两个里程碑",中央把西藏带入了历史发展的快车道,全区GDP增长年均达到两位数,农牧民温饱问题基本得到解决,粮油肉实现基本自给,实现县县有中学、乡乡有小学目标,特别是国家安排实施数百亿元的62个大庆项目和117个项目对加强西藏基础设施建设和促进发展起到了有力的推动作用。目前,全区出现经济发展、社会稳定、事业进步、民族团结、边防巩固、人民安居乐业的政通人和局面,成为西藏发展、稳定最好的历史时期。然而,我们也要清醒地看到,"不适应"发展、"瓶颈"制约发展的状况还十分明显,能源、交通、通信教育等基础设施十分滞后,重要经济和社会发展指标在全国各省市区中排名末位。我们在藏工作的同志深切感体党中央的亲切关怀和全国人民的深情厚谊,深切体会到所肩负的历史责任。个人认知,西藏目前仍处在社会主义初级阶段的低水平、低层次;贫穷、落后仍是西藏的最大区情;西藏发展的程度取决于自身努力和中央支持的力度;维护社会稳定是最大的政治任务。

在新的历史发展时期,我们要认真思考:如何在取得成绩、正视困难和问题方面,通过自身努力,在中央关心、全国支援的大好形势下,跳出西藏看西藏、跳出发展抓发展,尽快使"造血"功能发挥作用,重点要在跨越式发展方面闯出一条新路。中央说,西藏的发展、稳定、安全涉及全国的发展、稳定、安全。我们有"守土"的责任。专家讲,除南极、北极外,西藏是地球第三极,万山之巅、万水之源的西藏是人类气候的"调节器",是亚洲气候的"水塔",环境不得破坏,否则"人算"不如"天算"。我们有"净土"的责任。依我看,贫穷不是社会主义,落后同样不是社会主义。我们有"建土"的责任。个人认为。以世界眼光、全国大局、现实区情考量,西藏未来的发展定位应在全力打造世界级环保、旅游胜地方面开创一片新天地。

三 主要思考

西藏是我国集中连片的特殊贫困区域。西藏贫困人口的脱贫致富,不是一般的、常规的扶贫工作所能解决的,不是哪个部门"单打独斗"工作可以解决的;西藏扶贫开发与整个经济社会发展紧密相连,成为一体;脱困与开发,从根本上讲,要靠自身努力,靠国家全方位、大力度的支持,才能逐步解决。党中央、国务院的基本判断,完全符合西藏实际。

(一) 新阶段的扶贫开发工作已呈现新的特点

经过实施自治区"十五"扶贫开发计划,西藏扶贫开发工作。取得了明显的阶段性成果。一是绝对贫困人口大幅度减少。据统计资料显示,全区绝对贫困人口由原判定的 48 万人减少到目前 7 万人左右;农牧民人均纯收入低于 1300 元的人口由 2000 年 148 万人,预计下降到 2005 年底的 40 万人左右,低于 1300 元重点扶持的 393 个乡镇减少到 21 个乡镇。二是贫困群众的生活水平明显提高。全区 34 个重点扶持县农牧民人均纯收入 2005 年计划达到 1750 元左右,接近全区平均水平,年均增长速度高于全区平均水平 3 个百分点,恩格尔系数下降 3 个百分点。三是贫困地区的生产性基础设施条件日益改善。"十五"期,中央及地方累计投入西藏专项扶贫开发资金预计达到 13 亿元左右,主要安排建设乡村中低产田改造、草场改良、人畜饮水、产业开发扶贫、劳动力就业技能培训及部分乡村水电、道路、桥梁等1500余个项目。四是农牧业综合生产能力不断增强。预计2005年比2000年,全区34个重点扶持县粮食、油菜籽、肉类、奶类产量计划增长1.2%、7.1%、15.1%和9.2%。五是扶贫点建设、牧民定居工程取得成效。到2005年底,全区计划累计有2.8万户农牧民、15.4万多贫困群众乔迁新居,过上安居乐业的幸福生活。六是农村社会事业快速发展。计划到2005年底,全区适龄儿童入学率上升到91.8%、青壮年文盲率下降到30%、乡级卫生院覆盖率达到91.8%、广播电视人口覆盖率达到85%以上、人口自然增长率由2000年的12.9%下降到11%。

较之"八七"扶贫攻坚、"九五"和"十五"期扶贫开发阶段,新阶段的扶贫开发工作的对象、范围、重点、内容将发生明显变化,主要是:绝对贫困与相对贫困并存,以相对贫困为主;集中贫困与分散贫困并存,以分散贫困为主;自然贫困与能力贫困并存,以能力贫困为主;腹地贫困与边缘贫困并存,以边缘贫困为主;县(市)贫困与乡村贫困并存,以乡村贫困为主;救助式扶贫与开发式扶贫并存,以开发式扶贫为主;生产性扶贫与综合性扶贫并存,以综合性扶贫为主;单项扶贫与多项技能培训并存,以多项技能培训为主。出现的这些新特点和大趋势,要求我们的扶贫工作理念、思路、方法、方式等也要随之转变,与时俱进的与新阶段扶贫开发总体要求相适应。

(二)能力建设已成为扶贫开发的根本目标和根本任务

认真总结以往扶贫工作的做法及经验,给人的感悟是,以治标为主须转变到以治本为主上来,这样才能真正地帮助贫困群众解决自身的发展问题。新阶段扶贫开发的目标任务是:把不断提高扶贫对象自我发展能力作为扶贫开发的根本目标;把能力建设作为扶贫开发的根本任务。工作思路、方法、方式都要围绕能力建设这个核心内容去展开,以此主线统一思想、统一行动。这里讲的能力建设,主要包括外力支持与内力激活。所谓外力支持,就是政府主导支持贫困地区的硬件和软件建设,为贫困群众搭建出良好的外部发展条件。所谓内力激活,就是通过组织引导贫困群众参与扶贫开发,最终达到增强贫困群众自我积累和自我发展的意识,调动他们的积极性和主动性,提高解决自身问题和脱困致富本领。如果没有广大群众自力更生、艰苦奋斗的内在动力,扶贫开发工作的成效就会大打折扣。

在以往的扶贫工作中，暴露出一个突出问题：扶贫对象往往处于被动接受扶持的状态。这不仅制约着扶贫开发的进程，影响着扶贫开发的成效，而且还一定程度地助长了一些地方群众"等靠要"的依赖思想；甚至出现"年年扶贫、年年贫"的恶性循环，使得这些地方的群众缺少自我积累和自我发展的意识及能力，使得返贫现象突出。进入21世纪，中央已明确指出，必须长期坚持开发式扶贫的基本方针。在2005年召开的中国扶贫开发协会第三届会员代表大会上，胡锦涛同志提出："扶贫开发是建设中国特色社会主义事业的一项历史任务，也是构建社会主义和谐社会的一项重要内容。"时代在发展，扶贫开发工作质效也需要在实践中不断丰富内容、提升水平。总之，能力建设就是通过国家扶持与群众自身努力相结合，使贫困群众由被动接受扶持转变为自己主动参与扶贫开发，即"要我脱困"变"我要脱困"，最终帮助贫困群众走上脱贫致富的发展道路。

（三）破解"三大难题"是扶贫开发工作中的一个重点

缓解和消除绝对贫困人口、边境地区贫困人口和因病致贫人口的整体脱困与发展问题，是新阶段扶贫开发工作中的"三大难题"，也称为"三块难啃的硬骨头"，受到国内外人士的广泛关注。目前，全区尚有7万人左右的农牧民温饱问题没有得到解决，属食不果腹、衣不暖体、住无定所、病无所医的绝对贫困人口。主要散落在海拔4500米以上的边远贫困地方，可谓"一方水土不能养活一方人"，属因地致贫、因灾返贫的典型贫困地带。全区有22个边境县、110个边境乡，其中8个民族乡，贫困人口在数十万人。主要生活在地处边缘、山高谷深、交通阻塞、信息闭塞的地域，以"边、山、少、穷"为主要特征，甚至个别乡村群众与世隔绝，过着传统而原始的生产生活方式。这一区域内的珞巴族、门巴族、僜人、夏尔巴人是我国的较少民族，人口数千人，属特困弱势群体。

现已查明，西藏境内的大骨节病、碘缺乏病、地方性氟中毒、鼠疫和布鲁氏菌病均为全国最严重的省区之一，尤以大骨节病的严重、活跃程度居全国之首。经初步调查，全区7个地市、33个县、108个乡、379个村流行大骨节病，总人口为116.2万人，其中病区人口12万人，现症病人1万多人，因病致残5000多人，约占患者总数的20%。国家卫生部赴藏专家组认为，西藏地区大骨节病病区范围大、病情重，其活跃程度已超过青海，居全国之首，已成为整个自治区经济发展的严重障碍，应引起有关方面的高度重视。八宿县吉达小学在校学生103人，其中患大骨节病57人，占55.34%。大骨节病主要侵犯患者的运动系统，晚期患者常出现骨骼畸形、关节僵硬和疼痛、肌肉萎缩、肌力下降，使患者的运动功能丧失。有关资料表明，成年11度以上大骨节病患者男劳动力下降为87%、女劳动力下降为72%。洛隆县依热村，大骨节病患病率高达96%以上，因病致贫和返贫的人口超过病区人口的1/3。究其病因，全世界已研究150余年没有解决，而西藏在大骨节病的研究方面基本是空白。至于防治，目前国内主要以医疗手段进行防病治病和用病区搬迁、换粮、改水等工程措施予以整治。西藏病区人口主要分布在偏僻、落后、贫困的山区，为了根本解决问题，全区上下基本倾向于异地搬迁安置。

通过大力度和富有成效的扶贫开发，就是要使这部分贫困群众有饭吃、有衣穿、有房住、有学上、有病看、有钱花、有一个稳定增收的经营项目。切实解决这"三大难题"，对增强民族团结、巩固边防、维护国际声誉等方面具有深远意义。

（四）转变职能、把握宏观、当好参谋、服务全区是当务之急

新阶段的扶贫开发工作已经进入了更为广泛、长期而艰难的阶段，是一项复杂的系统工程，需要整合资源，联动扶贫，才能从根本上改变贫困面貌。作为扶贫部门应谋事而动，乘势而上，把加强调查研究、搞好宏观指导、当好党委政府参谋、搭建特色产业发展平台、强化劳动力就业转移培训等，作为开发工作的重点。具体讲是腾出更多的时间和精力，研究涉及扶贫开发中带有方向性和战略性的问题，不断提升扶贫开发工作的前瞻性和预见性能力，使有人管事、有钱办事、有章理事落到实处。

一是调整思路抓重点。主要是从分资金、审项目等烦琐的事务中解脱出来，用更多的精力抓调查研究和宏观指导，抓如何当好参谋助手、服务全区，抓扶贫开发规划的调整、完善和落实，做到谋实事、摸实情、说实话、献实策、干实事、求实效。

二是调整方式抓创新。主要是在机制创新、制度创新、观念创新、办法创新等方面狠下功夫，跳出扶贫抓扶贫，跳出增收抓增收，拿出实效办法和措施，在国家引导及群众参与、单位定点扶贫、社会各界帮扶、智力扶贫等方面，实现点的突破、面的发展，达到规范运作的目的。

三是调整方法抓引导。主要是注意发现、总结、推广示范基地、特色

产业、文明新村、致富能人的先进典型经验及做法，积极推行群众参与式扶贫和各级部门定点帮扶及能人带动，千方百计激活贫困群众内在的积极性和主动性，高度重视基层组织建设和全社会参与扶贫事业的重要作用。

四是调整角色抓服务。主要是强化服务职能和服务意识，以脱贫致富奔小康大局为重，克服本位主义，不在争权恋权上耗费过多的时间和精力，使规划、指导、督促、协调、服务工作到位而不越位或缺位，通力合作，实干苦干，务求实效。

总之，通过零距离的学习考察，使我们开阔了眼界、拓宽了视野、学习了经验、增长了见识、看到了差距、激发了思考，推动了工作，也为上海及周边地区取得的巨大发展成就而感到由衷地骄傲和自豪。我们坚信，在中国共产党的正确领导下，伟大的祖国将会更加繁荣富强！西部的人民将会更加幸福安康！西藏的明天将会更加美好！

（载《西藏财政研究》2005年第3期，西藏自治区财政厅主办）

两大开发结硕果　　人民群众感党恩

扶贫、农发事业是"三农"工作的重要方面。国家成立专门工作机构、安排专项资金、制定专门优惠政策，有计划、有组织、有规模进行工程形式的扶贫开发和农业综合开发，在西藏开始于1990年，从此揭开了西藏农牧民脱贫致富奔小康和建设现代农牧业的壮丽新篇章。这两大开发，被西藏广大干部群众亲切称为"雪中送炭"和"锦上添花"的民心德政工程。

经过实施《国家八七扶贫攻坚计划》和自治区"十五"扶贫计划，15年的西藏扶贫开发工作，取得了阶段性的显著成果。

一是绝对贫困人口大幅度减少。据统计资料显示，全区绝对贫困人口由原确定的48万人减少到目前的7万人左右；农牧民人均纯收入低于1300元的人口由2000年的148万人，预计2006年将下降到40万人左右，低于1300元重点扶持的393个乡镇将减少到21个乡镇左右。

二是贫困群众的生活水平明显提高。全区34个重点扶持县农牧民人均纯收入，预计2006年达到1750元以上，接近全区平均水平，年均增长幅度高于全区平均水平的3个百分点。

三是贫困地区的生产性基础设施条件日益改善。仅在"十五"期间，中央及地方累计投入西藏专项扶贫开发资金13亿多元，主要安排建设了扶贫点安置、小型基础设施建设、中低产田改造、草场改良、人畜饮水、妇幼医疗室、产业开发、劳动力就业技能培训转移等1500余个项目。

四是牧业综合生产能力不断增强。预计2006年比2000年，全区34个重点扶持县的粮、油、肉、奶产量，将分别增长1.2%、7%、15%、9%以上。

五是扶贫点建设、牧民定居工程取得成效。预计2006年底将有2.8万户农牧民、15.4万多贫困群众乔迁新居，从此过上安居乐业的幸福生活。

六是农牧区社会事业快速发展。通过部门联动、定点帮扶、社会参与等多种措施，预计2006年全区适龄儿童入学率将达到90%以上、青壮年文盲率将下降到30%以下、乡级卫生院覆盖率将达到91.80%、广播电视人口覆盖率达到85%以上、人口自然增长率由2000年的12.9%将下降到11%。

由于受多种因素制约，西藏农牧业生产长期停留在"靠天种地养畜"的被动境地，广大农牧民的生活必需品（粮油肉奶）不能自给自足，抗御自然灾害的能力十分有限。为了根本改变落后的农牧业状况，尽快使西藏人民脱贫致富，自治区党委、人民政府作出了综合开发"一江两河"地区的重点突破战略，并多次向国家有关部门申报建设项目。1990年7月，中共中央总书记江泽民同志来藏考察工作期间，听取了时任区党委书记胡锦涛同志的情况汇报后，给予了高度评价。江泽民同志指出："自治区提出的一江两河流域综合开发，是一项很有远见的重大工程。这一区域基础较好、潜力很大，综合开发这一区域，是发展西藏农牧业、加快西藏经济发展的突破口。要调动和依靠西藏各族人民建设社会主义的积极性，使人人都来关心、支持、投入一江两河流域，为搞好这一项造福子孙后代的事业，献计献策，出力建功。国务院将组织有关部门和地方大力支持西藏，开发一江两河流域，国家在制订'八五'计划和十年规划中将统筹安排。"至此，国家不仅立项安排了"一江两河"综合开发，而且同时启动了西藏农业综合开发。两大开发双管齐下，迎来了西藏农牧业发展史上的重大转折和新的辉煌。自"一江两河"综合开发10年和农业综合开发15年以来，国家累计安排西藏专项建设资金20.33亿元，其中"一江两河"资金10亿元、农业综合开发资金10.33亿元（含国家6.73亿元，地方配套2.90亿元，群众集资0.52亿元，项目区贷款0.17亿元）；先后建立农发区36个、实施建设项目200余个。西藏农业综合开发以其显著成效，成为国内外人士十分关注西藏发展进步的重点和亮点之一。

一是开发区农牧民温饱问题基本解决，为全区粮油肉菜基本自给任务的完成，做出了突出贡献。1991—2000年，"一江两河"中部流域规划建设的18个县粮食产量由35.5万吨达到53.68万吨，增加18.18万吨，增长51.2%；油料产量由1.19万吨达到2.83万吨，增加1.64万吨，增长137.8%；肉类产量由1.16万吨达到2.58万吨，增加1.42万吨，增长

99.3%；蔬菜产量由 4.21 万吨达到 11.61 万吨，增加 7.4 万吨，增长近两倍。当年西藏对外公布了这两个历史性成果，受到中央领导同志的充分肯定和高度赞誉，认为这是功德无量的大事。

二是开发区农业基础设施明显改善，在抗灾夺丰收中发挥了重要作用。通过"一江两河"地区为主体的农业综合开发，15 年累计完成中低产田改造 119.38 万亩，占全区耕地面积的 1/3 以上；宜农荒地恢复 12.91 万亩；草场建设 123.23 万亩。"十五"期间，共修建水渠 1533.09 公里、交叉建筑物 4619 座、防洪堤 91.56 公里、排洪沟 97.62 公里、机耕道 710.98 公里。通过山水田林路的综合治理，项目区基本形成田成方、树成行、渠相通、路相连、旱能灌、涝能排的现代农业基础格局。西藏粮食产量连年获得丰收，设施农业起到了决定性作用。

三是开发区农牧民收入大幅度增加，农业科技普及、运用水平显著提高。15 年来，开发区为当地农牧民创造农村经济价值达到 2.9 亿元，输出剩余劳动力近 5 万人。仅 2004 年，项目区直接受益农牧民达到 12 万余人，农牧民通过农业综合开发工程建设直接收入达到 4000 多万元，培养出了一大批致富带头人和技术能手，农牧民人均新增纯收入比非开发区农牧民高出 200—400 元，年均保持两位数以上的增收幅度。农作物良种覆盖面积由开发前的 60% 提高到 90% 以上；农业机械化作业率由 30% 提高到 65%，特别是农业机械收割率由 10% 提高到 30%，新增农业机械总动力 2070.12 万千瓦，农业科技队伍不断发展壮大，15 年累计完成各级各类培训 60 多万人次。

四是在推动全区农业结构调整中，开发区起到了重要的示范、带动作用，农业生态环境明显改善。重点扶持建设了一批优质青稞、油菜、饲料及蔬菜生产基地和畜产品加工基地，同时，积极引导和促进了一批农牧民专业合作经济组织、农畜产品行业协会的发展，注重对涉农的龙头企业扶持。拉萨、日喀则、山南地方的城郊河谷农牧业、加工业、蔬菜产业等，正在悄然兴起，日益丰富着城市人民的物质生活，特别是蔬菜产业在部分重要城镇的供给率达到 80% 以上。15 年来，累计完成人工成片工程造林 27.9 万亩，建设苗圃近 5000 亩。雅鲁藏布江中部流域 150 余公里的防沙固沙林带，已成为一道亮丽的风景线。

实践证明，扶贫开发和农业综合开发是国家实施农村发展战略的重要组成部分，最能体现农牧民群众的意愿和公共财政的要求，是社会主义市场经济条件下国家支持和保护农牧民利益、促进农业发展的一个有效手段，是巩固和加强农业基础地位的重要途径，是脱贫致富、提高农业综合生产能力的一项关键措施，是促进农业可持续发展的一个重要推动力量。

总之，西藏通过扶贫开发和农业综合开发，原确定的国家级和自治区级贫困县基本上都摘掉了贫困帽子，个别地方已被列为自治区小康示范基地，部分群众不仅告别了贫困，而且还走上了小康的致富道路。通过两大开发，群众过去那种"要我富"的观念，开始转变为"我要富"的理念，成为了广大农牧民的共同心声。山南地区扎囊县朗赛岭地方原为荒漠沙石滩，如今变成了搬迁群众的绿色家园。昔日逐水草而居的藏北贫困牧民，如今在那曲县罗马镇组建了合作经济组织，日子过得一年更比一年好。像这样的典型事例，不胜枚举。广大人民群众从内心深处感谢共产党！感谢社会主义！感谢伟大的祖国！

（系 2006 年度对外采访新闻稿提要）

卓村人的幸福生活

卓村，一个鲜为人知的小村庄，属林芝地区朗县洞嘎镇的行政村之一；坐落在雅鲁藏布江中下游林邛公路旁的山坳上，距离县城30余公里。全村现有46户177人，耕地面积为260.6亩，牲畜总数721头（只匹）。10多年来，卓村党政一班人紧紧抓住党的富民政策机遇，团结带领全村群众创新观念、开拓进取、勇于拼搏，使卓村由昔日相对贫困村变成今天小有名气的富裕村。

村支书巴珠介绍说，在国家的大力扶持下，全村基本实现了"六通一改"（指通路、电、水、邮、广电、电话和改村容村貌）的新农村建设任务；通过从事多种经营，村民开始富裕起来了。现在，18户村民盖起了新房，17户家庭正在修建新房，35户安装了电话，13户购买了手机，12户拥有货运汽车，15户购置了摩托车，18户用上了电冰箱，家家户户都有彩电，城里人使用的煤气灶、高压锅、电饭煲等现代家庭用品，我们普通农家也有了。今年全村人均纯收入计划达到8000元，其中现金收入5000元，力争完成1万元，我们对此很有信心。

然而，10多年前，贫穷与落后，闭塞与保守，还是卓村的鲜明特征。那时的卓村人，日出而作，日落而息，守着祖先留下的薄田和少量果树，过着不能自给自足的生活，全村农牧民年均纯收入不足1000元。

自邓小平南方谈话以后，较为开明的卓村人，凭借有利的交通条件，购买了老式解放牌汽车，靠跑运输闯市场，挣得了"第一桶金"。1991年，年仅31岁的巴珠，被村民选举为村党支部书记，正是卓村第一个跑运输致富的领头人。在他的带领下，先后有5户村民，利用贷款购置车辆，仅用一年多的时间，就还清了贷款，有了一些盈余，成为卓村人"淘金"的一批先行者。现在，卓村已成立了12户村民联营的运输队。巴珠高兴地说："每辆汽车每年最少可挣2万多元，多时可达5万—6万元；集体经济增加至几十万元。"

的确，靠运输，使卓村人富了；靠运输，使卓村人眼界开阔了。他们将外面的信息带回了卓村，使卓村人的思想观念，发生了根本性转变。现在，有8户村民在洞嘎镇开办商店，5户村民在本村做生意，还有3户在外地当行商。

开始富裕起来的卓村人，在市场经济发展的大潮中，懂得了再穷不能穷教育、再苦不能苦孩子的道理。几年来，卓村的适龄儿童入学率、巩固率，一直保持100%，没有因缺少劳力或者家庭困难等原因，发生一起辍学现象，走在了朗县行政村的前列。许多村民都深有感触地说："以前我们没有文化，好多新东西学不会，不能理解；现在有条件了，决不能让我们的下一辈人没有文化，必须让他（她）去读书。"村支书巴珠自豪地说："这几年，我们村在外地上学后参加工作的有十几个人，在山南工作的3人，在拉萨工作的4人，在林芝工作的3人，在日喀则工作的2人……"

卓村人在不断追求物质文明的同时，更加注重精神文明的建设。1999年，在村党支部、村委会的带领下，卓村人自己投劳，拆掉了旧的文化室，建起了村级多功能文化室，购置了科技、文化、历史等方面的书籍，使卓村人有了读书、看报、学习的场所。今年还组建了村级业余文艺演出队，每逢重大节日和村里重要庆典，演出队都要自编自演节目，让村里父老乡亲和外来客人喜笑颜开。为了紧跟时代步伐，卓村人集资购买了有线电视设备，开通了12套有线电视节目，自从办了村级闭路电视，成为朗县第一个开通有线电视的行政村，村民对新鲜事物的接受能力进一步增强。

传统的生产生活方式，始终困扰着卓村人的心。虽然经过多年的努力，村民初步掌握了地膜种植、农药、化肥使用等简单的农业技术，但是看到外地人种植的大棚蔬菜和依靠科技种出的新鲜水果，看到电视里五花八门的农牧科学技术内容，卓村人心中充满了对掌握农牧科技的渴望。

1998年，当朗县开始推广黄牛改良的时候，卓村人抢先报了名，强烈要求县农牧部门第一个在卓村开展工作。2001年，派人专程到林芝地区种畜场购买了一头种牛，用于改良本村的黄牛品质。现在，卓村家家户户都有改良后的黄牛，仅此一项，每户人家的年收入就可增加100多元。在县农牧部门的帮助下，卓村人现在掌握了短期育肥技术，农牧业收入逐年增加。在自治区农牧厅的帮助下，卓村建起了第一座蔬菜大棚，当黄瓜、西红柿开花结果的时候，以前只会种土豆、萝卜的卓村人大开了眼界。受益群众兴奋地说："我们一年四季，都可以吃上新鲜蔬菜了！"现在，卓村建有4座蔬菜大棚，除满足自食外，还销往县城和附近村镇。巴珠介绍说："每个蔬菜大棚的年均现金收入达到1500元以上；我们的目标是超万元。"正当农业机具推广普及悄然兴起时，卓村人又一次抓住了机遇，赶上了新潮。现在，卓村已有9台播种机、32辆拖拉机、9台柴油机。一位村民说："全村基本实现了农业机械化，用机器从事农业生产，既省力气又节约时间，我们非常喜欢。"朗县农牧推广人员说："卓村人在外闯市场，眼界开阔多了，思想比较解放，农业科技在卓村推广很快。如果其他村庄都像卓村人一样，我们的工作量就大大减少了，农牧民增收就不再是难题了。"

2003年初，卓村被推选为朗县第一批全面建设小康示范的村庄。在解放军115医院的帮助下，卓村人修建了朗县第一条长近200米、宽6米的村级水泥路；也正是在当年，卓村人抓住福建省对口援助林芝地区的机会，与县水电公司合资兴办了水泥预制厂，成为朗县第一家村办企业。村主任扎西顿珠自豪地说："如果不统计村民个人收入的话，2003年预制厂已经为村集体经济创收2万多元。"

卓村新建的房屋，外装考究，内装新颖，庭院整洁，人畜分开，外带果园，内设厨浴，各家各户基本都有各式各样的现代化电器、时尚家具、藏汉客厅等。

卓村人开始富裕了，思想更加解放和理性了，前进的脚步迈得更大、更扎实了。2004年，村委会一班人前往林芝八一镇附近的经济强村考察取经，回村总结后，村级领导班子达成的共识是：不比不知道，对比吓一跳，与先进村的差距，就是卓村奋力追赶的巨大动力。自全区第三批共产党员先进性教育活动开展以来，卓村的发展思路、工作重点、奋斗目标、主要措施等更加明确具体，发展指标已经量化到了每户责任人，公示在村委会的宣传栏里，接受全体村民的监督。目前，卓村组建了塔布建筑有限公司，正紧锣密鼓地联系承揽建筑工程项目；在自治区农牧厅的支持下，全村在组织实施家庭太阳能浴室和冲水厕所；利用援藏资金，已开工建设具有民族风格和现代品位的农家乐休闲娱乐场所；计划延长村内硬化道路和改建上下水设施；组织团员为贫困户修建二层石木房屋；为邻村2户房屋被烧群众捐助粮食和衣被;通过村户签订综合治安责任制后,全村未发生一起刑事案件和打架斗殴现象……卓村人的幸福生活在他们的亲手培育下,犹如一朵迎春花,绽放出绚丽的花朵。

村支书巴珠满怀信心地说:"我要购买一台电脑,用电脑和相机,记录卓村变迁的一切,规划卓村的未来发展前景。再过几年,我们的幸福生活要赶上城里人。"李桑县长高兴地介绍说:"卓村人不仅能歌善舞,而且烹调技术也不错,善于接待,很能给人们留下美好难忘的记忆。通过努力,我们将把卓村打造成为高品质的民俗旅游新村。"

卓村,一个响亮的村名。这里绿树成荫、古树参天、鸟语花香、果实累累、山水相连、蓝天白云……是现实中的桃园圣境,她的发展巨变,得益于党的富民好政策,得益于好的领路人和团结奋进的好班子,得益于勤劳智慧致富的卓村人。我们认为,卓村是我区"三农"工作取得实实在在显著成果的缩影,是谋跨越、创和谐、奔小康的典型,是建设社会主义新西藏、新农村、新生活的样板。

(系 2005 年 5 月从事全区第三批共产党员先进性教育活动调研工作笔记)

科技之光普照高原

——2007年西藏科技工作巡礼

2007年是实施西藏"十一五"科技发展规划纲要的第二年，是贯彻落实全国、全区科技大会精神的第一年，在自治区党委、政府的正确领导下，在国家科技部及相关部门的大力支持帮助下，经过全区科技战线广大干部职工的共同努力，推动我区科技工作取得新的显著成就。全年科技工作主要亮点有：

第一，科技投入首次过亿元，中央资金首次超过地方资金，基本达到翻一番。预计，今年科技经费达到1.65亿元（不含各类援藏项目经费），比去年增长1.32倍，科技项目92项，比去年减少9%，其中自治区0.56亿元（71项），国家1.11亿元（21项）；分别比去年增长30.2%和3.1倍，2007年国家比地方安排经费增长98.2%。表明我区科技事业进入了一个新的发展阶段，成为新的起点和重要跃升年份。

第二，国家重大科技支撑项目首次落地西藏，国家重点科技支撑项目单项资金首次超千万元。《西藏高原国家生态安全屏障建设与保护关键技术研究与示范》项目被列为国家重大科技支撑项目，投入资金3331万元；《藏医药现代化发展关键技术研究与示范》《西藏冬虫夏草资源可持续利用关键技术研究与示范》《西藏牦牛产业化关键技术研究与利用示范》和《西藏农区优质草产品加工关键技术研究与利用示范》项目被列为国家重点科技支撑项目，共获得国家资金支持4447万元。

第三，西藏（成都）科技孵化器首次落成启用，全区高新企业首次有了政府搭建的技术创新服务平台。自治区设立科技创业资金1000万元，首批16家企业进入孵化器，支持企业孵化项目17项，已投入资金678.25万元。截至目前，一批藏医药、可再生能源、特色农牧业资源、特色生物资源、信息技术与电子等研究项目取得阶段性成果，激发了高新企业自主创新的积极性、主动性和自觉性。

第四，科技部批准的藏医药与高原生物重点实验室，成为我区第一个省部共建实验室。这将对我区藏医药和高原生物研究提供更好的基础条件，使我区研究机构的定位提升到一个新的战略高度，有利于促进我区特色产业发展和优势资源开发上层次、上水平、上档次。此外，奇正藏药成为我区第一家国家创新型企业试点单位，这对实施"技术创新引导工程"，引导区内企业的走自主创新发展道路，促进企业真正成为技术创新主体意义深远。

第五，科技部、中科院首次启动西藏科技人才培养计划。今年科技部先期在上海帮助西藏培训科技管理人才50名，并将以长效机制方式确定下来。中科院将用3年左右时间为我区培养硕士生30名，这对加快我区科技人才培养步伐，提升素质，意义重大。

第六，七地市科技大会今年相继召开，林芝、阿里地区尚属首次。重视科技工作形成良好氛围，均大幅度增加了地市级科技投入；有条件的部分县级科技局正在相继申报成立之中。

第七，藏医药专家强巴赤列荣获国家2007年度何梁何利科学技术进步奖，获得奖金20万港元，在我区还属首次，这对激励全区广大科技工作者的积极性、主动性、创造性将产生促进作用。

在以上亮点中，承载如下主要看点：

（一）科技特派员制由试点转向推广，发挥作用明显，受到乡村干部的广泛好评和农牧民群众的普遍欢迎。截至目前，全区共聘用542名科技特派员，比去年增加346名，进驻65个县（市区）、1600余个乡（村），占全区县（市区）总数的86%，平均每人入驻时间达到200天以上。多渠道融入资金2亿余元，实施科技项目301项，引进示范推广优良品种120个，推广适用技术210项。通过项目带动形式，培训农牧民8.5万人次，该项目使农牧民人均收入增幅平均超过15.6%。科技特派员成为促增农业增效、生产增产、农牧民增收的生力军。

（二）自治区重点科技项目进展顺利，部分研究项目取得实质性和阶段性成果。牦牛、藏细绵羊胚胎移植、高原太阳能取暖技术获得重大突破。《藏药材质量标准化研究》通过37种常用藏药材的质量标准化研究，整理出《37种常用藏药材地方标准起草书》，已达到了可控目标。为提升藏药材质量控制打下了初步基础，为藏药材现代化和产业化发展提供了技术支撑。《濒危藏药材人工种植研究与示范》项目取得新进展,其中种植面积达99.7亩的桃儿七藏药材繁殖成活率达到98%以上。《那曲地区优质冬虫夏草半野生抚育中试及原生地保护技术研究》项目,经过两年的实施,已取得初步成效,两年共培植幼虫4.5万条,放幼虫回自然生境4.4万多条。《那曲地区草原毒草灭杀技术研究》项目,对狼毒、棘豆两种毒草进行了灭杀实验,实验面积选到3600亩,总有效率达97%以上,具备了进一步推广应用的基础。

(三)农业示范基地成效明显,科技富民强县和星火计划生机勃勃。围绕"一产上水平"的经济发展战略目标,年度组织实施的涉农科技项目经费占总经费的50%。在拉萨、山南、林芝、阿里4地市10个县实施了科技富民强县计划,投入科技项目资金2199万元。一批符合我区农牧业产业化发展和大幅度增加农牧民收入需求的《工布江达县藏丹参种植与开发》《波密县野生天麻半人工栽培科技示范与推广》等科技项目,在农业示范基地生根开花、结果。重点示范推广了"藏青311"500亩等优良青稞和小麦新品种,平均亩增幅度达15%—20%;完成牦牛育肥150头,以此建立牦牛扩繁示范户25个,引进优良种羊100只,纯种母羊300只,杂交改良当地绵羊1445只,繁殖纯种后代200只。建设人工饲草地1000亩,培养科技致富带头人200名。全年实施自治区星火计划项目15项。投入资金300万元,形成了一批《高效温棚无公害蔬菜示范》《藏鸡繁育示范》等短平快科技增收项目,在促进农业增产、增效、增收方面作用明显。同时完善和规范了全区18家星火计划服务体系示范点工作机制和管理措施,重视星火培训基地、星火学校、星火课堂和星火项目的带动和辐射作用。

(四)科技援藏搭起广泛合作交流平台,区院合作、国际交流在向纵深扩展。2007年6月,全国科技援藏工作经验交流座谈会在拉萨成功召开。来自全国30个省(市区)、16个副省级和地级市科技厅(委局)的代表、我区七地市科技局负责人及自治区有关部门负责人共150名代表参加了会议;并赴林芝、拉萨、日喀则、那曲等地县进行深入的科技情况调研及科技援藏项目对接,达到了会议的预期目的和效果。不仅为西藏科技发展注入大额度项目资金,而且对紧紧依靠自身科技力量,利用发挥国内科技资源,拓展了广泛地合作交流平台,其意义深远。科技部明确安排我区年度科技项目资金1.16亿元,目前已经基本落实;动员全国科技系统援助科技项目37个，协议援助资金2041万元，目前正在衔接落实之中，部分项目资金已到位。全年组织申报国际合作项目3个，落实经费482万元。完成了《提高西藏奶牛生产性能研究》《喜马拉雅地区城乡太阳辐射、气溶胶总量和成分空间、季节变化研究》等中外合作课题研究；完成与美国新一代基金会新一轮合作项目协议的续签工作，注入合作资金200万美元，其合作项目《四江流域生态GIS系统》的研究工作正在实施之中。截至目前，全厅接待管理来自美国、加拿大、意大利、德国、瑞典、丹麦、日本、奥地利、瑞士、俄罗斯等国来藏的外国科学家考察团队6批20余人（次），没有出现和发生意外情况。

（五）着力抓好为"三产大发展"服务的信息化建设，大力支持旅游业发展。2007年主要组织实施了《西藏旅游信息管理系统》《西藏科技共享数据更新与信息网络管理》科技项目；补充完善了"全区旅游景点数据库""旅游服务机构数据库""旅游线推介及后台管理系统"等，为我区旅游业的发展提供了信息服务平台。同时，拓宽了信息化建设的覆盖领域，相继补充完善和建立了"藏药信息系统""藏文星火计划网""科技档案数据库""科技人才数据库""科研仪器设备共享平台"等信息服务平台。

（六）努力推进科技体制机制创新。积极探索科研院所、大学与企业在研发攻关产品方面的实质性对接及区外科研联盟的路子。在自治区党委、政府的高度重视和自治区组织人事部门的大力支持下，厅级领导职数新增1名，西藏（成都）孵化器确定为事业单位，新增编制5名。试行了重点项目首席专家负责制，对《藏医药现代化与可持续发展》项目，实行了西藏藏药研究院、西藏高原生物研究所、西藏林芝奇正藏药厂、雄巴拉曲神水藏药厂、西藏自治区藏药厂、西藏农牧学院、农科院蔬菜研究所及中科院西北高原生物研究所、中科院昆明植物研究所、重庆中医药研究所联合承担项目责任制，明确各方任务，发挥各自优势，实现联合攻关，为探索建立产学研相结合机制、推进科技创新体系建设迈出了重要一步。2007年6月，在拉萨成功承办"中国农村科技扶贫创新和长效机制探索"项目三方评审会（UNDP、科技部、商务部），交流总结了全国15个省区项目开展的主要经验。8月，召开了全区科技支撑新农村建设工作会议，总结交流农牧区科技工作的主要经验和成效，安排部署今后一个时期农牧区的科技工作，提出了《西藏自治区新农村建设科技促进行动计划》，同时，表彰和奖励10名科技致富带头人，打造了良好地社会宣传舆论氛围。

（七）科技宣传、科技下乡和科技培训工作得到进一步加强，科技扶贫成效显著。高度重视电视、广播、报纸、网络的宣传作用，安排专项资金，落实具体任务，责任到人，强力打造良好的科技舆论环境。今年组织科技新闻系列报道稿15篇，专题片11部；编译藏文科普成果推广小册子6种，24万册，面向全区乡村农牧民发送，受到欢迎。年度安排科技宣传经费达71万元，其力度和声势为历年之最。年度安排科普项目22项，农牧民科技培训项目20项，共投入经费390余万元，先后举办农牧科技培训57期，培训农牧民1万人（次）。按照自治区扶贫领导小组的总体安排部署，厅党组抽调得力干部组成定点扶贫工作组，挂职实施日喀则地区萨迦县吉定镇定点扶贫任务。5名厅领导率工作组先后深入吉定镇开展工作，与基层干部群众共商年度科技扶贫内容、5年科技扶贫规划及做好动员实施工作等。今年共安排扶贫资金309万元，其中科技扶贫专项169万元，引进资金140万元，主要组织实施了新品种青饲玉米500亩，二级种子田建设2600亩；建设镇级科普文化室1个，村级桥梁1座，家庭户用型太阳能沼气37户；引进奶牛30头，扶持奶牛示范户10户；建设塑料大棚温室2080平方米，扶持蔬菜种植示范户13户（每户160平方米）；培训当地农牧民技术员150名；组织动员厅系统干部职工捐款约4万元。通过科技扶贫，使吉定镇农牧民得到了很多实惠。

回顾总结2007年的科技工作，我们有以下主要体会：一是以邓小平理论和"三个代表"重要思想为指导，牢固树立和落实科学发展观，是做好科技工作的强大思想武器；二是认真贯彻落实全国、全区科技大会精神，强力推进科技自主创新、建设创新型国家和地区，是做好科技工作的根本动力；三是全面实施"十一"科技发展规划纲要，按照自治区三大产业发展战略目标布局、实施项目，促进国民经济又好又快发展，是做好科技工作的重要抓手和着力点；四是中央的亲切关怀，区党委、政府的正确领导，科技部和有关部门的大力支持，全国各省市区科技部的无私援助，广大科技工作者的辛勤奉献，五批援藏干部的西藏情结，是做好科技工作的坚强后盾；五是大力加强厅党组建设、处室班子建设、党支部建设，充分调动系统全体人员的主观能动性和创造力，是做好科技工作的重要因素；六是以创新为先导，扎实做好人才培养、项目设计、基地建设、科技宣传、科普培训，是做好科技工作的重要手段；七是依托区内科技人才资源，发挥区外顶层专家作用，试行重点项目首席专家负责制，是做好科技工作的重要方法。我们应当牢记于心，实干于行，倍加珍惜。

(载《西藏日报》2007年12月12日第六版)

假的就是假的 伪装应当剥去

西藏，是我们伟大祖国不可分割的一部分，是全国人民深情关注的地方。这片神奇的土地，原野广袤，山峰俊秀，以其苍茫雄浑的底蕴和奔腾的长江、黄河一道，共同凝铸了中华民族不朽的精魂。这是各族人民共同的家园，在中国共产党的领导下，通过和平解放、民主改革和成立自治区，西藏人民走上了社会主义的康庄大道，深入改革，扩大开放，我们在阳光中建设着更加美好的明天。阳光下也有罪恶，犯下罪恶的是披着伪装的豺狼，他们总想把朗朗晴天化作黑暗，一面疯狂造孽，一面蛊惑人心，竭力把自己装扮成天使。但是，历史的真相掩盖不了，大量事实昭然若揭，假的就是假的，伪装应当剥去。

一 山外乌云城欲摧，正是迷梦惊魇时

墨写的谎言终是篡改不了血写的事实，不管达赖集团与其主子怎样摇唇鼓舌，那沉重的一页页历史把真相告诉人们。100多年前，西藏被外来的暴雨肆意侵凌，开始了雪域高原惊魇的记忆。

17世纪的古格，在铁火的喷发中悄然泯逝，而导致西藏古格灭亡的罪魁祸首，正是坚持执行西方殖民主义扩张路线的所谓"传教"士们。1841年，鸦片贩子们在中国东南沿海战事正紧，受英帝国控制的道格拉部即在刽子手倭色尔的率领下，以朝拜雪山圣湖为名，分三路大军侵入我西部阿里地区，发动了侵略中国西藏的"森巴战争"，以减轻其主子在东南沿海的压力。

1888年，英帝国在加紧吞噬喜马拉雅山周边的同时，对觊觎已久的西藏发动了罪恶的侵藏战争。隆土山上由土枪、弓箭、刀、矛、竹篱、泥

墙和血肉之躯结成的驻防,在英军大炮等重型武器的轰炸之下凄然崩塌。1904年,对西藏高原抢掠意犹未尽的英军,在双手沾满鲜血的侵略头子荣赫鹏的率领之下,再次发动武装侵藏战争。曲米辛谷骇人听闻的大屠杀,祭出民族不屈的血旗;江孜宗山保卫战,演出殊死反帝的壮剧。

刺刀下的拉萨在泣血,乌云遮蔽下的高原在流泪。翻开历史的册页是惨痛的,然而,正是这血迹斑斑的累累伤痕让我们惊醒,看到了今日伪善的背后,是西方殖民主义者血腥侵略抹不去的暴行的延续。所谓的"西藏独立"、"西藏问题",都是百年帝国主义"博弈"的"遗产",说到底,我们同达赖集团和支持他们的国际反华势力的斗争,是近代以来中华民族反对帝国主义侵略斗争的继续,是中国人民反对霸权主义、强权政治斗争的重要组成部分。

二 雷霆扫荡清寰宇,宵小翻覆却邪行

纵观世界历史,任何妄图阻挡历史前进的螳臂,必将被滚滚车轮碾得粉碎。西藏人民和全国人民一道翻身解放,阔步前进,行进在社会主义的光明大道上,是历史发展的必然,那些试图阻挡人民前进脚步的所有宵小都是徒劳的,念着"黑暗咒语"的十四世达赖不行,一小撮暴力犯罪的狂徒不行,一切寄附的魑魅魍魉都不行。

1949年10月1日,中华人民共和国成立,一声春雷震响神州大地。然而,帝国主义的势力依然操控着西藏。1950年,毛主席果断作出解放西藏,驱逐帝国主义侵略势力出西藏的伟大战略决策。1951年5月23日,中央人民政府和原西藏地方政府在北京签订了"十七条协议"。也就是在这一年的9月26—29日,原西藏地方政府召开全体僧俗官员、拉萨三大寺代表参加的大会,专门讨论"十七条协议"问题,大会最后通过的给十四世达赖的呈文说:"签订的十七条协议,对于达赖之宏业,西藏之佛法、政治、经济诸方面,大有裨益,无与伦比,理当遵照执行。"1951年10月24日,十四世达赖致电毛泽东主席,表示"双方代表在友好基础上,已于1951年5月23日签订了关于和平解放西藏办法的协议。西藏地方政府及藏族僧俗人民一致拥护,并在毛主席及中央人民政府的领导下,积极协助人民解放军进藏部队,巩固国防,驱逐帝国主义势力,保

护祖国领土主权的统一。"十世班禅和堪布厅也发表声明，《协议》"完全符合中国各族人民，特别是西藏各族人民的利益"。根据"十七条协议"，中国人民解放军向西藏和平进军，10月29日，人民解放军抵达拉萨，并先后进驻江孜、日喀则、亚东和阿里地区。从此，西藏完全回到了祖国大家庭的怀抱。可是，以十四世达赖为首的上层反动分子为维护政教合一的封建农奴制社会特权和自身利益，却在西方敌对势力的鼓噪支持下，对"十七条协议"采用两面派手法，阴谋进行分裂祖国的活动。

1952年3—4月，十四世达赖手下原西藏地方政府官员司曹鲁康娃和洛桑扎西暗中策划和支持非法组织伪"人民会议"，在拉萨骚乱闹事。

1956年，十四世达赖手下原西藏地方政府官员噶伦索康·旺青格勒等人在西康省藏区策划煽动武装叛乱，并在西藏和其他藏区蔓延，叛乱分子围攻当地地方政府机构，残杀工作人员和无辜群众。

1957年5月，十四世达赖纵容、庇护原西藏地方政府官员噶伦柳霞·土登塔巴和先喀·居美多吉成立"四水六岗"叛乱组织，随后又成立了号称"卫教军"的叛乱武装力量，公开提出"西藏独立"口号，大搞分裂祖国和破坏民族团结的活动。

1959年3月10日，十四世达赖及追随者经过精心组织准备，认为发动武装叛乱的时机已经成熟，公然撕毁"十七条协议"，在拉萨发动了旨在分裂祖国的武装叛乱。

但是，十四世达赖分裂主义分子有预谋、有计划、有组织的武装叛乱很快就被我强大的人民解放军给平息了。失败后的十四世达赖逃亡国外，托庇于帝国主义的荫护之下，在分裂祖国的道路上越走越远。

三　花样翻新质不改，变本加厉愈张狂

十四世达赖集团叛逃后，变换手法、翻新花样，但其分裂祖国、祸国乱教害民的本性始终未变，他们视国家法律法规尊严为空文，把破坏安宁祥和的西藏当作儿戏，将人民生命财产当草根，篡改教义、愚弄百姓、屠杀平民、烧杀抢掠、暴力血腥、无恶不作。

1959年6月，十四世达赖称"西藏实际上曾经一向是独立的"，在达兰萨拉，达赖集团召开所谓"第一届西藏人民代表会议"，成立"流亡政

府",以十四世达赖为"首脑"形成以分裂为目的集团组织,并在国外藏胞中收取"独立捐",筹集分裂祖国的资金。

1960年9月,十四世达赖集团在木斯塘重新组建了"四水六岗卫教军"武装力量,在西藏边境进行了长达10年之久的军事袭扰活动,十四世达赖撰文对其头目恩珠仓·公布扎西的"功劳"大肆赞扬。

1963年,十四世达赖集团颁布所谓"西藏国宪法",规定"由达赖任国家首脑","大臣由达赖任命","政府的一切工作均应由达赖同意方被认可"。

1986年,十四世达赖以"要争取西藏独立采取具体行动"为主题,在印度达兰萨拉频繁召开各种"重要"会议,亲自策划部署拉萨骚乱行动计划,指令"藏青会"执行。

1987年9月21日,十四世达赖在美国国会发表演讲,声称:"要恢复西藏特有的自由和独立地位"。9月24日,十四世达赖在美国印第安纳大学举行的记者招待会上说:"西藏不是中国一部分,西藏是一个独立国家。"9月27日,拉萨少数不法僧人秉其暗旨,肆意骚乱。10月1日,暴徒们抢枪支、砸商店、放火焚烧八廓街公安派出所,甚至大肆冲击自治区领导机关。10月7日,十四世达赖在达兰萨拉发表演讲,表示对拉萨骚乱"完全支持"。此后,拉萨骚乱愈演愈烈,1988年3月5日,一伙骚乱分子趁拉萨传召大法会迎请强巴佛仪式之机,突然向执勤的公安干警投掷预先准备好的石块,围攻在大昭寺的自治区领导人,冲击自治区佛协传召办公室,砸毁电视转播车,捣毁商店、餐馆、医疗诊所,使机关不能正常上班,商店、宾馆不能正常营业,学校被迫停课,社会秩序遭到严重破坏。同年12月10日,一伙骚乱暴徒在八廓街横冲直撞,呼喊反动口号,致使正常社会秩序混乱。1989年3月5—7日,拉萨持续骚乱,暴徒们打砸抢烧机关、学校24个,有900多家商店被抢劫和砸烂,有99家个体商户、20多辆汽车,还有很多三轮车、自行车被暴徒砸烧。在这期间,十四世达赖在境外集会上赤裸裸地对拉萨骚乱给予鼓励。

1991年3月,十四世达赖窜访英国称,西藏"是当今世界上被占领的一个最大的国家"。4月4日,十四世达赖通过"美国之音"藏语广播说:"要进一步加强西藏独立的所有事情。"这一年,十四世达赖集团规定"达赖任国家首脑","达赖可以直接通过下层发布命令",并相继加强"藏青会""藏妇会"等极端组织。第二年2月1日,十四世达赖亲自起草了《未来西藏的政治路线及宪法的基本特征》政治文件，提出实行"三权分立"，进一步制定"藏独"对策和具体行动方案。在国际上，十四世达赖频频窜访，加快设立"藏独办事机构"步伐，出版发行宣扬"西藏独立"的刊物和书籍。他们大力推进"独立事业"的政治活动，不断派遣特工向我党政机关、企事业单位、学校、居委会渗透，痴人说梦般地预告"中国将要解体"，号召暗地里心向他的境内人员"投奔光明"，公开进行策反，他们加大向境内寺庙的渗透，叫嚣："控制一个寺庙，就等于控制了共产党的一个地区。"

1993年，十四世达赖集团向境内渗透的活动不断升级，制造了一起起破坏安定团结局面的事件，他们策动非法出境，向区内输入反动经书和音像制品，派遣所谓"活佛"入境，到1993年底，由十四世达赖遥控认定的活佛达215人。在十四世达赖的授意指使下，一些早被废除的"帕族""戈巴"等宗族势力死灰复燃，对西藏农牧区的稳定构成了严重威胁。他们还利用广播电台大搞舆论渗透，以国外的24个电台70多个频率，采用念经、讲经、经文点播、讲故事、讲历史等形式，在所谓"西藏人权""西藏移民""西藏宗教文化毁灭""西藏环境保护破坏"等问题上大肆造谣，以迷惑民心、动乱民心，并借题发挥，蒙骗舆论，图谋以此促成国际社会对我国进行制裁。

1993年1月26日，达兰萨拉的伪"人大"委任的2名新噶伦辞职，十四世达赖亲自提出候选人，同时对伪"人大""藏妇会"和"四水六岗"等反动组织的成员进行了相应调整和加强。十四世达赖集团甚至妄图把1994年作为解决"西藏问题"的关键一年。

1994年初，十四世达赖集团制订计划，准备将受过训练的大批特工人员分头派遣入境，搜集我党政军情报，为所谓"全民公决"做准备。第二年初，十四世达赖集团煽动部分国外藏胞搞所谓"和平挺进"活动。三年后，十四世达赖却在公开场合宣称"西藏高度自治""大藏区""中间道路"等骗人把戏，以掩盖图谋"西藏独立"的反动本质。但是达赖集团的核心人物嘉乐顿珠和桑东毫不掩饰地说："西藏首先在中间道路下实现大西藏自治，再过20年后，在大西藏范围内举行全民公决，决定西藏的前途，第一步先让西藏在自治的名义下半独立；第二步过渡到'西藏独立'。"

从20世纪90年代中期起，十四世达赖自知手中纸牌所剩无多，更加利用宗教这张王牌，拼命从事着组织策划罪恶勾当，大肆破坏境内正常的宗教秩序，违背藏传佛教教义，做出了许多祸藏乱教的丑恶事情，十四世达赖曾多次在大法会上指责"俱力护法神"，并多次发布"谕旨"责令禁止供奉"俱力护法神"。其用意在于以此挑起信教群众和教派之间的事端，蓄意制造矛盾和动乱，以此把事情闹大。

2006年，十四世达赖在第三十届时轮金刚灌顶大法会上，大肆宣染藏人禁止信奉金刚"俱力护法神"、严禁藏人穿戴皮毛服饰品，再次有意挑起矛盾、制造事端。在十四世达赖的授意鼓励下，当年境内发生了一系列恶意聚众焚烧皮毛服饰品和捣毁护法神的滋事事件。

2007年，十四世达赖窜访欧美国家时多次声称："2008年是关键的一年"，呼吁有关国家在与中国打交道时，把"西藏问题"与北京奥运会联系起来，企图将体育盛会政治化。2008年1月，十四世达赖接受记者采访时，进一步要求其支持者在北京奥运会期间举行示威游行。十四世达赖集团的"藏青会"在2008年"3·10"声明中，明确叫嚣"永远不会放弃争取西藏彻底独立的斗争"。十四世达赖集团的"藏妇会""西藏民主党""自由西藏学生运动组织""九·十·三运动组织"等极端组织早已扬言，要在2008年北京奥运会期间实施爆炸恐怖活动。

事实证明，无论十四世达赖集团怎样狡辩、混淆视听，其分裂祖国的反动本质始终未变。半个多世纪以来，十四世达赖没有为西藏的发展和进步做过一件好事，相反却处处阻扰西藏的发展、危害人民的幸福。西藏每一次严重动乱事件都是十四世达赖集团一手策划、精心组织实施的。

四 寂寞总是无情物，喧嚣原来有暗合

综观十四世达赖集团数十年来的寂寞冷清与喧闹狂嚣，无一不与国际局势动荡的大气候紧密联系，他们所有的行为或完全操控于幕后的黑手；或与国际上的反华暗潮合流，他们上演的"独立"闹剧、丑剧，不过是傀儡戏而已。

20世纪70年代，十四世达赖集团受到国际社会的冷落，经济上捉襟见肘，内部矛盾加剧，十四世达赖不得不在国际上降低"西藏独立"的调门。20世纪80年代，由于东欧剧变，苏联解体，社会主义事业遇到了

暂时的挫折，国际反华势力掀起了一阵反华喧嚣，对中国进行"和平演变"。西方鼓吹"中国崩溃论"，十四世达赖此时也很配合地跳出来，公开发表中国就要"垮台"的预言。

1989年，在新的国际反华风浪中，挪威诺贝尔和平奖委员会怀着明显的政治目的，把1989年诺贝尔和平奖授予十四世达赖。十四世达赖集团得到了赏赐之后，周游世界，到处鼓吹分裂，进一步加紧组织实施一系列骚乱、动乱活动。

1990年1月19日，十四世达赖通过英国广播说："如果北京政府一年内不开始会谈他的西藏自治计划，他将不得不改变对中国妥协的立场。"

2008年是我国改革开放30周年和在北京举办奥运会之年。国际上有人试图抵制我国举办奥运，十四世达赖集团亦蠢蠢欲动，蓄意在敏感时期把事情搞大，借此向我施压，干扰北京奥运会，破坏我国安定和谐的大好局面。有充分事实说明，3月10日特别是3月14日以来西藏拉萨发生的一系列破坏活动，都是十四世达赖集团有组织、有预谋、精心策划的。

历史反复证明，西藏与祖国血脉相连，休戚与共，祖国强大，西藏安宁；内部稳固，边疆太平。鬼蜮附身的分裂分子乞洋邀宠，不过是马前卒、炮前灰而已，他们干出的许许多多坏事、蠢事、恶事，不过是在为他们自己举行送葬仪式。半个多世纪以来，十四世达赖集团及其追随者所走过的奔丧流亡路程，正可谓花招耍尽太聪明，反误了卿卿性命的运程。山外乌云毕竟遮不住阳光，所有这些台前幕后的伎俩，终不过是蚍蜉撼大树，可笑不自量，中国人民前进的历史步伐是谁也挡不住的。

五 自绝走上暴力路，再看未来观后效

中央对十四世达赖的政策是一贯的，希望他放弃分裂，回到爱国统一的立场上来，什么问题都可以谈，但"西藏独立"不容讨论。这表明了中央人民政府的极大诚意和宽容态度。但十四世达赖集团不思悔改，恣意肆为，在背叛祖国的道路上越走越远。

1959年，十四世达赖叛逃后，中央人民政府还是希望他能够回心转意，并将他的全国人大副委员长职务一直保留到1964年。

1978年12月28日，邓小平说："达赖可以回来，但他要作为中国公民"，"我们的要求就一个——爱国，而且我们提出爱国不分先后"。第二年2月28日，十四世达赖派代表回国。3月12日，邓小平明确表示："欢迎达赖喇嘛回来，回来以后还可以出去。"邓小平强调指出："现在是以西藏作为一个国家与中央对话，还是西藏是中国的一部分来讨论处理一些问题，这是个现实问题。根本问题是，西藏是中国的一部分，对与不对，要用这个标准来判断。"

自1980年以来，中央领导人多次接见了十四世达赖派回国的代表，为了满足国内外藏族群众之间探亲和交往的要求，中央政府制定和实行了来去自由的政策，并表明了爱国一家、爱国不分先后、既往不咎的态度。仅仅在20世纪80年代，中央人民政府有关部门就接待了十四世达赖先后派出的三批参观团和两批亲属回国参观。十四世达赖在国外的大部分亲属曾回国参观、探亲。自1979年以来，西藏和其他藏区已经接待了回国探亲、参观旅游的国外藏胞8000余人，安置了回国定居的藏胞近2000人。

然而，十四世达赖集团以怨报德，变本加厉地进行分裂活动。1987年9月，十四世达赖在美国国会人权小组委员会发表了所谓西藏地位问题的"五点计划"，继续鼓吹"西藏独立"，煽动和策划了拉萨的多次严重骚乱事件。1988年6月，十四世达赖提出了所谓解决西藏问题的"斯特拉斯堡建议"，否认中国对西藏的主权，变相搞西藏独立。1989年初，十世班禅大师圆寂，考虑到历世达赖、班禅在历史宗教上的关系，经中央人民政府同意，中国佛教协会邀请十四世达赖回国参加十世班禅大师的追悼活动。中国佛教协会会长赵朴初亲自将邀请信交到十四世达赖的私人代表手中。给十四世达赖提供了一个流亡在外30年之后，同国内佛教界见面的良机。然而，十四世达赖顽固坚持"西藏独立"的立场，拒绝了这次邀请。

1991年5月19日，李鹏针对境外的分裂言论说："我们的根本原则只有一条，即西藏是中国不可分割的一部分。在这个根本问题上没有任何讨价还价的余地。中央政府一贯表示愿意同达赖喇嘛进行接触，但是达赖喇嘛必须停止从事分裂祖国的活动，改变'西藏独立'的立场。除'西藏独立'不能谈，其他问题都可以谈。"同年9月8日，又发表谈话说："有一个问题是不容讨论的，即所谓'西藏独立'的问题。"

1994年7月，中央召开第三次西藏工作座谈会，江泽民总书记在讲话中指出:"决不能让西藏从祖国分裂出去,也决不能让西藏长期处于落后状态。"2001年6月,江泽民总书记在中央第四次西藏工作座谈会讲话中指出:"西藏的发展、稳定和安全,事关西部大开发战略的实施,事关民族团结和社会稳定,事关祖国统一和安全,也是事关我们的国家形象和国际斗争。"

2008年3月18日,温家宝总理在回答中外记者提问时说:"我们多次郑重地申明,如果达赖放弃独立的主张,承认西藏是中国领土不可分割的一部分,承认台湾是中国领土不可分割的一部分,停止一切分裂破坏活动,我们同他对话的大门始终是敞开的。但是最近发生的事件,恰恰证明在这两个关键性的问题上他的虚伪面目。""我们看待达赖,不仅要看他说什么,而且要看他做什么。"

事实充分证明,十四世达赖集团的所作所为始终为着他们那一小撮人的利益,他们挟洋自重,违背历史,自绝于国家和民族,疯狂走上了暴力犯罪之路。3月14日拉萨发生的一系列残害无辜平民的血腥事件,更将其反动本质暴露无遗。

邓小平同志讲得好:"西藏有很好的发展前景,土地辽阔,资源丰富,在内地的扶持和帮助下,现在经济建设有了较大发展,达赖喇嘛和少数美国议员给我们制造这一点麻烦,不但影响不了我们总的好形势,相反,却表现了那些美国议员的无知和狂妄,暴露了他们的本质。""有人想把西藏从中国分裂出去,把西藏拿过去,我看他们没有这个本事。"

历史的血脉激励我们团结奋进,智慧的文明凝聚我们挽臂前行,我们一定要在党中央坚强有力的领导下,团结在区党委的周围,擦亮眼睛,保持清醒,提高认识,高举维护祖国统一、加强民族团结的旗帜,贯彻落实科学发展观,继续搞好经济建设,不断促进和谐稳定,西藏各族人民一定能够挫败国际反华势力和达赖集团的任何企图。

(载《西藏日报》2008年4月12日理论与实践版,系文章执笔人。注:部分为原稿件内容)

达赖集团从事分裂祖国活动实录

20世纪50年代末至今，十四世达赖集团阳奉阴违、背信弃义，公然撕毁和平解放西藏协议，以发动全面武装叛乱而失败，逃亡印度的真正目的，是图谋有朝一日能够卷土重来实现"西藏独立"。49年来，十四世达赖集团一直在变换手法，从事各种分裂祖国的破坏活动。根据有限资料整理，按照大致年代的时间顺序和主要内容，让人们有一个轮廓性了解和本质性认识，这对于树立共产党人坚定的、自觉的、深入的、持久的、全面的、彻底的反分裂斗争信念，大有裨益。

一

1949年10月1日，中华人民共和国成立，中国共产党完成国家领土完全统一成为历史的必然。英帝国主义阴谋制造的所谓"西藏问题"已经有100多年，美帝国主义暗地支持的"西藏独立"活动也有半个多世纪，要达到控制、分裂、遏制中国的战略政治目的是显而易见的。在国际反华势力的挑拨、离间、诱惑下，西藏上层亲帝分裂主义分子逆历史发展潮流而动，乘机破坏国家的主权统一和领土完整，以固守封建农奴制度的"政教合一"和维护统治阶级的根本利益。十四世达赖从矛盾期、分裂期、疯狂期的人生及心路轨迹表明，他实际成为了被人利用的工具。

1949年7月8日，西藏噶厦制造了严重的"驱汉"事件，强行把国民政府蒙藏委员会驻拉萨的全体人员及在拉萨的一批汉人驱逐出藏；西方国家的新闻媒体借此大肆渲染"西藏是独立国家"的谬论。8月，美国和英国派出特务头子汤姆斯父子两人，以所谓"广播公司评论员"名义，潜入西藏长达两个多月，同西藏摄政达札进行密谈，并转递了杜鲁门总统、艾奇逊国务卿的信件，鼓励西藏当局加强扩军备战、阻止中国人民解放军进入西藏，同时帮助西藏当局建立"西藏广播电台"，宣传"西藏独立"言论，煽动反共情绪。9月7日，《人民日报》发表署名文章指出，西藏当局制造这一驱汉事件的目的，就是企图在中国人民解放军解放祖国大陆之时，把西藏封锁起来，阻止人民解放军进军西藏，把西藏从中国领土上分裂出去，把封建农奴制度下的西藏变成帝国主义的殖民地。社论指出："西藏是中国领土不可分割的一部分，中国人民解放军是一定要解放西藏的。"十四世达赖二哥嘉乐顿珠由我国台湾去美国，美国参议院和中央情报局表示支持十四世达赖对抗"共产党侵略"，他立即回到拉萨，给十四世达赖传达了美国的援助许诺信息。10月1日，十世班禅致电毛泽东主席、朱德总司令，代表西藏人民拥护中央人民政府。11月2日，噶厦（即西藏地方政府）以西藏"外交局"名义，致电毛泽东主席，主要电容称，西藏"不论在过去和现在，一直享受着独立自主的权利……"要求中央不让解放军"越境进入西藏领土……"11月中旬，噶厦再次派出所谓的"亲善使团"，分赴美国、英国、印度、尼泊尔四国，密谋策反事宜。12月20日，噶厦以十四世达赖喇嘛名义，致函印度总统南扎、总理尼赫鲁，函中声称："最近，赤汉人共产党又占领了中国的大部分土地，现在临近西藏边境，严重威胁着西藏的政教安宁。西藏是独立自主的信奉佛教的国家，如果遭受赤汉人共产党的进攻，全体西藏民众决心保卫自己的土地……"希望"得到印度有力的帮助"。

1950年1月2日，毛泽东主席在访问苏联之际，从莫斯科致电中共中央："进军西藏宜早不宜迟。"随后，中央作出解放西藏的战略决策部署。10月6—24日，人民解放军解放了西藏东部重镇昌都，消灭了藏军主力，粉碎了帝国主义和拉萨当局阻止解放军进藏的阴谋，为和平解放西藏铺平了道路。据初步统计，昌都战役大小战斗共21次，歼灭藏军主力5700余人；极大地震慑了西藏上层集团。10月26日，十四世达赖及西藏上层僧俗官员在拉萨罗布林卡的达赖夏宫举行"神断"仪式，乃穷和噶东两位神汉说："只有佛（指十四世达赖）亲自掌权，才能消除灾难，维持政教昌隆。"11月11日，"藏独"头目夏格巴在印度北部边境的噶伦堡住所，以"西藏人民大会"名义致信联合国秘书长："希望通过您向世界各国呼吁：请对我们遭受的汉人侵略给予抵抗帮助。""我之噶伦们按照达赖喇嘛的有关教导，将这些紧急的西藏问题呈请联合国解决……"12

月 27 日至次年 1 月 3 日，昌都召开了第一届人民代表会议，成立了昌都人民解放委员会。11 月 9 日，昌都总管、噶伦阿沛·阿旺晋美和当地 40 多名官员联名致信十四世达赖喇嘛，要求西藏地方政府派遣代表赴北京与中央人民政府代表和谈。其间，十四世达赖大哥当才活佛受中共西北局委托到拉萨做十四世达赖的劝和工作，此时的当才实为美国驻印度大使馆联络人，到拉萨后，却做了鼓动十四世达赖迅速外逃的策反工作。四川格达活佛劝和团，在前往西藏途中也被毒死。11 月 17 日（藏历铁虎年十月八日），时年 16 岁的十四世达赖举行了亲政典礼，接管了西藏政教大权。12 月 19 日深夜，十四世达赖率领噶厦主要官员 30 多人悄然离开拉萨，前往西藏边境亚东。这一年，在美国国防部长约翰逊的支持下，从国防经费开支中，专门划拨 3000 万美元作为留给西藏和台湾的"应急准备金"。

1951 年 1 月 2 日，十四世达赖一行 30 余名政要抵达亚东，时称"亚东噶厦"。1 月 18 日，十四世达赖给印度驻中国大使袁仲贤去信，明确表示委派阿沛·阿旺晋美等人作为西藏地方代表到北京参加和谈。1 月 30 日，中国驻印度大使袁仲贤约见西藏噶伦索康，传达了中央的精神，并同意增派代表赴京谈判，同时复函十四世达赖，转达毛泽东主席对十四世达赖亲政的祝贺。2 月，在美国中央情报局的帮助下，嘉乐顿珠在大吉岭建立了一个西藏间谍网，旨在将十四世达赖偷偷带至印度的"外逃计划"；西藏分裂分子骨干当才活佛、夏格巴、索康等人充当美国驻印度使馆和西藏联系的中间人。3 月 21 日，中央人民政府政务院总理兼外交部部长周恩来向印度驻华大使潘尼迦提出："达赖已在亚东，希望他不要离开西藏，这样对他是有好处的。我们尊重西藏宗教自由，同意达赖作为西藏的宗教、政治领袖来进行谈判。解放军必须进入西藏。如达赖不走，经过谈判解决，解放军可以和平进入西藏，达赖的地位仍然可以保持。" 4 月 31 日，阿沛·阿旺晋美致电亚东噶厦和十四世达赖喇嘛，报告了和谈经过和协议内容。5 月 23 日，由中央人民政府副主席朱德、李济深和政务院副总理陈云主持，在北京举行了隆重庄严的签字仪式。中央人民政府代表和西藏地方政府代表在北京中南海勤政殿签订了《关于和平解放西藏办法的协议》（简称《十七条协议》）。5 月 24 日，毛泽东主席接见了西藏和谈代表，举行了盛大宴会，庆贺《十七条协议》签字，并发表讲话："协议的签订，标志着西藏民族从此摆脱了帝国主义的侵略和羁绊，回到了中华人民共和国友爱合作的大家庭来，是西藏人民从黑暗和痛苦走向光明和幸福的第一步。"同日，毛泽民主席亲自给十四世达赖写信，赞扬他亲政后的正确行动。5月30日，十世班禅致电十四世达赖，对他派遣西藏地方代表同中央政府代表签订《协议》表示衷心敬意。5月31日，阿沛·阿旺晋美致电十四世达赖和噶厦，再次报告了和谈的经过和协议的正文。7月16日，中央人民政府驻西藏代表张经武到亚东会见十四世达赖，当面转交了毛泽东主席的亲笔信和《十七条协议》的抄本；经做思想工作，促成十四世达赖同意返回拉萨。8月17日，十四世达赖一行回到拉萨。9月26—29日，原西藏地方政府召开全体僧俗官员、拉萨三大寺代表参加的大会，专门讨论"十七条协议"问题，大会最后通过的给十四世达赖的呈文说："签订的十七条协议，对于达赖之宏业、西藏之佛法、政治、经济诸方面，大有裨益，无与伦比，理当遵照执行。"10月24日（藏历铁兔年八月二十四日），十四世达赖和他领导下的西藏地方政府终于作出了重大决定：十四世达赖致电毛泽东主席，电文明确表示"双方代表在友好基础上，已于1951年5月23日签订了关于和平解放西藏办法的协议。西藏地方政府及藏族僧俗人民一致拥护，并在毛主席及中央人民政府的领导下，积极协助人民解放军进藏部队，巩固国防，驱逐帝国主义势力，保护祖国领土主权的统一"。十世班禅和堪布厅也发表声明，认为《协议》："完全符合中国各族人民，特别是西藏各族人民的利益。"10月26日，毛泽东主席复电十四世达赖，感谢他对实行和平解放西藏协议做出的努力。根据《十七条协议》规定，人民解放军分别向西藏各地和平进军。10月29日，人民解放军胜利抵达拉萨，并先后进驻江孜、日喀则、亚东和阿里地区。11月，西藏上层的一些人仍然主张"西藏独立"，以维护"政教合一"的封建农奴制社会特权和自身利益，对《十七条协议》始终采取了两面派的手法，表面上拥护和支持，暗地里却竭力阻挠破坏，甚至变本加厉地进行分裂祖国的密谋策反活动。所谓"人民会议"在拉萨德吉林卡召开秘密会议，立誓请愿，得到司曹鲁康娃·泽旺绕登的支持。

1952年3月，西藏地方政府司曹鲁康娃·泽旺绕登和本珠仓·洛桑扎西暗中策划、支持和操纵非法组织伪"人民会议"，在拉萨骚乱闹事，反对《十七条协议》；他们煽动组织2000多人，包围了中央代表住所，向阿沛·阿旺晋美的住宅开枪射击，还调集藏军占据拉萨周围的制高点，到处散发"请愿书"，要求解放军撤出西藏。张经武代表多次要求十四世达赖下达命令取缔非法的"人民会议",撤掉两位司曹的职务。4月1日,十四世达赖与两位司曹谈话,没有起到任何作用。4月8日,张经武代表带着一位翻译和两名保卫人员,登上布达拉宫,与十四世达赖谈话,但十四世达赖态度仍然摇摆不定。直到4月16日以后,根据毛泽东主席和中央的指示,十四世达赖思想才发生了明显改变。4月27日,噶厦发布命令,撤销两位司曹职务。5月1日,噶厦又发出布告明令,取缔非法的"人民会议"。然而,噶厦暗中庇护鲁康娃等人,让其潜逃出境,继续从事分裂活动,他们以噶伦堡为据点,策划并指挥康藏叛乱势力。5月起,当才活佛、嘉乐顿珠与美国中央情报局合作,共同研究了一个用飞机接运十四世达赖外逃印度的行动计划。8月间,西藏和平解放后第一个参观团和致敬团先后从拉萨出发,前往北京和内地。10月间,参观致敬团的全体成员受到毛泽东主席的接见。中央人民政府从维护祖国统一和民族团结的大局出发,毛泽东主席对当时的西藏社会制度提出不急于改革的"六年不改"方针,并耐心细致地教导和希望十四世达赖作出正确的选择及从事有益的工作。

1953年,阿乐群则、钦绕旺秋等人聚集在阿乐群则家中,密谋重新组建以"西藏独立"为政治目的的伪"西藏人民会议"。10月18日,毛泽东主席在北京接见参加国庆观礼团的西藏代表人士说,西藏的事,要商量着做,没有商量好,不能强做;商量好了,大多数人赞成了,就慢慢做。

1954年6月24日,西藏地方政府致电中央人民政府,表示经由噶厦、译仓、孜康全体人员暨拉萨三大寺堪布及各级官员等集会,一致同意决定西藏地方政府派员赴北京参加第一届全国人民代表大会,选出的代表为十四世达赖喇嘛、噶厦噶伦阿沛·阿旺晋美、十四世达赖的副经师赤江·罗桑益西活佛和十四世达赖的姐姐尧西·泽仁卓玛4人。阿乐群则等人为了阻止十四世达赖赴京开会,公开宣布新组建的伪"西藏人民会议",继续煽动请愿,反对中央的决定。同时,夏格巴等人也在噶伦堡成立了"西藏国民大会",里外呼应,合谋起事。7月11日,十四世达赖及其一行183人(其中僧俗官员85人、随员69人、陪同人员29人),在中央人民政府驻西藏代表、全国人民代表大会代表张经武将军的陪同下,由拉萨启程前往北京。8月29日,十四世达赖一行到达四川省会成都市。从离开拉萨到成都沿途,十四世达赖不断发表讲话,赞叹各地建设取得的新成就，表达对中国共产党、中央人民政府的拥护之情。9月4日，十四世达赖、十世班禅一行乘专列抵达首都北京，中央人民政府副主席朱德、政务院总理周恩来等中央党政军及各界群众代表到车站热烈欢迎。下午，朱德副主席在北京中南海举行宴会，欢迎十四世达赖和十世班禅一行，十四世达赖在宴会致辞中说："全国人民代表大会将制定我国的宪法，这是历史上空前未有的重大事情。我们能够代表西藏人民参加大会，晋见中央各位首长，尤其晋见各族人民的伟大领袖毛主席，这是我一生中最光荣最感兴奋的一件事。"9月11日下午，毛泽东主席在中南海勤政殿接见了十四世达赖和十世班禅，勉励他们为祖国、为西藏人民多做有益的事情。这给十四世达赖留下了深刻的印象，他在自传中说："我希望再和毛主席多谈几次。"9月15日，中华人民共和国第一届全国人民代表大会在北京中南海怀仁堂隆重开幕。9月16日，在讨论宪法草案时，十四世达赖在大会上作了长篇发言。9月27日，十四世达赖当选全国人大副委员长、十世班禅当选全国人大常委会委员。10月19—30日，印度总理尼赫鲁访华，十四世达赖、十世班禅一起在周恩来总理陪同下，参加会见并愉快交谈。从这年10月起，在中央主持下，协商成立了统一的西藏自治区筹备委员会，确定了其性质、任务、机构等方面的基本内容。12月21—25日，中国人民政治协商会议第二届全国委员会第一次会议在北京隆重举行，十四世达赖、十世班禅、张经武与索康·旺清格来、拉敏·益西楚臣等作为西藏地方的委员参加；在22日的全国政协的会议上，十四世达赖作了长篇发言，表示"衷心拥护祖国的统一"；25日，十世班禅当选全国政协副主席、十四世达赖当选全国政协常务委员会委员。

1955年1—2月，根据十四世达赖、十世班禅及其随行人员商定提出的参观意见，中央民族事务委员会安排他们前往北京、上海、杭州、旅大、鞍山、哈尔滨、吉林延边等地参观，受到了各地各族人民的热烈欢迎和热情接待。2月23日，是藏历木羊年元旦，十四世达赖、十世班禅同往中南海向毛泽东主席、刘少奇委员长、周恩来总理拜年，就如何改变全国和西藏的落后面貌，进行了长谈。2月24日，为欢庆藏历新年，十四世达赖、十世班禅在中南海举行盛大宴会，毛泽东、刘少奇、周恩来等应邀出席。3月3日，国务院举行第七次全体会议，十四世达赖、十世班禅和随行的重要官员参加了会议，阿沛·阿旺晋美代表西藏地方政府作了西藏地方情况的报告；十四世达赖和十世班禅发表了讲话；会议通过了

《国务院关于成立西藏自治区筹备委员会的决定》等文件；会议决定由51名委员组成，十四世达赖出任西藏自治区筹备委员会主任，十世班禅为第一副主任委员，张国华为第二副主任委员，阿沛·阿旺晋美任秘书长；西藏筹委会是带政权性质的机关，受国务院领导。3月8日，毛泽东主席得知十四世达赖一行将要离开北京，深夜前往十四世达赖住处与他话别长谈，使十四世达赖一行人员深受感动。十四世达赖在自传中说，他晋京期间至少见过毛泽东12次："我还是表达了入党的意愿"。3月10日，周恩来总理举行盛大宴会，欢送十四世达赖和十世班禅一行。3月12日，邓小平副总理到北京火车站送行十四世达赖、十世班禅和随行人员离京返藏。6月13日，十四世达赖一行返抵拉萨。阿乐群则以迎接十四世达赖为名，呈送了"汇报与请愿书"，要求恢复"人民议会"的地位，反对成立筹备西藏自治区，以静坐、请愿、张贴标语等和平手段，轮番纠缠中央政府驻藏代表。9月20日，西藏自治区筹委会筹备处成立，阿沛·阿旺晋美担任处长，洛桑三旦（即十四世达赖哥哥，系代理机巧堪布）、德伦·慈仁班觉（班禅堪布会议厅四品官）、邦达多吉（昌都地区解委会副主任）、陈竞波（汉族）为副处长；十四世达赖十分重视筹备处工作，领导部署任务，广泛征求各方意见和建议，工作很积极。11月17日，中央政府驻藏代表责成噶厦明令宣布"西藏人民会议"为非法组织，并将阿乐群则等分裂首领逮捕，沉重地打击了分裂主义分子的嚣张气焰。中央决定，在四川、青海、甘肃、云南省藏区试行民主改革。四省藏区的封建农奴主包括寺庙堪布，深感改革触动其既得利益和统治地位，强烈反对民主改革。

1956年2月，在外国势力和台湾当局的支持下，四川西部藏区发生了大规模武装叛乱，分裂主义分子企图以武力破坏民主改革；中央及时向十四世达赖和西藏方面通报了情况，说明了中央的政策。4月，西藏自治区筹备委员会的各项筹备工作全部就绪，中央决定派陈毅副总理为团长前往西藏祝贺，指导工作。4月17日，中央代表团到达拉萨，十四世达赖、十世班禅在离城十多里地接官亭迎接。4月22日，西藏自治区筹委会成立大会在拉萨隆重开幕，十四世达赖主任委员宣布大会正式开幕，并在成立大会上致辞说："1951年我派代表到北京与中央人民政府代表进行谈判，在团结友爱的基础上，签订了《中央人民政府和西藏地方政府关于和平解放西藏办法的协议》。从此，西藏人民永远摆脱了帝国主义的奴役和羁绊，回到祖国大家庭，和祖国各兄弟民族人民一样，充分享受到民族平等的一切权力，开始走上了自由幸福的光明大道。"4月24日，成立大会继续开会，十四世达赖和十世班禅作了长篇报告，主要回顾了和平解放以来的西藏成绩，展望了西藏筹委会成立的发展前景，报告内容十分丰富，不时被会场上的掌声打断。4月底，当川西藏区发生叛乱的消息传到拉萨后，影响到了西藏上层人物的情绪，产生了很大的震动和恐惧心理，十四世达赖思想因此有所变化。8月18日，毛泽东主席在收到十四世达赖的两封信后回复，着重谈了西藏的社会改革和十四世达赖与西藏工作两个问题，信中指出："四川方面出了一些乱子，主要是亲帝国主义分子和国民党残余分子在那里煽动，我们的工作也有缺点。我希望西藏方面避免出乱子。"这一年，印度政府举行释迦牟尼涅槃2500周年纪念活动，尼赫鲁邀请十四世达赖、十世班禅参加。中央经过考虑，仍然决定批准他们赴印参加纪念活动，中央不派人陪同。11月2日，周恩来总理电告十四世达赖和十世班禅：是否出访，由您们根据"自己的意愿作出决定"。11月15日，毛泽东主席在中共八届二中全会上讲话中谈到十四世达赖访印问题："要估计到达赖可能不回来，而且天天骂娘，说'共产党侵略西藏'等，甚至在印度宣布'西藏独立'；他也可能指使上层反动分子来一个号召，大闹起事，要把我们轰走，而他自己却说他不在那里，不负责任。这种可能，是从坏的方面着想。"11月20日，十四世达赖一行离开拉萨。11月25日，十四世达赖、十世班禅一行抵达印度首都新德里。留居境外的西藏分裂主义分子夏格巴、当才活佛、嘉乐顿珠、阿乐群则等包围了十四世达赖，加之帝国主义和印度反华势力的引诱、怂恿、支持，十四世达赖思想动摇、迟迟不愿回国。11月29日，周恩来总理、贺龙副总理利用应邀访问印度和次年1月1日访问巴基斯坦、尼泊尔停留印度的机会，专门与十四世达赖、十世班禅及主要随行官员进行了三次长谈，转交了毛主席的亲笔信；特意在印度驻中国大使馆宴请了十四世达赖及其母亲、姐姐、两个哥哥和经师等人，向他们解释中央的方针政策，以打消他们的顾虑；12月31日，周恩来同尼赫鲁进行了会见对话。周恩来总理对十四世达赖、十世班禅一行人说："中央已决定西藏在第二个五年计划以内不谈改革，六年之后如可以改的话，仍然由达赖喇嘛根据那时的情况和条件决定。将来如何改革，现在也不要讨论，因为讨论时反而容易引起不必要的误会和疑虑。""现在有人想把达赖喇嘛留在印度，搞西藏独立，这是走不通的。达赖喇嘛可以留在印度，但西藏不可能搬来印度。把达赖喇嘛留在印度的想法，是害达赖喇嘛也是害了西藏。如果把达赖喇嘛留在印度，西藏的工作不会因此停止。达赖喇嘛一旦留居噶伦堡，就只不过是一个难民，没有了政治，也不能进行政治活动，只有宗教，而宗教圣地总还是在西藏，不能搬到噶伦堡来，这样就把达赖喇嘛放在了一个极端困难的处境上。尼赫鲁已表示印度不能支持搞西藏独立，美国太远，要支持西藏独立也搞不成。""现在拉萨有些与'人民会议'分子有关的人总想搞乱子，三大寺也有某些想法。拉萨这些人的活动受到噶伦堡方面的支持。他们想搞'独立'，使西藏脱离中国，这是叛国行为。如果万一发生了这种行动，我们一定不能允许其得逞。"通过深入细致的谈话，十四世达赖一行作了认真讨论。十四世达赖对印度驻中国大使潘自力说："这次出来，自己没有拿定主意，是一大缺点。许多人要我留在印度不回去，讲了许多西康的混乱情况，自己思想也曾经发生动摇。自与周总理谈话后，思想稳定了，随行的大部分官员也稳定了。特别是中央决定西藏六年不实行改革，以后是否改革，可由西藏做主，中央完全信任我们，我一定不辜负毛主席、周总理的深情和期望，说服随行官员，做出妥善的选择。"此时，美国中央情报局开始首次向康巴叛乱分子空投武器弹药。

1957年1月22日，十四世达赖一行终于离印返藏，仍然乘坐汽车在噶伦堡这个"藏独"分裂主义集聚地和外国间谍中心居住了近一个月；在1月期间，夏格巴企图在十四世达赖访问加尔各答时，用汽车将十四世达赖劫持到美国领事馆，并在十四世达赖的随行官员中进行策反工作；十四世达赖直到4月1日才返抵拉萨，并致电中央。5月，西藏地方政府噶伦官员柳霞·土登塔巴和先喀·居美多吉串联筹划成立"四水六岗"叛乱组织，藏语称"曲细岗珠"，即要成为西藏及四川、云南、甘肃、青海等藏族聚居区的"大西藏国"；随后以向十四世达赖喇嘛献"金宝座"为名，展开大规模的捐献活动；噶厦此时也大幅度调整区划、机构及领导人员，重新委任了一批分裂主义分子担任宗本（相当于县长）、基巧（相当于行署专员）等职务，以强化其反动统治，为将来发动全面武装叛乱做好人力安排。十四世达赖采取了默认态度，实际起到了纵容、庇护的作用。

1958年4月20日，由邻省窜入拉萨的5000名左右叛乱武装头目及藏军，在哲蚌、色拉、甘丹三大寺秘密召开军事代表同盟会议，确定将所有武装力量统一于"曲细岗珠"指挥,明确各自承担的具体任务,全面部署叛乱武装行动计划。6月24日,康藏地区的叛乱武装联合成立"四水六岗卫教军"(所谓"四水",指金沙江、澜沧江、怒江和雅砻江;"六岗"指擦瓦龙岗、芒康岗、麻则岗、木雅绕岗、色莫岗和泽贡岗。"四水六岗"的意思是青藏地区的总称,即全体康巴人、安多人团结起来反对中央人民政府),开始了有组织的统一行动,常窜扰昌都、丁青、黑河、山南等地,杀戮干部,破坏交通,袭击中央派驻当地的机关、部队,抢掠财物,残害人民,奸淫妇女,强迫民众参与。7月以后,首批经美国中央情报局培训结业的30名藏人特工携带电台武器潜入叛乱总部山南和拉萨等地;在美国的支持下,将大批武器装备通过"麦克马洪线"陆路输运至各个叛乱基地,大量集结武装力量;美国还在藏北的黑河至巴青一带多次空投武器弹药、电台和西藏特工人员(昂旺沛穷、卓玛登秋等7名特工,被解放军抓获)。叛乱分子不断在西藏各地制造事端,挑起民怨,收集情报,试探虚实,等待时机,为起动全区性武装暴乱做精心准备。7月21日,"曲细岗珠"组织的"卫教军",在拉萨以东80余公里处的真莫寺附近,伏击了解放军的一辆运输汽车,打响了西藏噶厦管辖区武装叛乱的第一枪。尔后,又在麻江、贡嘎、札囊等地,不断伏击解放军的车辆,共杀害解放军10人、伤残20多人。7月28日,阿乐群则、多吉巴桑等人以藏区(卫藏、康巴、安多)人民的名义,向世界185个非共产党国家和地区散发反对"中国侵略西藏"的决议书。境外的分裂势力在噶伦堡成立了"西藏自由同盟""西藏福利协会"等组织,大肆营造"藏独"社会舆论。

二

1959年,是中国共产党与"政教合一"西藏噶厦两种政治力量的再次"大对决",是新旧西藏时代划年的分水岭。20世纪60年代,十四世达赖自决于祖国和人民叛逃印度,形成以"西藏独立"为政治目的的达赖集团,极力搭建反共窝巢。70年代,随着中国恢复联合国的合法席位和国力的不断增强,加之此时美苏争霸矛盾激化,西方反华势力对十四世达赖集团的支持明显收敛。十四世达赖集团受到国际社会的冷落,经济上捉襟见肘,内部矛盾加剧,十四世达赖因此不得不在国际上降低"西藏独立"的调门。

1959年初,西藏反动上层经过精心组织准备,认为发动武装叛乱的时机已经成熟,将其阴谋付诸行动。2月7日,十四世达赖主动向西藏军区副司令员邓少东等人提出3月10日下午3时要到西藏军区礼堂看文艺演出。3月9日,在拉萨街上传出解放军要把十四世达赖劫往北京的流言。3月10日,分裂主义集团蓄谋已久的武装叛乱序幕终于在拉萨上演了:上午8时许,拉萨街头一片混乱,各种谣言四起;12时左右,帕巴拉·索朗加措(即现任全国政协副主席帕巴拉·格列朗杰的哥哥)在罗布林卡门外被叛乱分子打死;西藏卸任噶伦、军区副司令员桑颇·才旺仁增被打伤;下午3时左右,索康、柳霞、夏苏三位噶伦到军区谎称,事前不知道十四世达赖要看戏,现在事情的发展使他们无能为力,十四世达赖喇嘛肯定是来不了啦!与此同时,叛乱分子100余人在罗布林卡召开"人民会议",公开提出"西藏独立"问题,决定索康、雪苦巴、噶章·治桑仁增等人领导"武装起义",具体部署叛乱事项。3月10—16日,中央驻西藏代理代表、西藏军区政治委员谭冠三将军与十四世达赖一直保持着密切的通信联系(十四世达赖给谭冠三的三封亲笔信复印件,见1959年3月30日、4月8日《人民日报》)。3月16日,叛乱集团以"西藏独立国人民议会"名义,从拉萨通过印度领事馆给印度噶伦堡"西藏幸福事业会"领导人夏格巴发去密电:"藏历二月一日(公历3月10日)西藏独立国已经成立,请向大家宣布……"3月17日,该"人民议会"再次给夏格巴发去密电:"请向印度政府、佛教会议、联合国报告,立即派代表到西藏调查观察,以设法谋求其支持。"当日,十四世达赖签署一份执照,新任命堪穷达热为叛乱武装司令,声称:"西藏过去是独立国家,目前汉藏团结已处分裂之际,为了设法保全生命,并使佛教、政治不致受损,我本人和负责政治的重要属僚们,不得不暂时逃走……僧俗人民和各地官员应该接受各武装司令共同的指挥。"当夜,在索康、柳霞、夏苏和副经师崔简等人的安排下,十四世达赖及家人、随员、藏军600余人,从罗布林卡附近渡过拉萨河,逃离拉萨。十四世达赖在山南隆子宗(今隆子县)边境成立了"临时噶厦"。3月20日,叛乱分子发动了全面的武装叛乱。3月21日,解放军予以还击并攻克了拉萨市区叛乱武装各据点。3月22日,拉萨市区的叛乱全部平息,共俘获叛军4000多名、缴获各种枪支8000多支、子弹1000多万发等；但西藏部分地方的叛乱势头正在蔓延。3月28日，中央人民政府下令解散西藏地方政府，命令人民解放军平定叛乱。3月31日，十四世达赖得知印度政府同意"政治避难"和收留流亡藏人后，带领追随者进入印度控制区。当日，印度政府派外交部司长梅农专程前往达旺迎接；印度总理尼赫鲁在人民院宣布："印度政府给予达赖喇嘛避难"，同时接见了以鲁康娃为首的西藏流亡"代表团"。从此，十四世达赖集团开始了公开的"西藏独立"活动，十四世达赖因此成为这个分裂集团的总头子，在图谋分裂祖国的道路上越走越远。4月15日，毛泽东主席在第十六次最高国务会议上说："如果他（达赖）愿意回国，能够摆脱那些反动分子，我们希望他回国。但是，事实上看来他现在难于回国，他脱离不了那一堆人……他如果想回来，明天回来都可以。" 4月18日，十四世达赖在前往印度穆索里途中的提斯浦尔，印度外交部联合秘书斯·森向对外媒体记者散发了用英文写的、并让人代读了《达赖喇嘛声明》，公开声称"西藏是独立国家"，大肆扬言要搞"西藏独立"，并说："离开拉萨和西藏到印度来，是出于自己的自由意志，而不是被劫持。"由于这份"声明"用的是"他"第三人称，引起了国际社会的猜疑。4月22日，十四世达赖又对外发表了第二份简要"声明"，表示："早些时候的这篇声明是在我的授权下发表的，它表示了我的看法，我坚持这篇声明。"尼赫鲁对十四世达赖写给谭冠三将军的三封信，感到"颇为令人惊讶"且难以置信。4月23日，十四世达赖让嘉乐顿珠向美国递交了一封信，要求美国帮助"西藏独立"。4月24日，尼赫鲁到穆索里与十四世达赖进行了4个多小时的长谈，迷惑不解地问："听说您曾给谭冠三将军写过三封信，果真有此事吗？"十四世达赖直言不讳地答道："是的，我并不想否认。"当日，印度报业托拉斯报道说，尼赫鲁会见十四世达赖后不得不向记者们承认：十四世达赖写给谭冠三将军的三封信是真的！"声明"背后的秘密揭开了，全球舆论一时哗然：十四世达赖出逃印度，完全是他自己的意志决定；今后要走"藏独"道路，也完全是他自己意志决定的。4月25日，十四世达赖召开穆索里会议，组建了"西藏流亡政府"及其下属机构，并绘制了所谓"西藏国"地图，即"大藏区"地图。5月7日，毛泽东主席、周恩来总理同十世班禅、阿沛·阿旺晋美谈话时指出："达赖要从那个环境爬出来，离开索康、赤江、帕拉等人，怎样出来法，很难想。这全靠他个人的意志，个人想办法。"对十四世达赖"我们是留有余地的：还选举他做人大副委员长，自治区筹委会主任委员也给他留着"。6月20日，十四世达赖在穆索里举行第一次记者招待会，面对到场的130多名各国记者，他发表声明称："西藏实际上曾经一向是独立的""十七条协议是武力逼迫下强加给西藏的""汉人屠杀了120万藏人"等；公开宣称要"恢复1951年中国入侵以前西藏所享有的自主和独立地位……"8月30日，十四世达赖发表声明，把"西藏问题"提交联合国讨论，并要求国际势力进行干预。9月9日，十四世达赖致信联合国秘书长哈马舍尔德，声称："公元1951年汉军违法入侵西藏土地的时候，西藏是完全自由的。"并"陈述"了所谓的六点理由，希望联合国"加以考虑"。（注：以后三年均致信，呼吁联合国讨论"西藏问题"。）9月11日，十四世达赖通过美国驻印度使馆致信美国总统艾森豪威尔，希望美国全面支持西藏向联合国的呼吁。当月，十四世达赖及其追随者召开第一届"西藏人民代表会议"，颁布了"宪法"，宣告成立"岗钦吉雄"即"大雪国政府"，也就是所谓的"西藏流亡政府"，同时宣布十四世达赖喇嘛为"国家首脑"。通过这次大会，标志着一个有政治纲领、组织架构、人员运行的"西藏流亡政府"在印度正式成立。10月5日，十四世达赖委派嘉乐顿珠、鲁康娃、桑多仓·仁青前往联合国，寻求世界各国对"西藏问题"的支持。10月6日，毛泽东主席同印度共产党代表团谈话时表示："如果达赖赞成我们的主张，我们希望达赖回来。只要他赞成两条，第一，西藏是中国的一部分；第二，在西藏要进行民主改革和社会主义改革，他就可以回来。"但是"到现在为止，这两条达赖都反对"。还举例说，西藏唯一的女活佛桑顶·多吉帕已经从印度回来，所以"留有余地，比较好"。"如果达赖对以上两条不改变他现在的态度，我们就不欢迎他；如果他改变态度，我们就真正欢迎他。现在要达赖改变态度，赞成不分裂国家，赞成在西藏进行民主改革和社会主义改革，是很难的。但是，世界形势一变，情况就会不同。许多白俄不是已经回国了吗？达赖还年轻，他才20多岁。"10月29日，美国副国务卿墨菲等官员和嘉乐顿珠见面时指出："建议达赖喇嘛可以考虑访问其他国家，尤其是邻近的亚洲国家的首都"，认为"这是一个让人民了解西藏问题的好办法"。

1960年3月10日，十四世达赖发表"3·10起义日"讲话，着重强调："西藏在历史上和文化上都是一个独立的国家……"要求所有流亡藏人不要忘记自己是"雪山狮子王国的人",时刻要把西藏当成是"独立的国家"。(注:十四世达赖以后每年的"3·10"讲话,基本都是极力宣扬"西藏独立"论、"民族仇恨"论、"复仇暴力"论等主导思想。)当月,十四世达赖集团在印度首都设立了办事处。5月1日,十四世达赖将流亡集团总部迁移到印度西北部喜马偕尔邦顷格拉县麦克劳德甘吉镇的达兰萨拉,与印度政府签订了50年的租地协议。6月,又相继在美国纽约、尼泊尔加德满都、锡金(今印度锡金邦)、甘托克等设立了办事处,主要任务任是联系各国政府和国际组织,图谋将"西藏问题"国际化。9月,在美国中央情报局的策划帮助下,十四世达赖集团在尼泊尔木斯塘重新组建了"四水六岗卫教军",总兵力达到2000人左右。在西藏边境进行了长达10年之久的军事袭扰活动,首任总指挥恩珠仓·公布扎西在他的回忆录《四水六岗》中写道:"组织了一系列向中国哨所的进攻","有时,一、二百人的西藏游击队的活动深入中国占领区达一百英里"。十四世达赖撰文对恩珠仓·公布扎西的"功劳"大肆赞扬。这一年,十四世达赖出版了他的自传——《我的故土和我的人民》,将本人极力塑造成一个深受"外来压迫"的西藏民族"英雄"形象,把自己打扮成悲情者。9月2日,十四世达赖及其追随者在印度达兰萨拉召开第一次"西藏人民代表会议",对外正式宣布"西藏流亡政府"的成立,公布了"宪法大纲",规定以藏军的雪山狮子旗为"国旗",以拉萨武装叛乱的3月10日为"国庆日"等。

1961年,在美国等西方国家支持下,萨尔瓦多、爱尔兰等国向联合国提交所谓的"西藏问题"议案,十六届联大的第二个决议继续关注"西藏人权",还表示要"再次庄严地呼吁停止剥夺西藏人民的包括自决权的基本人权与自由","期望联合国各成员国将会尽一切可能,做出适当的努力,达到当前决议的目的"。

1962年11月,中印战争快要结束时,经印度、十四世达赖集团和美国三方协商,创建了以藏人为主的"印藏特种边境部队",主要任务是一旦再次发生中印战争,这支部队就渗透到中国西藏后方进行山地隐蔽战。

1963年5月,十四世达赖对外出版了他的纯宗教著作《智慧的窗扉》,与《达赖自传》形成"姊妹篇",以树立"精神领袖"形象,广泛笼络人心,对信徒实行精神和肉体控制。10月,十四世达赖集团颁布了所谓"西藏国宪法",以实现"西藏独立"为最高政治目的。该"宪法"

明确规定:"由达赖任国家首脑";"大臣由达赖任命"(包括更换首席噶伦在内的全体噶伦);"政府的一切工作均应由达赖同意方被认可"(所有重大决议必须通过十四世达赖喇嘛批准方可实施)。模仿西方议会制度,设立"西藏人民代表大会",作为最高的立法机构,代表由卫藏、安多、康巴三地流亡人员中产生。最高决策机构是"全国工作委员会",类似旧西藏的"僧俗官员大会",讨论"政府"所有决定的重大问题。仿照西方内阁制,保留了旧西藏的噶厦,强调它是"西藏流亡政府"的"内阁",是最高行政机关,下设有"宗教与文化事务委员会""内政委员会""教育委员会""治安部""财政部""宣传部"等部门。十四世达赖在自传中说:"一整年,我都继续致力于改革西藏的行政制度,并且跟噶厦其他人共同努力,展开全面民主化的艰难历程。"

1964年4月2日,十四世达赖集团驻美国纽约(联合国总部所在地)"西藏办事处"成立,当日电讯称:"在纽约设立了西藏办事处,以便向联合国提出西藏问题,并唤起世界舆论来反对中国共产党侵略者。"就是要将"藏独"分裂活动推向"国际化"。

1970年10月7日,"西藏青年大会"(简称"藏青会")在十四世达赖的倡导下成立,组建者是十四世达赖私人秘书处秘书詹东·丹增格杰、索南塔吉、丹增德通等。

1972年,尼克松总统正式访华,打破了中美关系的僵局,打开了中美关系正常化的大门,实现了中美关系历史性的突破;以后的几位美国总统也都基于借助中国抗衡苏联的"大国均势战略",奉行了与中国友好的政策。在对藏政策上,尼克松坚持承认西藏是中国的一部分,并形成了政府官员不会见十四世达赖的惯例;一直到1978年,美国始终以"不方便"为由,拒绝接待十四世达赖访美;美国停止了对十四世达赖集团政治上、军事上和经济上的支持与援助;尼泊尔木斯塘地方的叛匪武装因此而内部矛盾加剧。此时的十四世达赖集团失去了靠山,成为"冷战的孤儿"。

1973年,十四世达赖向美国申请私人访问签证,遭到了尼克松政府的拒绝;以后的福特、卡特、里根政府也同样如此。十四世达赖集团只好把求援方向转到欧洲;同时,作出回归的姿态,以试探中央的态度,刺探收集西藏及藏区的情报,研究新的对策措施。9月底至11月初,十四世达赖窜访了梵蒂冈、瑞士、挪威、瑞典、丹麦、英国、联邦德国、荷兰、比利时共 9 个国家。这一年，尼泊尔国王比兰德拉访问中国，毛泽东主席和周恩来总理在会见他时指出，尼泊尔境内的"藏独"武装，是改善中尼关系的主要障碍，希望尼泊尔政府采取行动进行清剿。

1974 年 7 月，尼泊尔政府军队进攻木斯塘"卫教军"，甲多旺堆等叛匪首领被击毙，绝大多数士兵投降。

1976 年 3 月，伦敦《中肯国际》刊登一篇报道，传出了西藏"神谕"说："神王不会在你们之中再待很长时间了。"一些媒体记者问："你今年会像去年宣布的那样，成为最后一个达赖喇嘛吗？你是要隐退吗？"十四世达赖回答说："不！不是简单的隐退。不了解情况的人是无法理解这些事情的。当时曾有迹象表明，过去的一年对我来说，会是非常危险的一年。因此，我隐退了几个月，以修身养道。"为了稳住"藏独"阵营，十四世达赖说："现在看来危险已经躲过去了，我又回来了。"

1977 年 12 月 10 日，美国国务院发言人正式宣布，国务院已经拒绝让十四世达赖喇嘛访问美国，认为这种访问是"不方便的"。十四世达赖集团在《西藏评论》的一篇社论中哀叹道："没有人为民族事业而牺牲，没有劫持行动，没有投掷炸弹的袭击，没有绑架的行动……越南的和尚为国捐躯，但流亡的藏人看来贪生怕死。"

1978 年 1 月，在迎接美国总统访问印度的仪式上，"藏青会"成员向卡特总统献上黑色哈达，以示抗议"美国无视西藏人权被践踏的现实"和美国拒绝给十四世达赖访美签证。4 月 1 日，卡特总统对新闻记者们说，美国承认一个中国的概念，同中国建立正式的外交关系，符合美国的最大利益。6 月，美国参议员佩利、麦戈尔等 14 名议员联名致信卡特总统"要求关心本国人民和流亡藏人的正当要求"。7 月，流亡藏人和支持者第一次在美国国会举行了示威活动。12 月 1 日，卡特政府宣布，通知可考虑给十四世达赖喇嘛发放签证。12 月 28 日，邓小平在会见美联社记者时说，十四世达赖可以回来，但他必须要作为一个中国公民，"我们的要求就一个——爱国，而且我们提出爱国不分先后"。

三

1979 年，是中国强力推进改革开放的新时期，也是西方反华国家掀起新一轮"分化""西化"、遏制中国战略图谋的新浪潮,成为十四世达赖集团借机疯狂从事"西藏独立"活动的"大转折"。20世纪80年代,由于东欧剧变、苏联解体,社会主义事业遭遇到了暂时的挫折,国际反华势力掀起一阵反华狂嚣,对中国进行"和平演变"。西方鼓吹"中国崩溃论",十四世达赖此时也不厌其烦地公开发表中国政府不久就要"垮台"的预言,他说:"据我个人的观察和占卜显示,将有一些乐观的发展","中国现政府就如快要落山的太阳,中央政权末日可数,不出10年,中国必然发生类似与苏联的变化"。十四世达赖再次认为,搞"西藏独立"的时代到来了!此时的十四世达赖甚至到了得意忘形的地步。

1979年2月28日,嘉乐顿珠抵达北京。3月12日,邓小平在人民大会堂接见了嘉乐顿珠。邓小平阐明了中央对待十四世达赖和外逃藏胞回国的态度和政策,指明了两点:(1)1959年西藏的叛乱是不好的。(2)西藏是中国的一部分,回国是内部问题,不是国与国的对话,这是根本问题。邓小平明确指出:"欢迎达赖喇嘛回来,回来以后还可以出去。"还说,十四世达赖喇嘛可以派遣参观团于1979—1980年访问西藏,实地观察当地情况。4月23日,美国国务院正式对外宣布:"流亡在外的西藏达赖喇嘛如果愿意的话,可以到美国进行私人访问。"5月25日,十四世达赖派出了第一个参观团,团长是"流亡政府首席噶伦"图登朗杰,成员有十四世达赖的姐夫彭措扎西、十四世达赖的三哥洛桑三旦及洛桑达吉和扎西多吉。在中央有关部门与西藏地方相关人员的陪同下,从北京来到拉萨。"五人参观团"在拉萨、那曲、日喀则、江孜、泽当、林芝、昌都等地的参观活动中,到处招引人群围观,大肆发表煽动性讲话,严重制造社会秩序混乱。6月,十四世达赖以所谓宗教名义,先是访问了莫斯科,后出访了乌兰巴托,受到高礼遇接待。9月3日,十四世达赖从瑞士访问结束后,第一次踏上了美国的国土。十四世达赖以所谓纯属宗教性质的私人访问名义,终于实现了首次出访美国的愿望,虽然在美国49天的"仁爱"演说并没有引起美国社会和政治人物的特别兴趣,也受到了美国政府包括国会议员的冷落,但是,他为今后从事"宗教"宣传到政治操弄带来了新的转机。

1980年4月22日,十四世达赖对美国《纽约时报》记者迈克尔·考夫曼狂妄地说:(中国政府)要解决西藏问题"非得同我打交道不可"。7月24日,十四世达赖派出第二批"青年参观团"抵达拉萨,团长是詹东·丹增朗杰（十四世达赖驻纽约办事处代理代表）、成员次仁多吉（十四世达赖驻瑞士办事处代表）、甲日·白马甲布（十四世达赖驻日本东京联络官）、平措旺阶（英国"流亡藏人"主席）、洛桑京巴（"藏青会"主席）。7月25日，"参观团"下了汽车便到拉萨大昭寺门口发表蛊惑人心的演讲，向围观人群叫嚷："不管康巴、安多、前藏、后藏都是藏族，要团结一致，为共同的目标而奋斗！""不要嘴上喊独立，要放在心里和行动上……"7月27日，"参观团"临时改变日程计划，前往甘丹寺搞非法集会，煽动人群高唱"西藏独立"歌，严重扰乱社会治安。7月28日，"参观团"秘密指使不法分子在拉萨大街巷口张贴、散发"西藏独立"传单和恐吓信。7月29日，"参观团"活动被中止，限期离开拉萨。8月26日，邓小平与十世班禅谈话时认为，他（指十世班禅）是我们国家一个最好的爱国者，他与十四世达赖不同，他是爱国的、维护国家统一的，而十四世达赖是搞分裂的。9月，十四世达赖派出第三和第四批参观团到北京后赴其他藏区参观，10中旬回到印度达兰萨拉。10月8日，十四世达赖在罗马举行的记者招待会上说，希望中国"将来会执行比较实际、比较合乎情理的西藏政策"。11月12日，十四世达赖在日本东京的记者招待会上说："我想，现在的达赖喇嘛还是有用的。""希望中国出现积极的有希望的变化。"

1981年3月10日，法新社从新德里发出的一则电讯说，十四世达赖发表"声明"：呼吁中国要表现出"宽容的谅解和坦率的精神"。7月5日，英国《观察家报》刊登的《达赖喇嘛同中国热乎起来》一文中说：十四世达赖认为在一定条件下，中国在西藏的统治是可以接受的。"如果情况不好"，他保留"高呼独立口号的权力"。"达赖将对邓小平说，为了让他能去西藏，中国必须做些什么？"（即向中央提出变相"独立"的先决条件）8月13日，十四世达赖在美国不无得意地对记者说："他们终于认真地对待我了！"11月13日，十四世达赖在日本东京记者招待会上发表讲话时说："到我出国的1959年为止，一直发生不幸的事态"，现在"情况虽然在好转，但是根本算不上幸福"；"汉人20多年的统治造成了一种普遍的恐慌感"；"如果情况不好……我将保留高呼独立口号的权利"。

1984年11月27日，中共中央统战部部长杨静仁在北京接见十四世达赖派出的三人代表团时说："欢迎达赖喇嘛回来。他回来定居，欢迎；

回来看一看再出去，也欢迎；现在不愿回来，在国外多看几年也可以。"同时明确指出："达赖喇嘛一面派人回来同中央进行联系，表示要改善关系；另一方面跟随他的一部分人却在国外进行一系列的'西藏独立'活动，直到今年为止，每年的3月10日都搞所谓的'西藏起义日'活动，有人还公然声称'1951年的十七条协议是被迫签订的'。"新华社当日发表一则电讯指出：中央对十四世达赖喇嘛和跟随他的人的政策是明确的：西藏不能独立，中央和西藏地方之间不存在什么谈判问题；中央希望十四世达赖言行一致，不要老是像捉迷藏一样，要拿出诚意来；十四世达赖自己直接和中央见面。中央决定，在今年11月对外公布中央政府对十四世达赖喇嘛的五条方针，希望他认清形势，做出正确的抉择。11月30日，中共中央政治局委员、中央书记处书记习仲勋在北京人民大会堂接见十四世达赖派出的三人代表时，再次重申了对十四世达赖的五条方针。12月1日，十四世达赖让"三人代表"通过新华社记者发表了一个声明："达赖多次表示过尽早回西藏访问，但1985年不是一个合适的时间，因为西藏自治区正在忙于安排各种建设项目。"

1985年10月，十四世达赖集团利用在印度大吉岭举行"时轮法会"机会，大造社会舆论，吸引国内外藏族人前往听讲。在"讲经"法会上，十四世达赖传播掌握一座寺庙就等于控制了共产党的一个地区的思想，煽动民族情绪，大搞分裂活动，实际上将宗教法会变成了向国内藏区进行政治渗透和动员的誓师大会。12月，十四世达赖在印度多吉丹举行"时轮金刚大法会"讲经期间，向信徒灌输"西藏是西藏人的西藏"的"西藏独立"理念，利用宗教手段和自身封号影响，有意制造民族报复情绪、民族仇恨心理和民族仇杀行动。在两场大型法会以后，十四世达赖将他认定的一批"活佛"潜移境内藏区，在民间散发其讲话录像带、"雪山狮子旗""藏独"书刊等。

1986年5月，十四世达赖对旅欧藏胞做演讲时说："几十年来，我们的家园遭到了空前的灾难，尽管包括我们在内的10万藏人被迫离开家园，流落他乡，遭受了无法忍受的痛苦。但是，首先是境内的藏胞在20多年内忍受的痛苦，我们这一代藏民是最不幸的。""境内的藏胞很顽强、很勇敢，在深沉的苦难和汉人的枪口下，能够顽强地生活下来是很了不起的……搞西藏独立，不仅要靠境外的藏人，更要靠境内的藏人，而且要内外结合，发动所有的藏族人联合起来，才能达到目的。"十四世达赖集团以争取"西藏独立"为主题,在印度达兰萨拉频繁召开各种秘密"重要"会议,策划部署拉萨骚乱行动计划,指令"藏青会"执行。鉴于十四世达赖集团疯狂的"藏独"活动,7月间,中央拒绝了十四世达赖派出第五批参观团回国"调查"的请求。

1987年9月21日,十四世达赖在美国国会人权小组会上发表第一场政治演讲称:"西藏在中国入侵之前是完全独立的;1951年以后,西藏失去了自由,不过按照国际法,今天的西藏仍然是一个被非法占领的独立国家。"十四世达赖还在会议上"指控"中国对西藏人民进行了"大屠杀"。美国众议院通过了谴责西藏人权侵犯的议案,要求美国总统表示对西藏的同情,敦促中国政府和十四世达赖喇嘛进行建设性谈判。紧接着,十四世达赖发表了分裂中国的"五点和平计划",其要点是:"(1)西藏变成一个和平区,包括东部的昌都地区和安多。(2)中国放弃向西藏地区的移置人口政策,因为这威胁着西藏民族的根本生存。(3)尊重西藏人民的根本人权和民主权利。(4)恢复和保护西藏的自然环境和中国放弃在西藏生产核武器和堆放核废料计划。(5)就西藏未来的地位以及西藏人民和中国人民之间的关系问题举行诚挚的谈判。"9月24日,十四世达赖又在美国印第安纳大学举行记者招待会,重申了他的所谓"五点和平计划"。9月27日,十四世达赖在回答《纽约时报》记者提问时说:西藏"是一个独立于中国之外的国家"。当日,拉萨哲蚌寺的少数不法僧人在八廓街举行游行活动,打着"雪山狮子旗",呼喊"西藏独立""赶走汉人"等口号,支持十四世达赖提出的"五点和平计划";当公安人员依法执勤时,有17人被打伤。10月1日,拉萨少数分裂主义分子在大昭寺门前聚众叫嚣:"达赖在国外争取西藏独立,西藏人民都应跟着他,谁不上街游行就砸烂谁的家。"当执勤公安人员制止骚乱分子的违法行为时,不法分子殴打公安人员,有19人受伤。暴徒们抢夺枪支、砸商店、放火焚烧八廓街公安派出所,甚至大肆冲击自治区领导机关。10月7日,十四世达赖在印度达兰萨拉发表演讲,表示对拉萨骚乱"完全支持"。

1988年3月5日,一伙骚乱分子乘拉萨传召大法会迎请强巴佛仪式之机,突然叫嚣"西藏独立",向执勤的公安干警投掷预先准备好的石块,围攻在大昭寺指挥传召活动的自治区领导人,冲击自治区佛协传召办公室,砸毁电视转播车,捣毁商店、餐馆、医疗诊所,残杀执勤藏族武警战士袁石生,这一天,有299名武警战士、公安干警在骚乱中被不法分子打伤。迫使藏传佛教格鲁派最庄严、每年一度的拉萨传召大法会陷入瘫痪；致使机关不能正常上班，商店、宾馆不能正常营业，学校被迫停课，社会秩序遭到严重破坏。3月6日，十四世达赖在集会上赞扬说："境内藏民斗志旺盛，决心很大，敢于流血牺牲！"3月10日，十四世达赖在所谓的"3·10起义纪念日"集会上对拉萨连续发生的骚乱事件大肆鼓励和支持，声称他自己的"所作所为都是为了西藏人民的幸福"，是"西藏人民的总代言人"，是"爱与非暴力的和平卫士"。美国国会的一名议员盛赞说："十四世达赖是这样一位我们在这个时候所需要的宗教领袖。"6月3日，十四世达赖接受芬兰记者采访时说："西藏是独立的国家，在近40年的被占领时期，这个国家遭受了很大的痛苦和毁坏，西藏人对中国人有严重的怨恨情绪，只要有机会，就会发泄出来。"6月14日，十四世达赖到达法国斯特拉斯堡。6月15日，十四世达赖在欧洲议会大厦会议厅举行记者招待会，散发了"五点和平建议"文稿，提出了《对欧洲议会的演讲》，后称为"斯特拉斯堡建议"，即"七点新建议"：以所谓西藏历来是"独立国家"为前提，将中国内部的民族区域自治问题变成所谓的宗主国与附庸国、保护国与被保护国的关系，否认中国对西藏的主权，宣称"不寻求独立""大藏区""高度自治"的"中间道路"以代替"西藏独立"。这份"七条建议"是由他的"法律顾问"，美籍荷兰反华分子范普拉赫在"五点计划"的基础上"润色"而成的。12月10日，一伙骚乱暴徒在八廓街横冲直撞，呼喊"藏独"口号，扰乱破坏正常的社会秩序，骚乱分子无视劝阻，一名执勤民警被迫鸣枪示警以维护秩序，在混乱中，造成1人死亡、13人受伤。

1989年1月28日，第十世班禅大师圆寂，考虑到历世达赖、班禅在历史宗教上的关系，经中央人民政府同意，中国佛教协会会长邀请十四世达赖回国参加十世班禅大师的追悼活动。中国佛教协会会长赵朴初亲自将邀请信交到十四世达赖的私人代表手中。这给十四世达赖提供了一个流亡在外30年之后，同国内佛教界见面的良机。然而，十四世达赖顽固坚持"西藏独立"的立场，拒绝了这次邀请。3月5日，拉萨再次发生了严重的骚乱事件，少数暴徒甚至公然向公安武警战士开枪射击。3月5—7日，少数分裂主义分子在拉萨持续制造骚乱3天，暴徒打砸抢烧机关、学校24个，有900多家商店被抢劫和砸烂，有99个体商户、20多辆汽车、50多辆三轮车、自行车被暴徒砸烂烧毁，给人民群众造成的经济损失达

1000万元人民币以上。3月7日，国务院总理李鹏签署《中华人民共和国国务院关于在西藏自治区拉萨市实行戒严的命令》："鉴于少数分裂主义分子在西藏自治区拉萨市制造混乱，严重危害社会安全，为了维护社会秩序，保障公民人身、财产的安全，保护公共财产不受侵犯，根据宪法第89条16项的规定，国务院决定，自1989年3月8日零时起在拉萨市实行戒严，由西藏自治区人民政府组织实施，并根据实际需要采取具体戒严措施。"12月10日，十四世达赖获得挪威诺贝尔委员会颁授的本年度诺贝尔和平奖并领取46万美元的支票奖金。诺贝尔委员会把和平奖授给十四世达赖的理由是："达赖喇嘛在寻求解放西藏的奋斗中，一直反对使用暴力，他主张使用以容忍和相互尊重为基础的和平解决方法，以期维护西藏人民的历史与文化遗产。"在颁奖仪式上，十四世达赖声称："我代表600万西藏人民接受这个奖。我的那些仍留在西藏的勇敢男女同胞，他们的苦难尚未终结。他们正面对着有计划、有系统的破坏谋略，我们的民族、文化正遭受戕害。这个奖使我们更加坚信，我们必能以真理、勇气、决心让西藏重获自由。"在1987—1989年的短短3年时间里，发生在拉萨市区大大小小的各种骚乱事件多达100余起，暴徒们的每起罪恶行径，触目惊心，惨不忍睹，令人震惊。而每起严重骚乱事件之后，十四世达赖都要出台发表演讲，大示赞扬鼓动。不难看出，在新的国际反华风浪中，挪威诺贝尔和平奖委员会怀着明显的政治目的。

1990年1月19日，十四世达赖通过英国的广播电台说："如果北京政府一年内，不开始会谈我的西藏自治计划，我将不得不改变对中国妥协的立场，很多年轻的西藏人主张使用武力。"3月10日（所谓"独立纪念日"），十四世达赖同样发表讲话称："东欧正在发生着巨变，这些在社会形态及政治上树立了榜样的变化，也同样在改变着全世界。"9月5日，十四世达赖对荷兰记者说："苏联的变化给西藏独立带来了新的契机，新的希望，给了西藏独立以新的勇气和力量。"

1991年3月，十四世达赖出访英国时声称，西藏"是当今世界上被占领的一个最大的国家……实现西藏独立的任务落在我们西藏境内外全体西藏人民的身上"。4月4日，十四世达赖通过"美国之音"藏语广播说："要进一步加强西藏独立的所有事情。"8月23日，十四世达赖在法国接受法新社记者采访时说："在苏联发生的事变，将促进西藏从中国独立出来。"流亡藏人"不要丧失信心，不要只满足眼前的小利"。十四世达赖在蒙古国活动时，对采访记者说："将宣布西藏脱离中国实现彻底独立。"9月3日，在奥地利举行的"西藏民主节"上，十四世达赖说："中国政府犹如日落西山，不出10年必将发生重大变化"；"苏联最近发生的变化进一步证实了西方民主制度必将取代社会主义"；声称中国"不可能逃避自由思潮的冲击，不可能不变"，"中国共产主义制度必将垮台"。9月29日，十四世达赖与立陶宛总理、外长等会晤时说："立陶宛的独立运动为被占领的西藏树立了榜样"；中国在西藏问题上，必须"做出让步，否则，将要产生严重的问题"；"尤其要仿照戈尔巴乔夫所树立的典范"。10月1日，他对新闻媒体说："当前大批汉人涌入西藏，这对西藏社会造成更加不安定的因素，因此再次爆发动乱的可能性很大。"10月9日，十四世达赖在美国耶鲁大学发表"新主张"时说："自中国在1949年入侵西藏迄今，有120万西藏同胞已经丧失生命。在42个年头中，我们致力于抗暴，并且维护我们佛教的非暴力和慈悲文化传统。""觉得其中含有过多的让步。因此，斯特拉斯堡声明很明显的无法再发挥作用。""尽管中国领导人比较强硬，但中国的分崩离析完全可能在瞬间发生。我有一个坚定的信念，一个强烈的信念，即我们能在5年或10年后永归故土。"这一年，十四世达赖集团对"西藏国宪法"改成了"流亡藏人宪法"，仍规定"达赖任国家首脑"，"达赖可以直接通过发布命令和指令""颁授勋章和爵位"，"噶厦会议"必须在十四世达赖的领导下负责政府事务，"首席噶伦和其他噶伦""人民会议"会长、副会长、大法官就职前均要向十四世达赖"宣誓"后方能任职，君臣会议由十四世达赖主持；"人民会议"和噶厦的一切行动、决议必须通过十四世达赖批准方能实施。同时，还加强了"藏青会""藏妇会""自由西藏学生运动组织"等激进组织力量。

1992年2月1日，十四世达赖亲自起草了《未来西藏的政治路线及宪法的基本特征》政治文件，提出实行"三权分立"，即由"西藏国民议会"行使立法权，"总统"（十四世达赖本人）拥有最高行政权，"总理"和"内阁"行使管理权。十四世达赖集团内部进一步制定"藏独"对策和具体行动方案，继续加快在国际反华国家内设立"藏独办事机构"步伐，猖狂出版发行宣扬"西藏独立"的刊物和书籍，大力推进"有利于独立事业"的一切政治活动；继续派遣大批特工人员向西藏党政机关、企事业单位、学校、居委会渗透，大肆进行各种策反活动。十四世达赖集团宣称，将来"西藏独立后，对西藏境内的现有干部实行'职务不变、待遇不变、权利不变'的政策",公开提出"农村包围城市"的口号。十四世达赖集团狂嚣:"控制一个寺庙,就等于控制了共产党的一个地区。"

到1993年底,由十四世达赖认定的西藏境内活佛达215人。在十四世达赖的授意指使下,一些早被废除的"帕族""戈巴"等宗族势力死灰复燃,给农牧区的稳定构成了严重威胁。西方一些反华国家利用广播电台大搞政治舆论渗透,企图以国外22个国家和地区的24个电台70多个频率的广播(其中藏语广播6个电台22个频率)超强单机发射功率(每天累计播音时间16个小时)的"西藏独立"声音覆盖西藏每一个角落。这些策反敌台采用念经、讲经、经文点播、讲故事、讲历史等形式,密切配合"藏独"政治斗争的需要,大肆在所谓"西藏人权""西藏移民""西藏宗教文化毁灭""西藏环境保护破坏"等问题上造谣、传播,以迷惑民心、动乱民心、煽动民心,并借题发挥,煽动民族情绪,制造社会动乱,破坏民族团结,欺骗国家社会,以此形成国际社会对中国进行经济制裁的一种理由。按照十四世达赖的愿望就是:"如果中国变成超强国家而没有改变集权主义的体制,那么欧洲和其他西方国家一定会尽全力对付它。"

1993年1月26日,在第十一届"西藏人民代表"第四次会议上,被选举委任的新噶伦有2名辞职,并由十四世达赖亲自提出候选人。在第五次"人大"会议上,选举产生了顽固坚持反共和"藏独"立场的拉姆次仁为"安全"噶伦的"内阁",同时,对伪"人大""藏妇会"和"四水六岗"等反动组织的成员也进行了相应调整和加强。

1994年,十四世达赖集团称作是解决"西藏问题"的关键一年。从1月起,十四世达赖集团制订了一个行动计划,将受过训练的大批特工人员分两批派遣入境,搜集境内藏区党政军情报,为所谓"全民公决"做准备。4月,美国通过《1994—1995年财政年度对外关系授权法》公开宣称,西藏"是被占领的主权国家,其真正的代表是达赖喇嘛及西藏流亡政府"。大力为十四世达赖集团制造国际舆论。在中国政府的强烈抗议下,美国国务院发言人不得不正式声明:"西藏是中国的一部分,不承认西藏是独立的国家。"

1995年初,十四世达赖集团煽动部分国外藏胞搞所谓"和平挺进"活动,由于内部矛盾,致使该活动计划草草收场。3月10日,"西藏流亡政府"首席噶伦桑东·洛桑丹增在《非暴力抵抗及不合作运动》一文中声称:"政治上,从有文字记载以来直到1951年,西藏一直是一个主权独立的国家。"

1997年3月22日，十四世达赖应台湾"中国佛教会"邀请，第一次访台"弘法"，密谋与台湾当局领导人商讨反共事宜，李登辉同意十四世达赖集团在台湾设立"办事处"。台湾"中国佛教会"捐赠十四世达赖"供养金"50万美元。7月29日，十四世达赖在印度达兰萨拉接见"藏独"骨干分子时说："在实现西藏独立问题上，大家不要灰心丧气，更不要动摇信念和决心。"十四世达赖的二哥嘉乐顿珠和"议长"桑东毫不掩饰地解释说，西藏首先在"中间道路"下实现"大西藏"自治，再过20年后，在"大西藏"范围内举行全民公决，决定西藏的前途，第一步先让西藏在"自治"的名义下实现半独立；第二步再过渡到"西藏独立"。

1998年6月底至7月初，美国总统克林顿对中国进行了为期9天的正式访问。6月27日，中美两国首脑举行记者招待会，克林顿说："让我说点大家不爱听的话。我同达赖喇嘛是好朋友，与他见过多次。我相信，如果他与江泽民主席谈一次话，他们俩会喜欢对方的。"江泽民说："请原谅我再占用5分钟时间，来谈谈西藏问题。""只要达赖喇嘛承认西藏是中国领土不可分割的一部分，台湾是中国的一个省，那么，我们与达赖喇嘛对话和谈判的大门就一直敞开着。"

2000年5月10日，十四世达赖在波兰对记者说："自从1973年以来，我的立场一直就是不寻求独立，而是自治，实际上这一点已经写入了西藏宪法。"7月11日，十四世达赖在印度达兰萨拉接受记者采访时说："我会重复20年来一直说的话，即我不寻求完全独立，只要求真正的自治。"7月21日，世界千年和平大会召开，主办方邀请1000名宗教人士参加，但十四世达赖不在邀请之列，直到闭幕会时，主办方才邀请十四世达赖出席，十四世达赖生气地拒绝参加。7月25日，日本东京地方法院以杀人罪等罪名判处奥姆真理教头目端本悟死刑。这是日本警方自1995年东京地铁毒气事件以来，以杀人罪判处的第6例奥姆真理教头目。但是，十四世达赖一直将该教教主麻原彰晃视为朋友，并以一个"佛教徒"的身份，为其开脱。宣扬邪教的麻原彰晃在自著的《最高指引》一书中写道："达赖喇嘛亲自把我引入佛教的大乘传统，并委托我在日本进行改革。达赖喇嘛是我们奥姆真理教的导师。"（注：1987年，麻原彰晃拜十四世达赖为师。）

2001年3月31日，十四世达赖应台湾"中国佛教会"等团体邀请第二次访台"弘法"。4月4日,十四世达赖同台湾当局领导人陈水扁会晤时说,不管过去历史如何,如果中国愿意给西藏"高度自治",那么对西藏的经济会有很大帮助,对全人类文化发展也将有很大帮助。4月18日,十四世达赖在日本东京大饭店举行记者招待会上声称:"我要求达成一个双方都能满意的解决办法。我并不认为自己反华。我正在帮助实现中国政府的两个目标:稳定和团结。"5月10日,十四世达赖在美国会见明尼苏达州州长文图拉时说,一方面要和中国做"好朋友",另一方面在"人权问题"上也要立场坚定,"如果你看到朋友有错误,就应该明确地向他指出来"。5月22日,美国国务卿鲍威尔在华盛顿同十四世达赖举行了会面。事后,十四世达赖对媒体记者说,鲍威尔用心聆听了"我在促进人类价值、宗教和谐及西藏人利益三个方面的见解"。5月24日,美国总统布什不顾中国政府的强烈抗议,在白宫会晤了十四世达赖。在回答"美国之音"藏语组记者的提问时,十四世达赖解释两个原因:"一个原因当然是西藏已经在中国人控制之下了。第二个原因我认为更加重要,这就是尽管西藏的宗教和文化都非常成熟、非常发达,但是物质上和经济上还很落后。作为现代世界的一部分,我们必须赶上去。从这个角度来看,西藏作为中国的一部分是有利的。"8月,十四世达赖对外发表声明称:"我始终认为,克什米尔邦是印度的一部分……我不认为,克什米尔问题和西藏问题同等……也有人称:我不知印度的恩惠。对此,我要说明的是:我在有机会时,始终在深表印度政府和人民对西藏人恩重如山;始终认为,印度是一个民主制度牢固的国家……印度有权担任联合国常任理事国。"

2002年1月,十四世达赖在印度首都新德里参加"西藏与印度"研讨会时说:"经过多年来失败的和平谈判和暴力镇压西藏,我感觉国际社会,尤其是印度,应该在帮助西藏上扮演更积极的角色。"4月23日,印度外交部部长的回答是:"印度政府对西藏问题虽然伤已愈,但伤疤仍然存在,如今印度政府对印中关系方面不回忆过去,正在努力和中国政府建立积极的关系。不过,印度政府知道几个月前十四世达赖喇嘛的代表前往北京和中国官员接触的事。而且继续会支持达赖喇嘛和中国官员开始和平谈判。"5月,十四世达赖在澳大利亚墨尔本举行的一次新闻发布会上表示,他不寻求"西藏独立",而是寻求"完全自治";他煽情地说,在与中国已故元老毛泽东、周恩来以及刘少奇的接触中发现,那一代人对"西藏问题"的"宽容态度"要远远高于目前的中国政府领导人;他呼吁

"北京现在的执政者多向中共的几位元老学习",希望现在看到西藏"真正的自治"。9月9日,十四世达赖的"高级代表团"一行4人抵达北京,与中央政府有关部门代表接触商谈。在双方代表接谈期间,十四世达赖在格拉茨向800多名参加时轮灌顶大法会的信徒声称:"我们还不知道这次接触将如何得以进展。不过,有接触总比没有接触好。""在接下来的几个月时间里,如果他们(中央政府)继续走这一正面道路,那对藏汉人民都有益,我们也需要继续走这一正面道路。否则,我们也得根据实际情况采取行动。"9月11日,在纪念美国遭受"9·11"恐怖袭击一周年之际,十四世达赖对外媒发表声明,谴责恐怖主义和暴力行动。10月24日,十四世达赖出访奥地利"弘法",接受奥地利格拉茨大学颁发的本年度国际人权奖。12月,印度前上议院议长热帕热在新德里颁授十四世达赖"正义之光奖",十四世达赖感慨而谦虚地说:"由于印度政府和人民自藏人流亡至今给予了大力援助,所以,今年的正义之光奖,应该颁发给印度人民,以表示流亡藏人的感谢!"

2003年1月,十四世达赖在位于印度新德里东南的佛教圣地萨尔纳从事佛教活动时,对采访的媒体记者说:"中国迟早必须制定宪法,给予西藏自治……藏人均在恐惧下过日子,北京占领西藏,最终会破坏西藏稳定。"6月4日,十四世达赖在瑞典斯德哥尔摩一个体育馆发表演说:"我已经多次重申,我不会寻求独立。但是,中国政府对我的意图表示怀疑。因此,建立信任是非常重要的。一旦中国人相信我们,我们西藏人就会遵循一个中国的原则,不寻求独立。我认为,只有在这个时候,才有可能认真地讨论如何改变西藏状况的问题。"8月19日,美国负责伊拉克问题的特别代表德梅洛在联合国驻伊拉克办事处爆炸中丧生。8月20日,十四世达赖向联合国致函,对德梅洛等人的不幸身亡深表哀悼。9月10日,十四世达赖在白宫同美国总统布什会面后,就国际反恐战、"西藏问题"等接受美联社专访,十四世达赖重申了"非暴力"原则。"藏青会"时任主席格桑平措却对媒体大肆扬言:"只要是为了我们的事业(即'西藏完全独立'),我们是不惜使用任何手段的,无论是暴力还是非暴力。"9月8日,美国联邦参议院通过"二一二号决议案",推崇十四世达赖喇嘛推动对话和平解决"西藏问题",并欢迎他访问美国。9月10日,十四世达赖与布什总统进行了私人谈话,布什表示,美国保护西藏独特的宗教、文化和语言遗产,主张保护所有西藏人的人权。当晚,十四世达赖在白宫答复记者询问时表示："中国对西藏大量移民，除了破坏自然生态外，也有意无意地对西藏文化迫害进行了某种形式的种族灭绝，情况非常严重。"9月24日，"美国之音"报道说，十四世达赖喇嘛表达了希望到中国会晤中国领导人并参拜中国境内的佛教圣地的愿望。他声明说："（我）没有政治野心，也不想恢复旧制度。"

2004年10月3日，十四世达赖在墨西哥回答各国媒体记者时说："中国政府官员充满怀疑，在这种情况下，很难进行讨论。"10月18日，十四世达赖接受美国《时代》杂志专访时说："我们不是要求独立，西藏保留在中国内，有利于西藏更加繁荣，保留西藏文化，也有益于中国人民。只有我们要求（西藏）独立，才会出现赢或输的二分法。"

2005年9月19—22日，十四世达赖在美国佛罗达州迈阿密进行"传法"活动，以"世界和平"为主题发表演讲说，只有通过内心安宁，才能得到世界和平；同时接受了迈阿密大学授予的荣誉博士学位。11月4日，十四世达赖在出访南非的记者会上说："我已向全世界宣示过几千次，从来不赞成西藏独立，但中国政府和媒体称呼我为分裂主义分子，真是糟糕。"

2006年2月19日，十四世达赖在以色列同犹太教和伊斯兰教领袖进行了会晤，犹太教总教主约纲·美孜哥呼吁在耶路撒冷建立一个代表世界各国宗教领袖的"宗教联合国"组织，推荐十四世达赖为最高领导人。十四世达赖对这个建议表示赞赏，承诺将会竭尽全力帮助建立这个组织，表示"任何高尚的事业都会遇到障碍，所以，我们在克服困难的同时需要坚定地追求公正和真理"。4月4日，诺贝尔和平奖得主贝蒂·威廉姆斯（系北爱尔兰人，1976年获奖）组织的"第三届研讨会"在印度达兰萨拉召开，十四世达赖为研讨会揭幕，并发表了《消除武装冲突的社会策略》为主题的演讲："包括我十五六岁时发生的冲突事件都是人为的，导致我流亡至今。""世界上社会矛盾将会继续存在下去，主要是我们怎样面对这些问题呢？那就是对话。"4月10日，"西藏选举委员会"向外界公布，第二届"西藏流亡政府"首席噶伦桑东（活佛）以占总投票数的82.66%获选。4月14日，"西藏选举委员会"又向外界公布，第十四届"西藏人民会议"共产生43名议员，其任期为5年。4月15日，十四世达赖在美国旧金山出席全球穆斯林会议上表示："三四百年前开始，在西藏首都拉萨就有穆斯林社会，这是一个和平而非暴力的社会。"5月3—

12日，十四世达赖前往智利、秘鲁、哥伦比亚访问，在哥伦比亚的一次演讲中说："中国政府对我外访，每次进行习惯性的批评，这极大地伤害了西藏人民的感情……中共如此无中生有地加以批评，会有害于藏中接触和藏汉人民的友好交流。"8月15日，桑东在十四世达赖面前宣誓就职，正式开始第十三届"内阁"任职期，他的简短声明是：在新一届任期内，"西藏流亡政府"的政策方针不会有大的改变，将坚持以非暴力的"中间道路"原则为基础，以和谈的方式解决"藏中问题"；他同时强调，西藏民族没有太多的时间拖延西藏问题的解决，西藏民族正处在生死存亡的关头。9月27日，布什总统签字批准美国众议院通过的法案，将代表"美国最高荣誉的国会金质勋章"颁发给十四世达赖，以"表彰他在全球各地倡导宗教和谐、非暴力与人权主张，并致力与中国领导阶层对话、谋求和平解决西藏问题"。这枚"勋章"曾经颁赠过英国前首相丘吉尔、罗马天主教前教皇约翰·保罗二世、修女特蕾萨和南非前总统曼德拉。

2007年5月，十四世达赖集团在比利时布鲁塞尔举行"第五届国际声援西藏组织大会"，十四世达赖"流亡政府"首席噶伦桑东出席会议，会议通过《战略计划》，决定启动抵制北京"奥运会运动"计划。尔后，在美国的"藏独"组织提出了"西藏人民大起义"构想，与十四世达赖集团高层一起进行研究，最后达成一致意见，认为2008年是实现"西藏独立"的最后一次机会，决定利用北京奥运会前的"有利时机"，在境内藏区全力组织动员闹事。年末，为落实"西藏人民大起义"构想，研究具体行动措施。"西藏青年大会""西藏妇女协会""自由西藏学生运动"等"藏独"组织在印度召开会议，提出了"允许达赖喇嘛返回西藏、中国人退出西藏、释放所有政治犯"等多项诉求，并妄称如果中国政府不满足其提出的要求，就将在境内外发起"西藏人民大起义运动"。10月17日，美国国会在市场上出售"西藏第十四世达赖喇嘛丹增嘉措"的金质勋章纪念品，印有"美国国会2006年法案"字样，每枚价格38美元，以此标榜这位"非暴力"代表。

四

2008年是十四世达赖集团疯狂走上暴力恐怖活动的新阶段，标志着

"后达赖时期"的到来。

2008年1月4日，十四世达赖指示"藏青会""藏妇会""自由西藏学生运动""西藏全国民主党"和"九·十·三运动"等"藏独"组织正式宣布实施"西藏人民大起义运动"，声称"西藏自由斗争史上的伟大转折点"；十四世达赖集团组成了以"藏青会"主席次旺仁增为首的临时筹备小组，负责进行全面协调以及资金筹集。拟定的具体行动内容为四个阶段：一是制造社会舆论、招募人员培训阶段；二是活动的行动阶段，确定从3月10日开始，挑起各种事端；三是联动阶段，主要是举行全球性的抗议活动；四是肇事阶段，直接在中国境内，尤其是境内藏区以各种手段采取破坏行动。从1月4日到25日，"藏独"组织在印度新德里召开新闻发布会，公布了《"西藏人民大起义运动"倡议书》，并在100多个网站上传播宣称："西藏和中国是两个不同的国家"，"继承西藏独立自主的地位，是西藏民族的神圣历史职责"。"20世纪中国共产党向西藏发动了侵略活动"，提出"中共要尽快邀请达赖喇嘛返回西藏""共产党撤出西藏""在未解决西藏问题之前，北京政府没有资格举办奥运会"等所谓"建议"，并宣称："西藏独特的宗教和语言、习俗等文化，正处于完全灭绝的严峻时刻。"宣布："从2008年3月10日开始，将举行不间断的大规模的'西藏人民大起义运动'"，使这一运动成为"西藏自由斗争史上的伟大转折点"。为实施"西藏人民大起义运动"，"藏青会"等组织筹划举办"藏独"骨干分子培训班，由"西藏人民议会"副议长嘉日多玛、"藏青会"主席次旺仁增等人亲自授课，宣讲"西藏人民大起义运动"的宗旨和目的，传授实施暴力恐怖活动的具体方法。

2月3—10日，十四世达赖借在印度哲蚌寺讲经、主持开光仪式、举行"大威德灌顶法会"等宗教活动之机，发表"虽然西藏人民处于中共的统治之下，但是内心却向着另一方"的说教演讲，作"西藏人民大起义运动"总动员。7日，"议长"噶玛群培声称："要利用中国举办2008年奥运会的机会，展开各种活动，迫使中国政府在2008年或者未来两年内解决西藏问题。"15—17日，"藏青会"等组织联合在印度达兰萨拉对"大起义运动"负责人进行集中培训；"藏独"骨干分子通过互联网或电话、邮件等方式，先后密切与各个组织下达系列行动指令。21—26日，十四世达赖集团在达兰萨拉举行了"西藏大起义运动"人员和资金招募活动。27日，"九·十·三运动"组织向"美国国家民主基金会"（简称

NED）申请紧急资金，作为"活动家们应对危险时期的资金"；"藏青会"要求全世界的藏人在3月10日请假一天，上街参加抗议游行、发起绝食、冲击中国驻外使领馆、自由火炬接力等"和平挺进西藏行动"。

3月10日，十四世达赖集团照例在印度达兰萨拉举行纪念"西藏抗暴起义49周年"活动，十四世达赖在集会上声称：中国政府"过去几年对境内藏人的镇压更是变本加厉"，"造成人权横遭践踏、宗教信仰自由被限制"，"对境内西藏人民的赤诚、勇气和决心由衷地表示赞赏"。十四世达赖的"讲话"，实际成了"西藏大起义运动"的总动员令。当日，国外部分"藏独"分子聚集到中国驻多伦多总领馆门前，举行反对北京奥运会的游行示威活动，2名藏族青年学生爬上总领馆楼顶，降下中国国旗，企图升上"雪山狮子旗"。拉萨哲蚌寺300余名僧人，企图冲进市中区制造事端，部分不法僧人的气焰十分嚣张；在大昭寺广场，色拉寺10余名僧人扛着"雪山狮子旗"，高呼"西藏独立"等口号，大肆招引围观人群加入，向维护秩序的工作人员投掷石块、泼洒石灰、开水……还有3名僧人用刀具自伤肢体并互相拍照，这种状况一直持续到14日上午。

3月14日下午，不法分子背着装有石头、汽油瓶的背包，手持铁棍、木棍、长刀等凶器，在拉萨城区主要街道路口正式实施打砸抢烧暴力恐怖活动。一时间，昔日美丽整洁的"日光圣城"顿时浓烟四起、正常的社会秩序严重紊乱，高原古城笼罩在暴力恐怖之中。据西藏自治区有关部门统计，"3·14"这一天，18名无辜群众被暴徒烧死或砍死，受伤民众382人，其中58人受重伤；暴徒纵火300多处，有908户商铺、7所学校、120间民房、5座医院受损，砸毁金融网点10个，20处建筑物被纵火烧成废墟；直接财产损失达到2.4亿多元人民币。当日晚，十四世达赖在印度立即发表声明称："这些抗议，是西藏人民对当前统治方式的刻骨仇恨情绪的发泄。"

3月15日，几十名"藏独"分子到中国驻温哥华总领馆门前聚众示威，声援在拉萨发生的暴力"抗议"活动。

3月16日，"藏独"分子暴力冲击中国驻荷兰大使馆，造成财产损失。当日，四川省阿坝州阿坝县、甘肃省甘南州夏河、玛曲、碌曲县和青海省等部分县也相继发生了严重的打砸抢烧暴力活动。当日，十四世达赖在外媒记者招待会上声称："拉萨抗议，是中国多年来在西藏有意或无意推行文化清洗政策的必然结果。""尽管中国动用军队镇压此次行动，但拉萨及其他（藏区）地方的藏人也将决意抗争到底。"十四世达赖在回答英国广播公司提问时说："我不会要求他们停下来，因为很多要求是来自西藏人民的，我尊重他们的意愿。"

3月20日，"藏青会"主席次旺仁增在印度达兰萨拉的一次秘密会议上声称："暴力活动基本达到了唤醒国内藏区的反抗意识，引发了国际社会对西藏问题高度关注的预期效果，但反抗活动不会停止，此次活动只是今年反抗活动的序曲。"

3月21日，美国众议院议长佩洛西专程到印度达兰萨拉与十四世达赖会谈，以表示"声援"和支持。

3月28日，十四世达赖在《致全球华人公开信》中说：中国的"官方媒体对西藏近期时间的状况描绘，使用了欺骗和扭曲形象的手段，可能播下了种族紧张的种子，有难以预测的深远影响"。

4月9日，美国国会众议院审议通过了佩洛西提出的涉藏反华决议案，呼吁抵制北京奥运会。从4月中旬起，十四世达赖对欧美国家又开始了新一轮的窜访活动，到处游说他那一套"非暴力"论的陈词滥调，继续蒙骗国际社会。

4月12日，中国国家主席胡锦涛会见澳大利亚总理陆克文时指出："西藏事务完全是中国内政。我们和达赖集团的矛盾，不是民族问题，不是宗教问题，也不是人权问题，而是维护祖国统一和分裂祖国的问题。"

历史和现实的大量铁证已经充分证明，十四世达赖是彻头彻尾、地地道道的分裂主义集团的总头子，是国际反华势力的忠实工具，是在西藏制造社会动乱的总根源，是阻挠藏传佛教建立正常秩序的最大障碍。自从1959年以十四世达赖为首的分裂分子发动武装叛乱失败并逃亡印度后，一直从事着"西藏独立"的图谋，他们玩弄骗术、耍尽花招，一刻也没有停止过分裂祖国的罪恶勾当，并随着国际反华气候的变化，愈演愈烈。十四世达赖集团没有为西藏的发展和进步事业做过一件好事，相反罪大恶极；每一次制造的严重分裂事件，都是十四世达赖集团伙同西方反华国家一手策划、精心组织实施的。今后何去何从？人们拭目以待。

（载西藏《要情》内刊2008年第15期，西藏自治区社会科学院主办。收入文集时，内容作了较大充实完善）

附4 十四世达赖窜访国家和地区一览表
（1959—2005）

国家和地区	次数	国家和地区	次数	国家和地区	次数	国家和地区	次数
瑞士	18	希腊	1	立陶宛	2	葡萄牙	1
捷克	4	斯洛伐克	1	挪威	9	澳大利亚	2
加蓬	1	新西兰	3	南非	4	爱尔兰	2
丹麦	6	荷兰	7	比利时	4	保加利亚	1
英国	14	波兰	2	列支敦士登	1	意大利	19
瑞典	8	法国	20	德国	26	泰国	3
西班牙	6	芬兰	2	拉脱维亚	2	爱沙尼亚	2
波多黎各	1	匈牙利	5	斯洛文尼亚	2	克罗地亚	1
布里亚特	5	新加坡	1	委内瑞拉	1	特立尼达和多巴哥	1
尼加拉瓜	1	俄罗斯	4	苏联	3	图瓦	2
尼泊尔	1	土耳其	1	奥地利	10		
墨西哥	2	法国	29				

说明：为将所谓的西藏问题"国际化"，图谋"西藏独立"，在46年（1959—2005年）间，十四世达赖共窜访45个国家和地区，重点是以美国为首的西方国家，次数在10次以上的国家是：美国、德国、法国、意大利、瑞士、英国、奥地利。

西方主要国家支持"西藏独立"活动实录

一 英国制造"西藏问题"的历史由来

英国是制造"西藏问题"和支持"西藏独立"的先行罪魁。所谓的"西藏问题",完全是帝国主侵略中国的产物,是英帝国主义分子出于维护其在华的侵略权益、出于与其他殖民主义者争夺和控制中国、出于称霸亚洲战略的自身需要,而一手阴谋制造出来的。在20世纪初的藏语词汇中,没有"西藏独立"这个词。现年98岁的全国政协副主席阿沛·阿旺晋美近期发表文章说:"20世纪西藏发生的事我经历了不少。所谓'西藏独立'在20世纪以前是没有的,那时藏语中没有'西藏独立'这个词。西藏是中国的一部分,西藏地方政府归属中央政府统辖,是公认的事实。所谓'西藏独立'是某些别有用心的人造出来的。"1840年英帝国主义发动侵略中国的鸦片战争后,中国开始由一个独立的主权国家逐步沦为半殖民地国家。帝国主义势力趁着清朝中央政府的虚弱,开始以武力阴谋瓜分包括西藏在内的中国领土。

英国是老牌的资本主义、殖民主义和帝国主义国家,其本性就是搞侵略、霸权、掠夺和颠覆别国政权,扩大殖民地势力范围,这是帝国主义国家的共同特征。15世纪初,葡萄牙、荷兰、英国、法国等西方国家率先兴起,先后对美洲、非洲、亚洲进行疯狂的外侵掠夺,建立了资本主义的原始积累。1588年,英国彻底打败了西班牙的"无敌舰队",开始了对海外扩张的新时期。17世纪初,英国入侵印度,在印度成立了"东印度公司",同时,在北美建立了13个殖民地。经过三次英荷战争,英国战胜荷兰,夺取了海上霸权。后又通过四次英法战争,夺取了法国在北美和印度的全部殖民地。19世纪中期,英国成为"世界工厂",并垄断着国际贸易。西方国家掀起工业革命后,美、德、日等国家先后超越英法。这些新崛起的国家,强烈要求重新瓜分世界,英国不但不愿意让出既得利益,相反还想侵占更多的殖民地,继续保持世界霸权地位。因此,不可避免地展开了新一轮的殖民地争夺战。

19世纪初以后,步入封建社会没落时期的中国清朝政府,已逐渐衰落,成为一盘散沙。英国处心积虑地要打开中国的大门,法、美、德、日、俄等国家也乘机涉足远东并向中国扩张。此时的中国,已成为西方列强在东亚的首要殖民目标和争夺重点。

1840年,英国发动鸦片战争,强迫清朝政府签订《南京条约》、开放5个通商口岸,并控制中国海关,享有治外法权。各个帝国主义国家随后直入中国划分势力范围,以求"利益均沾"。

两次鸦片战争后,英国和法国把争夺中国西南地区作为其势力范围,尤其是英俄对中国西藏及喜马拉雅山麓诸国作为侵略目标。从19世纪60年代起,英国殖民主义分子就接二连三地以所谓"考察""游历"等名义潜入西藏腹地,大量收集西藏地区的政治、经济、地理环境、交通要道、军事设防等情报。这些不法分子认为,不仅要注意西藏地方在通商中的作用,而且还要从"缓冲带"的理论去认识西藏的重要战略地位,这对保障"印度殖民安全"、巩固英国在华利益有着重要意义和作用。1886年,西藏地方政府采取积极防御措施,在藏锡边境隆吐山上筑起堡垒炮台,派兵日夜守护。英国明令清政府威逼退兵撒卡,否则采取军事行动。为了把西藏尽快纳入英国殖民地的势力范围,1888年和1904年,英国侵略者发动了两次侵略中国西藏的战争。

1888年,英国悍然发动对中国西藏的武装进攻。驻守隆吐山的藏军依靠手中仅有的火绳枪、弓箭、刀矛,同武器精良的侵略者展开了英勇的斗争。战争结束后,清朝政府被迫于1890年和1893年分别与英方签订了《中英会议藏印条约》和《中英会议藏印续约》,承认锡金受英国保护,接受英方片面提出的藏、锡分界线。同意开放中国西藏亚东为商埠,允许英国在该地享有治外法权,并规定五年内通过亚东的进出口货物概不纳税。

正当英帝以印度为基地加紧筹划二次侵藏的时候,沙皇俄国也把侵略矛头指向青藏高原。英国认为,喜马拉雅山是印度次大陆的屏障,一山之隔的西藏应属英国殖民地的势力范围,一旦西藏落入俄国人手中,印度就完全暴露在俄国的威胁面前。英属印度总督寇松主张,要与俄国进行"大争夺",英国要奉行"前进政策",要赶在俄国人之前,树立在西藏的影响和权威,并加紧做好再次武装侵藏的准备。1901年7月,英国印度事务大臣照会俄国外交部,声称英国对俄国与西藏之间的接触"势不能沉默不问"。1903年1月8日,寇松在给英国印度事务部大臣汉密尔顿的信中称:"中国对于西藏的宗主权是法律上的一种虚构,一个政治上的幌子。它之所以能保持下来,仅仅是因为对双方都感到便利。"他要求英国政府批准其第二次入侵西藏的计划。对此,美国国务卿与英国驻美大使杜仑交换了意见,杜仑称,英国政府永远没有要永久占领西藏的意图,也没有违反保持中国完整的行动。但是,在这一年,英属印度政府派出以荣赫鹏上校为首的侵略军,以谈判为名,超越中国边界闯入西藏。

1904年3月31日,英军与藏军在曲美新谷相遇。千余名藏军被打死打伤。4月7日,江孜全城沦陷,最后500多名藏兵全部跳崖。4月13日,俄国驻英大使又就英国的"远征",再次表示了俄国对此事的担心,并提出了声明。① 8月3日,英军闯入拉萨,拉萨城内弥漫着憎恨。"他们多么仇视我们啊!"随军记者爱德蒙这样写道,"如果我们当中有人不慎落入他们手中,我深信他们肯定会将他碎尸万段的。"西藏军民奋起抵抗但遭失败。英军在抢劫紫金寺时,侵略军头目荣赫鹏下令开炮,寺内近60个佛殿全部坍塌,僧人全部战死。英国抢劫的财富,"用400头骡子才能运走,里面包括罕见的宗教经典、神像,还有很多器皿……"爱德蒙记者就是这样报道记述英军侵藏所得的胜利品。在第二次的侵藏战争中,英军一度攻占了拉萨,十三世达赖被迫逃离拉萨,取道青海逃往外蒙古。由于英军给养和通讯得不到保证,英国侵略军于当年9月下旬离开了拉萨。英帝国侵略者以武力要挟,逼迫西藏地方政府官员、拉萨三大寺住持等与英签订了《拉萨条约》。但由于清朝中央政府外务部认为《拉萨条约》有损中国主权,清朝驻藏大臣不予签字,致使该条约无效。

俄国在18世纪先后打败了3个邻国,取得了波罗的海、黑海的出海口,打通了通往欧洲南北的两扇大门,成为欧洲强国之列。《沙俄皇制度

---

① 英国外交部档案,中国档,第1748卷,编号166:《蓝斯敦侯爵致斯科特爵士》,外交部1904年4月13日,"选择",NO.290。

内幕》解密文件认为,控制占领了中国西藏,就可以"直叩印度大门""肯定可以迫使英国容易达成谅解",使俄国更有力地同英国争夺亚洲的势力范围,以至世界霸权。① 1905 年,俄国在日俄战争中失败,造成国力下降。此时的英帝国主义靠直接军事侵略没有达到完全控制西藏的目的之后,开始策划把西藏从中国分裂出去的阴谋活动。通过两次侵藏战争,英帝侵略者认识到,要改变策略,在西藏僧俗上层中培植亲英势力,并挑动、怂恿西藏地方政府与清朝中央政府对抗,试图用此办法把西藏从中国分裂出去,将西藏变为英国殖民地的势力范围或者附庸,变为保护英属印度东北边境的一个"缓冲区"。

1907 年 8 月 3 日,英、俄两国签订了《英俄协约》(即所谓"西藏协定"),其中把中国在西藏的主权改称为所谓"宗主权"。这是在国际文件中第一次把中国对西藏地方的主权篡改为"宗主权"。该正文"协约"有五条,主要内容是:第一条为"尊重西藏领土完整,不得干涉西藏内政"。第二条为"依据承认中国在藏主权之理由",英、俄两国若不通过中国,"皆不得直接与西藏实行交涉……"第三条为"英俄两国政府相约,各不派置代表到拉萨"。第四条为"英俄两国不得在西藏谋求邮电、交通、矿山等各种权利"。第五条为"所有西藏租税,无论为物产或现金,皆不得向英俄两国或其他国民抵押或让与"。同时还协定了附件。②

依据秘密"协定",在英俄两国讨价还价的交易中,双方争斗暂时妥协平静下来。但是,英帝人为制造出来的所谓"西藏问题"阴谋,却给历史留下了"后遗症"。1908 年,十三世达赖喇嘛到达北京后,英国先派遣锡金王子专程赴京做十三世达赖工作,提出不再反对十三世达赖返回西藏,其缘由是:"今予达赖以声援,似属奇特,唯念异日达赖一旦复职,则边境安全之保障与西藏现状之维持当可信赖。"③ 英国驻华公使还带着丰厚的礼品慰问十三世达赖,竭力引诱、拉拢,以便日后控制西藏。

1911 年,中国辛亥革命爆发。次年,清朝灭亡,民国初建,英国利

---

① [俄]谢缅科夫:《沙俄皇制度内幕〈有关藏医巴德马耶夫的档案资料〉》,列宁格勒,1925 年。转引自王远大《近代俄国与中国西藏》,三联书店 1993 年版,第 13 页。

② 英国外交档案,第 371 组第 176 卷,编号:252:机密《斯普灵莱斯先生致葛雷爵士》,圣彼得堡,1906 年 4 月 10 日发,4 月 17 日收到,"附记","选择",No. 30。

③ [英]荣赫鹏:《英国侵略西藏史》,孙熙初译,西藏社会科学院资料情报研究所编印(内部资料) 1983 年版,第 302 页。葛雷爵士:1905—1919 年任英国外交大臣。

用中国国内政局混乱之机，向中国外交部提出了否定中国对西藏主权的所谓"五条"。在遭到中国政府拒绝后，英国封闭了由印度进入西藏的一切道路。

1913年，英国政府利用西藏亲英上层分子煽动西藏当局宣布独立，提出："西藏完全独立后，一切军械由英国接济"，"西藏承认英国派员来藏监督财政军事，以作英国扶助西藏独立的报酬"，"民国军队行抵西藏，（由）英国担负抵御之责"，"西藏执行开放主义，准英人自由行动"。这是英帝国主义第一次公开提出支持"西藏独立"，但其罪恶图谋未能得逞。也就是这一年，英国政府利用篡夺了中华民国大总统职位的袁世凯迫切要求得到各国政府外交承认和得到国际借款的心理，迫使北京政府参加英国政府提出的中、英、藏三方会议，即所谓"西姆拉会议"。会前，英印政府派驻锡金政治专员帕尔单独会晤西藏政府代表夏札伦钦，向他坦露地说："宗主权"具有"独立"的含义。在英国的引诱唆使下，西藏地方政府代表首次提出了"西藏独立"的口号，并提出"西藏疆域包括青海、理塘、巴塘等处"等要求，当即遭到中国政府代表的拒绝。英国代表按照事先策划的阴谋，提出了所谓的"折中"方案，把中国藏族居住的所有地区划分为"内藏""外藏"两部分，"内藏"包括青海、甘肃、四川、云南等省的藏族居住地区，由中国政府直接管辖，"外藏"包括西藏和西康西部地区，要求中国政府"承认外藏自治"，"不干涉其内政"，"但中国仍（可）派大臣驻拉萨，（但）护卫部队限三百人"。英国提出这个"折中"方案的实质，是把中国在西藏地方的主权篡改为所谓"宗主权"，使西藏在"自治"的名义下脱离中国政府的管辖，是完完全全、彻头彻尾所谓"高度自治""中间道路""和平区域"的翻版。如此无理的要求，当然遭到了中国政府和全国人民的强烈反对。

也就是在1913年的"西姆拉会议"期间，英国代表麦克马洪背着中国代表，以"英国帮助西藏独立"和"迫使在西康的汉军撤回内地"两个条件，诱惑当时的西藏地方政府代表草签印度东北部地区与西藏南部之间的边界线协议，企图把包括达旺在内的大片中国西藏领土，划入英属印度，史称非法无效的"麦克马洪线"，这同样遭到中国政府的断然拒绝、不予签字和中国人民的强烈反对。据相关史料记载，西藏地方政府对"麦克马洪线"的主流态度是：一、不承认这条界限；二、要求英国军队撤出西藏；三、西藏地方政府的官员也包括达旺在内的"麦克马洪线"

以南大片地区，继续行使管辖权。1914年3月24日，英国代表麦克马洪在给西藏地方政府代表夏札伦钦的信中说："决定……重要朝圣地如被划入英方，自边界一日途程之内，此等地方仍旧划归西藏。"即使按照麦克马洪信中所说，紧靠"麦克马洪线"的达旺地区，也应该是中国西藏的一部分。印度官方承认，达旺地区的主要居民是中国的少数民族门巴族和藏族。1681年，五世达赖喇嘛阿旺·罗桑嘉措下令在此建立达旺寺，是藏传佛教盛行的地方。六世达赖喇嘛洛桑仁钦·仓央嘉措就出生在达旺，成为其故乡。西藏地方政府长期下派僧俗官员对达旺地区实行着有效管辖，达旺地区自古以来就是中国西藏领土的一部分。英国自知理亏，直到1938年才对外公布这条非法无效的"麦克马洪线"。

1914年7月3日，中国政府代表陈贻范奉国内训示，拒绝在所谓"西姆拉条约"上签字，并且发表声明："凡英国和西藏本日或他日所签订的条约或类似文件，中国政府一概不能承认。"中国政府同时将此立场照会英国政府；会议遂以破裂告终。

对于英帝国主义两次侵藏的惨痛历史，英国学者帕特里克在他所著的《西藏追踪》书中毫不掩饰地说"英国那就是侵略！"英国侵略军头目荣赫鹏当年的日记里记载说："他们（藏人）非常仇视我们，西藏人中间的那个名叫强巴丹增的和尚，他始终没讲一句话。"美国当代著名藏学家梅·戈尔斯坦在《喇嘛王国的覆灭》一书中，将"1903年至1904年英国侵略西藏及清王朝的反应"用专章进行了记述。然而，"挟洋自重"的十四世达赖数典忘祖，实在无耻。2008年5月，十四世达赖在英国国会发表演说，竟然高呼"英国与西藏有着伟大、悠久的历史关系，在西藏问题上应该肩负起推进和改造历史的使命"，请求英国各界"在西藏问题上给予更大支援和关注"。十四世达赖对英国人讲的这番话，赢得了英国国会议员们的几许掌声。相反的是，他的前辈十三世达赖喇嘛土登嘉措也曾这样高呼，但高呼的内容却是："全藏僧侣人民不惜重大牺牲，誓与英国侵略军决一死战！"

可以说，不论情况怎样，为了中国的国家主权和领土完整，包括西藏人民在内的中国各族人民，始终坚定地维护国家统一和主权、领土完整的坚强意志；英帝国主义分子妄想将西藏从中国分裂出去的阴谋始终没有得逞。

二　美国从幕后演员变成台前杀手

（一）美国早期的对华对藏政策

美国早期的对华政策是"保全中国"的领土完整，多次提出"要支持中国皇帝""不能危及现政府的稳定，不能对他们以任何的削弱"。反对英国关于中国对西藏的所谓"宗主权"言论，反对否认中国在西藏的主权地位，反对把西藏从中国分裂出去。当英国发动第二次侵藏战争时，美国许多报纸纷纷发表文章、评论，表明对华政策的基本原则。如1904年1月31日，美国纽约《黑露报》发表《论俄英将分据新疆西藏》文章指出："中国版图所属之新疆西藏"，"将为英俄分据，不能保其固有矣"，"英人所行政策殆欲占藏土"。同年6月，美国驻英国大使约瑟夫·H.仇特得到国内指示，于当月29日，将美国国务院对英国"远征队"侵略西藏的不同看法，明确地告诉英国外交部："不愿意改变这个国家的现状"。美国这样做的目的，很大程度上是为了防止西藏被别国独占而损害自身的利益；同时，也是为自己将来涉足西藏留下余地。从19世纪末到20世纪初，美国先后派遣特工以所谓的"传教""游历""探险""考察"等名义，大量收集藏区情报，伺机潜入西藏。美国驻华外交官柔克义正是第一个这样的人，他曾两次进藏后，写有不少关于西藏的专著、论文、游记等，以影响美国政府的对华政策，其结果影响有正反两面性质。1908年，柔克义到山西五台山会见了因英军入侵西藏而被迫逃至内地的十三世达赖，这是美国政府代表与中国西藏地方政府间的第一次官方接触。十三世达赖请求美国政府给予帮助，柔克义虽对其处境表示同情，但还是劝返回藏。

1910年农历九月，柔克义在收到十三世达赖的来信后立即回信认为，西藏一直是中国的属地，要接受"藩属"地位这个事实；劝导十三世达赖尊重前世达赖与清朝已经明确的从属关系，不要和中国分裂，应返回拉萨。信中对清朝1793年颁布的《钦定西藏章程二十九条》亦给予正面肯定的评价，认为这些法规是"有智慧的，不是压迫性太强的法规"。（该复信为上海社科院亚太所译，现由美国哈佛大学霍顿图书馆藏。）实际上，美国对西藏是有觊觎之心的，即"只承认中国对西藏有宗主权""排除中国对西藏拥有主权"。柔克义第一次进藏对西藏各地的管理制度和比邻各部落的政治区划等进行了人文社会调查；第二次进藏对西藏地区的各条重要通道、军事情报等进行了考察及地形测量。随后的1909年，美国牧师浩格登以游历为名，请英国驻康区巴塘的牧师做向导，潜行到了察木多（昌都）。1911年，浩格登及同伙医生哈德又随英国牧师叶葱郁、顾福华、郭训明等经乍丫（察雅）、江卡（芒康）去了阿墩子（迪庆）"游历"。

二战前后，世界政治格局发生了重大变革，各种政治力量对比发生了重大变化，美国政府的对华对藏政策也开始发生重大变动，称霸全球的实质目的逐渐充分暴露。

（二）美国对"藏独"势力的全力扶持

美国插手中国西藏内部事务始于20世纪40年代。1942年，中国国民政府准备修建经过西藏的中印公路，以解决盟军援华战略物资的运输问题。这一工程的修建，引起了美国战略情报负责人，人称"中央情报局之父"的威廉·多诺万的注意。威廉·多诺万建议美国国务院利用此事，以勘察线路为名，派遣特工人员前往西藏。在当年底，美国战略情报局特工伊利亚·托尔斯泰上校和布洛克·多兰上尉潜入西藏，与西藏地方政府当局的上层人物进行了秘密接触。这个伊利亚·托尔斯泰上校，就是俄国大文豪托尔斯泰的孙子。1942年12月20日上午，年仅7岁的十四世达赖，在布达拉宫接见了这两位美国特工。伊利亚·托尔斯泰把美国罗斯福总统的亲笔信、照片和一些小礼物交给了十四世达赖。在信件中，罗斯福表示了希望与西藏噶厦和十四世达赖建立密切关系的愿望。

1943年3月，伊利亚、布洛克离开拉萨。在拉萨的3个月里，两名美国特工广泛收集情报，并会见了许多西藏地方政府的上层人物，还拍摄了一部关于拉萨的影片。这年夏季，西藏地方政府在美国政府的支持下，突然宣布成立"外交局"，试图公开进行"西藏独立"活动。消息传出，立即遭到全国人民的同声谴责，国民政府也发出严正警告。西藏地方政府迫于国内形势压力，不得不向国民政府报告改变原议。1944年，曾担任总统顾问的美国著名战略家斯皮克曼在《民主与和平的地理学》一书中提出："只要中国统一远未完成，中国就难以构成这种威胁，所以在日本战败后，美国在远东最需要注意的就是必须防范中国成为这个地区最强大的国家。""我们早晚要建立一个世界政府。废除各个国家的独立主权。

我们必须借助我们雄厚的国家力量,以此作为战后有利于我国的和平基础。这是为了美国的最高主权。"1946年,美国总统杜鲁门下令向西藏地方当局提供一批可供发报用的发电机。1947年3月,在印度新德里举行的"泛亚洲会议"上,英国幕后策划邀请西藏地方政府派代表参加,在会场上悬挂的亚洲地图和万国旗中,公然把西藏作为一个独立国家对待。经中国政府代表团提出严重抗议后,会议组织者不得不改正。1948年2月,在曾潜入西藏的伊利亚·托尔斯泰特工的引见下,"藏独"代表人物夏格巴拜会了美国将军艾森豪威尔。

在新中国成立前夕,美国驻华大使和驻印大使多次建议美国政府利用蒙古、西藏的民族问题做文章,以阻挡所谓"共产主义的蔓延"。1949年1月,美国国家安全委员会起草的对华政策报告指出:"美国的对华目标是,由中国人自己最终建立一个统一、稳定、独立且对美国友好的中国,以预防中国由任何外国控制后对我们的国家安全造成威胁。""当前目标应该是阻止中国变成苏联的附庸。"① 7月,美国中情局分析了中国大陆尚存的反共力量情况:在比较了国民党、一些地方的军阀势力、居于两党之间的小党派的情况后,得出这样的结论:"在西藏和内蒙古的蒙古人、西北的穆斯林以及远西部省份的藏人中进行长期政治抵抗的前景要略好一些。"② 美国新任驻华大使亨德森致电美国国务院,强烈要求美国政府"根据亚洲正在变动的情况重新审议美国对西藏的政策",改变以往承认中国对西藏的主权的立场,以适应美国遏制中共的政策;要求国务院接待西藏"亲善团"。9月,美国国会通过了一项总额为7500万美元的款项,专门用于对新中国的情报工作;国务卿艾奇逊说:"保密款项给予这些有限的行动以援助。"③ 西藏地方当局在英国特务福特的帮助下,利用美国支持的设备,建立了"西藏广播电台",大肆传播"藏独"舆论。

在此前后,美国人劳尔·汤姆斯以"无线电评论员"的名义在美国报刊上说:"美国已准备承认西藏为独立自由"的国家。此时,美国对中共的政策从阻止中共夺取政权转变为阻止中共成为苏联的"附庸",进而暗中设法阻挠

---

① 美国外交文件:"政策设计室备忘录",华盛顿,1948年9月7日,《美国对华政策文件集》(1949—1972)第一卷上册,第12、13页。
② 美国国家安全委员会档案:"备忘录",中情局情报,1949年7月25日。转引自刘晓原《"蒙古问题"与冷战初期美国对华政策》,《历史研究》2003年第3期。
③ 王东、阎知航:《让历史昭示未来——中美关系史纲》,第174、175页。

和破坏中共的西藏和平解放大业。美国担心，如果此时公开承认"西藏独立"，将会加速中共对西藏的解放行动，认为"在任何情况下，（都要）将西藏当作朋友"，以免引起中共的不满。美国政府赞同驻印使馆的"提议"论点："如果共产党控制了中国本部，西藏将是亚洲大陆仅存的为数不多的非共产主义的堡垒之一。""西藏政府相对稳定。人民天性保守，笃信宗教，他们具有反对与佛教信条相冲突的共产主义的倾向。达赖喇嘛的权威远远超出了西藏之外，对信仰藏传佛教的尼泊尔、锡金、不丹、蒙古等地的人民也有号召力。""中国政府现在无法断言享有西藏事实上有效的管辖权……"美国国务院在详细分析了中国、印度、英国的对藏政策与态度后，在"备忘录"中得出这样的"结论"："中国享有对西藏的管辖权，我们对此的立场没有改变，避免采取诸如明显暗示我们认为西藏是独立实体一类的行动……我们政策上的任何变化都可能授中国以把柄……政策变化本身可能不足以使西藏站在我们一边。"① 人们不难看出，美国政府从全球与亚洲的战略大局审视角度，利用西藏地方"独立"作为反共基地的机会，考虑的是如何分裂国际共产主义阵营和阻止中共成为苏共的"附庸"。

1949年10月1日，中华人民共和国成立，中国共产党完成国家领土完整统一成为历史的必然，1950年初，毛泽东主席作出和平解放西藏的战略决策。1950年1月，艾齐逊在美国外交委员会的一次讲话中说："无论谁统治中国，即使是恶魔统治中国，如果它是一个独立的恶魔，那也比它是一个莫斯科的傀儡或将中国置于苏联控制之下要好得多。"② 在美国国防部长约翰逊的支持下，从国防开支中，专门划拨了3000万美元作为留给西藏和台湾的"应急准备金"。3月，中国人民解放军第十八军先遣部队向西康（今四川西部和西藏昌都地区）藏区进发，拉开了进军西藏的序幕。3—6月，西藏地方政府委任夏格巴为代表团团长，窜访西方国家寻求支持。据1950年4月19日美国国务卿艾奇逊致美驻印度大使韩德逊的电报称，"国务院希望您在感到方便和时机成熟的时候，以个人的身份尽快照您的愿望把美国的意图转达给西藏人"。6月13日，美国国务院向英国驻美大使提交了一份非正式的声明说，美国可能会采取行动鼓动和支持西藏反抗中国的控制，并要求英国也向美国提交一份同样的非正式刊

---

① 美国外交文集，转引自《让历史昭示未来——中美关系史纲》，第310、311页。
② 美国外交文件："艾奇逊致驻印使馆"华盛顿，1950年7月20日；1951年1月6日《美国对华政策文集》第一卷上册，第336、337、351、352页。

登文章说，苏联准备在西藏建立空军基地，共产主义对印度的"冷战开始了"，等等。6月25日，朝鲜战争爆发。7月22日，美国政府将一批美国枪支弹药经由印度的加尔各答运入西藏，同时通过美国驻印度外交官向西藏噶厦表示："国务院现在便于向西藏保证，美国将提供援助"；"准备帮助西藏获得援助和资金"。① 以对抗中国人民解放军进藏。10月27日，美国驻印度使馆告知印方："美国和印度一样关注有关中华人民共和国入侵西藏的报道……（将）重新评估北京政权的性质……希望以所有可能的方式同印度合作。"② 11月1日，美国国务卿艾奇逊公开污蔑说，中国解放本国领土西藏的举动是"侵略"。还是11月，美国指使他国在联合国提出干涉中国西藏的提案。由于中国政府的严正立场和一些国家的反对，这个阴谋没有得逞。12月初，英国首相艾德礼访问美国，对中国人朝参战行动提出看法说："确实，中国人是坚定的马克思主义者……也许10至15年内，我们可以看到中国人的态度……可以考虑承认西藏是一个独立的'国家'。"③ 美国总统杜鲁门说："当然，中国人有民族感情。苏联人不可能永远主宰他们。"杜鲁门称，中共进军西藏是配合朝鲜作战，是对西方的挑战。④ 12月20日，美国国务院提交给英国驻美大使的外交"备忘录"中，提出了所谓西藏的法律地位问题。自此，美国加紧策划支持分裂中国西藏的系列活动，以阻挡人民解放军和平解放西藏，多次策划十四世达赖外逃，直至策动十四世达赖公开发动西藏武装叛乱，以分裂和牵制中国，以便更好地对付苏联，维护其称霸世界的战略目标的实现。

1951年1月6日，美国在致驻印使馆的电文中说："国务院对西藏继续保持自治很感兴趣，对西藏要求加入联合国表示同情……要制止中国共

---

① 美国外交文件："艾奇逊致驻印使馆"华盛顿，1950年7月20日；1951年1月6日《美国对华政策文集》第一卷上册，第343、344页。
② 1950年12月4日杜鲁门与艾德礼会谈记录；艾奇逊所作与温斯顿·丘吉尔和安东尼·艾登谈话备忘录，1952年1月6日艾奇逊文件，第66盒，1952年1月，第120页；《杜鲁门回忆录》，转引自林利民《遏制中国：朝鲜战争和中美关系》，时事出版社2000年版，第254页。
③ 美国外交文件："艾奇逊致驻印使馆"华盛顿，1950年7月20日；1951年1月6日《美国对华政策文集》第一卷上册，第336、337、351、352页。
④ 美国外交文件：附件（未注明日期），陶文钊：《美国对华政策文集》（1949—1972）第一卷上册，第355、356页。

产党的推进。"① 美国驻印度大使亨德森起草了一封未署名的给十四世达赖的信，4月得到美国国务院的批准。亨德森立即于4月6日将此信捎给了十四世达赖，大致内容为："（1）北京的共产党政权决心获得对西藏的完全控制……（2）在拉萨建立北京共产党政权的代表处只会帮助中国共产党加快控制整个西藏。（3）在国际形势的变化使中国共产党难以占领西藏之前，阁下在任何情况下都不能返回拉萨……（4）在中国共产党可能通过阴谋或者武力占领西藏的危险仍然存在的时候，阁下不应该返回拉萨。如果中国共产党试图阻止阁下出走，阁下应该离开亚东前往某个外国。（5）建议阁下立即派代表前往锡兰……（6）如果阁下及阁下的家属不能在锡兰找到安全的避难处所，阁下可以确信能够在包括美国在内的西半球的友好国家中找到避难的地方。"夏格巴立即提出了6个问题，希望美方能够给予明确的答复，主要是：北京谈判破裂后，美国会采取什么行动？是否愿意让十四世达赖喇嘛及100名随行人员到美国避难？是否能向西藏提供军事援助？等等。当5月23日中央人民政府与西藏地方政府签订《十七条协议》的消息传到美国后，时任中央情报局局长艾伦·杜勒斯说："我们要向西藏叛乱分子提供援助，袭扰中国。"从此时起，美国将印度阿尔莫地方作为中央情报局对从事西藏叛乱分子的秘密训练基地之一。一些美国官员不断通过此时在美国的十四世达赖大哥当才活佛恿十四世达赖并要求西藏地方政府拒绝签订协议。与此同时，十四世达赖的二哥嘉乐顿珠也与中央情报局签订了一个关于在西藏开展游击战和情报战的决定，即在大吉岭建立西藏间谍情报网。美国驻印度的官员甚至精心拟订了一个十四世达赖"外逃计划"，准备将其劫持到印度。6月22日，美国煽动十四世达赖公开拒绝《十七条协议》："将就对西藏立场的同情做出官方表态……做出评论的内容和时间取决于西藏声明的性质。"② 7月12日，美国还提出：对西藏的帮助"是以达赖喇嘛从西藏出走、公开拒绝接受西藏—中国共产党协议、继续反对这个侵略，总的来说愿意继续合作

---

① 英国外交档案，371/93002，英国驻华盛顿大使致英国外交大臣的信中所附的美国所提交的备忘录附件，1951年1月6日，转引自［美］梅·戈尔斯坦《喇嘛王国的覆灭》，第659—660页。

② 美国外交文件："艾奇逊致驻印使馆"，华盛顿，1952年2月，《美国对华政策文件集》第一卷上册，第356—359页。

为条件的。"① 这年夏天，经中共中央争取，已经跑到西藏与锡金交界处亚东县的十四世达赖返回拉萨，十四世达赖大哥当才却越境窜往英国。9月中旬，西藏僧俗官员扩大会议300多人听取了阿沛·阿旺晋美关于《十七条协议》签订经过的汇报。经过大会激烈争论，绝大多数人认为《协议》很好，有利于西藏社会的发展，理当遵照执行，而外逃是没有出路的。十四世达赖看到了西藏"民众大会"的呈文后，即于1951年10月24日致电毛泽东主席，表示拥护《十七条协议》。美国精心策划的十四世达赖外逃计划遭到了破产，但分裂和牵制中国共产党和平进军西藏的图谋仍在加紧进行。

  1952年初，十四世达赖二哥嘉乐顿珠转道美国与中央情报局合作，共同研究了一个用飞机接运十四世达赖外逃的计划，并选择了冰层较厚、便于起降的羊卓雍湖、纳木湖这两个湖面；并与胞弟十四世达赖保持密信往来。十四世达赖表示，暂不想出国，称中国共产党人不会在西藏实行激烈地改革并伤害其利益，但委托其二哥与美国人始终保持联系。1955年，美国中央情报局派遣乔治·帕特森到印度噶伦堡与西藏上层中的骨干分裂分子密商，提出了十年"援助"西藏方案，旨在"推翻中共在西藏的统治"。② 1956年3月，四川西部藏区的理塘、甘孜等地相继发生了数千人的武装叛乱。美国中央情报局当即认定康巴叛军是美国政府在西藏行动的可靠"盟友"。11月，将商人出身的贡布扎西运送到太平洋上的塞班岛接受为期4个月的特殊训练。6月16日，美国国务卿艾奇逊给美驻印大使亨德森致电称：美英正在讨论"增大西藏抵抗共产党控制的办法"。③ 将一批参叛的藏族年轻人，送到关岛培训基地进行特训。当年11月29日、12月30日和次年1月1日，周恩来总理三次在印度新德里与十四世达赖进行长谈和做随行人员的思想工作，劝返回藏。1957年，美国中央情报

---

  ① 美国外交文件："艾奇逊致驻印使馆"，华盛顿，1951年6月22日、7月12日《美国对华政策文件集》第一卷上册，第363、364、369、370页。
  ② [美]乔治·帕特森：《反叛中的西藏》，转引自唐家卫《事实与真相——十四世达赖喇嘛丹增加措其人其事》，中国藏学出版社2003年版，第320页。
  ③ 《冷战孤儿——美国和西藏为争取生存的抗争》第149—150、154—170、236—259页；达瓦·诺布：《中国的西藏政策》第398—403页。

局从旅居国外的藏人中挑选 6 名青年，送到关岛接受特训。① 次年后，美国又在琉球、塞班和本土科罗拉多州海尔营地分批训练"康巴游击队员"达 170 人；经训练结业的"康巴游击队员"被分批空投或遣送回西藏境内，"建立有效的抵抗运动""反对中国人的占领"。这些特训人员的重要使命，是指导西藏叛乱并促使十四世达赖公开向美国求援。1958 年，首批受训练结业的 30 名特务携带电台空投回西藏，主要安插在叛乱头目恩珠仓·公布扎西设在山南的总部和拉萨等地，与美国中央情报局保持密切联系。6 月，甘、青、川、滇藏区的叛乱分子向西藏北部那曲、日喀则等地窜扰，并向山南地区集结，建立叛乱武装基地。当年 11 月间，美国通过"麦克马洪线"以南的印度占领区，向山南叛军总部运送了 226 驮武器装备。

1959 年 1 月，美国通过尼泊尔运入西藏境内 40 驮"物资"。除此之外，还从巴基斯坦出动 U—2 高空侦察机，深入中国西藏上空进行间谍飞行；把在美受训的"康巴人"空投回西藏。随后不久，美国又在哲古地区空投了一批武器弹药给叛乱分子，计有轻机枪 20 挺、迫击炮 2 门、步枪 100 支、手榴弹 600 枚、炮弹 600 发、子弹近 4 万发。这一期间，美国已从陆路空中偷运了大批武器弹药供应给盘踞山南的叛乱分子。他们不断策动支持西藏地方武装阻挠人民解放军进军西藏。同时，美国三次帮助策划十四世达赖外逃计划，支持西藏地方反动上层势力视时全面发动武装叛乱。3 月 26 日、4 月 23 日、4 月 30 日、6 月 4 日、9 月 10 日，美国政府接连举行国家安全委员会议以及国务院与参谋长联席会议，其中一些会议艾森豪威尔总统都会亲自出席。

1959 年 3 月 10 日，西藏上层"藏独"势力认为，撕毁《十七条协议》的时机已经具备，便在拉萨发动了全面的武装叛乱，企图用武力实现"西藏独立"。然而，有预谋、有计划、有组织的武装叛乱很快就被中国人民解放军平息了。失败后的十四世达赖逃亡印度，4 月 18 日，十四世达赖抵达印度提斯普尔，让人代读和散发了《达赖声明》，公开声称"西藏是独立国家"。4 月 25 日，十四世达赖组织召开了穆索里会议，组

---

① 周祖佑、李德森：《"康巴叛乱"的真相》，《人民日报》1959 年 4 月 26 日；云南迪庆藏族自治州归化寺藏族活佛松谋委员和更觉代表在第三届全国政协第一次会议上的联合发言，《人民日报》1959 年 5 月 1 日。

建了"西藏流亡政府",并绘制了所谓"西藏国(即大藏区)地图"。至此,也成了美国中情局策反十四世达赖最终叛逃的"杰作"。西藏叛乱失败后,十四世达赖曾多次致信美国总统和国务卿,强烈要求美国政府承认"自由西藏政府",支持"西藏独立"。4月30日,在代理国务卿狄龙致艾森豪威尔的"备忘录"中,狄龙向总统建议给十四世达赖回信时,称"美国关注并同情他和他的人民进行的英勇斗争以反抗中共要摧毁西藏自由、消灭西藏宗教和杀戮人民的企图"。狄龙建议说:"美国鼓励——采取支持的方式而不是直接发起——召开联合国有关达赖喇嘛情况听证会的做法,也许有一定用处。"① 狄龙还说:"由于达赖喇嘛并未公开呼吁国际社会承认自由西藏政府,他要求美国政府这样做的目的可能是要试探美国的态度,以决定未来的行动……告诉他,我们的研究需要了解他对今后行动的想法……如果美国完全忽视达赖喇嘛的请求,会削弱他向世界揭露西藏问题的决心,也会损害美国作为国际道德捍卫者的声望。"② 于是,美国政府先后以总统、国务卿、驻印大使等名义接连给十四世达赖写信,既竭力吹捧十四世达赖为"真正的领袖",又表示"钦佩、敬意、关心"等,煽动十四世达赖继续坚持下去。6月4日,在美国"国家安全委员会第409次会议"的一份"备忘录"中,除了攻击中国的平叛行动外,还提出美国和西方应介入"西藏事件",称"美国应当公开全力支持西藏人,以改变目前在亚洲的气氛"。"在当前形势下,西方的不作为只能被亚洲人理解为软弱、冷漠和没有强有力的领导能力。"③ 9月9日,美国国务院致电驻印大使馆称:"提议西藏问题列入联合国议题。""应当强调美国政府的看法,即联合国不能对外族军事强权残酷镇压的牺牲品的西藏人置之不理。"④ 10月29日,美国副国务卿墨菲等官员和嘉乐顿珠见面时说:"建议达赖喇嘛可以考虑访问其他国家,尤其是邻近的亚洲国家的首

---

① 美国外交文件:"代理国务卿狄龙致艾森豪威尔总统备忘录"(华盛顿,1959年4月30日),《美国对华政策文集》第三卷,第453、454页。

② 美国外交文件:"远东事务助理国务卿帕森斯致国务卿赫脱备忘录"(华盛顿,1959年10月4日),《美国对华政策文集》第三卷(上),第465页。

③ 美国外交文件:"备忘录(编者按)"(1959年6月4日),《美国对华政策文集》第三卷,第457页。

④ 美国外交文件:"国务卿致驻印度大使管电",华盛顿,1959年9月9日晚9时,《美国对华政策文集》第三卷,第461页。

都……这是一个让人民了解西藏问题的好办法。"

1960年1月，美国派出三架飞机对尼泊尔木斯塘地方的"卫教军"进行空投，前后共武装了2000多名叛匪；艾森豪威尔认为："通过所有这些秘密的准军事行动，美国已逐渐发展起挑战共产主义的一些替代性手段，而大可不必发动全面的军事对抗。"① 2月4日，美国总统召集白宫、国务院、国防部、中情局等部门官员研究继续支持"藏独"问题会议；"理由"是：让"西藏人继续有效地抵抗，不仅会给中共造成很大麻烦，还有助于在整个地区保持抵抗的火种。""不仅是出于对西藏人的人道主义考虑，也是为自由世界的长远着想。"②

1961年3月，美国总统肯尼迪批准了对"康巴游击队"的物资供应计划，每月开支达到几十万美元。1962年1月17日，美国国务卿腊斯克致函十四世达赖称："有新证据显示，世界上多数国家共同谴责中国共产党对西藏人民中实施自决原则……您的意见和您代表的意见在这些问题上总是最受欢迎的。"③ 11月，美国"5412委员会"又批准了以藏人为主、在美国支持和印度直接控制下的"印藏特种边境部队"。④ 由美国负责提供武器装备和部分经费并协助训练；印度负责组编、供应和直接指挥；十四世达赖集团负责提供流亡藏人兵源。其主要任务是：一旦再次发生中印战争，这支部队就渗透到中国后方进行隐蔽战。据外国媒体报道："印藏特种边境部队"现有81个连队，实力约有1万人，为印军"第二十二建制"，隶属印度内政部保安局，其主要装备有迫击炮、轻机枪、冲锋枪等；该部队指挥权由印度掌控，称作是"藏独"的精锐武装力量。

在20世纪60年代，美国政府每年给"西藏流亡政府"提供170余万美元援助，其中18万美元是给十四世达赖个人的津贴。⑤ 十四世达赖的二哥嘉乐顿珠在美国中央情报局支持下，建立了一支情报行动组，对参加

---

① 美国外交文件："会谈备忘录"（华盛顿，1959年10月29日），《美国对华政策文件集》第三卷，第467、468、469页。

② 《冷战孤儿——美国和西藏为争取生存的抗争》，第249、250页。

③ 同上书，第262、263页。

④ 美国外交文件："美国安全事务特别助理格雷为存档而做的备忘录"：主题：与总统讨论西藏问题，参加者为白宫、国务院、国防部、中央情报局的有关官员（华盛顿，1960年2月4日），《美国对华政策文件集》第三卷，第474页。

⑤ 美国外交文件集："关于303委员会的备忘录"（华盛顿，1968年1月16日）："关于西藏各项行动的情况报告"，《美国对华政策文集》第三卷，第478—482页。

人员进行一系列的特殊技能培训，使其成为游击队。西方的一些反华国家也帮助十四世达赖集团培训大批特工人员，同时在暗地里提供大量援助经费。在美国的策动下，1965年，联合国人权委员会通过谴责中国在西藏"侵犯基本人权和自由"的决议，这是联合国第一次通过有关"西藏问题"的决议。据统计，美国在1959—1995年里，共有10项有关西藏的决议和6项涉及"西藏问题"的决议。如果没有美国政府的全力扶持，十四世达赖集团根本无法在外立足，更不要说能闹腾到今天了。

（三）美国对十四世达赖集团的冷落时期

20世纪60年代末至80年代中期，世界的政治经济格局发生了重大变化，由美苏对抗的两极，变成了美、苏、西欧、日本和中国五大东西方力量对比的局面。此时的美国面临着严峻的内外形势，主要是：（1）深陷越战的泥潭。美国发动的侵略越南的战争前后历时12年，投入兵力54万人，美军每月伤亡200多人；投入军费3000多亿美元，使用了除核武器以外的一切武器，投下了近800万吨炸弹，被美国学者称为"美国史上最花钱、最残酷、最无价值的战争"。[①] 结果却是："一个拥有能够毁灭这个行星的核武器库的超级大国，被这个地球上一个最小、最弱的国家所打败。"[②] 因而引起美国国内强烈的反战浪潮，造成社会秩序严重混乱、社会矛盾十分尖锐。（2）经济危机加重。经历了战后第5次经济危机，美元在世界上的统治地位开始动摇，从1960年10月到1973年3月，连续发生了10次抛售美元、抢购黄金的"美元危机"。[③] （3）核垄断地位被打破。到20世纪70年代，美苏两霸的陆基洲际导弹拥有量之比为1054：1618、潜射导弹656：740、核潜艇44：62，美国原有的核战略优势已变成美苏战略均势，继续充当"世界警察"的霸主地位受到挑战，由于这些因素的影响，使美国在政治上、经济上、外交上都背上了沉重的包袱。在建立世界新秩序中，如何与苏联抗衡，确保美国的全球战略利

---

① 沃尔特·拉菲伯：《美国、苏联和冷战，1945—1980年》，转引自《美国外交政策史》第561、551页。

② 范慕韩主编：《世界经济统计摘要（1928—1980）》，人民出版社1985年版，第20、21、24—27、34—41、62—67、236—239页；刘金质：《冷战史》（中），世界知识出版社2003年版，第587页。

③ 《国际关系史》第十一卷（1980—1989），第3、1页；潘锐：《冷战后的美国外交——从老布什到小布什》，第12页；王东等：《让历史昭示未来》，第243、244页。

益,成为这一时期美国几届政府审视抉择的重大问题。美国国内不少人,包括政府官员、一些中国问题专家,就已经对美国将中国作为主要对手、遏制中国的战略提出了质疑。1964年1月,美国政府的一名官员在一份题为《数月后美国与中共的关系》的"备忘录"中说:"不管我们做什么,共产党中国的国际地位在迅速地变化。""我感到有两点是肯定的:共产党中国将在本届政府期间被选入联合国,或许不在今年(仍是个未知问题),但很可能是明年;共产党中国由于控制了核武器将很快进入国际组织。""面对这些发展,我们要么在越来越孤立的情形中稳坐不动,要么寻找出路减少损失。"① 这时的美国总统也承认:"在公众没有反对所有共产党的情况下,很难向一个共产党群体发动一场大的战斗。"② 此时,美国政府成为助推"西藏问题"③ 国际化的主谋和帮凶。1964年1月,美国国家安全委员会"特别小组的备忘录"作了这样的记载:"中央情报局正在帮助在……日内瓦、纽约建立西藏会馆(办事处)。建立西藏会馆的目的在于使其充当达赖喇嘛的非官方代表,以维持对独立的西藏的政治认同。设在纽约的西藏会馆,将与联合国支持西藏人的密切合作,尤其是马来西亚、爱尔兰和泰国的代表团。"这份"备忘录"还讲到给这几个"会馆"经费7.5万美元(半年)④。美国不但规定了十四世达赖驻纽约和瑞士"办事处"的目的、任务,为其拨出经费,派出法律专家进行指导,而且连"办事处"的地点都作了精心的考虑纽约是联合国总部所在地。同年4月2日,十四世达赖集团驻纽约"西藏办事处"成立当天发出的电讯称:"在纽约设立了一个西藏办事处,以便向联合国提出西藏问题,并唤起世界舆论来反对中国共产党侵略者。"⑤ 为了审势调整对华战略,"联中抗苏"也成为尼克松政府的政治砝码。早在1967年时,尼克松就

---

① 美国外交文件:"汤普森致邦迪备忘录":"数月后美国与中共关系"(华盛顿,1964年10月28日),《美国对华文件集》第三卷(下),第938—940页。

② 美国外交文件:"总统1968年2月2日会见中国问题专家"(美中关系委员会发起),"备忘录"(华盛顿,1968年2月2日),《美国外交文件集》第三卷,第989页。

③ 田冬冬:《美中关系中的西藏问题——自1972年中美缓和以来美国的西藏决策研究》,第40、41页。

④ 美新处(即"美国新闻处",后改为"新闻署")纽约1964年4月2日电。

⑤ 美国外交文件:《会谈备忘录》(尼克松总统和齐奥塞斯库总统的秘密会谈),1969年8月2日,《中美和解与冷战,1969—1972》第一部分,《美国对华文件集》第三卷(下),第1023、1024页。

说:"长远来看……我们根本经不起让中国永久置身于国际大家庭之外,孤处一隅地滋长它的幻想、加剧它的仇恨和威胁它的邻国……"1969年8月2日,尼克松总统与罗马尼亚齐奥塞斯库总统秘密会谈时说:"我们愿意打开与他们(中国)的沟通渠道,与他们建立关系。"① 他得出一个结论:听任中国永久孤立,将是不明智的举动,"没有这个拥有7亿多人民的国家的贡献","任何稳定和经久的国际秩序都是不可想象的"。这年12月,国务卿基辛格发出讯号说:"我们没有永久的敌人……"1971年7月,尼克松向新闻传媒经理人暗示说,世界上有五大力量中心:美国、苏联、西欧、日本和共产党中国,"这些是决定经济未来的五大力量,而由于经济力量是其他力量的关键,因此它们也将决定本世纪最后三分之一时间世界在其他方面的未来"。② 这一年,美国情报机构投资7万多美元,拍摄了《失去土地人》的电视片,由于政治原因,美国政府下令该片停止发行。美国官方的答复是:西藏这块"土豆"太烫手了,所以不能在电视上播放。

1972年,尼克松总统正式访华,打破了中美关系的僵局,打开了中美关系正常化的大门,实现了中美关系历史性的突破;以后的福特、卡特、里根总统也都基于借助中国抗衡苏联的"大国均势战略",奉行了与中国好友的政策。

在20世纪70年代,随着中国恢复联合国的合法席位和综合国力的不断增强,加之当时美苏争霸矛盾的激化,西方反华势力对十四世达赖集团的支持有所收敛。十四世达赖集团受到西方主要国家的冷落,经济上捉襟见肘,内部矛盾加剧,十四世达赖集团不得不在国际上降低"西藏独立"的调门,但图谋"西藏独立"的本质始终没有改变。在对藏政策上,尼克松政府坚持承认西藏是中国的一部分,并形成了几届政府官员不会见十四世达赖的惯例,直到1978年,美国始终以"不方便"为由,拒绝给十四世达赖发放访美签证。为改善对华关系,美国政府命令中央情报局停止支持西藏分裂主义分子的活动。20世纪70年代初,美国开始减少以至中断了对在尼泊尔边境"四水六岗卫教军"的支持,使其内部矛盾加剧。特别是1972年,美国停止了对十四世达赖集团政治上、军事上、经济上

---

① 年度外交政策报告,1970年2月28日,转引自《遏制战略:战后美国国家安全政策评析》,第297、298页。

② 转引自《遏制战略:战后美国国家安全政策评析》,第296页。

的支持，使十四世达赖集团在尼泊尔和不丹的武装力量先后瓦解。1973年，尼泊尔政府开始要求盘踞在木斯塘的流亡藏人"卫教军"交出武器。1974年6月中旬，尼政府出动飞机对"卫教军"发出缴械通令；7月上旬发出最后通牒；7月底，尼政府调动1万多军警，解除了木斯塘"教卫军"的武装；叛匪首领被击毙，3000多名叛匪投降。十四世达赖集团苦心经营14年的反共武装力量，就这样被彻底解除了。后来，不丹政府亦以阴谋颠覆政府的罪名，将十四世达赖集团在不丹的骨干分子20人逮捕并判刑入狱，对愿意留在不丹的2300名流亡藏人，按不丹国民会议6月通过的决议接收他们加入不丹国籍；同时命令不愿意加入不丹国籍的流亡藏人4000余人离境，使十四世达赖集团在不丹的势力也化为乌有。①②

此时的十四世达赖集团自然成为美国全球战略棋盘上的一粒"弃子"。十四世达赖在他的自传中承认："这不是因为他们（美国人）关心西藏的独立，而是作为他们（美国人）在全世界企图破坏共产党政府稳定的努力的一部分。"1995年11月，十四世达赖在流亡居住地达兰萨拉会见已退休的美国中央情报局官员约翰·肯尼恩·克瑙斯时抱怨而不满地说："美国政府卷入西藏事务并不是为了帮助西藏，而是冷战时期对付中国的战斗需要。"十四世达赖这个"政治和尚"比谁都明白，要搞"西藏独立"，还需静观局势变化，才能"东山再起"。据有关资料统计，1970—1984年，除美国外，十四世达赖先后窜访了23个国家，计31国次，其中重点是欧洲国家；仅1973年9月底至11月初的1个月中，十四世达赖共窜访了梵蒂冈、瑞士、挪威、瑞典、丹麦、英国、联邦德国、荷兰、比利时9个国家。③ 由于当时整个国际大气候的转变，西方对华政策和美国一样都在调整。西方各国基本上都拒绝同十四世达赖集团直接往

---

① 尼泊尔内政大臣就康巴人问题向尼全国评议会发表的讲话，尼泊尔《新消息》周刊1974年8月20日；新华社加德满都1974年7月23日、8月5日、9月12日、18日25日电；《新兴的尼泊尔报》1974年9月12日；尼泊尔《前导》周刊，1974年9月21日。

② "不丹四千万藏民因拒绝加入不丹国籍可能被驱逐"，美联社新德里1978年8月3日电。

③ 《西藏问题大事记》，第30、3141、43、44、47、49、51、57页。1973年西方各主要通讯社的报道：美联社：罗马9月29日电，梵蒂冈9月30日电；合众社：新德里9月29日电，伦敦10月20日电；路透社：罗马9月28日电、30日电，哥本哈根10月17日电；法新社：罗马9月29日电，伦敦10月24日电；德新社：日内瓦10月4日电；瑞典《每日新闻》10月13日，《瑞典日报》10月14日，挪威《晚邮报》10月10—13日，西德《总汇报》9月29日，英国《星期日泰晤士报》10月21日，《约克郡邮报》10月20日等。

来，即使像爱尔兰、泰国、马来西亚、萨尔瓦多这些原来曾经试图支持十四世达赖集团挤进联合国的国家，此时也对十四世达赖失去了兴趣。① 尽管十四世达赖一再声称其出访"纯粹是宗教性的"和"私人访问"，但大多数国家还是不愿意接待他，甚至不发给他入境签证。这一切使原想获取西方同情和支持的十四世达赖既感到十分尴尬无奈，更感到备受冷落凄凉的悲哀。②

在20世纪70年代中期，正是中国"文化大革命"的后期，十四世达赖集团对此时的西藏工作不断进行攻击，美国开始并没有对所谓的"西藏人权"予以特别的关注，但之后使了阴招。1974年，尼克松因"水门事件"下台，福特成为美国历史上唯一没有经过选举程序而就任美国第38届总统的人。他在对华关系上，虽未倒退，但也因台湾问题而没有使中美关系正常化向前推进。1975年10月上旬，在中国政府与美国许多重要官员（包括后来担任国务卿的万斯）举行的会谈中，邓小平问美国人："为什么你们美国要偏袒达赖喇嘛？让他在纽约建立办事机构？那不是一个'三个中国'的政策吗？"（注：指美国承认中国，又承认台北，现在又"默许"十四世达赖在美国设立办事处。）1977年1月，卡特就任美国第39届总统。卡特在1976年的大选中，曾参加流亡藏人举行的"3·10"纪念活动，以示对"西藏人权"的支持态度而捞取选票。但是，十四世达赖并没有完全买账，他对媒体说："但愿他（卡特）提到人权问题时包括西藏人，否则我们会很悲伤，他比较重视俄国人，而不重视中国人，也许是由于不太了解情况。"③ 卡特猛烈攻击尼克松、福特的"均势战略"，认为造成了苏联在非洲大肆扩张的行为后果，提出所谓的"人权外交"，以增强美国在全球外交中的霸权地位。为了消除中国在西藏问题上对美国的担心，说服中国不要在意十四世达赖集团的"纽约办事"和"歌舞团"访美的问题，美国政府于1977年9月拒绝了十四世达赖欲到纽约参加世界宗教会议的赴美签证。5月5日，卡特总统通过国务院有关部门的负责人以给美利坚大学一位博士研究生、瑞典人简·安德森复信的

---

① 次仁夏加：《龙在雪域——1949年以来的西藏现代史》，第390页。
② 1973年：合众社新德里9月29日电，美联社罗马9月29日电，路透社西德杜塞尔多夫10月30日电，法新社罗马9月29日电，德新社日内瓦10月4日电，路透社伦敦11月6日电。
③ 美国《洛杉矶时报》1977年11月29日，记者沙伦·罗森豪斯发自印度达拉萨拉的报道《达赖喇嘛立誓要以神王的身份重新统治西藏》。

方式阐述了美国政府的西藏政策，首次公开承认中国对西藏的主权地位及有效控制，该信写道："中国政府一直认为西藏是中国的一部分，并对西藏拥有完全的控制权。没有哪项美国的政策和行动是以西藏不是中国的一部分为前提的。美国也不会承认以十四世达赖喇嘛为代表的西藏流亡政府。"① 但同年10月23日，美国国务院发言人布朗说，已经对十四世达赖访问表示兴趣……这个问题仍在研究之中。② 同一天的《纽约时报》专稿《国务院阻挠流亡印度的达赖喇嘛访美》称：主要是"不愿激怒中国、台湾或印度……"同年11月1日，《华盛顿明星报》发表一篇题为《流亡的达赖喇嘛访美可能损害他就西藏提出的要求》文章称："从理论上讲，达赖喇嘛是有可能访问美国的……虽然目前还没有给予答复，但是，法律上没有理由加以拒绝。"③ 12月10日，美国国务院发言人正式宣布，已经拒绝让十四世达赖喇嘛访问美国，认为这种访问是"不方便的"。④ 1978年4月1日，卡特总统对记者们说，美国承认一个中国的概念，同中国建立正式的外交关系符合美国的最大利益。同年6月，美国参议员佩利、麦戈文等14名议员联名给卡特总统写信："要求关心本国人民和流亡藏人的正当要求"。7月，流亡藏人和他们的支持者还第一次在国会专门举行了示威活动。12月1日，即在双方正式宣布中美建交前两周，卡特政府发出通知：可考虑给十四世达赖发放访美签证。1979年4月23日，美国国务院正式对外宣布："流亡在外的西藏达赖喇嘛如果愿意的话，可以到美国进行私人访问。"⑤ 9月3日，十四世达赖从瑞士出发第一次踏上了美国的国土，开始了他22个城市、各地佛教中心、15所大学共49天的"宗教访问"之旅。美国政府官员虽然没有出面正式接待十四世达赖，但美国的主要媒体和出版机构则几乎是全程陪同并进行了专访。在纽约合众国际社9月3日的报道中，十四世达赖说："西藏人在中国人的统治下是不愉快的。只有不到1%的人赞成中国人的占领……我的人民99%都是不

---

① 在美国一大学读博士研究生的瑞典人安德森曾给卡特总统写信，赞赏他的人权承诺和对流亡藏人争取政治自由的同情。详情可参见田冬冬《中美关系的西藏问题》，第49、50、51页。

② 美联社华盛顿1977年10月23日电。

③ 亨利·布雷德舍：《流亡的达赖喇嘛访美可能损害他就西藏提出的要求》，《华盛顿明星报》1977年11月1日。

④ 合众国际社华盛顿1977年12月10日电。

⑤ 美联社华盛顿1977年12月9日《美国政府人士说美正悄悄拒绝了达赖访美的要求》。

满意的。在600万藏人中，还不到1万人忠于中国人。"路透社华盛顿9月10日电称，十四世达赖对中国中央政府在西藏的工作"讲得很圆滑"。《新闻周刊》9月17日报道说："从表面上看，49天的访问是非政治性的。"

在接受记者采访时，十四世达赖说："家乡的新的社会秩序完全不适应西藏的情况。共产党为西藏制定的社会进步计划完全是幻想。"十四世达赖还不敢把回国的路堵死，是因为他要继续派出第二批、第三批参观团回国。但是，十四世达赖的这些言行自然讨得了美国反华势力极大的欢心。1980年，里根就任美国第40届总统（1984年通过竞选获得连任，并在同年4月访问了中国），他同样猛烈攻击尼克松的"缓和政策"，致使在美国国内出现了强烈的民族主义思潮。在对外政策上，里根提出以实力求和平，"重振国威"，对苏实行强硬政策，以扭转"苏攻美守"的态势，夺回世界霸主的地位，使资本主义"重放光彩"。在中美发表的"八·一七联合公报"中，里根在对台军售上向中国作出了让步，还就进一步全面发展中美两国经贸互利关系及扩大文化、教育、新闻等领域进行交流，使中美关系迈出了积极的步伐。在对待中国西藏关系问题上，里根政府采取了"不反感"和"不冷落"的谨慎态度，特别在1984年十四世达赖"访美"问题上表现得十分清楚。十四世达赖在访美前，曾与美国行政部门联系，希望与美国政府官员交换意见。纽约中文《世界日报》记者王景弘报道说："华盛顿对达赖访美采取了'政教分离'原则，按这个方针，美国国务院中国科决定，只承认十四世达赖是'西藏流亡宗教领袖'。"美国国务院发言人在记者招待会上答问时强调，十四世达赖是"知名宗教领袖"，"此行纯系私人访问性质"，要同国务院顾问爱德华·德温斯基进行会晤。① 1984年9月17日起，十四世达赖对美国9个城市进行了为期44天的"访问"。

（四）美国及西方反华国家再度支持十四世达赖集团

在20世纪80年代中期以后，由于东欧剧变、苏联解体，国际社会主义事业遇到严重挫折，中国国内又发生了"六·四政治风波"，西方敌对国家重新掀起了一阵反华浪潮，对中国大肆进行"和平演变"。欧洲议会5次通过有关"西藏问题"的决议，对北京中央政府进行谴责；德国、瑞

---

① 新华社《参考消息》1984年11月6日。

士、澳大利亚、意大利、加拿大、立陶宛等国会通过了支持同情"西藏流亡运动"的决议。在国际反华势力的"大气候"下，十四世达赖集团再次认为，搞"西藏独立"的时代到来了！十四世达赖更是对外频频周游列国，设立各种"藏独"办事机构，积极争取国际反华势力在政治上和经济上的支持。这个流浪"孤儿"，又开始变成了美国的"宠儿"。

1. 国际社会主义政党纷纷倒台

里根视苏联领导下的共产主义政治经济制度为"邪恶的帝国"，千方百计阻挡和遏制共产主义战略思想的传播及扩散。① 1985年，刚上台的苏共总书记戈尔巴乔夫面对国内外交困的新形势，欲"挽救"社会主义苏联发展道路的命运，提出了所谓的"新思维"，实质就是在指导思想上放弃马克思主义、放弃社会主义的发展方向、放弃共产党的领导、推行政治多元化、经济市场化和思想自由化，结果造成理论与实践上的重大失误，致使东欧思想混乱、社会震荡。1985—1988年，里根和戈尔巴乔夫接连会晤5次，两国外长举行会谈近30次，超过了昔日20多年的总和；双方国防部长亦先后多次会晤，商讨苏联军事的战略收缩。1987年，美苏两国最终签署了《关于销毁中程导弹和中短程导弹条约》（即"中导协定"），使两国冷战对抗关系走向苏联单方的"和平演变"。1988年，苏联从阿富汗撤军，东西方均衡博弈关系急剧转变，两超（即指美国和苏联）争霸格局从苏攻美守、转为美攻苏守。② 1989年，新上任的美国总统布什抓住时机，加快了苏联和东欧社会主义国家的"和平演变"步伐。5月12日，布什提出要促使苏联"重新回到世界秩序中来"；要支持所有的东欧国家实行"自决"、建立"一个开放、统一和自由的欧洲"；要掌握主动权、改变过去一直处于被动地位的不利局面。③ 11月22日，布什在美国马里兰州戴维营发表全国感恩节电视讲话时说："有些墙，仍在东西方之间存在，这些墙是无形的"，希望进入20世纪90年代时，"共同努力，推倒通向自由新世界的最后一个障碍……彻底结束冷战"。④ 特别

---

① 1989年1月11日，路透社刊发的里根向美国人民发表的告别演说中提到，里根就任初期，称苏联为"邪恶的帝国"，路透社华盛顿1月11日。

② 布什在戴维营发表的电视讲话，美联社华盛顿1989年11月23日电。

③ 《冷战史》（下），第1299、1354、1355页。布什在得克萨斯州农业和机械大学的讲话，路透社得克萨斯州1989年5月12日电。

④ 布什在戴维营发表的电视讲话，美联社华盛顿1989年11月23日电。

是这一年的"马耳他会谈",标志着美苏两国长期以军事封锁、包围、强硬对抗为特征的冷战时代结束,使苏联向着资本主义的方向转变。

在此情形下,东欧各国的社会主义执政党纷纷"落马",有的向反对派退让,有的内部分裂或被反对派击垮,造成政治上的激烈震荡。1989年6月,波兰统一工人党在大选中惨败;紧接着是匈牙利、保加利亚、捷克斯洛伐克、东德等东欧各国共产党、工人党相继丧失执政地位。11月,"柏林墙"倒塌。12月,罗马尼亚领导人被枪杀。此时的6个东欧共产党政权相继垮台,苏军也开始从欧洲撤离。1990年10月,东、西德国统一,第二次世界大战后形成的"雅尔塔体制"彻底崩溃;俄罗斯在"大苏联"的版图中宣布独立。1991年,苏联发生"8·19事件",致使苏联彻底解体。12月16日,原苏联的15个加盟共和国亦先后宣布独立,世界面积最大国家的老牌社会主义政党,变成了四分五裂的混乱局面。12月25日,美国布什总统发表电视讲话:宣布承认原苏联各加盟共和国的完全独立。12月26日,苏联最高苏维埃召开最后一次特别会议,宣布苏联彻底解体。就这样,曾经历史铸造的辉煌,现实变成了瞬间的悲哀。

在美国"和平演变"的推波助澜作用下,世界社会主义运动跌入低谷。全球共产党的数量从180多个减少至130多个,共产党员数量减少3000多万人,社会主义国家由十几个减少为几个。在西方国家中,共产党的力量和影响也急剧下降,对社会主义和马克思主义产生了信仰危机;西欧不少国家的共产党放弃了共产党的名称,个别的甚至宣布自行解散。在第三世界中,原先标榜社会主义的一些国家,则公开宣布搞私有化、多党制和议会制,如刚果、安哥拉、莫桑比克等。① 维护所谓世界"人权"的责任,仿佛落在了美国政府的身上:美国为40多个国家和地区承担所谓的"正式保护义务";建立了遍布全球的2000多个军事基地;有100多万美军驻扎在欧亚大陆及其邻近岛屿;30余万美军活动在远离美国海岸的军舰上。② 至此,以美国为首的西方反华国家竭力对中国实施"和平演变"图谋,异乎寻常"关注""关心""关爱"所谓的"西藏问题"。

---

① 陈学明:《苏联东欧剧变后马克思主义趋向》,中国人民大学出版社2000年版,第72页。

② 《国际关系史》第十一卷(1980—1989),第1、3页;潘锐:《冷战后的美国外交——从老布什到小布什》,第12页;王东等:《让历史昭示未来》,第243、244页。

2. 西方反华国家再度掀起层层恶浪

1982年初，美国大西洋理事会组织50多位专家学者，历时一年多时间，两批次出访许多国家后，完成了对华政策的专题报告，在其中的《国家安全战略》报告上称："苏联把中国看作是一个现实的威胁……遏制苏联军事力量的极度发展是有利于所有这些目标的。""在这种情况下，中国对于美国的战略利益就变得尤其重要了。""中苏分裂起着最具有决定性的作用。理想的做法是，美国的防务政策应当朝着巩固这种形势的方向演变。"① 面对中国西藏地方的改革开放、各民族的交流合作日益密切、社会经济不断发展，必将使社会主义制度和民族团结更加巩固；中国中央政府又提出对十四世达赖的"五点意见"，希望十四世达赖放弃"西藏独立"回国等新情况，② 西方反华国家担心藏族将被共产党"同化"，欲将西藏作为"阻挡共产主义的基地"的设想要落空，用"藏独"势力分裂遏制中国发展的意图将要破灭，于是便竭力寻求对策予以制止。1985年6月、1987年5—6月，美国有关机构专门召集西藏"流亡政府"官员及"藏独"骨干分子，在美国共同研究部署实施系列破坏活动。③ 1985年6月24日，美国91名众议员联名致信中国国家主席称："支持北京和达赖及藏人代表举行直接谈判"，"推动中国政府考虑达赖喇嘛及其人民公正合理的要求"。④ 7月9日，美国国会参众两院150名议员又向中国政府递交了一份《给西藏以人权》的报告，公然直接干涉中国内政。⑤ 这种以所谓"人权卫士"包装的"藏独"政治主张，在1987年时达到了一次反华反共"高潮"。

1987年初，美国众议院人权小组邀请十四世达赖访问美国，十四世达赖也心知肚明地以个人名义向美国国会请求支持，双方共同密商所谓的"藏族人事业的具体目标"任务，以"替代西藏现状的主张方案"，即所谓"中间道路""大藏区""高度自治"。

---

① [美]戴维·E.麦吉弗特、富兰克林·D.克雷默：《国家安全和战略》，载中国社会科学院美国研究所编译《美中关系未来十年——美国大西洋理事会对话政策论文集（1983—1993）》，中国社会科学出版社1984年版，第252—254页。

② 四川社会发展研究中心藏研所：《西藏问题大事记》，第62页；田冬冬：《中美关系中的西藏问题》。

③ 田冬冬：《中美关系中的西藏问题》，第70页。

④ 同上书，第62、70页。

⑤ 四川社会发展研究中心藏研所：《西藏问题大事记》，第67—69页；田冬冬：《中美关系中的西藏问题》，第71、72页。

1987年5—6月,"西藏流亡政府"按照美国国会要求,派遣"藏独"骨干分子赴美国密谈"具体行动方案"。5月18日,美国众议院共和党议员罗斯、本杰明·吉尔曼提出《关于中国在西藏侵犯人权》的2476议案,成为中美建交后美国国会议员提出的第一个所谓"西藏人权问题"议案。9月,美国众议院通过欢迎十四世达赖访问美国的决议,并责成"人权小组"具体安排十四世达赖的日程活动计划,还帮助十四世达赖起草了"藏独"纲领——"五点和平计划"。十四世达赖在9月18—29日访美活动时,美国不仅为他举行招待会,而且还提供讲台。9月21日,十四世达赖在美国国会人权小组会上发表的第一场政治演讲称:"西藏是世界上侵犯人权最严重的地区之一","西藏失去了自由,不过按照国际法,今天的西藏仍然是一个被非法占领的独立国家","要恢复1951年中国入侵以前,西藏特有的自由和独立地位"。并向美国人权小组委员会提出以"西藏独立"为目的的"五点和平计划"。这一天,拉萨发生了1959年之后的第一次骚乱事件。9月22日,美国国会8名议员联名致信中国领导人,横加指责和干涉中国内政。同时有58名国会议员联名致信里根总统,要求美国政府支持"西藏独立",敦促里根总统以"巨大的影响和美国政府的全部外交力量,根据达赖提出的建议,促使关于西藏地位的问题得到解决"。① 9月27日,十四世达赖在回答《纽约时报》记者提问时称:"西藏是一个独立于中国之外的国家"。10月1日和7日,达赖集团又煽动和策划了拉萨的多次严重骚乱事件。10月6日,美国参议员主席佩尔和参议员赫尔姆斯提出所谓新的补充"修正案",进一步要求美国政府向中国政府加大施压力度。当日,美国参议院通过"西藏问题修正案",要求国务卿"在60天之内,提交有关西藏人权情况和中国移民百万至西藏的情况报告……拨出援助流亡藏人的经费不少于20万美元"。② 11月7日,美国"人权小组"和"西藏委员会"直接出面组织部分"藏独"分子,在美国国务大厦门前举行抗议集会,并到中国驻美大使馆门前游行示威。③

---

①　"58名美国国会议员给里根总统写信,要求支持西藏独立",新华社华盛顿1987年10月21日英文电。

②　美参议员通过干涉我国内政的"西藏问题修正案",新华社华盛顿1987年10月6日英文电。

③　李云龙:《中美关系中的人权问题》,第80、82页。

1988年6月15日，十四世达赖在法国的斯特拉斯堡欧洲议会大厅举行记者招待会，提出了所谓解决西藏问题的"斯特拉斯堡建议"，即"七点新建议"，以文字游戏方式，玩弄所谓"大藏区""高度自治""中间道路""非暴力"等花样，图谋"西藏独立"。从十四世达赖提出的"五点计划"到"七点建议"，均得到以美国为首的西方反华国家的打气撑腰支持。十四世达赖集团连续制造了当年3月5日、12月10日的拉萨严重的骚乱事件。美国国会的一位议员说："达赖是这样一位我们在这个时候所需的宗教领袖。"英国前首相布莱尔也认为，十四世达赖"既是政治人物，也是精神领袖，有自己的政治议程，如果仔细研究，不难发现这实际上是一份分裂和'独立'的议程，并非真正要求在中国框架下实现自治。因此，这对中国及其统一构成现实威胁。"美国政治学家乔·科特金在当年所著的《21世纪：美国在亚洲纪元的复兴》一书中指出："作为第一个世界性民族，美国必须成为民族多元化的太平洋中心区域新秩序的中心枢纽。""美国立国者的伟大抱负，不在于追求一个民族的事业，而在于完成一种世界历史性的使命。"这就是美国政府的真实表露。

在国际"大气候"的影响下，从1989年开始，以美国为首的西方反华国家又开始直接或间接地恢复对十四世达赖集团的各种援助。这个时候的十四世达赖集团简直是又到了得意忘形的地步。从1987年到1989年的短短三年时间里，发生在拉萨市区大大小小的各种骚乱事件多达100余起，暴徒们的每起罪恶行径，触目惊心，惨不忍睹，令人震惊。1989年，挪威诺贝尔和平奖委员会怀着明显的政治目的，把当年的诺贝尔和平奖授予十四世达赖，就连解体苏联前总统的戈尔巴乔夫候选人也"名落孙山"，是美国幕后策划和操纵的结果。美国还将十四世达赖的"实绩"陈列于华盛顿市中心历史纪念馆中，足见美国政府对其的"高度重视"。

1990年2月21日，美国政府发表一年一度的"人权报告"，用以"评判"世界100多个国家的"人权状况"；该报告首次列出专章抨击中国的"人权状况"，其篇幅长达24页，攻击中国对"6·4事件"的果断处理，粗暴干涉中国内政。当月，布什总统批准了《1990—1991年度国务院授权法》，不仅重申了美国对华的制裁措施，而且将"西藏问题"与中美关系挂钩，提出要中国取消对拉萨及西藏其他地区的戒严令、允许外国新闻记者及国际人权组织的代表进入西藏、释放政治犯、尽快与十四世达赖展开谈判等。美国政府决定：每年给十四世达赖集团提供更多的经济援助；加强对西藏境内空中的"高科技优势"，在"美国之音"中开设藏语广播节目；修改移民法，每年接纳1000名流亡藏人到美国定居（注：以往20年中美国累计接纳的流亡藏人不足500人）。① 5月，布什总统宣布无条件延长中国最惠国贸易待遇。

1991年4月16日，布什总统打破了美国历届政府官员不与十四世达赖会晤的惯例，会见了十四世达赖，开启了影响极为恶劣的先例。② 此后，西方国家的许多政府首脑，也纷纷出面会见十四世达赖。美国纽约市市长则于当年3月10日公开宣布该日为"西藏独立日"；一些州市也采取了类似的行动。1991年3月至1992年3月，在美国的支持下，策划了所谓的"国际西藏年"活动，范围遍及欧洲、亚洲、北美、拉美和澳洲的28个国家、140多个城市，搞了大大小小3000多项"藏独"活动。

1992年，在美国华盛顿"国际西藏运动组织"的请求下，美国国会通过立法，为十四世达赖集团提供150万美元的援助。同年，美国"纽丝卡尔救济组织"为十四世达赖集团提供100万美元的"贷款"。西方反华国家的一些民间团体也以救济名义资助十四世达赖集团。3月4日，联合国人权委员会第48届大会以27票赞成、15票反对、10票弃权的结果，通过了巴基斯坦的决议案，不对欧美提出的所谓"中国/西藏"议案采取行动。这给西方反华国家和十四世达赖集团以沉重的打击，也给所谓的"国际西藏年"活动画上了恰如其分的句号。③ 根据美国已解密的外交档案分析，人们不难看出：1959—1991年，美国打"西藏牌"，与施展霸权主义、谋取全球战略利益密切相关，与敌对势力企图分裂、削弱、遏制中国密切相关，与中国的发展稳定、国力增强、国际地位提升密切相关，与"藏独"逆流的起伏和美国对华战略演变密切相关。所谓的"西藏问题"，不仅成为美国对付新中国的工具，亦成为美国国内"府院"之争、党派之争、竞选之争的工具，更成为美国政客们争取选民、捞取选票、获取政治资本的工具。由此而论，分裂与反分裂的斗争，实质是社会主义和资本主义两种社会制度的斗争，是东西方两大政治力量的大博弈。国际反华国

---

① 田冬冬：《中美关系中的西藏问题》，第127、132、146、147、150页。

② 哈里·哈丁：《中美关系的现状与前景》，第63页；四川社会发展研究中心藏研所：《西藏问题大事记》，第132、133页。

③ 中共西藏自治区党委党史办编著：《中国共产党西藏历史大事记（1949—2004）》第二卷，第613、614页。

家不管玩什么花招，"魔术"总是假的。

三 达赖集团从事分裂活动经费来源的特点分析

据有关资料表明，十四世达赖集团从事祖国分裂活动的经费来源，主要来自于美国为首的西方反华国家及其他资助的形式，可归纳为以下几个特点：

一是"民间"出面，政府买单。美国是最大的"金主"之一。每当十四世达赖集团需要资金时，十四世达赖集团驻美办事处就会展开游说活动，提出其具体请求清单。美国国会核准资助计划，由美国国务院人口难民及移民局根据批准计划下达资助资金数额，直接拨给十四世达赖集团驻纽约办事处，再转付给"西藏流亡政府财政部"。美国国家民主基金会是美国非政府组织中授权资助的"老大"，其运行资金几乎全部来源于政府拨款。该基金会成立于1983年，现已成为体现美国政府意志的"民间机构"工具。据四川大学中国藏学研究所统计，美国最早成立的援助流亡藏人的组织——"美国西藏难民委员会"，在其存在的10年间，一共向十四世达赖集团提供了2431.8万美元的援助。美国的一些所谓"民间团体"，每年平均要向十四世达赖集团提供约70万美元的资金援助。

二是国会直接"点菜"，政府立即"买单"。据美国政府的一份解密文件显示，1964—1968年，美国给予十四世达赖集团的财政拨款每年达173.5万美元，其中给十四世达赖集团设在纽约和日内瓦"西藏之家"7.5万美元，帮助十四世达赖集团武装分裂组织进行训练及提供军事装备148万美元。20世纪90年代，美国的经济援助逐渐转为常态化。1989—1994年，为支持十四世达赖集团闹事，仅美国政府就提供经费475万美元。据美联社1998年的报道："近年来，美国国会批准每年给西藏'流亡政府'200万美元的资金。"同时，"国会还敦促克林顿政府再向十四世达赖集团提供200万美元的专款"。美国中央情报局，目前每年仍向"西藏流亡政府安全部"提供30万美元的活动业务经费。自2001年以来。美英德日等国家每年向十四世达赖集团提供经费高达近1亿美元。美国国会通过的《2008年综合拨款法案》，划拨涉及中国西藏工作的资金高达3320万美元。

三是十四世达赖集团伸手，各路"过客"施援。据瑞士"西藏儿童村之友"网站公布，仅2003年6月1日、11月30日的半年期间，十四世达赖集团就接受各国民间组织和个人对西藏儿童村的临时捐款64万美元。据印度媒体报道，印度政府为流亡藏人子弟修建、开办的学校共79所，学校的全部经费由印度政府提供；印度政府还为十四世达赖集团"教育部"开办的学校支付教职员工薪金；国外藏人儿童的教育经费也由印度政府提供。1998年5月，美国影星理查·基尔在休斯敦为十四世达赖举行了一场募捐活动。1999年8月，他又主持了一场为十四世达赖集团募捐的晚会。台湾当局也成为十四世达赖集团的另一个重要施主。1997年，十四世达赖第一次访台时，台湾当局给十四世达赖的供养金为1781万元新台币；"台湾中国佛教协会"为十四世达赖集团捐赠3000万元新台币，帮助十四世达赖集团在台湾成立了"达赖喇嘛基金会"，实际上是十四世达赖集团驻台湾办事处。2001年，十四世达赖再次访台时，台湾当局给十四世达赖的供养金达1500万元新台币。

四　西方反华国家支持"西藏独立"活动的目的

西方反华国家使用经济手段是为政治目的服务的，核心是搞他国政权的颠覆活动，本质是实现"分化""西化"、遏制中国的政治战略图谋，直白地说：就是搞乱、搞垮和肢解中国。

一是在政治上大力支持十四世达赖集团。近年来，十四世达赖先后窜访了美国、加拿大、法国、英国、德国、俄罗斯等60多个国家和地区，其中20多个国家的首脑和政府要员以不同形式接待和会见，给予了较高的礼遇。1994年4月，美国国会通过的《1994年至1995年财政年度对外关系授权法》公开宣称，西藏是被占领的主权国家，其真正的代表是十四世达赖喇嘛及"西藏流亡政府"。在中国政府的强烈抗议下，美国国务院发言人不得不正式声明"西藏是中国的一部分，不承认西藏是独立的国家"。但他们一贯当面一套、背后一套，也绝不会放弃对十四世达赖集团分裂活动的支持。自20世纪80年代以来，美国政府从自身战略目的出发，通过民间组织，每年拿出巨额资金赞助研究机构100多家，并在哈佛大学、弗吉尼亚大学等一流大学专门设立藏学研究机构。美国一些"智库"公司也在秘密做以反华为目的的藏学研究，他们将研究成果直接提供给美国政府决策。目前，国际藏学会有17位常任理事，而中国仅有西藏社科院的巴桑旺堆一位，每次国际藏学研讨会，都是西方人士当主席，规定会议议题和指定参会人员及时间地点，审订每篇论文的内容。2006年9月27日，布什总统签字批准美国众议院的一项法案，将代表"美国最高荣誉的国会金质勋章"颁赠给十四世达赖，以表彰十四世达赖"在全球各地倡导宗教和谐、非暴力与人权主张，并致力与中国领导层对话谋求和平解决'西藏问题'"。2008年5月3日，中央电视台报道"谴责西方势力支持达赖集团分裂中国的图谋"中指出，意大利著名历史学家用5种文字发表国际呼吁书说，一个"妖魔化"中华人民共和国的卑鄙行为正在一些西方国家开展，他们以"自治"为旗号，支持"西藏独立"，目的就是要肢解很多世纪以来形成的、现在由56个民族组成的多元文化的中国。

二是利用广播电台大搞政治舆论渗透。冷战时期，美国先后建立"自由欧洲电台"和"自由广播电台"，对东欧各国和苏联展开宣传攻势。当苏联解体后，美国当局认为，广播电台的作用"功不可没"，"成了颠覆社会主义制度的一种有效手段"。冷战结束后，美国又在亚洲开始设立广播电台。1991年10月，美国国会参议院外交委员会提出并通过"设立一个专门对中国大陆广播电台"的提案。1994年，美国国会通过3000万美元的拨款，筹建"自由亚洲电台"，于1996年9月正式开播，主要覆盖东北亚和东南亚地区。目前它每周播出大约200小时，对中国的广播是最主要部分，每天汉语普通话广播就达12小时。1996年12月，开始增设藏语广播，由每天2小时增至8小时，频率由3个增至13个，广播员的选定与节目的设定与十四世达赖集团商定。"自由亚洲电台"总部设于美国华盛顿，涉华报道分社主要设在印度达兰萨拉和尼泊尔加德满都。如今的所谓"属性"虽为私营，号称是"非营利性公司"，却拿着美国国会的拨款，有一个超过30人团体为其提供藏语服务工作，在历史上就有着美国中央情报局掌控的背景。中国驻印度大使张炎坦率地指出："我们明显感觉到西方媒体的影响力太大了，他们一些片面歪曲的报道，误导了印度媒体和印度观众、读者，产生了很坏的影响。"据中国人权研究会统计，1997年9月，美国国会众议院外交委员会批准了一项法案，授权政府在1998年和1999年两年内为"美国之音"和"自由亚洲之声广播电台"的对华广播节目拨款8000万美元，并明确要求切实加强藏语广播。目前，西藏境内可以收听到国外22个国家和地区的24个电台70多个频率的广播，其中藏语广播6个电台22个频率，每天累计播音时间16个小时以上；危害最大的是"美国之音"、中国台湾"自由中国之声"、法国"巴黎国际广播电台""德国之声"等电台。西方主要国家广播电台的发射功率大，如"美国之音"的中短波单机发射功率，分别为1000千瓦和250—300千瓦，是中国西藏的5倍。这些敌台密切配合政治形势，采用讲经说法、讲经文点播、讲故事、讲历史等形式，传谣、造谣蛊惑人心，破坏民族团结，煽动"西藏独立"，在所谓"西藏人权""民族""宗教""环保""传统文化"等问题上作失实歪曲的宣传报道，恶意挑拨民族关系，欺骗国际舆论，并以此作为对我进行经济制裁的一种理由。

三是幕后策划，台前参与政治阴谋。为打压、遏制中国前进的步伐，以美国为首的西方反华国家全力支持十四世达赖集团搞破坏。自2005年3月开始，十四世达赖集团筹备并形成了"未来几年西藏运动路线图"，主要企图破坏2008年北京奥运会，以"西藏人权""宗教文化""环境与发展"等为借口，向我施压，为"西藏独立"提供国际政治舆论支持。2007年5月11—14日，在德国布鲁塞尔召开第五次"支持藏人国际大会"，专题商议"行动计划"，共有各方代表300余人参会。美国支持制定破坏2008年北京奥运会的"路线图"，美国副国务卿葆拉·多布里杨斯基出席会议并亲自台前策动。尔后，在美国的"藏独"组织提出了"西藏人民大起义"构想。在奥运圣火途径境外的22个城市中，有5个城市的传递活动受到"藏独"分子不同程度的干扰，它们是英国伦敦、法国巴黎、美国旧金山、澳大利亚堪培拉、日本长野。这些地方都有"藏独"分子活动十分活跃的办事处，这与该国反华势力大力支持有关。拉萨"3·14"事件后，美国《纽约时报》发表一篇采访十四世达赖的文章，题为《达赖喇嘛不愿意阻止西藏抗议活动》，十四世达赖说："请不要我们停止"，"我保证我不会（阻止）"；要求"高度自治"的理由是"关心西藏人民的福祉和人权，要保护西藏的文化"。基于政治目的需要，西方主流媒体作了大量失实扭曲的新闻报道，以欺骗国际社会。2008年3月21日，美国众议院议长佩洛西专程赶往印度达兰萨拉与十四世达赖会谈，以示"声援"。当天她公开声称："如果国际社会不就西藏问题向中国施压，（美国）将失去在人权问题发言的道德权威。"美国《纽约时报》3月27日报道：欧美就西藏问题向中国施压，布什的国家安全顾问斯蒂芬·哈德利表示，布什总统已在西藏问题上"大力施压"。4月10日，十四世达赖前往美国途中过境日本，在东京举行了记者会，日本保守势力认为，十四世达赖是一枚可以"为我所用"的棋子。"5·12"四川汶川特大地震灾害后，中国政府倾全国之力抗震救灾，令世界瞩目感动。在此期间，英国议会下院举行的所谓"中国人权问题"听证会上，竟然邀请十四世达赖到会"作证"。5月21日，英国伦敦城市大学授予十四世达赖荣誉哲学博士学位，"以表彰其在全球和平上所做的贡献"。6月16日，该校校长罗珀致信中国驻英大使馆，对授予十四世达赖荣誉博士学位一事表示歉意。据美国《环球时报》报道，美国国会6月26日通过了"关于在拉萨设立领事馆"的议案。报道说，美国众议院在6月19日，参议院在6月26日，一致通过一项2642号紧急援助法案，其中有"同意拨款500万美元，在拉萨设立领事馆"的内容。"国际声援西藏运动"负责人表示，美国在拉萨设立领事馆"能改善美国官员从西藏各地获得信息的质量"。7月1日，出现更为可笑之极者，法国总统萨科齐在接受本国新闻媒体采访时说："如果中方与达赖代表的谈判取得进展，我可能会出席8月8日举行的北京奥运会开幕式。"据白宫有关方面介绍，美国总统布什6月30日在白宫签署了总额1620亿美元的战争拨款法案，以提供本届政府解散之前，美军在伊拉克和阿富汗战场的开销。至此，美国已经累计向伊拉克战争拨款6500多亿美元，向阿富汗战争拨款近2000亿美元。众所周知，世界不得安宁，以美国为首的西方主要国家是祸源。

西藏地方自13世纪以来，就属于中国版图，成为中国领土不可分割的重要组成部分。西藏地方政府一直隶属于中国中央政府管辖之下，在帝国主义势力侵入西藏以前，西藏同中华民族其他民族地区的地方政府一道维护了中国的统一和领土主权的完整。数百年来，世界上没有任何国家否认过西藏是中国领土的组成部分。中国国家档案局局长杨冬权说："700多年间，中央政府向西藏官员授予职位、封号，在西藏设置职官、机构。对西藏实行行政管理的官员文书，如今依然光辉如新！""这些珍贵的档案原件目前分别藏于中央档案馆、中国第一历史档案馆、中国第二历史档案馆、西藏自治区档案馆、西藏自治区文物管理委员会。"在铁证如山的历史档案文献文物面前，当今世界上没有一个国家公开承认过西藏是一个独立国家。西藏自治区是中国的行政区划之一的历史事实永远也篡改不了，否则，全体中国人民包括西藏各族人民在内都将坚决强烈反对，并捍卫中国领土的统一完整。我们同国际反华势力的斗争，特别是同以美国为首的西方反华国家的斗争，不是什么"人权""民主""自由"的问题，而是一场分化与反分化、西化与反西化的政治斗争，是自鸦片战争后100余年来中国人民反帝斗争的继续，是历史与现实分裂与反分裂、破坏与反破坏、渗透与反渗透、颠覆与反颠覆斗争的继续，是中国人民长期反对霸权主义、反对强权政治斗争的继续，是我们同十四世达赖集团分裂斗争的集中较量。亚伯拉罕·林肯有一句名言：假如奴隶制都不是错的，没有事情是错的。借此试问：假如最黑暗、最残酷、最无人权的"政教合一"封建农奴制都不是错的，世界历史社会何以发展进步？！

（载西藏《要情》内刊2008年第20期，西藏自治区社会科学院主办。注：内容作了较大充实调整）

透视贫困成因　推进整乡发展
——萨迦县赛乡贫困调查及发展建议

贫困现象是历史社会发展进程中的表现形态，是历史与现实、自然与人为、外部与内部多因素交织形成的，情况复杂，原因多样，表象鲜明，改变艰难。本调研报告提出的观点、思路和建议，主要是基于个人的认识程度，不一定剖析透彻，谨供决策时参考。

一　现状特征概括

赛乡是萨迦县及日喀则地区最为典型的贫困乡之一，就其地形地貌、人口状况、经济社会发展现状，大致可以用："边、远、高、散、穷"五个字概括。

"边"：赛乡地处萨迦县东南部边缘，乡村分布状况呈"小汤勺"状，细长"勺柄"由西北山谷向东南河谷草场延伸，形成"勺边"，紧临岗巴县，交界于日喀则市。

"远"：通往赛乡的简易公路主要有两条：一条是县乡公路，由县城经318国道至吉定镇，再到赛乡，全程165公里，该路山高谷深、路况差、等级低，行路艰难且危险，不能保证常年通车，小车单程行驶需6小时左右，大车单程行驶需9小时左右，行人往往不愿意选择此路线，主要是因山洪、泥石流频繁；另一条是从萨迦县城经318国道折南日岗公路（日喀则市至岗巴县）到赛乡，计有170公里路程。其中62公路属日岗公路段；若从日喀则市区中心出发至赛乡仅有62公里，且90%以上的路段属于日岗公路段，但该路程的全程为沙石路面，其路况较差、等级较低，沿途山洪、泥石流常常阻塞车辆通行；大、小车辆单程行驶均需4小时以上。据基层干部反映，通往赛乡的两条简易公路非常难行，山沟里的人们不愿进城，山外的人们不愿走进山里，致使赛乡地域和农牧民相对封闭。

"高"：全乡地势南高北低，高山环绕、植被稀疏，平均海拔在4360米以上。区域内气候寒冷，空气稀薄，气压低，空气中的含氧量仅占内地平原地区空气含氧量的60%左右。每年11月至次年4月间，是干旱的风季。这期间气候干燥，温度低，风沙大且持续时间长；6—9月相对温暖，年降雨量300毫米左右，相对集中，无霜期大约80天，年日照时间约3250小时，属于赛乡的黄金季节。由于特殊的地势地貌环境，该区域成为冰雹、干旱、雪灾、霜冻等自然灾害十分频繁的地区。当地群众称之为"十年九灾"。农作物的播种季节比日喀则附近地区晚1个月左右，为一年一季。当地干部称"一年有四季、全年备寒装"。

"散"：赛乡地域面积约600平方公里，占萨迦县国土面积的7.4%，每平方公里仅5.3人。全乡9个行政村，27个自然村，521户，3189人，占全县总人口的7.3%。赛乡属该县的边远小乡，其中农业人口占80.6%，牧业人口占19.4%，农牧民大都居住分散，致使行路难、用电难、看病难、上学难的问题十分突出。

"穷"：从产业结构情况看，2007年，全乡国内生产总值达到820万元：其中一产449万元，占54.8%；二产23万元，占2.8%；三产348万元，占42.4%。主要经济支柱为一产和三产，而二产基本没有，属典型的自给自足的自然经济形态。从人均收入情况看，2007年，全乡农牧民人均收入达到2232元，其中现金收入754元，占36.1%。从贫困面情况看，按照自治区扶贫办确定的人均收入低于1300元的贫困标准计算，赛乡共有贫困户148户652人，分别占总户数的28.5%和总人口的21%。从调查情况看，2007年全乡农牧民人均纯收入低于400元的有帕宁和德吉2个村，共48户156人，分别占贫困户和贫困人口的32.4%和23.9%；人均收入在400元至850元之间的有恰叶、喜贡、帮白、嘎果、赤达5个村，共74户316人，分别占贫困户和贫困人口的50%和48.5%；人均收入在850元至1300元之间的有夏吾和帕度2个村，共38户172人，分别占贫困户和贫困人口的25.7%和26.4%。（本调查测算数据系扶贫工作组入户调查所得）。全乡由国家民政部门常年解决救济粮的有125户500人。据此可知，贫困现象分布全部9个行政村；贫困程度最严重的是7个村，

122户，472人，分别占全乡的77.8%、74.3%和72.4%。另外需说明的是，县乡统计数据与驻乡工作组入户调查结果差异较大，真实数据情况有待进一步核实，不然会影响领导决策的正确性。西藏社科院驻乡扶贫工作组在走村访户中发现，大部分绝对贫困户家庭中的全部财产估算价值在300元人民币左右，其所需生产生活资料十分紧缺，仅能维持基本而简单的再生产和生存需要；有的贫困户第一产业纯收入与其总收入相差无几，农副产品的商品率几乎为零，基本没有现金收入，并长期处于自产自给而不能自足温饱的困境，其贫困程度令人吃惊。

二 贫困原因分析

根据有关统计资料和工作组典型调查，目前赛乡的贫困状况主要表现在以下方面资源的紧缺与匮乏：

"缺食"：赛乡是以种植业为主、农牧结合的半农半牧地区。种植业以青稞为主，兼种少量油菜和豌豆。除乡政府所在地有一栋简易温室大棚外，当地群众基本不种植蔬菜，致使群众的食物结构十分单一，生活质量低下，粮食占食物热量的80%左右，体内营养不良成为普遍现象。全乡现有耕地6000余亩，人均不足2亩。耕地主要分布在赛曲河两岸，农田水利基础设施严重滞后，抵御自然灾害能力十分低下，土地十分贫瘠，且90%以上为低产田，基本处于靠天吃饭的状况。常年耕地亩产一般为400斤左右，人均占有粮食600斤左右，不能满足人体的正常需要。如遇大灾，造成粮食大面积绝收，常常是辛苦劳动一年，收获毁于一时。据乡村干部群众反映，全乡每年有50%左右的群众缺少基本口粮，有125户群众每年都需要依靠国家民政部门救济；为了生存，部分群众视贫困户为"光荣"，等靠要思想十分严重。迫于生计，部分群众靠夏借冬还粮食度日，长此以往，导致越借越贫、越贫越借的恶性循环，终日祈求神的旨意和佛的保佑；部分群众自发外出打工，添补家用；甚至个别群众靠乞讨度日。帕宁村是该乡唯一的纯牧业村，现有牲畜5000头（只匹），人均20头（只匹），是著名的"岗巴羊"的养殖区域。由于长期的草畜矛盾，该村草场退化严重，牲畜膘情较差。该村牧民人均纯收入虽高于农业村，但仍有贫困户15户65人；其他8个行政村人均牲畜拥有量仅有6头（只四）左右，除作为生产资料的役畜外，作为生活资料的牲畜很少，其畜产品食物占食物总热量的20%左右，膳食质量无从谈起。部分农户饲养有少量藏鸡，也主要供自己消费，其他肉、禽、蛋、水产品、蔬菜等食品消费量普遍都严重不足。农牧民微薄的收入只能勉强解决最基本的吃糌粑、喝清茶的问题。

"缺钱"：据统计资料显示，2007年，全乡农牧民人均现金收入仅有754元，占农牧民人均纯收入的36.1%；全乡从事第二、三产业的农牧民为297人，其中加工业74人、运输业70人、商业64人、服务业89人，共占总人口的9.3%；90%以上的农牧民主要依靠第一产业为生。广大群众普遍反映，由于缺少现金，他们无力购置生产生活资料，只能维持简单的再生产。改革开放后，特别是2000年以来，全乡有70%的农户进行了农房改造，人均居住面积达到20.4平方米，居住条件明显改善。但是，目前全乡还有30%的农户无力进行农房改造，其中22户特困户的住房十分破旧，甚至成了危房，急需新建。在自治区实施农房改造工程中，许多贫困户既喜又忧，喜的是赶上了党的好政策，忧的是无力拿出配套资金盖新房。有的贫困户虽然筹资盖了新房，但欠下了一大笔外债，新房中清贫如洗，基本看不到现代生活用品，整日唉声叹气，情绪低落。据有关人士初步估算，赛乡农户的恩格尔系数高达70%左右，大多数农户的生活消费模式仍停留在改革开放初期的水平。

"缺能源"：全乡9个行政村中，有4个村（帕度、德吉、嘎果、喜贡）由上游的木拉乡季节性供电（6—10月），乡政府所在地有一小型太阳能光伏电站，装机容量为25千瓦，仅供乡政府机关、乡中心小学和乡政府所在地的帮白村约1000人的照明用电。由于电力供应严重不足，全乡农牧户中也仅有10余台电视机，大多数群众无法收看到外界的信息，更难以感受到祖国欣欣向荣的繁荣景象。由于缺乏能源，群众生产生活用能得不到基本保障。在物质贫困和精神贫困的双重作用下，乡村干部群众的脱贫致富内在信心和愿望受到很大影响。全乡范围内的高山上植被稀少，水土流失严重，加之赛乡海拔高、气温低，无法建造沼气池，群众只能依靠牛羊粪做饭、烧水和取暖。能源的严重不足，给当地老百姓带来了诸多方面的极大不便，广大农牧民急切期盼通电的愿望十分强烈。

"缺资源"：全乡范围内没有矿产资源、药材资源、旅游资源，属现实或潜在资源严重匮乏的乡村。这对于发展第二、三产业形成"瓶颈"

制约，给当地农牧民拓宽致富增收渠道带来诸多困难，被视为"一方水土、养不活一方人"的区域。人们曾设想实施全乡整体搬迁、异地安置，综合考虑多种因素后，普遍认为既不可能，也不现实。

"缺技能"：全乡只有一所乡完全小学，无村级学校。乡级完全小学现有在校学生251名，教职工23人，适龄儿童入学率达到99%。全乡具有初中文化程度的165人，占总人口的5.2%，具有初小文化的150人，占总人口的4.7%，青壮年人口中文盲及半文盲的人数达到1179人，占总人口的36.9%。截至目前，全乡农牧民中没有一名中专以上学历的人才，"因贫失学、文盲难富"的问题不可小视。赛乡劳动者教育水平的低下，严重制约着当地经济社会发展，因为他们缺乏有效的致富路子和点子。在调研中，80%的被访问贫困户认为，自己家庭贫困正是因为缺少劳动力和缺少劳动技能，而难以脱贫致富。有的农户筹资购买了手扶拖拉机，但不会驾驶跑运输，也挣不到副业收入，成为一种渴望追求家庭富裕的"摆设"。正因如此，长期沿袭原始落后的耕作放牧方式，严重地束缚了生产力的解放和发展。在我们看来，精神（思想）贫困比物质贫困更为可怕，所产生的负面作用更大。

"缺劳动力"：全乡1494个劳动力，平均每户劳动力不到3人。这些劳动力既要种地，又要放牧，同时还要参加集体劳动，在农忙季节，由于劳动力严重不足，也就没有更多的人出去务工，限制了现金收入来源。现有劳动力严重地束缚在耕地和放牧上。

"缺生产资料"：由于赛乡群众"穷"，缺乏必要的生产资料和劳动技能，加之先天资源的匮乏和后天的发展后劲不足，使得如今赛乡农牧民的生产方式依旧处于十分原始的"二牛抬杠"耕作状态。现代生产工具装备不足，原始落后的生产方式又难以改变，传统农牧业向现代农牧业转变也无法突破。

"缺医少药"：目前全乡只有1个卫生所，3名医务人员，卫生所的医疗条件十分简陋，缺少医疗设备和常用药品，仅有少得可怜的退烧药及简单的"老三样"（听诊器、血压计和体温计）。医务人员只能看一些感冒之类的小病，乡卫生所没有能力治疗比较严重的疾病。如遇急诊病人，多是"听天由命"。自治区社科院扶贫工作组在进村入户调查中发现，赛乡"因贫致病、因病致贫"和"越穷越生、越生越穷"的现象十分突出；特别是疾病已成为农牧民脱贫致富的大敌和家庭幸福的克星。一个农户家庭，如果其主要劳动力因病丧失或者基本丧失劳动能力，对整个家庭而言，将是致命的打击。该乡赤达村村民次旦，女，现年50岁，文盲，身患疾病，家庭只有2人（母子俩），儿子就读于萨迦县中学。仅靠3亩耕地为生，连基本生活也难以维系，家庭境况十分凄凉。目前，该家庭已欠债1000余元人民币，成为沉重的经济负担。在现阶段，乡村农牧民就医难的问题没有得到有效解决，农村医疗保障体系尚未建立。人人享有基本医疗保障，在赛乡任重道远。基层干部群众强烈呼吁改善现有医疗条件。

综合分析上述贫困原因，我们可以得出以下基本结论：一是导致赛乡贫困的原因，不是单一因素的结果，而是历史与现实多方面因素的综合反映；二是土地贫瘠、资源匮乏、缺少技能和劳动力是导致贫困的直接原因；三是交通不便、能源紧缺、信息不灵、市场狭小、教育落后和卫生条件差等是导致发展滞后的重要原因；四是人们的等靠要思想及传统观念严重，加之自然灾害频繁及各种投入不足是导致赛乡贫困潜在的重要原因。通过调研，我们深刻地感受到：赛乡现实的脱贫致富势在必行，迫在眉睫，这是全社会都需要高度重视，着力解决的政治责任。如果没有今后赛乡的小康，萨迦县将来的小康是不完整的，日喀则地区将来的小康也是不完整的。贯彻落实科学发展观，大力实施整乡推进脱贫与发展措施，多管齐下，整合资源，上下联动，才能奏效。如果单靠一个部门或一种手段，特别是靠既无硬"资源"，又无硬手段的社科院，是难以从根本上改变赛乡的贫困和发展面貌。

三 指导思想、奋斗目标、发展思路、任务要求

本着遵循既要解放思想、实事求是、与时俱进，又要创新思路和理念，开拓进取；既要顾当前，又要虑长远；既要整体规划，分步实施，又要统筹兼顾，重点突破；既要注重外部投入拉动，又要讲究内部动力激活；既要促发展，关注发展速度，又要保稳定，重视发展质量，确保社会和谐的五大原则，正确处理好急不得、慢不得、等不得的辩证关系，按科学发展规律办事，牢固树立开发式扶贫思路和创新型脱贫致富奔小康理念，抓住机遇，凝聚力量，整合资源，攻坚克难，实现好、维护好、发展好赛乡广大农牧民群众的根本利益，促进生产大发展、生活大提高、面貌

大变样、和谐大进步。我们在调研分析之后，特拟定以下指导思想、发展思路、奋斗目标和主要工作任务要求。

指导思想：高举中国特色社会主义伟大旗帜，走中国特色、西藏特点、赛乡实际的发展路子，落实科学发展观，确保经济发展和社会稳定，抓住脱贫、建设小康和全面提高人的素质重点，解决粮食增产、农牧业增效、农牧民增收和发展"瓶颈"制约问题，全力推进整乡跨越式发展，信心百倍地与全县人民一道实现小康。简称为"一高举、一落实、二确保、三抓住、四解决"。

总体发展思路：2009年至2020年，以解决温饱、消除贫困为基础，以提高质量、促进增收为重点，以和谐社会、实现小康为目标，全面实施整乡脱贫发展规划，惠及全乡农牧民。可概括为"三步走"，即解决温饱阶段、巩固发展阶段和小康奋斗阶段。

总体奋斗目标：三年一小变，五年一中变，十年一大变。

主要工作任务要求：

（一）解决温饱阶段

主要任务：以实现全乡粮油肉基本自给和基本消除绝对贫困为首要任务，采取工程措施，大力实施以水利为龙头，以农田草场为重点的高标准基础设施建设，形成田成方、树成行、渠相通、路相连、旱能灌、涝能排的集中连片的高产稳产粮田；建设以网围栏和渠系配套为内容的优良牧草种植基地，实施短期育肥，提高牲畜出栏率和商品率，缓解草畜矛盾，增加群众收入。同时，实施以"五通"（通路、通电、通电话、通广播电视、通水）为内容的基础设施建设工程，初步缓解和改善赛乡发展进程中的硬环境。大力开展多形式、多内容、受欢迎的捐款捐物和帮扶结对子等送温暖活动，广泛而深入地动员群众、组织群众、引导群众开展自力更生，有效开展发展生产、维护稳定方面的各项活动。注意倾听群众呼声，解决群众疾苦，特别是着力帮助解决群众最关心、最直接、最现实的衣食住行医教等方面的困难，不断增强基层干部群众战胜困难的信心和勇气。

主要奋斗目标：通过3年左右时间的努力，使人均高标准农田达到2亩以上；平均亩产达到700斤以上；农牧民人均现金收入达到1500元以上，比2008年翻一番；建立5000亩左右优质牧草基地，落实短期育肥措施，人均肉油奶拥有量明显增加；农房改造任务完成95%以上；80%以上的农牧民家庭能够用上电、通上电话、看上电视和使用上洁净卫生水；县乡公路路况明显改善，常年通车得到保障；教育、卫生条件基本改善，科技普及和科技推广应用水平明显加强。

重点项目建设：建设高标准基本农田工程，改扩建现有耕地面积、治理低产田，使高标准基本农田面积达到1万亩左右；实施粮油丰产科技行动计划，建立科技特派员制度和科技承包示范基地；建立5000亩左右优质牧草基地，实施短期育肥措施，扶持10户左右家庭养殖科技示范户；加大种植、养殖技能培训转移力度，修建8栋左右蔬菜温室大棚，扶持10户左右庭院经济示范户；实施赛曲河两岸重点河段防洪堤工程和两岸山沟10余条泄洪疏通工程，确保乡政府及附近村庄干部群众生命财产安全和农田安全；改扩建日岗通乡60余公里的县乡公路和30余公里的乡村公路；实施家庭太阳能光伏照明工程，延伸农网改造输电线路，提高电网覆盖面；新建乡村自来水或户用型水井工程；充实师资和医务人员力量，改善乡级中心小学办学和乡级卫生所条件，提高现代教学、卫生设备及药品供给水平。

（二）巩固发展阶段

主要任务：全乡基本完成消除绝对贫困和实现粮油肉基本自给任务，部分群众通过诚实劳动富裕起来，步入小康水平行列，以此作为衡量扶贫成效的重要评价标准；高标准农田和优质牧草基地进一步完善配套，抵御自然灾害能力明显增强，以农牧民增收为核心，确定一项有市场、有效益、有前景的支柱产业，建立一至两个有组织、善管理、懂技术的农牧民经济合作组织，鼓励支持专业户兴办各种经济实体，优化产业结构，提升发展质量，加快发展速度；家庭经济实力和乡村综合实力显著增强，达到家中有存粮、手中有存款、增收有实招、发展有实法；通路、通电、通水、通电话、通广播电视问题根本解决，广大农牧民群众的精神文化生活进一步充实；现代农牧业机械化及机电产品使用程度明显提高，现代家用商品进入百姓人家，生产生活质量迈上新的台阶；教育、卫生事业长足进步，教育兴乡、人才立乡、产业富乡的理念深入人心，九年义务教育基本普及，人人享有基本医疗保障取得重大进展；村容村貌得到规范，人们的精神面貌明显变化，社会主义新农村建设在赛乡取得重大突破。

主要奋斗目标：通过5年左右时间的努力，全乡GDP年均增长15%左右；本着"一产上水平、二产抓重点、三产大发展"的战略发展要求，大力调整和优化产业结构，使一产明显进步，二产和三产稳定升级，成为新的重要增长极；农牧民纯收入年均增长达到两位数，其中现金收入在2008年的基础上翻两番，达到或超过全区的平均水平；粮油肉供给水平达到区域内基本平衡甚至有余；牲畜改良成为农牧民的自觉行为，牲畜出栏率和商品率达到40%以上；良种推广面积达到90%以上，优良牲畜品种达到70%以上；彻底完成农房改造任务；通电率、通电话率和广播电视覆盖率达到95%以上；完成全部劳动力的技能培训及部分劳动力的务工就业转移任务；农牧民完全用上洁净卫生的饮用水；教育、卫生条件上水平上层次；彻底改造日岗通乡公路，视情建设黑色路面。

重点项目建设需据实立项申报，主要将工程建设项目的安排重心下沉到村庄和农户；一是扎实做好上一阶段的项目建设收尾评估和后续项目工程管护的建章立制工作；二是扎实做好拟建项目的储备、筛选、申报工作；三是扎实做好项目的各项前期准备工作；四是扎实做好村级发展规划和建设实施工作；五是扎实做好组织协调和群众发动工作；六是扎实做好总结验收、绩效考核和舆论宣传工作。

（三）小康奋斗阶段

从现在起，到2020年，是我们高举中国特色社会主义伟大旗帜，为夺取全面建设小康社会新胜利的重要阶段和关键时期。赛乡不能置于局外，而应该树立雄心壮志，埋头苦干去拼搏，朝着既定的目标奋力追赶。按照党的十七大指引的总体目标和主要任务，以科学发展观为统领，下大力气、使硬功夫在以下方面去谋划、作部署、抓落实：人民生活水平基本达到自治区确定的小康标准定量指标；发展质量基本达到社会主义新农村建设的定性要求；社会从基本稳定到长治久安；人与自然、环境保护基本达到全面协调和可持续发展；全乡人均GDP基本达到翻两番；绝对贫困现象和成人文盲基本消除；覆盖乡村农牧民的社会保障体系基本建立；人人享有基本医疗卫生服务基本落实。届时的赛乡人民富裕程度普遍提高、生活质量普遍改善、人的素质普遍提升，社会和谐基础更加巩固。

四 主要说明及工作建议

根据自治区扶贫领导小组的安排，日喀则地区萨迦县赛乡为自治区社会科学院定点帮扶单位。自2007年伊始接此任务后，院党委立即成立本单位定点帮扶领导小组,每一位院级领导先后率领工作组前往实地开展调查研究,与基层干部群众共商脱贫致富大计。同时,选派得力县处级干部和业务骨干组成扶贫工作组挂职定点定期从事具体工作。在一年多的定点帮扶时间里,社科院组织人力、物力和财力对赛乡进行了力所能及的帮助。院党委主要采取了以下帮扶措施:一是动员组织单位干部职工向赛乡的贫困户开展多次捐款捐物送温暖活动,总计捐资近10万元,捐物多车。二是建立副县级或中级职称以上干部及科研人员与赛乡贫困家庭结成一帮一帮扶对子,共计87对,不定期地开展帮扶活动。三是积极争取有关部门的项目资金支持,帮助赛乡解决一些生产生活方面的现实困难。四是帮助赛乡编制中长期发展规划,厘清脱贫发展思路,寻求对策措施。这些办法措施深受赛乡干部群众的欢迎。但是,由于社科院不是经济职能部门,而是社科研究单位,既缺资金资源,又缺扶贫手段,所做帮扶工作多为"杯水车薪"和治表不治本的短期行为,其效果十分微弱。为圆满完成自治区"不脱贫、不脱钩"的目标任务,特提出以下粗浅建议,恳请得到有关领导的高度重视和相关部门的大力支持。

(1) 将赛乡列为特殊情况、特殊对待的脱贫致富奔小康示范乡,采取特殊办法,给予特殊扶持,按照统一部署、整体推进、重点突破、务求实效原则,加强领导,加大投入,精心安排,全力推动,形成区地县乡四级部门联动、项目支撑、组织协调的工作机制。

(2) 区地综合经济部门组成联合工作组开展实地调研,帮助指导赛乡确定中长期发展规划、年度项目建设计划、协调做好项目前期工作,以点带面指导全局工作。

(3) 自治区扶贫部门把赛乡纳入全区整乡推进扶贫规划,采取重点扶持措施,大力开展开发式扶贫。自治区科技部门实施科技扶贫计划。自治区发改、交通、水利、农牧等部门给予重点项目方面的大力支持与帮助。

(4) 高配一级干部进驻赛乡,专职领导脱贫致富工作,一是有利于加强定点扶贫工作的领导力度;二是有利于在学习实践活动中锻炼培养干部;三是有利于同自治区对口扶贫单位下派的工作组形成有力联动。只有弘扬"领导苦抓、部门苦帮、群众苦干"精神,才能探索出一条自然条件恶劣地区脱贫致富的成功路子。

(5) 按照"升学有基础、就业有技能、回乡能致富"的要求,自治区实施特殊人才培养政策，采取"定人培养、保送入学、定向返乡"办法，帮助赛乡及全区其他特困乡村培养中专学历以上的专业技术人才，并暂定实施5年。

总之，西藏民主改革近50年来，赛乡已有了很大的发展变化。在中国共产党的正确领导下，人民群众得到了很多的实惠，人口增长、生产发展、生活改善，广大人民群众从心里感谢党、拥护党。但是，目前赛乡仍然跟不上时代前进的步伐，历史欠账的因素很多，曾经一度成为被遗忘的"角落"。在全面建设小康社会和实现和谐西藏、小康西藏、平安西藏的历史进程中，我们认为，赛乡人民理所应当以跨越式发展的步伐追赶上整体队伍的步调，而不是"回头补课"；如果长期落伍、掉队、被边缘化了，对稳定和发展不利，甚至要谨防被十四世达赖集团和西方敌对势力所利用。我们坚信在自治区党委、政府的坚强领导下，在自治区相关部门和全社会的大力帮助参与下，赛乡人民通过国家扶持、自身努力、社会参与，能够实现短短几十年、跨越上千年的美好愿景，与全区各族人民一样，过上幸福、美满、和谐的社会主义新生活。

附：萨迦县赛乡贫困调查表

表1 2007年赛乡农牧民收入及其分布情况

项目	单位	数量
全乡人均纯收入	元/年	2032.38
1000元以下	户	132
1000—2000元	户	337
2000元以上	户	51

表2 2007年赛乡9个村农牧民收入及其分布情况

项目＼村名	序号	1000元以下户	1000—2000元户	2000元以上户	合计户数
帮白村	1	12	42	9	63
赤达村	2	12	51	2	65
德吉村	3	21	66	10	97
嘎果村	4	18	18	—	36
帕度村	5	27	102	—	129
西贡村	6	12	8	23	43

续表

项目 村名	序号	1000元以下户	1000—2000元户	2000元以上户	合计户数
恰叶村	7	12	16	—	28
帕宁村	8	8	21	5	34
夏吾村	9	10	13	2	25
合计	9	132	337	51	520

表3　　　　2007年赛乡贫困农牧民收入及其分布情况见下表

贫困情况 村名	贫困户数	占总户数%	贫困人数	占总人口%	贫困户人均耕地（亩）	贫困户人均牲畜（头只）	2007年人均纯收入（元）
夏吾村	11	44	62	35.2	1.2	11.02	200—1250
帕庹村	27	20.9	118	16.1	1.08	6.4	300—1180
帕宁村	15	44.1.	65	26.4	—	96	200—300
恰叶村	15	53.3	62	27.3	1.4	5.3	200—670
西贡村	13	30.2	57	20.5	1.3	4.9	216—768
帮白村	15	23.8	59	18.2	0.89	5.1	250—800
嘎果村	18	50	87	39.5	0.87	6.4	150—850
赤达村	13	20	51	14	1.4	6.2	250—850
德吉村	21	21.6	91	14.4	1.74	3.1	200—400
合计	148	28.46	652	21	1.1	16.05	

（载西藏《要情》内刊2008年第26期，系稿件执笔人）

十四世达赖父亲之死说明了什么

祁却才仁系十四世达赖丹增嘉措的亲生父亲，于1947年被亲帝分子所杀害，时年50余岁。当时十四世达赖年仅13岁（藏族习俗按虚岁计龄），尚未亲政成为西藏封建农奴制社会"政教合一"的实权人物。但人死至今，十四世达赖在其自传著述和对外交往中，始终没有作出过任何突然暴亡的背景细节交代，到底背后隐藏着多少鲜为人知的秘密，人们尚不得知。为抛砖引玉，试揭真相，谨作简要推断，以示启迪。

一 历史背景引发政治冲突

公元1933年（民国二十二年）12月17日，十三世达赖土登嘉措在拉萨圆寂。按照藏传佛教仪轨、历史定制和中央审批等手续，需要产生十四世达赖。在新达赖寻访认定、坐床亲政前，摄政王便是这一时段噶厦执掌大权的实际统治者。经过权力之争，热振呼图克图土登强白益西于1934年2月23日（藏历木狗年一月十日）在众多候选人中中签胜出，并经噶厦政府决定，出任摄政，在报请中央政府同意后，主持西藏地方一切政务，直至十四世达赖亲政为止。应当说，热振从1934年12月执政到1941年初卸政的7年间，可谓这一时期西藏"强有力的掌权者"。据《拉萨见闻记》称："民国二十七年（1938年），司伦（指朗顿，系十三世达赖兄长）以寻觅灵童，与热振意见相左，经民众大会决议停职。"热振便是力排异己力量的当权操纵者，在藏学专家恰白·次旦平措等藏学专家所著的《西藏通史——松石宝串》中也有类似的记述："藏历木狗年（公元1934年），噶厦召开了仲孜扩大会议，讨论了摄政人选问题，并向国民党中央政府呈报了人选名单，决定委托热振活佛土登强白益西为摄政，委托朗顿·贡嘎旺久司伦为其助理。热振活佛土登强白益西一就任，英帝国主义便迫不及待的两次煽动政变，龙夏·多吉次仁等人也建立起吉觉贡顿的秘密组织。""赤门（噶伦）得知消息后，便立即禀报了摄政活佛土登强白益西，噶厦不仅捉拿了龙夏·多吉次仁，还挖去他的双眼、革去官职、没收其财产、终身监禁（禁止他的子孙后代不得担任噶厦官职），其他主要的参与者被流放。"大量事实表明，热振为了十四世达赖灵童转世寻访、迎请认定、剃发取名、坐床盛典等重大活动的圆满费尽心力，他用强权政治排除了反对派的各种阻挠，成为十四世达赖的"恩师"和其达拉家族的"恩人"，同时也成为亲帝分裂主义分子图谋破坏祖国统一的眼中钉肉中刺，并视热振为"亲汉"派。据1948年9月2日成都报载拉萨通讯《最近的西藏政变》一文中称："热振在审讯大会中，有人问他：'何以西藏要亲中国？'他的回答是：'中藏在宗教上、地理上，都无法隔离，1904年英将荣赫鹏攻入拉萨后，军事赔款，概由中国代付，所以不啻是中国的钱赎回了西藏的身。'"1940年2月5日，国民政府颁布［府字第898号］令，内称："青海灵童拉木登珠，慧性湛深，灵异特著，查系第十三辈达赖喇嘛转世，应即免予抽签，特准继任为第十四辈达赖喇嘛。此令。""拉木登珠业经昭令特准继任为第十四辈达赖喇嘛，其坐床大典所需经费，着由行政院转饬财政部拨发四十万元，以示优异。此令。"2月17日，热振致电国民政府主席林森："兹奉国府明令，青海灵童拉木登珠特准继任为第十四辈达赖喇嘛，并赏赐拨发坐床大典经费四十万元；又蒙国府颁赐册封金印及秉玉二等勋章，已于国历二月十五日由蒙藏委员会吴（忠信）委员长亲授。敬领之余，肃电即谢，并祝国泰民安、中藏亲洽。"吴忠信完成中央政府交办的主持2月22日十四世达赖坐床大典任务后，于3月31日启程离开西藏，经印度返回内地。6月23日，十四世达赖电复吴忠信："顷接来电。藉悉途中清吉，已于十一日安抵重庆，衷心愉快无似。特复。"其间的4月10—12日，十四世达赖、热振及噶厦要员为感谢中央派大员主持达赖转世坐床也分别向国民政府主席林森、行政院长蒋介石呈有函信。①

在掌权期间，热振做了几件让亲帝分裂主义分子十分痛恨的事情，如

---

① 以上史料见中国藏学研究中心、中国第二历史档案馆合编，并由中国藏学出版社1990年出版的《十三世达赖圆寂致祭和十四世达赖转世坐床档案选编》。

热振曾下令强行停办了英国人在江孜、拉萨创办英藏文化学校；领导拉萨三大寺念经祈祷中国抗战取得胜利；委派属寺僧人代表赴祖国内地各大城市募化修葺热振寺；1940年，蒙藏委员会委员长吴忠信遵照中央政府旨意，根据热振的业绩，册封他为"辅国宏化禅师"称号；1943年，国民党召开六全大会，热振被选为国民党中央候补执行委员（有人怀疑他已参加了国民党）等。围绕祖国统一和民族分裂，热振同亲英派的政治斗争不可调和。为了打倒热振，抓住国内解放战争战乱时机图谋"西藏独立"，亲英分裂主义分子利用宗教攻击政治的手段，暗地里指示乃均降神，旨意热振有三年"厄运"，借以达到逼迫热振闭关交权的目的。位处鼎盛统治时期的热振，以暂时"隐退"方式回避矛盾，于藏历铁蛇年（1941年）元月一日，移位交权给年近70岁、尚不起眼的达札·阿旺松绕，最终酿成"热振事件"并断送了自己的性命。

祁却才让对继位的代理摄政达札颇为不满，他常对人说："我是从中央来的，这里待我不好，我就回中央去。"因此，达札对他甚为猜忌，当作是热振"亲汉派"的党羽。1947年5月7日，以达札为首的亲英分裂派人将热振杀害于狱中，依照旧例陈尸三天，接受拉萨各界民众公祭。凡与热振有关密切关系的僧俗人员，相继被免职流放或调任其他闲散职务，噶厦宣布取消热振的呼图克图（大法师）名号，以后如再转世，即为一普通活佛。祁却才仁与热振关系密切，热振的倒台和遇害，对达拉家族是一个沉重的打击，他自然要利用十四世达赖生父的特殊地位和作用予以殊死反抗。以达札为首的亲英派，在十四世达赖羽翼未丰的时候，迅速杀掉祁却才仁，免除心腹之患是所谓"被逼无奈"的事情。

二　家族利益引发达札派系不满

自拉木顿珠成为十四世达赖喇嘛丹增嘉措后，十四世达赖家人按照旧例成为旧西藏显赫的达拉家族。美国藏学家梅·戈尔斯坦所著的《喇嘛王国的覆灭》一书中这样记述道："1939年10月11日，在十三世达赖喇嘛的转世灵童到达拉萨3天之后，'民众大会'便开会商讨四项议题：(1) 在拉萨提供一幢房屋供达赖喇嘛全家居住；(2) 禁止民众和官员私下拜见达赖喇嘛；(3) 向达赖喇嘛的父母授予庄园和农奴，他们全家升为贵族，采用'当采'（达赖出生地青海省湟中县祁家川当采村）作为家族名；（4）提升和奖赏寻访达赖喇嘛转世灵童有功之臣。""经过3天讨论之后，所有问题都得到解决。"据2009年3月10日《人民日报》题为：十四世达赖喇嘛有多少资产一文披露。十四世达赖家族拥有庄园27个、牧场30个、农牧奴隶6000余人；十四世达赖个人拥有绸缎、高级毛料、珍贵裘皮衣服1万多件，其中镶有珍珠宝石的斗篷100多件，每件价值数万元，直到1959年，在十四世达赖手上集中的黄金有16万多两、白银9500万两、珠宝玉器2万多件。突然暴富显赫的普通农民家庭及拉木登珠，此时间过着"人神"般的奢侈腐朽生活，令人张目咋舌。现存于西藏自治区历史档案局一份史料，记载着这样一件铁证，即20世纪50年代初，原西藏地方政府有关机构，为给年轻的十四世达赖"佛爷"过生日，曾指令属下呈送供品：活人的"湿肠一副、头颅两个、多种血及人皮一张"。应当说，达拉家族的既得利益，在很大程度上是通过热振掌权时的"保护伞"下获得的。按理而论，达拉家族过上这样的荣华富贵生活，应当心安理得了。但是，十四世达赖母亲却视为痛苦，主因是与拉萨三大领主上流阶层生活格格不入；其父则认为物质欲没有得到满足，时常招来事端。

十四世达赖母亲德吉次仁，是一个典型的农家妇女。1959年随着十四世达赖及亲属逃亡印度，1981年病逝于异乡。德吉次仁在她的回忆录里写道："虽然现在有无上的荣耀围绕着我，我的内心却为自己的家园哭泣，以前虽然是农妇，辛勤工作才能供养家庭，但是心情非常平静、快乐。我拥有自由，也保有隐私。现在在拉萨虽然不需要工作，生活像个皇后，却不如西宁时快乐，我时常患思乡病。事实上，在出发到拉萨的时候，我就觉得不工作、只会使得日子很沮丧。""在拉萨的上层社会中，有许多人看不起我们。这一点也不奇怪，因为任何社会都有一定的社会意识和势力个性，拉萨也不例外。"①

作为家族之主的祁却才仁，在达札掌权时期，他的家族扩张欲望遭到了相当的约束，致使成为噶厦之主达札的嫉恨，应验了一朝天子一朝臣的古语。《喇嘛王国的覆灭》一书中披露："第二件事更为重大和棘手，它表明即使是现在的达赖喇嘛的家族利用特权和地位谋利益，达札也毫不留

---

① 见次仁央宗《西藏贵族世家》，中国藏学出版社2006年版，第31页。

情地照章办事的意志和决心。""1941年4月，十四世达赖喇嘛的父亲便对封授给他的庄园挑肥选瘦，难以满足他的要求。当时噶厦封授给他两座庄园，一座靠近拉萨，另一座位于西藏南部的察隅（即中印边境），封授给他的房屋是1940年从琼让那里没收的那幢房屋，他说，他和他的家族住在最近刚被没收的那幢房子里不会感到舒服。于是噶厦便把1934年所没收的土登贡培的新宫封授给他，但他还是拒绝接受。最后，噶厦封授给他地处拉萨江色夏的一大片空旷地，并向他提供修建一座高大的房屋的建筑材料和劳动力。随后尧西公（指十四世达赖父亲）又告诉噶厦，他的家族仅靠封授给他的那两座庄园是不可能维持生计的。还要求再拨三座庄园给他。他还以略带粗鲁的口气提醒噶厦：在他和他的家人离开青海前往西藏之前，藏政府曾许诺，他们住在拉萨需要什么都提供，现在应当履行这一诺言。'民众大会'商讨了他的申诉和要求，尽管许多人都认为他所得的大大超过了他应得的，但还是勉强同意了他的要求。""然而，达赖的父亲这个顽固而脾气暴躁的人却拒绝照常支付其庄园的赋税，并开始在不经噶厦允许的情况下强行征用其他农奴无偿支应乌拉差役和劳役。他还干预噶厦处理刑事案件和调解民事纠纷，并开始私设公堂自行判案断案。更有甚者，他还要求当他在拉萨行走时人们须向他致以空前的敬意，例如，所有骑马者无论其官阶有多高，都得下马向他致敬，否则冒犯了他将遭到他的随从的体罚。有一次，当一名病人在去英国代表处看病途中没有下马时，尧西公当即没收了这位病人的马。""达赖喇嘛父亲的这些行为再一次破坏和践踏了西藏已经很松散的行为规范和道德标准，达札对此进行了干预，他指令'民众大会'讨论这一问题。1942年11月下旬向噶厦提议，约束并制止尧西公的违法行为；此后不久又特别强调指出：尧西公的任何一名仆人如果滥用其职权和地位，从西藏民众那里勒索现金或实物都将被逮捕法办。达札批准了此项决定，并且指令将其张贴于拉萨街头及西藏各宗（即县）。"主要内容为："今通告全藏人民，今后达赖喇嘛的父亲须像其他尧西（即前几世达赖喇嘛的家族）那样行事。如果他的任何一名仆人违法犯罪，如果噶厦不设法采取措施审理指控达赖喇嘛父亲的案子，那么'民众大会'将直接审理此案。上述布告已经'民众大会'通过并且加盖了噶厦的印章。"由此可见，十四世达赖父亲祁却才仁同热振和达札两位前后摄政的亲疏关系；"热振事件"后，亲英分裂分子胆敢祸害"佛爷"生父，直接与达札拍板撑腰有着因果关系。

三 政治斗争引发杀身之祸

　　政治斗争是历史沉淀的顽疾。热达两派对立的实质是维护祖国统一和图谋西藏独立势不两立的政治派别，终极结果必然殃及参与争权夺利政治旋涡的"赌徒"，祁却才仁也不例外。原国民党政府蒙藏委员会驻西藏办事处处长英文秘书柳升棋叙述了他所了解的十四世达赖父亲被害大致情形：1947年初，国府驻藏办事处突然接到佛公（对十四世达赖父亲的尊称）病逝的讣告。在办事处人员的心目中，50多岁的佛公身体健康，一向很少病痛，因而对他的去世颇感突然，代理办事处事务的陈锡章，遂率员前往吊唁。与佛母见面后，他们本欲详细询问佛公的病因和有关情况，谁知佛母回答的异常简短，说是"忽然得了急病，医治无效就过世了"。此后，对佛公"病死"之事便缄口不提，他们感觉其间似乎有什么微妙的隐情，又向佛公的女婿、达赖的姐夫黄国桢等家人打探，结果他们的回答，均和佛母一样，躲闪回避，对佛公之死，"讳莫如深"。依西藏惯例，佛公的尸体被抬出城外，送往山上的天葬场。不久，有传闻说：佛公的确染有小恙，喇嘛们曾为之颂经驱邪，扎了纸人，把所谓的"魔鬼"引到纸人身上，然后把纸人抬到拉萨河边烧掉。德国人哈雷还曾建议请英国商务代表处的医生，为佛公进行诊断，但遭到佛公家人的拒绝，因为以往这类小病，念念经或让藏医看看，也就好了。可此时摄政达札的大管家到佛公家，送来一剂汤药，佛公服用后就突然身亡。国府办事处有心印证此事，无奈佛公家人始终守口如瓶，于是佛公死因更令人狐疑。佛公与达札的龃龉，在西藏上层不是什么秘密。他出生在青海，对内地有较深的感情，因自己的四子被选为十三世达赖的转世灵童，移家西藏。初到时，摄政西藏政务的热振活佛，主倡与内地中央保持良好的关系，因之有了一段民国以来西藏与内地的"蜜月"时期。但达札继热振摄政后，偏倚英印，与内地关系又趋恶化。达札的行径，引起佛公的极度不满。他出身寒微，质朴而心直口快，没有什么政治意识和手腕，对内地中央的感念，对热振的眷怀，对达札的不满，溢于言表，自然遭到达札的嫉恨。特别是佛公因自幼生长在青海，除了会安多土语外，就会讲西北土话，说不好藏语，和拉萨的贵族交谈，要靠儿子洛桑三旦（十四世达赖三哥）做翻译。因此他更喜欢同内地人聊天，没有语言障碍，办事处处长的官员都同他有过交往。佛公虽无实权，但身份地位尊贵显赫，他心向热振，对达札与热振进行较量是不利的。而在权利争斗和排斥异己方面，达札一伙向来是不择手段的。十四世达赖二哥嘉乐顿珠20世纪90年代回忆说，我14岁时，父亲让我去内地学习，在南京学习了5年时间，自然分裂势力对此恨得咬牙切齿。正是因为有了这层背景，关于佛公突然就去世的传闻，办事处的人总感到并非空穴来风。① 通过分析鉴定，国内著名藏学家牙含章在其所著《达赖喇嘛传》一书中得出结论："与热振关系密切的十四世达赖的父亲祁却才仁也被亲帝分裂势力毒死。"从中语意道出，热振与祁却才仁都是被达札指使"贴身人"用灌汤药毒死的，其祸害手法同出一辙，目的是巩固既得实权，排除异己力量；并非当时噶厦谣传热祁二人死得很正常，也不是被毒死的。恰白·次旦平措先生在《西藏通史》中也进一步证实："根据堪穷钦绕罗布对热振活佛生前病情的诊断结论以及官员会议代表对其遗体进行检查的结果表明是中毒死亡，这应当是达札派系乘热振患病之际下毒致死的。"噶厦广泛散布热振死因各种谎言之目的，是转移人们视线，以掩人耳目方式逃脱罪责。达札迫不及待地杀害热祁二人，可以从以下旁证予以推断：一是达札决不情愿如期奉还摄政一职的实权。引述热振的话说："达札和我不仅有着良好师徒关系，而且由于达札喇章（寺庙）非常穷困，所以我便决定暂时让位把摄政之权交给他，以接济他的喇章。我们之间曾订有君子协定，即他将来要把权力还给我，（然而）已经过去几年了。"② 藏历铁蛇年（1941年）元月一日，当达札接任摄政后，立即任命亲英派分子索康·旺清格勒（热振曾没收其家族的一座庄园）为噶伦、夏格巴·旺久德丹（热振对其至亲赤门噶伦曾有过"不公正待遇"）为孜本，同时还任命了其他新的官员，致使噶厦的重要权力落在了亲英派手中，达札的实权政治得到了巩固，另起炉灶搞分裂祖国的阴谋活动有了英帝靠山和亲信基础。如次年成立非法的西藏"外交局"，直接同英帝国家打交道等。原定达札任职3年后把摄政职位归还热振，心存欢喜的热振却遭到达札的冷漠拒绝，热达之间的争权矛盾上升到白热化。二是达札害怕遭到热振密杀。以1944年秋林周宗本（相当县长）因催收农民借贷利

---

① 上见《西陲云黯雪山——柳升棋谈国府驻藏办事处拉萨的最后岁月》，《知情者说》一文。

② 夏尔孜·益西土登：《热振事件及热振被捕的回忆》。

息失和而被热振僧人毒打致死为导火索,热达的权力之争出现公开对立。如1945年1月,色拉寺结札仓(热振属该札仓)提出抵制拉萨大法会,以此要挟噶厦。再如1947年2月噶厦举行酥油花灯节,达札从内线人中得知热振计划策反暗杀他的消息等。于是,达札作出了先下手为强、捉凶先擒王的决策。1947年4月14日,达札密令噶伦索康·旺清格勒、拉鲁·才旺多吉率藏军200余名前往热振寺逮捕热振,遭到该寺僧人的强烈抵抗,最后僧人战败,寺院遭血洗,热振被捕入狱带往拉萨。随后,色拉寺结札仓和热振寺僧人曾先后组织了两次数百人规模的武装营救,但还是因寡不敌众而以失败告终。三是达札深恐国民政府武力干预。热振事件发生后,达札得悉情报,国民政府将派大军入藏,支持热振重新就任摄政,拟定派出飞机轰炸拉萨,致使达札派系惊恐万状。据《西北》月刊透露,当时国民党政府曾致电噶厦,设法营救热振。"中央命令的要点有二:一是保护佛法,勿得炮轰寺院;二是热振佛乃中央册封的呼图克图,且主持寻觅十四辈达赖佛有功,应加优待,并从宽发落。"① 当时的蒋介石忙于内战,没有作出武力干预达札的实际动作。"(达札)虽然受到这些非难和谴责,蒋介石当局仍然继续奉行其同西藏友好相处的新策略。"② 四是达札畏惧祁却才仁节外生枝、背后捅刀。热振在狱中,除设法向国民政府呼救外,还向十四世达赖经师赤江活佛、僧官仲译钦莫群培土登、噶伦噶雪巴等人求援。在大势已去面前,这些人成了缩头乌龟、见风使舵的墙头草。而坚定拥立支持热振的祁却才仁才是达札的心腹之患和最大障碍,因为他的特殊显赫作用和影响力,加之拥有西北人的道义,足以鼓动民众,扩大事态,对达札构成潜在的现实威胁,搅局破坏力不可低估,也就促使达札先斩为快。五是达札自信能够严控年幼十四世达赖因事不轨言行。热振移位交权后,还让达札担当了十四世达赖的副经师、经师,使之拥有了对十四世达赖成长的监护权。服侍年幼十四世达赖的"贴身人",都是经达札噶厦严格挑选的亲帝分裂主义分子,如十四世达赖经师赤江·洛桑益西、副官长帕拉·土登维登、私人英语教师奥地利人亨利·哈雷文(德国纳粹分子)等。十四世达赖的一举一动受到达札掌权者和周围"贴身人"的严密监督,如有反常现象,必然导致泥菩萨过河自身难保。作为

---

① 见牙含章著《达赖喇嘛传》。
② 见梅·戈尔斯坦著《喇嘛王国的覆灭》。

一名尚未成年、也未亲政，还无世袭裙带根基关系的十四世达赖，他不可能，也不敢面对强大的封建农奴制社会及当权势力做出任何"回天"之力。在热振遇害后，十四世达赖在回忆录中写道："有时我觉得我在这个事件中也许可以尽心力。如果我以某种方式介入，热振寺——西藏最古老、美丽的寺庙之一，也许就可能避免破坏。总而言之，这整件事情非常愚蠢。"① 由此可以这样认为，十四世达赖明知自己的生父是被达札摄政为首的亲帝派毒死的，但他也只好忍气吞声，不敢作出异样的反抗行为，主要是害怕自身难保。西藏历史上的九至十二世达赖早年夭亡，就是反动上层争权夺利的牺牲品。1959年5月7日，毛泽东主席在《西藏平叛后的有关方针政策》著文中这样披露："（十四世）达赖对我们的同志说，他担心他的生命有危险。他对陈毅（时任国务院副总理）同志说，他主要怕的是索康和帕拉（十四世达赖未敢点达札的名）。达赖知道，共产党不会整死他。他怕索康，因为索康等人把他的父亲毒死了。有他们这些人，（十四世）达赖的生命是没有保证的。"② 基于上述原因，达札派系认为，此时是除掉热祁二人的最好时机，他们的阴谋得逞了，十四世达赖父亲祁却才仁成了这场政治斗争的博弈弃子。

历史旧账，后人评说。通过以上资料勾勒，人们能够从中看出这样一幅素描：祁却才仁是逞强好胜、贪图物欲并卷入政治争斗的牺牲品；热振是聪明反被聪明误、偷鸡不成蚀把米的败家子；达札是绝情寡义、下手狠毒的"政教合一"伪君子；十四世达赖是佛性人性泯灭的可怜虫；亲帝分子是面目和善、内心狡诈的两面派投机者。祁却才仁之死说明，维护祖国统一、反对民族分裂从来就是长期的、复杂的、激烈的、尖锐的政治斗争，在你死我活的原则立场上，根本就没有任何调和的余地。

（载西藏《要情》内刊 2009 年第 18 期）

---

① 见《达赖喇嘛自传》。
② 《毛泽东西藏工作文选》，中央文献出版社、中国藏学出版社 2001 年版，第 2007 页。

坚持解放思想是推动社会发展进步的必然要求

解放思想大讨论是深入学习实践科学发展观活动的一项重要内容，是发展中国特色社会主义的一大法宝，具有强烈而鲜明的时代性、实践性和科学性。新时期，坚持解放思想既是深入学习实践科学发展观的需要，又是推动社会发展进步的必然要求。

一　解放思想大讨论是老话题、新课题

在中国革命、建设和发展中，我们党集中开展了许多次解放思想大讨论。早在1942年时，毛泽东同志在延安文艺座谈会上倡导百花齐放、百家争鸣，使这次座谈会成为在全党兴起解放思想大讨论的盛会；1978年5月，在全国范围内开展的真理标准大讨论，奏响了改革开放新时期思想解放的序曲；1992年邓小平南方重要讲话掀起了全国上下新一轮的解放思想大讨论。每一次集中教育的大讨论，都深刻地影响着中国革命、建设和发展。20世纪80年代，西藏进行了真理标准大讨论"补课"和再认识西藏大讨论；90年代，开展了开动脑筋的解放思想大讨论和中央关心、全国支援、西藏怎么办的大讨论；2000年后，围绕贯彻落实中央第四次西藏工作座谈会精神，开展了西藏如何实现跨越式发展大讨论等。对我们来说，解放思想大讨论并不陌生，但又是新课题，它给人以下昭示：

——人们认识人类社会发展历史进程是长期的，解放思想也是长期的。马克思主义理论的形成与发展是解放思想的产物，揭示了人类社会发展的普遍规律和特殊规律，使社会主义社会由空想变成科学。在伟大理论与伟大实践的结合中，社会主义制度的建立与社会主义的发展，特别是发

展中国特色社会主义，使我们真切感到解放思想、实事求是、与时俱进、科学发展、实践检验的强大生命力。

——精神力量变成物质力量，是解放思想的一大贡献。马克思有这样一句名言："思想的闪电一旦真正射入这块没有触动过的人民园地，德国人就会解放成为人。"长期以来，我们对什么是社会主义、怎样建设社会主义认识不清，行动有偏，付出过艰辛的努力和昂贵的"学费"。解放思想使我们从教条僵化迷茫中认识真理。邓小平同志一锤定音，解放和发展生产力是社会主义本质属性之一。精神力量强力支撑着物质力量，历史辉煌成就不仅改变了中国，也在改变世界。

——每一次思想大解放都是新解放、新跨越、新崛起、新发展的前奏，都是发展到科学发展的助推器。真理标准大讨论的引发和邓小平同志视察南方重要讲话，使人们认识到社会实践检验的重要性。在认真总结检验教训后，人们努力把握解放思想的真谛，观念上求新，思路上求新，努力实现新跨越，才有波澜壮阔的中国式大舞台。这两次解放思想的成果，成为中华民族伟大复兴重要而宝贵的精神财富。

——解放思想是人们认识发展、追求真理、应对挑战的一把钥匙，它开启了中国人民的智慧之门。在深入学习实践科学发展观活动中，我们要自觉思考：为什么强调解放思想？解放什么思想？怎样解放思想？解放思想干什么？如何把握解放思想？河南省委书记徐光春说得很形象："解放思想对经济社会这个巨大肌体来说，是有强大的祛病、健体、强力功能的灵丹妙药。具体来说，它具有'舒筋'、'活血'、'消炎'、'解痛'、'健脑'的五大功能。"

——解放思想不是口号、装饰，是思考、分析、解决问题的锐利武器。北京人有句俗语，只说不干是假把式，只干不说是真把式，又说又干才是全把式。解放思想的绩效是干出一番现实成果。邓小平同志这样说："深圳的发展不是写文章写出来的，不是开会开出来的，而是解放思想干出来的。"唯有实践才能出真知，唯有科学发展才能说明、表明、证明解放思想的成效。

——解放思想要求我们共产党人始终坚信马克思主义。我们讲的解放思想与马克思主义的根本立场、基本观点、基本方法是一致的，就是人民利益高于一切。通过解放思想，明确真知灼见，不断纠正错的、克服偏的、调整弱的。特别是认真吸取东欧剧变、苏联解体的沉痛教训，把握中国特色社会主义道路的正确前进航向，做到不迷向、不搁浅、不翻船，确保高举旗帜，坚定不移，乘风破浪，勇往直前。

二 解放思想大讨论是破题解惑、勇于实践的好方法

改革开放30年来我国发生了翻天覆地的变化，取得历史性辉煌成就。回顾走过的历程，可以十分清晰地看到：一个精髓——解放思想，一条主线——改革开放，一个主题——发展稳定，一个理论——中国特色社会主义。李铁映同志说："什么是最宝贵的？自己的经验，自己的理论是最宝贵的。没有自己的理论，就无法掌握自己的前途命运，就会做别人理论的俘虏。"我们要在追赶、跨越的成功中，总结经验，反思教训，寻求科学发展之路。随着改革的深化和开放的扩大，在马克思主义指导地位日益巩固的前提下，社会思潮多样化已经成为客观事实，我们必须多角度审视这个问题。

一是人类社会实践日益复杂，决定了人们的思想意识必然日趋多样。它说明这样的基本原理，就是社会存在决定社会意识，有什么样的社会存在，就有什么样的社会意识；实践既是社会存在的主要内容，又是推动社会存在不断改变的动力，对与不对，还是由实践说了算。

二是改革开放要引起利益格局变化和利益矛盾冲突，将使人们原有的利益归属、价值判断和情感亲疏受到冲击与震荡。改革开放30年，广大人民群众得到的实惠多，但社会上仍有一些人持批评、抱怨态度和不满情绪。各种言行交错纷呈，会呈现出多样性趋势。

三是宽松的思想文化舆论环境，在客观上"方便"了各种噪声、杂音的制造。思想移位、不平衡感等问题大量涌现，给社会和谐带来不利。特别是一些"西化""分化"及标新立异之人的存在，对经济发展和社会稳定带来负面的影响。

四是信息网络媒体技术日益创新，言论自由程度扩大，使社会思潮多元化。在"地球村"大家庭里，各种价值观、人生观、世界观相互碰撞等影响和作用不可小视，这对青少年诱惑甚大。监督管理不严，会造成严重后果。

从正面看，社会思潮多样化为真理脱颖而出提供了前提条件。俗话

说，有比较才能有鉴别，有竞争才能有发展。真理总是同谬误相比较而存在、相斗争而发展的。再者，社会思潮多样化为社会变革提供了新观念、新理论的选择空间。任何社会变革都需要新观念的启迪和新理论的支撑，而思想解放则是前提和先导。早在20世纪初的中国，为了救亡图存，一些眼界比较开阔的仁人志士从西方引进不少新思想、新观点，出现过许多"洋"主义。在比较鉴别中，中国人民最终选择了马克思主义，马克思主义成为改变中国命运的科学指南。今天，经过改革开放，我们选择了与时俱进的马克思主义——中国特色社会主义理论体系。

从负面看，凡是要推翻一个政权，改变一种制度，总是先造成不利于这个政权和制度的舆论。别有用心的人和敌对势力也往往借用"解放思想"作挡箭牌，从事罪恶勾当。苏联解体的事实告诉我们，在指导思想上放弃马克思主义，实行多元化指导，是苏联大厦倒塌、苏共倒台的主要原因。新时期，社会思潮呈现多样化，会给一元化指导增加了难度。如何正确引领、善于包容、科学对待，是时代赋予解放思想的新课题。

解放思想需要同各种观念的碰撞，需要"狭路相逢勇者胜"的"亮剑"精神，需要真正科学把握解放思想的真谛，切实做到思想上求先、观念上求新、工作上求实、廉政上求严、方向上求正。

三 解放思想大讨论是做好思想和理论准备的先导

1978年开展的真理标准大讨论和邓小平同志在党的十一届三中全会上的讲话，为我国改革开放提供了强大的思想准备和理论武装，成为我们在重要历史关头的重大战略抉择。解放思想大讨论的重要作用和实践成果，使我国进入了一个改革开放的新时代。解放思想是永无止境的过程，只有起点，没有终点。在历史发展的每个重要阶段、关键时刻、特殊时期，都需要大谈特谈解放思想。思想境界同目标追求往往是成正比的。只有解放思想，头脑"充电"，行动上的发展才有可能好、快、稳。否则，理不辩不明，路不走不平。

当前开展解放思想大讨论，就是要求我们党员领导干部先行一步，认真解决思想和行动上"不适应""不符合""怎么办""怎么干"的实际问题，然后带领广大群众为建设小康西藏、平安西藏、和谐西藏而努力奋斗。只有解决了思想认识准备问题，才能解决行动和理论武装问题，我们才会以科学发展观为指导，摒弃错误观念、陈旧认识、僵化思想及惯性心理，不断破解发展中遇到的新课题。张庆黎同志在2008年5月召开的全区党员领导干部大会上指出："西藏的发展相对滞后，发展耽误不得，也耽误不起；社会折腾不得，也折腾不起。"西藏工作的主题是发展和稳定两件大事，稳定是核心，是政治、前提、保证；发展是根本，是关键、基础、条件。我们任何时候都必须维护稳定、促进发展，否则社会就会动荡、民心就会动摇。我们同十四世达赖集团和国际反华势力的斗争，就是一场捍卫政权、道路、方向和旗帜的政治斗争，是一场你死我活的现实阶级斗争较量，事关国家安全、人民幸福。

在新的历史发展重要阶段和关键时刻，我们更应该牢牢把握西藏发展和稳定的政治原则、行为底线和策略理念，切实做到解放思想不动摇、政治原则讲纪律。在激烈的反分裂斗争中，我们积累的经验弥足珍贵。回顾反思，总结起来就是：坚持马克思主义理论为指导，反对指导思想多元化；坚持中国共产党的绝对领导，反对"和平演变"和"全盘西化"；坚持有中国特色、西藏特点发展路子，反对分裂倒退和变相独立；坚持人民民主专政，反对各种违法犯罪活动；坚持新时期西藏工作指导思想，反对打着红旗反红旗的两面派行为；坚持科学发展观，反对违背发展规律和侵害人民利益；坚持解放思想、实事求是、与时俱进，反对因循守旧、脱离实际、不思进取；坚持改革创新、艰苦奋斗、执政为民、廉洁奉公，反对僵化停滞、骄奢淫逸、背离人民、违法乱纪。在全面建设小康社会的历史发展进程中，我们要紧密地团结在以胡锦涛同志为总书记的党中央周围，时时刻刻以求新、求实、求好、求快、求稳、求干的精神，扎实做好西藏发展和稳定两件大事。

（载《西藏日报》2009年1月24日第3版）

略论西藏社科院在西部大开发战略中的责任

2009年是国家实施西部大开发10周年，总结10年来西部大开发所取得的成绩，尤其是总结作为各级党委与政府的"思想库"的社科院在10年来的西部大开发中发挥着什么样的作用，是非常必要的，也是具有重大意义的。

一

按照国家规划，实施西部大开发战略的目标是：从1999年开始，力争用5—10年的时间，使西部地区基础设施和生态环境建设取得突破性进展，使西部开发有一个良好的开局；到21世纪中叶，将西部地区建成一个经济繁荣、社会进步、生活安定、民族团结、山川秀美的新西部。实施西部大开发的战略重点：一是加快基础设施建设；二是切实加强生态环境保护和建设；三是积极调整产业结构，发展有市场前景的特色经济和优势产业，培育和形成新的经济增长点；四是发展科技和教育，加快人才培养；五是加大改革开放力度。

西部大开发战略实施以来，国家的投资布局和政策优惠的重点一直在向西部转移。西部地区投资增长明显加快，基础设施条件得到极大改善，人民群众生活水平得到极大提高，西部地区整体面貌发生了极大改观，这些都是基本的事实。这些成就的取得肯定有西部地方社科院的贡献，但作为服务于地方经济社会发展的"思想库"，其作用是否完全到位了呢？这就是我们今天要讨论的问题。大家很清楚，10年来，西部自身在大开发中，由于过分地强调经济发展，其人文社会环境与自然生态环境并没有随着经济发展而有太多的改善，甚至局部地区在严重退化，虽然也实施过一定的保护与发展措施，但效果并不是很好，明显落后于经济的发展。这里面固然有地方领导的责任，但作为"思想库"的西部地方社科院也得自醒一下：我们是否尽到了应有的作用？

西藏在国家西部大开发已经进行的 10 年中发展得怎么样，到过西藏旅游的人都有一个客观、肯定的回答。占有全国八分之一陆地面积的西藏自治区，既是民族地区又是边疆地区，一直处在反分裂斗争的最前沿。西藏在国家实施的西部大开发战略中占有极其重要的地位，可以说，没有西藏的大开发，国家西部大开发就很不完整，也失去了应有的意义与作用。

从西部大开发的战略目标与战略重点来看，在这 10 年中，西藏一直在利用国家实施西部大开发战略的重大机遇，积极争取国家对西藏实施跨越式发展战略的支持力度，一是加大对基础设施建设的投资规模与力度，不断改善西藏发展的硬件环境；二是加快构建西藏高原国家生态安全屏障，保护好西藏的生态环境；三是立足西藏的资源优势，不断调整产业结构，明确产业发展方向，大力发展具有西藏特色的优势产业，将资源优势真正转化为经济优势；四是针对西藏科技教育发展仍然相对落后的实际状况，继续加大对科技教育、传统文化保护等各项社会事业发展的投入和支持力度，增强西藏经济长远发展的后劲；五是充分利用好青藏铁路建成通车、区内交通条件不断改善的机遇，提高西藏的对内对外开放水平，明确西藏的开放主要是对祖国内地的开放，不断加强西藏与西部相邻省区的协作关系，加快西藏与西北、西南经济圈的融入，促进区域经济协调发展。

二

综合西藏上述五个方面，自治区党委政府把西藏发展定位于：跨越式发展；要真正实现跨越式发展，需要方方面面的共同努力，就哲学社会科学的专门研究机构来说，就要关注和服务于自治区的经济和社会发展，就要为西藏跨越式发展提供理论支持、智力支持和决策参考，充分发挥"思想库""服务部"的作用。因为，这是：

1. 西藏民族地区的持久发展的需要。促进边疆民族地区持久发展，是我们党的民族政策的一个重要内容。西藏是一个以藏民族为主体的多民族地区，在发展上，与其他民族地区还有许多不一样的地方，具有自己的特殊性，至少在社会发育程度上比其他地区要稍晚些，它是一个跨越了几个社会形态的地区。根据中国现代化进程，西藏把自己的发展定位于：跨越式发展；把自己的发展目标定位在：构建小康西藏、和谐西藏、平安西藏、生态西藏。要实现跨越式发展，就迫切需要哲学社会科学界提供理论和智力的支持，迫切需要哲学社会科学研究部门加快学术研究成果的转化，以促进西藏各民族共同繁荣发展。

2. 西藏民族地区的长治久安的需要。平安西藏，也是自治区党委政府带领全区各族人民追求的目标。西藏是我国通往南亚的门户，是保卫祖国西南、西北地区战略纵深和资源基地的前沿阵地，是保障国家安全的重要屏障。西藏的稳定关系国家的稳定，西藏的安全关系国家的安全。2008年发生的拉萨"3·14"事件警示我们，西藏各族人民同十四世达赖集团以及支持他们的西方敌对势力的斗争将是长期的、尖锐的、复杂的，有时甚至是非常激烈的。这也就告诉我们：西藏各族人民迫切需要长治久安，需要一个长期安定的和平环境以从事生产生活，以使西藏更好、更快、更大、更幸福地发展。处于反分裂斗争的高度敏感期的西藏，我们哲学社会科学研究部门一定要始终保持清醒头脑，要深刻认识这场斗争的性质，切实把自己的科研思想和科研行动统一到中央关于西藏反分裂斗争的一系列重要指示精神上来，统一到自治区党委的决策部署上来，不断地出相关成果，为坚决维护民族团结和祖国统一、确保国家安全和西藏局势稳定服务。

3. 西藏各族人民的共同利益的需要。党的民族政策实际上是以民族平等、民族团结、民族区域自治和各民族共同繁荣发展为核心的，这是因为在祖国大家庭中各民族有着共同的利益。小康西藏、平安西藏、和谐西藏、生态西藏的建设需要有科学的发展，这事关着西藏各族人民的根本利益与共同利益。如何实现科学发展，进而全面推进小康西藏、平安西藏、和谐西藏建设，需要有正确而科学的决策，需要全区各族人民的共同努力。要做出更加符合全区经济社会发展阶段性特征的、更加符合全区各族人民群众的新期望和新要求的、更加能够推动西藏科学发展的决策，需要哲学社会科学部门提供理论上的支撑与智力上的支持。

4. 西藏民族地区的现代化建设的需要。现代化是近代以来西藏社会发展的根本问题。能否引导和推动西藏走出一条通向现代化的发展道路，则对这一问题的解决具有至关重要的意义。和平解放开启了西藏迈向现代化的大门,自此以来,西藏一直在立足于自己独特的自然地理条件和经济社会文化条件,探索一条符合世界历史潮流和人类社会发展规律的,能体现西藏社会发展内在要求和各民族人民根本利益的现代化发展道路。这种探索是我们党在西藏长期执政的过程中自觉承担起来的一项历史使命。作为自治区哲学社会科学的专门研究机构,通过自己的研究,总结近六十年来在探索中所积累的经验和出现的教训,摸索其中的带规律性的东西,分析现今形势,研究未来走向,为中央、区党委和政府更好地完成这项历史使命提供服务。

三

社科院怎样发挥"思想库"作用?首先要了解何为"思想库"。"思想库"或者"智库"的英文名称是 Think Tank,顾名思义,它是智者或者思想汇集之"库",是由学者或者思想家组成的一个专门的机构。"思想库"是现代社会才有的产物,它代表了政治决策专业化和科学化的发展趋势。"思想库"的产生是经济高度发展和社会高度分工的必然趋势,尤其是当经济发展势不可当、社会转型正在加快、文化差异日益突出的关键历史时期,决策层和决策者就更加迫切需要"思想库"提供各类有针对性的宏观或微观的决策咨询意见和思路。鉴于这种理解,西藏社科院又如何在推动西藏更好、更快、更大发展中发挥作用呢?

1. 坚持正确方向,以中国特色社会主义理论体系统领哲学社会科学和藏学研究

中国特色社会主义理论体系是对新时期理论创新的高度概括,它包括邓小平理论、"三个代表"重要思想以及科学发展观等重大战略思想。在当代中国,坚持中国特色社会主义理论体系,就是真正坚持马克思主义。

哲学社会科学具有很强社会属性,在社会主义中国,作为一个真正的哲学社会科学研究工作者必须自觉主动把马克思主义作为指导思想,当前就是把中国特色社会主义理论体系作为指导思想。中国特色社会主义理论体系是改革开放以来逐渐形成的完整理论形态,与马克思主义、毛泽东思想一脉相承。自觉地运用马克思主义立场观点方法来指导哲学社会科学和

藏学研究，自觉地用中国特色社会主义理论体系来统领哲学社会科学和藏学研究工作，这是我院哲学社会科学和藏学研究工作必须切实把握与坚持的正确学术导向。

为了弥补马克思主义学科的缺陷，2008年7月西藏社科院新成立了马克思主义研究所，以此为载体和阵地，积极主动地开展中国特色社会主义理论体系的研究与宣传；用社会主义核心价值体系来挖掘藏传佛教中与社会主义相适应的思想和引领这片高天厚土上渗透进来的各种社会思潮；结合西藏实际，创造性地把中国特色社会主义在西藏的实践进行理论总结，为尽快走出一条"中国特色、西藏特点"的社会主义发展路子提供理论支撑，进而为中国特色社会主义道路和中国特色社会主义理论体系的民族性提供实践论证。

阵地的作用是巨大的，它能发挥出有形与无形的作用、直接与间接的影响。在有形与直接方面，通过马克思主义研究所这一理论与宣传阵地，可以使西藏人民明白：为什么要坚持和发展马克思主义；为什么只有社会主义才能救中国、只有改革开放才能发展中国和社会主义；为什么只有中国特色社会主义道路和中国特色社会主义理论体系才能引领西藏发展进步、实现西藏的小康平安与和谐；为什么只有民族区域自治制度才能帮助西藏在祖国的大家庭中得到尊重、获得和平与发展，等等。在无形与间接方面，通过对上述这些重大问题的研究、回答与宣传，可以使西藏人民明白"西藏问题"的实质到底是什么，清楚十四世达赖集团与西方反华势力相互勾结的最终目的是什么，可以向国际社会揭穿十四世达赖集团的丑恶嘴脸，助西藏稳定发展一臂之力。

我们坚持用中国特色社会主义理论体系来统领全院的科研工作，推出一批有影响力、说服力的理论研究成果，引导广大干部和科研人员进一步把思想和行动统一到十七大精神上来，统一到自治区党委、政府的中心工作上来，统一到扎实做好社科研究本职工作上来。

2. 坚持解放思想，在创新中积极推动我院哲学社会科学研究和藏学的大繁荣大发展，进而促进西藏经济社会发展

党的十七大报告明确指出："解放思想是发展中国特色社会主义的一大法宝"，"坚持解放思想、实事求是、与时俱进、勇于变革、勇于创新、永不僵化、永不停滞，不为任何风险所惧，不被任何干扰所惑，使中国特色社会主义道路越走越宽广，让当代中国马克思主义放射出更加灿烂的真

理光芒"。这为繁荣发展我院我区哲学社会科学和藏学研究指明了方向，对推动我院我区哲学社会科学和藏学学术创新，具有重要指导意义。

解放思想，就是"在马克思主义指导下打破习惯势力和主观偏见的束缚，研究新情况，解决新问题。解放思想决不能够偏离四项基本原则的轨道，不能损害安定团结、生动活泼的政治局面"；解放思想，"就是使思想和实际相符合，使主观和客观相符合，就是实事求是"；"解放思想必须真正解决问题"；解放思想，就是要破除各种错误和落后的思想观念，自觉地把思想认识从那些不合时宜的观念、做法和体制的束缚中解放出来，从对马克思主义的错误和教条式的理解中解放出来，从主观主义和形而上学的桎梏中解放出来。

解放思想，必须实事求是。相对科研单位而言，就是要在"双百""双为"方针的指导下，严格遵守"研究无禁区、宣传有纪律"的原则，在保障学术自由、尊重学术规律的前提下，鼓励不同学科进行探索创新，鼓励不同学科的不同学术观点进行自由讨论、相互切磋，以共同推动我院乃至我区哲学社会科学和藏学研究的大繁荣、大发展。

思想解放、学术创新并不是件容易的事，根据我院实际情况，推动思想解放、学术创新根本在于解决"一个转变"，即全体科研人员要实现科研状态从自发到自觉的转变。这一根本转变也不是朝夕之事，而要长久为之。它包括要求不等的三个层次：一是作为科研人员要夯实自己研究专业的基础理论，基础理论的扎实程度决定着每个研究所和科研人员的科研水平；二是要掌握一定的科研方法和方法论，方法和方法论影响着科研的成本和科研成果的质量；三是要掌握科学的指导思想（即以马克思主义为指导），形成科学的世界观、人生观和价值观。

目前，在理论上还存在许多"没说清""含混不清""说不清"的方面，如剥削现象存在与否、阶级是否还存在以及阶级与阶层的关系问题等等。为此，需继续解放思想，加强这些方面的研究。因为理论只要彻底，就能说服人。结合西藏实际，着力从西藏特色、民族特色就理论上把这些重大问题研究清楚，不断丰富中国特色社会主义理论体系，是西藏哲学社会科学和藏学研究工作者的重要职责。

传统藏学研究要继续解放思想，使传统与现代对接起来。在民族文化上，要传承、保护和发扬；在研究路径上，要结合历史、现实和未来；在成果效益化上，要为国家在涉藏外宣工作中做出贡献；在研究手段上，要运用所及的一切先进科研手段。只有这样，我们的传统藏学研究才能真正创新出一个完整的藏学学科体系，进而真正地把藏学研究的旗帜高高举起。

我院要继续解放思想，认真抓好我区《哲学社会科学"十一五"发展规划》和我院《"十一五"科研规划》的落实工作，按照规划要求，优化我院哲学社会科学的学科布局，正确处理传统学科、现实学科、基础学科、应用学科和对策研究的关系，正确处理重点扶持与全局推进的关系，切实促进我院科研的全面、协调、可持续发展。我院自2008年开始就一直在积极实施"开放办院、合作办院"的科研方针，通过一系列跨所、跨院、跨区域、跨学科的重大合作课题，努力整合全区乃至全国各地的藏学研究力量和研究资源，形成合力，创造出经得起实践和历史检验的精品力作；通过重大合作课题，瞄准学术发展前沿，坚持"高、精、尖"的研究定位，努力推进学术观点创新、学科体系创新和科研方法创新，全力在格萨尔王传藏译汉集成、贝叶经整理研究集成等取得实质性突破，形成既面向全国、面向世界、面向未来，又具有西藏特色的哲学社会科学和藏学创新体系。

3. 坚持服务社会，充分发挥我院哲学社会科学和藏学研究的思想库和服务部作用

党的十七大报告提出："鼓励哲学社会科学界为党和人民事业发挥思想库作用。"这充分表明，党中央对哲学社会科学高度重视，对哲学社会科学推动经济社会全面协调可持续发展寄予厚望。近几年来，我院哲学社科工作者在面向西藏经济社会的跨越式发展和长治久安，围绕区党委和政府的中心工作和战略部署方面，进行过一些全局性、战略性和前瞻性的决策研究，得到过有关领导和相关部门的充分肯定，但自觉性、积极性、主动性和创造性还存在欠缺。党的十七大报告提出的一系列关系中国和西藏未来发展的重大理论和实际问题，如反分裂史研究、转变经济发展方式、建设生态文明、改善民生、提高文化软实力、发展人民民主和党内民主、建设中华民族共有精神家园等，为我区哲学社会科学和藏学研究更好地紧贴现实并服务现实，为区党委和政府的决策提供知识储备、理论基础和科学依据带来了机遇和动力。

机遇是给有准备之人，动力要配有能力之人。做好准备抓机遇，提高能力迎动力，是我们迫切要做的。一是在巩固传统优势学科的基础上，根

据西藏经济社会跨越式发展的要求，尽快培育、扶持和建设一些应用性较强的学科或研究所；二是哲学社会科学和藏学研究工作者一定要紧密结合西藏的实际，自觉调整科研方向，把重大理论与现实问题的研究作为主攻目标，并在课题研究、学术交流等过程中提高对应用性和对策性问题的研究能力。这两者达到了合二为一，我们就能真正地为区党委和政府的重大决策提供理论支撑和智力支持，为区党委和政府提供具有全局性、战略性、宏观性和可操作、有分量的决策咨询建议，使社科院真正成为党委、政府"信得过、用得上、靠得住、离不开"的名副其实的思想库和服务部。

美好的设想，要落实到具体行动之中。我院根据自治区哲学社会科学"十一五"规划精神和我院"十一五"科研规划，现已陆续启动六项重大合作课题：恰白先生学术思想研究；西藏社会主义新农村建设报告（西藏绿皮书）；中央第三次西藏工作座谈会以来援藏工作社会经济效益分析研究；西藏维护祖国统一、反对分裂史研究；民国时期中央与西藏地方关系史研究；西藏近现代史研究。这六项重大合作课题既着眼于围绕国家和区党委、政府的中心工作服务的现实需要，又体现了院党委提出的"开放办院、合作办院"的科研方针。

此外，我们还要坚持"贴近实际、贴近生活、贴近群众"的原则，组织人手通过各种载体，如编写理论普及读物，大力宣传中国特色社会主义理论体系，宣传哲学社会科学和藏学研究的优秀成果，以不断提高全区人民的思想理论水平和科学文化素质，为西藏经济社会跨越式发展提供理论支撑和智力支持，为反分裂斗争做出应有的贡献。

4. 坚持制度建设，营造我院哲学社会科学和藏学研究人才和成果"双出"的机制与环境

要确保我院哲学社会科学和藏学研究的重心转到应用对策上来，并朝着成为区党委和政府的决策服务的智库目标前进，必须完善制度建设，形成用制度管权、按制度办事、靠制度管人的机制，营造人才辈出、成果频出的良好科研学术环境。

大力加强领导班子权力正确行使的规范化和制度化，以及决策的科学化、民主化和透明度。院党委在充分调研的基础上，经过几上几下的征求意见与修改完善，制定了院《工作手册》（试行稿），内容囊括党政建设、岗位职责、科研管理、外事管理、人事管理、财务计划管理、保密安全管

理、文秘档案管理等方面。《手册》特别对加强与完善院党委会议和党政联席会议制度建设、贯彻民主集中制原则、健全院工作制度和议事规则、形成合理分工和密切配合的工作机制方面作出了明确规定。

大力强化科研管理制度建设，进一步创新科研管理体制，形成有利于激发哲学社会科学和藏学发展活力的引导机制和充分发挥各方面积极性的调控机制。依据我院确立的科研强院、开门办院、当好参谋智库的指导思想、基本方针和发展目标，应尽快形成一个坚持服务科学决策、符合科学研究规律的引导机制；完善鼓励学术探索、推动实践创新的激励机制；建立一套客观公正、科学合理的成果评价体系；探索性地建立一个以完成上级交办的科研任务为导向，以进入区党委和政府决策为核心，以科研成果转化为社会效益为标准的新的科研成果评价体系；在行政性评价机制的基础上，加强市场性评价模式的研究、探索和介入；探索建立科研成果积分量化评价制度、课题管理制度。通过上述的引导机制、激励机制、评价机制，为出人才和出成果营造良好的环境。另外，在充分利用好现有人才的基础上，在坚持"不求所有、但求所用"的原则下，建立柔性人才引进机制，高高举起藏学研究这面为党和人民服务的旗帜。

（载《成就　思考　未来——纪念中华人民共和国成立六十周年论文集》，西藏自治区社会科学院编，西藏藏文古籍出版社 2009 年版）

西方媒体热炒的几位"藏独勇士"

十四世达赖集团从事境外"西藏独立"活动，已有51年的时间了，其手段不断变化、花样不断翻新，妄图通过"持久战""拉锯战""争夺战"形式与我顽抗到底。从现在的情形看，不论是元老保守派，还是少壮激进派，都是"非暴力"和暴力兼容之徒。一方面，打着所谓维护"民族""宗教""文化""人权""环保"等旗号，到处招摇撞骗地兜售所谓的"中间道路""大藏区""名副其实自治"等政治主张；另一方面，则通过各种渗透破坏活动，大肆实施暴力恐怖手段，以所谓的"半独立"、变相独立行动方式，达到"真正独立"。西方媒体借此炒作渲染，标榜悲情的"藏独勇士"，企图达到搞乱搞垮中国的政治目的。

桑东·洛桑丹增（活佛）

桑东是"西藏流亡政府"的首席噶伦，是十四世达赖集团的重量级二号人物和"藏青会"的组建人之一，被外媒称为十四世达赖的"政治接班人"，西方人称他是"西藏流亡政府的总理"。2008年初，桑东在接受《今日美国报》记者采访时，曾颇为"自豪"地说："1939年，我出生于藏东（即云南省迪庆藏族自治州），5岁时被确认为第四世桑东仁波切（"仁波切"即活佛）的转世，12岁开始学习佛学，1959年随同十四世达赖喇嘛到了印度。在前往印度的路途中，十四世达赖喇嘛任命我给随行僧侣当老师，那时我才20岁。"桑东很早进入"流亡政府"任职，1966年，桑东给十四世达赖当了半年的私人办公室秘书长，为日后的升迁打下了坚实的基础。此后三年，年满30岁的桑东，终于从幕后走到台前，开始公开从事"藏独"的政治活动。在十四世达赖的亲自授意下，桑东与十四世达赖弟弟丹增曲杰及甲日·洛迪等参与组建"藏青会"工作。1970年10月,"藏青会"成立时,因在筹备工作中"表现突出",桑东被十四世达赖推荐出任"藏青会"第一届副主席。桑东从此一路"飞黄腾达",直至2001年当选为"流亡政府首席噶伦",并一直连任至今。桑东曾攻读藏传佛教的最高学位,对藏族文化、宗教和历史有一定的研究。1991年6月14日,桑东当时作为"西藏人民代表会议"议长,在致答谢辞时说:"目前,不仅是流亡藏人实施政治变革的重要时期,而且还是西藏独立事业奋进的时代。""中国内政在发生变化,境内的藏人争取主权的勇气在增高,西藏独立事业实现的日子正在迫近。"1995年3月10日(所谓"西藏独立日"),桑东发表文章,题目是"非暴力抵抗及不合作运动",歪曲历史事实并散布分裂言论说:"政治上,从有文字记载直到1951年,西藏一直是一个主权独立的国家。""西藏事实上的独立一直是千真万确的,直到1951年共产主义中国野蛮入侵西藏并强迫签订《十七条协议》为止。"1996年3月8日,桑东撰写的《西藏:对未来的展望》一书中将其设想描述为:"西藏将是一个自治的国家""这个自治国将存在于西藏人民中,其政府将由他们授权"。有关人士认为,桑东很注意与外界保持联系,除了重视与印度的关系外,也经常到西方国家走动,是一个被印度和西方国家都能够接受的人物。经过长期谋划,如今的桑东已被十四世达赖集团内部和外界视为十四世达赖圆寂后的"政治接班人"。桑东在接受西方媒体采访时很坦率地说:"考虑到(十四世)达赖年事已高,未来我将掌握真正的政治权利!"一次,桑东在接受美国记者的采访时声称:"中国中央政府要求我们接受西藏1951年前也一直是中国一部分的历史,但这不是真相。其次是自治权利,西藏人有600万之众,但现在分布在11个地区内,我们要求所有西藏人的生活区应该统一成一个大西藏区。但中国中央政府不同意我们的要求。如果这两个问题能够得到解决,我们可以在其他问题上做出妥协。"有关外媒分析人士认为,有充分证据表明,桑东已经在为将来"执政"做准备。2008年拉萨发生"3·14"打砸抢烧严重暴力犯罪事件后,桑东在第一时间召开"内阁"紧急会议,商谈如何进一步扩大"革命成果"。2009年,十四世达赖集团在欧洲某国召开"全球藏汉大会",桑东对参会的人鼓动说:"中国政府一直要求达赖喇嘛承认西藏自古以来就是中国的一部分,这是不能接受的。我们要求在西藏实行'名副其实'的自治,并不是说西藏没有独立的权利。"桑东领导下所谓"流亡政府"的"藏独"活动本质,通过其言行而淋漓尽致地展现出来了。

阿里·丹增曲杰(活佛)

阿里·丹增曲杰,是十四世达赖的胞弟,在十四世达赖集团中,是显赫又具实权的成员之一,还是"藏青会"众多高级头目中最具暴力倾向的人物之一。在著名视频网站"You Tube"上,丹增曲杰以扬扬自得的语气介绍说:"我叫丹增曲杰,1945年,也就是我哥哥达赖喇嘛率全家从青海搬到拉萨的第五年,出生在拉萨。我3岁时被认定为仁波切(即活佛),6岁那年被带往寺庙供养,但直到7岁才正式接受全面的藏传佛教传统教育。事实上,从进入寺院接受教育的那天起,我的生活就与其他同龄孩子完全不同了,因为寺庙教育的要求非常严格。我的孩提时代,基本上是在背书中度过的,后来又开始学习辩论术。1956年至1959年,我又被送进西藏的佛学院读书,并被认定为阿里活佛。"1959年,丹增曲杰跟随十四世达赖逃亡到印度,年仅14岁。此时的他没有继续接受宗教教育,而是进入了由加拿大人开办的天主教圣约瑟学校学习。该校当时的校长曾回忆说:"这个年轻人很快就忘掉了以前所受的宗教教育(意为他是异教徒)。"具有讽刺意味的是:当十四世达赖忙于受逃亡藏民鼎力膜拜的时候,丹增曲杰却决然要求还俗。丹增曲杰回忆说:"阿里活佛我不当了!25岁那年,我不顾家人的反对,坚决要求还俗,想过一种与哥哥(十四世达赖)截然不同的生活。"据知情人透露,丹增曲杰当时还俗的决心,动摇了不少逃亡印度藏人的信仰,也对十四世达赖产生了不利影响。不过还俗后的丹增曲杰,曾参与组建了"藏青会",于1974年出任该组织的第二届主席。仅任"藏青会"主席一年后,他就对这一职位失去了兴趣,因为他想过一种更"刺激"、更"狂热"的生活。一位与十四世达赖私交甚好的印度前官员曾回忆说,当时,十四世达赖对此颇为犯难,但很快,十四世达赖便认为将其弟弟送到印藏部队去锤炼应该是一个不错的决定。1975年,丹增曲杰便加入了印藏特种边境部队,开始了他的军旅生活,并从排长升至营长。对于这段"激情岁月",丹增曲杰日后不愿多提及,十四世达赖也是屡屡回避。据知情人士解释,这主要跟一桩谋杀案有关,许多人认为，活佛还俗去当兵搞杀人，实在是不光彩的事情。事情的缘由是这样的，20世纪60年代，从康巴、安多等地区逃到印度的土司、头人以及一些教派中的上层僧侣，联合组成了"藏人幸福事业会"（俗称"十三集团"），试图与十四世达赖集团相抗衡。在此以后的十余年间，"十三集团"曾多次抵制十四世达赖作出的决定，还拒绝向"流亡政府"交纳"独立捐"，也不参加"西藏独立"示威游行。1977年，早就想铲除异己力量的十四世达赖兄弟，决定向"十三集团"下手，当时在印藏特种边境部队任职的丹增曲杰便带领一帮暴徒，冲进"十三集团"头目贡唐楚臣的家中，并亲自开枪打死了这个政敌。通过这起谋杀事件，使十四世达赖集团内部的反对派惊恐不已。从那时以后，再也没有人敢公开对十四世达赖"抗旨不尊"了，因为"藏青会"也同样可做类似的谋杀工作。1980年，丹增曲杰从印藏特种边境部队退役（35岁），开始出任"流亡政府治安部"副秘书长。次年（1981年）他又回到十四世达赖身边，进入"译仓"工作，历任特别助理、副秘书长和秘书长。他曾多次公开说："只有武力，才能迫使中国人离开西藏""恐怖活动可以用最低成本获得最大效率"等等。丹增曲杰在接受美国媒体采访时说："达赖喇嘛扮演的是红脸，他走的是和平主义道路。可是有些人并不会这样来理解达赖。因此，我们必须要用某些方法，才能给他们施加压力，我们认为唯一的压力就是暴力，而达赖喇嘛应始终处于暴力之外。"据知情人士透露，丹增曲杰是十四世达赖身边的传令兵和施暴的执行者，是打断骨头连着筋的同胞兄弟，是流亡藏人都想巴结、最重要的权贵人物，大家对此心知肚明。

甲日·洛迪（活佛）

甲日·洛迪是十四世达赖倚重的人物之一，既是十四世达赖的特使，又是十四世达赖的私人代表，还是"藏青会"的头目和组建人之一。一方面，他作为十四世达赖驻美国特使，代表十四世达赖与美欧国家的一些政要和反华势力搭建关系；另一方面，他作为十四世达赖的私人代表，从2002年开始至今，先后8次与中央人民政府有关部门的代表接触商谈，为十四世达赖集团投石问路。在一般人看来，甲日·洛迪是一个低调而神秘的人物。在新闻媒体采访时，他说："目前中央政府对会谈内容也越来越坦率,尽管会谈没有取得任何突破,但重启会谈本身就是一个成绩。"(十四世达赖方面的新闻媒体时称十四世达赖特使洛迪嘉日或甲日·洛珠坚赞)。

甲日·洛迪1948年出生于四川省甘孜藏族自治州,现年62岁,是当地大头人甲日·尼玛坚赞的二儿子,曾被认定为当地土木寺堪布阿丹的转世活佛,从小在寺院内接受教育。他9岁那年,甲日·洛迪跟随父亲到了西藏,两年后随父逃亡印度。1966年,18岁的他作为十四世达赖集团四大家族之一,即甲日家族的后人,进入"流亡政府"秘书处工作,由此结识了十四世达赖的胞弟丹增曲杰。他俩都是"流亡政府"中的贵族子弟,同受西式教育,有"共同语言"和工作关系上的"深厚友谊"。1970年,在十四世达赖的亲自授意下,由他们牵头组建"藏青会",寄望他们以年轻人的方式谋求"西藏独立"。甲日·洛迪先后出任"藏青会"秘书长、副主席,并于1975年出任主席。出于"要向全世界介绍西藏斗争"情况的考虑,甲日·洛迪创办了"自由西藏通讯社"和《西藏之声》英文报刊,成为西藏流亡团体中首批向外宣传其政治主张的英文舆论工具,由于他的敢作敢为,很快得到了十四世达赖的赏识,并很快进入了"流亡政府"的核心圈,先后在"宗教部""卫生部"和"外交部"任职,随后又成为十四世达赖的私人秘书和英文翻译。1987年,十四世达赖为继续大力推进"西藏问题"国际化进程,决定在海外设立10个办事处和2个特别代表处,而最重要的"美国华盛顿特使办公室"的特使位置,十四世达赖选定让甲日·洛迪担任。1988年,甲日·洛迪在华盛顿策划并创立了"西藏国际运动"组织。1991年,十四世达赖集团勾联"台独""东突"艾沙集团等,成立所谓的"世界民族地位组织",明确提出了"帮助那些没有加入联合国和其他世界性组织的及在国际上无地位的民族恢复独立与自由"的口号。甲日·洛迪代表十四世达赖集团具体筹划此事,出任该组织指导委员会的主席。1992年1月,"世界民族地位组织"纠集一帮国际上"藏独""疆独"分子在爱沙尼亚开会,甲日·洛迪为"疆独"分子打气说:"我们将全力帮助你们,你们把各分会联合起来就有力量了。我们可以联合行动。"1994年10月16日,一些西方国家的反华议员、逃亡海外的"藏独"和"疆独"分子,在美国纽约召开所谓的"亚洲民族共同体"年会,甲日·洛迪率领一批"藏独"骨干参加了会议。他在会上煽动说:"西藏人的忍耐是有限度的,如果不能与中国当局谈判解决西藏问题，我们绝不排除采取暴力行动的可能。"他狂言道："如果东突厥斯坦、内蒙古和西藏任何一国的问题解决不好，都将成为中国乃至世界的棘手问题。"甲日·洛迪曾公开叫嚣说："采取有限的武力行动，可以唤起许多人对西藏问题的注意，也是迫使中国人坐下来谈判的一种手段。"有关人士说，甲日·洛迪是一个崇尚暴力的"藏独分子"。但也有人认为，他是"藏青会"中的"温和派"，理由是：若非温和派，甲日·洛迪不可能与中央政府的代表进行那么多次的接触。有关人士分析说，十四世达赖集团之所以挑选甲日·洛迪为十四世达赖私人代表与中央政府接触商谈，主要有三层考虑：一是他作为"流亡政府"和"藏青会"激进派的代表，不会轻易做出妥协；二是由于他常年从事"外交活动"，即使他做出妥协，也较容易被其他"藏独"强硬派所否定；三是他对"西藏问题"的看法，多不会引起中央政府的强烈反感。甲日·洛迪在一次商谈中曾这样说："对于西藏问题，一是我首先希望600万藏人（语意"大藏区"）能自由地生活在一起；二是西藏人能按自己的信仰生活（语意"藏独"）；三是西藏能成为印度与中国两大文明的桥梁（语意"西藏作为和平的缓冲地区"）。西藏想独立于中国而存在是不现实的，西藏应该是中华人民共和国的一部分，不应该是彻底独立的（语意为现在不独立，将来要独立）。"2006年11月14日，甲日·洛迪在美国布鲁金斯研究所发表演讲时，一张嘴就拿中国的和谐社会、和平崛起说事儿，他说："影响中国和平崛起的内部因素，包括台湾问题、西藏问题和新疆问题。中国的和谐社会与和平崛起，是喊喊口号，还是真抓实干，西藏问题无疑是一块试金石。"甲日·洛迪的意思很清楚，就是"西藏独立""台湾独立"和"新疆独立"，才是中国的和谐社会与和平崛起。

次旺仁增

次旺仁增是"藏青会"现任主席（2007年8月当选为"藏青会"第十三届主席），被外界公认是"流亡政府"的"四大金刚"之一（指甲日·洛迪、丹增曲杰、桑东、次旺仁增），是一个拥有美国国籍的外国人。次旺仁增于1971年出生在印度南部地方，现年39岁。他的父母（藏族夫妇）随十四世达赖逃到印度，以筑路打工、开出租车等杂活维持家庭生计。1993 年，根据美国联邦政府颁布的"西藏人重新安置计划"，22 岁的次旺仁增移民到美国，先是在洛杉矶开了一家咖啡店，以此度日，后带着老婆和两个女儿搬迁到俄勒冈州的波特兰，开办了一家装修公司，其生意小有所成，便在市郊购置了一幢房子，并加入了美国国籍。2007 年 8 月间当上"藏青会"第十三届主席后，次旺仁增曾这样对人解释说："这源于爱国主义——老一辈西藏人将西藏视为藏人宗教与文化的圣地，而我们这些年轻人的使命感更强烈，坚持认为西藏应该独立，这样才能让西藏成为一个能保护藏族宗教与文化的安全港湾。"然而，他的一位生意伙伴却说："次旺仁增是一个功利心很重的人，他加入藏独组织，就是想多认识一些在美国的藏人，然后把自己的生意做大。"次旺仁增早在任"藏青会"北美分会负责人时，他就多次扬言要"组织武装抵抗"。据有关人士透露，次旺仁增曾多次要求所有"藏青会"成员都要"留学美军"，掌握"未来的武装斗争技巧"。在十四世达赖集团的旨意下，次旺仁增开始筹划"西藏人民大起义"运动，对外散发了一份《倡议书》，宣称"西藏人民大起义"是"一项西藏境内外藏人参加的全球运动"，主要目的是"通过唤醒、协调西藏境内的行动，给中国制造危机"，并由他亲自授课培养"藏独"骨干分子。2008 年 3 月 10 日，次旺仁增从"藏青会"中精心挑选出 101 名核心成员，组成所谓的"敢死队"，试图从印度达兰萨拉出发，闯关中国西藏边境，正式实施"大起义"。拉萨发生"3·14"严重暴力事件后的第二天（3 月 15 日），次旺仁增召集"藏青会"高层成员，在达兰萨拉召开紧急秘密会议，通过了"立即组建游击队，秘密入境开展武装斗争"的决议，还就人员分工、资金安排、武器购置等，制定了实施行动方案，并准备从中尼边境秘密潜入西藏，企图把事态搞得更大一些。次旺仁增疯狂叫嚣："为了彻底胜利，我们已经准备好至少再牺牲 100 名藏人。" 5 天后，次旺仁增大放厥词："暴力活动基本达到了唤醒国内藏区反抗意识、引发国际社会对西藏问题高度关注的预期效果，此次活动只是今年反抗活动的序曲。"次旺仁增在接受意大利《晚邮报》采访时声称："要不惜一切代价，尽快争取完成西藏独立，抵抗运动可以采取自杀式暴力手段。""对于西藏独立事业而言，使用报复性人体炸弹是一个发展方向。""现在可能已经到了西藏抵抗运动采取自杀式暴力手段来进行抗争的时刻了。""非暴力的路线让中国人有机可乘。现在是该改变斗争战略的时候了。"同年 7 月，次旺仁增在接受西方媒体采访时公开指责十四世达赖"软弱",他说:"达赖的中间道路已经走了20年,到现在也没有取得任何结果。""藏青会"成员放话威胁说,他们可能会寻求新的领袖,甚至公开呼吁要暗杀十四世达赖,以暴乱之势,向中共施压。3月25日,北京奥运会火炬在希腊点燃的第二天,大约有50名"藏青会"成员接到次旺仁增搞破坏捣乱的指令,同时,他组织"藏青会"成员在印度达兰萨拉点燃了"藏独"火炬,以示对北京奥运会火炬的抗议。奥运圣火途经的境外22个城市,有5个城市(即法国巴黎、美国旧金山、澳大利亚堪培拉、日本长野)的传递活动,受到"藏独"分子不同程度的干扰。这一年的4月3日,美国《纽约时报》发表文章,直接点出了"藏青会"的危险,认为十四世达赖死后,"藏青会"中更多的好战组织者以及其他一些组织将会转向暴力,甚至是恐怖主义。十四世达赖集团的施暴行为,特别是"藏青会"的所作所为,让全世界新闻媒体再次引起高度关注并震惊。

以上这些人,是十四世达赖集团权力核心圈的要员和西方媒体热炒的主要对象,是长期从事分裂祖国的"藏独"急先锋。毛泽东主席早就告诫我们:"西藏贵族们是善于干政治斗争的,你们也要学会这一套。"① 只要枪杆子牢牢掌握在中国共产党人手上,人民江山就翻不了天;只要帝国主义和"藏独"分子长期存在,分裂与反分裂的阶级斗争就会长期存在,这是不以人们的意志为转移的。经过西藏民主改革、社会主义建设和改革开放,我们已经有了稳固的政治基础、物质基础和群众基础,这是我们战胜任何挑战的前提保障。我们必须打赢这场长期、复杂、尖锐、激烈的反分裂斗争,直至取得彻底胜利。

(载《要情》内刊2010年第1期。收入文集时,标题及内容作了较大调整)

---

① 《毛泽东西藏工作文选》第80页,中央文献和中国藏学出版社2001年版。

从表象上的"精神领袖"到事实上的破戒和尚

——质疑十四世达赖编著《智慧的窗扉》及其言行反差的公信度

> 恶人用巧言进行诱骗,丧失警惕就会上当;
> 渔夫用香饵下钓,贪吃的鱼儿就会送命。
>
> 《萨迦格言》

引言:达赖乔装著书饰,马恩慧眼戳把戏

为树立西藏佛教界"精神领袖"形象,广泛笼络人心,对信徒实行精神和肉体控制,凝聚从事"藏独"活动的政治力量,1963年5月至1966年10月,十四世达赖丹增嘉措精心撰写出版了他的"纯宗教"著作——《智慧的窗扉》(以下简称十四世达赖"窗扉",1985年6月由西藏社科院西藏学汉文文献编辑室编印,陈永国译,司树森校),试图给世人信徒指引"正路"和"实际运用"。这是十四世达赖因西藏1959年全面武装叛乱失败逃亡印度后,处心积虑施展所谓宗教学说本领控制藏传佛教信徒的第一个和最重要的手段。一个半世纪前,面对人民的觉醒,恩格斯就一针见血地指出:"现在比以往任何时候都更需要用精神手段去控制人民,影响群众的首要的精神手段依然是宗教。"① 十四世达赖在开篇序言中写道:"我想到应写一本小书准确而广泛地写出佛教教义的实质。由

---

① 《马克思恩格斯选集》第3卷,人民出版社1995年版,第716页。

于这个原因，我们将此书命名为《智慧的窗扉》，下面的章节则是释迦佛教的精髓。""此书的撰写目的在于急我民（不管东方的还是西方的）之所需，使他们走上正路，获得佛主释迦的教诲。""其重点在于实际运用，至于哲理细节、争论要点，这里暂不涉及。"（见原著序）十四世达赖在结束语中写道："愿此书有助于把佛主释迦的教诲传遍天涯海角，愿全体人民从中获得教益。"（第96页）戒学是"窗扉"中的一个重要内容，即指十戒（不杀生、不偷盗、不邪淫、不妄语、不两舌、不恶口、不绮语、不贪心、不邪念、不错观）。

在十四世达赖看来："正如大地是世界万物的根基一样，戒也是一切善行的基础和根源。""戒学的实质内容都包含在十戒内。""一旦在一个人的心灵中确立了这种戒律，甚至在邪念刚刚出现时，他就能加以自制。""一个人应该像爱护自己的眼睛一样来维护佛门戒律。"（第38、39、50页）十四世达赖时常自诩是"一个如法守戒的佛教比丘""一个单纯的和尚"。所谓比丘，藏语称"格隆"，意指受过具足戒的高次第僧人。按照历史定制，达赖接受比丘戒，均在拉萨大昭寺大殿内举行，由清朝皇帝批准任命的正佛师（如班禅或资深名望的活佛）向达赖授予《毗奈耶经》253条戒律。待正佛师将其教律教规教义讲解完毕，达赖须面对大殿正中的释迦牟尼佛像及显宗四大部佛经宣誓："遵守教经上规定的一切律条，为众生之事，身体力行。"当达赖受戒后，除例行参加其祝贺活动外，还要按照惯例向清朝皇帝报告其受戒经过，并遣人赴北京呈报奏折备案，由清朝皇帝降旨祝贺。因此，对达赖授受比丘戒是藏传佛教礼义中的一件要事，也标志着此后的达赖佛学造诣达到了更高阶段并有资格传道授业。不论比丘，还是喇嘛（即上师或"上人"），都是严守戒律的僧人，必须严格遵守的基本教义是：守护三宝（即指佛法僧），救济之相，深怀慈悲，正直行为，勿视他人。阿旺洛桑所著的《教训》释疑道："喇嘛是具有护持三宝守护的人。""因喇嘛具有一切救济之相，故应对喇嘛施以敬礼。""只有努力依靠深怀慈悲之主的喇嘛，才能获得经由一切教门入教的机会。""只要断绝一切不坚定不正直之心，就必有正直的行为。""特别勿蔑视比他地位低的人。"米勒日巴高僧说："无神无魔正法立，无慌无执在于心。"据有关资料显示，十四世达赖于1942年藏历1月10日受第36条沙弥戒（年仅7岁），1954年藏历1月15日受第253条比丘戒（年仅19岁）。但纵观十四世达赖几十年逃亡生活的心语意行，他根本不配做合格的比丘，也玷污了"喇嘛"这个称号。俗言道：听其言，必观其行。大量事实表明，十四世达赖说一套、做一套，纯属破戒和尚、反动政客；以十四世达赖为核心的"流亡政府"，是一群逆历史潮流而动的政治集团狂徒。

早在100多年前，马克思就深刻地揭露道："唯心主义的达赖喇嘛们和真正的达赖喇嘛有共同的地方，即他们都甘愿使自己相信，似乎他们从中获取食物的世界离开他们的神圣的粪便就不可能存在。只要这种唯心主义的狂想成为实践的狂想，立即就会暴露出它的有害的性质：它的僧侣的权势欲、宗教的狂热、江湖骗子的行径、敬神者的虚伪、笃信宗教者的欺骗。"① 十四世达赖利用"宗教"捣乱的破坏力，"根源不是在天上，而是在人间"。② 他有意避开经教中的哲理细节及争论要点，无疑是给佛教的基本教义蒙上神秘面纱，让信徒是非不清、思想混乱，而他则随心所欲、无法无天，以此标榜为"替天行道"的现世"佛爷"权威。通过独特的"政教合一"这个"法宝"，绑架藏传佛教信众的头脑和心灵，最终达到一切行动都听命于他的险恶目的。印度民谚说，孔雀开屏是美丽的，但它露出了最丑陋的屁股眼。十四世达赖作为一个所谓的宗教"精神导师"和"流亡政府"的政教"首脑"，他及其领导的集团最丑陋的就是政治上的反动性、宗教上的虚伪性和手法上的欺骗性，使他变得不人不神。

> 心里想的是一套，嘴里说的是一套，
> 这就是狡猾的阴谋家，又叫自作聪明的傻瓜。
>
> 《萨迦格言》

一 杀生本是恶作事，纵容参与系罪责

不杀生——十四世达赖声称："破此戒的首要因素是杀害其他生命。""故意杀生的意图。""本人或者在别人的煽动之下用毒药、武器、妖术等手段杀生时所作的努力。""杀生时必然也出现的一些精神烦恼，如贪婪、

---

① 马克思：《关于"真正社会主义"的预言》，《马克思恩格斯全集》第3卷，人民出版社1960年版，第631页。

② 《马恩格斯全集》第27卷，第436页。

嫌恶、迷惑等。在这种情况下，嫌恶往往是主要烦恼。""由于错误观点而导致的杀生，如献祭动物供品，这主要是愚痴。""杀害不管是游方僧人还是主持和尚的出家人都被看成是最严重的罪过。"（第39—40页）他在注释中还说："杀生的实际举动，不管动机如何，其根源来自嫌恶。"（第106页）十四世达赖在一次法会上说："僧侣的直接或间接式杀生，是错误意念造成的，也是罪过和破戒行为。"

在人类社会的发展进程中，西藏封建农奴制社会已成为历史发展的桎梏。十四世达赖作为旧西藏"政教合一"统治阶级的总头目和总代表，凡事关自身和统治集团利益的杀生现象，他都负有不可推卸的历史罪责。西藏自治区档案馆至今保存着一封20世纪50年代初原西藏地方政府有关部门给热布典头目的信件，其中这样写道："为达赖喇嘛念经祝寿，下密院全体人员需要念忿怒十五施食回遮法。为切实完成此次佛事，需于当日抛食，急需湿肠一副，头颅两个，多种血，人皮一整张，望立即送来。"曾作为英国商务代表留驻拉萨多年的查尔斯·贝尔早在20世纪20年代就著书说："达赖喇嘛之所以能随心所欲地进行赏罚，就在于他的政教合一地位，他既掌握着农奴今生的生杀予夺大权，又掌握着他们'来世'的命运。"① 满嘴"宗教道德"的十四世达赖及昔日"三大领主"视自己的性命比等重身体的黄金还要贵重，将百姓的性命看作一根草绳或一个会说话的牲口，任凭他们随意处置并杀戮，西藏人民的人权遭到极度剥夺。

美国藏学家迈克尔·帕伦蒂在其著作《慈悲封建制：西藏的蛊惑》中指出："神权的宗教教义巩固了这个阶级秩序。教义告诉穷人和受苦人，他们今生遭罪是因前生的冤孽。因此，他们必须接受今生的苦难，因为这是孽报，只能期望来生命运更好。而富人和权贵则认为自己的富贵是前生和今世德行的回报和证明。""西藏和中世纪的欧洲很相似。"对于旧西藏的黑暗残暴，凡曾经到过西藏的外国人都感到触目惊心：20世纪20年代曾作为英国商务代表留驻拉萨多年的查尔斯·贝尔在他所著的《十三世达赖喇嘛传》一书中这样写道："你从欧洲和美洲来到西藏，就会被带回到几百年前，看到一个仍在封建时代的地方。""黄帽僧侣之喇嘛，黑头俗人之主宰的十三世达赖喇嘛是名副其实的独裁者……他比希特勒和墨索里尼有过之而无不及。"他在《西藏志》一书中还写道："贵族对于

---

① 见查尔斯·贝尔《十三世达赖喇嘛传》。

佃农,可以行使官府权力……没收牲口、罚款、笞杖、短期拘禁以及其他一切处罚,贵族皆可随意行之。"美国作家大卫·麦克唐纳在《西藏写真》一书中写道:旧西藏刑罚严酷,"其最普通的刑法,凡是死罪,就将犯人缝于皮袋之内,而掷于河中,以俟其死而下沉……迨其已死,于是将其尸体,由皮袋取出而肢解之,以四肢和躯体投入河中,随流而去……"法国藏学家亚历山大·达维·尼尔在她的《古老的西藏面对新生的中国》一书中写道:"旧西藏,所有农民都是终身负债的农奴,他们身上还有着苛捐杂税和沉重的徭役,完全失去了做人的自由。"

1959年西藏平叛改革的经历者魏克,在《记甘丹寺的民主改革》一文中,作了这样一段往事钩沉的记载:"(十四世)达赖喇嘛副经师赤江(活佛)在德庆宗的私人寺庙管理机构赤江拉让,打伤当地农奴和贫苦僧人300多人,把121人送进监狱,将89人流放外地,逼迫538人当奴隶,1025人被逼逃亡,有72人被拆散婚姻,484名妇女被强奸。拉姆一个13岁的女儿被6个叛乱僧人轮奸,病倒几个月。从(甘丹)寺内搜出了多件人的头盖骨、人手、人心、人眼、人皮和少女的腿骨。有一个活佛的念珠,就是用108个男人和108个女人的头盖骨磨制成的。真是骇人听闻!该寺中用来残害农奴的刑具,除手铐、脚镣、棍棒外,还有割舌、挖眼、抽筋、剥皮用的刑具,令人触目惊心。参加斗争大会的广大农奴无比愤慨地说:甘丹寺就是一座人间地狱。"①

早在20世纪50年代,毛泽东主席就谆谆教导十四世达赖、十世班禅等西藏上层人士说:"旧制度不好,对西藏人民不利,一不人兴,二不财旺。""坐在农奴制度的火山上是不稳固的,每天都觉得要地震。"② 1998年,十四世达赖在回应江泽民主席和克林顿总统的高峰会谈时说:"没有人能够改变过去,我们不应该纠缠在过去的事情里面,更重要的是未来。"十四世达赖始终维护旧制度,深恐人们再揭老底。

为了展现历史、教育后人、开创未来,2009年,西藏自治区与中央有关部委在北京联合举办了"西藏民主改革50年大型展览"。据不完全统计,此次展览共吸引了60多万国内外观众。美联社、美国之音、《纽约时报》《国际先驱论坛报》等境外媒体对展览做了充分报道,称:"展

---

① 《中国藏学》1999年第1期。
② 《毛泽东文集》第8卷,人民出版社1999年版,第40—41页。

览展示了(十四世)达赖喇嘛的封建神权统治下黑暗的农奴生活","展现了中国政府给西藏带来的积极转变"。法国知名国际关系专家高大伟先生认为:"旧西藏的社会制度惨绝人寰,旧西藏灭绝人性的统治、农牧主对广大农奴残酷的压榨和剥削令人发指。"知名未来学作家约翰·奈斯比特先生说:"中央政府在西藏实行的民主改革是一场解放西藏劳苦大众的变革,这让广大农奴从黑暗的枷锁中,解脱出来,无疑是一个圆满的结果。"《俄罗斯报》资深评论员奥夫钦尼指出:"把十四世达赖喇嘛说成是'人权保护者'的论调绝顶荒谬且极端无耻。(十四世)达赖对惨无人道的封建农奴制度应负有不可推卸的责任,有人把他说成是'人权保护者',诬陷中国共产党在西藏推行汉化和种族灭绝政策,类似言论中只有三种成分:无知、无耻和出于私利背叛公正。"德国周刊《我们的时代》刊登题为《这并不关系到人权》的署名文章说:"这些人(意指十四世达赖集团)在他们统治期间,肆意践踏西藏人民的尊严和人权,今天却装出一副人权的维护者的面孔来……他们希望借助西方反华势力,将西藏从中国分离出去。只不过在今天的现实情况下,他们不能大声喊出来,因此只得试图通过要求'高度自治'来维护西藏的'宗教和民族文化'。"

联合国通过的《发展权利宣言》和《世界人权宣言》指出:"发展权利是一项不可剥夺的人权。""人人生而自由,在尊严和权利上一律平等。"在旧西藏,不足总人口5%的三大领主享有各种特权,占有绝大部分生产资料。他们利用宗教及"成文法、习惯法",设立监狱或私牢,实施精神控制、政治压迫、经济剥削、法典迫害。他们把人分成三等九级,明确规定人们在法律上的地位不平等,超过90%以上的奴隶和农奴没有丝毫的人身权利和自由,被视为"生来卑贱者",农奴主可随意处置下层人民。正如西藏民谣描述的那样:"即使雪山变成酥油,也是被领主占有;就是河水变成牛奶,我们也喝不上一口;生命虽由父母所生,身体却为官家占有。""我们一无所有,我们能带走的只有自己的影子,能留下的只有自己的脚印。"山南地区乃东县昌珠镇凯松居委会是"西藏民主改革第一村",该村的巴杰老人说,她的父母都是昔日的农奴,1953年她出生在牛棚里。从出生到民主改革,她过了6年的农奴生活,儿时的那段苦难岁月至今让她刻骨铭心。她痛苦地回忆说:"那时如果碰到农奴主喂狗,我们就会围拢过去。农奴主把糌粑扔到地上,我们跟狗抢食,抓起地上的糌粑,连沙带土吃下去。""那个时候我们都不知道自己是人。农奴主经常像打牲口一样打我们。有一次，我爷爷莫名其妙地遭到农奴主一顿暴打，从此落下终身残疾。"该村的曲扎老人也回忆说："我的母亲叫彭琼琼，是（十四世）达赖四大噶伦之一的索康·旺钦格勒的农奴，我和妹妹、哥哥也成为隶属于他们的奴隶。我年幼时，母亲被管家用镰刀活活砍死。"① 墨竹工卡农奴次仁贡布，他的祖父曾向色拉寺借了50克（1克粮食约28市斤）粮食，还利息还了18年；他的父亲接着又还利息40年；次仁贡布接过父亲的"债"又还利息19年，总共向该寺还了3000—4000克粮食，可是领主说他还欠债粮10万克。领主看他还不起债，就强迫他用14克（1克地约1.5亩左右）份地、5头奶牛顶了债，仅给他剩下了1克半份地，他每年还得向色拉寺交5克欠粮利息。广大农奴说，他们欠领主的高利贷实际就是"子孙债"，永远也还不完。据不完全记载，1950年十四世达赖的"孜布"和"佐琼"两个放债机构，共放高利贷藏银303.85万两，共收利息藏银30.38万两（注：该账本没有记下年月及放债账目，摘自《西藏革命史》，西藏自治区委员会党史资料征集委员会编，西藏人民出版社1991年2月版，第17页）。按照列宁的话讲，像十四世达赖这样的"宗教首领"，实际上就是"披着袈裟的农奴主"② 他们实际也成为最凶恶的杀生者。《入菩萨行论》中说："得以最贵的人生，不去做善业，其乃最大欺骗，甚至是最大的无知。"

据记载，元朝时的西藏总人口为100万左右；1734—1736年，当时的清朝中央政府曾在西藏地区做过详细的户口调查，统计出来的西藏总人口为94.12万人。1953年中国开展第一次全国人口普查时，西藏总人口为115万人。这一组人口数据说明，在近700年的时间里，西藏地区的总人口仅增加了20万人，基本处于停滞状态。在民主改革前，西藏的出家僧人却占总人口的10%以上，这些僧人不结婚生子、不从事生产劳动、更不创造物质财富。从清朝雍正、乾隆年间到西藏和平解放的200多年里，西藏总人口不仅没有增加，相反却减少了10多万人。据人口抽样调查资料推算，2009年末西藏常住总人口达到290.03万人，比1953年增加175万人，其中藏族人口占92%；西藏人均寿命由1959年的35.5岁提高到目前的67.7岁。

---

① 摘自2009年2月6日《西藏日报》第5版，题为《度过寒冬的人 最懂得阳光的温暖》。
② 《列宁全集》第15卷，第390页。

西藏民主改革前的老拉萨，是贫民乞丐最多且集中的城市，原城区面积不过 5 平方公里，人口仅有 3 万人，街巷狭窄，无排水设施，卫生状况极差，八廓街中心区堆放着始于明朝永乐年间的垃圾山，生产力水平极其低下，人民生活极端贫困。亲身经历了这场伟大历史变革的全国政协副主席阿沛·阿旺晋美指出："大家均认为照老样子下去，用不了多久，农奴死光了，贵族也活不成，整个社会就得毁灭。""民主改革不仅解放了农奴，解放了生产力，同时也拯救了整个西藏。"西藏著名藏学家东嘎·洛桑赤列活佛在描述旧西藏的情景时感叹道："西藏政教合一制度就像油尽的灯火一样，走向没落。"

毋庸置疑，旧西藏是世界上侵犯人权最为严重的地区之一。十四世达赖利用宗教搞政治，是为了加强对信教民众的精神、肉体控制和维护封建农奴旧制度需要；他逃亡印度后没有给藏族和全国人民做过一件实实在在的好事，他也无资格大谈今昔西藏人民的生存权、发展权和做人尊严。

21 世纪初，十四世达赖利用在境外举行"时轮法会"之际，打着保护环境和动物的旗号，对境内藏族穿戴珍贵皮毛和佩金戴玉的做法评头论足，以此挑拨民族关系。随后区内外藏区发生聚众焚烧皮毛服饰品的事件。单纯善良的民众不能忘记这样的事实：在西藏民主改革前，"（十四世）达赖家族在西藏占有庄园 27 个、牧场 30 个，拥有农牧奴 6000 多人，每年从农牧奴身上榨取青稞 3.3 万多克，酥油 2500 多克、牛羊 300 多头（只）、氆氇 175 卷、藏银 200 多万两。仅十四世达赖一人就有各种绸缎、高级毛料、珍贵裘皮衣服 1 万多件，其中：镶有珍珠宝石的斗篷 100 多件，每件价值数万元。直到 1959 年，在十四世达赖手上集中的黄金有 16 万多两、白银 9500 万两、珠宝玉器 2 万多件。"①

据"流亡政府"的内部知情人士说，十四世达赖最看重的是地位、权力和生命，倘若何人触动，十四世达赖"佛爷"是不受不杀生戒律约束的，甚至不择任何手段。在十四世达赖授意密令下，不听十四世达赖指挥的"藏人幸福事业会"（俗称"十三集团"）首领贡塘楚臣遭到十四世达赖胞弟丹增曲杰（即阿里活佛）的暗杀，功德林活佛被刺成重伤，赤江活佛、松布活佛和理塘活佛阿塔遭到"死亡威胁"。曾经是十四世达赖集团领导核心成员的其美泽仁指控说，有 10 名流亡藏人由于不同意十

---

① 见 2009 年 3 月 10 日《人民日报》文章，题为《十四世达赖喇嘛有多少资产》。

四世达赖的意见而先后被暗杀。十四世达赖近侍机构中身居副官长要职的帕拉·吐登为登，晚年曾写信给国内的亲友，悔恨自己当年走错了路，他在信中说："在国外寄人篱下，犹如随风飘零的枯叶，不知何处是着落。"他请求亲友报告政府允许他回国悔过自新，此后不久他死在外国。[①] 1950年初曾经代表西藏地方政府和"西藏民众大会"向联合国递交"呼吁书"的原四川省阿坝州黑水县大头人多吉巴桑（又名苏永和）、原"西藏人民会议"阿乐群则、"西藏流亡政府"治安部秘书长丹巴赤列等人，均先后脱离十四世达赖回国定居。阿乐群则到达拉萨后就宣布，他过去搞"西藏独立"是走错了路。曾遭十四世达赖集团暗杀未遂的理塘活佛阿塔则悔悟地说："流亡政府的做法现已暴露，一切都明白了，西藏独立是不可能的，我过去受骗了。"

为了建立新的境外流亡"藏独"基地，十四世达赖纵容包庇胞兄嘉乐顿珠从事国外杀人阴谋。1974年6月2日，十四世达赖集团企图在17岁不丹新国王吉格梅·辛格·旺楚克（外媒简称辛格）举行加冕典礼当日刺杀他，以达到颠覆不丹王国政权的目的。但是，这一精心策划的阴谋，最终还是失败了。美国《纽约时报》当年6月7日发表文章称："（十四世）达赖的追随者……企图把不丹建成反攻西藏的前沿阵地，策划了颠覆不丹政府的活动。"当时的印度报业托拉斯报道说："这些阴谋分子受过使用爆炸物和从事破坏活动的特殊训练，他们伪装成难民潜入不丹，其中一些人自1963年起就一直在为嘉乐顿珠效劳。""1970年成立的藏青会扮演了暴力恐怖角色，（十四世）达赖可能知道其阴谋，但未公开承认。""西藏流亡政府"出版的书籍承认，有28名流亡藏人因涉嫌刺杀不丹国王而被捕。西方的《不列颠百科全书》称："1974年，不丹发现有'西藏难民'在策划刺杀国王的阴谋，此后，藏人被不丹看作一个主要的安全问题。"不丹王国的《政府公报》称，在本国境内的"流亡藏人"（约6500人）是危险分子。有30人与刺杀国王事件的阴谋有关，现已被逮捕，其中包括由十四世达赖任命并安插在警察司令部供职的"西藏难民"。不丹王国认为，这起阴谋已谋划近两年，十四世达赖二哥嘉乐顿珠是主谋。经调查，不丹官方发现了境内一个武器弹药和毒药储藏处。不丹政府决定，解散其境内的"西藏难民营"，限期驱逐大批"流亡藏人"，

---

① 见沈开运等《透视达赖》，西藏人民出版社1997年版，第390页。

取消其办学、建寺、入籍等资格,禁止其在境内从事任何政治活动,要求通过审查留下的部分"不丹藏人",必须断绝与印度十四世达赖集团的一切联系。德国《南德意志报》曾用整版篇幅揭露十四世达赖,其中一篇醒目标题就是:《穿着袈裟的政客》。2009年3月20日,全国政协副主席帕巴拉·格列朗杰在《人民日报》上发表题为《西藏社会历史的伟大飞跃——纪念西藏民主改革五十周年》一文,文章中说:"(十四世)达赖集团的分裂破坏活动违背历史,不得人心,终将被历史和人民所唾弃;(十四世)达赖集团倒行逆施,妄图将西藏从祖国分裂出去是永远不会得逞的;西藏自古以来就是中国不可分割的一部分历史事实是永远不会改变的。"

从世界历史进程看,直到1959年通过轰轰烈烈的民主改革,中国西藏才彻底消灭了农奴制,这比英国(1833)、法国(1848)、俄国(1861)、美国(1865)等欧美国家的废奴运动晚了近100年时间。中国作为世界人口最多的发展中大国,她的"废奴"创举,是对人类发展历史的巨大贡献。1959年,73岁的美国作家安娜·路易斯·斯特朗来到西藏,她在《西藏农奴站起来》一书中写道:"饥饿将很快结束……人们的穿衣和住房也会得到发展……西藏人终于获得了自由!"正如《西藏民主改革50年》白皮书所指出的那样:"这不仅是中国人权发展史上一个十分重要的篇章,而且在国际禁奴史上写下了浓墨重彩的一笔,无疑是人类走向文明进步的历程中彪炳千古的一个伟大创举。"2009年1月29日,西藏自治区九届人大二次会议通过了设立西藏"百万农奴解放纪念日"的决定,即把每年3月28日作为这一纪念日。西藏自治区人大常委会副主任、藏传佛教噶举派活佛新杂·单增曲扎在接受记者专访时说:"我亲眼见过(西藏)封建农奴制的种种残酷与黑暗,同时也亲身经历了在旧西藏废墟上建设社会主义新西藏的全过程。作为一名宗教界人士,我对设立西藏百万农奴解放纪念日的决定完全赞成,坚决拥护!"① 1863年11月1日,美国总统林肯正式颁布了《解放黑奴宣言》,400多万美国黑人从此走上了争取自由与平等权利的道路。亚伯拉罕·林肯的名言是:假如奴隶制都不是错的,没有事情是错的。换言之,假如最黑暗、最残酷、最落后、最无人权的西藏"政教合一"封建农奴制都不是错的,那么世界社

---

① 摘自《西藏日报》2009年2月6日一版,题为:永远铭记那段历史。

会历史何以发展进步?！2005年，美国决定在弗吉尼亚州建立第一座奴隶制历史博物馆。2006年5月10日，法国总统希拉克在巴黎卢森堡公园主持仪式，庆祝法国废除奴隶制，并将每年5月10日确定为纪念日。2007年8月23日，英国"奴隶之港"利物浦纪念废除奴隶制200周年。2008年7月29日，美国国会首次为曾实施奴隶制正式道歉。联合国也将每年12月1日确定为"国际废奴日"。

民主改革是西藏历史上最为广泛、最为深刻、最为波澜壮阔的社会改革，为西藏发展繁荣开辟了崭新的道路。西藏民主改革是世界废奴运动的重要里程碑，是国际人权事业的重大进展，是包括藏族在内的中国人民对世界民主、自由、人权事业的伟大贡献。当今世界的一个基本现实是：今天的欧洲，不可能再回到中世纪的欧洲；今天的美国，不可能再回到南北战争前的美国；同样，今天的西藏，也不可能再回到"政教合一"的封建农奴制的旧西藏。西藏跨越式发展的历史进程表明：社会总是不断向前发展进步的，先进的生产方式必然要代替落后的生产方式，社会主义必然要战胜"政教合一"的封建农奴制。代表先进生产力发展方向的中国共产党肩负着这一伟大历史使命，是人类社会发展一般规律在西藏特殊条件下的实现，是不以人们的意志为转移的，也是任何逆流势力都阻挡不了的。中国共产党在西藏实践的伟大创举，值得第三世界国家借鉴。

> 阴险的人明明干了坏事，还要用谎言欺骗别人；
> 大威德佛明明是在叹息，还硬把苦难说成是圣谛。
>
> 《萨迦格言》

二 盗卖珍宝为敛财，背叛祖国和民族

不偷盗——十四世达赖声称："所偷盗之物是别人的财产或献于三宝（指佛法僧）的物品。""意图是想要通过暴力抢劫、偷窃以及其他的诈骗手段占有别人的财产。""本人煽动、唆使别人去强取财物所做出的努力。""精神烦恼当中的三种邪恶之根都会出现，但其中主要的是贪婪。""窃贼由于占有了偷窃来的物品而产生了心灵上的满足。""偷窃有三条途径：第一，用武力恫吓手无寸铁的人；第二，偷盗；第三，玩弄各种诈

术。其中的任何方式都能破除这条戒律,而最严重的则是偷窃献给三宝的捐赠。"(第40—41页)

十四世达赖集团在1950年至1959年间先后多次将大批量的西藏文物财宝运至国外,以便他们日后私分挥霍。一位知情的活佛认为,十四世达赖有预谋分批私运到国外的西藏文物珠宝时价估计为300万美元。十四世达赖二哥嘉乐顿珠则估价为5000万卢比(约700万美元)。十四世达赖身边的一位官员认为,至少其价值在8000万卢比(约1100万美元)以上。据有关资料披露:"(十四世)达赖早在1950年,就在锡金存放了一批西藏的文物珠宝";"(十四世)达赖1951年从亚东返回拉萨时,他仍命令将几驮子金钱财宝送出国境"。① 根据十四世达赖的说法:"(1951年元月)驮着五六十箱沉甸甸的、从布达拉宫国库装运出来的金条和银元宝"以及几百袋银币——预先运往计划好的逃难地方,大约在拉萨以南500公里处;总共动用了1500头以上的牲口。几天后,(十四世)达赖喇嘛和一支超过200多名官员、显贵和侍从人员的队伍,连同相应的坐骑和驮运队伍跟随上路。② 十四世达赖本人在其自传中对此也有明确的交代,这是一个不用争议的事实。十四世达赖身边的一位新闻发言人对外媒说,十四世达赖经费的主要来源……是拉萨政府1959年起事前运往并储存在锡金的文物珠宝及黄金储备。

为了瓜分这笔藏族人民和中国各族人民共同创造的财富,十四世达赖集团内部不断爆料明争暗斗丑闻。嘉乐顿珠声称,他被授权可以随意处置这笔财富。而十四世达赖坚持说:"这笔钱是我的,只有我个人才能决定其用途。"其他流亡要员则认为,这笔钱是共同财富,应当合理公平分配。最后,因相当一部分财产归了十四世达赖之兄嘉乐顿珠,引起其他贵族的极端不满,造成"流亡政府"的"内政部长"索康·旺钦格勒赌气不干(辞职),离开了印度的达兰萨拉;对"流亡政府"丧失信心的"财政部长"邦达央培,则干脆离开印度,回归祖国定居。诸如此类的外媒揭露文章,不胜枚举,无须赘述,人们可以详见《政治家》《亚洲纪事者》(新德里)1960年第6卷第13期,第3225页;《外交事务》(纽约)1969年第47期,第758页;马丁·杰奇布《流亡中的喇嘛:一位移居国

---

① 见沈开运等《透视达赖》,西藏人民出版社1997年版,第404页。
② 见[德]科林·戈尔德纳《达赖——一个神王的堕落》,由国务院新闻办公室七局监制,2001年,第99页。

外的人的前途》,见《基督世纪》1971年第88卷,第446页;《亚洲》1979年第1卷第6期,第36页;以及《现代西藏的诞生》第294页等内容。十四世达赖的所作所为,印证了没有昏官哪有恶吏的古训。

披着袈裟外衣的盗窃者十四世达赖,在他的自传中这样辩解道:"有的(指西藏文物珠宝)被熔成金块、银块,有的被卖到国际艺术品市场,换取外汇。"①"最初,我打算把这些宝物卖给印度政府,这是尼赫鲁主动提出的建议。但我的顾问坚持在公开市场出售,他们确信这么做能换更多的钱。最后我们在加尔各答拍卖,得款相当于当时的币值800万美元,在我看来简直是个天文数字。""这笔钱用于投资多种事业,包括一家钢管厂、一家纸厂的相关企业以及其他所谓保证能赚大钱的事业。不幸的是,这些帮助我们活用这笔宝贵资金的计划,不久都宣布失败。很遗憾,很多表面上要帮助我们的人,其实对于帮助他们自己更感兴趣,我们的大部分资金就这样失去了。""最后只挽救到不及100万美元的钱——1964年成立达赖喇嘛慈善信托基金。其实我自己对这样的结局并不太难过。回想起来,这批宝物很显然该属于全体西藏人民,而不是我们逃出来的少数人的财产,因此我们也无权独享,这是宿命。"② 一位流亡藏人大声惊呼:败家子!(意指十四世达赖集团)是违背藏人愿景和佛祖誓愿的民族败类!蒋介石发动内战失败逃到台湾孤岛后,尚能把大批国宝级文物珍藏于台湾故宫博物院,而他们却轻易变卖西藏历史文物以求私欲,这样做无疑是上对不起祖宗、下对不起后人!奥尔曼先生在香港《远东经济评论》发表文章感叹道:"西藏精巧的金银首饰和珠宝现在再也见不到了。这个地方的大多数财富——游牧民总是以一种变动的方式加以保存——已经被偷运出去……最有价值的金银珠宝已经被运出国外,支持在印度的西藏流亡者。"(见1974年2月《国外藏学研究译文集》第十辑,第345页)

十四世达赖集团的这一拙劣行径,充分暴露了他们才是赤裸破坏西藏传统民族文化的罪魁祸首。他们不仅破了不偷盗戒律,而且印证了十四世达赖"窗扉"中声称的恶念:"由于各人心中的那些不可控制的精神污点:欲望、仇恨、欺骗、愤怒、贪婪、自负、残忍和狂暴等等的巨大洪流开始以全力倾泻而出,犹如大江河海狂涛呼啸,势不可当。""人生是由

---

① 见十四世达赖丹增嘉措自著《我的故乡和人民》,1983年美国纽约版,第280页,以下简称十四世达赖自传。

② 同上书,第197—198页。

心灵及其各种功能所支配,因此,自私、忌妒、欲望、仇恨和欺骗都产生于人的内心活动;因为这些精神活动对自己和别人都是有害的,所以称为恶念。"(第 13 页)然而,对于昔日的西藏民众而言,一旦出现恶念状况,却要付出惨重的代价。十四世达赖的英文教师海因里希·哈雷(系奥地利人、德国纳粹党卫队军官)在其所著《西藏七年》中,记载了这样一件事情:"一个人从一座寺庙里偷了一只油灯,被当众砍掉了双手,他残缺的躯体被缝进一张潮湿的牦牛皮里,然后晒干,扔进深谷。"

  与此形成强烈对比是,中国共产党和中央人民政府为抢救、保护、传承、发展西藏传统优秀民族文化,做出了举世瞩目的历史性巨大贡献。据不完全统计,自中国改革开放以来,中央政府累计投入 7 亿多元人民币,用于保护布达拉宫在内的一大批西藏文物古迹。然而,在现存的西藏历史档案中,我们无法查阅到一件有关旧西藏地方政府拨付其所掌握的资金用于保护西藏民族传统文化的例证。2009 年 3 月 17 日,《西藏日报》发表题为《事实是对谎言的最有力回击》的专访文章,西藏自治区政协民族和宗教委员会副主任斯朗格列在接受新闻记者采访时说:"在现存的近代档案中从未发现过有旧西藏地方政府投资修护寺庙的记载,寺庙的维护大部分来自强制性的拉差。""仅 20 世纪 80 年代以来,国家就先后拨款 7 亿多元,对西藏的寺庙、灵塔、祭殿等宗教场所进行维修,特别是从 1989 年到 1994 年,国家拨专款 5500 多万元和大量黄金、白银对布达拉宫进行了重点维修,这在新中国文物保护史上是空前的。"

  相比之下,以宗教身份从事政治活动,千方百计大肆捞取钱财,占为己有,是十四世达赖图谋"藏独"的惯用招数。1990 年初,"藏人幸福事业会"会员贡桑公开揭发"流亡政府"内的一批高级官员接受并私吞台湾的贿赂金内幕,从而导致振动不小的丑闻风波。同年 1 月 9 日,十四世达赖在"流亡政府"内部会议上辩解道:"与台关系的具体过程是由我来安排做主的。我们既没有投降台湾,更没有接受台湾的救济。"但是,台湾蒙藏委员会西藏司负责人刘修端在记者招待会上公开证实了台湾向西藏流亡者提供了救济金,当场戳穿了十四世达赖的谎言。十四世达赖立即吩咐属下"这份材料不要公开",并假意指责道:"在流亡藏人中,少数人私自赴台湾……成了流亡政府的叛徒。"为了摆平此事,十四世达赖罢免了甲日·白玛申波"流亡政府"驻日本东京办事处主任的职务,尔后导致 6 位"噶伦"辞职和"人民议会解体",造成"流亡政府"机构的运行危机。在此情形下，十四世达赖不得不再次任命他二哥嘉乐顿珠复任"首席噶伦"，以整顿相当混乱的局面。

据台湾《中国时报》2009年8月27日报道，"莫拉克"台风重创台湾，高雄市长陈菊等民进党南部七县市官员联名邀请十四世达赖赴台举办祈福法会。当月30日，十四世达赖由新德里国际机场启程前往台湾，对外发表声明称："此行是应台湾人民邀请，非任何政治团体；此行目的是安抚灾民和超度亡灵；此行纯为台湾人民祈福消灾，并无任何其他因素考量。"31日，十四世达赖抵达台湾后，遭到候机大厅岛内民众的强烈抗议："达赖滚回去！台湾、西藏是中国的！""空着两手搞祈福，台湾灾民不需要你！""祈福是假，要钱是真……"台湾警方包夹十四世达赖冲出重围。当十四世达赖一行仓皇下榻莲潭会馆时，才发现随身携带的行李不见了，狼狈不堪，丢人现眼。十四世达赖辩称："这样的抗议是一部分人所为。"随扈达瓦才仁抱怨说："（台湾）当局的保安没有提供当初承诺的保安（措施），我们感到非常的失望。"9月1日上午，十四世达赖在高雄巨蛋举行祈福法会，场外聚集了大批抗议民众，打着标语横幅、高呼口号："大陆救灾，达赖添乱！""政治和尚，滚出台湾！""关心灾民，实为政治！"甚至有的人打砸十四世达赖人偶。来自台北"正觉佛教基金会"的成员批评十四世达赖："不是和平者，否定正法，死后必下地狱！"岛内民众抗议的愤怒声浪，一刻也没有停止。在法会场内，拼装的藏式法桌突然散架，头戴红色鸭舌帽的十四世达赖一笑了之，而听众则一片哗然："十四世达赖这次来台'祈福'不吉利！""达赖住高级宾馆，吃山珍海味，坐高级轿车，哪里是一个出家人的应有作派？！"台湾佛光山星云大师对媒体说："你（十四世达赖）号称是来进行宗教祈福的，那就应该是宗教活动，怎么一路都走了政治门路。"（见2009年9月1日台海网讯）9月3日上午，两岸和平发展论坛筹备会下的10余个台湾民间团体，再次在台北福华饭店对面集会，抗议民众拉起横幅、举着标语："政治操弄、污辱宗教""台独藏独合流政治土石流""救灾重建优先，反对政治操弄"等，高喊"达赖迅速离台、人民专心救灾"等口号；劳动党主席吴荣之等人，向十四世达赖派出的代表递交了《正告达赖停止分裂活动》抗议信。据台湾东森新闻报道，台湾"内政部"2009年9月15日发函给高雄市等南部7县市，联名邀请十四世达赖赴台"祈福"，违背了有关"政教分离"的规定原则，并涉嫌以"政府"经费支付特定宗教人士赴台的费用,要求他们说清楚十四世达赖赴台祈福的经费预算。十四世达赖满怀"希望"赴台,颜面扫地回印。

当然,十四世达赖前两次访台,却是春风得意"满载而归"的。1997年,十四世达赖第一次访台时,台湾当局给十四世达赖的"供养金"为1781万新台币。"台湾中国佛教协会"为十四世达赖捐赠3000万新台币,帮助达赖集团在台湾成立了"达赖喇嘛基金会",此基金会实际上是十四世达赖集团驻台湾办事处。2001年,十四世达赖第二次访台时,台湾当局给十四世达赖的供养金达1500万新台币。可以说,十四世达赖这两次访台,捞够了政治脸面,也捞足了衣兜钞票。

龙萨菩萨说:"佛说:知足是富裕之首;知足者,虽无财物也富矣。"无数事实证明,十四世达赖叛经离教,不仅是政治上的大贪,而且是金钱上的大盗。早在20世纪60年代,十四世达赖每年便拿美国中央情报局18万美元的个人年薪,这比该国总统的薪金还要高,若再加上其他各方收益,十四世达赖即使做凡人也完全能够过上"人神"般的富人生活,但他就是不安分守己,频频窜访国外,四处捞钱,明码实价地大肆"赚钱"丑闻不断暴光。2005年11月4日,十四世达赖在美国华盛顿MCT演讲,售出的最低票价16美元,最高101美元。2007年5月,澳大利亚专栏作家麦克·柏克曼在《达赖喇嘛神圣藏袍下掩藏着什么?》一文中指出,十四世达赖从不提供捐款的具体数目,也不透露具体来源。据十四世达赖集团"纽约和新泽西藏人协会"秘书索朗次仁透露,2009年,十四世达赖在美国活动期间,仅当年5月3日在纽约的"传法"和演讲活动中,就获取到30多万美元的个人收入,除去各种开支,净收25万多美元。据"第十四世达赖喇嘛官方网站"披露,十四世达赖于2009年7月30日至8月2日到德国法兰克福演讲,一天票价为29—59欧元,两天通票为45—99欧元,周末电话对话:一天的票价为49—79欧元,周末两天票价为90—145欧元。据《环球时报》称,2009年12月8日上午,窜访到澳大利亚的十四世达赖举行了第三场公开演讲,在原本以气候为题的演讲上,十四世达赖却大谈所谓"人权与宗教信仰",并再次索要门票70澳元。加拿大《环球邮报》随后也爆料称,十四世达赖不久前窜访该国尔加里城市时就曾收取价格不菲的演讲门票,以顾自己敛财。据《日本新华侨报》报道,2009年11月7日,十四世达赖在日本讲演"弘法",本应是一场公益性活动,却严禁听众携带摄影、录像、录音等相关器材入场，并收取每张门票 3000—7000 日元。据央视网 2009 年 8 月 10 日报道，题为《西方民众眼里的达赖》称，十四世达赖近期游走欧洲，屡次举办讲座大肆捞钱，顺带为"藏独"搞宣传，实际成了"捞钱之旅"。据举办方介绍，从 29 欧元至 30 欧元不等的昂贵门票，卖出了 3.5 万张，西方世界似乎掀起了一股"十四世达赖热"。《德国之声》报记者采访德国民众认为，对国人的这种无知，连记者也感到羞愧。2010 年 5 月 8 日，中央统战部常务副部长朱维群在世界华侨华人社团联谊大会上透露，十四世达赖居然借中国青海玉树地震灾害来为自己敛财，蓄意对国家民族团结加以破坏。他说："（十四世）达赖集团的所谓流亡政府，所有的流亡（所谓的）组织，都纷纷设立账户，呼吁全世界把救灾的钱投到他那里去。那么钱投到他那里去，会是怎么一种结果，我想大家可想而知。"（见香港凤凰网卫视当日报道：《达赖集团借玉树地震设账户敛财》）

　　严格意义上的僧侣及信教人士，应当心存佛性，看破红尘世故，是跳出三界外、不在五行中的忠实宗教笃信者。但十四世达赖六根未尽，凡心犹存，他不顾脸面的贪婪那么多金钱从事与其身份不相符的政治活动，实属破戒异教徒。智利作家埃尔南·乌里韦发表文章《达赖：披着宗教外衣的政客》，文中说："自 1959 年流亡以来，达赖不停地周游世界，到处贩卖他的'精神'膏药，他不仅欺骗了许多无知者，而且敲开了一些国家元首的大门。""但在最近一次访问圣地亚哥时，达赖却没有跟现任总统巴切莱特说上话。但正如所料，达赖却以'科学和佛教中的智力开发'为题进行了一次讲座，听众达 600 人，每张门票为 15 万智利比索（1 美元约合 517 智利比索），达赖将 17 万美元的门票收入装入了自己的腰包。""达赖一向以俭朴外表示人，但众所周知，他在印度的流亡地却住着豪宅，并拥有两辆豪华汽车。"① 听过十四世达赖演讲的西方传媒大王默多克说："达赖是一个披着袈裟、穿着意大利古奇皮鞋，奔走于世界各地的老政客。" 2008 年 10 月 9 日，法国电视二台在播放《达赖的轨迹》专题片中，指责十四世达赖是"两面派的政治人物"，在法国民众中引起反响。2009 年 6 月，《国际先驱导报》、英国《独立报》和路透社作了专题报道，虚伪沮丧的十四世达赖在达兰萨拉对流亡僧人说："精神领袖和政治领袖集于一人身上，压力实在太大了。我的继任者没有必要继续扮演

---

① 见阿根廷新闻社布宜诺斯艾利斯 2010 年 3 月 2 日电。

这样双重的角色。""对于那个时代（指过去的政教合一制度）而言，是有用的，但那个时代已经结束了。""全世界都意识到，民主制尽管也有自身的弱点，但它仍是最好的制度。西藏流亡政府实行民主制，是为了追随外部世界的步伐。"恩格斯深刻地揭露道："现在君主集一切权力（人间的和天上的）于己身，他这位人间上帝，就标志着宗教国家的登峰造极。"① 西藏"政教合一"旧制度犹如"从陡坡上滚下的石头，再不可能滚上山去了"，但逆潮流而行的一切反动派不可能甘愿自动退出历史舞台。十四世达赖为了满足西方人的口味，依据不断变化的国际形势，大讲"民主"与"博爱""和平"与"自由"，在国际社会中，欺骗了不少西方人士。他在贪婪的美梦中，当然要陷入嫌恶与迷惑的深潭里，这点毫不奇怪。2006年12月，十四世达赖在接受英国广播公司BBC采访时说："我不久前在梦中回到了拉萨。"中央对十四世达赖的政策始终是一贯的、明确的和有原则的，十四世达赖回归祖国的大门始终是敞开的，前提就是十四世达赖真正放弃"藏独"立场，承认西藏是中国领土的一部分，以实际行动停止各种分裂破坏活动，用事实争取全国人民的谅解，做一个僧人应该做的事情。否则，就是痴人说梦，自己堵死回家的路。

为了竭力推脱十四世达赖集团累累历史罪责，十四世达赖对外媒记者说："我们藏人现在之所以承受这么多苦难，可能是我们在前世的无数轮回中，做过一些什么不好的事情，比如贵族不善待人民，所以才有这个因果。"② 其实，十四世达赖是旧西藏的最大贵族，他不打自招地说出这样的话，显然是要转移罪责。佛祖告诫过僧徒们这样一句话："诸位比丘显达士，如贪欲迷恋黄金，考察吸取我所言，不能仅为尊敬吾。"民间有句俗语：善有善报，恶有恶报，不是不报，只是时候未到。拉萨上密院年近古稀的老僧人强巴尊追语重心长地告诉年轻僧人："以前我信仰十四世达赖，也给十四世达赖磕过头，喝过十四世达赖赏给的'圣水'，但现在我不信仰十四世达赖，也不会再给他磕头，因为十四世达赖背叛祖国，背叛人民，逃到国外组建流亡政府。他自己同意和平解放西藏，现在又公然反对自己的国家和人民，违背自己的承诺。既然他反对祖国，我也就不信任他这个活佛，而是要反对他。"③ 2010年3月10日，当选全国人大代表的

---

① ［德］恩格斯：《普鲁士国王弗里德里希——威廉四世》。
② 见茉莉主编《达兰萨拉记行》。
③ 见沈开运等《透视达赖》，第396页。

西藏自治区人大常委会副主任新杂·单增曲扎活佛在接受人民网记者高雷采访时指出:"十四世达赖喇嘛并不是所谓的宗教人士,而是一个政治流亡者。""他这是自掘坟墓。"

> 明知不对又不认错,这人一定是着了魔;
> 只是认错又不肯改,怎么算做万物之灵。
>
> 《萨迦格言》

三 袈裟色狼捉迷藏,游戏人生丧天良

不邪淫——十四世达赖声称:"对象是非属配偶的异性,如别人的妻子或丈夫、受父母或监护人保护的男女,过宗教独身生活的异性。""第二种因素是女人(或男人)的性交意图。""为完成性交所作出的努力。""在各种精神烦恼中,贪婪是首要的根源,而其他两种(嫌恶和迷惑)也将同时出现。""接受两性生殖器接触而产生的快感。人可能以三种方式违反此戒:与受亲属、母亲、父亲、兄弟支助或保护的女人(或男人)性交;与受丈夫照顾的女人性交(或与已经结婚的男人);最后是与受达摩保护的人性交;其中包括所有那些终生献给宗教事业的人。在各种不正当的性行为中,最严重的是血族相奸(乱伦)。"(第41页)

按照十四世达赖的说法,不论哪种方式,只要是性交,就属出家僧人的破戒行为。也就是说,在藏传佛教的经书戒律中,出家僧人的男女或同性恋者间的性交行为是被严格禁止的,违者即视为破戒。在科林·戈尔德纳所著的《达赖——一个神王的堕落》(系国务院新闻办公室七局2001年1月监制的翻印本,以下简称《十四世达赖的堕落》)书中,作了大量事实上的深度披露,实在令人大为震惊且难以置信,所谓"独身"和尚竟是实践两性关系的"行家里手"。在此,仅摘录引用书中部分文字资料内容,谨作如下如实爆料:

"僧侣制度等级森严,自古以来只有极少数上层分子有(特)权搞这种秘密活动,他们暗中占有了专为他们招收的'女性伴侣'。这一切连低一层的僧人都不得而知,更何况'普通人了'。当他们要求一般僧人节制

性欲或者只允许以手淫方式达到性满足时,而上层喇嘛们则一向有自己的情妇。"(第166页)

"一般来说,金屋藏娇在过去和现在都是严格保密的。正如英国女藏学家和虔诚的佛教徒琼·坎贝尔——其本人就曾长期充当一位高级喇嘛的'性伴侣'——所描写的:'尽管上层和尚在寺院里一直过着性生活,但这并不影响西藏活佛制度的存在。在公众场合的喇嘛是清心寡欲的和尚,实际上他们过着严格保密的性生活。'用恐吓和威胁手段迫使参与这类事的姑娘和有夫之妇(以及有关喇嘛的贴身亲信和其他参与者——如这些女性的父母、兄弟和不得不把妻子奉献给高级喇嘛享用的丈夫),永远保持绝对缄默,否则就会遭到地牢的痛苦折磨。此外,他们还诱骗女人们说,如果她们对与喇嘛的性交保持缄默,她们就能通过'活佛'为她们的来世积累许多'善业'。在很多情况下,他们还用魔法使女人们'就范'。为了使她们感到恐惧并保持缄默,喇嘛采用阴险的心理感应手段,他们有一整套符咒,能使其他人感到无名的恐慌,周身僵硬或者感到一下子被分身。其实,单就对喇嘛的无条件顺从和献身给喇嘛的义务,就足以使受害者保持缄默。'① "喇嘛们矢口否认他们与女性发生性行为,即使在无法辩解的事实面前也不嘴软。"(第168页)"琼·坎贝尔说,藏传佛教的结构很像一个秘密社团;某些特定仪式不让别人参加,不仅意味着只有传授者才能入内,而且也意味着'某些过程甚至对大多数传授者也不公开,性生活要保密,就更不足为奇了'。"(第169页)

"东亚问题专家托马斯·霍普的最新观察也耐人寻味:'我们本能地认为,寺院里的生活和思想是十分严格的,完全献身佛法的。这种想法虽不完全错,但寺院里的实际生活远比我们想象的要精彩许多……和尚之间、经师与弟子之间的同性恋,和尚与尼姑之间、和尚和寺院之外的女人之间的性关系以及世俗的交易、欺骗和权力之争比比皆是。'霍普是汉堡亚洲事务研究所的高级研究人员,他在1995年进行了这些观察。"(第177页)"美国心理学家黛安·谢恩贝格女士采访过许多在西藏喇嘛身边当过'性伴侣'的西方女性,她说:'我所采访的女性伴侣中没有一个能够从中得到正面意见的东西……她们都感到自己是性玩物……从这些女性口中,我从来没有听到哪怕是一点点快感,一次也没有。'美国人类文化

---

① 见《十四世达赖的堕落》,第167—168页,下同。

学家米兰·肖女士在她的《密宗佛教中的女人》一文中证实了这一点：女人被用来作为'达到目的的手段'，成了宗教'仪式的法器'，用完之后就放到一边，既没有，也不可能有真正的交流。佛教学者本亚明·沃克说，性交之后的女人就像'花生壳一样一文不值'。"（第170页）

"第一个把西藏上层喇嘛绝对保密的性生活公布于众的，是前面提到的那位藏学家琼·坎贝尔，她1996年出版了一本书，谈到了这个问题。她写道：多年来她一直是年长她40余岁的卡卢仁波切喇嘛（1905—1989）的'秘密性伴侣'。尽管作者认为藏传佛教是敌视女性的，她与卡卢喇嘛的性关系是'单方面的'和'榨取式的'，但她作为多年来的佛教徒，还是没有勇气提出严厉的批评。她说，像其他许多带有'女权主义'倾向的作者一样，她提出批评的目的，只是为了消除'佛教过时的、成问题的传统，保持佛教的纯洁性'，使之能在全球更加有力地得到传播。"（第170页）

"在这个问题上，自称佛教专家和神秘教派作者的乌莉·奥尔维迪是一个例外。她称坎贝尔的批评纯属一个当事者'主观臆造出来的故事'，因为她对这种行为不满，'感觉受到了性玩弄'，实际上她对自己写的东西也不知所云。奥尔维迪借达仲双桑尔仁波且喇嘛之口说出她想要说的话：'东方女人从敌视女人的魔爪中，即强迫当地人接受基督道德标准和价值观的基督传教士的专制统治下解放出来的热烈愿望。'针对坎贝尔，这位喇嘛表露了格鲁教派的狂妄和玩世不恭。"（第171页）

"不是被西藏喇嘛玩弄过的'性伴侣'都这么好敷衍。许多人设法通过心理治疗重新获得自信。有的，如琼·坎贝尔，将事情公布于众。早在（20世纪）90年代初，就有一位西方女弟子在美国圣克鲁斯最高法院状告一位西藏上层喇嘛和畅销书作者索坚活佛，告他多年来一直利用其地位，与她发生性关系并谋取好处，说他欺骗她及其他许多'性伴侣'，说什么同他发生关系对身体和精神都十分有利。这一要求赔偿1000万美元的案子以私了告终。索坚活佛的追随者们声称，这是依靠魔力取得的结果。英国女作家玛丽·芬尼根1997年在互联网上说，就连原来把与喇嘛同床视为'光荣与义务'的西藏女流亡者现在也懂得了'性伴侣'这个概念了。其他受害者走上法庭也只是个时间问题。"（第173页）

"多年来关于西藏喇嘛玩弄他们的西方女信徒的传闻和报道越来越多，对此再也不能避而不谈了，或者当作个别现象一推了之。在此之前

（即坎贝尔著书批评），达赖喇嘛的弟弟（现为西藏流亡政府议会议员）丹增曲杰以攻为守，承认佛教寺院中存在'精神腐败'。他说：'如果一个和尚说他要去开导一个人，但实际上他是去约会一个姑娘。我认为这是令人羞耻的。'很明显，他之所以对他的袈裟兄弟们的性生活提出批评，是因为这类事已经被披露了出去，他担心整个西藏的神职人员都会威信扫地（首先是在乐于捐款的西方）。不过他还是一如既往地认为，和尚或喇嘛与女人发生性关系的事（或者他们之间发生同性恋）在藏传佛教经书中是禁止的。如果还是发生了这种情况，那只是'个别和尚的行为不检点'而已，而性行为是金刚乘佛教的本质这一事实则被继续掩盖。十四世达赖喇嘛本人也被迫站出来表态说：'30年来佛教在全世界传播……同时也出现了某些不良现象和困难，这是由于弟子们过于盲目地相信他们的经师引起的，有些经师也从其弟子的依赖性中捞取好处。如此种种有时导致丑闻、性淫乱和挥霍钱财的事情发生。'达赖喇嘛把责任一股脑儿推到那些'过于崇爱她们的精神师父'的女弟子身上，是她们导致师父们堕落。"（第171—172页）

"西藏喇嘛格登曲伯（1895—1951）在（20世纪）30年代初曾为喇嘛们编写了一部《性生活大全》，他有不同的说法。他突出强调他援引了印度《爱神之经》的看法，不仅研究了性交时的各种姿势及有关节奏和动作，而且还提出了如何发出带有刺激性的声音。他细致入微描写刺激阴茎和阴蒂的各种方法以及用不同工具使阴茎勃起。作为性伴侣的女子还要符合一定的条件："根据密宗教义的规定，这些女子必须'年轻、妩媚'，出身'高贵'，皮肤不可太黑，也不可太白，他们的阴道必须不断地散发出一种莲花或檀香木的芬芳。"一篇密宗经文中规定了五种不同的性女伴（他们喜欢称为"智慧女伴"）："8岁、12岁、16岁、20岁和25岁五个年龄段，每个年龄段服务于不同的目的。格登曲伯认为，强迫不情愿的姑娘与你性交也是完全正当的；尽可能不要与同年龄大的女子发生性关系，年龄在30岁以上的女人被咒骂为可恶的嘴脸；接近40岁的被辱骂为'狗脸、猪像、狼面、野兽、鹰脸'。"（第174—175页）"密宗信徒们还'定期服用一些被认为是不干净之物'。至于服用何种'物质'，看来宗教科学家鲍尔根斯很不愿意谈及（他对藏传佛教的同情是非常明显的），只有通过他关于《西藏宗教与文化》的研究报告中小体字注解，人们才得知：'这种物质包括5种肉类（牛肉、狗肉、大象肉、马肉和人肉）和5种液体（粪便、大脑、性分泌物、血和尿）'。根据鲍尔根斯的说法，在宗教仪式上食用分泌物、精液和月经血更深刻的原因是要证明'没有什么东西本身是干净的还是不干净的，对这些东西的看法是建立在错误概念基础之上的'。因此人肉也能吃，而且必须吃。"（第175页）"为了获取这种超越任何存在的万能权力，喇嘛需要女人的能量。在密宗派看来，这种能量完全是物质的'万应灵药'。"（第178页）

"对达赖喇嘛（指十四世达赖，下同）来说，性生活首先意味着生孩子：'我想，性关系的主要意义在于孩子，生出充满活力的、可爱的婴儿。'不使用正确的身体部位是显而易见的'性行为错误'。所谓'不正确的身体部位是指嘴和肛门……如果男女之间使用正确的器官进行性交，而不是用别的器官，那么，这种行为是正确的。'他认为同性恋'本身无可非议'，不正确之处仅仅是因为'没有使用正确的性交器官'。达赖喇嘛对格鲁派的四大基本教义之一——'独身'的论述要有意思得多：'和尚不许杀生、不许行窃、不许撒谎……他必须绝对清心寡欲'。"（第163—164页）"换句话说：只要和尚或喇嘛不射精，他们可以甚至应该进行性活动，使用'性器官'，只要做法得当，完全不违背不婚的教规。对这种性实践，达赖喇嘛聪悟地解释说：'虽然看起来像性行为，但实际上不是性行为。'从这一角度看，这位'陛下'津津乐道的他'一生过着独身生活'，意义就完全不同了。"（第165页）"达赖喇嘛强调，如果'没有任何性欲，要先做预备活动。大体是这样：当有人送给你一杯酒和一杯尿，一份美味佳肴和一盘粪便，你的状态应该是：所有这些东西你都能吃能喝，你对吃喝了什么根本不在意。'这时，辩证又反过来了，必须努力想象并触动你的生殖器。作为想象的女人原形，这位'陛下'提出四种：'莲花形的、鹿形的、贝壳形的和大象形的……这种划分首先与生殖器的形状有关'。"（第176页）"按照达赖喇嘛的说法，喇嘛与其'智慧女伴'性交开始时一定要谨防射精：'男性的生命液'必须保留在身体内，然后与'女性的生命液'结合。"（第179页）"现在这位十四世达赖喇嘛（他的前任被称为密宗的'最高大师'）解释说，这种技巧是要下功夫才能学到手的，并且要经常练习。他详细地讲述了相应的练习方法。其中之一是：'将一根麦管插入生殖器，先吸水，后吸奶。用这种方法练习性交时使体液回流的能力。一个有经验的人不但能使流出的精液回流，而且还能使之回流到头部，即回到原来流出的地方'。"（第180页）

从以上临床心理学家和科学记者科林·戈尔德纳所披露的事实资料看，十四世达赖在暗地里与性欲有染，是不需争辩的公开秘密。早在20世纪60年代中后期，在国际社会中，特别是"西藏流亡政府"内部，就流传着这位"神王"同多位金发女郎发生性关系和密信来往的奇闻逸事，这并非空穴来风，只因十四世达赖集团高层内部对此事隐藏很深罢了。随着时间的流逝，一切真相终将会大白于天下。

1998年，美国《花花公子》杂志记者采访十四世达赖对性的看法，十四世达赖说："我是个62岁终身独身的和尚，除了说两情相悦当然就OK，我没有可说的。"言下之意，步入老年行列的他，将遵守"独身"戒律，如果有"两情相悦"的"智慧女伴"，那就是另外一回事情了。十四世达赖说："一个人如果想要建立一种彼此满足的两性关系，最好能深入了解对方的天性如何，然后从他的本性与他建立起关系，而不是由他的表象建立起肤浅的关系。""两人的激情很容易冷淡下来，完全根基于性的吸引力，这样的关系很不可靠、不稳定的，因为那种感情只是根基于暂时的假象而已。建立在你对那个人的感受上，觉得他是仁慈、善良、温柔的人，这样的基础，能够长久维持。""宗教的目的在为人谋福，宗教的用意在滋养人的心灵。"① 马来西亚佛教资讯网刊登了一则2007年10月18日《星洲日报》的题为《达赖喇嘛谈性与欲》的文章，当马颜克·西哈亚记者问十四世达赖他年轻时是否会想性欲的问题时，十四世达赖直言不讳地说："就像正常男人一样，我对性也感到好奇，且我誓言守贞，一旦你发了誓，就得学会升华你的欲望。""我认为，坚持守贞是因为性会使你依恋某人，甚至还会生儿育女，这不适合修道生活。当你选择出家的道路，要普度众生，那么不受个人事务羁绊就很重要，佛家坚持独身，并不是因为认为性是一种罪恶，而是因为考量到性行为所造成的后果。"

实际上，十四世达赖已经说得很清楚了，即性欲是人天生的，出家人也不例外，因为"性不是一种罪恶"，出家人誓言要"守贞"，是为了"普度众生"、升华佛业的需要，只要不生儿育女，实践中的"性欲"，也是修道生活中的一部分。甚至十四世达赖还支持出家人破戒或修男女"双身法"，以掩饰性行为的不端。他在《双身法之藏传》书中说："只要出家人与明妃合修双身法时，可以修到不泄精者，即不违法……"科

---

① 摘自2010年9月3日PPT博客，即《快乐——达赖喇嘛的人生智慧》。

林·戈尔德纳指出:"不管达赖喇嘛对密宗的解释是什么意思,藏传佛教认为,只有通过实际的性,才能彻悟得道;要想达到更高一级境界,只有通过不折不扣地与现实的女性的性接触才能达到(值得指出的是,这里所说的得道是男性的得道,女性则必须为此献身)。达赖喇嘛解释说:这些都'必须秘密进行,因为这不符合许多人的精神……不许公开宣扬此事,这样做的人必须对那些与此道无缘的人保密'。"[①] 十四世达赖的诡辩"神秘"论,还体现在对同性恋者持摇摆态度;科林·戈尔德纳在书中写道:在另一场合,即在答《花花公子》杂志记者问时,这位"陛下"对同性恋的态度就不那么宽容了,正如佛陀自己明明白白地说过的那样,同性恋肯定是一种"错误行为",因此也就成了不良的业。(见书同上,第164页)然而,1997年十四世达赖在其流亡"老巢"达兰萨拉公开发表了反对同性恋的言论,引起了全球同性恋者的大震荡和大不满。2007年10月18日,马来西亚佛教资讯网援引即将出版的《达赖喇嘛新传——人·僧侣和神密主义者》一书称,十四世达赖又辩解说:"同性恋者当然不能繁殖下一代,但它是否因此而错误?不知道。我认为这是人类追求肉体欢愉的另一个方法。"

2008年5月29日,《新加坡中文论坛》网发表题为《达赖论性》的文章说,1994年,十四世达赖还曾经为一个流亡活佛准巴辩解,准巴是个同性恋,拥有大批男性弟子供淫乐。十四世达赖认定准巴是个"高度的觉者",因此他做什么都是对的。十四世达赖一边微笑一边回答众人对准巴的质疑:"他可以愉快地吃排泄物"。该篇文章还披露道:十四世达赖在几次书面评论和达兰萨拉举办的讨论会上,几次谈到性高潮的重要意义,比如"有射精的梦是重要的",并结合自己的性高潮与灵修净光的体验向听众讲解,并反复向西方人介绍说:女人分四种,根据其阴部长相分别是莲花女、母鹿女、贝壳女、大象女。然后补充说,如果在西藏,最后一种将是"牦牛女"。2009年10月19日,十四世达赖在官方国际华文网站首页说"射精",他认为,在性乐的经验这方面,喇嘛教拥有世界顶尖高手和根敦群培《欲经》等专著。十四世达赖说:"这种性乐的经验,与寻常的性交迥然不同。""依据密宗的解释,性乐的经验得自三种情况:一是射精;二是精液在脉中移动;三是不变的乐。密宗修行利用后两种来

[①] 见《十四世达赖的堕落》,第165页。

证明悟空性。"

在中国历史上，道教所谓的男女房中术、采阴补阳术等，一直被大众认为是少数人愚弄多数人的邪法歪道，也遭到了道教正统的摒弃和排斥，并成为历史的垃圾。十四世达赖把男女双修冠以"藏密"佛教斑斓的光环，妖言惑众，拿糟粕当毒品，让普世民众不能认知其"一切法空无自性"的真实意义，误导信众不知所措，走入邪途，而忘掉佛教慈悲为怀、普度众生的基本教义。十四世达赖这种以教乱教的做法，就是纵容包庇极少数"高僧"拿过时的邪法为正法，依仗其"神权"，不吝杀人夺妻、杀人夺女，祸害善男信女，把所谓的"智慧男女"当作"性奴隶"，企图通行于天下，严重违背了绝大多数人的道德公平和做人尊严，严重破坏了人间正道的正常秩序，严重扰乱了社会生活的安宁。在《大般涅槃经》中，被佛陀怒斥道："秃人，秃居士！"

"以戒为师""无戒无法"是佛教判别真假僧徒的根本准绳，藏传佛教格鲁派更以戒律严格著称。在《普提道次第论》中，宗喀巴大师说："凡大乘者，若不具足菩萨律仪，则只属空名。""无明理之智慧，虽修慈悲之心，亦未了断凡根。"藏传佛教的教规教义，其精神实质都贯穿着依律、诚信、平衡、均利、忘己、利他、和谐的基本要素，是千百年来佛教优良道风之所系，正己度人之所依。作为一名佛教弟子，理应用这些准则鉴别大是大非、精进宗教修为。然而，在十四世达赖的心目中，神圣的佛教已经完全变成他为了达到政治目的而玩弄于股掌之上的手段和迷惑世人的外衣；十四世达赖的邪淫歪说，完全是反人性、人道、良知、公德和人权的，足以说明十四世达赖在宗教上的虚伪性、欺骗性和反动性。

多嘴多舌是惹祸之源，沉默寡言是免灾之本；
巧嘴的鹦鹉被关进笼中，不会说话的鸟儿自由飞翔。

《萨迦格言》

四　妄语连篇去撒谎，言行只唯"藏独"忙

不妄语——十四世达赖声称："意图在于歪曲事实……说出未加考虑

的言语和身体力行所作出的努力。""结果使人相信撒谎者的有意的言行，并按其行事。当进行非真实的行动时，非真实的言语表达方式或许有所变更。""有种谎言损人利己，这就是人所共知的'弥天大谎'。""最后的一种谎言是既无害又无利，既不为人也不为己，只是出于撒谎的嗜好（或许是开个玩笑等），此即小谎之意。"（第42页）十四世达赖破此戒的事实比比皆是，仅举以下几例。

2009年3月7日，中国外交部长杨洁篪在北京人民大会堂中外记者招待会答问时说："达赖方面提出要在中国四分之一的土地上建立他的所谓'大藏区'，要赶走驻扎在那里守卫中国国土的中国军队，要赶走世世代代在那里生活的其他民族的中国人。这样的人是一个宗教人士吗？""达赖绝对不仅仅是一个什么宗教人士，而是一个政治流亡者。"随后的3月10日，十四世达赖在印度达兰萨拉"纪念西藏起义50周年"记者招待会上作出强烈反应，对外媒声称："我从来没有说过解放军应该从西藏迁移出去……请大家代表我问中国外长，我什么时候说过那样的话？……他不是出于愤怒就是完全在撒谎，他必须给出证据。"3月13日，温家宝总理在全国人大、政协两会结束后，举行记者招待会回答法国记者提问时，拿出了人们熟知的证据："如果大家查一查1987年达赖喇嘛在美国发表的'西藏五点和平计划'和1988年在法国斯特拉斯堡发表的'七点新建议'，那里都明确讲到，要中国军队和军事设施撤离西藏，要立即制止汉人迁入藏区，已经进入的要撤离。白纸黑字，达赖喇嘛要纠正是可以的，但是要赖是赖不掉的。"

十四世达赖抛出的所谓"五点和平计划"，第一条明确写道："在西藏建立和平区将需要中国军队和军事设施撤走"，"只有中国军队的完全撤退才能开始真正的和解过程"，"撤军是一个重要的讯号，显示未来将有可能与汉人在友谊和信任的基础上建立起有意义的关系"。第二条是："西藏民族若要求生存，一定要停止人口转移，并使移民入藏的汉人回到中国。"十四世达赖在"七点新建议"中明确写道："我们应该召开区域性的和平会议，以确保西藏的非军事化。"

十四世达赖提出的所谓"计划、建议"，就是掩人耳目的"中间道路"论调，实质是通过所谓"大藏区变相独立"达到"完全独立"。2005年，"西藏流亡政府"的"首席噶伦"桑东在印度菩提迦耶举行的法会上强调："所有这一切工作的根基应该是1987年十四世达赖陛下提出的五点和平计划和 1988 年发表的斯特拉斯堡七点新建议，这是我们的纲领性政治指南。""流亡政府"在达兰萨拉街头巷尾散发的《达赖喇嘛中间道路宣传手册》中明确写道："五点和平计划和七点斯特拉斯堡建议是由达赖喇嘛提出，经由民主程序确定的。" 2008 年 10 月 27 日，是十四世达赖的私人代表与中央有关部门代表进行年内第三次接触商谈的前几天，桑东在达兰萨拉接受"独立中文笔会"采访时又称："假如问题能够得到解决，自治区内就不能驻扎军队，军队一直是我们的核心议题。""居住在西藏自治区的非藏人不享受自治权，因为他们不是少数民族，自治权仅限于当地的少数民族。""少数民族自治区的所有官员和雇员都应该由少数民族担任。"

还是那句话，谎言终究是谎言，总会露馅，被人戳穿，妄语之人恰恰是十四世达赖本人。当国际社会的各路记者随影质疑时，这个"佛爷"无言以对或有意躲避不答。

截至目前，世界上没有一个国家承认西藏是独立国家。2006 年 6 月，印度总理瓦杰帕伊访华，再次对外媒承认："西藏是中国领土。"美国虽然暗中大力支持十四世达赖集团，公开场合也不断重申西藏是中国领土不可分割的一部分。① 然而，道貌岸然的十四世达赖，一方面顽固从事分裂祖国、破坏民族团结的活动，另一方面又把自己打扮包装成不寻求"藏独"的"非暴力"宗教人士。铁一般的事实证明，十四世达赖妄语连篇，逻辑混乱，丑态百出，言行不一，确实是一个蹩脚演员、袈裟政客。

1959 年 3 月，十四世达赖背叛祖国和人民，逃离西藏，流亡印度，在反华国家支持下，做了一系列图谋"藏独"活动的恶事。当十四世达赖离开拉萨的第二天，他给西藏全体僧俗官员和"贵贱人民"留下一封公开信：声称"西藏过去是独立国家"，指责"汉方"违背"十七条协议"，认定"西藏全体人民扩大代表会议"为合法叛乱组织，指令功德林札萨·威萨坚赞、原藏军司令洛珠格桑、堪穷大若·多阿青、堪穷格桑阿旺、仁希夏格巴、孜本雪巴等为叛乱武装指挥官。4 月 18 日，十四世达赖一行逃到印度提斯浦尔后，让人代读和散发了用英文书写的《达赖喇嘛声明》，公开对外媒声称"西藏是独立国家"，大肆扬言要搞"藏独"活动。这份《声明》表示："达赖喇嘛愿意断然声明，他离开拉萨和西藏

---

① 见 2009 年 3 月 21 日《人民日报·海外版》内容。

到印度来，是出于他自己的自由意志，而不是被劫持。"尔后，外逃的"藏独"分子马上感到了以第三人称表达的语意有问题，于是急忙在4月22日"以达赖喇嘛名义"发表了第二份《声明》，声称："早些时候发表的这份声明不由我负责。我希望说清楚，早些时候的这篇声明，是在我的授权下发表的，它表示了我的看法，我坚持这篇声明。"4月24日，印度总理尼赫鲁到穆索里地方与十四世达赖进行了四个多小时的长谈，尼赫鲁问："听说您曾给谭冠三将军写过三封信，果有此事吗？"十四世达赖直言不讳地答道："是的，我并不想否认。"当天，印度报业托拉斯报道说，尼赫鲁会见十四世达赖后不得不向记者们承认：十四世达赖写给谭冠三将军的三封信是真的！《声明》背后的秘密揭开了，国际舆论一时哗然。此前，国外媒体对于中国政府所谓"暴政"、逼走十四世达赖的种种指责，顿时成为莫须有的罪名。事实证明，十四世达赖出逃印度，完全是由他自己的意志决定的；将来要走"西藏独立"的不归之路，也完全是由他的意志决定。可谓是："人拉着不走，鬼牵着飞跑。"① 4月25日，十四世达赖组织召开穆索里会议，组建了"西藏流亡政府"，并绘制了所谓"西藏国大藏区"地图，确定了象征国家主权和政权的"国徽""国歌""国旗"。6月20日，十四世达赖第一次公开出面举行记者招待会，发表了事先准备好的答记者问和一篇声明，他再次公开表示要恢复西藏的"独立"。9月10日，十四世达赖又写信给联合国秘书长哈马舍尔德，呼吁联合国立即干预"西藏问题"。次年9月，在美印国家支持下，十四世达赖集团在尼泊尔木斯塘地方重新组建了"四水六岗卫教军"武装力量，在我边境进行了长达10年之久的军事袭扰活动。十四世达赖撰文对恩珠仓·公布扎西首任总指挥的"功劳"大肆赞扬。

1962年，十四世达赖在美印国家支持下，又在印度组建了流亡藏人为主的"印藏特种部队"，他的胞兄嘉乐顿珠和胞弟阿里·丹增曲杰都曾在这支部队服役，并担任高官。1963年，十四世达赖集团颁布所谓"西藏国宪法"；1991年，又修改为"流亡藏人宪法"。这两部"宪法"都明确规定，十四世达赖拥有绝对至高无上的地位。自20世纪70年代起，十四世达赖频频窜访世界几十个国家或地区，到处游说所谓的"西藏问

---

① 注：十四世达赖发表的第一份《声明》全文，见《人民日报》1959年4月21日；十四世达赖发表的第二份《声明》全文，见西藏自治区党史资料征集委员会、西藏军区党史资料征集领导小组编《平息西藏叛乱》第152页，西藏人民出版社1995年8月第1版。

题",大肆捞取国际社会的政治和资金支持。

  阳光下有罪恶,阴暗处藏毒蝎。截至2008年底,在十四世达赖获得的104项国际奖项和名誉博士学位中,有103项是他逃离中国流亡印度以后拿到的。在国际反华势力的大气候和中国改革开放的新形势下,十四世达赖从事"藏独"活动的手法不断变化、花样日益翻新、气焰十分嚣张。1987—1989年,十四世达赖集团在拉萨制造骚乱闹事的事件百余起。美国为首的一些西方国家"奖励"十四世达赖为"诺贝尔和平奖获得者",并在华盛顿历史纪念馆陈列室中为他树碑立传。1989年12月10日,当十四世达赖接过300万挪威克朗奖金后,对外媒声称:"获诺贝尔和平奖,不仅是给我个人的,而且是对我们西藏人为国家自由而努力的肯定","它将有助于实现西藏独立"。此间,十四世达赖还在美国国会上狂嚣:"要恢复1951年中国入侵以前,西藏特有的自由和独立地位。"大凡公正的国际舆论,都作出了这样的评论:法国共产党总书记乔治马歇尔认为,十四世达赖获奖,是"令人惊愕的"和"不适宜的",他称,诺贝尔委员会成员作出的这一决定,是"政客们的小伎俩"。西班牙《采访》刊登题为《一个诺贝尔和平奖得主的暴行博物馆》的长篇报道,揭露了十四世达赖假和平的真实面目。菲律宾马尼拉《商报》也发表了《和平奖可以休矣》的时事评论,对十四世达赖获奖作了揭露性批评。①

  果不其然,这位得意洋洋的"和平奖大师",在耀眼的光环下,急不可耐地"摩拳擦掌"起来了。1990年1月19日,十四世达赖通过英国广播说:"如果北京政府一年之内不开始会谈我的西藏自治计划,我将不得不改变对中国妥协的立场,很多年轻的西藏人主张使用武力。"1991年4月4日,十四世达赖通过"美国之音"藏语节目进一步煽动说:"要进一步加强西藏独立的所有事情"。1998年7月底,"流亡政府"重新印发了由十四世达赖在1992年签发的《西藏未来政体及宪法要点》。该《要点》明确提出:"北京当局退出西藏","西藏恢复自由",实行由十四世达赖本人操纵的所谓"总统制"。

  当中国赢得举办2008年北京奥运会主办权后,十四世达赖集团对中国强盛发展及不断上升的国际地位影响力恨得要死、怕得要命。十四世达

---

① 参见马连龙《历辈达赖喇嘛与中央政府关系》,青海人民出版社2008年版,第395—396页。

赖认为，这是借机滋事，大力推动"西藏问题"国际化、实现"西藏独立"的最后机会。十四世达赖在 2000 年对瑞士《日内瓦日报》记者声称："目前中国共产主义制度必须改变……出于这一原因，奥运会不应该在中国举办。"在美国智库的"高参"下，2005 年 3 月间，十四世达赖集团和以美国为首的西方反华势力纠合在一起，秘密筹备制订了破坏北京奥运会的"行动计划"。2006 年 8 月 22 日，首席噶伦桑东召开连任后的第一次全体公务员大会，他强调，西藏民族没有太多的时间拖延西藏问题的解决，西藏民族处在生死存亡的关头。同年 12 月，十四世达赖特使甲日·洛追坚赞通过 BBC 广播报道暗示受众说，除非西藏问题在十四世达赖喇嘛的有生之年得到解决，否则有可能引发不稳定。2007 年 5 月 11—14 日，第五次"支持藏人国际大会"在比利时布鲁塞尔举行，由美国副国务卿葆拉·多布里杨斯基和十四世达赖集团首席噶伦桑东率团主持会议，来自 56 个国家的 36 个"西藏团体"及 145 个"西藏支持组织"派出代表参加会议，会议严禁中国人或华人记者进入会场。此次会议主要涉及研讨几个秘密议题，即："为中藏谈判提供政治支持""以人权、高度自治施压""借环保与发展、传统文化、民族宗教等生事"和"干扰破坏奥运会行动路线"等；会议最后达成了一份文字性文件——《未来几年的西藏运动路线图》（又称"西藏人民大起义运动"）。德国网站对此以"爆惊天黑幕"为题，向世人作了披露。

  2008 年 1 月 17 日，十四世达赖在接受德国《明镜周刊》记者采访时，明确暗示和召唤一个暴力时代的到来，他说："为西藏（独立）的战斗是民族的战斗"，"年轻的强硬（暴力）路线者应该参与到民主化的进程中来，而不只是谈论。如果他们赢得了多数人，是很正常的。某一天，大多数藏民会愿意选择一条（暴力）新的路线，而不是我领导的这条（非暴力）路线。""围绕西藏的（独立）斗争，是一场民族之间的斗争。不管我在或不在了，它都会继续斗争下去。"当年 2 月 3—10 日，十四世达赖借在印度仿建拉萨的"哲蚌寺"讲经、主持开光仪式和举行"大威德灌顶法会"等宗教活动之机，向信众作出"大起义"总动员，他教唆煽动说："虽然西藏人民正处于中共的统治之下，但是内心却向着另一方（意指十四世达赖领导的流亡政府）。""2008 年是关键的一年，奥运会也是藏人的最后机会了。""要开展各种活动，迫使中国政府在 2008 年或者未来两年内解决西藏问题。"于是，按照早已预谋好的"行动方案"，十四世达赖集团精心策划组织制造了拉萨"3·14"事件，借以干扰破坏北京奥运会的顺利举办。不法僧人和流窜暴徒实施"敢死队""声东击西""点多面广""制造恐怖"等破坏战术，大搞打砸抢烧杀等严重犯罪行为，以造国际舆论声势。凡是拉萨沿街门口悬挂哈达的商店都"幸免于难"，而在门口标明有"大起义"英文缩写"T.G.C"标志的店铺则被洗劫一空或付之一炬。据媒体公开报道，在2008年3月14日发事当天，一群不法暴徒在拉萨纵火300余处，使908户商铺、7所学校、120间民房、5座医院受损，共砸坏金融网点10个，至少20处建筑物被烧成废墟，84辆汽车被毁，造成的市区直接财产损失达2.45亿元人民币。不法分子使用的暴力手段极其残忍，令人发指：有18名无辜群众被烧死或砍死，受伤群众达382人，其中重伤58人。他们将一名无辜群众打伤后，在其身上浇上汽油点火烧死，称为"点天灯"；另有5名花季少女被暴徒们纵火烧死在商铺里。十四世达赖立即对外媒发表声明称："这些抗议是西藏人民对当前统治方式的刻骨仇恨情绪的发泄。"同时，他以幕后操作的"隐身"方式玩弄暴力和非暴力两手，指令桑东紧急召开"流亡政府"内部会议，着重研究部署如何进一步扩大"战果"事宜。桑东按照"佛爷"神谕在会上妄称：要实现"达赖回国""三区高度自治""废除中共的《藏传佛教活佛转世管理办法》"等。

3月16日，十四世达赖在记者招待会上声称："拉萨抗议是中国多年来在西藏有意或无意推进文化清洗政策的必然结果。""尽管中国动用军队镇压此次行动，但拉萨及其他地方的藏人也将决意抗争到底。"3月18日，十四世达赖又假惺惺地对外媒说："如果事态失控，我唯一的选择就是完全引退。"企图以此推卸罪恶责任。3月22日，"西藏流亡政府"发表致境内外全体藏人的声明声称："这次发生在西藏的和平起义非常伟大、光荣，且具有历史意义，充分显示了西藏民族的精神和勇气。""为了我们藏人应得的幸福，要按照我们伟大的政教领袖达赖喇嘛作出的指示行事。"具体执行"西藏人民大起义"的"藏青会"主席次旺仁增狂嚣："为了彻底胜利，我们已经准备好至少再牺牲100名藏人。"上届主席格桑平措也扬言说："只要是为了我们的事业（意指"西藏独立"），我们是不惜使用任何手段的，无论是暴力还是非暴力。"

3月10日至25日，西藏、四川、青海、甘肃四省藏区相继发生打砸抢烧暴力事件150余起；中国18个驻外使领馆遭到"藏独"分子和"国际援藏组织"人员的暴力冲击。美国《纽约时报》发表题为《达赖喇嘛不愿意阻止西藏抗议活动》的文章,十四世达赖声称:"请不要让我们停止(暴力)!""我保证我不会(阻止),这是人民的行动。""我要对境内西藏人民的赤诚、勇气和决心表示由衷的赞赏。""这种顽强精神和勇气,我感到由衷的骄傲。"要求"高度自治"的理由是"关心西藏人民的福祉和人权,要保护西藏的文化"。英国《卫报》的一篇文章称:(拉萨"3·14"事件)"显然要比1989年那次行动更有计划。迄今为止,十四世达赖喇嘛没有做出任何旨在阻止示威活动的努力"。

十四世达赖集团驻澳大利亚代表处于3月25日公布了一个所谓"40人死亡名单",恶意嫁祸于我。经公安部门查证,这一名单与事实不符,纯属造谣。随后十四世达赖又摇身一变,于3月28日,通过外媒抛出所谓《告全球华人呼吁书》称:"我一直以来都没有想分裂祖国,我一直以来都致力于推动汉藏融合,我一直以来都在努力促成和谈。""我向汉族同胞们保证,我绝对没有分裂西藏或在藏汉民族问题上制造矛盾的图谋。"3月29日,十四世达赖在印度新德里甘地墓地举行法会,对到场的采访记者说:"中国士兵伪装成喇嘛以造成藏人煽动骚乱的印象。""挪威自由西藏之声"网站刊登了十四世达赖当天召开记者会的消息,内容是十四世达赖指证"3·14"事件是中国军人干的,他说:"有中国军人扮成僧侣",并对外刊登了一幅"数十名武警战士手里抱着喇嘛的僧袍"照片。一经刊出,立即引起很多网民的责问,原来这是一张2001年9月武警西藏总队官兵在协助拍摄电影《天脉传奇》过程中,充当群众演员、分发演出服时拍摄的电影照片。3月31日,十四世达赖假惺惺地委屈说:"尽管努力不分裂西藏,我还是被称作'分裂分子'。"4月6日,十四世达赖接受《亚洲周刊》记者采访时,为暴徒们辩护说:"大部分被烧的是汉人商店,针对的是有从事卖淫活动的场所,有些有妓女的场所。"4月13日,美国西雅图华人租用飞机拉出标语抗议十四世达赖演讲,其横幅为:"达赖喇嘛,请停止支持暴乱!""你的微笑很吸引人,但你的行动很伤人。"4月14日,500多名华人高举五星红旗和"反分裂、促和平"的标语,在十四世达赖举行演讲的华盛顿大学举行示威,要求十四世达赖停止谎言和西方媒体停止扭曲报道。十四世达赖见此状况,立即再次抛出《致全球华人的呼吁》书,他说:"我向汉族同胞们保证,我绝对没有分裂西藏或在藏汉民族间制造矛盾的图谋。"实际上,就是试图通过文字游戏，靠障眼法化解人们对他的不满情绪，以掩盖祸心坏水。4月29日，美国《华尔街日报》一篇发自香港的报道，披露了设在印度达兰萨拉和尼泊尔加德满都3名"自由亚洲电台"记者的失实丑闻："有关西藏骚乱的最早报道不是来自世界上的主流报纸、通讯社或电视台，而'自由亚洲电台'对西藏骚乱的独家报道则来自一条网上的信息。""据了解，这3名记者从未去过中国藏区，完全凭主观想象剪裁新闻事实，凭借道听途说编制谎言。他们与西藏流亡政府的新闻与国际关系部和安全部关系密切。"在此之前，德国RTL电视台网站也曾发表声明，承认对中国西藏发生的暴力事件的报道存在失实问题，并承认了这一错误，对此表示遗憾。①

5月6日，十四世达赖对德国《明镜周报》记者说："我一生都致力于非暴力，今后也将如此。""我们追求的是大藏区自治的美好前景。"5月16日，十四世达赖在德国波鸿市政厅举行外媒记者见面会，一个劲地重申："我们不追求西藏独立……如果我们要求独立，就存在疆界问题。但是我们不要求西藏独立，只要求真正的自治，就不存在这个问题。在同一国家内，只要真正实施自治，疆界就不是问题。"当十四世达赖尴尬面对记者提问时，就是只字不提刚不久在中国境内发生的"5·12"汶川强烈地震的受难同胞，他作为大慈大悲观世音菩萨的所谓"化身"，将"宗教之旅"完全变成了"政治图谋之旅"，而且表现得如此冷酷无情、幸灾乐祸的做派，令外界感到无比震惊。

5月19日，十四世达赖在德国对外媒说："我们真的不寻求分裂，只是要求高度自治，是为了保护西藏独特的文化遗产。""关心西藏人民的福祉和人权，要保护西藏的文化。""西藏的文化遭到了毁灭。"5月22日，十四世达赖在英国议会听证会上矢口否认道："我们从来没有说过大藏区！"他老年痴呆得忘记了半月前对德国外媒记者所讲的话。5月28日，十四世达赖向日本《读卖新闻》记者说："如果北京政府同意我提出的模式，我可以保证我们今后不会再见到暴力。"6月5日，十四世达赖在达兰萨拉举办的"第二届西藏青年传法会"上说："3月14日发生的暴力事件是中国政府故意制造出来的。"6月13日，十四世达赖对澳大利亚华人媒体记者说："人们对银行不满，是因为截留了中央下拨的资金"

---

① 见2008年3月23日电，新华网柏林记者王京报道。

"现在的藏族陷入了人间地狱般的苦难中"等。随后不久,中国银监会西藏监管局、中国农业银行西藏分行、中国银行西藏分行等西藏金融部门的各有关负责人在接受新华社记者采访时说,十四世达赖的说法毫无事实根据。中国农业银行西藏分行行长米玛旺堆说:"西藏所有的经费基本上都是靠中央财政补贴,是'一个萝卜一个坑',都是专款专用。从银行各项规章制度和各个环节上讲,中央的拨款是无法截留的。我们每个金融部门都有结算中心,负责社会上的资金及时转账。"十四世达赖甚至还说:"从(电视)画面上,我看到伦敦真正抢夺圣火的是外国人。"他试图出卖"洋人"来证明自己的清白。7月,十四世达赖窜访西方国家以寻求国际社会支持,对外名曰"与政治无关""纯属宗教之旅"。十四世达赖在美国纽约出席了一个佛学组织的活动,并发表了"宗教"演讲,他强调说:"一个好的教徒,要有善心和同情心","不希望使用暴力手段,达到西藏自治的目的"。当时,场外约有200多名示威者,强烈指责十四世达赖的伪善宗教观。在面对英国记者的提问时,他居然把"西藏问题"和中国汶川地震灾情分出了主次,他说:"我认为同情很自然,发生了新的事件嘛。但是,西藏问题是一个政治问题……它更重大,不是吗?"据中国民政部测算统计,因四川汶川"5·12"地震影响,"目前遇难和失踪人数为8.75万人","本次地震灾害造成的直接经济损失大约在6000亿元(人民币)左右,如果将房屋价值全部纳入损失范围,汶川地震灾害的直接的经济损失大约为7000亿元(人民币)"。① 此次地震影响的损失范围之广、受灾程度之重、救灾难度之大情形,让国际社会感到震惊,中国人民那种不屈不挠的伟大民族抗灾精神令世人震撼,纷纷伸出了援助之手。然而,十四世达赖却歪曲事实,弥天大谎,其言不善,其行不端,天理难容,不得好果。

西班牙资深汉学家毕隐崖惊叹道:"十四世达赖歪曲宣传不择手段!""西方民众被彻底蒙骗了!"前往西藏实地采访的俄新社扎戈罗德妮娅说:"我们原则上能发现哪些所谓的西藏民族问题呢?一个都没有,如果说有,也只是某些人头脑中存在,因为有些人看待中国简直就如鲠在喉,恨不得中国乱起来。"参加西藏考察活动的印度《亚洲世纪报》执行总编考什克发出由衷的感慨:"中国的西藏人生活,确实比流亡印度的西藏人要

---

① 摘自国务院发展研究中心《择要》调查研究报告,2008年6月17日第36号。

好得多。"同行的印度《南方先驱报》副总编南布迪瑞说："我被（当今西藏）这儿的现代气息深深感动了，人们在这里不仅可以充分地享受宗教自由，而且还能够享受到现代化带来的一切好处。"拉脱维亚著名汉学家、孔子学院负责人史莲娜教授在接受新华社记者杨德洪采访时指出，西藏是中国领土的一部分，"没有谁比中国政府更关心西藏的发展"。"他们（西方人）不了解中国，甚至根本就没有到过中国，却凭空对中国西藏地区的事情说三道四。"① 在此期间，印度主流媒体《印度教徒报》总编辑N. 拉姆在著名的《前线》杂志上撰文，认为西方媒体对"3·14"事件的报道严重失实，并指出十四世达赖是一个"地地道道的政客"和"分裂主义政治人物"。②

正如《大宝积经》所云："妄语之人，口气常臭；入苦恶道，无能救者，当知妄语为诸恶本；毁清净戒，死入三途！"台湾星云法师疾言厉色道："凡学佛的人都知道，大妄语者，必下无间地狱，难有出期。""天龙八部与天魔都会来找麻烦。"

    专爱挑拨是非的人，再好的朋友也会分手；
    涧水经常冲刷岩石，坚固的岩石也会裂缝。

《萨迦格言》

五　迫害僧团同门派，宗教独裁小伎俩

不两舌——十四世达赖声称："意图在于以此种形式破坏友谊。""力图引起分裂所作出的努力。""竭力不使敌对双方和解也在此范围之内。""诽谤分为三种：第一，多半是在真诚友谊的伪装之下，用猛烈的语言公开（而非秘密地）谈论某事。第二，向一方转达另一方的话，从而引起纠纷。第三，是在私下用别人的话以间接的方式加以诽谤。最坏的是促使宗教大师和弟子的友谊破裂，或者破坏佛教僧团统一的这种诽谤。"（第

---

① 摘自2008年3月28日新华网。
② 见2008年6月18日《人民日报·海外版》。

43 页）

　　按此说来，有意制造对教派同门的诋毁施暴言行，就是蓄意以政乱教搞教派分裂内讧的破戒举动。1653 年，清顺治皇帝正式册封五世达赖罗桑嘉措为"西天大善自在佛所领天下释教普通瓦赤喇怛喇达赖喇嘛"，并赐金册金印。此后的历辈达赖转世系统、宗教仪轨理事，便正式纳入西藏地方政府经驻藏大臣呈报、中央政府审批册封的法定程序。十四世达赖丹增嘉措出于图谋"西藏独立"的政治需要，曾恶毒攻击五世达赖罗桑嘉措是"披上一件满清皇帝的马褂就高兴得不得了，真是丢人"。然而，他却忘记了自己是如何通过宗教仪轨、历史定制和中央政府审批手续产生的事实。

　　1933 年 12 月 17 日，十三世达赖土登嘉措圆寂。12 月 20 日，西藏驻北京代表贡觉仲尼等奉西藏地方政府指令，向民国政府蒙藏委员会进行了呈报。民国中央政府极为重视，安排专事，拨付专款，下达训令，于 22 日在首都和有关各地举行了一系列的隆重唪经追悼活动。1934 年 1 月 12 日，中央特派参谋本部次长黄慕松为致祭专使，于 4 月 26 日自南京启程，8 月 28 日抵达拉萨。9 月 23 日，在布达拉宫大经堂内举行了追赠十三世达赖"护国弘化普慈圆觉大师"封号的册封典礼，黄慕松代表中央政府颁赐玉册玉印。11 月 28 日自拉萨启程内返，于 1935 年 2 月 16 日回到南京。同年 6 月 17 日，西藏摄政热振致电国民政府暨行政院，感谢中央优崇并致贺十三世达赖安塔圆满。

　　按照藏传佛教惯例，1936 年 6 月，热振活佛率队到山南拉姆拉错（即寻访达赖、班禅灵童专用湖）观湖，次年宣布观感所见，指出灵童诞生地在西藏的东北方向。1937 年秋，西藏民众大会秘密派出三支寻访队伍，分别前往东北（安多）、东南（工布）、东方（西康）三个地方，其中前往东北方向的寻童队伍最重要、人数也最多，由色拉寺格仓活佛领队、俗官凯墨·索朗旺堆、那曲宗宗堆孜仲（僧官）钦绕丹增等为队员，带有十三世达赖生前常用的念珠、手鼓、手杖等日用品真假各一件及一部收发报机，赴青海、西康和西藏南部等地寻访转世灵童。1938 年 3 月间，格仓（又译纪仓）活佛经过九世班禅的指示、协助和两年多的访寻，在青海省湟中县祁家川（今平安县石灰窑乡红崖村，旧称"当采"）一户普通藏族农民家中，寻找到 1935 年 7 月 6 日出生的拉木登珠为十三世达赖候选转世灵童之一。10 月 23 日，西藏驻京办事处向蒙藏委员会呈报了寻访转世灵童的经过情形。12月12日，热振致电中央，请求督催青海省政府主席马步芳速将灵童护送拉萨，以便征认，并表示中央应当派员参加掣签典礼。12月28日，国民政府发布命令，特派蒙藏委员会委员长吴忠信会同热振主持十四世达赖转世事宜。

1939年1月12日，中央电令马步芳派员护送灵童赴藏。1月14日，马步芳请示电告中央："何日首途，续电奉闻。"1月20日，中央为马步芳已允护送灵童启程入藏事宜电复热振。同年7月2日，蒙藏委员会委员长行辕先遣专员孔庆宗先行赴藏部署一切。10月21日，吴忠信一行由重庆启程，于1940年1月15日抵达拉萨，受到了西藏地方政府官员和藏族人民的热烈欢迎和隆重接待。1月26日，热振向吴忠信书面报告灵童寻访经过和拉木登珠的灵异表现等，并请转呈中央政府批准青海灵童为十四世达赖喇嘛，免予掣签。吴忠信向行政院转报了热振的请示报告，并于1月31日在拉萨罗布林卡荷亭内察看灵童，与灵童谈话、合影，还赠送了礼品。1月31日，行政院院长蒋中正向国民政府呈文请发布明令特批拉木登珠继任十四世达赖喇嘛并发给坐床典礼经费。2月5日，国民政府以政字第898号文发布明令：拉木登珠业经明令特准继任为十四世达赖喇嘛，其坐床大典所需经费，着由行政院转饬财政部拨发40万元，以示优异。至此，十四世达赖喇嘛的征认合法手续始告完成。拉木登珠在剃发后，由热振呼图克图经师取法名为丹增嘉措（简称）。2月22日，在中央政府特派专使蒙藏委员会委员长吴忠信的主持下，丹增嘉措在拉萨布达拉宫举行坐床典礼。至此，他在政治上、宗教上和法律上完成了继任十三世达赖喇嘛地位和职权的一切合法手续，正式继承为十四世达赖。2月17日，热振为谢特准拉木登珠继任十四世达赖赏拨坐床经费并颁授册印勋章事致电国民政府主席林森。3月8日，西藏噶厦为感谢中央特派员吴忠信亲临主持达赖坐床大典并赐礼品致电林森和蒋介石。6月23日，十四世达赖为吴忠信安抵重庆事致电，以表"衷心愉快"。

在中国藏学研究中心和中国第二历史档案馆合编的《十三世达赖圆寂致祭和十四世达赖转世坐床档案选编》（1991年1月第一版，中国藏学出版社）一书中，收录了当时的档案文件478件，以无可辩驳的第一手史料，向世人揭示了达赖转世灵童由人断到神断的这一历史现象及其过程。就这样：一个旧的"人神"过去了，一个新的"人神"产生了。

中国是中华各民族共同缔造的多元一体的伟大国家。自古以来，西藏就是中国神圣领土不可分割的一部分，从元朝直接对西藏实施行政管辖以来，历经700余年，历代中央政府有效治理西藏地方的事实始终没有改变过。西藏现行的行政区划，主要是元朝统一中国后，划定至今，并基本沿袭至今。

据《元史》记载，1264年，元朝设置释教总制院，命八思巴以国师（后称帝师）兼领院事。1265年，元世祖忽必烈通过八思巴的举荐，任命了总管西藏事务的本钦（即政教首领），封授了十万户长。1288年，元朝改总制院为宣政院，作为中央政权的机构，专司全国佛教和藏族地区的事务。同时，设置地方行政区划和通往西藏的驿站，清查西藏户口，对西藏地方进行赈济与赏赐等。在藏族地区分别设立了三个宣慰使司都元帅府，即乌思藏纳里速古鲁孙等三路宣慰使司都元帅府，辖卫藏和阿里地方，大体上相当于今西藏自治区全境；吐蕃等处宣慰司都元帅府，辖脱思麻地方，大体上相当于今甘肃、青海两省、四川阿坝等境内藏族聚居地区；吐蕃等路宣慰使司都元帅府，辖朵甘思地方，大体上相当于今四川、云南两省境内藏族聚居地区及西藏自治区东部。明朝中央政府置西安行都指挥使司于河州，下辖乌斯藏（管辖西藏大部分地区）、朵甘（管辖西康西部和青海南部一带）和河州（基本上管辖元吐蕃等处宣慰司及脱思麻宣慰司辖区）三个卫，以原有土酋为首领，在康藏各地还设有元帅府、招讨司、万户府、千户所，并封授法王、国师、禅师、僧官等，使之管理整个藏区，进一步巩固了元朝已确立的土司制度。清朝中央政府对整个藏区的行政区划是：西藏分为卫（前藏）、藏（后藏）和阿里三部，归清朝驻藏大臣、达赖、班禅管辖；宁静山以东为喀木（西康），归四川管辖；甘、青地区的藏族属甘肃，归西宁办事大臣管辖。① 在中国历史发展的进程中，历朝中央政府对这一行政区划虽有内部小调整，但外部大格局基本一直沿袭于今。1955年，中央人民政府撤销西康省归四川省管辖，西藏、青海、甘肃、四川、云南各省区勘界基本维持历史定制。2008年6月7日，中国国家档案局将大量的历史档案制成视频文件公布于（http：llwww.saac.gov.cn）上，供世人了解历史的真相。中国国家档案局局长杨冬权对外媒说："这700多年间，中央政府向西藏官员授予职位、封号，在西藏设置职官、机构，对西藏实行行政管理的官方文书，如今依然光辉

---

① 参见黄奋生《藏族史略》，民族出版社1985年版，第196、229页。

如新！""西藏自古就是中国的一部分，从元代以来 700 年一直是中国的中央政府有效管辖的，从来没有哪个朝代中断过。""这些珍贵的档案原件，目前分别藏于中央档案馆、中国第二历史档案馆、西藏自治区文物管理委员会。"

十四世达赖对西藏历史沿革及省区勘界定制是清楚的，他在"窗扉"开篇"西藏佛陀教义发展史"中就明确写道："在地理划分上，西藏分为三个主要区域：前藏、后藏和东藏。佛陀教义传遍了这三个区域的每一个角落，因此我们说教义像太阳一样照耀着整个西藏大地。"十四世达赖顽固坚持反动立场，无视西藏历史发展现实，贪婪地提出"大藏区独立"，完全出于笼络藏族民心、化解内部矛盾和图谋政治野心的需要。十四世达赖在其自传中承认："尼赫鲁（原印度总理）说我要求得太多了！"1954 年 5 月 14 日，尼赫鲁在印度人民议院的演说中说："在以往数百年当中，我就不知道任何一个外面的国家曾经否认中国在西藏的主权。"原美国助理国务卿罗伊代表美国政府也说："美国和联合国成员没有一个承认西藏是独立于中国的主权国家。"2008 年 10 月 29 日，英国外交大臣米利班德对外宣布一项声明，结束了英国坚持一个多世纪的"西藏政策"；英国"非常肯定"地承认：西藏是中国的一部分。米利班德说，英国过去的西藏政策是"时代错误"，英国在 20 世纪对于西藏地位的立场是"基于那个时代的地缘政治"和"过时的宗主国概念"。美国《华尔街日报》立即作出评价说："在英国明确承认西藏是中国领土一部分之后，世界上已经没有国家在西藏的主权问题上持暧昧态度了。但是西藏依旧是西方大国不肯放弃的一枚棋子。"

历史不能忘记：1888 年和 1904 年英帝国主义两次侵略西藏，给西藏人民带来了深重的灾难。英国学者帕特里克在所著《西藏追踪》书中毫不犹豫地说：英国"那就是侵略！"十三世达赖土登嘉措于 1929 年派代表正式与中央国民政府联系，并声明："不亲英人，不背中央"，还曾这样高呼："全藏僧俗人民不惜重大牺牲，誓与英国侵略军决一死战！"然而，挟洋自重的十四世达赖数典忘祖，于 2008 年 5 月 21 日，在英国国会上发表演说时，他竟然动情地高呼："英国与西藏有着伟大、悠久的历史关系，在西藏问题上应该肩负起推进和改造历史的使命……给予更大支援和关注！"他对英人讲的这番话，赢得了英国国会议员们的几许掌声。在此期间，正是中国人民蒙受"5·12"汶川强烈大地震严重损失的惨痛日子。十四世达赖把自信、自强、自重的中国人尊严和作为高僧活佛的慈善脸面丢尽了。

十四世达赖在人间，有违于自定的说教和"宪章"；在"天上"，有悖于佛陀的教诲与开示。他在"窗扉"注释中强调："对信徒不为难，对非信徒不为难，对信徒非信徒不为难。"这所谓的"三不为难"的精神美德，用白纸黑字再次做了明确表达。1991年6月28日，十四世达赖亲自签署实施了由第一届"西藏人民议会"通过的《流亡藏人宪章》。该"宪章"第二章第九条规定："全体西藏公民在法律面前一律平等，不分性别、种族、语言文字、宗教信仰、僧俗、出生地和社会地位与职位以及其他情况，可以平等享受本章所载的各项权利。"第十条宗教信仰自由内容规定："各种宗教在法律面前一律平等，任何藏人都可以享有思想……"

现实中的十四世达赖，完全是说一套、做一套，不受任何法规戒律制约。2008年4月9日，《印度时报》刊登一条消息说，新德里高等法院决定受理一个叫"杰钦匈丹"的信众慈善及宗教协会控告十四世达赖等人进行宗教迫害的案子。法国电视24台的2名女记者曾对此事件作过专访调查，认定十四世达赖集团迫害排挤杰钦匈丹信徒的事情已经长达10余年。十四世达赖原也供奉杰钦匈丹护法神，但到20世纪70年代，突然反目，下令禁止供奉，并与经师赤江·洛桑益西的关系闹得很僵，他还转弯抹角地攻击自己的经师。因当时听从者甚少，十四世达赖只得暂时作罢。据有关资料披露，早在1995年间，十四世达赖更加留意杰钦匈丹信众出版的书籍，怒斥数名格鲁派高僧及"流亡政府"官员的修习"不够纯正"，令其不得继续信奉。1996年3月，十四世达赖在两次讲经会上，公然向信众发布禁令，要求寺庙、僧人和俗民必须做出抉择，否则将视为"对西藏独立事业的背叛""希望我达赖不得好死""凡不听劝告者都要留下名字，我达赖要亲自登门问罪，大声呵斥""凡不放弃信仰的人，都必须立即退出经场"。

俗言道：欲加之罪，何患无词。十四世达赖的理由是：杰钦匈丹是"汉鬼""邪灵"，危及"本人安全"，有损"本人寿命"，专和"流亡政府"作对，损害"西藏独立"大业，"不利西藏福祉"，并称："这是关系到西藏独立事业的关键问题"。在十四世达赖授意下，他的私人秘书处专门编印了《公拜西藏护法神谕》小册子，此"神谕"声称，杰钦匈丹会使十四世达赖佛爷折寿，害得"西藏独立"事业不能成功，必须坚决取缔。于是,"流亡政府"指令"藏青会""藏妇会"等在迈苏尔藏人聚集社区到处悬挂禁奉横幅,严密入户入寺搜查,强行捣毁所供奉的神像,将其信徒驱逐出原居住地和寺庙,到处扬言说,是官员的一律开除公职,下令信徒的子女不得入学,凡藏人商店不准给信徒出售商品,逼迫流亡藏人签订永远放弃修炼杰钦匈丹的保证承诺声明书。他们对不服从命令者,沿街张贴照片并发出死亡警告书,同时一律拒签"流亡政府"提供的"护照"等旅行证件。英国 New Internationalist 杂志,引述一位印度人权律师的话说:"杰钦匈丹信众正在遭受严重滋扰,那并不只限于某一地区,凡有藏人的地方便会发生,(十四世)达赖支持者逐户搜屋,迫害竟如此广泛。""如果你不赞同(十四世)达赖或流亡政府,你会被扣上中国喉舌、中国特务或收中国钱的帽子。"

十四世达赖如此憎恨杰钦匈丹护法神,是有其险恶的政教原因的。据藏文资料记载,在藏传佛教格鲁派创始人宗喀巴大师住世弘法的晚年,一次与他钟爱的八大弟子相聚于拉萨色拉寺大师寝宫,商讨弘法事宜。大师提出,为使格鲁派妙法常传不衰,须有一位更加威严的护法使者。顿真·扎巴坚赞站起来说:"如果尊师恩准,我愿担此重任,严惩危害吾派之人。"顿真转世化身为班钦·索朗扎巴,他显密融通,造诣高深,曾任哲蚌寺、色拉寺法台和甘丹寺法台,为三世达赖之师,因位高权重,引起猜忌而被害死。遂不再转世,而被设像供奉为杰钦匈丹护法神。对这位护法神,历世达赖、班禅多表尊崇和供奉。五世达赖所著的"陈郭"经中,对他大加赞颂,后逐渐在格鲁派寺庙和民间信徒中普及。流亡藏人私下怀疑,可能是这位护法神"严惩危害吾派之人"的誓言,深深地刺痛了十四世达赖的大脑神经,使他害怕"咒语"得到证验。正因为他离经叛教、祸国殃民的言行恶事做得太多,所以噩梦始终缠绕着他,惊醒之后,心惊肉跳,深恐遭到报应,不得不作出上述举动。"内情"人员透露说,此举还可以借机清除不同政见的反对派,有益于西藏独立事业。

为了蒙骗国际社会,在2000年的"世界宗教与精神领袖千年和平大会宣言"演讲会上,十四世达赖恬不知耻地说:"我们的世界被暴力、灾难、战争和各种毁灭行为所破坏,而这些行为常常被说成'以宗教的名义'。""所有的不宽容,都是以某种神圣的名义垄断真理,从而扼杀个人权利和个性自由。"在德国波鸿十四世达赖演讲场所的门外,聚集有400左右的杰钦匈丹信奉者,高举"达赖喇嘛停止撒谎"标语,呼喊"还我宗教自由"口号，以表示强烈抗议。在英国伦敦，十四世达赖演说场外聚集了上千名示威民众，愤怒抗议十四世达赖的言行。2008年2月初，十四世达赖又以所谓"民主投票表决，多数人放弃杰钦匈丹教义"的结果为由，再次严厉下令"清理门户"，将印度迈苏尔社区900名僧人逐出寺庙。在十四世达赖集团的残酷打压下，该派信徒被迫逃亡到印度人居住地或他国自谋生计，再次成为难民中的难民。

杰钦匈丹派十三世功德林活佛愤怒地申斥十四世达赖，并对外媒记者说："他继承了崇高达赖喇嘛的地位称号。他不好好保护和使用这个美好的称号，开发自己的主见等内在世界，反而亵渎和玷污'达赖喇嘛'这个美好的称号。""以前的达赖喇嘛没有一个说过杰钦匈丹是邪灵。十四世达赖到处讲宗教信仰自由，作为藏传佛教的领袖，他却不让藏人自由信仰宗教。""在西方，十四世达赖将自己精心打扮成一个'和平大师'，有言必谈'和平'、'人权'、'民主'、'环保'等符合西方人口味的理念，并巧妙地将藏传佛教与西方现代理念结合起来，靠自己在西方奔走多年练就的'民主风度'和'迷人微笑'，的确迷惑了很多不了解西藏历史的西方人。""我这次起诉他（十四世达赖）的目的只有一个，就是希望他马上停止迫害杰钦匈丹的信徒。"①

2008年4月22日，十四世达赖在美国纽约州科尔盖特大学演讲，遭到来自世界10多个国家几百名藏传佛教信徒的强烈抗议，纷纷控诉十四世达赖实行宗教迫害。甚至数万人联合起来上街游行，致函联合国有关人权机构，呼吁制止十四世达赖侵犯人权的行径。一位流亡藏僧忿恨地说："十四世达赖的格鲁派是强势派，往往以大欺小，以强凌弱，毫无公道而言。"同年6月11日，十四世达赖在悉尼演讲时，一些流亡藏僧抗议他"说一套做一套，压制宗教自由"，"十四世达赖是伪善的，有这样一个宗教领袖令人感到悲哀……"不论十四世达赖窜访到美国还是欧洲，杰钦匈丹信徒都如影随形，强烈抗议十四世达赖搞"宗教独裁"。这种情况，令西方人大感不解。正是这年的8月底，十四世达赖在达兰萨拉举办法会，开场白就是下达逐客令："凡信奉杰钦匈丹的人，必须立刻主动离开法会！"并恶狠狠地说："如果有人胆敢再供奉，就不是我十四世达赖喇嘛的信徒，就是对甘丹颇章（意指原西藏地方政府，即现流亡政府）的

---

① 见2008年7月10日《参考消息》第9版，"迷人微笑"掩盖下的宗教迫害采访。

背叛。"随后，十四世达赖称杰钦匈丹为"佛教的塔利班"组织。

当十四世达赖集团打压杰钦匈丹信徒的消息传到国内后，藏传佛教高僧及信众一片哗然，有的人公开说："十四世达赖诬蔑共产党没有宗教信仰自由，我看这顶帽子要戴在他的头上才合适！""十四世达赖这样做完全是对神圣的宗喀巴大师和五世达赖的背叛，实在是罪过啊！"当十四世达赖面对外媒时，却变成了另一副嘴脸。据美联社、法新社等媒体2008年9月10日报道，十四世达赖在访问斯洛伐克和捷克时声称："我作为诺贝尔和平奖获得者，来这里讨论有关人权、宗教自由和言论自由……"当窜访活动告一段落，十四世达赖于2009年5月间又对外媒说："从1950年代开始到1972年、1973年，我一直信奉杰钦匈丹……后来，西藏甘丹寺北院出了问题，我在卦象中看到，是因为供奉杰钦匈丹的缘故……于是劝喻藏人放弃供奉。事情明朗化后，我意识到信奉杰钦匈丹的害处。"于是，十四世达赖指令"流亡政府"立即软硬兼施地进行一系列打压活动，其渗透破坏活动已影响到西藏境内及部分藏区寺庙，使许多不明事理真象的单纯信徒，上当受骗，误入歧途，并造成教派内部的矛盾对立。

蓄意以教乱教、制造教派分裂，是十四世达赖不惜一切手段搞"藏独"活动的小伎俩和大骗局，即使天条佛规也难容。福建省德化县宽净法师所著的《西方极乐世界游记》，引述了几位天上佛陀忠告凡间信徒的守戒法语，正是对像十四世达赖"宗教领袖"人物所言所为的最好评判。印光法师（近代中国三大高僧之一）说："以戒为师，精持戒律，一心念佛，信愿行，心定往生无疑……奉劝那些修行人，一定不要自作聪明，把佛陀所定下的戒律以及祖制，擅自更改，大唱维新行道，违反威仪戒律，实令痛心……"（见该书第47页）弥勒菩萨说："教与教之间，要互相爱护，互相鼓励精进，不要互相诽谤。佛教内的各宗派，亦不可互相诽谤，应当互相纠邪辅正……"（同上，第14页）观世音菩萨说："个别莲花的枯萎，或失去生机，那是因为，有人初信佛时，非常虔诚，勇猛精进的念佛，播下佛种，种子在莲花池上，生长茁壮，美丽盛开。可是只勤修了一个时期，心息懈了，信心动摇了，不但不念佛，甚至干起十恶的坏事，因此，他那株莲花就逐渐枯萎了。""十恶者不能往生，故莲花枯死了。"（同上，第31页）阿弥陀佛的开示是："众生佛性，一律平等，意识颠倒，以幻为真，因缘果报，六道死生，轮回不断，苦痛万千。四十八愿，誓度众生，男女老幼，以信愿行，一心不乱，是净土禅，就是十念，决定往生。""要以戒为师，教人学习净土禅，禅净双修。""团结各宗教界，儒、道、释（包括十宗释迦佛法）、耶、回……各宗教互相帮助，互相鼓励，不要互相诽谤，说什么我正你邪，我道你魔，我高你低，我贵你贱，捉其片面观点，诽谤不止，互灭道门，实不该也！"（同上，第52—53页）（以上摘自宽净法师1987年4月在新加坡南海普陀山演讲稿，2005年农历四月八日印刷本）佛祖警告说："诸恶莫作，众善奉行，自净其意，是诸佛教。"十四世达赖玩弄两舌，口吐忌言，行为不轨，有违天规俗理，不为佛陀慧命正宗，而是歪理邪说政客。

> 恶人有时也变得温顺，但那却是伪装的行为；
> 玻璃涂上宝石的光泽，遇见水就会暴出本色。
>
> 《萨迦格言》

六　恶口生事反常态，历史定制抛身外

不恶口——十四世达赖声称："对象必须是可与之苛刻说话的人""一个人已决定苛刻地讲话，这就是他的意图"；"用苛刻的言语讲话而作出的努力"；"当所有三种精神烦恼都存在时，嫌恶之根往往起主要作用"。"最后，苛刻言语引起的后果。""讲话苛刻也有三种情况：面对面地对人苛刻讲话，致使对方蒙受羞辱；间接意指第三者的苛刻言语却伤了对方的感情；通过间接的方式对某人的朋友讲苛刻的言语伤害此人。""而其中最严重的则是对尊者或父母讲苛刻言语。"（第43页）

为了煽动和教唆境内外藏人对中国共产党的敌对情绪，蓄意制造所谓的"西藏问题"国际化。1959年十四世达赖叛国流亡印度后，多次在印度发表声明，称"西藏实际上曾经一向是独立的""十七条协议是中共用武力逼迫下强加给西藏的""汉人屠杀了120万藏人"（西藏和平解放时，原西藏地方政府公布的西藏人口为100万，1952年西藏噶厦上报中央人民政府的西藏人口为114万）。20世纪80年代，由于东欧剧变、苏联解体，国际反华势力掀起了一阵喧嚣狂潮，大肆对中国进行"和平演变"，十四世达赖对此也不厌其烦地公开发表中国政府不久就要"垮台"的预

言:"据我个人的观察和占卜显示,将有一些乐观的发展……""中国现政府就如快要落山的太阳,中央政权末日可数,不出10年,中国必然发生类似于苏联的变化。"十四世达赖再次兴奋地认为,搞"西藏独立"的时代到来了!1986年,十四世达赖以"要争取西藏独立采取具体行动"为主题,在印度达兰萨拉频繁召开"流亡政府"重要会议,亲自研究部署旨在拉萨制造骚乱的行动计划。1987年9月21日,十四世达赖在美国国会发表演讲说:"要恢复1951年中国入侵以前,西藏特有的自由和独立地位。"随后又在24日的美国印第安纳大学举行的记者招待会上称:"西藏不是中国的一部分,西藏是一个独立国家。"其间,十四世达赖向美国国会人权小组委员提出了掩人耳目的"五点和平计划",实质是要通过变相独立达到"西藏独立"。他在国际社会做完骗人把戏回到印度达兰萨拉后,继续抓紧策划组织了拉萨的多次严重骚乱事件,直至上升为2008年的"3·14"严重暴力事件。

然而,2002年12月30日,十四世达赖在接受BBC广播记者采访时说:"我不希望把西藏从中华人民共和国的疆域中分离出去。"十四世达赖言行不一、出尔反尔,是当今世界上以"宗教"搭台、政治唱戏最伪善的游说骗子。

20世纪50年代初中期的十四世达赖,其内心深处是崇敬毛泽东主席的,但自叛国逃印后,他就完全站在了对尊者不恭的对立面。1951年5月23日,中央人民政府和西藏地方政府的全权代表在北京庄严地签订了和平解放西藏的《十七条协议》。这年的9月12日,阿沛·阿旺晋美等西藏和谈代表团由内地途经昌都抵达拉萨。24—26日,在噶厦召开的拉萨僧俗官员大会上,阿沛作为十四世达赖授权的首席全权代表,向大会详细报告了协议签订的全过程,出示了协议正本,并作出慎重承诺:"我们五人愿以身家性命和财产保证,协议对达赖喇嘛的宏业,西藏的政教,全藏黎民的利益都有好处。"经过全体僧俗官员大会激烈讨论,最终大会一致通过了上报十四世达赖喇嘛的呈文:"签订的十七条协议,对于达赖的宏业,西藏之佛法、政治、经济诸多面,大有裨益,无与伦比,理当遵照执行。"① 事过一个月后,十四世达赖慎重作出了抉择。同年10月24日,

---

① 引自土丹旦达《"关于和平解放西藏办法的协议"签订前后》,载《西藏文史资料选辑》第一辑,第44页。

十四世达赖致电毛泽东主席，表示拥护执行《十七条协议》，电文称："西藏地方政府及藏族僧俗人民一致拥护，并在毛主席及中央人民政府领导下积极协助人民解放军进藏部队巩固国防，驱逐帝国主义势力出西藏，保卫祖国领土主权的统一。谨电奉闻。"①

1952年5月23日，十四世达赖致电中央人民政府和毛泽东主席，庆祝《十七条协议》签订一周年，电文称："今后在您的领导下，我们将为逐步彻底实现《关于和平解放西藏办法的协议》而百倍努力！谨向您祝福。"② 8月20日，十四世达赖致电毛泽东主席称："我将竭尽全力在您和中央政府的领导下，为西藏人民的幸福而工作。""我对您是一心一意地尊敬和信赖，请您一定相信我。"12月24日，《人民日报》以新华社通讯报道了一则新闻，按西藏最尊敬的礼节，十四世达赖喇嘛接受毛主席、周总理的信件（物）："达赖喇嘛万分感激毛主席、周总理、李主任委员对他的关怀。"12月30日，十四世达赖致信向毛泽东主席祝贺1953年元旦新年，他在信中声称并高呼："在您的领导下，西藏得到和平解放，西藏人民回到了祖国各民族人民的大家庭，藏族人民内部的团结也出现了前所未有的新气象。""今后各方面的建设会加快，人民的生活也会逐步提高，新西藏会更加美好！中央人民政府万岁！中国各族人民的伟大领袖毛主席万岁！中国各兄弟民族人民大团结万岁！"③

1954年，十四世达赖赴北京参加第一届全国人民代表大会第一次会议，十四世达赖向毛泽东主席敬献了两件精致礼品：一件是镶有毛主席画像的金边镜框，在画像下用藏文字写着四句话：敬爱的毛主席，永远跟着您，建设新西藏，建设伟大祖国。另一件是雕花千幅金轮，上方环辐中央镶嵌着明亮宝石，通体金光四射；金轮下方底座铸刻藏汉两种文字铭文："一九五四年我——达赖喇嘛代表出席我国第一届全国人民代表大会时，谨以西藏政教礼俗向我国各族人民的伟大领袖毛主席敬献千幅金轮，藉表无上颂祷。"这一年，十四世达赖被选为全国人大常委会副委员长，并在祖国内地进行了数月的参观考察，多次与毛主席亲切交谈，聆听教诲。在回忆同毛泽东主席第一次会见的情形时，十四世达赖在自传中写道："当

---

① 电报全文，见1951年10月27日《人民日报》。

② 全文见《西藏文史资料选辑》第九辑，第117—118页，西藏自治区政协主编，1986年11月第1版。

③ 信中内容见上书，第125页。

我们进入大厅时，我首先发现一排聚光灯，这是专为一群官方摄影师设置的。在聚光灯照耀下，毛（泽东）站着，给人以安详、沉着的印象。他没有一个特别聪慧人的光芒，但在握手时，我感到一股强大的力量。尽管我们为种种礼节所限制，他仍然显得亲切而无拘束。看起来我的担心似乎是没有道理的。""毛泽东是个令人印象深刻的人，他的身体很特别，虽然肤色很黑，却油光油亮，好像抹了某种油膏一般……他只要站在那儿，就能使人肃然起敬。"（第106—107页）据李海威所著的《历史一页——达赖、班禅晋京纪实》载：毛主席与十四世达赖喇嘛的初次见面，给十四世达赖留下了极其深刻的印象。毛主席博大的领袖胸怀、高瞻远瞩的雄才大略以及敏锐的洞察力，深深地感染了他。事后，十四世达赖感慨地说道："过去我在西藏觉得自己很了不起，这次一见毛主席，觉得毛主席才是真的伟大，他是全中国人民真正的领袖，我是无法和毛主席比的。"[①]在北京期间，十四世达赖还写诗赞颂毛主席："啊！毛主席，您的光辉和业绩／像创世主大梵天和众敬王一样／只有从无数的善行中才能诞生这样一位领袖／他像太阳普照大地／您的著作像珍珠一样宝贵／像海浪一样汹涌澎湃／远及天涯。"[②]

1955年2月23日是藏历木羊年的新年，毛泽东主席与十四世达赖、十世班禅再次进行谈话，十四世达赖作出了积极的表态，他说："我们可以向毛主席保证，在您和中国共产党的领导下，我们一定做好西藏的各项工作，不断地提高。"[③]同年3月8日，毛主席再次同十四世达赖谈话，十四世达赖当场表态说："经过和主席的几次见面谈话，我的内心起了极大的变化。我回去之后，一定把这些指示变成实际行动，有什么事一定向毛主席直接报告，同时也请毛主席给我各方面指示。"（同上，第115页）十四世达赖由北京返回拉萨后，又亲书了《毛主席颂》的赞文。十四世达赖把毛泽东主席比做太阳，保护藏族人民的慈母，战胜帝国主义的大鹏，称颂毛主席解开了枷锁，指示了和平的道路，祝愿伟大领袖像世界的火炬永放光芒。十四世达赖还时常对周围人炫耀说，毛主席是父亲，我是

---

① 中国社会科学出版社1996年出版，第180页。

② 引自加拿大谭·戈伦夫著，伍昆明、王宝玉译，《现代西藏的诞生》，中国藏学出版社1990年版，第171—172页。

③ 见中共中央文献研究室、中共西藏自治区委员会、中国藏学研究中心编《毛泽东西藏工作文选》，中央文献出版社、中国藏学出版社2001年版，第110页。

儿子，我们的关系很亲密。

叛国后的十四世达赖，一反常态，完全变成了另外一个虚伪的人。1985年，十四世达赖在达兰萨拉"时轮大灌顶"法会上蔑称："汉人毛泽东曾胡说什么，美国是纸老虎，好像碰一下就能立刻消灭掉，这显然是瞎说，毫无道理。"他在与人合著的《达赖新经——达赖喇嘛人间对话》（台湾天下杂志出版社）一书中大肆影射诋毁毛泽东主席，声称："人也有可能在出生时没有这种业力，但会在有生之年改变这种状况。所以不再有人尊敬毛泽东、列宁或斯大林，但甘地仍然会有数以百万计的人尊敬。"（第51页）"政治家是社会的重要人物，更需要加强精神修行，如果这种人的心灵很狡诈，就真的会伤害到很多人。做为国家的领导人，怀抱着利他主义和环宇责任的真实感情来耕耘心灵福田，是很必要的。"（见该书第56页）然而，他一门心思图谋"藏独"政治却忘掉了佛祖的倡导："爱国爱教，护国利民。"也有违于《中观四百经》中的教诲："佛法就是不损人；佛法就是修心。"

科林·戈尔德纳在《达赖——一个神王的堕落》书中这样记述道："1976年初，内穷寺在一次卜卦中得出了西藏形势将会转坏的严峻预言和警告，达赖喇嘛闭门不出，过了3个月隐居生活。传记作家利文森女士说，他完全与外界隔绝，做五世达赖喇嘛（1617—1682）传下来的秘密佛事。同时生活在达兰萨拉和印度南部的藏人也不停地祈求保佑，祈求凶兆的消失。他们组织法会，向佛教圣地供奉祭品。天性快乐的人们变得愁眉不展，专心地拨动着念珠，摇着转经筒，背诵着曼陀罗和经文。"十四世达赖认为还真灵："在这种极端令人窒息的气氛中先是中国（唐山）发生了大地震，成千上万人丧生，接着是毛泽东告别人类舞台。"十四世达赖在印度的查谟和印控克什米尔地方举行宗教大法会上，得到了中国革命领袖毛泽东主席去世的消息。出席法会的3万多名香客，一直沉浸在一种虚幻的快感之中。十四世达赖喇嘛说，在庆祝活动过程中，"我看见了一条从未见过的最美的彩虹。我相信，这是一个好的征兆……达赖喇嘛觉得这一切都应验了他的预感"（同上，第191—192页）。此后，在印度藏人社区中，一直流传着这样一个"公认的奥秘"：毛泽东的归天，是因为十四世达赖施用了"时轮经"杀敌巫术仪式造成的。

实际上，对于十四世达赖后期的反常行为和逃亡后的恶口，毛泽东主席早有料定，这是由十四世达赖的阶级本性、反动政治立场和政治态度决定的。毛主席指出:"看来,达赖是和其他人同谋的。""一、宣布为叛国者,以后只有在他悔过认罪之后,才可以回来;二、宣布为被人挟持者,仍然希望他脱离叛众,早日回来,罗布林卡位置及人大位置,仍给他留着。""只要西藏的反动派敢于发动全面叛乱,那里的劳动人民就可以早日获得解放,毫无疑义。"(见1959年3月10日、11日和15日毛主席在西藏工委呈报电文上的批示件)早在1956年11月15日,毛主席在中共中央八届二中全会上针对十四世达赖想去印度朝佛的情况指出:"要估计到达赖可能不回来,不仅不回来,而且天天骂娘,说'共产党侵略西藏'等等,甚至在印度宣布'西藏独立';他也可能指使西藏上层反动分子来一个号召,大闹起事,要把我们轰走,而他自己却说他不在那里,不负责任。这种可能,是从坏的方面着想。""我们共产党是被人家骂了三十五年的,无非是骂共产党'穷凶极恶'、'惨无人道'那一套。加一个达赖,再加一个什么人,有什么要紧。再骂三十五年,还只有七十年。"(《毛泽东西藏工作文选》,中央文献出版社、中国藏学出版社2008年版,第152—153页)为此,中央对外逃十四世达赖的处置是留有余地的、是仁至义尽的,将十四世达赖的全国人民代表大会常务委员会副委员长和西藏自治区筹备委员会主任委员职务,一直保留到1964年,就是希望他能够回心转意、回归祖国。在2010年初召开的全国人大、政协两会期间,十四世达赖在国外数次演讲中都大谈其政治生涯中很有影响的中央领导人,借机表明他不是分裂主义者。他说:"我与毛主席有着父子般的感情。"同时,高度赞扬了胡耀邦,并表示对胡锦涛、温家宝充满着内心的敬意。他力求在公众面前把自己打扮成无辜的"悲情者"人物,以博得人们感情、道义上的支持。

草纸包不住火,恶口必遭事端。1989年初,十世班禅大师圆寂,中央考虑到历世达赖、班禅的历史宗教关系,经中央人民政府同意,中国佛教协会会长赵朴初亲自将邀请信交到十四世达赖的私人代表手中。这给十四世达赖提供了一个流亡在外30年之久同国内佛教界人士见面叙谈交流的良机,然而,十四世达赖顽固坚持"西藏独立"的反动立场,最终拒绝了这次邀请,再次充分暴露了他自决于祖国和人民的本来面目。

十四世达赖在境外擅自插手十世班禅转世灵童,阴毒破坏藏传佛教长期形成的宗教仪轨、历史定制和中央政府批准定制,这是十四世达赖恶口图谋分裂内乱的又一例证。1995年5月14日,十四世达赖在印度通过新德里藏语广播宣布，出生于西藏嘉黎县的根敦·确吉尼玛是十世班禅的转世灵童。同一天，十四世达赖集团在世界上20多个国家和地区的办事处，也宣布了这一消息。据路透社新德里5月14日电称：十四世达赖宣布已找到第十世班禅的转世灵童。十四世达赖集团的发言人强巴·乔桑说，自1989年以来，十四世达赖喇嘛曾4次提出试图去西藏寻找转世灵童的要求，不是被中国政府拒绝，就是不被理睬。十四世达赖希望中国政府能提供合作和帮助，使班禅喇嘛的继承者得到他履行作为"西藏精神领袖"应尽的职责所必需的教育。美联社新德里当日也发表消息说，十四世达赖喇嘛指定班禅的转世灵童有可能引起中国的争执……双方都声称对指定转世灵童有最后的决定权。

　　身处境外的十四世达赖，既没有参加宗教仪轨寻访活动，又没有遵循历史法定程序和中央政府批准定制，擅自插手认定和宣布十世班禅转世灵童，完全是非法无效的。全国政协主席李瑞环在第三次班禅转世灵童寻访工作会议上指出："历史上这种师徒关系随缘而起、时断时续，并非宗教仪轨。据档案记载，十世班禅大师与十四世达赖从来就没有'师徒关系'。他们一个爱国，一个叛国，早已分道扬镳。十世班禅圆寂前在谈到转世时说过：'我想到释迦牟尼跟前，采取金瓶掣签的办法来确定是最好的。'达赖借口'师徒关系'，插手班禅转世灵童的寻访，不仅违反了宗教仪轨，也违背了班禅大师的遗愿。"中国佛协会会长赵朴初在此次会议上也说："当年宗喀巴大师嘱托其弟子'互为师徒'的关系，在十三世达赖和九世班禅时期就已经破裂，在十四世达赖和十世班禅之间已不存在，根本原因就是现在的达赖喇嘛背离了祖传的教经和宗喀巴祖师的嘱咐，辜负了西藏人民把他当大活佛的信赖，辜负了毛主席、周总理以及现在以江泽民为核心的中共中央的反复教诲，因此达赖喇嘛在寻访认定十世班禅转世灵童问题上根本没有发言权，没有指导权，更没有认定权。"1995年12月18日，历世班禅的驻锡地札什伦布寺在《西藏日报》上发表文章说："在班禅转世问题上，达赖所作所为，充分说明他背离了班禅大师的遗愿，背离了历史定制和藏传佛教仪轨，背离了佛教利乐有情的基本教义，辜负了党和政府对他的期望，辜负了信教群众把他当作大活佛的信赖。"曾任班禅堪布会议厅五品官、现任日喀则地区政协副主席的甲嘎·洛桑汤党说："我们灵童寻访小组的成员都没有确定，十四世达赖却抢先宣布认定灵童，这样做一是违法，二是违教规，三是违背历史。他这样做完全是分裂祖国的政治目的，不得人心。"西藏自治区政协副主席拉敏·索朗伦珠也说："十四世达赖违背历史和宗教传统，完全出于政治目的。"札什伦布寺孜贡札仓堪布次仁说："不仅班禅活佛转世认定到坐床，甚至连达赖活佛的转世认定到坐床，也都需要中央批准才称合法。十四世达赖本人认定班禅灵童，是非法的，我们不能承认。"十四世达赖心怀敌意、恶口生事，根本不是一个真正的活佛所为。

1995年3月20日，日本奥姆真理教在日本东京地铁站释放毒气，造成12人死亡、5500余人中毒的恐怖事件，一度成为世界各种传媒争相报道的热点。10月26日，日本东京地方法院公开审判制造这一事件的"魔头"麻原彰晃，从而使他和该教百余名骨干分子受到了法律制裁，奥姆真理教也因此被取缔。此时的"人权卫士"十四世达赖却不干了，竟然跳出来对日本共同社说："奥姆真理教是宣传佛教教义的。""麻原彰晃和我是好朋友。"公开为麻原彰晃讲情开罪，当然遭遇国际舆论的一片谴责。实际上，他们这对狐朋狗友有其"结义"深交：自1987年起，十四世达赖与麻原彰晃先后曾有5次会晤，由十四世达赖传授"秘籍"，麻原彰晃拱捐金钱，俩人相得益彰。1989年5月26日，十四世达赖致信说："衷心感谢奥姆真理教团为西藏佛教流亡集团的帮助，特别是不久前刚从西藏传教来的僧侣学生（麻原彰晃）为我们提供了慷慨的捐款。"这一年，十四世达赖给麻原彰晃出具了证明书和推荐信，称赞麻原彰晃是"很有能力的宗教导师"，奥姆真理教是"传播大乘佛教""促进友善的"教派，恳请日本东京有关当局"应当允许奥姆真理教派免交各种税款并获得宗教法人资格"。在十四世达赖的大力庇护下，该教派迅速膨胀，由1984年成立初期的"奥姆神仙会"（1986年改名为奥姆真理教）信徒由十余人，扩张到1995年5月被日本法院宣判解散时，日本国内信徒达到1.7万余人，并在纽约、波恩、莫斯科和斯里兰卡等地设有海外支部。麻原彰晃所著的《最高指引》一书称：是十四世达赖"委托"麻原在"日本进行佛教改革的"，"是十四世达赖亲自把麻原指引入佛教大乘传统的"。麻原彰晃曾两次潜入西藏"传教"，主要是鼓吹"世界末日论"，他宣扬，只有其信徒才能够幸存，必须强制信教，对那些欲脱离和反对佛教者，都将进行打击式的"善行"，即使杀人也在所不辞。德国《焦点》周刊说："没有十四世达赖的支持，麻原根本不可能建立起他的教派帝国。他从一个江湖医生和小小的刑事犯罪骗子，在短短的几年内火箭式地上升为日本一个教派领袖也不会如此顺利,这是可以肯定的。"中国有句俗话,叫作:玩火者必自焚。

2009年9月18日、2010年4月1日,十四世达赖在答华人媒体提问时,大讲特讲同情法西斯首犯希特勒,他说:"希特勒,从本质上说,特别在他年轻时,一定是一个充满同情心的正常人。""他内心深处感验过母爱,是有感情的,因此,也有能力给予他人爱和情感。""他的本性深处也有慈悲。""他的痛苦也是相应的,所以我们要把他作为更大慈悲心的对象。"记者追问:"你正在表示对希特勒的宽容吗?"十四世达赖干脆地回答道:"当然啦!如果我一直对他持有憎恨,是没有用的。"听众感到诧异:一个"精神导师""宗教领袖",怎么会说出这种是非不清、缺乏公道的话呢?!众所周知,希特勒是发动第二次世界大战的罪魁祸首,是国际社会公认的大战犯、大刽子手,有数千万人死于这场非正义的战争。十四世达赖同情和宽容希特勒,无非是要人们同情和宽容他十四世达赖罢了。

十四世达赖恶口搞障眼法,就是企图转移逃避罪责。正如西藏谚语所说:"人无奈而去求神,神无奈而去说谎。"说谎,则是十四世达赖的家常便饭和一贯的行为方式。莎士比亚也说:"你的舌头就像一匹快马,它奔得太快,会把力气都奔完的。"

> 无论怎样教导坏人,也难使他品德高尚;
> 无论怎样喂养麻雀,也难使它安适无惧。
>
> 《萨迦格言》

七 "和平"对抗暴力行,种植苦果自己尝

不绮语——十四世达赖声称:"意图是由于无忧无虑、无所事事而无聊闲谈。""三种邪恶之根或许全部出现,而主要是迷惑。""无价值的言语脱口而出此戒即破。""无智慧的闲谈也有三种:一、虚假的胡话……二、庸俗的废话……三、真实而无意义的话,如对一个还不想信奉佛教的人传授佛经等等。在各种类型的无智慧的闲谈当中,使一个专心致力于修习的人精神紊乱为最严重。"(第43—44页)

据 2009 年 6 月 8 日西班牙《世界新闻报》报道，1986 年，十四世达赖"认定"年仅 14 个月大的托雷斯是 1984 在加利福尼亚州圆寂的益西喇嘛的转世灵童。托雷斯的父母带他前往印度拜见十四世达赖，然后把托雷斯留在当地一所寺院生活直至他年满 18 岁。托雷斯在接受西班牙媒体采访时说："（现在）我内心仍然感到愤怒！有时候，这股怒气会发泄出来，令我失去控制，让我感到沮丧。""他们（指十四世达赖集团）把我从亲人身边带走，把我放在中世纪的环境里，让我吃尽苦头；我就像生活在谎言之中。" 8 岁时，托雷斯设法把一盘讲述自己痛苦生活的录音带交给了母亲，他的母亲便带他离开了印度达兰萨拉色拉寺。不过，托雷斯说，他很快又主动回到了寺院，因为他深感被视作益西喇嘛的转世灵童很有压力。当托雷斯 18 岁时，彻底离开了（印度）色拉寺。此后他在加拿大生活了一年，又在瑞士居住了半年。现年 24 岁的托雷斯说："那段经历破坏了我的个性发展。"目前，托雷斯在西班牙马德里学习电影专业。他说："现在，我最看重的是能做一些让我感到自己有用的事，找个地方释放我的精力。"

一个洋和尚的呐喊，充分暴露了十四世达赖以教乱教的险恶用心。他企图在境外长期培植"藏独"力量并顽抗到底，严重干扰了正常的藏传佛教秩序、历史定制和信徒的思想，纯属佛教徒中的败类。按照十四世达赖的政教理论逻辑是："控制一名活佛，就等于控制了一座寺庙，也就等于控制了一片地区。"十四世达赖为了迫不及待地加快"藏独"活动步伐，完全不遵循宗教仪轨、历史定制和中央政府批准程序，擅自在境外指认境内活佛。自 20 世纪 80 年代，他将境外"认定"而人在国外的"活佛"，送回境内寺庙坐床，加紧对境内藏区寺庙的渗透和控制，仅 1980—1994 年，由十四世达赖个人"认定"的活佛数量就达到 215 人。十四世达赖还拼命插手"认定"外籍活佛，在一些藏传佛教兴盛的西方国家，他"认定"的"洋活佛"最多，试图扩展"洋势力"和"转世"异端学说，其险恶政治用意十分明显。十四世达赖曾对《亚洲周刊》的记者说："我清楚地表明，如果我圆寂，我的转世将会来自西藏之外，来自一个自由的国家。那是因为，转世的主要目的是继续我这一生所没有完成的（"藏独"）任务。"十四世达赖还说，我的继承者，不论是男人还是女人，即使转世成为一个黄头发的外国人，"也绝不落入中共的手里"。

丧心病狂的十四世达赖甚至不惜拿他个人的寿命时限和终止达赖转世作为赌注。1992年11月20日，十四世达赖发表《西藏未来》演说，声称："我马上就要60岁了。60到70、80、90，最多也只能活90岁。因此，我们这一代人从现在起用20或30年，有步骤地实现西藏政教并行（即政教合一）的民主国度的计划。"1993年，德国《明镜》周刊记者采访十四世达赖，记者问："在你之后，还会有第十五世达赖喇嘛吗？"十四世达赖不假思索地回答："在迄今为止的政权下，肯定不会有了。"1996年9月，十四世达赖对澳大利亚记者这样表白道："佛教在七至八世纪传入西藏，而达赖仅有500多年的历史。我死后，许多西藏人仍然需要自己的达赖喇嘛，但20年之后，环境变化了，西藏同胞会发现达赖喇嘛在他们的文化和民族中不再那么重要，也许就不再有新的达赖喇嘛。因此，我很可能是西藏最后一位达赖喇嘛。""根据我的梦境和一些预兆显示，我将活到100岁到120岁。"然而，他在著书《达赖新经——达赖喇嘛人间对话》（以下简称十四世达赖《新经》）中，对自己的寿命时限，又不那么乐观自信了："我承诺我至少会再活20年（即90岁）。"（见该书第77页）2010年7月6日，十四世达赖在达兰萨拉接受印度新德里电视台采访时说："大约两百年前，一些藏人大师有个和我有关的预测，说此人寿命是113岁。20世纪60年代初，我曾做了一个梦，梦见我的寿命是113岁。两年前，我又得到同样的预测，并且在手术后得到了医生的证实。"

至于十四世达赖死后要变成什么东西，他在《达赖喇嘛自传》中交待得很清楚："如果我在西藏人重获自由之前就圆寂的话，那么唯一合理的假设是：我将会降生在西藏之外的地方。当然可能到那时候，我的人民已经不需要达赖喇嘛了。在这种情况下，他们就不必费心的把我找出来。我可能转生一只昆虫或是动物……"（见该书第255页）十四世达赖料定自己死后转生为动物，这就是佛经所指六道中的畜牲道（"六道"即指天道、人道、阿修罗道、畜牲道、饿鬼道、地狱道），印证了"菩萨畏因、凡夫畏果"的警言教训。他自己挖的坑，把自己给埋了："如果一个人的心灵由欲望所控制，他将转生为动物。"（见十四世达赖《新经》，第108页）十四世达赖就是这样一个被金钱、美色、权利等各种欲望控制了心灵的人，所以他认为，自己将转生为畜牲道。格鲁派创始人宗喀巴大师给出的答案是："大乘行人若不守护清净律仪，去恶行善，连轮回也出不去。"造孽太多的十四世达赖诬称杰钦匈丹护法神及信徒对他折寿,而实际上是他自己在折自己的寿罢了。马克思对库尔曼博士伪社会主义的批判一文,也同样适合对十四世达赖这个江湖骗子的有力揭露。马克思指出:我们决不认为他"完全是个普通江湖骗子和狡猾的骗子,他的整套的长寿术所指的仅仅是如何维持自己的生命;不,我们非常了解,这位替天行道的博士是唯灵论的江湖骗子,是个笃信宗教的骗子,是个神秘主义的滑头,然而,他和他的一切同类一样不择手段,因为他这个人物和他的神圣的目的紧密地结合在一起"。①

20世纪90年代末,"西藏流亡政府"中的所谓文化新闻部门以十四世达赖名义,在印度达兰萨拉出版散发了所谓"宗教经文"的宣传手册,公然宣称:佛教是增强藏人独立信心、决心的源泉,谁喊一声"西藏独立",高呼一声"达赖喇嘛万岁",就等于念了一亿次玛尼经;谁散发了一本达赖喇嘛经书,就等于死七次也不会下地狱等。该"宗教经文"祷词,严重践踏纯正的宗教内容,明目张胆地篡改释迦牟尼的教义,严重违背格鲁派宗师宗喀巴的教规。拉萨"3·14"事件后,青海省塔尔寺宗康活佛对外媒记者说:"佛门弟子要普度众生、行善积德,最大的心愿是能成佛,最怕的是下地狱。"十四世达赖为了"西藏独立"的政治图谋,全然不顾自己的"宗教领袖"身份,是一个十足的佛教叛逆者。

慈悲为怀、以利他人、弃恶为善,对上护持国度、对下利民度众,是佛教的基本教义。《时轮》大灌顶、《大威德金刚》大灌顶、《菩提道次第论》等佛教经文的核心内容,是教诲人们今生来世都要弘扬佛法、广修善业、明确取舍之道等。按照佛经的说教,一个真正的释迦弟子应当爱国护教、利乐众生、弃恶积善、自制利他。正如《大般若涅槃经》所云:"以王因缘,国土安乐,人不炽盛,是故一切出家人之人慕乐此园。持戒精勤,修习正道。"《入菩萨行论》中指出:"解众生之苦,乃福乐源。"十四世达赖以假蒙人,到处行骗,根本不受佛规教理约束。他的所谓"正道",就是教唆煽动不法信徒利用歪门邪说从事赤裸暴力的"藏独"活动。1987年拉萨发生"9·27"骚乱事件时,一个由印度流窜到境内的不法分子,在大昭寺广场讲经台上狂嚣:"达赖佛爷说了,西藏自古以来是独立的,为了西藏独立,死了可以马上转世,谁不支持独立,佛爷不会

---

① 马克思:《关于"真正的社会主义"的预言》,《马克思全集》第3卷,第629—630页。

饶过他，只能下地狱。"当年10月7日，十四世达赖在达兰萨拉发表演讲，表示对拉萨骚乱"完全支持"，大肆鼓动不法分子再拿出更大的勇气，利用各种形式包括法会场所，把事态动静搞得再大一些，并对他们那种不怕牺牲的果敢精神再次表示敬佩！随后，他又在不同场合对外媒公开宣称："要三日一小震，五日一大震，闹得拉萨不得安宁，西藏不能太平。""把拉萨搞乱了，就等于把西藏搞乱了。""搞西藏独立，不仅要靠国外的藏人，更重要的是靠国内的藏人；根本力量在国内，而不是在国外。""要用摩摩擦擦的办法，把共产党赶出西藏！"

1988年3月5日，一伙骚乱分子乘拉萨传召大法会迎请强巴佛仪式之机，突然叫嚣"西藏独立"，向执勤的公安干警投掷预先准备好的石块，围攻在大昭寺指挥传召活动的西藏自治区领导人，冲击自治区佛协传召办公室，砸毁电视转播车，捣毁商店、餐馆、诊所等，残杀执勤藏族武警战士袁石生。这一天，有299名武警战士、公安干警在此次骚乱中被不法分子打伤；迫使每年一度的藏传佛教格鲁派最庄严神圣的拉萨传召大法会陷入瘫痪；致使机关不能正常上班、学校被迫停课、服务行业不能正常营业，社会秩序遭到严重破坏。3月11日，十四世达赖在达兰萨拉集会上同样对闹事者大肆鼓励，他说："境内藏民斗志旺盛，决心很大，敢于流血牺牲，他们的战斗精神要继续光大。"

然而，2006年"西藏流亡政府外交与新闻部"散发的一份宣传文件却宣称："达赖喇嘛坚决反对任何形式的暴力行为，始终如一地坚持和平非暴力的伟大思想。他坚信暴力与强制不仅违背宗教的慈悲、博爱精神和普遍的人性，而且也无助于解决人类社会存在的问题。""达赖喇嘛是解决西藏问题的钥匙。""达赖喇嘛是西藏人民的精神导师，也是西藏民族的凝聚力，他在西藏人民中所具有的崇高地位和威望，决定了绝大多数西藏人民将会无条件地服从或接受达赖喇嘛……"十四世达赖没有纯净的心，便不会有纯善的行，他上骗佛法、下骗众生，最终将是骗己、害己、误己，不可能利于芸芸世人。

十四世达赖主导对抗中央和祖国的所谓"不合作运动"的主要内容为："不服从中国法律，不与中国人合作，进行和平抗议及消极抵抗，凡中国政府控制下的西藏各地方组织和权力机构，不再听命于中国人的指挥，不与中国政府部门合作，不在他们的机构中任职或效力，藏人从中国人控制的政府机关、学校、工厂及其他机构中辞职，不购买、使用和拥有中国制造的产品，不进入中国人开办的餐馆、商店和宾馆，不与他们做生意，不学习汉语，不讲中国话，不学习中国文化，不受雇于中国人经营的建筑、裁缝、理发等行业，在商贸、农业等行业中，不与中国人一起作业，凡涉及中国人在西藏实行统治、汉人移民、破坏西藏环境等行为，藏人要坚持不与他们合作，始终采取冷眼旁观的态度，行动者每天连续在城市、乡镇的街道上集体进行和平抗议、张贴表达行动者意愿的标语等。"一位外国记者毫不客气地说，不用"中国制造"，恐怕连裤子都没得穿。

十四世达赖集团不"合作"是假，搞"对抗"才是真。1995年3月10日，十四世达赖集团二号人物桑东·洛桑丹增在《非暴力抵抗及不合作运动》一文中写道："政治上，从有文字记载以来直到1951年，西藏一直是一个主权独立的国家。""西藏事实上的独立一直是千真万确的，直到1951年共产主义中国野蛮入侵西藏并强迫签订《十七条协议》为止。"1996年3月8日，桑东撰写的《西藏：对未来的展望》一书中具体描述道："西藏将是一个自治的国家……这个自治国将存在于西藏人民中，其政府将由他们授权。"他狂妄自大地鼓动藏人要勇敢获得"西藏主权"的阶段性目标，就必须团结一切可以团结的力量去推翻中国共产党领导下的中央政权。

2002—2008年，十四世达赖私人代表同中央有关部门负责人共接谈9次，其中2008年达到3次。每次接谈都没有取得实质性进展的根本原因，在于十四世达赖始终顽固坚持"西藏独立"的政治立场没有改变，施展各种花招骗术向中央提出"主权"和"政权"要求，这简直是痴心妄想、白日做梦。老祖宗留下的多元一体的中华民族神圣疆土，历史渊源铸成的血浓于水的亲情民族关系，岂能轻易被十四世达赖毁于一旦！1994年10月16日，一些西方国家的反华议员、逃亡海外的"藏独"和"疆独"分子，在美国纽约召开所谓的"亚洲民主共同体"年会，甲日·洛迪一批"藏独"骨干分子参加了会议，这位"活佛"在会上煽动说："西藏人的忍耐是有限度的，如果不能与中国当局谈判解决问题，我们不排除采取暴力行动的可能。"他公开叫嚣说："采取有限的武力行动，可能唤起许多人对西藏问题的注意，也是迫使中国人坐下来谈判的一种手段。"作为十四世达赖私人接谈首席代表和"藏青会"创建负责人，甲日·洛迪在一次内部通报会议上又这样讲："西藏想要独立于中国而存在，是不现实的。西藏应该是中华人民共和国的一部分，不应该是彻底独立的。"2006

年11月14日，甲日·洛迪在美国布鲁金斯研究所发表演讲时，一张嘴就拿中国的"和谐社会"和"和平崛起"说事："影响中国和平崛起的内部因素，包括台湾问题、西藏问题和新疆问题。中国的'和谐社会'与'和平崛起'，是喊喊口号，还是真抓实干，西藏问题无疑是一块试金石。"十四世达赖胞弟丹增曲杰说："只有武力，才能迫使中国人离开西藏，恐怖活动可以用最低成本获得最大效果。"十四世达赖集团的倒行逆施必然遭到中央政府和全国人民的坚决反对和强烈不满。

在2008年的接谈中，十四世达赖方面向中央有关部门提交了所谓《为全体藏民获得真正自治的备忘录》和《有关全体西藏民族实现名副其实自治的建议》，有意回避西藏的主权归属和西藏自古以来就是中国领土一部分的事实等重大原则性问题，其实质还是兜售"中间道路"，提出的所谓西藏半独立、变相独立、完全独立那一套东西。当年12月12日，中央统战部常务副部长朱维群在新闻发布会上说："我们只接受甲日等人作为达赖喇嘛的私人代表与我们商谈，谈的只能是达赖喇嘛彻底放弃分裂主义主张和行为，争取中央和全国人民谅解，解决其个人前途问题。我们根本不会与之讨论什么西藏问题。为了使达赖喇嘛进一步了解中央的态度，认识自己的错误，我们可以听其解释，目的还是检验他有没有放弃分裂主张而向中央要求靠拢。"

无数事实证明，十四世达赖利用特殊的宗教身份，把自己精心包装成"普度众生"的"最高精神领袖"，对信众实施精神恐吓和来世威胁手段，的确迷惑、欺骗了国内外不少善良单纯的人们。但实际上十四世达赖自己却把宗教道德踩在脚下，"怜悯、慈爱之心"是假，要求藏族民众绝对信奉和效忠自己、极力排斥打击异己力量是真；"增进快乐和幸福"是假，煽动散居世界各地的藏人举行游行示威和绝食抗议是真；"作为道德权威的正确行为"是假，诱骗和鼓动藏区不法分子进行暴力恐怖活动，并与他里应外合闹"藏独"、复辟封建农奴的"政教合一"旧制度是真。我们只能对十四世达赖说：顽固到底，死路一条。

德国前总理施密特说："如果我们仔细去看历史，在达赖喇嘛统治西藏的时候，西藏仍是农奴制。这一制度在（20世纪）50年代末期才被废除……如果我们在西藏问题上只看到达赖的微笑，那么这就说明我们看重的是西藏问题给我们带来的象征意义，而不是西藏本身。"大凡不持偏见的人们，都会一目了然十四世达赖绮语的政治性目的。十四世达赖自诩是"甘地学说的信徒",因而坚持"非暴力",是为竭力掩盖施展暴力、恐怖手段留足空间。殊不知,甘地明确说过:"宗教不是一件可以随意脱去的外衣。"① 以此而论,崇尚宗教的非暴力也不是一件随时可以穿上或脱下的衣服。在流亡印度50余年的政治生涯中,十四世达赖最终明白了扛"非暴力"旗帜的效用:不仅能够乔装打扮自己是纯正的"宗教领袖",搅惑境内外藏族人民的内心世界;而且能够迎合西方人的口味,达到蒙骗国际社会的目的,以争取更多人对"西藏独立"事业的支持。1989年,十四世达赖在奥斯陆的演说中就明确交代:"如果西藏人拿起武器,中共部队会有借口压制,我们可能很轻易被消灭。"心领神会的十四世达赖胞弟、"藏青会"元老骨干分子丹增曲杰说:"达赖喇嘛扮演的是红脸,他走的是和平主义道路。可是,有些人并不会这样来理解达赖。因此,我们必须要用某些方法,才能给他们施加压力。我们认为,唯一的压力就是暴力,而达赖喇嘛应始终处于暴力之外。"2005年,十四世达赖在其70岁生日庆典时说:"我理解中央政府的担忧,也了解西藏民族的尊严,我一直致力于在尊重双方利益以及双方满意的基础上,寻求合理解决问题的途径,这一点和1954年去北京时一样,没有任何改变。"十四世达赖二哥嘉乐顿珠曾多次回国参观,亲眼目睹了中国的发展变化,他假惺惺地对外媒说:"所谓西藏问题,应该是自家人关起门来有商有量地来解决的事情。"

以"和平"外衣裹藏"非暴力"政治野心,用软硬兼施两手玩弄实质性暴力把戏,才是十四世达赖的真正用意。2009年3月11日,十四世达赖在接受德国《法兰克福评论报》记者采访时,用十分恶毒的语言声称:"我有中国人策略的郑重信息:他们挑起暴力行为,是因为他们想要使他们的强硬手法合法化。"同年10月31日,十四世达赖在日本东京记者会上交代得很直白:"中国政府把我看作是一个麻烦制造者,所以,我的职责就是制造更多的麻烦。"据"挪威西藏之声"报道,2011年2月9日,十四世达赖在印度拉贾斯坦邦对年轻流亡藏人煽动道:"2008年发生西藏事件时,包括10岁以上的年轻人,约99%的藏人都参与了(抗议)活动,这标志着一个伟大的(历史)转折。"十四世达赖毫不掩饰他对拉萨"3·14"事件中那些犯罪不法分子的血腥

---

① [印度]克里尚·巴蒂亚:《英迪拉·甘地》,上海人民出版社1977年版,第107页。

暴行的赞许和支持。

事实充分表明，十四世达赖顽固坚持"藏独"的政治立场始终没有改变，只是在玩弄手法上打马虎眼，这种"变脸魔术"欺骗不了中央和全国人民，只会激起全国人民更强烈的反感，只能使他自己在分裂祖国、破坏民族团结的不归路上越走越远，最终自己种下的苦果还得由他自己尝！台湾净空老法师在接受外媒采访时说过这样一些发人深省的告诫，他说："摒弃世间贪爱、嗔恨、愚痴、傲慢四种烦恼，才是正知正见；存好心，说好话、行好事、做好人；善业多是神，恶业多是鬼；人性反常会坏事，人心浮躁是恶果；妄语两舌，恶口绮语，口是吉凶之门、福祸之门；是心是佛，是心成佛；损人利己，折福损寿；境由心转，邪不压正。"①十四世达赖应当扪心自问，检讨言行，知耻为勇，改过自新。正如温家宝总理2002年在美国哈佛大学演讲时所说：回溯源头，传承命脉，为天地立心，为民生立命，为德圣继绝学，为万世开太平。2005年，胡锦涛主席提出"八荣八耻"要求，是每一个中国公民都须遵守的基本行为准则，告诫人们思无邪、言忠信、行笃敬。

  恶人总把自己的过失，往别人身上推诿；
  乌鸦总把弄脏的嘴喙，往干净的地上磨蹭。

《萨迦格言》

八　贪婪金钱当丐头，卖祖求荣丢颜面

不贪心——十四世达赖声称："对象是别人的动产或不动产。""意图是抱有想占有别人的财产或金钱的渴望和愿望。""为了反复计划如何取得别人财产的方法而作出的努力。""在三个邪恶之根当中，贪婪占主导地位……""结果是导致羞耻心和受别人责备的恐惧的完全丧失。""贪婪有三种：贪图自己家里的财产；贪图别人的财产以及贪图不属于任何人的财产。在各种贪心当中，贪图佛教僧团所拥有的财产或物品是最严重的。"（第44页）

---

① 摘自《和谐拯救危机》七集大型系列公益访谈节目，北京中体音像出版中心2006年版。

西藏民间谚语道：吃下大山，仍然饥肠辘辘；喝尽海水，仍然不解口渴。这是人们对世俗间贪染之人的形象描述，也是对十四世达赖所谓"四大皆空"假活佛的最好画像。

通常的出家人不会刻意沉迷于金钱世界，而十四世达赖却有一套诡辩论："如果佛教义理深入了人心，人们就会把财富看成草叶上的露珠，就不会因为财富的贪得无厌而进行无尽无休的争斗。所以，如果一个人不管出于什么动机而与财富脱离，他就不会再遭到痛苦。""（在）佛教徒的誓愿中，清楚地列出出家人，不应该接收黄金，这是禁止的。这个誓愿的真谛是要减少贪染心。""出家人不许争取任何其他事物的所有权，他必须随时保持的态度是：这个不属于我，我只不过是使用它来服务别人。"（见十四世达赖《窗扉》第12页和十四世达赖《新经》第41页）紧接着他又坦言道："我当然会接触金钱。""老实说，我甚至认为从全球视野来看，金钱再多都是不够的。""没有钱就不能运作，因此，合理地尊重金钱，没有什么不对。""金钱很好，很重要！没有钱，日常生活不能运作，更不必提未来的发展，所以，不必怀疑金钱的重要性。"（见十四世达赖《新经》第38—41页）十四世达赖的矛盾言论实际上在公开声明，他不打算遵守佛规戒律，而是以凡心充当老财迷，要搞政治翻盘。

十四世达赖把金钱看得如此重要，是因为如果没有钱，他领导的"藏独"活动就运作不了，长期追随他的流亡藏人也会对他不依不饶。从1959年十四世达赖叛逃至今，以十四世达赖为最高"首脑"的"藏独"集团，在印度共组建了13届"西藏流亡政府"，目前有7个"噶伦"（西方人称作"部长"），包括所谓的"内政部""安全部""财政部""外交与新闻部""宗教与文化部""教育部""卫生部"及20余个下属行政事业单位等，在国际上设有10个办事代表联络处和2个特别办事处（即驻美国华盛顿办事处和驻欧洲布鲁塞尔办事处），共有领取薪酬的从业人员达2900多人和需要资助报酬的雇佣人员数万人，是一个"麻雀虽小"功能齐全、既有主权也有政权要求的流亡政治集团。每年正常的人头经费及专项"活动"费用至少需要数千万美元才能保证运行，从西藏搬运到国外的大量金银珠宝文物变卖折资积储早已挥霍浪费殆尽，仅靠搜刮少得可怜的流亡藏人"独立捐"，又难以继续搞"藏独"活动，逼迫十四世达赖四处乞讨金钱，否则政治闹剧无法上演。

据2005年"西藏流亡政府"的一份正式经济研究报告称：2004年，

该"政府"总收入的 88.97%，直接来自外国的援助。另据"西藏流亡政府 2007—2008 年度财政预算报告"披露：在超过 21 亿印度卢比的财政预算总收入中，来自十四世达赖集团自身的"固定收入"为 20 亿印度卢比，主要是靠"国际社会"和"国际友人"援助的，占其财政预算总收入的九成以上；流亡藏人的各种"税费"收入只有 1 亿多印度卢比；十四世达赖喇嘛个人争取的资金占总收入的 25%，高于流亡"噶厦"（政府）承担的 22%比例。人们从中不难看出，十四世达赖的"能耐"。有资料显示，1997—2005 年，十四世达赖每年要向"流亡政府"提供 1800 万印度卢比；从 2006 年开始，这个数额猛增至每年 5000 万卢比。实际上，十四世达赖已经成为"藏独"集团主要的"摇钱树"。

　　大量事实表明，以美国为首的西方反华势力是十四世达赖集团的最大"帮主"；他们沆瀣一气、相互利用的共同目的是搞乱、遏制、肢解中国。据美国政府的一份解密文件显示，1964—1968 年，美国每年给予十四世达赖集团的财政拨款计划为 173.5 万美元，其中 18 万美元是给十四世达赖个人的津贴。① 美国藏学家迈克尔·帕伦蒂在所著《慈悲封建制：西藏的蛊惑》一书中披露道："十四世达赖喇嘛也发表声明，称自己在（20 世纪）60 年代曾接受（美国）中情局数百万美元的援助，用以输送武装的流亡分子来破坏毛泽东的革命。"

　　为改善对华关系，美国政府于 1972 年后停止了对十四世达赖集团政治上、军事上和经济上的支持。从尼克松总统起，一直到 1978 年，美国始终以"不方便"为由拒绝十四世达赖访美，并形成了美国政府官员不会见十四世达赖的惯例。此时的十四世达赖深感西方国家的冷落和在第三世界国家不受欢迎。十四世达赖在内忧外患、前途渺茫的情况下，作出了回归姿态，以试探中央的态度。他心灰意冷地在自传中写道："这不是因为他们（美国人）关心西藏的独立，而是作为他们在全世界企图破坏共产党政府稳定的努力的一部分。"据 1977 年 3 月 7 日伦敦《中肯国际》报道，西藏（十四世达赖）的"神谕"说："神王不会在你们（流亡藏人）之中再待很长时间了！"随后，香港《明报》、印度《论坛报》、新德里英文《祖国日报》作了类似的相关报道："西藏的基辛格（指嘉乐顿

---

　　① 参见卢秀璋《〈1959 年至 1991 年美国对华战略和"西藏问题"〉》，中国藏学出版社 2009 年版，第 2157 页。

珠）正在积极活动并为十四世达赖在不久的将来返回西藏而进行一切准备",“这位秘密谈判的代表已得到了中方的响应……"等等。十四世达赖集团主编出版的《西藏评论》中一篇社论哀叹道：“没有人为民族事业而牺牲，没有劫持行动，没有投掷炸弹的袭击，没有绑架的行动……越南的和尚为国捐躯，但流亡的藏人看来是贪生怕死。"1980年5月3日，法新社的一则电讯说：“十四世达赖现在说，他没有什么要反对中国人的，相反，十四世达赖倒劝他的流亡的同伴，要接受'中国是一个伟大的国家'这一现实。"“即使像美国这样的世界大国也因出于需要同中国人建立良好的关系。"一切为了利用和需要，是十四世达赖实用主义的狡诈心态。

随着国际形势的变化和中国改革开放的不断推进，以美国为首的西方反华国家对十四世达赖集团的支持态度再次作了调整。十四世达赖又一次看到了有机可乘的难得"希望"，他跟着活跃起来了："当时曾有迹象表明，过去的一年对我来说，会是非常危险的一年。因此，我隐退了几个月，以修身养道……现在看来危险已经躲过去了，我又回来了。"① 1979年十四世达赖第一次窜访了美国，并开始获得了"主子"常态化的施舍。据不完全统计，1989—1994年，仅美国政府向十四世达赖丐帮提供的活动经费就达475万美元。1998年的美联社报道说："美国国会批准每年给西藏流亡政府200万美元的资金。"2001年以来，美英德日等国家每年向十四世达赖集团提供的经费高达1亿美元。美国国会通过《2008年综合拨款法案》，直接划拨涉及中国西藏"工作"的资金上升至3320万美元。在遭受全球金融危机严重影响美国经济的情况下，美国直接用于支持十四世达赖集团的"藏独"资金有增无减。据十四世达赖集团的"国际西藏运动"网站披露，2009年，美国国会批准的年度涉藏金额为1675万美元，比2008年增长25%。

为了贪婪捞钱，十四世达赖这个世界上最大的政治丐帮帮头，近30年来，共窜访世界上40多个国家或地区，重点是西欧，仅美国之行就达37次。十四世达赖内心非常清楚：如果没有美国的全力扶持，他们根本无法在外立足，更不要说能闹腾到今天了。常言道：世上没有白吃的午餐；渔夫抛下诱饵是让贪吃的鱼儿丧命。十四世达赖集团的"回报"就

---

① 见伦敦《中肯国际》1977年3月7日报道。

是拿人钱财替人闹事、卖祖求荣,他们看人眼色、坏事做尽而无一点羞耻之心。2008年拉萨发生"3·14"严重犯罪暴力事件后,意大利一些历史学家谴责西方势力支持十四世达赖集团分裂中国的图谋,用5种文字发表的呼吁书说:一个"妖魔化"中华人民共和国的卑鄙行动正在一些西方国家开展,他们以"自治"为旗号,支持"西藏独立",目的就是要肢解很多世纪以来形成的、现在由56个民族组成的多元文化的中国。① 一位曾被裹挟参与拉萨"3·14"事件的西藏林芝地区籍无业游民卓玛供认说:"他们(即暴徒)给我钱,让我去砸东西,还说多砸、多打、多烧就多给我钱,我一天就挣了好几百元(人民币)。"② 一位拿到签证的流亡藏人说:"凡积极参与闹事的人,更容易申请到美国和他国的签证,有的流亡藏人以此作为谋生的职业和改变命运的手段。"

《印度日报》网站的一篇评论打比喻说,十四世达赖在印度政府眼里已是"一朵凋谢的花儿,不过它现在还是有些扎手。"据印度媒体报道,印度政府为流亡藏人子弟修建、开办的学校79所,这些学校的全部经费均由印度政府提供,即支付其教职员工的薪金和流亡藏人儿童的相关教育经费;但是,租借印度50年的流亡社区治安状况十分令人担忧,是一个惹事生非找麻烦的"三不管"地带。以难民身份出现的"流亡政府"官员靠"税收"和国际援助花天酒地,他们白天穿着红色的袈裟办公或接待客人。天黑以后,常到酒吧和俱乐部吃喝嫖赌。现在,达兰萨拉的印藏人冲突问题,已成为印度政府的一块心病。美国《外交政策》杂志编辑卡若琳写道:对于印度政府,在十四世达赖去世后,达兰萨拉将会怎样?据悉,印度共将4万英亩的土地租给了流亡藏人,为期50年,现租期快要到了,这将使很多人因无地而生计艰难,与当地印度人发生冲突成为必然。当地人希望印度政府早日把这些流亡藏人赶走,普通的印度百姓很难支持"藏独"活动,他(她)也要为自己将来的生存发展作打算。

为了"回报"印度政府的"恩惠",十四世达赖"许诺"以出卖国土相悦。印度媒体2008年6月4日报道说,西藏流亡印度的达赖喇嘛首次表示,位于"阿鲁纳恰尔邦"的达旺是印度的一部分。十四世达赖在接受《新印度时报》记者采访时说:按照当时西藏和英印殖民政府代表

---

① 据2008年5月3日中央电视台报道。
② 摘自2008年8月中国西藏新闻网。

签署的协定，根据1914年"西姆拉条约"而划定的"麦克马洪线"是合法的。根据西藏和英国代表签署的这份协议，"'阿鲁纳恰尔邦'是印度的一部分"。该报道还说，2003年，十四世达赖在访问达旺时被要求就这一问题发表看法，当时他拒绝直接答复，而是表示"'阿鲁纳恰尔邦'实际上是西藏的一部分"。"流亡议会"议长噶玛群培随后应和声称："要举行纪念'西姆拉条约'签订94周年活动，签约的遗址还在，我们的聚会就安排在那里。"《印度时报》认为："（十四世达赖）这一声明，肯定会影响印中对话。"

　　对此，有必要简要还原历史背景的真象：1912年间，英国策划举行西姆拉会议并要挟中国民国政府："英国公使朱尔典闻中国大举征藏，节节胜利……乃借口调停，出面干涉，元年八月十七日，忽向我国政府提出抗议五端：（一）中国不得干涉西藏内政；（二）中国官吏不得在西藏行使与内地行省同样之行政权；（三）中国除驻藏官员卫队外，不得派遣军队驻扎藏境；（四）关于西藏问题，中英两国另立新约定之；（五）中国如不承认以上各款，英国即不承认民国政府，且经印度入藏之交通，亦须暂时断绝。"① 同年12月23日，民国政府外交部同样以五点明确立场驳复英使，大致内容如下："（甲）除中国之外，其他国皆无干涉西藏内政之权……唯现在中国认定不许其他一切外国干涉西藏之领土权及其内政；（乙）故中国于西藏紧要各处，当然派遣军队；（丙）中英关于西藏之交涉，已经两次订立条约，一切皆已规定明确，今日并无改定新约之必要；（丁）中国政府，从前并无有意断阻印藏交通之事，以后更当加意保护，断不阻碍印藏交通；（戊）承认中华民国，是另一问题，不能与西藏问题，并为一谈……"② 1913年的"西姆拉会议"筹备期间，英国对民国政府施加压力："不准中国官吏经过锡金而入西藏……故不许假道为一有力之武器。"③ 而对西藏代表却给予一切方便，其目的就是阴谋阻挠中央代表与西藏代表接触。英国代表麦克马洪背着中国代表，精心收集大量西藏情报材料，以"英国帮助西藏独立"和"迫使民国政府在西康的汉军撤回内地"等为条件，诱惑当时的西藏地方政府代表夏札伦钦草签了印度东北部地区与西藏南部之间的"边界线协议"，企图把包括达旺在内的

---

① 见《西藏史地大纲》，第210页。
② 见《东方杂志》第九卷，第八号《中国大事记》。
③ 见贝尔自供《西藏之过去与现在》第148页，宫廷璋译本《西藏史》第134页。

大片中国领土划入英属印度，史称"麦克马洪线"。当然遭到中国政府断然拒绝和全国人民的强烈反对，同样也遭到西藏地方政府多数上层人士的坚决反对和不承认。1914年7月3日，中国政府代表陈贻范奉国内训示，拒绝在所谓的"西姆拉条约"正约上签字。中国政府同时照会英国政府，对外发表声明："凡英国和西藏本日或他日所签订的条约和类似文件，中国政府一概不能承认。"

据相关史料记载，西藏地方政府对"麦克马洪线"的主体态度是：一、不承认这条界线；二、要求英国军队撤出西藏；三、西藏地方政府对达旺在内的"麦克马洪线"以南大片地区继续行使管辖权；四、西藏要求自治而不是独立。事实上，达旺地区自古以来就是中国西藏领土不可分割的一部分，地缘血缘关系毫无争议。按照中国的行政区划，属于西藏山南的错那县。1681年五世达赖阿旺·罗桑嘉措下令在这一地区建立达旺寺；六世达赖洛桑仁钦·仓央嘉措就出生在达旺；西藏地方政府历史上都下派有僧俗官员对达旺地区实行着有效管辖。印度官方网站承认，达旺是"门巴人的土地"，这一地区的主要居民是中国的少数民族门巴族和藏族，属藏传佛教十分盛行的一片区域。英国做贼心虚，直到1938年（即24年后）才对外公布这条对地图篡改后的所谓"麦克马洪线"。这完全是非法无效的，历届中国政府也理所当然拒绝承认"西姆拉条约"。二战期间，英国趁中国忙于抗日战争，向北侵占了达旺的部分土地。1947年印度独立后，西藏地方政府曾致电印度总理尼赫鲁，要求印度"归还所有被逐步划入印度的西藏领土"，但印度继承了英帝的扩张主义政策，大力向北推进。1951年2月，印度军队侵占达旺，用武力赶走西藏地方政府派驻的行政官员，向当地居民宣布："达旺从此被置于印度的行政管辖之下。"1953年，印军再次以武力赶走拉萨派驻达旺寺的总管绛村尊珠，又禁止哲蚌寺按旧例派驻达旺寺的僧官堪布进入达旺。1954年，西藏地方政府指派绛村尊珠回到达旺了解情况，竟被印军扣压3个月后"驱逐出境"；印度在侵占的"麦克马洪线"以南的中国西藏领土上，成立所谓"东北边境特区"。

印度政府的所作所为，引起了中国政府和西藏地方政府的强烈抗议及谴责。1959年，在十四世达赖流亡印度后的相当一段时间里，也一直不承认印度对达旺地区的"主权"要求。1962年的中印边境自卫战争中，中国人民解放军曾收复达旺，受到当地门巴族和藏族人民的热情欢迎。但是，1963年达旺又被印度占领至今。1972年，印度将该"特区"改为"阿鲁纳恰尔中央直辖区"。1987年印度将该区升格为"阿鲁纳恰尔邦"，不论是"区"，还是"邦"，都从未被中国政府承认。这就是英国侵略者勾结西藏极少数卖国贼埋下的历史祸根。

尽管英帝极力拉拢培植西藏上层亲英分子图谋建立所谓的"大西藏国"，但还是不得不承认西藏同中华民族有着密不可分的天然亲近关系。英国驻哲孟雄（即锡金）行政官贝尔（此人曾在拉萨从事近一年的秘密策反活动）在著书《西藏之过去与现在》中叙述道："西藏之天然亲属，自应为中国联邦中各种族，其宗教、伦理及社会礼仪风俗皆有公共基础，历史上亦系自始联结。"同时，贝尔也意识到了西藏人民中存在着强烈的反英情绪，他在书中写道："盖外国人宗教不同，（西藏）僧侣阶级怒外国影响之危及其宗教与其本身，仇恨每达极点。"

西北民族大学藏语言文学系藏族教授多识活佛，依据大量藏汉文献和众多藏地方言等文化现象以及生物遗传学在基因上的证据，得出结论：藏族出自中国古代的羌，汉羌同源，藏汉同源。这一鲜明观点，已成为人们的广泛共识。尽心竭力提携十四世达赖由人变"神"的热振摄政活佛，被亲英派首领达札关进监狱后，审讯人员问他："何以西藏要亲中国？"热振回答说："中国在宗教上，地理上，都无法隔离，1904年英人荣赫鹏攻进拉萨之后，军事赔款，概由中国代付，所有不啻是中国的钱赎回西藏的身。"① 即使是流亡藏人，也有对祖国及各民族的认同感。如达兰萨拉的流亡藏人普巴·次仁多杰（原西藏贵族）就曾对外媒采访记者说："西藏要找一个很亲近民族的话，我认为，除了蒙族，就是汉族，不管是文化也好，人种也好，心态等各方面也好，汉藏蒙都是最接近的。从天然说，没有更多矛盾。"而有奶便是娘的十四世达赖硬要认定自己是印度人，还有何资格充当藏人的"精神领袖"和对中国内部事务指手画脚进行干涉?！

2009年3月以来，十四世达赖在印度各地频频大搞所谓的"感谢印度"活动，并对外媒多次声称是"印度之子"，其献媚言辞之荒谬、摇尾乞怜之肉麻，实在让人难以置信，因为西藏和平解放初期，他还自称是毛主席的儿子！同年3月31日，在达兰萨拉举行的宗教法会仪式上，十四

---

① 见1947年9月2日成都报载拉萨通讯《最近的西藏政变》一文。

世达赖对印度政府1959年以来接纳流亡藏人暂住表示再次感谢！他对信徒说："在人屋檐下，哪敢不低头！"① 十四世达赖集团的一位幕僚说："我们现在舍小保大，就是以退挺进将来大藏区的独立。"8月10日，十四世达赖对英国媒体说："麦克马洪地区确实有点复杂。尽管历史上有不同的归属，1914年后，这些地区就属印度了。"2010年1月16日，十四世达赖在"国际佛教会议"上声称："我是印度之子，这是无可质疑的……我已经做好为上师印度提供一切服务的准备。"为了讨得印度政府的欢心，十四世达赖在意大利的一个涉藏研讨会上赤裸裸地声称："在西藏，佛教来自印度，而不是中国，我们的语言继承自梵文，而不是汉语……没有任何一个藏人认为自己是中国人，无论我去哪里，人们说的是西藏的达赖喇嘛，而不是中国的达赖喇嘛。藏传佛教并不称为中国的藏传佛教。"② 一名记者追问："拉萨大昭寺的12岁释迦牟尼等身像从何地而来？布达拉宫供奉的文成公主塑像是怎么回事？"十四世达赖沉默不语、无言以对。据《印度时报》2011年2月11日报道，十四世达赖昨日在印度西部城市焦特布尔对聚集的一些藏人社团发表演讲，他说："印度比中国更有理由称对西藏拥有主权（意指拉达克地区和阿鲁纳恰尔邦）。""印度一直与西藏站在一起，没有让我们失望，因此，藏人欠印度很多人情。"言中之意很明确，十四世达赖支招，取悦于印度政府，以换取流亡藏人在印度的一席栖身之地。

每年7月6日，十四世达赖集团都要张扬地举行十四世达赖生日庆贺活动，实际上办成了乘机宣传"藏独"主张的政治活动。2010年7月间，十四世达赖接受印度媒体采访时说："我视印度为祖国。如果打开我的大脑，你会发现我是100%的印度人。"为了讨得十四世达赖的欢心，流亡政府宗教部下令：藏人为庆祝达赖"佛爷"过生日，一年内不得吃肉，停止藏人经营肉制食品。然而，十四世达赖却对印度媒体记者说："就我个人而言，一周要吃一两次肉。要我成为素食者还是很困难的。""内情"人员帮腔说，"佛爷"早年得过严重的肝炎，于是听从医生的建议开荤。十四世达赖在自传中说："因为注定要成为和尚的小男孩，对某些食物，如蛋和猪肉，必须忌口，我只有到父母家才能吃到。"有一次，少年达赖

---

① 见新华网北京2009年4月7日电内容。
② 见《国际西藏邮报》报道。

偷吃佛教禁止食物被高级官员杰普堪布发现，他憋足了嗓门怒斥道："滚开！"便大口咀嚼起来；结果第二天，他闹下了胃病，老师达札为此要惩罚管理膳食的人员，在这种压力下，十四世达赖才吐出了偷吃肉食的实情。在十四世达赖到台湾"消灾祈福"期间，台海网 2009 年 9 月 3 日作出了这样一则通讯：莲潭会馆行政总厨李泳升透露，十四世达赖每日三餐都要进食，早餐为无糖软式面包、吐司、鲜奶、果酱等，午餐为羊排、牛肉、熬牛汤及白饭等，原本过午不食的他，因年事已高，晚餐仍吃些许食物，搭配西藏传统的酥油茶；十四世达赖胃口不错，三餐几乎都吃光。滑稽可笑的是："佛爷"要开荤，凡人必吃素，人神两颠倒，黑白全混淆。

　　满腔仇恨藏在心里，花言巧语挂在嘴边；
　　坏禅师传授的秘诀，违背了神圣的教规。

《萨迦格言》

九　内心邪恶搞骗局，"五毒"祸水吓唬谁

　　不邪念——十四世达赖声称："对象是除本人以外的生物。""意图是杀害、毒打或破坏别人。""为了计划如何伤害或破坏别人的方法而作出的努力。""所有的邪恶之根都能出现，但迷惑之根起主导作用。""当一个人在杀害、毒打和破坏别人的过程中得到好处，而不再顾忌其害处以及友谊、同情时，此戒即破。""邪念可分三种：一、与杀害别人有关的念头……二、为竞争而意欲伤害别人的想法。三、对另一个先前错怪了他并过后为此已经向他道歉的人仍怀有的敌意。"（第 44—45 页）

　　简言之，邪念就是一个人的负面思维、语言、行为举动，即故意伤害他（她）人和其他生物的不良迷惑行为。援引科林·戈尔德纳所著《达赖——一个神王的堕落》一书的事实资料，并按书中的页码顺序，再作如下内容爆料：

　　"荷兰人类学家兼佛教研究者福克·西尔克斯这样描写一座西藏喇嘛的经堂：经堂里贴满了人皮，还挂着人发及人骨头作装饰。一条挂绳上挂着风干了的（女人）乳房。这位喇嘛的碗也是用风干的（女人）乳房皮

做成的。"(第181页)"喇嘛(尤其是隐居者)的法器主要用人的器官和骨头做成的。在拉萨修建的西藏历史展览馆(即20世纪60年代中期所建)里展出了大量这样的法器:用人头骨做杯子,用姑娘腿骨做长号,用指骨穿成的念珠,头盖骨,木乃伊手和一包风干的男性生殖器。另外,盖有达赖喇嘛大印的(无法辨认是十三世还是十四世达赖喇嘛的印章)文件也谈到砍下的人头、割下的手以及剥下的小孩皮、寡妇的月经血和砸人用的石头都可以作祭祀法器。"(第182页)"甚至有确凿材料说明,直到本世纪还实行人祭仪式:20世纪20年代英国探险家兼外交官查尔斯·贝尔提供了有关的证据。探险家恩斯特·舍费尔30年代曾周游西藏,他也报道了杀害被抓的中国人作祭品的情况。他写道:他们把'跳动着的心脏从被抓者体内挖出来,把脑子放在密宗神的阴暗祭坛上,用死者的血在旗帜上写下神密的胜利符号。'美国人类文化学家罗伯特·埃克沃尔报告说,直到20世纪50年代还用杀人祭神。佛教学者汤姆·格伦菲尔德(援引不偏不倚的中间材料)证实:这类杀人祭神行为直到20世纪50年代末仍然广泛存在。看样子这种传统仍在继续:1997年2月4日,十四世达赖喇嘛的4名工作人员在印度达兰萨拉被另一支格鲁教派的人残暴地杀害了,这些人挖出受害者的眼睛,割断他们的喉管,然后按照宗教仪式剥下他们的皮。"(第182—183页)

"十四世达赖喇嘛的官邸坐落在印度达兰萨拉一个大公园中间,时而他自己还亲手种花。非常奇怪的是,他对鸟却十分反感。他说:'有时我用到印度后买来的气枪把那些贪婪的入侵者赶跑。我小时候在罗布林卡曾经用十三世达赖喇嘛用过的气枪——练过射击,因此我是一个相当不错的射手。当然,我不愿意把鸟打死,我只想给那些不速之客一点苦头,教训它们一下。'在1984年出版的、得到达赖喇嘛认可的传记中,作者称赞十四世达赖喇嘛是位'神枪手',他喜欢在早餐桌旁射杀花园中的大黄蜂。他对待宠物的态度也很古怪:'宠物是我的家庭成员,我对他们很少立规矩。但我作为佛教徒不允许赛琳(即他养的猫)捉老鼠。为了这一点,我经常惩罚它。'他还说,有一次这只猫为了躲避惩罚,从窗帘杆上掉了下来,受了伤,没几天就死了。过了几天他在花园里拣了一只被遗弃的小猫,他说:'我把它抱了起来,发现它的后腿残了,和赛琳受伤的后腿一样……是一只雌猫,和赛琳一样漂亮,甚至更温顺。'这就是(十四世)达赖喇嘛关于动物界'生死轮回'的谈话。"(第187页)

"十四世达赖喇嘛在其 1962 年的传记中强调支持西藏游击斗争（即指流亡藏人在尼泊尔木斯塘组建的'四水六岗'游击队）的段落，在 1990 年修改版中不见了，因为在此期间他成了诺贝尔奖得主。"（第 190 页）"这位自吹自擂的'智慧大师'认为，只有他代表的教义是神圣的……他特别谈到暴力。恰恰是佛教主张无条件的非暴力教义帮助他在世界各地取得了巨大胜利，但他忘掉了这一点，并说：'如果有人企图干坏事，给人们造成损失，在这种情况下应该设法制止他。如果无法制止，如果暴力是唯一能够制止他的罪恶行为的手段，那么，在这种情况下暴力虽然是一种严重的反应，但是允许的、必要的。表面上看给人的印象是给某个人造成了损害，但由于我们的动机和无私的行动，我们实际上是在采取一种有纪律的措施。不是出于仇恨，而是出于同情和制止罪恶行为的愿望，我们必须采取强有力的办法。'这位'陛下'甚至为对儿童施暴辩解：'对孩子充满爱的父母，为使孩子改掉坏毛病，有时也会打骂孩子。如果他们打了孩子，表面上看给孩子造成了损害，但实际上他们是在以这种办法帮助孩子'。"（第 199—200 页）

由此人们不难看出，十四世达赖极力为"伪宗教"辩护所掩藏的各种祸心坏水，是何等的阴毒且具破坏力。在十四世达赖产生邪念的精神烦恼中，贪婪"藏独"事业的成功，是他做梦都在想的事情。因此，嫌恶和迷惑随影相伴，使他痛苦不能自拔。十四世达赖曾对美国前总统布什直白道："怎么搞垮中国，实现西藏独立，是我做梦都在想的事情。" 2005 年第 20 次印刷的《达赖喇嘛自传——流亡中的自在》书中，再次刊印了一幅"西藏及其邻国"的地图，图中把中国新疆称为"东土耳其斯坦"，东北地区称为"满洲"，连同西藏、内蒙古等从中国划分出去，列为"西藏的邻国"。同年 11 月，十四世达赖在美国斯坦福大学作《非暴力之心》的演讲说："伊拉克战争——现在就评价其对错，还为时过早。"他公然违背国际法，替人类战争犯罪开脱，骨子里那点人间正道、慈悲为怀、公平正义早已荡然无存。

十四世达赖集团为了图谋"大藏区独立"，于 20 世纪 80 年代后期，对外抛出了以"中间道路"为核心的政治总纲，它的基本内容主要体现在十四世达赖 1987 年的"五点和平计划"和 1988 年的"七点新建议"，实际上，就是十四世达赖试图通过先期的西藏"变相独立"、再达到最终的"完全独立"自白书。

十四世达赖提出"五点和平计划"的要点内容是：（1）将整个藏区变成一个和平区，即亚洲大陆国之间的缓冲国。中共军队必须完全撤离大藏区。（2）中国不得在大藏区内移民，藏人以外的其他民族要迁出该区域。（3）尊重西藏人民的根本人权和民主权利。西藏是世界上侵犯人权最严重的地区之一。中国人不得在大藏区推行分离和同化的种族隔离政策。（4）恢复和保护西藏的自然环境和中国放弃在西藏生产核武器和堆放核废料计划。（5）就西藏未来的地位以及西藏人民和中国人民之间的关系问题举行诚挚的谈判。

十四世达赖提出"七点新建议"的要点内容是：（1）西藏流亡政府将不寻求独立，而应当将西藏三区的所有藏族都成为一个由他自己支配的民主的政治实体，必须具有名副其实的民族区域自治和自主地位，同中华人民共和国保持联盟的关系。（2）由中国政府负责西藏外交事务，但是西藏政府在国外可以设立宗教、文化等方面的外交办事处。（3）西藏政府加入世界人权宣言。中国政府停止对西藏人权的践踏，停止向西藏的人口迁移。（4）西藏政府应该由通过全民投票选举出的独立的行政、立法、司法体系组成。政府所在地是拉萨。（5）西藏经济、社会体制应根据西藏人民的意愿来决定。（6）西藏禁止核武器或其他武器的制造、试验、储存以及核能的利用。（7）应该召开地区和平会议来保证使西藏通过非军事化而成为和平的圣地，在这个会议召开和非军事化、非核化实现之前，中国可以有权在西藏保持以防御为目的的、有限量的军事设施的存在。

民间谚语说：再狡猾的狐狸终会露出尾巴，更难逃脱猎人的慧眼。英国前首相布莱尔认为，十四世达赖"既是政治人物，也是精神领袖，他有自己的政治议程，如果仔细研究，不难发现这实际上是一个'分裂'和'独立'的议程，并非真正寻求在中国框架下实现自治。因此，这对中国及其统一构成现实威胁"。

1988年4月2日，十四世达赖在印度达兰萨拉会见英国《金融时报》记者时，首次提出要通过"中间道路"来解决"西藏问题"。然而，从1989年到1993年，国际形势发生了重大变化，特别是苏联解体、东欧剧变、北京"六四风波"等，极大地助长了十四世达赖集团分裂祖国的嚣张气焰。十四世达赖在公开言论中不再谈及"中间道路"，而是明火执仗地大肆喧嚣"西藏独立"。1990年9月5日，十四世达赖对荷兰记者说：

"苏联的变化,给西藏独立带来了新的契机,新的希望,给了西藏独立以新的勇气和力量。"次年 8 月,十四世达赖在德国记者招待会上说:"中国政府现在就如快要落山的太阳,中共政权末日可数。""中国 5 至 10 年内肯定会发生变化,西藏独立的理想完全可以实现。"此时窜访的十四世达赖还对蒙古国媒体散布狂言:"(我)将宣布西藏脱离中国实现彻底独立。"十四世达赖还相继"访问"了刚刚独立不久的立陶宛、爱沙尼亚、拉脱维亚等国家,极力兜售他的"西藏独立"主张。1992 年底,十四世达赖给当时新当选的美国总统克林顿去信,明确要求美国支持"西藏独立"。同年 8 月,十四世达赖对智利进行"私人访问",在智利总统的家宴上,公然声称,他在西藏问题得到解决并返回西藏后,"将建立一个临时政府,把权力交给临时政府,然后通过选举议会制定宪法,成立正式政府"。他并到处散布谣言声称:"不和一个即将垮台的中央政权谈判"。1993 年十四世达赖集团对外宣布,中断与中央有关部门的接触对话。十四世达赖还对后来的美国总统布什、英国首相梅杰作出庄严"承诺":"3 年内一定把西藏搞成独立国家"。1995 年 8 月,十四世达赖在蒙古国《明报》发表题为《未来的西藏将会是什么样子》的文章,他再次预言"西藏脱离中国已为时不远,未来西藏的政治体制将实行议会制和多党制",在外交上,"西藏不追随其他国家的政治和意识形态,奉行真正意义上的中立政策"。

俗话说,承诺容易兑现难。很快,十四世达赖又一次感到在误判发展形势并失望后,又不得不回到了"中间道路"的调门上来招摇撞骗。1995 年 11 月,十四世达赖在达兰萨拉会见已退休的美国中央情报局官员约翰·肯尼恩·克瑙斯时悲凉地说:"美国政府卷入西藏事务并不是为了帮助西藏,而仅仅是冷战时期,对付中国的战斗需要"。后来,还抱怨美国总统克林顿:"玩弄了藏人的感情,是一个不守信用的人"。

十四世达赖犹如输红眼的赌徒,为了翻本,孤注一掷,他不碰得头破血流、血本无归、绝不甘心。流亡藏人刊物《西藏论坛》1992 年第二期发表《对流亡之局势估计》的文章说:"西藏独立是不可能实现的梦想,年轻人迷恋城市生活,都往城市里跑,为自由而战的思想熄灭了,我们内心深处有说不出的失落感,移民西方是被同化,是仅仅有藏人面孔的美国人、德国人、印度人和尼泊尔人。"美国《时代》周刊网站 2009 年 3 月 10 日登载了马杜里·辛格发自达兰萨拉的题为《流亡藏人:身处险境的一代》的文章，他认为，流亡藏人在印度处境恶劣，民族特性正在丧失：
"藏人政府开展的藏人人口调查显示，失业率高达75%。""年轻藏人深感与印度社会格格不入，晋美（昌迪加尔大学毕业生）说，许多印度人把藏人看作寄生虫。他们看不起我们，我们没有归属感。""失望和不满可能会导致严重后果，许多人迷上了大麻。""毒品问题只是流亡藏人领袖最忧心的问题，更广泛的危机是藏人民族特性的丧失。""具有讽刺意味的是，在50年后的今天，藏人群体的凝聚力催生的却是内心只属于西藏的一代人。他们仍然是异乡大地上的异乡人。"对于这一境况，十四世达赖十分肯定地说："我对所有西藏难民负有责任。"（见十四世达赖《新经》，第60页）但是，他却始终把流亡藏人当炮灰、不得自拔。

在十四世达赖误判形势的情况下，他再次玩起了骗人戏法，将明目张胆的"西藏独立"变成了变相独立的"中间道路"论调。1993年8月11日，十四世达赖在印度新德里的记者新闻发布会上声称，"流亡政府"将继续奉行"中间道路"，只要求在西藏实行"政治自治"，而不要求脱离中国搞完全独立。1996年10月29日，十四世达赖在接受法国记者采访时说："西藏当然完全是一个（独立）国家，但我寻求的是一种折中的解决办法。必须找到一种公正的、两个民族都能接受的解决办法。"

十四世达赖玩弄文字游戏，难掩"藏独"本质。十四世达赖提出的"中间道路"政治路线，在流亡藏人中引起了广泛争议。一些极力主张用暴力、恐怖活动手段的"藏独"激进分子认为，十四世达赖对中共的政治态度太软弱，采取的是妥协政策，强烈要求他下台。面对流亡集团内部的各种尖锐矛盾境况，十四世达赖不得不道出其中隐藏的"猫腻"，以开示那些愚钝的徒子徒孙。1997年9月18日，十四世达赖集团召开"国民议会"，十四世达赖首先发表讲话说："中间道路就是西藏高度自治，就是用自治换取主权。"一语点破了"中间道路"的实质用意，即"西藏独立"。随后，嘉乐顿珠、桑东等重要人物的直接注释是："西藏首先在中间道路下实现大西藏自治，再过20年后，在大西藏范围内举行全民公决，决定西藏的前途。第一步先让西藏在自治的名义下半独立；第二步过渡到西藏独立。"此次"议会"，通过了十四世达赖提出的"中间道路"的政治路线"决议"，并决定："有关西藏的原则及其实施方式等，由达赖喇嘛陛下审时度势地做出决断。"尔后，十四世达赖胞弟丹增曲杰对法国采访记者说："我们先求自治；然后再把中国人赶走！就像马科斯被赶出菲律宾一样,就像英国人被赶出印度一样……自治将是个起步。""我们必须要制造流血事件……我想中国人只听得懂暴力的语言……我们就在这上面较量吧!"① 这就是十四世达赖集团经"佛爷"点拨的"连环招数"。

当"藏独"共识达成后,十四世达赖得意忘形了。1998年8月27日,十四世达赖在第十届"藏青会"大会上表白道:早在1973年,我就提出了"解放西藏的中间道路方案"设想,但并没有提出这个"中间道路"的概念,当时,我想要表达的是:"怎样才能争取到西藏三区统一和实现名副其实的高度自治。""现在我们要争取实现汉藏和谈,如果仍然提出独立问题,和谈就很难了。所以很早我脑子里就一直有这样的念头,即不谋求独立,只争取三区统一和名副其实的高度自治……讲独立,归根到底是争取藏人幸福安定的好日子;讲真正自治,归根到底也是为了藏人能过上幸福安定的好日子。"显然,十四世达赖早就设下骗局,只是没有点化"追随者"罢了。

为使"中间道路"思想具有"国际法律依据"和"历史系统性",迅速打开"畅通"的国际社会舆论之门。1999年11月,十四世达赖集团以美国"国际西藏律师委员会"名义,由"西藏议会与政策研究中心"召开了国际法律专家会议,并形成了所谓《关于西藏自治问题的法律报告》。在"中间道路"政治总纲的指导下,十四世达赖集团一方面实施"不合作运动"为重要内容的暴力活动,另一方面实施以"和谈"为重要内容的"非暴力"对抗活动,企图转移人们的视线、驾驭人们的思想、绑架人们的行为,把"罪责"指向中央,挑起新形势下以拉萨为中心、周边藏区配合的社会"轰动效应",以掀起新一轮的"西藏独立"热潮。

为了达到"外压内扰并举、以压促谈、以扰促变"的新斗争策略效果,采用暴力和"非暴力"两手,十四世达赖集团大量断章取义地引用国内官方文件和中央领导人讲话内容,别有用心地嫁祸于人,替十四世达赖开脱历史罪责。2006年,"西藏流亡政府外交与新闻部"中文室印发了题为《达赖喇嘛在互利原则下解决西藏问题的立场》的官方文件,在"精神与指导"内容中宣称:"自从中国领导人邓小平先生于1979年提出'除了西藏独立,其他问题都可以协议解决'的主张以后,十四世达赖喇嘛便在各种场合多次公开宣示他不寻求西藏独立的立场,指出他所寻求的

---

① 见法国记者董尼德所著的《西藏生与死》一书。

仅仅是所有藏族地区在统一的行政区域下实行名副其实的自治。从此，十四世达赖喇嘛便始终如一地坚持了这个立场。在2006年'3·10'重要讲话中，达赖喇嘛再次重申，'我要再次向中国领导人声明，只要我负责西藏的工作，我就将继续恪守中间道路的立场，不追求西藏独立，而是寻求在中华人民共和国的框架范围内，我相信这样可以给西藏人民带来长远的经济发展等利益，同时也符合汉藏人民的共同利益。'"在"原则与立场"内容中宣称："以'中间道路'精神，是寻求解决西藏问题的途径。""西藏问题要通过藏中双方沟通、协商、妥协的方式，争取在互利、双赢的基础上得到解决。"在"共同的利益"内容中宣称："西藏问题的圆满解决，符合国家的长远利益与西藏的民族利益。""不仅有利于西藏民族维护其独特的民族特性、宗教文化的传承和经济的繁荣发展，而且也有益于维护和巩固国家的统一、稳定与民族团结。"就这样，新一轮的"自治"换取"主权"把戏上演了。

2008年11月，在十四世达赖的旨意下，"流亡政府"策划了一场所谓"西藏前途特别大会"。十四世达赖在大会上说："有很多关于独立的想法以及对我们所坚持中间道路的批评之声。"2009年3月，十四世达赖拿出会议"成果"声称："从收集信息中得知，境内外的绝大多数藏人强烈支持中间道路，并坚持中间道路的立场。"2010年7月间，十四世达赖接受印度媒体采访时再次声称："几乎99%的藏人都是支持非暴力方式的，可能仅有极少数人持有不同的观点。"十四世达赖就是想通过打"民意牌"，大张旗鼓为"中间道路"的政治主张鸣锣开道，通过西方反华国家支持，进一步向中央政府施压。

法国学者让·雅克·高德福瓦这样评价说："十四世达赖是个公关高手，他每次搞活动都有目的，此次活动就是他导演的一场政治秀。"大凡明眼人都知道，十四世达赖提出的所谓"中间道路""高度自治""名副其实"等华丽辞藻，说穿了就是既不服从中央政府的统一领导，又不接受国家宪法的严格约束，实质就是在全国版图范围内建立"国中之国"，也就是"西藏独立"的同义语。2008年5月，英国《金融时报》记者专访十四世达赖："你很沮丧，因为你的'中间道路'无路可走了，你在自己人那里失去了支持和影响。中国人民也不信你那些。"十四世达赖承认说："是的。我真的感到很无助。"

假自治真分裂、假和平真暴力、假对话真对抗，才是十四世达赖的真实政治面目。十四世达赖集团主办的《西藏杂志》，在 2004 年发表了该杂志编辑顿珠次仁题为《越过希望与想象解决西藏问题》的文章，该文章承认："十四世达赖喇嘛的西藏和平五点计划和斯特拉斯堡建议的要求，无异于西藏独立。"海外"民运"分子吴宏达曾多次向十四世达赖讨教迷津，当他同十四世达赖在 2009 年 5 月再次会面后，对外媒道破了"中间道路"和"高度自治"背后所隐藏的玄机："十四世达赖喇嘛今天提出的自治，是一个策略。""西藏迟早是一个独立国家……他提出的自治，是一个独立国家的概念。"臭味相投的一帮瑞士"民运"分子对外宣称：将在印度达兰萨拉召开"2009 中国民运全球代表大会""正式确认十四世达赖喇嘛尊者为中国民运的精神领袖地位和产生统一的领袖地位。"

早在 2007 年 7 月，"世界维吾尔大会"主席热比娅特意拜访了正在德国汉堡窜访的十四世达赖。至此后，十四世达赖收下了热比娅这位"好徒弟"并同她留下亲密合影。2008 年拉萨发生"3·14"事件后，达热俩人共同参加了美国华盛顿一家体育中心的活动，热比娅表示完全支持"藏独"组织发动的"和平起义"。在举办北京奥运会前后，新疆接连发生"8·4""8·10"和"8·12"三起严重暴力恐怖事件，幕后的真正元凶就是热比娅。2009 年，新疆发生更为严重的"7·5"暴力恐怖事件，造成近 200 名无辜平民死亡，1000 余人受伤，经济财产损失巨大，社会秩序遭到破坏，名副其实的罪魁祸首还是热比娅。在国际舆论的强烈谴责下，9 月 10 日，十四世达赖通过记者招待会公开为热比娅打抱不平："我印象深刻，她与其他一些维吾尔族人不一样，而且要温和得多。我很高兴热比娅完全赞同我们的立场，包括非暴力方式。我的理解是，她也喜欢有意义的自治，而不是搞分裂。"当日，十四世达赖和热比娅还"默契"参加了捷克首都布拉格举行的"亚洲和平、民主与人权"会议，十四世达赖热情地将热比娅介绍给此次会议的筹办者捷克前总统哈维尔，主动担当起英文翻译并合影留念。正是在这一年，热比娅出版了她的自传《搏龙斗士》，特请十四世达赖"老师"亲自为其书写了序言，以表示十四世达赖对热比娅搞"疆独"事业的实际支持。毫无疑问，十四世达赖是崇尚暴力恐怖活动的支持者。这样一群各怀政治目的、包藏分裂祸心的"五毒"（即藏独、台独、疆独、民运、法轮功）组织，在相互利用价值的鬼使神差驱动下，就这样同流合污了。十四世达赖集团大摆真假难辨迷魂阵的鬼把戏，被曹雪芹所著的《红楼梦》一段话说中了："假作真时真亦假,真作假时假亦真。"

  阎王随时都能要你的命,决不会等你把事情做完;
  因此必须要做的一切,今天就该努力去做。

《萨迦格言》

十 幻想重回旧制度,深陷错观须惊醒

  不错观——十四世达赖声称:"对象是心灵中的善念或恶念。""意图是使因果关系相对立,认为'既无善念也无恶念','既无善果也无恶果'。""努力反复默想无善、无恶也无果。""在各种烦恼当中,虽然所有三种邪念之根都会出现,但迷惑之根最为强烈。""当一个人确信了无善无恶也无果时,他就完全陷入了错观之中,而丝毫没有正确的观点(或领悟)去抗御它,此戒即破。"(第45页)

  执迷不悟的十四世达赖,长期处在错观之中,始终唯一不变的就是图谋"西藏独立"。他充分利用人格化神的特殊身份,竭力施展对信徒的统治力、控制力、影响力,有其深刻的历史背景,根本上来自于沿袭固有的宗教地位。藏族学者次仁央宗所著的《西藏贵族世家》对达赖"人神"的政教合一"魔力"作了这样的解读:"从某种意义上来讲,宗教已被放在与政府同等的位置上,达赖喇嘛是以神或者以神下凡者的姿态,出现在西藏社会政治生活舞台上的。在人们的心目中,达赖喇嘛是神和人类之间的一个居间人。""达赖喇嘛通过神的身份统治宗教,同样以神的身份来控制政府。""无论是僧官还是俗官,在理论上都要听命于达赖喇嘛,西藏地方政府的一切行动都要经达赖喇嘛同意才能付诸实施。藏族人认为:达赖喇嘛是神,是'坚日释'(观世音菩萨)的化身。达赖喇嘛作为神的化身,既执掌着至高无上的行政权力,也具有许多不可思议的神秘性,这种神秘性加强了他的统治力量。"(中国藏学出版社2006年版,第20、31页)十四世达赖深知自己在虔诚民众中的特殊地位和影响作用,他在自传中清楚地说道:"作为达赖喇嘛,我是受到雪域佛土的全体僧俗民众一致尊崇的唯一一人。"(见该书第615页)在此情形下,这位"佛爷"的

言行仿佛就成了"神谕"和"圣旨",人世间的是非、对错、曲直、好坏、真假等,统统都由他说了算,十四世达赖便可以这样胡作非为了。

十四世达赖时常对流亡藏人讲,西藏的"政教合一"制度,是人类社会"最美妙、最神圣"的制度,需要始终坚持"长期不改、永远不改"的坚定意志和立场,这是由西藏固有的情形决定的。十四世达赖声称:"佛教的影响广泛而深远,广袤的处女地孕育了一个和平、和谐的社会。我们享受自由和自足。"(见迈克尔·帕伦蒂《慈悲封建制:西藏的蛊惑》)因此,"流亡政府"两次对外公布的所谓"宪法",都将"政教合一"明确地固定下来。十四世达赖亲署制定的1991年《流亡藏人宪法》中规定:"建立一个自由、社会幸福、政教合一、民主联盟的本地人国家。"

1990年4月,在欧洲举行的一次会议上,一位议员向十四世达赖提问:"达赖喇嘛能否具体把1949年前后西藏的政治、经济、文化、社会生活等各方面做个比较?因为据了解,1949年之前,西藏实行的是比封建制度还要落后的近似奴隶制度的社会。"十四世达赖无言以对,引起会场上人们的不满。事后他竭力地辩解道:"历史就是历史,无法改变,为了政治需要而曲解,不是诚实的态度。"十四世达赖不诚实直面详谈旧西藏封建农奴"政教合一"制度的反动性、落后性、黑暗性、残暴性这个关键问题,在他的内心深处,是要极力维护旧制度及其统治利益。

2000年,在达兰萨拉召开的流亡藏人"政教合一"研讨会上,十四世达赖说:"政教合一的含义广泛,如能照此实施,未来的西藏就会成为一个幸福的社会。""西方,比如美国,也是事实上的政教合一。"十四世达赖的真实意图十分明显,就是要借西方民主的"躯壳",来还包装原封建农奴制的"阴魂",不惜余力地阻挡人类社会历史前进的滚滚车轮。

但是,十四世达赖迫于国际社会的发展大势,思想上又始终处在错观之中。按十四世达赖自己的话讲,他是"半个马克思主义者,半个佛教徒"。美国社会学家、历史学家、媒体评论家迈克尔·帕伦蒂所著的《慈悲封建制:西藏的蛊惑》一书中作了这样的披露:1996年,十四世达赖发表了一项声明,在流亡社区引起了令人不安的影响。(他)声明中提到:"马克思主义是建立在道德原则上的,而资本主义关心的只有收入和利润。"马克思主义支持"对生产资料平等的所有权",关心"工人阶级的命运"和"受剥削的受害者。援引以上理由,这种制度更吸引我……

我想我自己也是半个马克思主义者,半个佛教徒"。但是,他(十四世达赖)还安慰了"那些富裕的人们:富有是件好事情……这是善行所结的果实,是过去慷慨的回报"。对于穷人,十四世达赖告诫道:"没有任何理由支持嫉妒并反抗富有人们的行为……应该以积极的态度来看待这个问题。"20世纪80年代初,十四世达赖在不同场合作出表示,他如果回到西藏后将走社会主义道路,而不会走旧的道路,他坚信共产主义和佛教有共同的基础,如果西藏人民幸福,他可以放弃"西藏独立"的政治主张,做一个普通的公民,不要求有任何的利益,并劝导流亡藏人接受中国是一个伟大国家的事实。1987年5月,十四世达赖对外媒再次重申:"如果能确信西藏人民是幸福的,我将放弃(西藏独立)要求。""如果北京邀请我到北京或拉萨,不管什么形式,我都接受。"话虽如此,就是做不到位。

实际上,十四世达赖对所谓"社会主义观"和"马克思主义信仰观"的认识,早在20世纪50年代中期就已萌发了。1956年4月22日,西藏自治区筹委会成立大会在拉萨隆重开幕,十四世达赖作为筹委会主任宣布大会正式开幕并作重要讲话,主要意思是表达:"衷心拥护中国共产党、中央人民政府和毛主席的正确领导。"[①] 4月24日,十四世达赖在大会上作了长篇报告,他说:"所谓社会主义,是真正幸福美满的社会,西藏除了走社会主义的道路以外,别无其他道路。"(同上,全文见第426—433页)十四世达赖在自传中写道:"我愈读马克思主义,就愈喜欢。这是一种建立在对每一个平等、公正基础上的系统,它是世上一切病态的万灵丹,就理论上来说,它唯一的缺点是以纯物化的观点来看人类的生存。这种观点我无法同意。我也关心中共在追求他们的理想时所用的手段。我觉得非常僵化。虽然如此,我还是表达了入党的意愿。我确信,迄至目前仍然确信,有可能综合佛法和纯粹的马克思主义——真的可以证明那是一种有效的施政方式。"[②] 从十四世达赖意愿要求"入党"的非纯正心态看,社会主义和马克思主义确实对他的心灵深处刺激很大。

表面作秀的十四世达赖,内心实际窝藏"藏独"阴谋。2009年3月

[①] 十四世达赖讲话全文,见张定一著《1954年达赖、班禅晋京纪略》,中国藏学出版社2005年版,第415—416页。

[②] 见康鼎详《达赖喇嘛自传:流亡中的自在》,联经出版事业股份有限公司1990年版,第106—107页。

10日，十四世达赖在达兰萨拉"和平抗暴日"50周年集会上发表讲话说："我的日常行政事务逐渐减少，差不多处于半退休状态……（但）在有生之年，不会随意放弃（西藏独立要求）。"十四世达赖在自传中写道："如果说我有任何政治信念，我想我还是该称半个马克思主义者。我并不反对资本主义，只要它遵循人道主义的路线，但我的宗教信仰使我更倾向于社会主义与国际主义，它们都跟佛教的原则比较契合。马克思主义还有一点吸引我之处，那就是它肯定人该为自己的命运负责，这不折不扣地反映了佛教的观念。"十四世达赖在与人合著的《达赖新经——达赖喇嘛人间对话》一书中又说："（对）个人来说，我仍然相信社会主义思想是有效的，甚至马克思主义并不是完全的错误，苏联的解体不是马克思主义的坍塌，而是集权主义中马克思体系的崩溃。""集权体制主要的缺点，是以激发人民的愤怒和恨意作为改变的力量"（第68页）"我经常界定自己为非暴力的自由斗士。""但同时我并不知道自己是哪一种角色……只是另一个梦想和平，没有武力的世界的人而已，一个单纯的和尚，既没有权力，也没有国家。"通过所谓的"契合"论，以迎合不同人的心灵。

由此可见，十四世达赖不是一个纯正的佛教徒而是地道政客，他骨子里想的和做的是复辟封建农奴制的政教合一"真身"。他披着宗教外衣兜售资本主义"民主社会"和假社会主义社会的奇谈怪论，是碍于政教分离的大势下，扰乱人们的思想视线，这样的"精神领袖"实为错观严重的道行疯子。

十四世达赖在一次高层内部会议上说："自流亡开始，我们就努力建立民主制度……到今天，这个具备宪政的流亡组织，已经成为一个高度民主的政府。"然而，十四世达赖集团自办的《西藏评论》和《独立》杂志1995年秋季号这样发表社论说："如果关起门来天真地认为我们是一个推行民主的社会，不让人们笑破肚皮才怪……结果是最典型的从未见过的挂羊头卖狗肉。""政府体制中的监督机构和制衡体系不起作用……一切工作只是为了取悦达赖喇嘛，这是哪家的民主？"特别是该《独立》杂志封面上刊载了《西藏民主的现状》自讽漫画：象征意义的"西藏流亡政府"亭子，亭盖上标有"民主"字样，由"立法"、"执法"和"司法"三根柱子支撑，其"立法"之柱撑顶不接地，"司法"之柱立地不接顶，仅有"执法"一根柱子立地撑顶。

马克思主义教导人们：透过现象看本质。十四世达赖那一套假马克思主义、假社会主义、假民主政府、假人道主义、假国际主义的自欺欺人论调，完全是愚弄人间正道的鬼把戏。

1959年流亡印度后的十四世达赖，立即将外逃藏人追随者笼络组建了旨在"藏独"的"西藏流亡政府"。这个窝巢架构顶端的"精神领袖"和"国家元首"，正是十四世达赖自己。他既掌"神王"教权、又握"世俗"政权，是一个带有浓重僧团政治色彩的独裁政权。在现今政教分离的大势下，十四世达赖享有流亡藏人中的政治宗教大权，远远超过所有国家当权者的政治首脑。无论是十四世达赖集团1963年公布的"西藏国宪法"，还是1991年修改的"流亡藏人宪法"，都明确地规定：基于"西藏特殊的政教合一之良好传统"，未来西藏是一个"政教结合的国家"。"政府的一切职权都属于至尊的达赖喇嘛。""达赖喇嘛可以更换包括首席噶伦在内的全体噶伦。""政府的一切管理工作，均以达赖喇嘛的名义进行。""选举事务署主管、政府公职人员选任委员会主任和审计署主管，均由达赖喇嘛直接任命。""本宪章由西藏人民会议通过并禀呈最高政教领袖达赖喇嘛核准之日起实施。"也就是说，十四世达赖的流亡政教权力是至高无上的，是任何流亡藏人都不能撼动的，一切安排都必须遵从于他的绝对领导。

1992年2月1日，十四世达赖亲自起草了《未来西藏的政治路线及宪法的基本特征》的政治性文件，内称实行"三权分立"，即："西藏人民议会行使立法权，总统（达赖）拥有最高行政权，总理和内阁行使管理权"，这是一个表面三权分立、实质政教合一的"藏独"行动纲领。为了把持核心权力不被移位，十四世达赖将其家族成员及精挑细选的个别"贴心人"，全部安插在"流亡政府"各个要害部门供职，听命于他的指令行事，而把历史定制和佛教戒律丢在一边，完全摆出一副随心所欲、我行我素、肆无忌惮的专权"总统"的作派。然而，他在所著的《达赖新经》一书中却说："我只是另一个梦想和平，没有武力的世界的人而已。一个单纯的和尚，既没有权利，也没有国家。"（第60页）

用一个典型的"政教合一"家族统治着一个典型的政教合一"流亡政府"，成为人类社会发展中早已被人们唾弃的怪胎。在十四世达赖家族中的7个兄弟姐妹有3个"活佛"，其中5人先后担任"流亡政府"重要部门要职。近10余年，噶伦席位无论是3人、6人还是7人，十四世达赖家族都占据三分之一、二分之一或七分之三的比例。这种政教合一家族专权的程度,远远超过了历世达赖,是其世系中绝无仅有的怪现象。《钦定藏内善后章程二十九条》的第十二条中作过这样的明确规定:"在达赖喇嘛和班禅额尔德尼在世时,其亲属人员不准参与政事。达赖、班禅圆寂后,如果还有亲属,可以根据他们的技能给予适当的职务。"① 十四世达赖全然不顾流亡藏人权贵们的强烈反对和政教分离的历史发展大势,与历史定制背道而驰。帕邦喀活佛认为,喇嘛不应当卷入政治当中去,他说:"如果一个人不能够放弃世俗德性,那么他就不是一名真正的宗教徒。"(见《赤来达杰访问记》)

十四世达赖是穿着袈裟的政治狂徒,他的家族成员多数是捍卫"政教合一"旧体制、搞"藏独"活动的美籍藏人。十四世达赖大哥当才·土登诺布活佛(2008年9月病逝)于1951年加入美国国籍,1960年定居美国,并成为美台双重国际间谍,奉美国中情局指令曾任"驻纽约和日本办事处"主任,长期留居印度做胞弟十四世达赖的策反活动,是十四世达赖密切联系美国的"桥梁高参",他通过著书立说方式,为"藏独"寻找法理依据,他声称:"西藏只有完全独立才能生存……其他方式只能走向死亡。"十四世达赖二哥嘉乐顿珠数次担任"首席噶伦",是集行政、外交、财政、军事大权于一身的"重量级人物",曾任"印藏特种边境部队"第一任副总监(按美印藏三方秘密协议:该部队总监为印度人担任)。他曾多次代表十四世达赖回国参观收集情报,是十四世达赖和中情局从事分裂破坏活动的"牵线搭桥人"及传话人。十四世达赖三哥洛桑三旦活佛长期担任卫生噶伦要职,曾任十四世达赖驻美国纽约办事处秘书长,其妻达拉·南杰拉姆曾任"卫生部"秘书长。十四世达赖妹妹吉尊白玛长期独揽教育宗教权力,1964年她的姐姐次仁卓玛死后继任"西藏儿童之家"总管达25年之久;她同时掌管流亡藏人垂涎的"西藏难民"援助经费物资分发大权,曾因贪污受贿而引发丑闻,其第二任丈夫丹巴次仁为十四世达赖驻印度新德里办事处主任。十四世达赖弟弟阿里·丹增曲杰活佛是"十四世达赖办公室"的特别助理和秘书长,是十四世达赖身边的传令兵和施暴执行者,曾在"藏青会"组建中担任主席并供职于"印度特种边境部队",负责把持"治安部"大权和"保卫"十四世达赖

---

① 见《西藏地方是中国不可分割的一部分史料选辑》,西藏人民出版社1986年版,第271页。

的人身安全，其妻仁青康珠曾任"藏妇会"常委及教育噶伦。十四世达赖姐夫黄国桢（又名平措扎西）担任"安全部"要职，负责各种特务事务，其第二任妻子格桑央金担任"文化新闻噶伦"。

十四世达赖家族成员的专制行为，引起流亡藏人特别是一些权贵们的强烈不满。十四世达赖集团自编的《西藏评论》1993年4月曾以"且看今朝一张新面孔之民主"为题发表社论，抨击十四世达赖在搞"一人得道、鸡犬升天"的裙带关系行为，以发泄心中的义愤。除此之外，现任的首席噶伦桑东·洛桑丹增活佛、十四世达赖驻美特使和私人代表甲日·洛迪活佛、"藏青会"主席次旺仁增以及卵翼下的重臣贼子：十四世达赖驻尼泊尔办事处主任赤列加措、驻加德满都"难民接待站"站长格桑穷、"藏青会"尼泊尔分会长扎巴丹增、"藏妇会"尼泊尔分会长阿旺桑姆等，都是经十四世达赖长期考察培植的亲信倚重人物。

事实非常清楚，以十四世达赖为"首脑"的"流亡政府"，从高层机关到各个部门任职的大小官员，多数是由外逃藏人中坚持分裂祖国、主张"藏独"的反动僧俗上层、原西藏地方政府官员和其他藏区的土司、头人担任，大致年龄在70岁左右。"60"后的流亡藏人绝大多数没有到过西藏，既不知道旧西藏落后的景况，又不懂得新西藏的巨变实情，他（她）们盲从追求"藏独"，完全是十四世达赖错观迷惑惹的祸。仿照西方"民主政治"搭建的"流亡政府"，是披着现代西方资本主义国家制度外衣，与中世纪"政教合一"制度翻版相对应的矛盾混合体。下设的两个看似平行的"西藏人民议会"议事决策机关和司法监督机关，基本上不起作用。1963年3月10日，十四世达赖集团对外公布了《西藏民主宪章（草案）》，自此后共召开了九次"人民议会"。1988年2月，第十届"人民议会"在激烈地争吵中组成，仅时隔一年，因分赃台湾金钱弊案丑闻而曾宣布解散。目前的"人民议会"于2006年9月成立，由46名代表组成，其中43名代表通过各派选择推荐由十四世达赖审定后产生，另外3名代表名额直接由十四世达赖任命产生。形同虚设的司法监督机关，一年四季没有几件民事案件要办理。这并不是因流亡社区无治安和刑事案件，恰恰相反，流亡藏人与印度原居民之间天然存在相互排斥的矛盾。十四世达赖集团租居在印度的土地上，不可能享有"治外法权"，印度政府也决不允许在其本土上有一个"国中之国"。因此，各种矛盾的化解，只能通过"私下"方式解决。

自1980年以来，十四世达赖频频向境内外信众举行时轮灌顶大法会，仅1996年中竟达4次之多。十四世达赖利用大法会从事"藏独"的政治活动，主要是宣传他那一套"藏独论""仇恨论""暴力论"等。他在宗教场所上不厌其烦地说："西藏绝不属于中国"，"一切祸根都来自汉人"，"现在不能对汉人抱有什么希望"，"要积极行动起来做好战斗准备"，"我们在雪域国的旗帜下，现在出现了整个藏族团结一致的大好形势，我们要十分珍惜它"，"我们的民族没有什么做不到的"，"为了我们的神圣事业，要不怕牺牲，追求真理，这样做才是最可贵的"，"大家要放心大胆地鼓起勇气为实现我们的独立大业而奋斗"，等等。据十四世达赖自己在1987年向美国国会呈报的一份报告称："至少有750万汉人应当驱逐回到中国内地。"2009年8月2日，十四世达赖在接受"德国之声"记者采访时重申："西藏实现自治以后，如果汉人多于藏人的话，那我们就没有办法接受这个状况。"十四世达赖再一次表明，他要驱赶汉人的决心是永远不会改变的。十四世达赖这个"诺贝尔和平奖"得主，就是企图上演一场轰动世界的民族对立、民族清洗、民族仇杀、民族分裂的空前闹剧。

十四世达赖无视多数流亡藏人权贵们的反对，于1970年10月17日，在印度达兰萨拉执意倡导成立了"以武装暴力和恐怖袭击为主要指导思想及目标任务"的"藏青会"。这一天，他要求所有参加该会的成员"都要拿出决心和勇气，去追求西藏独立的目标"，他为"藏青会"明确规定的宗旨是："体现藏族青年的民族精神，实现西藏独立。"在十四世达赖的亲自领导和授意下，"藏青会"的组织章程中明确规定："遵从达赖喇嘛的正确领导和指引……不惜生命代价，勇往直前！"经过40多年的精心培植，如今的"藏青会"已拥有数十个分会、上万名会员的专职暴力恐怖活动组织。目前的"流亡政府"机构中的各级官员，有90%为"藏青会"的得力干将；自1989年以来，历任的8位首席噶伦全部为"藏青会"领导成员。"藏青会"已经成为十四世达赖扮演黑脸的"后备军"和"打手"。1998年，拉萨市区内发生的6起爆炸案，都是由"藏青会"具体操作的。2002年4月3日，该组织成员在四川省成都市人民广场实施爆炸活动，不法分子的分裂气焰十分嚣张。远在印度的"藏青会"头目格桑次仁曾面对外媒记者的摄影镜头恶狠狠地狂呼："如果我们能回到西藏，要把那些同汉人合作的藏人统统都抓起来，挖掉他们的眼睛，活剥了他们的皮。"该会秘书长扎西南杰说："如果我们杀了中国人，没有人可以指责我们是恐怖分子，因为没有一个在西藏的中国人是无辜的……我们使用恐怖手段，采取所有对抗中国人的手段都是正当的。"

一位流亡"高官"毫不掩饰地说：十四世达赖人性反常要坏事，因果报应会缠身。十四世达赖的堂外甥、青海祁家川十四世达赖出生地守护人公保扎西（现为青海省平安县政协副主席）也对外媒说："十四世达赖喇嘛是一个自相矛盾的迷般人物。"

十四世达赖绞尽脑汁、费尽心力、用尽手段，为"藏独"政治作秀，大力推进"西藏问题"的国际化影响。1999年，十四世达赖组织了一支由22名队员组成的足球外交活动。2003年7月，正式命名为"达赖喇嘛足球队"，他们欧洲之行的第一站是瑞士，尔后是法国和丹麦，因该球队水平太差，受到欧洲人的嘲笑。法国政府还曾拒绝给这个足球队发放签证。2009年9月，十四世达赖在达兰萨拉举办了"怀念西藏的选美比赛"，主要用意在于标新立异拉拢年轻的西藏流亡分子。试图通过这项仿效西方现代流行方式，探索开展"藏独"活动的有效实用途径。因种种内外部的传统压力，只有30名选手报名参加；而在正式参赛当天，结果仅有4名选手参加了比赛。十四世达赖集团的一名"高官"指责说，这种行为破坏了藏族传统特色，与佛教精神背道而驰。

十四世达赖作为一名高次第出家和尚，不好好精进念佛学经，却一门心思搞政治，组织煽动追随者从事"藏独"活动，实为政教流氓。2010年2月18日，美国总统奥巴马不顾中国外交部多次严正交涉和强烈反对，执意要在这一天会见十四世达赖。奥达见面商谈的地点被精心安排在白宫"地图室"，以示"低调"处理。对美国总统的这种"礼遇"，十四世达赖内心很不舒坦，但又不敢公开叫板。他故意穿着日本拖鞋出现在正规场合上，实际上是向美国总统发泄不满情绪，这在西藏喇嘛外宾礼遇史上是罕见的反常态蔑视举动。这种拙劣状况过去也曾发生过：1978年1月，当美国总统卡特访问印度时，"藏青会"成员在迎接仪式上献黑色哈达，以发泄对美国政府拒签十四世达赖访美签证的不满。对于十四世达赖的这一怪异举动，中国香港等外界传媒评论说，这是十四世达赖在搞"拖鞋外交"，以此发泄他对奥巴马"很冷淡"的不满意态度，足见十四世达赖"政治外交"心计的阴毒。美国《侨报》当月19日刊发题为《见达赖，奥巴马出牌得不偿失》的文章，批评奥巴马不顾美中关系的大局，出了一张臭牌。

2009年，十四世达赖在自己的"祈愿"祷告中说："人生就像一本书一样，也是有尽头的。光阴飞逝，一晃眼，我们就会面临这一天。我，丹增嘉措，恐怕再过不了五十年，就只是大家的一个记忆。""当犯错时，我们不可能要时钟倒退，重新来过。我们所能做的，就是把握现在。""世上不必有寺庙或教堂，不必有清真寺或犹太会堂，不必有烦琐的哲学、教义或是信条。庙堂就在我们内心深处，同情心就是我们的教义。""我们自认聪明绝顶，但我们有善用才智吗？我们通常把这种小聪明用来欺骗邻居，占人便宜，好图利自己。""总归一句话，就是关心他人，就是真心诚意、持续不停地关心他人。"孔子说：人之初，性本善；性相近，习相远；苟不教，性乃迁。孔子又说：人之将死，其言也善；鸟之将亡，其鸣也哀。我们不仅要看十四世达赖说了些什么，而且还要看他做了些什么，是否对中国人民及人类社会和人民的物质精神生活幸福有益、有利、有力？希望十四世达赖悬崖勒马、人存政举、境由心转地作出正确抉择行动并以事实予以证明。

> 年纪虽然老了，也应积累经教；
> 和布施相比起来，经教对来世更有益。
>
> 《萨迦格言》

结语：破戒和尚当迷返，莫引民众误歧途

假的就是假的，伪装应当剥去。十四世达赖纯属破十戒做十恶的政治和尚，根本就称不上是真正合格的佛家高僧弟子。不管十四世达赖耍什么花招，立场决定观念，本质戳穿现象，现行影响长远。1995年11月10日，全国政协主席李瑞环在十世班禅转世灵童寻访领导小组第三次会议上的讲话中指出："大量事实表明，达赖是图谋西藏独立的分裂主义政治集团的总头子，是国际反华势力的忠实工具，是在西藏制造社会动乱的总根源，是阻挠藏传佛教建立正常秩序的最大障碍。"这四顶"帽子"，是中央对十四世达赖50余年搞分裂破坏活动最深刻的定性透视，是对伪"精神领袖"最有力地驳斥。1999年3月25日，江泽民主席在与瑞士联邦主

席德赖富斯会谈时指出:"达赖的问题不是宗教问题,而是政治问题。达赖集团是一个有组织、有纲领的分裂政治集团。达赖喇嘛也绝不仅仅是个宗教人士,而是一个从事分裂祖国活动的政治流亡者。"

十四世达赖表面谈佛经,实际图谋政治,相背于教规戒律,必误导单纯宗教感情的信众不能自拔。借用十四世达赖"窗扉"一书的说教,揭开人们认识中容易产生的遮眼"迷雾":

一是藏传佛教归总于佛教大类,并不是置于佛教局外的独立封闭的宗教信仰"特殊化土特产"。一般而论,小乘佛经讲的佛是对释迦牟尼的尊称;大乘佛经除释迦牟尼外,还泛指一切觉行圆满者。十四世达赖在"西藏佛教教义之真伪"章称:"有些人认为西藏的宗教是'喇嘛'的宗教,喇嘛们创立了叫作'喇嘛教'的体系。他们还说喇嘛教与佛祖释迦的真实教义相离太远。这些看法纯属道听途说,因为除了佛祖释迦的教义外,并无别的什么独立的喇嘛'教义'。构成西藏佛教教义基础的所有宗规显教和密教是佛祖释迦亲口传授的。"(第7页)十四世达赖的语意很明白,藏传佛教不是独立于佛教体系之外的宗教信仰,它的教义实际就是释迦牟尼的教义,不能将两者对立起来。由此可见,不论是藏传佛教徒,还是其他民族佛教徒,都是释迦牟尼的信徒弟子,十四世达赖要搞"教中教"或另辟新释,是违背佛制的。

二是佛教认为,人人都可以成为佛,这并不是某一个出家僧人的专利品。十四世达赖称:"佛系存在于一切人的心灵之中,因此,所有世俗众生(在适当的条件下)都能到达佛界,成为佛果。"(第84页)佛经指出,佛是已经觉悟的众生,众生是尚未觉悟的佛。按此说法,一切众生皆佛性,均由心性、机缘、攀缘悟性所决定,没有高低贵贱之分和贫穷富贵之别。佛陀是一个人,与你我无异。他从来不说他是神,只知道有佛性——证悟的种子。任何人只要从愚痴中完全觉悟,并打开他的广大智慧宝藏,都可以称为佛陀。释迦牟尼30岁大彻大悟,舍去王位潜心学经授徒49年,直至79岁圆寂由世俗凡人成为天间佛祖。《经藏》中讲到,佛指明脱离苦海之道,得道成佛,要靠自身的努力。十四世达赖专横堵死流亡藏人的宗教信仰自由愿望,天理道行难容。

三是佛系脱离世俗、严遵戒律、普度众生的"神",他以人的身、语、意三业践行佛性的真诚、清净、平等、慈悲。十四世达赖在"修习之道"章中称:"欲修习密宗教义应该首先脱离凡俗,与世隔绝,这是释迦佛法中所有修习方法的共同基础。修习密宗的人还需要富有菩提之心……接受灌顶以后，他应该严格遵守一切戒律，因为只有在持戒的基础上，修持者方能沿此道行进。"（第 83 页）"佛的言语是温柔、谦恭和有益的，这种言语根据每个人的能力，使他们产生并发展善根。之所以称其为温柔，是因为佛的言语使听者的心灵充满了欢乐。"（第 88 页）十四世达赖根本做不到佛经要求的"规定动作"，何称其"喇嘛格隆"（即有学问的比丘）?!

四是僧人次第越高、佛教戒律要求越严，违者要脱去袈裟逐出僧团。十四世达赖在"戒学"章和注释中称："（僧人）训练越彻底，戒律也就越严格。"（第 118 页）"不同阶层的人所遵守的戒律在数量上大有不同……沙弥戒和沙弥尼戒各 36 条……比丘戒 253 条……犯此戒的比丘将被脱去袈裟，不许重入教团。"（第 47 页）"出身决不是障碍，一个人不管是出身于名门望族还是贫贱小户，不管是百万巨富还是一贫如洗，都应遵循这些戒律。"（第 48—49 页）"一个比丘可能不真实地吹嘘他到达了阿罗汉境界。如果真是如此，那他就犯了败类的第四条（即不妄语）罪过，不再被认为是比丘，必须脱掉袈裟，此生不得重新加入僧团。像这样撒谎的凡人，那他只是经历一次不好的羯磨。""直接羯磨，即直接决定命运的羯磨，做恶者于死后直接进入痛苦的地狱。"（第 106 页）比照之下，十四世达赖必将经历一次不好的、痛苦的、决定命运的直接羯磨。

五是崇尚信佛之人要以经教为戒，而切勿以个人为师。十四世达赖在注释中称："袈裟和仪式富有吸引力，但不能标志教师的实际水平。"（第 117 页）"如果一个人要想成为完美的佛教徒，就必须均衡发展信力、慧力和定力。"（第 113 页）"众生在哪里？——在人们自己的心灵当中。"（第 115 页）"今生修习，今生结果，已成为所有佛教冥想大师的座右铭……"（第 116 页）释迦牟尼在教诲信徒时指出："以戒律和教义为师，不要以任何个人为师。"十四世达赖以"精神领袖"为最欺人待世的宗教政治资本，对信众实行精神、肉体、行为控制，与佛祖教诲相差甚远，使他作为出家僧人的言行举止显得极为虚伪。

恩格斯有一句名言，叫作："野心就是一切虚伪和谎话的根源。"佛法的警句是：心如洪炉，罪如片雪，放下屠刀，立地成佛。认祖归宗是十四世达赖的唯一出路，不犯国制、不做国贼、不辱国人，是伟大祖国的殷切期望和基本要求。十四世达赖何去何从，三思醒悟；苦海无边，回头是岸。最后，以《萨迦格言》再作篇尾结语：

  在芸芸众生的面前，阎王如果真的出现；
  不用说做其他事情，连吃饭都没有力气。

（载西藏《要情》内刊 2011 年 12 月合订本第 8—12 期。收入文集时，充实了部分内容）

附5 "西藏流亡政府""内阁"班底一览表

第一届内阁	"首席部长"	"宗教部长"	"外交部长"	"财政部长"	
	卓康·阿旺格列	新噶·久美多杰	聂厦土登塔巴	噶让洛桑仁增	
第二届内阁	"首席部长"	"宗教部长"	"外交部长"	"财政部长"	"教育部长"
	新噶·久美多杰	土登诺桑	聂厦土登塔巴	噶让洛桑仁增	更德林·乌色坚赞
	"内政部长"				
	帕拉·土登云丹				
第三届内阁	"首席部长"	"宗教部长"	"教育部长"	"内政部长"	
	噶让洛桑仁增	更德林·乌色坚赞	香曲·才仁贡保	旺德多杰	
第四届内阁	"首席部长"	"教育部长"	"内政部长"	"安全部长"	
	更德林·乌色坚赞	茶仁·晋美散丹旺波	旺德多杰	吉雄·泽旺丹增	
第五届内阁	"首席部长"	"教育部长"	"外交部长"	"噶伦兼驻德里代表"	"安全部长"
	旺德多杰	帕拉·土登尼勤	久钦·土登南嘉	萨都·仁青敦珠	达拉·彭措扎西
	"财政部长"				
	吉雄·泽旺丹增				
第六届内阁	"首席部长"	"教育部长"	"安全与外交部长"	"财政部长"	
	久钦·土登南嘉	丹增格西	扎西旺雄	洛桑达杰	
第七届内阁	"首席部长"	"助理噶伦"	"外交部长"	"财政部长"	"教育与卫生部长"
	久钦·土登南嘉	哲通·丹增格杰、夏沃·洛桑达杰	扎西旺雄	洛桑达杰	嘉日·洛珠坚赞
	"安全部长"				
	阿拉晋美伦珠				
第八届内阁	"首席部长"	"安全、外交与新闻部长"	"教育与卫生部长"		
	格桑益希	哲通·丹增南嘉	杰尊白玛		

续表

第九届内阁	"首席部长"	"宗教与卫生部长"	"外交与新闻部长"	"内政与财政部长"	
	嘉乐顿珠	杰尊白玛	扎西旺雄	哲通·丹增南嘉	
第十届内阁	"首席部长"	"宗教部长"	"教育部长"	"外交与新闻部长"	"内政部长"
	哲通·丹增南嘉	格桑益希	杰尊白玛、曲嘉·仁青龛卓	扎西旺雄	所南多杰
	"安全部长"	"卫生部长"	"财政部长"		
	嘉乐顿珠、拉莫才仁	曲嘉·仁青龛卓	达瓦才仁	洛桑达杰	
第十一届内阁	"首席部长"	"宗教部长"	"教育部长"	"外交与新闻部长"	"内政部长"
	格桑益稀、所南多杰	格尔底仁波且·洛桑丹增	曲嘉·仁青龛卓	扎西旺雄、哲塘·泽旺秋嘉	丹巴才仁
	"安全部长"	"卫生部长"	"财政部长"		
	阿拉杂益·丹增般巴、多额丹增、白玛群觉	达锡·桑卡央吉	索南嘉措		
第十二届内阁	"首席部长兼安全、外交与新闻部长"	"宗教与教育部长"	"内政部长"	"卫生与财政部长"	"安全与内政部长"
	桑东仁波且	图丹龙热	洛桑宁玛	洛桑宁扎	桑东仁波且兼
	"卫生与教育部长部长调整后"	"宗教部长调整后"	"外交与财政部长调整后"		
	图丹龙热	洛桑宁玛	洛桑宁玛		
第十三届内阁	"首席部长"	"宗教部长"	"财政部长"	"外交与新闻部长"	"教育部长"
	桑东仁波且兼内政部长	次仁平措	次仁东珠	格桑央吉	图丹龙热
	"安全部长"				
	忠群领珠				

在时代潮头扬帆远航

胡锦涛同志 2011 年的"七一"重要讲话，是进一步解放思想、全面推进中国特色社会主义和以改革创新精神推进党的建设新的伟大工程的纲领性文献，是中国共产党在新的历史起点上的战斗号角和政治宣言。整篇讲话立意高远，内涵丰富，意义重大，催人奋进。

一 "相结合"的方法途径是理论同实践对接的钥匙

90 年来，一个个事实充分证明，马克思主义是科学的世界观和方法论，是放之四海而皆准的普遍真理，揭示了人类社会发展的规律和广大人民追求理想、幸福社会的内在要求。自这一伟大理论诞生一个半世纪以来，就深刻地影响着共产党人改变劳苦大众的人生命运和人类社会历史的前进方向。伟大的理论指导同伟大的革命实践相结合，创造了中国人民谋求美好生活的人间奇迹。正如胡锦涛同志所指出的那样："1921 年，在马克思列宁主义同中国工人运动相结合的进程中，中国共产党应运而生，中国共产党的诞生，是近现代中国历史发展的必然产物，是中国人民在救亡图存斗争中顽强求索的必然产物。"

二 三件大事的完成和进行是我们党的丰功伟业

90 年来，乃至追溯到 1840 年鸦片战争以来的中国历史，我们伟大的祖国、民族和人民经历了大悲大喜，概括起来是：刻骨铭心——感天动地——彪炳史册。我们党紧紧团结带领中国人民披荆斩棘、勇往直前，书写了人类发展史上的壮丽诗篇。第一件大事，完成了新民主主义革命。中国人民从此站立起来了，文明古国再次屹立在世界的东方。第二件大事，完成了社会主义革命。社会主义基本制度从此在中国大地上建立起来了，中华民族的发展进步开启了人类历史前行的新纪元。第三件大事，进行了改革开放的伟大革命。经过艰辛探索，形成了党在社会主义初级阶段的基本理论体系，中华民族的伟大复兴从此展现出前所未有的光明前景。

三 两大理论成果的形成是对马克思列宁主义理论宝库的极大丰富

90年来，我们党在推进马克思主义中国化的历史进程中，产生和形成了两大理论成果：一大理论成果是毛泽东思想，系统地回答了在一个半殖民地半封建的国家，如何实现新民主主义革命和社会主义革命的问题以及建设什么样的社会主义、怎样建设社会主义的问题；另一大理论成果是中国特色社会主义理论体系，开辟了中国特色社会主义道路，形成了中国特色社会主义理论体系，确立了中国特色社会主义制度，涵盖了邓小平理论、"三个代表"重要思想和科学发展观等重大战略思想，系统地回答了一个发展中大国建设什么样的社会主义、怎样建设社会主义、建设什么样的党、怎样建设党、实现什么样的发展、怎样发展等一系列重大课题。

四 两个100年的目标任务是中国共产党人肩负的历史使命

90年来，中国共产党起初由几十个成员组成的地下组织，变成了现今已经拥有8000多万党员组成的执政党，在中国革命和建设中，取得了一个又一个令世人瞩目的历史性辉煌成就，这是历史发展和人民愿望的选择。站在新时代历史和发展的新阶段，胡锦涛同志指出："在本世纪上半叶，我们党要团结带领人民完成两个宏伟目标，这就是中国共产党成立100年时建成惠及十几亿人口的更高水平的小康社会，到新中国成立100年时建成富强、民主、文明、和谐的社会主义现代化国家。"全党同志要继续切实发扬光大"两个永远保持"的优良传统和作风精神,尽力把中国的事情办好。

五 几大警示的提出是全党前进中急需破解的严峻课题

90年来,党的发展历程告诉我们:理论上的成熟是政治上坚实的基础,理论上与时俱进是行动上锐意进取的前提,思想上的统一是全党步调一致的重要保证;政治路线确定以后,干部就是决定因素;来自人民、服务人民,是我们党永远立于不败之地的根本;坚决惩治和有效预防腐败,关系人心向背和党的生死存亡,是党必须始终抓好的重大政治任务;建设好、管理好一个几千万党员的大党,制度更带有根本性、全局性、稳定性和长期性。胡锦涛同志指出:"只要全党同志常怀忧党之心、恪尽兴党之责,以更加奋发有为的精神状态推进党的建设,我们党就一定能够把握历史大势、永立时代潮头、引领社会进步。"

六 马克思主义中国化的理论与实践是时代新征程的必然要求

90年来,我们真切地记得马克思"实践胜过一切理论"的亲切教诲;若把马克思主义当作教条,而不是行动指南,那么革命事业就将受挫。马克思指出:"这些原理的实际运用……随时随地都要以当时的历史条件为转移。"① 列宁指出:"我们完全以马克思的理论为依据。"但"我们决不把马克思的理论看作某种一成不变的和神圣不可侵犯的东西……因为它所提供的只是总的指导原理,而这些原理的应用具体说,在英国不同于法国,在法国不同于德国,在德国不同于俄国。"② 毛泽东指出:"没有抽象的马克思主义,只有具体的马克思主义。所谓具体的马克思主义,就是通

---

① 《马恩选集》1995年第11卷,第248页。
② 《列宁选集》1995年第1卷,第273—275页。

过民族形式的马克思主义,就是把马克思主义应用到中国具体环境的具体斗争中去而不是抽象地应用它。""马克思主义的中国化,使之在其每一表现中带有中国的特性,即是说,按照中国的特点去应用它,成为全党亟待了解并亟须解决的问题。"① 因此,我们党在引领时代创新的伟业中,新时代的中国共产党人要在读通弄懂上下功夫,在理论与实践相结合上做文章,在实践成果上见成效。

学习的目的在于运用,贯彻的意义在于行动,落实的绩效在于成果。我们要结合部门和本职工作实际,坚定不移地走有中国特色、西藏特点的社会主义道路,自觉以科学发展观为统领,进一步发挥我们的聪明才智,全心全意地为全区的跨越式发展和长治久安做出应有的贡献。

(载《西藏日报》2011年8月27日理论纵横版)

---

① 《中共中央文件选集》第11卷,第658—659页。

创新模式　提高效能　强化保障

——西藏社科院行政后勤管理简述

我院是西藏自治区唯一的哲学社会科学、藏学研究的专门机构，担负着自治区党委、政府"思想库""服务部"的重要职责，现有办公室、科研管理处、政工人事处三个职能部门；马克思主义理论、经济战略、农村经济、民族、宗教和当代西藏六个研究部门和西藏藏文古籍出版社、《西藏研究》编辑部、文献信息管理处三个科研辅助部门等。2011年，又与新成立的西藏自治区哲学社会科学界联合会形成了"一套人马、两块牌子"的行政办公和学术研究机构。

为确保新时期、新阶段哲学社会科学、藏学研究多出成果、快出成果、出好成果，我院结合自身科研工作重心和行政后勤服务的实际，全面贯彻科学发展观，认真学习中央第四、第五次西藏工作座谈会、党的十七届五中全会、六中全会、自治区党委七届七次全委会精神，紧紧围绕繁荣发展哲学社会科学和藏学研究事业这个中心任务，从明确岗位职责、严肃工作纪律、提高业务素质、服务质量和办事效率入手，统一思想、提高认识、深化改革、坚持为科研服务的既定目标，发扬讲政治、讲大局、团结一致、齐心协力的优良作风，严格制度、强化管理，形成了人人想干事、会干事、干成事的良好氛围，不断加强和完善自身建设，为全面开创我院科研工作新局面奠定了良好的基础。

一　找准定位，认清职责，推进保障

为了使以科研为中心的行政后勤工作能够有章可循，正常运转，形成高效、严谨、规范的长效机制。一是找准管理、服务、保障定位。为社科、藏学研究提供政策支持、服务保障、经费配套是我院行政后勤保障运行管理过程中的主要职责之一。为使我区哲学社会科学研究再上新台阶，更好地肩负起"藏学研究的旗帜由我们高高举起"要求，行政后勤管理在牢固树立和增强管理、服务、保障意识，严格管理的同时，认真履行承诺和责任，较好地确立了自身定位。根据科研工作重心（从传统研究的重点转变为现实应用研究的重点）调整和开放办院、合作办院的方针，及时调整工作思路、工作方法、工作责任，以"合作奉献、创新管理"为指导原则，立足现有、发挥特长优势，使行政后勤服务保障的意识得到逐步增强。二是抓住服务科研的工作职责。本着"精简、实用、高效"的原则，通过广泛听取意见和建议，制定、充实、完善《西藏社会科学院工作手册》，围绕"职责明确、责任到人"的要求，着眼于规范权限、明确任务和服务能力，严肃工作职责，特别是进一步完善了文秘、档案、财务、后勤服务工作的一系列职责和职能，推进行政后勤管理工作制度化、规范化，强化领导责任、管理责任、工作责任，切实把以科研为中心的行政后勤保障工作落到实处，为我院更好地履行"思想库""服务部"的职能提供制度保障。三是加强科研保障的基础。为提升哲学社会科学、藏学研究的良好科研环境。我院在自治区领导和有关部门的大力支持下，积极申请、协调，先后新建职工宿舍楼3000多平方米、科研综合楼6000多平方米；装（维）修干部职工宿舍、行政办公楼5000多平方米；整修道路4000多平方米；环境绿化6000平方米，极大地改善了科研人员生活、工作环境，进一步加强科研基础设施的硬件保障。目前，正在积极申请新建"西藏社科藏学多功能图书楼"，力求通过资料收集、贮藏、保管、科研、教学为一体全新硬件保障，进一步推动"藏文旧公文""藏事汉文史料"的特藏库建设，不断提高科研人员工作积极性和主动性。四是积极加强经费申请和保障。我院根据年度科研经费下达指标和年度科研计划，严格掌握使用科研经费，做到专款专用，依法、合理编制科研预算，加强预算执行监督和管理，优化科研资源配置，强化经费开支管理，积极主动地加强与自治区财政的协调沟通，确保科研资金的使用效率，不断拓展我院科研经费和行政经费申请，确保各项工作的经费保障到位。

二 巩固基础，合理配置，强化创新

新时期、新阶段哲学社会科学大繁荣、大发展，使传统的行政后勤保障模式发生了变化，需要通过不断的努力，提供相应的保障。一是行政后勤管理推陈出新。随着哲学社会科学研究学科领域、研究领域的不断拓展，行政后勤服务保障科研工作的管理体制机制由原来解决好科研人员的待遇问题，为科研人员提供吃、住、行等劳务性、公式化模式，转变为利用先进的管理手段参与到科研改革之中，以提供全面的物质保障和技术保障为手段，以保证机关职能工作高效有序运转为目的的技术性、参谋化工作。二是配合学术交流提供保障。为了给哲学社会科学、藏学研究提供更为广泛的交流、研究平台，我院先后与内地省市社科院以及国外30多个国家开展学术交流联系，为了更好地增强我院社科藏学研究能力，在自治区的大力支持下，我院领导多方呼吁，积极协调，成立了"西藏哲学社会科学界联合会"，填补了西藏没有社科联的空白。同时，增强了科研工作的纵向联系，为科研工作提供了更为优质的服务，为西藏自治区哲学社会科学藏学研究提供更为广阔的纵向联系平台，发挥了服务作用。三是围绕学科发展提供支持。积极配合区内高校、党校等社科部门举办的哲学社会科学高层论坛、加强了学术合作交流，使"开放合作办院"迈出实质性步伐，充分利用了院内和区内的科研人力资源与科研手段，促进了学科建设与发展，成立了马克思主义理论研究所，拓展了我院学科建设，架起了学科之间的交叉融合，提高了哲学社会科学、藏学研究的科研水平和发展创造能力。

三 完善职能，创新模式，锻造队伍

行政后勤保障机制积极按照研究方向、学科领域解决自行保障问题，以较高的预见性，根据科研工作特点，提前做好后勤保障，确保科研工作不间断地推出优秀的科研成果。一是展示窗口作用，推进强有力服务体制。后勤管理部门是展示机关精神风貌、文明程度和管理水平的窗口，需要通过强化管理职能，完善保障机制，提高服务质量，进一步提升机关后勤工作的管理水平，使之适应科研工作的需要。与之相适应的是，必须建立"廉洁高效、运转协调、行为规范、保障有力"的新型行政后勤管理体制，理顺行政后勤与服务保障科研的关系，掌握行政后勤管理这门科学，筹划和运用人力、物力、财力对机关单位和个人实施经费、物资、维修、住房等各方面保障，确保科研工作的正常稳定运转。同时，后勤管理部门充分利用自身的有利条件参与到科研之中，研究新时期新阶段后勤服务保障科研工作新的课题，加强自身建设，提高后勤干部的工作能力和管理水平，不断提高后勤保障工作的质量和效益。二是创新管理模式，推进科研良性发展。没有一个强有力的行政后勤保障，新时期新阶段哲学社会科学、藏学研究事业的顺利发展就受到限制，科研成果就无法及时体现，需要以不断完善的行政后勤岗位责任和运行机制，按照定岗、定员、定责的原则，明确分工，细化职责，理顺管理机制，切实解决工作中存在的各种问题，标本兼治，充分发挥职能，确保以科研为中心的各项工作正常、高效运转；切实转变作风，促进和谐办公室建设；加强思想、组织、作风建设和廉政建设，为全院科研工作和职能部门创造良好的科研工作环境。此外，我区科研后勤经费有限，这就要求行政后勤部门利用自身的优势条件，强化国有资产管理，在防止国有资产流失的同时，保证国有资产保值、增值。三是培养创新人才，锻造优质队伍。作为哲学社会科学、藏学的专业研究机构，社科院的中心工作是科研，需要大批德才兼备的优秀科研人才，行政后勤的创新人才同样是从全局出发服务科研、保障科研、高效运转的重要环节。我院行政后勤人员大都是从部队转业、退伍的人员，存在专业水平低、保障技能差等问题。院党政班子结合当前实际，先后派出档案、文秘、水电等部门人员近10人次，参加相关学习培训，提高行政后勤人员业务技能和保障能力，努力锻造一支专业、技能强、整体素质高的行政后勤队伍，积极制订了引进优秀管理人才计划，逐步提高行政后勤队伍建设，切实打牢后勤管理基础。四是强化服务理念，服务科研创新。我院行政后勤管理秉承"服务科研、服务领导、服务全院干部职工"的思想，结合科研创新理念，以提高保障能力、创新管理模式方法、服务水平为关键，以严格的制度为规范，围绕中心，服务大局，团结协作，开拓进取，不断提高管理、服务、保障质量与水平，稳步推进行政后勤管理体制改革，不断创新行政后勤管理模式。在此基础上，把明确责任、协调推进、以人为本、统筹兼顾有机地结合起来；摆正自身位置，明确自身肩负的责任，甘做为服务科研的"幕后英雄"和"助推者"，甘做纷繁复杂、头绪繁多行政后勤工作担当者；学会有效沟通与协调，在做好本职工作的基础上，协助其他人员完成任务，认识行政后勤工作的整体性，做到不忘本质，整体推进后勤管理工作，避免行政后勤工作单打独斗。加强以人为本、统筹兼顾、协调发展，把以人为本理念贯穿于后勤管理的全过程，把解决科研人员、干部职工最现实、最直接的利益当作第一要务、第一责任，坚持服务、管理、保障协调发展，统筹到行政后勤的方方面面，努力推进服务优质、管理科学、保障有力，不断提升行政后勤的整体素质，以优质高效的服务保障促进优秀科研成果的生成和转化。

（载 2012 年 8 月在天津市召开的全国地方社会科学院行政后勤工作会议《交流材料》）

越贫困越借贷　越借贷越贫困
——昂仁县宁果乡民间借贷情况的调查报告

一　宁果乡民间借贷的基本情况

昂仁县宁果乡位于西藏的西北部，地处日喀则昂仁、阿里措勤、那曲尼玛三个地县的结合部，总面积2600平方公里，平均海拔4700米以上，高寒缺氧，自然灾害频繁，群众自救能力微弱；总人口345户1417人，长期延续靠天养畜的游牧生存方式，生产力水平十分低下。该乡所在地距离本县城近300公里，其中乡村公路210余公里，通往措勤县城150余公里、尼玛县城240余公里，均为乡村自然道路，沿途基本没有商贸集市和汽车加油站。2010年，全乡的人均纯收入仅为1935元，为全县各乡末位，其中人均现金收入甚少。根据典型调查和初步估算，仅占人均纯收入的30%左右，即560元左右，那些尚不通公路的边远自然村牧民的人均收入则更低。此外，全乡尚有"低保户"167户256人（含"五保户"8人、"三老人员"4人），占全乡总户数和人口的48.4%和18%。按照自治区现行的低收入贫困标准计算，宁果乡的低收入人群、贫困户及贫困人口分别占总数的53.42%、35.36%和43.05%。然而，就是这样一个远离城市、地域广阔、海拔较高的边缘落后纯牧区，却存在着负债户占比例高及严重的越贫困越借贷、越借贷越贫困的非正常民间借贷现象。

据统计，全乡6个行政村25个自然村的累计借贷款总额达到360.55万元，户均1.1万元，人均2540元，高出年人均纯收入的31.3%。其中，门钦村和夏嘎尔村的负债户所占比例高达100%，坚定村、萨那村和宁果村达到97%，负债户最少的夏卡村，也达到89.3%。其借贷形式主要有三种：

（一）信用社借贷

信用社根据牧户牲畜、房屋和生产性贷款需求，向牧户提供银行的政策性优惠贷款。从统计数据看，由于贫困，导致生活性贷款高于生产性贷款。据不完全统计，全乡共有 52 户牧民家庭申请到了信用社的小额贷款，户均贷款 1 万元左右，累计贷款总额达到 100 余万元。夏卡村次曲一家三口的累计贷款达到 15 万元，人均 5 万元。同村的白扎一家四口累计贷款为 10 万元，人均 2.5 万元。据部分乡村干部介绍，信用社的小额贷款，确实为帮助牧民发展生产、改善生活发挥了很大作用，但也存在一些牧户对贷款的不当使用问题，有相当部分贷款用于了不创收的摩托车、手机等购置，甚至还用于了抵冲商家旧账或直接购买食物，以渡生活难关。这种现象的发生，也反映了宁果乡牧民目前遇到的实际生产生活困境是十分严峻的。据不完全统计，坚定村 2002—2007 年的借贷户仅有 4 户，计 4.61 万元；2008—2010 年达到 57 户，计 35.43 万元，全村借贷户和借贷额都呈膨胀增长趋势。据邻近县乡村的百姓口中得知，为了还债，部分牧民存在偷猎抵债的行为现象。由此可见，在宁果乡牧民内在脱贫致富奔小康积极性表象的背后，实际上隐藏着深刻的贫困借贷阴影。

（二）村办商店借贷

宁果村牧民通过集资入股办法，组建村办商店，向村民赊账商品，牧民待年终宰杀牲畜还账。这种借贷形式实际上是当地牧民为了抵制商人借贷而自发组织起来的一种借贷形式。宁果村为了抵制康巴商人 30% 左右的借贷盘剥，以村民股份形式，筹集资金 8 万元，办起了全乡唯一的集体性质的股份制村办商店，营销商品 10 余种，其价格比康巴商人要便宜 15% 左右，受到牧民群众的广泛欢迎。目前，这个便民商店已向本村牧民赊账 7.66 万元，但同时也存在库存商品严重不足的现象，出现了流动资金周转短缺的危机状况。西藏社科院驻村工作队进驻该村时，村长丹平曾代表全村牧民向工作队提出求援，希望能够继续坚持兴办下去。目前西藏社科院已动员全院干部职工尽微薄之力给以支持，提高了村民自办商店的信心勇气。

（三）商人借贷

商人用日用商品同牧户饲养的牲畜进行交换，买卖双方按照市场价折资办法，通过协议、记账、赊账过程完成交易。据村民介绍，在宁果乡经营的商人主要是康巴人，是20世纪90年代末由行商慢慢成为坐商的，并在乡政府所在地附近逐渐长期定居下来，最多时曾达到20余户，由于近两年生意不好做，现在仅剩下9户。

在以上三种借贷形式中，牧户欠查孜乡信用社贷款107万元，占29.6%；欠村办商店现款7.66万元，占2.1%；欠康巴商人的借贷折资款最多，达247.89万元，占68.7%。在一些牧民家庭看来，这些债务是这辈子甚至下辈子都无法还清的，因此情绪十分低落，对脱贫致富奔小康缺乏信心和勇气。特别是欠商人的借贷折资款，使本地牧民同外来商人之间矛盾凸显，是影响当地社会稳定的较大隐患。有的牧民背地里骂商人是"高利贷吸血鬼！"商人则言称牧户是"欠账不还的赖皮狗！"对此，乡村干部曾多次出面进行调解，康巴商人代表则表示，只要他们能够全部收回赊账款，便可以离开宁果。然而，因无实质性解决办法，这一问题并未得到有效解决。有迹象表明，长期形成并积累下来的非正常民间借贷矛盾，已开始演变为群体性的社会矛盾。倘若处理不当、解决不力，这一尚处于初始阶段的成长性苗头矛盾，极有可能酿成规模性的突发事件，给宁果乡带来严重的社会隐患。对此，宁果乡村干部表示出极大的担忧。有的同志形象地比喻说，情绪对立犹如一座活火山，随时都有喷发的危险。

二　正确对待非正常民间借贷可能产生的社会影响

西藏和平解放60年来，特别是自治区成立和改革开放后，宁果乡发生了深刻变化，"三个长期不变"的农牧区政策深得牧民群众的拥护欢迎，教育卫生事业取得长足进步，牧民低保和牧房建设有了实质性成果，行政乡村公路和移动通信带来了方便快捷条件，广大牧民群众从心里感谢共产党的恩情大德。但前进中的现实困境仍然严峻，主要表现在：牧民的温饱问题虽然基本解决，但还不稳固，返贫现象十分突出；各种自然灾害频繁，基础设施严重滞后，牧业生产很不稳固；无产品市场、无品牌资源、无技能本领、无营销渠道、无致富门路现象普遍；特别是户均债务沉重，使人们的生产自信心和致富勇气受到一定程度的损伤。宁果乡党委、政府在一份上报材料上曾写道："由于我乡作为全县最落后、最为贫困的乡镇，短时间内摆脱落后面貌谈何容易。"俗话说，人无远虑，必有近忧。这种落后状况，有的同志戏称，是远离中心城市的一座高原"孤岛"。全乡各村仅有极少车辆，能够跑长途运输的车辆更是屈指可数，多数车辆是二手货的报废车，且无行车执照，个别汽车、拖拉机也基本成为家门庭院内的一件摆设。部分牧民连乡门也没有走出过，对山外的世界基本一无所知。作为无电乡，宁果乡既没有电灯、电话、电视、广播，连收音机也基本用不上。党和政府的声音，主要靠乡村干部不定期的走村入户传达，千百年的酥油灯、打茶筒、原始游牧等生活生产方式沿袭至今。可谓进出乡门处处难、入村到户方知故。因此，我们应充分估计到宁果乡非正常民间借贷可能产生的社会影响，避免其被扩大化，特别是要谨防被别有用心的人，尤其是分裂主义分子所利用，而激化人民内部矛盾。

三 解决宁果乡民间借贷问题的对策建议

宁果乡存在的越贫困越借贷、越借贷越贫困的非正常民间借贷现象，到底在我区是一个个别案例，还是具有普遍性的典型案例，尚待进一步的深入调研。仅就宁果乡牧民非正常的民间借贷问题而言，确实是现实中急需解决的一个大课题，如果得不到尽快妥善化解，不仅影响牧民群众的生产积极性，而且直接影响全乡社会的稳定。为此，我们建议：应立即采取强有力的特殊办法措施，将这个问题迅速解决在初始阶段。建议采取核定债务、区别情况、明确政策、社会帮助、国家买单的方式加以解决。

一是形成党政领导、群众参与、基层实施、部门督导、社会评议的工作机制，推动债务清理工作的顺利进行。二是成立联合工作组，进村入户，清查债务，核定数额，突出重点，兼顾一般，民主协商，制定政策，统一豁免。三是一手抓解困济贫，由国家将贫困户、低保户纳入重点解决对象，以点带面，整体推进；一手抓扶持生产，注入国家投入补助资金，大力扶持培育村办商店、扶贫加油站、车辆修理部及借畜还畜项目等，逐步壮大集体经济实力。四是在牧民群众自愿参与的前提下，积极探索组建村级经济合作组织，寻求产供销一体化的致富门路。五是加大劳动力技能培训转移力度，注重将村干部培养成致富能手、将骨干积极分子培养成党员，达到能人带动效果。六是帮助制定操作性强的中长期发展规划，具体指导宁果牧区走出生活困境、生产困境和发展困境，努力实现跨越式发展的"三连跳"。

总之，解决宁果乡非正常的民间借贷问题，是一项涉及面广、政策性强、任务艰巨的复杂系统工作，需要认真做好深入细致的政治思想教育，切勿以此助推"等靠要"依赖思想意识的滋生、蔓延以及各种矛盾的激化。同时，建议就此问题在全区更大范围内进行更为深入的调研。

（载西藏《要情》内刊 2012 年第 1 期，收入文集时部分内容有删减）

一名学者的几点粗浅认识

"后达赖时期",是十四世达赖集团疯狂从事"西藏独立"活动的挣扎时期,我们必须直面问题,言必有据、深揭狠批、碰硬应对。我认为,作为一名社科藏学研究工作者,切忌枯燥乏味的"老生常谈"而没有历史、现实和理论的事实支撑新意,不能信服于人。探究出正确的、规律性的、能服众的真知灼见,才能服务稳定发展大局,才能服务领导决策,才能服务人民大众明辨是非,才能服务抢占制高点、争夺话语权的目标任务,才能积极主动地出击正面进攻的敌人和教育广大干部群众。谨此,就工作中碰到的一些问题,简明扼要地粗谈几点认识,以作抛砖引玉之用。

一 十四世达赖是如何由人变成"神"的

这是一个十分有趣,而又语意深长、深奥、深厚的话题,就犹如生命起源是怎么来的一样,显得既复杂又简单、既神秘又通俗、既现实又长远,宽泛到了西藏历史变迁、藏传佛教形成、活佛转世制度建立、中央政府册封等等领域的知识面。

通过藏传佛教的粗浅研究,我的简要通俗理解是,一个活佛圆寂了,他的灵魂不死,而且会游移到另一个现实中的孩童身体上,成为前世活佛的再生化身,经过一定程序和法定手续,把这个化身孩童寻访认定出来,就是转世活佛。

作为一名初学者,在我看来,若要成为一个像十四世达赖那样的转世活佛,起码要同时具备三个要件手续:一是历史定制;二是宗教仪轨;三是中央审批。

就历史定制讲,西藏的活佛转世制度,是藏传佛教中很独特的形式内容,有其产生、形成、发展的历史演变过程。在清朝驻藏大臣的主持下,经过西藏上层僧俗首领们的共同商议,经由清朝皇帝签批执行,形成了著名的《钦定二十九章程》。这是一个成文的法规性质文献,以此成为严格规范西藏政教重大事务行使权利的行为准则,其中的活佛转世制度、金瓶掣签制度、驻藏大臣制度等政治、经济、军事重大事宜,该《章程》都定制得很清楚。

就宗教仪轨讲,它有一整套烦琐、神秘而程序化的前置宗教仪轨,如:征兆、打卦、观湖、寻访、灵异、征认、会审、掣签、认定、剃发、法名、坐床、受戒等形式内容,如达赖、班禅等这样的大活佛寻访认定的宗教仪轨,多由西藏地方政府和拉萨三大寺共同主持完成。

就中央审批讲,西藏地方政府向中央政府呈报寻访灵童及灵异表现情形经过,经由中央政府审定后,特派专使进藏查验转世灵童后选人,按法定程序呈报中央政府审发明令,主持庆典,等等。大凡历世达赖、班禅系统及其他大活佛系统的转世灵童认定,都按此办理了政治、宗教、法律方面的手续。至清朝末年,在中央政府管理的39个活佛世系中,先后共认定转世灵童91位,其中76位经过金瓶掣签认定,15位报请中央政府特准免于掣签特批认定。就达赖世系说,十世、十一世、十二世均通过金瓶掣签产生;九世、十三世和十四世则经中央政府特准免于掣签特批认定。无论采取金瓶掣签,还是免予掣签,都需要中央政府审定任命,并由中央政府特派专使监督查看和主持典礼。拉木登珠成为十四世达赖,也同样如此。

现年77岁的十四世达赖丹增嘉措,于1935年7月6日(藏历第16"饶迥"木猪年5月5日)出生在青海省湟中县祁家川一户普通藏族农户家中,现今为平安县石灰崖红崖村,旧时称作"当采",这个地方是一个偏僻落后且为多民族杂居的村落。在他还没有继任十四世达赖之前,他的凡人名字叫拉木登珠(直译为仙女事成,意思是"如意女神",为什么一个男孩取了非常女性化的名字,至今是一个谜),除双亲外,在家中排行老五,上有三个哥哥、一个姐姐,下有一个弟弟、一个妹妹。

1933年12月17日(藏历水鸡年10月30日),十三世达赖土登嘉措圆寂(终年58岁)。按照历史定制、宗教仪轨、中央审批手续,西藏地方政府会同拉萨三大寺高僧,办理前任者的灵塔安置和后继者的寻访认定事宜。从1937年起,西藏地方政府派遣三路人马赴青海、西康和西藏南部地方秘密寻访转世灵童。1938年3月，以纪仓（也译格桑）活佛为领队的寻访组，经过九世班禅的指示和青海省政府主席马步芳的协助，寻找到了拉木登珠灵异。1939年1月12日，中央政府电令马步芳派员护送灵童进藏。1940年1月15日，中央蒙藏委员会委员长吴忠信一行抵达拉萨，受到西藏地方政府官员和藏族人民的热烈欢迎和隆重接待。同年1月26日，西藏摄政热振向吴忠信书面呈报了灵童寻访经过和拉木登珠的灵异表现等，并请转呈中央政府批准青海灵童为十四世达赖喇嘛，请求免于掣签认定。1月31日，吴忠信在拉萨罗布林卡荷亭内查看了灵童，并与他谈话合影，还赠送了礼品。2月5日，中央政府以政字第898号文发布明令：拉木登珠业经明令特准继位为任十四世达赖喇嘛，其坐床大典所需经费，着由行政院转饬财政部拨发40万元，以示优异。至此，十四世达赖的征认合法手续始告完成。拉木登珠在剃发后，由热振经师取法名为丹增嘉措（简称）。2月22日，在中央政府特派专使蒙藏委员会委员长吴忠信的主持下，丹增嘉措在拉萨布达拉宫举行了坐床典礼。至此，他在政治上、宗教上和法律上完成了继任十三世达赖地位和职权的一切合法手续，正式继任为十四世达赖，年仅5岁。3月8日，西藏地方政府为感谢中央特派员专使吴忠信亲临主持十四世达赖坐床大典并赠礼品事致电中央政府主席林森和行政院长蒋介石。6月23日，十四世达赖为吴忠信安抵重庆事致电，以表"衷心愉快"。

　　就这样，一个凡间普通农户的孩童，变成了天地间的"人神"。他由人变成神的异化过程，是藏传佛教的特殊现象，现在的历史档案文件，清楚地记载了这一裂变轨迹。由中国藏学出版社，于1991年1月出版发行的，由中国藏学研究中心和中国第二档案馆合编的《十三世达赖圆寂致祭和十四世达赖转世坐床档案选编》一书，收录了当时的档案文件478件，详尽记录了这一段历史现象发生的真实过程，是一部无可辩驳的第一手史料。

　　我这样认为，是否遵守三要件手续，特别是中央政府审批程序，是反映中央政府同西藏地方政府的隶属关系问题，是祖国统一和地方分裂的问题，是分裂与反分裂的斗争问题，根本没有调和余地。任何向中央政府权威发起挑战的举动，都是不允许的、不合法的，必然遭到坚决反对。

　　中国国家档案局局长杨冬权在官方网站上说得好，他说："西藏自古就是中国的一部分，从元代以来700年一直是中国的中央政府有效管辖的，从来没有哪个朝代中断过。""这700多年间，中央政府向西藏官员授予职位封号，在西藏设置职官、机构，对西藏实行行政管理的官方文件，如今依然光辉如新！"

二 十四世达赖是如何走上分裂主义道路的

这是学术界十分关注研讨的课题之一。作为一名学者，我有这样的粗浅认识：为民生大众谋福祉、为社会进步图利益、为历史前行作贡献，是正向的事；反之则是负向的事。十四世达赖走上分裂祖国、叛国、卖国的道路，是一个由量变到质变的过程，恐怕个人内因起着决定性的作用。我想从三个阶段去简要探究十四世达赖蜕化变质的心路历程，仅供参考。

一是矛盾期，贯穿着十四世达赖的青少年成长阶段。十四世达赖由普通农夫家庭的贫民儿子，裂变为"政教合一神王"，其家庭跟着暴富，成为显赫的达拉家族，这使他的阶级本性、阶级立场、政治态度、行为准则逐渐移位，更看重的是个人地位、权力和生命。当他亲政后到祖国内地参观，亲生体会到了新中国建设的大场面，萌生了改变旧西藏落后面貌的冲动。但是，对将要进行的民主改革大势，又使他强烈地感到既得利益丧失的可能。虽经毛泽东主席等中央领导人耐心细致的思想教育工作，中央一再推迟进行西藏民主改革的时间，他内心深处对《十七条协议》还是惊恐万状，怕得要死，恨得要命。加之，深陷分裂主义分子的重围以及美国为首反华国家的诱惑拉拢利用，青少年时期的十四世达赖心态反复变化，充满了矛盾与不安，最终倒向了分裂主义势力，选择了走分裂祖国的道路，并成为这个分裂主义集团的总头目。主要表现在：十四世达赖在孩童时，受到达札摄政监护人的严格监管控制，旧时那种封闭式、与世隔绝的学经教育生活，使他基本失去童真自由活动的空间，在分裂主义势力的重围中，对他影响很深。不知他当时是否知晓鼎力相助使他成为十四世达赖继承者的恩师热振及被卷入政治纷争的生父祁却才仁，先后都被达札为首的分裂主义分子毒死，但他是泥菩萨过河、自身难保，内心充满了矛盾和恐惧。在十四世达赖亲政前后，特别是昌都战役后，是否流亡印度，还是返回拉萨？是否签订《西藏和平解放十七条协议》，还是拒绝执行《协议》？是否赴京晋见毛泽东主席等中央领导人，参加第一届全国人民代表大会，还是原地不动？等等，他都充满疑虑，较长时间难以作出决断。特别是在毛主席的亲切教导下，十四世达赖的思想发生了可喜的极大变化，他在做西藏自治区筹委会工作时，表现出了应有的热情。但是，在他两个美国特务哥哥的教唆策反、中情局的引诱及亲英亲印分裂主义势力的影响下，他的内心又动摇了。1956年11月，经中央同意，他同十世班禅一道应印度之邀参加释迦牟尼涅槃2500周年纪念活动，在印度受到国内外分裂主义势力的重重包围，近3个月时间滞留在印度不肯回国。经周恩来总理的耐心细致的思想说服工作，十四世达赖才勉强回国，但他的思想、立场、态度却直转急下地滑到了搞分裂的泥潭。1959年3月，拉萨发生全面武装叛乱，十四世达赖意识到毫无胜算，便下定决心，跑到印度去了，开始了他公开的"西藏独立活动"，充分地暴露了十四世达赖坚定维护西藏封建农奴制社会的阶级本性和自身固守"政教合一"地位职权利益的本来面目。

二是分裂期，贯穿着十四世达赖的青壮年发展阶段。十四世达赖这一阶段的全部政教事务，都在忙于经营分裂祖国的破坏活动，可算是费尽了心机，铁心搞"西藏独立"。主要表现在：十四世达赖逃亡印度后不久，就迫不及待地让人代读和散发了"达赖喇嘛声明"，公开声称"西藏是独立国家"，大肆扬言要搞"西藏独立"。1959年6月20日，在十四世达赖到印度后第一次出面举行的记者招待会上，公开声称："要恢复1951年中国入侵前西藏特有的自由和独立地位"。紧接着，就是组建"西藏流亡政府"，明确政治议题和行动纲领，制定所谓的"西藏国宪法"；以"组织武装、打回西藏"为名，在尼泊尔木斯塘重新组建"四水六岗卫教军"武装力量，在西藏边境进行10年之久的军事袭扰活动；在印度组建以藏人为主的"印藏特种边境部队"，安排其胞兄弟在该部队任职；全力搭建达兰萨拉分裂集团总部的各项建设，以此做好长期准备；以"精神领袖"的身份著书立说，安抚流亡藏人的民生，广泛笼络人心，蓄积力量；精心组建以暴力恐怖为特征的"藏青会"，极力为"流亡政府"培养打手骨干；四处窜访西方国家，特别是乞求美国的所谓"真心实意"的支持；精心组织策划各种渗透破坏活动，千方百计壮大境外分裂势力。

三是疯狂期，贯穿于十四世达赖的壮老年挣扎阶段。十四世达赖在这一阶段，充分地、彻底地暴露了他在政治上的反动性、宗教上的虚伪性和手法上的欺骗性的流亡政客形象及险恶用心。主要表现在：1979年十四世达赖第一次窜访美国，受到外媒全程采访，取得了"实质性"的突破和收获；以后，又先后37次访美。西方媒体也为十四世达赖摇旗呐喊，极大地鼓舞了十四世达赖搞"西藏独立"的信心。这正是我国改革开放的初期，美国及西方一些国家，出于"分化""西化"和遏制中国的战略图谋需要，利用了十四世达赖捣乱的这枚棋子。十四世达赖先后派出五批人到西藏和其他藏区考察，刺探情报，大肆从事分裂煽动活动。我们作过粗略统计，1987—1989年，由十四世达赖集团背后策划组织实施的各类大小骚乱事件多达100余起。看到这种打砸抢烧杀场面，十四世达赖对外媒声称："要三日一小震，五日一大震，要闹得拉萨不得安宁，西藏不能太平。""要用摩摩擦擦的办法，把共产党赶出西藏。"他还说："少则5年，多则10年就能实现西藏独立。"试问：这是一名"宗教首领"要说的话吗？此时，国务院果断实施拉萨戒严措施，有力地维护了西藏社会局势的稳定，狠狠地回击了十四世达赖集团搞分裂的嚣张气焰。于是，十四世达赖玩弄起了新把戏、新手法、新变脸，四处兜售他的所谓"中间道路""高度自治""大藏区""非暴力""人权"等等欺骗世人的陈词滥调，用以蒙骗那些不识真相的人们。1989初，十世班禅去世，中央人民政府特邀十四世达赖回国，希望给他一个改过自新的良机，但是被他断然拒绝了。1995年5月14日，十四世达赖通过印度新德里藏语广播发布消息，在境外擅自插手十世班禅转世灵童，阴毒破坏宗教仪轨、历史定制和中央特批程序。十四世达赖提出，要将2008年作为解决"西藏问题"的关键之年。于是，在美国的支持下，他的爪牙们精心策划组织实施了所谓的"西藏人民大起义运动"，在拉萨制造了震惊世界的"3·14"严重暴力事件。当然，最终还是宣告失败。另外，十四世达赖还蓄意以教乱教、制造教派分裂。他利用境外大法会机会，明目张胆地宣传"藏独论""仇恨论""暴力论"等，责令禁止供奉和捣毁"俱力护法神"，武力打压杰钦匈丹信徒，血洗异己力量，强化集团统治。联合海外各种分裂主义分子，从事反华反共活动；庇护日本奥姆真理教在日本东京地铁制造恐怖杀人事件；同情希特勒这个发动第二次世界大战的罪魁祸首。

根据十四世达赖的种种恶行，中央准确地给十四世达赖戴上了"四顶帽子"，这就是：十四世达赖是图谋西藏独立的分裂集团的总头子，是国际反华势力的忠实工具，是在西藏制造社会动乱的总根源，是阻挠藏传佛教建立正常秩序的最大障碍。

我这样认为，十四世达赖及其流亡政治集团只有用实际行动证明执行落实中央的方针政策、彻底放弃"西藏独立"的政治主张、真正停止各种分裂破坏活动，才能争取全国人民的谅解和回归之路。否则，我们同十四世达赖集团的斗争，就是敌我性质的斗争，就是分裂与反分裂的斗争，就是倒退和前进的斗争。在事关祖国统一、领土完整、民族尊严、发展稳定等中国人民最高利益的重大原则问题上，十四世达赖没有任何讨价还价的余地，他提出的所谓"西藏独立""半独立""变相独立"那一套诡辩论，在任何时候都是行不通的。

三 十四世达赖是如何倒卖西藏文物并敛财的

这是一个不争的事实。1950年10月，英国政府支持下的藏军在昌都战役中遭到惨败，亲英分裂主义头子达札摄政暴病离世，刚满15岁的十四世达赖提前开始亲政。此时，他躲藏在西藏边境口岸亚东的一处山谷里，派出以阿沛·阿旺晋美为首席谈判代表团赴京，自己"静观"时局变化，权衡逃亡印度或返回拉萨的问题，并随身带走了西藏当局的大量财宝。据有关史料披露："达赖早在1950年就在锡金存放了一批西藏的文物珠宝"，"达赖1951年从亚东返回拉萨时，他仍命令将几驮子金钱财宝送出国境"。① 西方人科林·戈尔德纳所著《达赖——一个神王的堕落》②一书这样记载，根据十四世达赖的说法："（1951年元月）驮着五六十箱沉甸甸的、从布达拉宫国库装运出来的金条和银元宝"以及几百袋银币——预先运往计划好的逃难地方，大约在拉萨以西500公里处；总共动用了1500头以上的牲口。十四世达赖身边的一位新闻发言人对媒体说，十四世达赖经费的主要来源，是拉萨政府1959年起事前运往并储存锡金的文物珠宝及黄金储备。

在1983年美国纽约版的十四世达赖自传《我的故乡和人民》中，十四世达赖向世人坦白交代道："起初，我打算把这些宝物卖给印度政府，这是（印度总理）尼赫鲁主动提出的建议。但我的顾问坚持要在公开市

---

① 见沈开运等《透视达赖》，西藏人民出版社1997年版。
② 2001年由国务院新闻办公室七局监制。

场上出售，他们确信这么做能换更多的钱。最后我们在加尔各答拍卖，得款相当于当时的币值800万美元，在我看来简直是个天文数字。""这笔钱用于投资多种事业，包括一家钢管厂、一家纸厂的相关企业以及其他所谓保证能赚大钱的事业。不幸的是，这些帮助我们活用这笔宝贵资金的计划，不久都宣布失败。""最后只挽救到不及100万美元的钱——1964年成立达赖喇嘛慈善信托基金。其实我自己对这样的结局并不太难过。回想起来，这批宝物很显然应该属于全体西藏人民，而不是我们逃出来的少数人的财产，因此，我们也无权独享，这是宿命。"

十四世达赖集团的这一拙劣罪恶行径，充分暴露了他们才是赤裸破坏西藏传统民族文化的罪魁祸首。早在20世纪60年代，十四世达赖每年便拿美国中央情报局18万元的个人年薪，这比该国总统的年薪还要高，若再加上其他收入，十四世达赖即使做凡人也完全能够过上"人神"般的奢华生活。但他就是不安分守己，频频窜访国外，四处捞钱，明码实价地大肆"赚钱"的丑闻不断曝光，真是可悲之极。

据"第十四世达赖喇嘛官方网站"披露，2009年7月30日至8月2日，十四世达赖到德国法兰克福演讲，一天票价为29—59欧元，两天通票为45—99欧元；周末电话对话：一天为49—79欧元，周末两天票价为90—145欧元。据《环球时报》报道，2009年12月8日上午，窜访到澳大利亚的十四世达赖举行了第三场公开演讲，在原本以气候为题的演讲上，十四世达赖却大谈所谓"人权与宗教信仰"，并再次索要每张门票70欧元。据《日本新华侨报》报道，2009年11月7日，十四世达赖在日本讲演"弘法"，本应是一场公益性活动，却严禁听众携带摄影、录像、录音等相关器材入场，并收取每张门票3000—7000日元。据2010年3月2日阿根廷新闻社布宜诺斯艾利斯报道，十四世达赖以"科学和佛教的智力开发"为题，进行一次讲座，听众达600人，每张门票为15万智利比索，十四世达赖将17万美元的门票收入装进了自己的腰包。"达赖一向以俭朴外表示人，但众所周知，他在印度的流亡地住着豪宅，并拥有两辆豪华汽车。"

曾经听过十四世达赖演讲的西方传媒大王默多克这样评价说："达赖是一个披着袈裟、穿着意大利古奇皮鞋，奔走于世界各地的老政客。"德国前总理施密特说："如果我们在西藏问题上只看到达赖的微笑，那么，这就说明我们看重的是西藏问题给我们带来的象征意义，而不是西藏本身。"

大凡明白人都清楚，以"和平"外衣裹藏政治野心，用软硬两手玩弄所谓的"西藏独立"把戏，才是十四世达赖的真正用意。西藏的《萨迦格言》中有这样一句话："阴险的人明明干了坏事，还要用谎言欺骗别人；大威德佛明明在叹息，还硬把苦难说成是圣谛。"台湾星云法师疾言厉色说："凡学佛的人都知道，大妄语者，必下无间地狱，难有出期。"佛陀说，心志不坚，难得正果。十四世达赖何去何从，三思醒悟，苦海无边，回头是岸。

四　如何看待"退而不休"十四世达赖的近期表现

作为学者，我是这样认为，十四世达赖至今搞分裂破坏活动的本质始终没有改变，各种迹象表明，他也难以改变。

年近古稀的十四世达赖，在外闹腾"西藏独立"，已有50余年的时间了。可以说是身心疲惫，而且曾经多次住院治疗。早在20世纪90年代以后，他就在外媒上大肆渲染，要"退休交权""再不搞政治"游戏了！然而近些年来，他的表演秀却愈演愈烈，引起了外界的各种猜议。

为了消除"心腹"之患，2011年3月间，十四世达赖在写给"西藏议会"的信中申明："接班人"新体制"一旦遭到困难，我还可以提供协助解决"，"我将永远不会舍弃政教公众事务，一定会继续投入西藏的正义事业"。同年4月27日，具有美国背景支持、"藏青会"和美国法学博士出身的洛桑森格，以得票率55%的结果，当选为"流亡政府"的新头目。这位"首席噶伦"迫不及待地向印度媒体透露说："达赖喇嘛不会离开我们的斗争。"另一名"议员"补充说："只要达赖喇嘛还在，自然由他发号施令。"十四世达赖驻美国"特使"说得更加明确："达赖喇嘛退休后的领导作用，对于西藏人民来说，是不会改变的。"一番表露到此，印度外交部门的一名发言官员对新闻媒体道出谜底："流亡政府表面上改变（人选），但实际上达赖喇嘛仍然是权力核心。"

的确，这位隐退的"神王"，不可能按捺住益享晚年的闭关生活。2011年6月初，刚"退休"一周的十四世达赖，便开始了新一轮的"周游列国"活动。他先是到新西兰、澳大利亚"观光"，然后到美国、加拿大"旅游"。不论到哪一个国家,他都要千方百计地约请政要会见、举办"法会""演讲会"、接受媒体采访。那股"退而不休"的政客精神劲头,仿佛使他比骡子更累、比蚂蚁更忙。6月10日,十四世达赖在墨尔本的一次集会上煽动说:"中国的镇压不会持久","中国终将改变,我们这些从极权体制里出来的难民,有足够理由保持乐观"。6月12日,十四达赖在同一个地方,会见了一帮海外动乱分子,他鼓动地说:"中共执政60年后,是时候下台了!"7月10日,十四世达赖在美国华盛顿的一次研讨会上,大放厥词,他说:"中国共产党的年纪大了,慢慢退休的话,可能是最好的办法。"殊不知,美国媒体还同时报道了他当天演讲的沉痛忏悔,十四世达赖说:"在过去的几十年里,我一再地对别人讲,宗教领袖和政治领袖应该分开。我自己不仅是宗教领袖,还是一个政治领袖。我的这种做法,是一种心口不一、十分虚伪的做法。""我这辈子,不再涉足政治,一生追随佛陀。"由此可见,十四世达赖表面风光,内心彷徨,看似强势,实则迷茫。7月16日,美国总统奥巴马不顾中国政府的强烈反对,在他的任期内,第二次会见十四世达赖,并赞誉他是"受到国际认可的重要宗教和文化领袖"。奥巴马的这一言行,无疑给"退休"的十四世达赖再次打上了一剂强行镇定针。

2012年3月10日,十四世达赖集团举行十四世达赖"退休"后的首个叛乱纪念日集会,十四世达赖继续坐镇现场,为"流亡政府"新头目的演说站台撑腰。十四世达赖每次窜访欧美国家,总不忘带上新头目去共同拜访各方"朋友"。4月,十四世达赖窜访北美,先是在加拿大网罗一些国家反华议员召开"西藏问题世界议员大会";随后又在美国夏威夷攻击"中国侵略并高压统治西藏,迫使我和无数藏人逃亡印度";在洛杉矶进一步攻击中国政府"强硬管制西藏的寺院、强制开展爱国主义教育运动和侵犯藏人学习本民族语言的权利"。十四世达赖在美国多次召集"民运""东突"等反华势力头目开会,面授分裂主义分子"抗争本领",他说:"就流亡海外而言,我是长者,在海外进行抗争,是不容易的,所以要做好长期的、艰难的准备。"在接受CNN采访时,十四世达赖声称:"支持阿拉伯之春的抗议原则"。在接受BBC采访时,更对中国领导人进行谩骂和人生攻击,连采访的记者也评论说:"这是20年来,我采访达赖时所见过的最不像菩萨的举动"。十四世达赖此次在北美跑了半个月,大小活动近百个,90%以上的活动内容都涉及政治。5月,十四世达赖到奥地利参加"欧洲声援西藏集会运动",进行了公开演讲等20多项活动,其中宗教活动只有两场。6月,十四世达赖再度窜访英国,进行了30多项活动,其中宗教活动只有3场。7月9日,《印度教徒报》刊登了一篇对十四世达赖的生日专访,十四世达赖丝毫没有表现出对宗教问题有兴趣,仍大谈"真正自治""大藏区"那一套"半独立""变相独立"的政治主场。在谈到自焚问题时,十四世达赖再次声称:"我不想给人带来一种感觉,即自焚是错误的。"德国媒体人士施密特在德国《日报》撰写文章,批评十四世达赖谎话连篇,谴责十四世达赖支持藏人自焚行为。在文中质问道:"难道要一把火烧死百八十人才能达到足够的效果吗?"

当然,十四世达赖在窜访寻求政治、经济、舆论支持的时候,并不总是那样随心所欲、得心应手,也曾遭到了各种冷遇、冷漠、冷淡。2008年10月,法国电视二台在播放《达赖的轨迹》的专题片中,就曾指责十四世达赖是"两面派的政治人物"。智利作家埃尔南·乌里韦在以开发装的文章《达赖:披着宗教外衣的政客》中说:"自1959年流亡以来,达赖不停地周游世界,到处贩卖他的'精神'膏药,他不仅欺骗了许多无知者,而且敲开了一些国家元首的大门。""但在最近一次访问圣地亚哥时,达赖却没有跟现任总统巴切莱特说上话。"2009年6月,《国际先驱导报》、英国《独立报》和路透社作了专题报道,虚伪沮丧的十四世达赖在印度达兰萨拉对流亡僧人说:"精神领袖和政治领袖集于一个身上,压力实在太大了。我的继任者没有必要继续扮演这个双重的角色。"据英国《泰晤士报》网站2012年6月20日报道说,苏格兰不欢迎这位西藏流亡精神领袖。英国广播公司也在6月22日报道说,米兰取消了授予十四世达赖"荣誉市民"称号。这样的事例很多,不胜枚举,无须赘述。

另据新闻媒体报道,十四世达赖在美国举办的所谓"法会",要向每人每日收取35—475美元不等的"听课费",仅此一项,就赚得个人收入599万美元,实际上成了十四世达赖政治游说的"捞钱之旅"。一位国内学者作过粗略的统计,近十余年间,十四世达赖在60余个国家和地区所获得的个人"法会""演讲会""研讨会"等收入高达数千万美元;若加上名目繁多的各类"组织"、个人捐赠的款项,其数额十分惊人。人们大感不解的是:一个自我标榜为"四大皆空"的出家高僧,大肆捞取那么多金钱干什么?答案恐怕只有一个:疯狂地用于"西藏独立"政治活动。如果没有钱,由他亲自建立起来的庞大"流亡政府"的窝巢架构,就运作不了。十四世达赖及其追随者们懂得，只有"大树"不倒，"猢狲"们才不会散掉。2009年9月，台湾佛光山星云大师对媒体这样指责十四世达赖，他说："你（十四世达赖）号称是来进行宗教祈福的，那就应该是宗教活动，怎么一路都走了政治门路?!"

大量事实表明，十四世达赖不仅是政治上的大贪，而且是金钱上的大盗；他说一套、做一套，纯属破戒和尚、反动政客。

五　如何看待国际媒体的正负面报道

作为一名学者，我是这样认为，目前涉藏问题的国际舆论话语权和主导权，基本上是被以美国为首的一些西方国家所把持。这些国家不惜重金，在世界上每个能够触及的角落，都构筑了一个强大的地面、空中、网络三位一体的传媒体系，存在着"西强我弱"的现实局面，反映出西方国家的政客们那种一直奉行的霸道实用主义作派，出现了"一边倒"和客观事实扭曲的现象。国际舆论对2008年拉萨发生的"3·14"严重暴力事件的反映，是强烈的。我们就国际媒体报道中的新闻内容，看出了问题。正如中国驻印度大使张炎所坦言的那样："我们明显地感觉到西方媒体的影响力太大了，他们一些片面歪曲的报道，误导了印度媒体和印度观众、读者。产生了很坏的影响。"西班牙资深汉学家毕隐崖惊叹道："西方民众被彻底蒙蔽了！"现就国际媒体的正负面新闻报道，举几个实例，具体回答这个问题。

正面的国际舆论：

德国《我们的时代》周刊于2008年3月27日刊登题为《这并不关系到人权》的署名文章，通过介绍西藏半个多世纪以来的历史事实，揭露达赖集团分裂国家、为反华势力服务的本质。文章说，西藏属于中华人民共和国，这是半个多世纪以来通过条约正式承认的，他是基于"中央政府与西藏地方政府之间达成的协议而和平解放的"。文章指出，随着西藏的现代化发展，那些过去统治过西藏社会的势力，失去了实现他们倒行逆施政策的土壤。他们希望借助西方反华势力，将西藏从中国分离出去，"这些人在他们统治期间肆意践踏西藏人民的尊严和人权，今天却装出一副人权维护者的面孔来"。

2009年4月间，印度《亚洲世纪报》执行总编辑考什克在不久前参加了中国有关部门组织的外国记者团西藏之行活动，他发出了由衷的感慨："中国的西藏人民生活确实比流亡印度的西藏人要好得多。"同行的印度《南方先驱报》副总编辑南布迪瑞说："我被（当今西藏）这儿的现代气息深深感动了，人们在这里，不仅可以充分地享受到宗教自由，而且同时还能够享受到现代化带来的一切好处。"德国《明镜》周刊连续发表了《通向世界屋脊的火车》和《他（十四世达赖）欺骗了自己的祖国》等报道，强调了西藏的经济繁荣和"公民的宗教信仰自由得到了很好的保障"以及生活在中国的藏人与印度流亡藏人在生活境遇上存在着巨大反差。

印度主流媒体《印度教徒报》总编辑 N. 拉姆在著名的《前线》杂志上撰文认为，西方媒体对拉萨"3·14"事件的报道严重失实，指出十四世达赖喇嘛是一个"地地道道的政客"和"分裂主义政治人物"。2009年10月18日，美国著名汉学家肯尼恩·德沃斯金撰文说："美国人敌视中国，相当荒唐。"

负面的国际舆论：

拉萨发生"3·14"事件后，美国CNN主持人卡佛蒂在节目中称，华人在过去50年间，"基本上是一帮暴民和恶棍"，甚至称中国产品都是"垃圾"，其言论引起全球华人的强烈不满。此时的西方媒体报道口径如此统一：中国政府"镇压""血腥""压制""暴力"等等。

2008年3月17日，英国一家广播公司在其网站上推出一幅图片，描述西藏当地公安武警协助医务人员将受伤人员送进救护车的场景。该图片下的说明却写道："在拉萨有很多（中国）军队"，似乎没有看到救护车上醒目的"急救"两个大字。当月18日，德国一家报纸网站将一张西藏公安武警解救被袭无辜群众的照片，说成是"（中国军人）在抓捕藏人"。美国一家电视台网站刊登图片称："中国军人将藏人抗议者拉上卡车"，可图片中出现的人物，却是印度警察。更有甚者，部分西方媒体竟然张冠李戴、移花接木、指鹿为马，把外国警察制服当地示威者的照片，刊插到拉萨"3·14"事件的报道中，把暴徒袭击军用车辆的照片，剪裁成军车威胁路人的画面。把6年多前西藏武警战士在配合拍摄《天脉传奇》电影时分发演出服装的照片，说成是"中国军人在假扮僧侣闹事"等等。

美国《新闻周刊》2008年3月25日报道说，尽管"富裕的藏人，他们经济富足，有好的房子……但受到汉人某种难以形容的歧视。"美国《纽约时报》3 月 27 日的报道说，欧美国家就西藏问题正向中国政府施压，布什总统的国家安全顾问斯蒂芬·哈德利表示，布什总统已在西藏问题上"大力施压"，他要求中方保持克制并为解决西藏地区的问题做出新的努力。法国总统萨科奇在 7 月间接受新闻记者采访时说："如果中方与达赖代表的谈判取得进展，他可能出席 8 月 8 日举行的北京奥运会开幕式。"他的语意很清楚，就是要用实际行动抵制在中国举办的奥运会，试图声援达赖集团。中国人民普遍不欢迎他出席北京奥运盛会，萨科奇却厚着脸皮来了，真不是个东西！

美国《华尔街日报》2008 年 4 月 29 日一篇发自香港的报道说，有关西藏骚乱的最早报道，不是来自世界上的主流报纸、通讯社，而是来自（印度和尼泊尔）"自由亚洲电台"对西藏骚乱的独家报道，则是一条（手机）网上的信息。

由此可见，一些西方国家的失真报道，不完全取决于新闻记者的职业道德精神，很大程度上受制于西方政客们的政治目的、意志、喜好、立场和态度。西方国家的所谓自由世界，哪有什么绝对的所谓"新闻言论自由"？！

六　如何看待"流亡政府"的现任接班人

这是一个由美国一手扶上台的"流亡政府"新头目。美国美联社 2012 年 3 月 21 日刊发文章认为，洛桑森格是一个骨子里非常有野心的政治家，即"美式政客"。他 1968 年出生于印度大吉岭流亡藏人安置点，毕业于新德里大学；1992 年成为"藏青会"的中央执行委员；1995 年赴美留学，先后获得哈佛大学法学硕士和博士学位，留校后担任客座研究员。2004 年，美国纽约总部的全球组织"亚洲学会"吹捧他为亚洲的"杰出"青年领袖之一。2005 年，他作为十四世达赖派出的特使前往北京，但没有去过西藏，是一个不知现今西藏发生巨变的第二代流亡藏人。2011 年 4 月 27 日，洛桑森格以得票率 55%，当选为"西藏流亡政府"第三届"噶伦赤巴"（意即政治行政首长）。同年 8 月 8 日宣誓就职。在此前后，他的政治图谋就十分明确，他对外媒说："我一直认为，西藏是一个被中国非法占领的国家。""我的当选,意味着西藏新一代领导人将会继续领导自由运动。只要一息尚存,我们便会战斗到底。""中间道路是流亡政府当前的政策,新噶厦(即政府)将会继续遵循这一政策。""西藏独立是原则目标,西藏自治是现实目标。""成功的非暴力运动需要创新。"毫无疑问,洛桑森格(语意"智慧的狮子")是彻头彻尾的十四世达赖分裂主义政治集团的新头目,不过是一个跳梁小丑。

掌权一年,洛桑森格靠不惜伤亡无辜藏人的生命树"威"。2011年下半年以来,境内藏区的个别地方连续发生多起僧人自焚事件,这与刚接过政治权杖的洛桑森格直接煽动、策划组织及十四世达赖支持有关。这位新头目以"流亡政府"名义,频频发表声明,为所谓"死难者"举行"祈福法会",声称"自焚能够引起外界对西藏人民苦难的关注","要牢记自焚藏人的宏愿,并将实现这一宏愿作为毕生的奋斗目标"。"自焚行动是为了捍卫西藏独立和西藏人民","如果中国从西藏撤出军队,自焚行为将会立刻停业"。境外各种"藏独"组织把自焚者吹捧为"英雄""斗士"等,并为其立纪念碑。"藏青会"成员大肆煽动说:"完全尊重藏人的自杀式决定","自焚不是僧人的专利,应该有更多的藏人出来,为西藏独立事业献身",并许诺向自焚者提供大额慰问金,优先安排自焚者家属偷渡出境面见十四世达赖。2011年11月3日,达赖集团的"白玉网"报道,"藏青会"头目称:"藏人的这些(自焚)前所未有的行动,是非暴力运动的终极体现,他们的牺牲相当有价值。"11月10日,十四世达赖"驻台湾代表"对新闻媒体声称:"从佛教的角度讲,像自焚这样的行为,是属于殉教的行为,是一种非常崇高、利他的奉献行为。从本质上讲,他们的行为并不违背佛法,是一种奉献精神。""达赖喇嘛西藏宗教基金会"发表文章称:"自焚(行为)并不违反宗教教义,而是菩萨行。"2012年1月11日,所谓"西藏议会"发表声明,号召"境内藏人不惜牺牲自己的生命来表达诉求"。这年的藏历新年初一,洛桑森格发表声明,要求境内外藏人"不要庆祝藏历新年,应到寺庙去为境内的死难者祈祷"。2月8日,他又发动"烛光夜活动",以示声援。2月27日,"流亡政府"发文认为,"自焚是中国未来发生骚乱的导火索"。

煽动自焚是暴力、恐怖主义的邪恶行为,是藐视人权、极不人道的拙劣行为,是严重违背藏传佛教教规教义的破戒行为。十四世达赖决意要做"政教分离"的单纯"精神领袖",扬言不再卷入政治旋涡。2011年3月

10日,十四世达赖对外界宣称,他要"退休",辞去一切政治职务,完全交权给"民选噶伦赤巴"。第二天,果然向"西藏议会"发去一封信函,要求批准他"退休"。当月底,经过流亡藏人的激烈讨论,"西藏议会"最终宣布,尊重十四世达赖喇嘛退休之决定。此时的十四世达赖真能履行自己的承诺吗?仅举几例,便可知晓。

2011年10月19日,十四世达赖在印度达兰萨拉主持"特殊法会",领头参加绝食活动,以示对自焚行为的支持和声援。11月17日,"法国国际广播公司"报道说,十四世达赖迄今并无谴责自焚事件,只形容这些都是"寻求公义和自由不果的人民在绝望之下所采取的行动",并将责任归咎中国形同"文化灭绝"的统治。11月18日,十四世达赖接受"英国广播公司"采访时表示:藏人使用自焚这种手段,是因为"他们知道西方国家支持阿拉伯之春",但却用和缓得多的语气与中国对话,公然挑唆西方国家用更激烈的手段反对中国。2012年1月2日,香港"亚洲哨兵网"发表评论说,十四世达赖对"自焚事件"的效果提出了质疑,他基本上称这是一种见义勇为的行为,但不是很聪明。

十四世达赖的言行,立即遭到了国际社会的质疑和谴责。2011年10月19日,英国《卫报》刊文提出疑问:"十四世达赖喇嘛将西藏事业与非暴力理念成功地关联在一起。如果(自焚)这种新的政治抗议形式,像野火一样蔓延开来,他一生的工作难道不是白费了吗?"11月20日,英国路透社记者发文提出,"自焚浪潮对于西藏精神领袖达赖喇嘛以及新上任的流亡政府来说,使他们陷入了道德和政策不可兼顾的困境",十四世达赖"此次没有直接呼吁藏人不要再继续自焚",引起了国际社会的质疑。2012年1月5日,德国《法兰克福汇报》做出了这样的回答:"将达赖称作是非暴力人士,简直就是一个笑话。"美国《多维新闻》也作出报道评论说,不久前的5月中旬,曾表示"不鼓励僧人自焚举动"的十四世达赖喇嘛,在伦敦被记者问到藏人自焚事件是否应该停止的问题时,十四世达赖还说:"这是一个敏感的政治问题,因此,我的回答应该是零",并表态已将政治权利转移给了洛桑森格。仅仅时隔不到两个月,十四世达赖喇嘛一改口径,明确表示"自焚并不是错误的"。文章认为,自称摆脱了政治束缚的十四世达赖喇嘛,实际并未真正地转向修佛求真之路,而是依然深陷政治泥潭而无法自拔。

让我们再回头看看十四世达赖出尔反尔、言行不一的丑恶嘴脸。1963

年 5 月至 1966 年 10 月，十四世达赖精心撰写出版了他的"纯宗教"著作——《智慧的窗扉》，他在该书不杀生戒中，这样写道："本人在别人的煽动之下用毒药、武器、妖术等手段杀生所作出的努力。""杀生时必然也出现的一些精神烦恼，如贪欲、嫌恶、迷惑等。""杀害不管是游方僧人，还是住持和尚的出家人，都被看成是最严重的罪过。"他在注释中还说："杀生的实际举动，不管动机如何，其根源来自嫌恶。"十四世达赖在数次法会上强调："僧侣的直接或间接式杀生，都是错误意念造成的，也是罪过和破戒行为。"1989 年，十四世达赖获得诺贝尔和平奖时，他曾当众宣称："我们摒弃暴力，因为我们知道，暴力抗争会导致新的暴力和苦难。我们始终坚持非暴力原则，不希望给其他人造成痛苦。"1998 年，曾有一位流亡藏人在印度新德里自焚，以示对"流亡政府"的强烈不满。得知情况后，十四世达赖强烈反对这种自焚行为，并责令所有藏人在将来都不要采取这种极端行为。由此可见，十四世达赖并不是所谓的宗教人士，而是十足的政治流亡者；如果没有十四世达赖"精神领袖"的撑腰打气，洛桑森格的"政治前途"必将没有什么"气候"。

上述几点参考性浅识，只是一个对解答认知问题的线条勾勒，若要真正做好说服力强的文章，还非得下狠功夫不可。只有把问题真正搞懂了，教化于人才有说道，根本在于始终坚持党的"四项基本原则"不动摇，大力推进社科藏学现实研究的发展步伐。阐释不清症结缘由，现实课题往往就难以作答，特别是应对媒体的突发奇问，也会时感底气不足，处于被动。这就需要我们从现实问题入手，去探究历史沉因，用马克思主义的立场、观点、方法去认识问题、分析问题、解决问题，坚定不移地走有中国特色、西藏特点的发展路子，力拨前进中的遮眼迷雾，而勇往直前。

（载西藏《要情》内刊 2012 年第 13—14 期）

事实胜于雄辩　数据反映客观

在中国共产党的英明正确领导下，现代西藏社会已经步入了一个令世人瞩目的新时代，这是中国西藏以往任何一个历史朝代都无法比拟的，彰显着人类社会向前发展的规律性、社会主义制度实践的优越性、民族区域自治政策的特殊性和祖国大家庭民族团结的重要性。让我们用一系列的事实和数据，客观见证西藏加快发展到跨越式发展巨变的新画卷，对于开启欠发达国家或地区摆脱贫困、谋求幸福和推动历史社会前行思考，有着积极的借鉴意义。

一　经济发展进入快车道

经济发展突飞猛进，综合实力明显增强。1951年，西藏的GDP仅有1.29亿元（人民币，下同），到2010年时，已达到507.46亿元，增长111.8倍，年均增长8.3%。西藏60年来，近两位数和超百倍的增长，成为西藏历史上划时代进步的伟大丰碑。主要经历了以下几个阶段：1951—1958年的初始发展阶段：西藏1958年的GDP为1.72亿元，比1951年增长33.8%，年均达到4.2%，成为后续发展的铺垫。1959—1978年的转型起步阶段：西藏1978年的GDP达到6.65亿元，比1958年增长2.6倍（按可比价格计算，下同），年均增长6.6%，为西藏社会经济转型创造了条件。1979—1993年的改革开放阶段：西藏1993年的GDP达到37.42亿元，比1978年增长2.0倍，年均增长7.7%，为西藏经济的良性快速健康发展打下了基础。1994—2010年的持续加快发展阶段：17年的年均增长达到12.8%，成为西藏历史上经济发展稳定性最好、增长速度最快、质量效益最佳的时期。特别是自1993年中央第三次西藏工作座谈会以来，西藏的经济总量直线攀升，1999年全区GDP突破100亿元（达到105.98亿元）；2004年突破200亿元（达到220.34亿元）；2007年突破300亿元（达到341.43亿元）；2009年突破400亿元（达到441.36亿元）；2010年突破500亿元（达到507.46亿元）。自西藏和平解放以来，中国共产党人仅用49年的光阴岁月就使西藏的经济规模总量在封建农奴制社会的极贫极弱废墟上跃升至100亿元，充分展示了中国共产党的无量厚德、中国气魄和西藏精神。自改革开放以来，西藏GDP从100亿元到200亿元用了5年时间，从200亿元到300亿元用了3年时间，从300亿元到400亿元用了2年时间，从400亿到500亿元仅用了1年时间，西藏11年GDP台阶的"五连跳"，成为人类社会发展史上创造奇迹的缩影。

国家投资有力拉动，明显改变西藏面貌。1952年，国家用于基本建设的投资仅有40万元，西藏民主改革和自治区成立以后，国家加大了对西藏的投入力度，1978年达到1.75亿元，比1952年增长437.5倍；2010年西藏全社会固定资产总额达到463.26亿元，比1978年增长249.0倍，年均增长18.8%。60年来，中央直接对西藏固定资产的投资规模累计超过1600多亿元，全国对口援藏省市、中央国家机关及中央企业共支援西藏建设项目4393个，总投资达到133亿元；中央财政在此期间不仅没有从西藏拿走一分钱，相反，对西藏的地方财政转移支付力度不断加大，1952年至2010年，中央对西藏的财政补助达到3000亿元，按现行总人口大数300万人计算，人均达到10亿元人民币，位居全国各省区之首，这在世界上是绝无仅有的事情。

经济结构在发展中提升数量，在调整中优化质量。1952年，全区第一产业增加值占GDP的97.7%，第二产业基本是空白，第三产业仅占2.3%。这样的经济形态，实际就是典型的传统农牧业经济，外媒称为类似欧洲中世纪自给自足的庄园经济。对广大百姓来说，衣不遮体，食不果腹，住不安生，行不便捷。随着国家大规模的经济建设，特别是现代工业的发展，到1977年底，西藏的经济类型转变成了真正意义上的一、二、三经济结构，成为经济发展史上重要的标志性拐点。改革开放以后，自治区通过整顿、调整、提高的办法措施，先后关停并转了一批产品无资源、销路无市场、经济无效益的国营企业，鼓励支持发展私营企业，按照市场经济要求，积极运作现代企业制度，大力培植优势特色产业，致使西藏的经济结构再次发生了一连串的历史性转变：1981年变为一、三、二，第三产业增加值首次超过第二产业；1997年变为三、一、二，第三产业增加值首次超过第一产业并显示出强劲的发展势头；2003年变为三、二、一，第二产业增加值首次超过第一产业；2010年的经济结构比例达到13.5∶32.3∶54.2，达到了人们稳定发展第一产业、重点发展第二产业和大力发展第三产业的理想预期，从中揭示了社会主义新西藏加快发展到跨越式发展的巨变轨迹。目前，一个欣欣向荣、蒸蒸日上、充满生机、安居乐业的雪域高原，以崭新而鲜活的形象展现在了世人面前。

基础设施条件极大改善，经济发展环境显著提升。西藏和平解放前，基本与世隔绝，现代交通设施完全是一片空白。截至2010年底，全区运输线路总里程达到5.96万公里（不含民航航线），其中公路5.82万公里、铁路701公里、管道679公里；初步形成了以公路、铁路、航空为主体的综合立体交通网络体系，昔日的"雪域高原孤岛"，变成了今天四通八达的坦途。全区72个县中有60个县通了油路（次高级以上路面8195公里），占82.19%；682个乡镇中有680个乡镇通了公路（墨脱县的2个乡镇通了骡马驿道），占99.71%；5261个行政村中有4274个村通了公路，占81.2%；10个街道办事处和192个居委会全部通了公路。至此，西藏公路交通网络基本覆盖了境内的主要城镇、乡村和口岸，同时连接了毗邻的青海、四川、云南和新疆四省区，通达了与周边邻国尼泊尔、印度、不丹、缅甸和克什米尔地区的陆路联系。青藏铁路建成通车，拉日铁路开工建设，川藏铁路规划论证。相继建成5个机场，初步形成以拉萨贡嘎机场为枢纽，以昌都邦达、林芝米林、阿里昆莎、日喀则和平机场为支线，基本覆盖全区地县机场的布局；全国现有6家航空公司开通了18个国内外城市的26条航线，特别是拉萨贡嘎机场日均起降飞机10架次以上、各支线航运每周均有2架次，实现了自1965年开通以来45年安全飞行"零"事故的记录，而且不断打破人类"空中禁区"的飞行神话。2010年西藏各种交通运输方式完成客运量8308.2万人、货运量996.4万吨，比1959年分别增长1317.8倍和31.0倍，其中：公路完成客运量8066万人、货运量952万吨，分别占总量的97.09%和95.58%。

目前，西藏初步形成了以水电为主，地热、风能、太阳能等多能互补的新型能源体系，基本彻底告别了"酥油灯""松枝"照明的历史。2010年，全区电力装机总容量达到97.4万千瓦，用电人口达到238万人，占总人口的82%。西藏已经建成遍布全境的光缆、卫星和长途电话网，基本实现了全覆盖通电话、通宽带、通广播电视的目标，3G 通信技术、通信基础网络和传输平台得到不断完善，信息化水平大幅度提升，使这片古老的"高天厚土"焕发出新时代的活力生机。全区邮电业务总量由 1958 年的 60 万元增加到 2010 年的 63.84 亿元；移动和固定电话用户达到 201.51 万人，比 1978 年增长 540.8 倍，已经成为人们生活中的必备之物。交通、能源、通信等重点基础设施的极大改善，有力地促进了经济社会的快速发展，西藏旅游业便是"异军突起"的最快发展产业之一。2010 年，全区接待国内外旅游人数 685.14 万人次、实现旅游收入 71.44 亿元，比 1981 年分别增长 793 倍（年均增长 25.9%）和增加 71.41 亿元（年均增长 31.4%）。随着旅游业对第三产业带动力的逐步增强，加上传统和新兴服务业的蓬勃发展，使全区第三产业成为对国民经济发展贡献最大的产业。2010 年，西藏第三产业增加值达到 274.82 亿元，占 GDP 比重的 54.2%，并显示出广阔的发展潜力。

二　社会进步换了人间

旧西藏的模样，西方人比喻为类似中世纪的欧洲社会，那是统治阶级的天堂，劳苦民众的地狱，何谈有现代意义的教育！1951 年，西藏仅有 6 所旧式官办学校和很少的私塾馆所，能够真正接受教育的学生人数不足 2000 人，仅占人口总数的 1.5% 左右；95% 以上的农奴和奴隶连做人的基本权利都没有，哪里有享受教育的资格？这种被剥夺人权的结果，造成旧西藏文盲率同样高达 95% 的现象，毫不奇怪。西藏民主改革后，彻底推翻了"政教合一"下的封建农奴制社会，百万农奴翻身获得解放，开启了历史发展的新纪元。在中国共产党的领导下，国家 50 多年累计投资 400 多亿元，大力发展西藏社会事业。特别是改革开放后，率先在西藏实行九年制免费义务教育，不仅创立了新型的西藏现代教育体系，保障了全体西藏人民充分享有接受正规教育的权利，而且不断满足了广大人民日益增长的物质和精神追求需要，实现了西藏现代教育从无到有、从小到大、从弱到强的跨越式发展路径。若按西藏总人口 300 万人计算，国家投入到每一个人的教育经费总额累计达到 1.33 万元。截至 2010 年底，西藏拥有普通高等教育院校 6 所、职业学校 6 所、中学 122 所、小学 872 所，各级各类在校学生总数达到53.35万人,实现了城乡学龄人口的充分就学,其中小学和初中的入学率分别达到99.2%和98.4%;青壮年文盲率下降到1.2%;15周岁以上人口人均受教育年限达到7.4年;由国家专项资金安排每个农牧民子女和城镇困难家庭子女包吃包住包学费的特殊政策将延伸到15年,年补助标准将达到2500元。自1985年以来,中央政府在内地21个省市建立了西藏班(校),有58所内地重点高中、120余所高等院校招收西藏学生,内地西藏在校生总数逾2万人,累计为西藏培养大中专毕业生2万余人,已成为发展西藏的建设型人才。通过半个多世纪的多层次、多渠道、全方位培养,一大批以藏族为主体的多民族优秀人才脱颖而出,已成为西藏建设的栋梁。

西藏已经建立以拉萨为中心、7地市为重点、72个县卫生服务中心和682个乡镇卫生院及多数行政村卫生室为网络的城乡医疗卫生体系,彻底改变了旧西藏仅有3所简陋官办医疗机构、极少私人诊所、医疗人员不足500人的落后格局。1958—2010年,西藏各级各类医疗卫生机构已由43个增加到1352个;病床数由1743张增加到8838张;各类卫生技术人员从502人增加到9983人;人均寿命由旧西藏的35岁提高到现在的67岁。目前,西藏已经全面建立以国家免费医疗为基础、政府投入解决为主导、家庭个人账户结算、大病经费统筹支付和医疗救助形式相结合配套的农牧区医疗制度,并在具体的实践中不断得以完善,深受广大人民的拥护。特别是农牧区医疗制度在全国率先实现了全覆盖,根本改变了长期"缺医少药和看病难"的现象。农牧民免费医疗经费标准由2005年的年人均80元,增加到2010年的180元,国家大大减轻了个人医药费用支付的经济负担。农牧民个人筹资数额随着收入的不断增加提高到了20元,筹资率达到96.74%;国家报销补偿最高支付限额增加到农牧民年人均纯收入的6倍以上,农牧民82.3%的医药费用得到报销补偿。全区乡镇卫生院卫生人员增加到2711名,缺员率从59.74%降至0.77%;每个乡镇卫生院安排有2名公益性技术岗位,由国家解决1360名聘用人员的工资待遇;每个行政村现有乡村医生2名,人数已经发展到5323人,自治区妥善解决了乡村医生的基本报酬,并建立了考核奖励机制,取得了良好的社会效益。目前,西藏基本形成覆盖城乡的社会救助体系和社会保险体系,人人享有社会保障的能力不断增强。截至2010年底,各级地方财政累计投入资金12亿多元,用于城镇和农村群众的最低生活保障;五保供养标准提高到每人每年 2000 元；全区参加新型农村社会保险人数达到 85.73 万人，城镇职工基本养老保险及基本医疗保险人数分别达到 9.6 万人和 23.5 万人，城镇居民基本医疗保险 15.1 万人、失业保险 10.31 万人、工伤保险 8.46 万人、生育保险 14.7 万人；各项社会保险基金累计结余 15.97 亿元，待支出 15.22 亿元；区内高校毕业生就业率平均达到 87.94%；城镇登记失业率控制在 4% 以内，实现了动态消除"零就业家庭"目标；农牧区富余劳动力转移就业累计完成 371 万人次。

西藏人民充分享有自主管理本民族本地区事务的权利，各族妇女获得平等的政治和社会地位。在 2007 年的西藏区地县乡四级人民代表大会换届选举中，全区选民登记率达到 98.6%，参选率达到 96.4%；经过直接和间接选举产生的 3.4 万多名人大代表中，藏族和其他少数民族占 94% 以上；妇女代表占 22%。目前，藏族和其他少数民族干部人数占区地县三级国家机关组成人员的比例达到 77.97%；占 682 个乡（镇）党政一把手总数的 84.65%；占三级人民法院、检察院干部总数的 69.82% 和 82.25%；全区妇女干部占干部总数的 41.44%。自 1965 年西藏自治区成立以来，历任自治区人大常委会主任和自治区政府主席均为藏族公民。门巴、珞巴等人口较少民族在全国人大及西藏各级人大中也均有自己的代表，充分履行国家宪法和法律赋予的神圣职责。

切实保障各族人民使用本民族语言文字的权利，大力提高精神文化生活和科学文化素质。全区所有农村小学实行藏汉文同步教学，主要课程均用藏语授课；中学阶段仍实行双语授课，内地西藏中学也开设了藏语文课程。各级人民代表大会通过的决议、法规、条例及各级政府（包括所属部门）下达的正式文件、布告、政策等都使用藏汉两种文字。各单位的公章、证件、标识等均使用藏汉两种文字。目前，西藏人民广播电台和电视台均开办了藏语频道，藏语广播每天达到 21 小时 15 分钟，西藏卫视藏文频道实现 24 小时播出；全区共有公开发行的藏文杂志 14 种、藏文报纸 10 种，《人民日报》《西藏日报》藏文版报纸进入农家寺庙，实行免费赠阅。1984 年，西藏实现了藏文信息化处理。1997 年，藏文编码国际标准获得通过，成为中国少数民族文字中第一个具有国际标准的文字。西藏已成功研发藏文界面的无线通信终端，开辟了藏文电报、藏语寻呼、藏文短信的通信服务项目。截至 2010 年底，全区广播、电视人口综合覆盖率分别达到 90.3% 和 91.4%，基本实现了农牧民家庭的"户户通"；互联网、手机等新兴媒体已成为西藏人民了解外界信息及休闲娱乐的重要渠道，拉近了西藏与世界的认知距离；全区已建成群众艺术馆 8 座，图书馆 4 座，博物馆和藏戏艺术中心各 1 座，县乡村综合文化活动中心（站）500 余处，农家书屋 2000 余座，初步形成了全覆盖的文化设施网络体系；98% 的行政村都能保障定期电影的放映，农牧民平均每月能够看到电影 1.64 场；全区共有县级民间艺术团 19 支，各类业余文艺演出队近 600 支；全区创建有国家级青少年体育俱乐部、户外营地、社区体育俱乐部 23 个、1 个和 4 个，经常参加体育锻炼的人口达到总人口的 25%；全区已建立科研院所 26 个，拥有各类专业技术人员 5.21 万人，藏学、高原生态、藏医药等学科研究在全国处于领先水平，农牧业科技贡献率达到 40% 左右。

中国共产党的宗教信仰自由政策得到全面贯彻，国家对各种宗教和各个教派一律同等对待。目前，西藏共有 1700 多处各类宗教活动场所，住寺僧人 4.6 万人，充分满足了信教群众的精神信仰需求；寺庙的各种传统宗教活动正常进行，先后有 48 名僧人获得格西拉然巴学位，19 名僧人获得拓然巴学位；西藏佛学院即将正式建成并招收学员。20 世纪 80 年代以来，西藏陆续恢复了各教派各类型的宗教节日 40 余个。在国家宪法和法律的保护下，僧俗民众每年都组织和参加萨噶达瓦节、雪顿节等重要宗教传统节日，享有正常开展宗教活动的充分自由。

三　人民生活水平显著提高

西藏人民的生活水平及质量显著提升，成为历史上持续稳定时间最长久的安居乐业黄金时期。1951 年全区人均 GDP 只有 114 元，2010 年达到 17319 元，按可比价格计算，增长了 42.1 倍，年均增长 6.6%；按平均汇率换算和世界银行的划分标准，2010 年的全区人均 GDP 达到 2558 美元，标志着西藏人民由低收入水平已跨入中等偏下收入行列。据国家第六次人口普查数据显示，藏族占西藏自治区总人口的 90.48%，其中农牧民人口占总人口 300.22 万人的 77.33%。因此，农牧业、农牧民、农牧区是西藏发展的基础产业、人口主体和工作重心，是如实反映新旧西藏变化的重要载体。1951 年，全区农林牧渔业增加值仅为 1.26 亿元，2010 年达到 68.72 亿元，60 年增长 10.0 倍，年均增长 4.2%。按可比价格计算，全区农林牧渔总产值达到 100.77 亿元,是有统计数据以来 1959 年的 11.6 倍。按当年价格计算,全区农村社会总产值 2010 年达到 135.18 亿元比有统计数据的 1985 年 17.71 亿元增长 7.63 倍。俗话说,民以食为天,食以粮为本。2010 年,全区粮食和油菜籽总产量分别达到 91.23 万吨及 5.80 万吨,比 1951 年的粮油总产（15.23 万吨和 0.18 万吨）增长 6 倍和 32.22 倍;全区牛羊猪肉总产量达到 26.31 万吨、奶类产量达到 30.25 万吨,分别比有数据统计的 1978 年的（4.71 万吨和 9.34 万吨）增长 5.59 倍和 3.24 倍;全区蔬菜产量达到 58.12 万吨比有统计数据的 1980 年 6.02 万吨增长 9.65 倍。总体概念是,西藏广大农牧民已告别昔日生活必需食品极度短缺的时代,粮油肉供给总量实现农牧区基本自给,这是具有划时代意义的大事;城镇郊区的温室大棚建设初见成效,旺季蔬菜的销售自给率达到 80%,不断丰富着城乡人民的生活。1959 年和 1978 年的全区农牧民人均纯收入仅为 35 元、175 元,2010 年达到 4139 元（连续 8 年保持两数增长）,分别增长 117.26 倍和 22.65 倍,其中的生活消费支出为 2503 元,恩格尔系数由 1985 年的 68.6%下降到 2010 年的 51.4%。农牧民生活水平完成了由温饱型向总体小康型的转变,生活质量普遍提高。截至 2010 年底,全区累计投入各类资金 170 亿元,全面实施"水、电、路、讯、气、广播电视、邮政、优美环境"到农家的农牧民安居工程,使农牧区住房条件较差的 27.5 万户、143 万农牧民住上了安全适用的新房,农村人均居住面积达到 24.03 平方米,比 1985 年的 8.31 平方米增加了 15.72 平方米,增长 1.9 倍。全区已建立专门为农牧民服务为对象的家用电器备案销售网点 234 个、家具销售备案网点 135 个,累计销售家电家具下乡产品 17.21 台（件）,销售金额达 1.90 亿元,由国家专项兑付补贴 3895 万元。目前,农村居民每百户拥有摩托车 47 辆,固定及移动电话 98 部,电视机 76 台,各型汽车、拖拉机、收割机、洗衣机、电冰箱、家用电脑、各式家具等大件耐用消费品已经大量进入农家,而且更新换代的步伐正在逐年加快。全区已实现乡乡通宽带,村村通电话,99.7%的乡镇和 81.2%的行政村通公路;已解决农牧区 88 万人用电和 153 万人的安全饮水等问题;已建成 20 万户农村户用沼气池、太阳能光伏电站达到 379 座,其装机容量达到 9000 千瓦,农牧民生活用能的消费结构逐步优化;全区广播电视人口综合覆盖率分别达到 90.3%和 91.4%,乡镇通邮率达到 85.7%;农牧区医疗制度和新型农村养老保险在全国率先实现全覆盖;由政府补助的农牧民医疗保障标准从 2005 年的年人均 80 元,提高到 2010 年的 180 元;农牧民个人筹资提高到 20 元,筹资率达到 96.74%,国家报销补偿最高支付限额提高到农牧民年人均收入的 6 倍以上,使得农牧民 82.3% 的医药费用得以报销补偿;每个乡镇卫生院安排有 2 名公益性技术岗位,国家解决 1360 名聘用卫生技术人员待遇;每个行政村安排乡村医生 2 名,由国家妥善解决其基本报酬,并建立了乡村医生基本公共卫生服务考核奖励机制;农牧区碘盐人口覆盖率达到 90% 以上,实现了基本消除碘缺乏病;全区乡镇综合文化站达到 149 座,国家对民间艺术团的演出补助费由每年的 5 万元提高到 20 万元;农村数字电影放映率达到 79.01%,每个行政村的农牧民平均每月能够看到电影 1.6 场。到 2010 年底,西藏的农牧区个体工商户达到 2.07 万户,注册资金达到 3.69 亿元,农牧民专业合作社从无到有已发展到 384 户,出资额达到 3.18 亿元,农牧区经纪人 4241 户,经纪业务量达 6.5 亿元,注册涉农商标 754 件,这一新生力量,正引领传统农业向现代农业阔步迈进。在全区自产产品出口总额中,农畜产品的出口额比例达到 95% 以上,促进了农牧民现金收入的增加。经过几十年的扶贫攻坚,已基本消除农村中的绝对贫困人口,重点帮扶对象和低收入人口快速减少。按照新的扶贫标准,农牧区人均纯收入低于 1300 元的重点扶持对象,已由 2005 年的 37.3 万人,下降到 2010 年的 15.3 万人;人均纯收入低于 1700 元的低收入人口也由 96.4 万人,下降到 50.2 万人。

1978 年,全区城镇居民人均可支配收入为 565 元,2010 年达到 14980 元,比 1978 年增长 25.5 倍,年均增长 10.8%。全区城乡居民储蓄存款由 1978 年的 33.4 万元增加到 2010 年的 267.60 亿元,增长 800.2 倍,年均增长 23.2%。存款高于收入的增长比例,出现了双增长趋势,从一个侧面,反映了人民生活水平富足有余的程度。2010 年,全区城镇居民的人均生活消费支出达到 9686 元,比 1978 年的 538 元增长 17.0 倍,年均增长 9.5%;恩格尔系数由 1978 年的 60.9% 下降至 2010 年的 50.1%。城镇居民的消费理念、需求和层次,基本适应市场经济都市生活的大势,生活维持的"普通型"转向"娱乐型""享受型"消费,已经完成由温饱阶段向总体小康生活的转变。截至 2010 年底,全区城镇居民的人均住房面积达到 34.72 平方米,比 1985 年的 5 平方米增长 5.6 倍,年均增长 7.8%,位居全国前列;平均每百户家庭拥有洗衣机 84 台、电冰箱 81 台、彩电 129 台、家用电脑 39 台、移动电话 156 部及私家汽车 16 辆。全区客货运输市场已经形成，县级和乡镇客运覆盖率达到99%、61.29%，拉萨市城市公共交通网络初步形成，其他6个地区城市公共交通发展迅速，极大地方便了人们的出行。西藏实行国家和自治区两级重要商品储备制度，平抑物价，保障供给；全区成品油和石油液化气供销体系已经建立，加油站达到244家，城镇现代生活生产用能，基本完全改变了千百年沿袭的烧草皮、树木和畜粪历史。全区建立了188个城镇社区，新改建标准化菜市场40个，共设立便利商店、大小超市、各种餐饮店等8600个，极大地方便、丰富和提高了人民生活水准及品质。目前，全区已建成区市（区）级群众艺术馆8座及博物馆藏戏艺术中心2座、公共图书馆4座、县级综合文化中心74座、乡镇文化馆（站）149座、共享工程村级基层点2000余个；体场（馆）100余个、篮球场257个、乒乓球台474个、公共健身路径器106处、专职教练员42人；有一定规模的城镇数字影城4家、数字数据下载中心6个；初步形成区地县乡村五级文化体育设施网络，不仅日益丰富了广大人民群众的精神文化生活内容，而且不断提升了西藏与内地城乡民众健体休闲娱乐的质量。

四　民族优秀传统文化大放异彩

西藏是传统民族文化的资源大区，历史文化积淀十分深厚。自治区大范围、长时间、全方位地开展了非物质文化遗产的普查与保护工作，先后出版了《辉煌的二十世纪新中国大纪录·西藏卷》（1949—1999）、《当代中国的西藏》（上下）、《中国戏曲志·西藏卷》等十余部文史集成志书，抢救、整理、出版藏文古籍261部。目前，全区共有民间文学、传统音乐、舞蹈、曲艺、戏剧、美术、技艺、体育及民俗等非物质文化遗产种类10余个、其项目近800个，所涵盖的民族文化资源丰富且独具特色，不但是中华民族文化宝库中的奇珍异宝，而且是世界民族文化百花园中的绽放明珠。藏戏、格萨尔史诗已被列入联合国人类非物质文化遗产代表作名录，唐卡、藏纸等76个非物质文化遗产代表作项目入选国家级名录，53名传承代表人入选国家级传承人名录，34部珍贵古籍入选国家级古籍名录；成为自治区级非物质文化保护项目名录的达到222个及传承人227名。一些濒临失传、接近断代的优秀传统文化重新焕发出新的光彩，继承、保护和发展工作取得重要成果。

贝叶经源于古代印度，是东方悠久文明的物质载体，是当今世界上濒临消失的文明结晶。西藏保存的贝叶经系公元 8 世纪从印度引进，多为佛经宝典，还有一部分为古印度梵文文献。在经书内容上，与藏文大藏经《甘珠尔》《丹珠尔》的关系密不可分，基本上涵盖了西藏传统的"大小十明"文化，是研究佛教史、佛教翻译史、科技史和中印文化交流史不可多得的第一手资料，具有极高的文献价值。在胡锦涛总书记的高度重视下，从 2007 年起，成立了国家和自治区"西藏梵文贝叶经保护和研究工作领导小组"，由国家安排专项经费、培养专门人才、抽调专业人员，从事全面的普查建档、编目整理、原件影印、建章立制、保护管理等工作。经过多年的扎实工作，初步确立西藏迄今珍藏有梵文、藏文转写本共 1019 函（种）、59112 叶，编辑形成了《西藏自治区珍藏贝叶经总目录》（卡片式，共四册）和各收藏部门分册一套及《西藏自治区珍藏贝叶经影印大全》（共 61 分册）和各部门分册一套，待专家终审后，即可面世，彰显卷帙浩繁。可以说，现已基本摸清了区内"家底"并取得了阶段性的重大成果，为后续工作打下了坚实基础。

《格萨尔王传》英雄史诗是当今世界第一长诗，其诗行、文字数量均高出希腊《荷马史诗》和印度《罗摩衍那》或《摩诃婆罗多》史诗数倍，被赞誉为"世界史诗之王"。它是在藏族古老神话、传说、故事、歌谣和谚语等民间说唱文学艺术的深厚文化底蕴基础上，不断产生发展起来的，它通过众多民间艺人的大脑记忆保存并用口耳相传形式传承下来，成为世界上唯一的活形态化的史诗，反映了古代藏民族发展历史及其社会的基本结构形态，表达了广大民众的美好愿望和精神追求，成为一部百科全书式的伟大史诗，无疑是藏族人民集体智慧结晶和民间文化的杰出代表。然而，旧西藏却被称其是"乞丐的喧嚣"，被反动统治阶级列为禁止说唱传播的"低级娱乐"活动内容。新中国成立后，中国共产党和中国政府高度重视各民族优秀传统文化的继承和发展，国家相关部门先后下发抢救、整理、研究文件 100 余份，率先在北京成立了全国《格萨尔》工作领导小组及办公室，随后在青海、四川、甘肃、云南、西藏、内蒙古（称格斯尔）、新疆省区建立相应工作机构，取得了丰硕成果，特别是 2001 年 10 月在法国巴黎召开的联合国教科文组织第 31 届大会上，一致通过将我国"格萨（斯）尔千年纪念活动"列入该组织参与的周年纪念活动中的唯一内容，国际社会对此给予了广泛关注和高度评价。1980年4月，西藏自治区成立《格萨尔》工作领导小组及其办公室，相继开展抢救整理工作，现为西藏自治区《格萨尔》研究中心，为西藏社会科学院隶属的独立县级职能机构。经过长期的不懈努力，目前已寻访到能说唱10部以上的民间艺人57名，搜集到74部55种史诗旧版本，录制完成100多部艺人说唱本计5000多盘磁带（其中笔录成文史诗90部），整理出版艺人口述藏文史诗成果60部和旧手抄本32部计1200余万字，工作进度和质量走在了全国各省区的前列，为国家向联合国教科文组织申遗项目成功打下了坚实的资料基础。目前，西藏社会科学院正在积极做好项目申报、资金落实、人才协作等前期启动工作，目的就是尽快实现《格萨尔王传》英雄史诗由口头文学到文字文学的作品转化和由藏文出版物到汉文译本的作品转化，使之公认度更广泛及历史意义更深远。同时，计划在未来几年内完成全套藏文版系列丛书45部计1500万字以上，向世人完整地呈现这颗璀璨明珠的世界最长史诗的全貌。

　　西藏是我国文物资源保护的重点省区之一，具有资源丰富、分布面广、点多线长、风格独特等鲜明民族文化特点。自20世纪80年代以来，中央财政和西藏地方财政累计投入专项资金60多亿元，对布达拉宫、罗布林卡、大昭寺、扎什伦布寺等60多处重点文物单位进行了大力度的维修和保护，基本消除了隐患，使这些古刹重新焕发出夺人眼目的光彩。截至2010年底，自治区已调查登记造册的各类不可移动文物4277处，各级文物保护单位743处，其中全国重点文物保护单位35处，自治区文物保护单位224处，国家历史文化名城3座；总计包括古遗址类1355处、古墓葬类514处、古建筑类1559处、古窟及石刻类583处；属于近现代重要史迹及代表性建筑类244处；其他类28处。现已登记造册的各类馆藏文物有近百万件，囊括了文献、封诰、印章、陶器、石器、瓷器、玉器、佛像、唐卡等。自治区严格执行《中华人民共和国文物保护法》和认真落实"保护为主、抢救第一、合理利用、加强管理"的文物工作方针，全面加强文物保护工作，取得了可喜的成就。布达拉宫列入世界文化遗产名录，大昭寺、罗布林卡列入其扩展项目。目前，自治区成立有副厅级文物管理局，拉萨市和山南、林芝地区成立了正处级文物局，日喀则、昌都、那曲、阿里地区成立了副处级文物局，全区63个县均设置了正科级文物局。西藏民族优秀传统文化得到有效保护和弘扬，在新时代大放异彩，已成为人们的普遍共识和自觉行为。

国家高度重视藏医藏药的传承发展，药品注册工作取得突破性进展。截至2007年底，西藏有独立的藏医院18所，每个县级医疗机构内都设立了藏医科。藏药生产实现了由手工作坊到现代工厂的历史性转变，进入了规模化、标准化、市场化和科学化管理的轨道。西藏现有藏药生产企业18家，藏药品种360多个，全部列入国家医药保护目录，正以昂扬开拓的姿态走向全国、直面世界。全区现有300个国家药品批准文号，54个批准文号获得《中药品种保护证书》，502个品种收载于《西藏基本用药目录》，218个藏医医疗机构药剂品种获得838个批准文号；《藏药材炮制规范》标准（藏文版）已颁布实施，并建立56个地方药材标准，区内2家医疗机构获得国家药物临床试验机构资格认定证书；现有药品生产企业全部通过了《药品生产质量管理规范》认证和再认证，27家药品批发企业、299家药品零售企业通过《药品经营质量管理规范》认证和再认证，1家医疗器械生产企业和192家医疗器械经营企业取得生产经营许可。独具民族特色的藏医藏药，越来越受到外界的广泛认可和好评，它的研究开发和市场潜力十分广阔。

五 生态环境基本保持天然原貌

西藏被誉为"世界屋脊"和"地球第三极"，拥有独特的自然环境，是祖国内陆及南亚、东南亚地区的"江河源""生态源"和天然地形生态屏障，是亚洲乃至北半球气候变化的"启动器"和"调节器"，在全国及全球地理气候系统格局中具有重要作用。从总体上看，西藏水气环境、土壤环境、生物环境和生态环境基本保持了自然的原生状态，尚未发生过生态环境遭受严重污染的事故，迄今为止，西藏仍然是我国重要的生态安全屏障及世界上整体自然环境质量保护最好的地方之一。

2009年初，中央政府批准了西藏生态安全屏障保护与建设规划（2008—2030），计划投资155亿元，拟实施十大生态环保项目，主要建设内容为退耕还林、退牧还草、植树造林、防沙治沙、水土流失治理、小水电代燃料、城市污染防治、生物多样性保护等。"十五"期间，国家投入的专项资金达到32.43亿元。"十一五"期间，国家的专项投资将达到

101.62亿元。在国家科技部的大力支持下，自治区已经完成《西藏高原国家生态安全屏障保护和建设关键技术研究与示范》子课题《西藏高原生态安全屏障评价体系研究》及《气候变化对青藏高原生态功能保护区的影响与适应机制研究》等，为做好现实和今后环境保护、生态建设及各项发展工作提供了有力的科学依据。

截至2010年底，西藏自治区人大和政府相继颁布实施的生态建设和环境保护类法规、规范性文件、部门规章30余件，主要内容涵盖土地管理、水土保持、江河湖泊湿地保护、天然林及动植物保护、地质矿产保护与利用、草场管理与利用、城市建设与保护等，基本形成了一套比较系统的地方性环境保护法规。目前，全区已有各级环保机构111个，拥有专兼职的国家环保工作人员600多人，形成了有效的环保监管执法体系。

在中央政府的大力支持下，西藏已建立起全国最大面积的自然保护区域，受到国际社会的广泛赞誉。在西藏境内建立的生态功能保护区21个，其中国家级1个、区地县级20个；国家级森林公园8个、地质公园4个、湿地公园3个、风景名胜区3个；自然保护区47个，其中国家级9个、自治区级14个、地市级24个；各类保护区总面积达到41.37万平方公里，占西藏土地总面积的34.47%，居全国之首。被国家列为重点保护的野生动物125种、野生植物39种，在自然保护区内得到有效保护。如：国际动物研究界认为早已绝种的西藏马鹿，20世纪90年代在西藏境内被重新发现，而且种群不断扩大；藏羚羊种群数量逐年增加，现在已经达到15万只左右；濒危的黑颈鹤种群数量已达8000多只。美国前总统卡特在为《走进西藏——生物多样性与保护事业》一书所写的序言中，这样评价说："在过去的20年中，世界上还有哪个地方可以将40%的面积划出用于自然保护？要扭转一个濒危物种不断减少的数量又谈何容易？然而，勤劳的西藏人做到了。"

加强环保工作成为各级政府的重要职责，维护环保安全成为人们的普遍共识。西藏开展了森林、草地、水资源保障、自然保护区、湿地和矿产资源开发等6个领域的生态长效机制课题研究，率先在全国各省市区中建立并启动了森林和草原生态保护补偿奖励机制工作，将全区65个县1.5亿多亩公益林，全部纳入森林生态效益补偿范围。从2008年开始，落实试点专项资金16.1亿元，对区内的3个国家重点林业生态功能区进行了补偿。自2009年开展草原生态保护奖励机制试点工作以来，到2011年全面推行为止，已落实兑付的专项资金由2亿元增加到20多亿元。在广大农牧区，全面启动农村薪柴替代工程，取得了明显的成效。近年来，由国家投资5.57亿元，完成17.78万农牧民家庭沼气建设，推广太阳能灶39.5万台及户用系统1万余套，修建光伏电站近400座，大幅度降低了千百年来沿袭对森林、灌木、草皮和畜粪等传统生物质能源的消耗程度，有效地保护了区域生态环境。据有关部门初步测算，全区已建成的农户沼气供能，年产家庭生活能源6845万立方米，可替代标准煤4.93万吨，相当于保护了17.23万亩林木。同时，通过利用清洁能源，也大大提高了农牧民的生活品质。除此之外，自治区还实施了一系列的草场承包到户、退牧还草、封山育林、沙漠化治理、植树造林等特殊办法和工程措施，进一步强化了生态环境保护与建设，收效是十分显著的。西藏的森林覆盖率从20世纪50年代的不足1%，增加到目前的11.91%，彰显了中国共产党人的伟大创举。以拉萨市城区为例，目前的绿地率达到32%，绿化覆盖率达到35%，人均公共绿地面积近24平方米，全市的空气质量优良率从2002年以来，一直保持在95%以上。另据有关资料显示，拉萨、山南和日喀则地区风沙天气明显减少，现在与30年前相比较，拉萨、泽当减少了32天，日喀则减少了34天。

根据不同区域的发展潜力和资源环境承载能力，西藏合理确定了优化开发、重点开发、限制开发、禁止开发四个主体功能区。在建设项目上，切实贯彻执行"环保第一审批权"的开发建设规定和建设项目环境影响评价制度，其执行率达到90%以上。西藏自治区人民政府作出了全面禁止开采对生态有影响的砂金矿和砂铁资源的决定，把建设资源节约型、环境友好型社会摆在突出位置。"十一五"期间，西藏自治区先后关闭了9家选矿厂，对19家选矿厂进行挂牌督办，对26家选矿厂和16家重点矿山开采企业下达了限期整改措施。截至2010年底，全区共实施矿山地质环境治理项目56个，治理过采区面积77.11平方公里，其中国家投资实施矿山地质环境恢复与治理项目40个，治理面积36.24平方公里；企业自行恢复16处，恢复面积40.87平方公里。青藏铁路建设工程投入的环保资金达到15.4亿元，有效地保护了铁路沿线的生态环境和自然景观。为了有效提高草场的经营使用水平和遏制草场退化，调动农牧民爱护管理草场的积极性，自2005年以来，自治区在52个县（区）、275个乡（镇）、2095个村落实行了草场承包经营责任制，覆盖农牧户13.13万户

70.62万人，累计承包到户草场面积5.52亿亩，占全区草场面积的44.85%，收到了较显著效果。与此同时，西藏自治区还全面完成了5个地市、5个县、6个乡镇集体林权制度改革试点工作，确权发证和核发林权证林地面积2433.8公顷，为更好保护利用林地资源探索了有益经验。总之，全区主要江河、湖泊、湿地的水质状况良好，达到了国家规定相应水域的环境质量标准；全区主要城镇大气环境质量整体优良，成为全国乃至世界各地空气最为洁净的地方之一；全区辐射环境质量总体情况良好，尚未发生较大规模的严重污染事故。我们有理由相信，在未来的跨越式发展的征途中，西藏人民将创建更加和谐的生态文明、充分享受更加美好幸福指数的人居生活环境。

六 未来的西藏将会更美好

中央第五次西藏工作座谈会是推进西藏跨越式发展和长治久安的又一个里程碑，开启了走有中国特色、西藏特点发展路子的新征程，吹响了到2020年西藏同全国一道全面建成小康社会宏伟目标的新号角，确定了未来西藏发展战略定位的新任务，即：使西藏成为重要的国家安全屏障、重要的生态安全屏障、重要的战略资源储备基地、重要的高原特色农产品基地、重要的中华民族特色文化保护地、重要的世界旅游目的地。到2020年的主要奋斗目标是：全区农牧民人均纯收入接近全国平均水平，人民生活水平全面提升，基本公共服务能力接近全国平均水平，基础设施条件全面改善，生态安全屏障建设取得明显成效，自我发展能力明显增强，社会更加和谐稳定，确保实现全面建成小康社会的奋斗目标。根据中央的要求，《西藏自治区"十二五"国民经济和社会发展规划》明确提出：全区经济保持跨越式发展，地区生产总值年均增长12%以上；农牧民人均纯收入年均增长13%以上；覆盖城乡居民的基本公共服务体系不断完善；用电人口基本实现全覆盖；单位地区生产总值能源消耗水平持续下降；改革开放不断深化；社会保持持续稳定；各族人民安居乐业。2007年，国务院确定的西藏"十一五"建设项目180个，实际完成188个，累计投资873亿元。其间，相继建成青藏铁路等一大批重点工程。2011年7月国务院召开常务会议，批准《"十二五"支持西藏经济社会发展建设项目规划方案》，在保障和改善民生、基础设施建设、特色优势产业、生态环境保护等重点领域，共安排重大项目建设226个，规划项目总投资达到3305亿元。实践充分证明，中央举全国之力支援西藏的重大战略决策，完全符合西藏各族人民的根本利益，必将使西藏的明天更加美好。

短短几十年，跨越上千年，这无疑是新旧西藏鲜明对比的真实写照。作为新西藏发展变化的见证者、建设者和受益者，我们真切地感到：中国共产党是建设社会主义西藏的领路人，是西藏人民翻身解放的大救星，是实现西藏跨越式发展和长治久安的坚强领导核心；没有中国共产党，就没有社会主义新西藏，就没有西藏各族人民幸福美好的现实生活。西藏从封建农奴制社会跨越到社会主义社会，是人类社会发展规律的特殊形态，是西藏人民顺应历史发展大势的人心所向和自觉做出的历史选择。民族区域自治制度的实施、发展和完善，是西藏人民依法管理本地区本民族事务的制度保证，是中国共产党的伟大创举和成功实践。中央特殊关心、全国无私援助、西藏自身努力，是西藏革命、建设和改革开放取得辉煌成就的不竭动力和根本力量。发展是永恒的主题和解决所有问题的关键，稳定是长久的政治责任和维护广大人民根本利益的保障，两者相辅相成、缺一不可。在中国共产党的英明正确领导下，新西藏创造了人类历史社会发展变迁的奇迹，赢得了世界公道人士的广泛好评。事实胜于雄辩，数据反映客观，西藏人民最有获得感和发言权，让十四世达赖缔造的"西藏传统文化毁灭论""西藏生态环境破坏论"等系列谎言见鬼去吧！

（系2012年度对外新闻媒体采访手稿）

井冈山精神激励我们前行

根据自治区组织部门的安排，2012年6月1—11日，我在中国井冈山干部学院进行了为期10天的加强党性修养专题培训班学习，深感这是一个养眼、养耳、养脑入心的地方。通过课堂讲座、现场教学、互动交流和自学思考等形式的启发教育，确有所感、所思、所获，更加坚定了走有中国特色社会主义道路的决心、信心和勇气，进一步增强了扎实做好本职工作的政治责任感、历史使命感和现实紧迫感，深刻地认识到了新时期党员领导干部加强党性修养对党和人民事业是何等的重要、必要和紧要。谨此，有如下心得体会。

一　要特别自觉地坚定理想信念

理想信念是这次培训中接触频率最高的关键词，也是学习教育活动中的重要内容之一。既让人熟知，又有些陌生。一名真正的共产党员，要始终不渝地加强党性修养，这是一个永恒的课题。但因环境、条件、形势的变化，他又会使人容易淡忘、迷茫、彷徨、退缩甚至怀疑。红旗到底能打多久？昔日打江山的革命者，用胜利事实回答了这个问题，如今坐江山的共产党人，必须再立新功永葆红旗不倒褪色。对于一个在岗的党员领导干部，应当时刻扪心自问：自己是否真正具备了坚定的理想信念？这不仅关乎党和人民及国家的前途命运，而且影响着周边群体对党的形象好坏。通过培训，本人认为，理想信念是一种主义、守望、坚持、精神、追求、支柱、动力、力量、责任、使命、境界的确立；每当人们真正自觉地感悟后，它就会变成一种财富、知识和本领，在人生奋斗的征程中闪闪发光，而显得弥足珍贵。

二 要特别自觉地践行服务宗旨

全心全意为人民服务，是我们党的根本宗旨，也是一名共产党员表里如一、言行一致的出发点和立足点。真懂就会真做，假懂就会假做。半真半假必定隐藏着内心深处"表面文章""政绩秀""官本位""为人民币服务"的怪圈泥潭，这是十分有害和危险的。共产党人来自人民，就要服务人民，这是起码而当然的行为准则。在不同的工作岗位上，没有豪情壮语，只有真情奉献。人民是我们的恩人和老师，我们是人民的公仆和儿女，何时何地、能力大小都绝对不能做官当老爷。真心实意地为人民说话办事，贵在坚持，实在言行，重在成果。凡高高在上、目空一切，不把人民的冷暖祸福挂在心中，就算不上是真正的共产党人，就是对党性的背叛，就是最大的政治异化。我们要清楚地懂得，密切联系群众是我们党的政治、思想和制度上的最大优势，脱离群众是我们党执政后的最大危险。不论何时何地，都要对人民怀有敬畏之心，只有善待人民，才会善待自己。

三 要特别自觉地正确估价自己

井冈山精神，是在血与火、生与死、荣与辱的惨痛失败中逐步探索出来的，是在不断总结经验教训中拼杀出来的，是在无数次实践中慢慢升华为理论的，这是我们伟大党由小到大、由弱到强的十分宝贵的精神财富和物质力量。井冈山博物馆内展示了毛泽东、朱德、陈毅等老一辈共产党人对挫折失败的精辟诠释，是启迪后人开悟、感悟、领悟、觉悟的警示食粮。一个人的成长进步，始终离不开党和人民的培养教育，要深深懂得知恩、感恩和报恩。不论身处顺境，还是碰遇逆情，都要无怨无悔地把党和人民的事业放在首位，为之奋斗终生。只有自觉而正确地估价自己，才能在各种磨炼、历练、锻炼、考验中，不断加强党性修养；才能在世界观、人生观、价值观和政绩权力观上，摆正位置，摒弃幼稚可笑和政治上的不成熟；才能在崇高理想信念的追求中，勇敢实现现实的人生价值，并茁壮健康成长。

四　要特别自觉地保稳定促发展

　　稳定和发展，是西藏革命和建设的主线，是攸关全局的最大政治。没有稳定，什么事情都做不了，甚至有丧失政权的危险；没有发展，就不能跟进全国小康社会建设的步伐，可能失去稳定是前提和硬任务、发展是根本和硬道理的政治任务。无论什么时候和情况下，都要坚决在思想行动上与党中央和区党委保持高度一致，旗帜鲜明，立场坚定，头脑清醒，措施有力，坚决反对分裂，维护祖国统一，加强民族团结，促进跨越式发展，用智慧和行动，守好土、建好土、净好土。作为党员领导干部，当面对突发事件，应当做到：第一时间到位、第一时间指挥、第一时间处置、第一时间上报、第一时间总结。这是共产党人的政治责任和根本任务，不得麻痹松懈、惹成大祸。

五　要特别自觉地弘扬"老西藏精神"

　　1990年7月，江泽民同志在西藏视察工作时，将进藏部队和地方工作人员创造的"老西藏精神"，概括为"特别能吃苦、特别能战斗、特别能忍耐、特别能团结、特别能奉献"。我认为，这"五个特别"的特质内涵，是中国共产党人崇高理想信念与西藏特殊实际相结合的丰硕成果，是我们党光荣传统和优良作风的一种传承延伸，与井冈山精神、长征精神、延安精神等一脉相承。这笔宝贵精神财富，体现了马克思主义的精髓，是中国共产党历经磨难而不衰、千锤百炼的重要法宝，是中华民族优秀文化和社会主义先进文化的重要组成部分。随着我国改革开放步履不断加快，始终保持共产党人的政治本色和全心全意为人民服务的思想不能丢，自觉做共产主义远大理想和中国特色社会主义共同理想的坚定信仰者、维护者和实践者。在奋力实现全面建成小康社会和走有中国特色、西藏特点的发展路子上，以科学发展观为统领，不断践行以爱国、团结、和谐、发展、文明为主题的核心价值观；以推进西藏跨越式发展和长治久安为抓手，不断丰富"老西藏精神"的时代内涵;以勤政为民、无私奉献为己任,不断加强党性修养和筑牢拒腐防变底线;以务实创新为理念,不断做出经得起实践、人民和历史检验的实绩。

六　要特别自觉地做好本职工作

扎实做好部门本职工作,是党员领导干部的基本功,是能力建设的重要内容之一。紧紧抓住文化大发展大繁荣的历史性机遇,乘势而上,开拓进取,务求实效。在自治区党委、政府的领导下,坚定地走有中国特色、西藏特点的发展路子,谋长久之策、行固本之举。始终坚持正确的办院方针,坚守社科意识形态领域的安全阵地,抓班子、带队伍、用人才、出成果。继续重视历史传统研究,大力加强现实对策研究,解惑释疑,真正起到"思想库""服务部"的功能定位作用。以科研为中心,不断加强软硬件建设,优化产学研环境,确保后勤服务工作廉洁高效。继续充分调动科研人员积极性、主动性和自觉性,努力将西藏社科院打造成国内有地位、世界有影响的知名藏学研究基地。

井冈山,是中国革命的摇篮。从这里,点燃了中国革命根据地的燎原大火,引领了中国共产党人冲破黑暗走向光明,成为中国革命和建设的"天下第一山"。井冈山精神,永远是我们在前进道路上战胜一切艰难困苦、不断夺取新胜利的强大精神力量。正如毛泽东同志所说:"我们革命者就是要站得高、看得远,站在这井冈山,不仅要看到江西和湖南,还要看到全中国、全世界。""总有一天,我们这块小石头,要打烂蒋介石的大水缸。"(摘自井冈山博物馆)一次井冈行,一生井冈情。让我们新一代的共产党人继续传承发扬党的光荣传统和优良作风,在中国特色社会主义道路上,建功立业,再创佳绩,告慰先辈。

(载《新西藏》杂志2012年第9期,中共西藏自治区委员会主办)

后 记

《读西藏文集》是本人在藏工作40年，在多类岗位工作之余分析研究的一本小集成，主要包括政治、经济、社会、历史、文化以及随想等方面的40余篇思考，是对西藏工作生活的一种感恩和回报。在本文集编订过程中，由于本人水平有限，长期从事行政工作，在文稿取舍上仍显不周之处，敬请广大读者提出批评与指正。

本文集相关文稿曾在小范围内征求了一些专家学者的意见，在《读西藏文集》正式出版之际，衷心感谢西藏自治区社会科学院（我曾在此工作数年）在西藏自治区成立50周年、西藏社科院建院30周年活动中，将文集列入出版计划。特别要衷心感谢中国社会科学院中国社会科学出版社在编辑出版过程中付出的心血和努力。

由于经验不足，期待文集得到读者提出的宝贵意见，以利本人充实修订和进一步完善。

作者
2018年7月于拉萨